全 球 教 育 监 测 报 告 **2019**

移徙、流离失所和教育：

要搭建桥梁，不要筑起高墙

联合国教科文组织　编

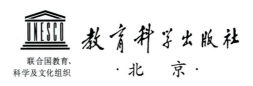

UNESCO
联合国教育、
科学及文化组织

教育科学出版社
·北　京·

序言一

人们总在不停地迁徙，有些人是为寻找更好的机会，有些人是为逃离险境。这种人口流动会给教育系统造成强烈冲击。《全球教育监测报告2019》率先深入探讨了世界各地的移徙问题。

随着国际社会制定了两项重要的国际协定——《安全、有序和正常移民全球契约》和《难民问题全球契约》，这份报告的问世恰逢其时。这两部史无前例的协定，配合联合国可持续发展目标4包含的国际教育承诺，强调务必要解决移民和流离失所者的教育问题。本期《全球教育监测报告》为负责实现这番抱负的政策制定者提供了重要参考。

当前的法律和政策剥夺了移民和难民儿童的权利，忽视了他们的需求，弃这些儿童于不顾。移民、难民和境内流离失所者属于全球最弱势群体，他们当中有些人生活在贫民窟，有些人随季节迁移，勉强维生，其中还包括被拘禁的儿童。学校本可以为他们提供安全的港湾和改善生活的希望，但儿童往往被彻底挡在校门之外。

忽视移民的教育问题，会严重浪费人类潜能。简单的证件问题、数据不全或是缺乏协调的官僚体系，有时会导致很多人被行政部门遗漏。然而，投资于为有才华、肯上进的移民和难民提供教育，可以同时促进东道国和原籍国的发展与经济增长。

仅仅提供教育是不够的。应让学校环境适应并支持流动人口的具体需求。让移民、难民和东道国学生在同一所学校学习，是增强社会凝聚力的重要起点。然而，授课方式、教学语言和歧视现象可能会迫使他们离开。

训练有素的教师对于确保移民和难民学生融入群体至关重要，但教师也需要得到支持，才能管理多语言、多文化课堂，而且学生当中往往也有人需要接受社会心理疏导。

精心设计的课程也很重要，课程可以促进多样性，培养关键技能，克服偏见，并且可以在校外产生积极的涟漪效应。有时，教科书中关于移徙的描述陈旧过时，会破坏人们为增进包容所做的努力。很多课程也还不够灵活，无法配合持续迁徙者的生活方式。

扩大办学和确保包容都需要投资，这是许多东道国无法独立完成的任务。人道主义援助往往数量有限，而且无法预测，目前无法满足儿童的需求。刚刚建立不久的"教育不能等待"基金是为最弱势群体提供援助的重要机制。

这份报告传递的信息很明确：投资于流动人口的教育将使他们摆脱挫折和动乱，踏上凝聚与和平之路。

联合国教科文组织总干事
奥德蕾·阿祖莱

Audrey Azoulay

序言二

　　《全球教育监测报告2019》的编写团队由来自多个国家的移民组成，其中还包括四名难民子女。他们并不否认，世人会从不同角度看待移徙现象和移民。他们的研究表明，教育在很大程度上有助于拓宽视野，为所有人创造更多机会。

　　移民、难民和收容他们的社区都面临着已知和未知因素。有些人仅仅知道自己的权利被剥夺，必须逃离险境；但他们不知道的是，在遥远的他乡能否找到机会。收容社区的人们可能不知道这些衣着不同、习俗不同、口音不同的新邻居是否会以及将如何改变自己的生活。

　　移徙的特点是既有序又无序。各国社会往往试图管理人口流动，但可能会面临无法预测的人口流入。这种流动可能会产生新的对立，而其他人口流动则显然既有利于来源国，也有利于目的地国。

　　移民迁徙分自愿和被迫两种情况。一些人为了工作和学习而主动迁移，其他人则是被迫逃离迫害和生计威胁。收容社区和政治家可能会无休止地争论，这些外来者到底是主动迁徙还是走投无路，是合法还是非法，是惠益还是威胁，是资产还是负担。

　　对于移民，有人欢迎，也有人拒绝。有些人能够适应新环境，有些人则做不到。有些人乐于伸出援手，也有些人力主排斥。

　　为此，我们可以看到移徙和流离失所问题在世界各地引发了强烈的反响。面对移徙问题，要做出决定，要拿出对策。我们可以竖起壁垒，也可以向对方伸出援手，以建立信任、实现包容、消除疑虑。

　　在全球层面，联合国致力于集中各国力量，对移徙和流离失所问题形成持久的解决方案。在2016年联合国难民和移民问题峰会期间，我呼吁为以下几个方面投资：预防冲突、调解、善政、法治和包容性经济增长。我还提请各界注意，应为移民接受基本服务提供更多机会，以解决不平等问题。

　　这份报告进一步阐明了我的后一项观点，提醒人们开办教育不仅是教育负责人的道德义务，同时也为流动人口造成的众多连锁反应提供了实际解决方案。正如关于移民和难民的两部全球契约所表明的那样，教育在移徙和流离失所问题的应对方案中必须而且应该始终占有重要的一席之地，现在是时候将这个理念付诸实施了。

　　剥夺教育可能会导致边缘化和挫折感。假如方法不对，教育可能会扭曲历史并导致误解。

　　但是，这份报告列举了加拿大、乍得、哥伦比亚、爱尔兰、黎巴嫩、菲律宾、土耳其和乌干达等国振奋人心的众多实例，让我们看到教育也可以成为一座桥梁。教育可以唤醒人们最美好的品性，使人们摒弃成见、偏见和歧视，代之以批判性思维、团结和开放。教育可以为身遭不幸的人提供帮助，可以为迫切需要机会的人提供跳板。

　　这份报告直接指出了一项重大挑战：如何支持教师践行包容？报告剖析了人性和移徙这种古老的现象，提出了精彩的见解。我谨在此请读者考虑报告提出的建议，并据此采取行动。

全球教育监测报告咨询委员会主席

海伦·克拉克

鸣谢

本报告的问世离不开众多人士的贡献。全球教育监测报告小组要感谢他们的支持，感谢他们为此付出的全部时间和心血。

全球教育监测报告咨询委员会及其主席海伦·克拉克提供了宝贵的支持。我们特别要感谢各投资方的投入与担当，没有他们的资金支持，本报告不可能完成。

我们还要感谢联合国教科文组织所发挥的领导作用。联合国教科文组织总部的许多个人、部门和单位，尤其是教育部门和管理与支持服务局，日复一日地支援我们的工作，对此我们深表感激。联合国教科文组织统计研究所（UIS）扮演着关键角色，使我们通过统计研究所数据应用程序获取数据，并提供了统计方法上的支持。我们要感谢该研究所所长Silvia Montoya和各位尽职尽责的工作人员。我们还向国际教育规划研究所、联合国教科文组织职业技术教育与培训中心、教科文组织外办事处网络的众多同事表达谢意。

本报告小组还要感谢撰写背景文件并为本报告的分析提供启示的研究人员：Benta Abuya、Mona Amer、Burcu Meltem Arık、Batjargal Batkhuyag、Kolleen Bouchane、Subramaniam Chandrasekhar、Sebastian Cherng、Mary Crock、Frédéric Docquier、Tungalag Dondogdulam、Sarah Dryden-Peterson、Galen Englund、Philippe Fargues、Martha Ferede、Ameena Ghaffar-Kucher、Sonia Gomez、Ulrike Hanemann、Mathieu Ichou、Daniel Owusu Kyereko、Mary Mendenhall、Renato Moreira Hadad、Hervé Nicolle、José Irineu Rangel Rigotti、Andrés Sandoval Hernández、Laura Allison Smith-Khan and Massimiliano Tani。尤其感谢联合国教科文组织的Charaf Ahmimed、Tina Magazzini、Debra Mwase 和 Akemi Yonemura做出的研究。

我们还要感谢许多机构及其中的研究人员，他们提供了本报告分析所参考的背景文件：迪肯大学（Zohid Askarov 和 Chris Doucouliagos）、澳大利亚人口统计所（Aude Bernard、Martin Bell和Jim Cooper）、英国国际教育研究所（Rajika Bhandari和Chelsea Robles）、国际教育局（Renato Opertti、Heidi Scherz、Giorgia Magni、Hyekyung Kang和Sumayyah Abuhamdieh）、国际应用系统分析研究所（Guy Abel、Stephanie Bengtsson、Keri Hartman、Samir KC和Dilek Yildiz）、国际移民组织（Sophie Nonnenmacher）、麦考瑞大学（Salut Muhidin）、国际计划（Kelsey Dalrymple）、教育权利倡议、深圳21世纪教育研究院、联合国儿基会Innocenti研究中心（Despina Karamperidou、Dominic Richardson和Juliana Zapata）以及宾夕法尼亚大学（Emily Hannum、Li-Chung Hu和Wensong Shen）。特别鸣谢日本国际协力机构对Kazuo Kuroda、Miki Sugimura、Yuto Kitamura与Sarah Asada、Rie Mori、Mariko Shiohata、Tomoko Tokunaga及Hideki Maruyama合作研究的协助。

除此之外，我们还感谢众多机构主持了对全球教育监测报告中的概念做出说明的咨询会议，以及在国际咨询阶段提供支持的众多个人及组织。我们同样感谢Francesca Borgonovi、Lucie Cerna 以及经济合作与发展组织负责主持教育、移徙和流离失所研究数据论坛的团队，该论坛是"以多样性赋能计划"的组成部分，并且感谢论坛参与者和他们做出的宝贵贡献。

以下个人也提供了重要帮助，并在撰写报告的各个阶段提供了反馈：Margherita Bacigalupo、Judit Barna、Ed Barnett、Nicole Comforto、Veronica De Nisi、Christoph Deuster、Monika Eicke、Md. Sajidul Islam、Tamara Keating、Ifigeneia Kokkali、Joan Lombardi、Katie Maeve Murphy、Joseph Nhan-O'Reilly、Susan Nicolai、Sylke Schnepf、Ann Scowcroft、Tom Slaymaker、Mari Ullmann 和Hirokazu Yoshikawa。

一批独立专家审读了报告的主题部分，提出了很有价值的反馈意见。我们感谢他们的付出：Philippe De Vreyer、Sarah Dryden-Peterson、Martin Henry、Marie McAuliffe、Patricia Pol 和 Ita Sheehy。

Jessica Hutchings是本报告的编辑，我们感谢她不知疲倦地工作。我们还要感谢Justine Doody 撰写了摘要。

我们还想感谢那些以孜孜不倦的工作支持本报告编写的人士，包括Rebecca Brite、Erin Crum、Shannon Dyson、FHI 360、Kristen Garcia、Whitney Jackson、Aziza Mukhamedkhanova 和Katherine Warminsky。

联合国教科文组织内外的许多同事参与了2019年报告的翻译、设计和出版，我们向他们的支持致以深深的谢意。特别感谢Rooftop和Housatonic Design Network 对全球教育监测报告外联资料制作给予的支持。此外，我们还感谢人权观察、国际劳工组织、国际移民组织、难民创伤救助倡议、救助儿童会、Shutterstock图库、联合国难民事务高级专员办事处、联合国近东巴勒斯坦难民救济和工程处等机构授权使用其图片。

最后，我们对在各方面支持本小组工作的短期实习生们和顾问们致以谢意：Sarah Barden、Huacong Liu、Clare O'Hagan、Amy Oloo、Benedetta Ruffini、Julieta Vera和Hajar Yassine。

全球教育监测报告小组

组长：*Manos Antoninis*

Daniel April、Bilal Barakat、Madeleine Barry、Nicole Bella、Anna Cristina D'Addio、Glen Hertelendy、Sébastien Hine、Priyadarshani Joshi、Katarzyna Kubacka、Kate Linkins、Leila Loupis、Kassiani Lythrangomitis、Alasdair McWilliam、Anissa Mechtar、Claudine Mukizwa、Yuki Murakami、Carlos Alfonso Obregón Melgar、Judith Randrianatoavina、Kate Redman、Maria Rojnov、Anna Ewa Ruszkiewicz、Will Smith、Rosa Vidarte和Lema Zekrya

《全球教育监测报告》是一个独立的年度出版物。一些国家的政府、多边机构和私人基金会提供了资助。联合国教科文组织为它的出版提供了便利和支持。

有关本报告的更多资讯，敬请联系：
Global Education Monitoring Report team
UNESCO, 7, place de Fontenoy
75352 Paris 07 SP, France
电子邮件：gemreport@unesco.org
电话：+33 1 45 68 07 41
www.unesco.org/gemreport

印刷之后发现的差错和遗漏将在网络版上予以更
正，网址为：www.unesco.org/gemreport。

已出版的全球教育监测报告：
2019年：移徙、流离失所和教育：要搭建桥梁，不要
　　　　筑起高墙
2017/8年：教育问责：履行我们的承诺
2016年：教育造福人类与地球：为全民创造可持续的
　　　　未来

已出版的全民教育全球监测报告：
2015年：2000—2015年全民教育：成就与挑战
2013/4年：教学与学习：实现高质量全民教育
2012年：青年与技能：拉近教育和就业的距离
2011年：潜在危机：武装冲突与教育
2010年：普及到边缘化群体
2009年：消除不平等：治理缘何重要
2008年：在2015年之前实现全民教育
　　　　——我们能做到吗？
2007年：坚实的基础：幼儿保育和教育
2006年：扫盲至关重要
2005年：全民教育——提高质量势在必行
2003/4年：性别与全民教育——向平等跃进
2002年：全民教育——世界走上正轨了吗？

目 录

图、表和框注目录

图

表

框注

要点

不让一个人掉队。这是联合国《2030年可持续发展议程》中最有抱负的全球承诺之一。移徙和流离失所，是实现17个可持续发展目标（SDGs）的议程所面临的两大全球性挑战。其中可持续发展目标4是"确保人人享有包容、公平、优质的教育和终身学习机会"。

移徙和流离失所与教育之间存在多种形式的相互影响。这些关联影响着移徙者、定居者，及收容移民、难民和其他流离失所人口的人们。国内移徙主要影响着众多快速城镇化的中等收入国家，例如中国，那里有三分之一以上的农村儿童被外出的父母留在老家。国际移徙主要影响高收入国家，在那里的半数学校当中，移民占学生总数的15%以上。国际移徙也影响着移民输出国：四分之一以上国家面临着五分之一以上技术人口外流的状况。流离失所现象则主要影响着低收入国家，它们的人口占全球总人口的10%，但全球难民的20%在这些国家，通常处于其教育最落后地区。这些被迫背井离乡的人中至少有一半还不到18岁。

移徙和流离失所影响教育。这些影响要求各国教育体系接纳那些移徙者和教育上的落后者。各国的挑战是，要实现国际承诺，尊重全民接受教育的权利。它们必须顶着严厉的掣肘，甚至是选民的反对，赶快行动起来。对于挤在贫民窟里的住户、游牧民和等待确认难民身份的人，都应当提供适合的教育。教师必须应对多语言课堂和流离失所的学生们的精神创伤。移民与难民的职业资格和先前学习经历需要得到承认，从而充分利用他们的技能。

教育也影响着移徙和流离失所。教育是人们决定移民的主要动力。具有高等教育学历者的国内移民概率是具有初等教育学历者的两倍，而前者的国际移民概率是后者的五倍。教育不仅影响有关移民的态度、期望和信念，而且影响着东道主。课堂多

样性的提升既带来挑战也带来机遇，使东道主可以学习其他文化与经验。适当的教育内容可以帮助公民批判地处理信息，推动团结社会的形成；而不适当的教育内容会传播针对移民与难民的负面的、片面的、排外的或轻蔑的观点。

一些国家正在把移民与难民纳入国家教育体系

各国政府已经采取了越来越多的切实措施，去承担教育责任，这些责任以前只面向国际条约的缔约国。近年来，世界已转向把移民和难民纳入国家教育体系。排外的做法已被禁止，这是许多前瞻性决策、政治实用主义和国际团结的结果。许多国家签署了2018年的《安全、有序和正常移民全球契约》《难民问题全球契约》，其中广泛谈及教育，把教育作为一个机遇。

在历史上，战后以来，大多数高收入国家接待外来务工人口的原则是同化。在21个高收入国家当中，澳大利亚和加拿大在1980年之前在课程中采取了多元文化主义。截至2010年，芬兰、爱尔兰、新西兰和瑞典也采纳了多元文化主义，此外还有三分之二以上的国家部分采纳。

在历史上大多数政府也对难民提供另外的教育轨道，但往往缺乏合格教师，考试缺乏认证，资金也面临一不留神就被削减的风险。这种双轨制的教育，与其说是让难民在流离失所的延长期保持活着回家的希望，还不如说是减少了他们在第一个庇护国有意义地生活的机会。然而，如今乍得、伊朗伊斯兰共和国和土耳其正背负着高昂成本，以保障苏丹、阿富汗、叙利亚和其他国家的难民就读与本国公民不一样的学校。在2017年《吉布提地区难民

教育宣言》中，东非七个国家的教育部部长承诺在2020年以前，把为难民和归国侨民提供包容性教育纳入部门规划。乌干达已经履行了这一承诺。

国内流离失所者的教育由于不可预料的武装冲突而岌岌可危。哥伦比亚是世界上国内流离失所人口第二多的国家，那里有持续猖獗的武装组织。然而，在过去15年中，该国已经采取了措施，以保障流离失所儿童在入学方面得到优先对待。

国内移徙也挑战着教育的包容性。进城务工人口占中国总人口的21%，这是近些年来最庞大的国内移民潮所造成的。为了限流而引入的户籍限制导致大多数流动人口子女在北京等城市只能就读不规范的、质量差的打工子弟学校。2006年以来，政府大幅度调整了体制，要求地方政府向流动人口子女提供教育，免除他们就读公立学校的学费，取消了他们入学的户籍限制。在印度，《2009年教育权法》以法律形式强制地方政府接纳流动人口子女，同时国家指导纲要建议各邦和各辖区采取灵活招生入学、季节性寄宿、交通支持、流动教育志愿者和加强合作等措施。

为移民和难民提供教育的主要壁垒仍然牢固

移民可能在名义上被包容而实际上被排除在外。例如，他们可能被迫在预备班里待得过久。在奥地利的叙利亚难民营里，达到15岁的孩子被认为还没做好上中学的准备，不被登记在入学名单中，而是在评估之后被转到特殊课程轨道中。一些国家把学业能力较低的学生分离出来，进入要求较低的轨道，使其随后的机遇也打了折扣，这些学生大多有移民背景。在阿姆斯特丹，摩洛哥裔和土耳其裔的二代移民学生到12岁时进入初中层次的职业教育轨道的可能性是当地学生的五倍。在德国，分轨早在学生10岁时就开始了。此外，移民更多地被集中到特定街区，以及学业标准和成绩水平偏低的学校。这些都会对学生的教育成就造成消极影响。

如果当地学生搬去更富有的街区，或者其家庭逃避那些维持学生群体多样性的政策的话，这种隔离还会进一步加剧。

尽管向包容做出了努力，移民教育的壁垒仍将持续。在南非，教育法保障了所有儿童不分是否移民、不分法律地位全部享有受教育权利，然而移民法不允许非在册的移民入学。学校的把关者会坚持让移民填写登记表，他们认为这是法律要求。俄罗斯的中亚移民也面临同样问题。在美国，针对移民的突击检查导致那些害怕被驱逐出境的未登记移民的孩子大量辍学，而早前一项免于驱逐出境的保护政策曾经提高了中学完成率。

移民子女可能领先于祖国的同龄人，却落后于东道国的同龄人。在美国，来自拉丁美洲和加勒比地区八个国家的移民子女，相比于没有移民的孩子平均多接受了1.4年教育。可是他们的就读率和成绩往往落后于东道国的同龄人。在欧盟，2017年，出生于外国的年轻人过早离开学校的人数是本地人的两倍。在2015年，经济合作与发展组织（以下简称经合组织）国家第一代移民达到阅读、数学和科学基本熟练程度的可能性比本地人低32%，第二代移民比本地人低15%。无论是经过深思熟虑，还是被迫背井离乡，人们移民时的年龄是他们的教育投入、教育中断、教育经验和教育成果的关键决定因素。在美国，在7岁时入境的墨西哥移民有40%没有完成中等教育，而在14岁时入境的墨西哥移民有70%没有完成。

仍在寻求庇护所的儿童和青年人在许多国家遭到扣留，通常被限制入学或不许入学。这些国家包括澳大利亚、印度尼西亚、马来西亚、墨西哥、瑙鲁和泰国。在匈牙利，寻求庇护的有孩子的家庭，以及没有家人的14岁以上儿童，在申请被受理期间都住在两个过渡区之中，那里不能上学，只有民间社会组织（CSOs）提供的教育。

难民被国民教育包容的程度和改善幅度，因流离失所者的背景不同而有差别，受到地理、历史、资源和能力的影响。难民聚居在偏远的营区，例如在肯尼亚就是这样，这会导致只有部分难民被包容，还有地理上的隔离。资源也会成为关键的限制因素：黎巴嫩和约旦有着最高的难民人口比例，它们采取了两班倒制的教育，造成时间上的隔离。在一些情况下，难民仍然接受着隔离的教育，上的是非正规的社区学校或私立学校。最近最大规模的流离失所群体，从缅甸逃往孟加拉国的罗兴亚人，就是一个突出的例子。这类学校可能是国际组织或难民和当地社区开办并资助的，不一定有执照。在巴基斯坦，阿富汗难民中女童的初等教育净入学率是男童的一半，而且还不到阿富汗女童初等教育就读率的一半。

难民教育仍然缺少资金。虽然两个主要数据库尚未建成，但是本报告估计2016年用于难民教育的资金数额约为8亿美元，其中人道主义援助和发展援助大致相当。这只是最近估计的资金缺口的三分之一。如果国际社会只使用人道主义援助，那么其中教育所占份额必须提高10倍，才能满足难民教育的需要。

增加难民教育资金要求把人道主义援助和发展援助结合起来，正如《关于难民和移民的纽约宣言》中的承诺一样。2016年以来，在15个国家实施《难民问题全面响应框架》和履行其中的承诺积累了有益的经验，而坦桑尼亚联合共和国的退出也引起了人们对于必要的改进的重视。"教育不能等待"（Education Cannot Wait）基金提供救急资金，它所具有的调动新的、可预测的、长期的资金的能力，应当被用来支持人道主义援助与发展援助的捐助方开展更密切的合作，将难民纳入国家教育体系。

教育改进能帮助移民和难民充分认识其潜能

课程和教科书中对于移民和流离失所者的描写往往已经过时，而在有些地方，修订课程已经得到广泛的公众支持：欧盟有81%的居民认为学校的教材应当包含种族多样性的内容。假如不在教育中强调多样性，各国就会忽视自身促进社会包容与团结的力量。一项全球分析显示，2000—2011年间的社会科学教科书中，涉及避免冲突和解决冲突，例如讨论国内和国际的法庭审判、真相调查委员会和经济赔偿问题的课文，仅占10%。

受到移民和流离失所问题影响的教师没有做好准备去承担随之来临的更加复杂的任务，例如管理多语言的课堂，帮助需要社会心理援助的孩子。在六个欧洲国家中，一半的教师认为缺乏管理多样化课堂方面的支持。在阿拉伯叙利亚共和国，73%的参与调查的教师没有接受过提供社会心理援助的培训。教师招聘和管理的政策往往对新出现的需求反应迟钝。德国需要增加4.2万名教师，土耳其需要8万名教师，乌干达需要7,000名小学教师，才足够教目前的所有难民。

移民和难民人数多的学校需要有针对性的资源，以支持困难的学习者。只有个别几个高收入国家在学校教育预算中明确考虑移民问题。其他多方面的弱势，包括整个社区的贫困、语言不够熟练等，常常伴随着这些学生，尤其在移民和难民较为集中的学校，生均经费更加高昂。

移民和难民的成人教育需求往往被忽视。非正规教育项目对于加强归属感很重要，它们大多依赖市政项目。读写能力有助于社交和跨文化交流，对身体、社会和经济方面的健康幸福也有好处。但是在一些国家，存在巨大障碍，限制了成人语言课程的入学和学业成就的取得。2016年在德国针对寻求庇护者的一项调查显示，其中有34%的人认识拉丁文字，51%的人认识其他文字，还有15%的人是文盲。不过后者参加扫盲或语言课程的可能性最小。

金融素养能够保护移民，帮助他们的家庭充分利用外汇。外汇使得教育支出在非洲和亚洲的18个国家提高了35%以上，在拉丁美洲提高了50%以上。目前全球金融交易成本平均为7.1%，如果降低到3%，那么还能使每年的教育支出提高10亿美元。

对学历和先前学习的认证能缓解就业压力，尤其是在专业资格认证方面。如果移民和难民缺乏应用自身技能的就业机会，那么他们就不太可能继续提升自己。然而，全球只有不到四分之一的移民被任一双边学历承认协议所覆盖。现有机制往往太零散，或者太复杂，无法满足移民和难民的需求，因而没人使用。各国也必须统一高等教育标准和质量保障机制，在双边、地区和全球层面承认学历。加入2019年将问世的《承认高等教育学历全球公约》将会是一把钥匙。

关于移民和难民的两项新契约认可了教育的作用，并且提出了与不让一个人掉队的全球承诺相一致的目标。本报告提出七项建议，支持这两项契约的实施。

- 保护移民和流离失所者的受教育权。

- 将移民和流离失所者纳入国家教育体系。

- 了解移民和流离失所者的教育需求，并将其纳入规划。

- 在教育中准确地表述移徙和流离失所的历史，消除偏见。

- 帮助移民和难民的教师为应对多样性和艰苦工作条件做好准备。

- 利用移民和流离失所者的潜力。

- 利用人道主义援助和发展援助支持移民和流离失所者的教育需求。

国际社会正在打磨可持续发展目标4的监测工具

可持续发展目标4提出了雄心勃勃的教育议程，然而它也对监测工作提出了挑战，要监测的具体目标包含多种多样的学习成果、各方面的不平等以及课程内容。有些人批评监测框架的野心太大，但是这个监测框架的核心功能是建设性的，要把各国的注意吸引到2015年后新出现的核心问题上。2019年高级别政治论坛将首次对可持续发展目标4进行正式评估。由各个国家、民间社会组织和多边机构发起的众多倡议，确保了教育部门的报告准备就绪。

■ 具体目标 4.1:

初等和中等教育。2013—2017年的完成率可以作为可持续发展时期的基线，其中初等教育为85%，初级中等教育为73%，高级中等教育为49%。本报告提出了一种统计完成率的新方法，该方法根据多个数据来源做出估计。在界定阅读和数学最低熟练水平方面也有进步。无论采用哪个定义，参与过2001—2016年的国际阅读素养进展研究的部分中等收入国家的成绩都说明它们的进步将是缓慢的。虽然2015年达到最低基准的四年级学生的百分比从南非的22%到格鲁吉亚的86%不等，但是平均来看，每年的进步只有大约一个百分点。

■ 具体目标 4.2:

幼儿期。2017年有70%的儿童在初等教育正规入学年龄前一年参加了有组织的学习。尽管有关幼儿发展的通用测量指标难以达成一致，不过各国投入资金建设强有力的国家监测体系，对幼儿的认知、语言、体质和社会情感发展进行监测，仍是十分重要的。

■ **具体目标 4.3:**

职业技术教育、高等教育和成人教育。 2017年高等教育毛入学率达到了38%。要保证全球指标覆盖所有成人教育机会，不论其是否与工作相关，也不论其是否为正规教育，在这一点上已逐渐达成共识。

■ **具体目标 4.4:**

工作技能。 只有个别几个中高收入国家报告了信息与通信技术技能方面的情况，但是已有数据表明，只有三分之一的成人掌握了初级技能，比如复制、粘贴、给电子邮件添加附件。

■ **具体目标 4.5:**

平等。 在许多低收入国家和中等收入国家，农村学生完成高级中等教育的机会仅仅是城市学生的一半，甚至比一半还少。鉴于国际社会对城市地区做出了新的界定，相关估计值需要被重新评估。

■ **具体目标 4.6:**

读写和计算。 最新的全球识字率估计值是86%，意味着有7.5亿成人是文盲。65岁以上文盲比青年文盲多出约40%。相对来说，较富裕国家的老人比较贫困国家的老人更有可能处于孤立文盲的境地，住在没人识字的家里。

■ **具体目标 4.7:**

可持续发展教育和全球公民教育。 在关于1974年联合国教科文组织《关于促进国际了解、合作与和平的教育以及关于人权与基本自由的教育的建议书》的实施情况的第五次和第六次磋商之间，将其原则纳入学生评估的国家占比从近50%提高到了近85%。然而只有21%的国家报告称，关于这些原则的教学时数是"充足的"。

■ **具体目标 4.a:**

教育设施和学习环境。 2016年，有三分之二的学校具备基本的饮用水，三分之二的学校有基本的卫生设施，一半学校提供基本的卫生服务。2013—2017年发生了12,700余起针对教育的袭击事件，有2.1万多名学生和教育工作者受到伤害。

■ **具体目标 4.b:**

奖学金。 援助项目提供的奖学金总额自2010年达到12亿美元以来停止了增长。2017年的留学生人数为510万人，相应的跨境流动率估值为2.3%，比2012年的2%有所提升。

■ **具体目标 4.c:**

教师。 根据各国的定义，2017年全球有85%的初等教育教师接受过培训，该数据自2013年以来降低了1.5个百分点。撒哈拉以南非洲的比例最低，那里的学生与受过培训的教师之比为60：1。

■ **其他可持续发展目标中的教育：**

体面工作、城市、警察和司法。 教育通过专业能力建设显著地影响着其他的可持续发展目标。缺乏训练有素的社会工作者、城市规划者、执法人员、法官及其他专业法律人员，会威胁到相应目标和子目标的实现进程。

■ **财政：**

据估计，全世界每年的教育支出为4.7万亿美元：其中3万亿美元（65%）是高收入国家的支出，220亿美元（0.5%）是低收入国家的支出。公共教育支出占总支出的79%，家庭支出占20%。教育援助占教育支出的比例在2016年达到最高水平，但是也仅占低收入国家教育支出的12%和中低收入国家教育支出的2%。

哪怕为了满足处于危机中的儿童的最基本教育需求，也需要人道主义援助中的教育份额……

……增加 **10** 倍

尼日拉巴亚，31岁，布隆迪难民，他是坦桑尼亚杜塔难民营希望中学的校长。这所希望中学是难民营中唯一的中学。学校围墙摇摇欲坠，师资也捉襟见肘。"我们的学生没有科学实验室，也没有教科书。唯一好的地方是，我们有合格的教师，但是还需要补充15名以上的教师才够。"

摄影：Georgina Goodwin/UNHCR

第 1 章

导 言

　　2019年《全球教育监测报告》关于教育与移民问题的发现和实践建议，将会对实施《安全、有序和正常移民全球契约》做出重要贡献，该契约将于2018年12月10日在马拉喀什政府间会议上正式获得会员国批准。本报告拉近了全球契约议程与可持续发展目标4的议程之间的关系，并且清楚地表明各国现在就应该把这些话语写入政策，并把政策付诸实施。

　　制定《移民问题全球契约》的目的是响应可持续发展目标4中的许多具体目标，并且重新强调反对歧视的原则和包容的原则，承认获得有效的受教育机会是移民儿童的一项基本人权。教育也是融入社会的一条关键路径，是对可持续发展的最佳投资。教育给予移民儿童自力更生的进步机会，以及为其所居住国家做出贡献的机会，在很多情况下，他们最终也会对其祖国做出贡献。

　　　　　　——联合国秘书长国际移民问题特别代表　路易斯·阿尔布尔

　　教育是基本人权，也是促进消除贫困、可持续发展与和平的变革性力量。人们背井离乡，无论是为了工作还是为了学业，无论是自愿还是被迫，都不会抛弃自己的受教育权。2019年《全球教育监测报告》所强调的，正是确保移民和流离失所者接受优质教育所蕴含的巨大潜力和机遇。

　　　　　　——联合国秘书长　安东尼奥·古特雷斯

重要发现

移徙"是人们表达对自由、尊严和更美好未来的期待的方式",然而它也是"各个国家和社会内外分化的根源之一"。

移徙和流离失所会影响教育,这就要求教育体系接纳移徙者和落后的人,以及那些具有移民背景、在家里不讲教学语言的人。

教育也能影响移徙和流离失所。它是人们决定移民的主要动力。在使公民具备批判性理解能力、促进社会团结以及反对偏见、成见和歧视方面,教育也很关键。

大约每8个人中就有1个人是国内移徙者,他们居住在出生地以外的地区。大约每30个人中有1个人是国际移徙者,其中约三分之二在高收入国家。大约每80个人中有1个人因战争冲突或自然灾害而流离失所,他们十之有九住在低收入国家和中等收入国家。

2016年9月,为了应对移徙和流离失所的挑战,联合国的全体193个会员国签署了《关于难民和移民的纽约宣言》,以加强和改进责任分担机制。该宣言发起了制定两份全球契约的进程。

《安全、有序和正常移民全球契约》传达了一个普遍积极的信号:教育是充分运用移民浪潮,解决与教育机会、校外教育和技能认证有关的众多难题的机会。

《难民问题全球契约》刷新了1951年联合国《关于难民地位问题的公约》,但是它向前更进了一步,以推动国家教育体系对难民的包容,呼吁对危机和长期流离失所问题做出更加一贯的规划。

本报告从教师和教育管理者的角度考察移徙和流离失所,他们面临着现实中多样化的课堂、校园、社区、劳动力市场和社会。本报告旨在回答两个问题:

■ 人口迁移如何影响教育机会和教育质量?这对移民和难民有哪些启示?

■ 教育如何才能改变移徙者的人生,并且改变接纳他们的社区?

关于移徙和流离失所，全世界各地都有一些可歌可泣的动人故事。人们在火车站挥别家人，奔赴远方的城市和国家，去从事工厂和矿山的工作，保证早晚会回家。人们挤在有篷卡车里逃离迫害，身后是已成焦土的家园。人们变卖仅有的一丁点宝贝家当，只为一张通往成功乐土的船票。人们目睹自己的儿女说着另一种语言长大；焦急地盼望穿山越海冒险远行的心上人传来消息；省吃俭用送孩子到城里上学，或者负笈海外；感激地收下表亲或朋友发来的外汇；被强制扣留，前路混沌迷茫；露宿街头，打了几个月零工；找到一个热情友善的地方落脚，或在他乡受尽歧视和羞辱。一些移徙者乐不思蜀；而另一些人无法适应异文化，终生怀恋故土。

这些有关理想、希望、恐惧、期待、智慧、成就、牺牲、勇气、毅力和痛苦的故事提醒着人们，"移徙是人类对尊严、安全和更加美好未来的一种渴望，是社会结构的一部分，是人类大家庭的组成部分"（United Nations, 2013）。然而，移徙和流离失所"也引起了国内和国家之间以及社会内部和社会之间的分歧……近年来，处境绝望的人们，包括移民和难民的大规模流动给原本有广泛好处的移居活动蒙上了阴影"（United Nations, 2017, p.2）。

尽管《2030年可持续发展议程》中国际社会正式赞同人类为共同命运分担责任，但移徙和流离失所问题依然持续在现代社会引发负面回应。这种情绪被机会主义者利用，他们认为筑起高墙比搭建桥梁更有利。《世界人权宣言》曾做出一项重要承诺，教育应"促进各国、各种族或各宗教集团间的了解、包容和友谊"，教育的这项作用此时此刻备受关注。这也正是本报告的主题。

本报告从教师和教育管理者的角度考察移徙和流离失所，他们面临着课堂、校园、社区、劳动力市场和社会多样化的现实。全世界各国教育体系联合做出承诺：要实现第四个可持续发展目标（SDG），即"确保人人享有包容、公平、优质的教育和终身学习机会"，不让一个人掉队。各国教育体系要面向全体学生履行承诺，就必须做出调整，适应各种不同背景的学生的需求。教育体系还要回应社会需求，灵活适应移民和流离失所问题，这是所有国家，无论其有多少移民和难民，都正面临的挑战。

66

教育"促进各国、各种族或各宗教集团间的了解、包容和友谊"的作用是本报告的主题。

99

框架：移徙和流离失所以多样化的方式与教育相互影响

移徙和流离失所与教育之间存在多种形式的相互影响。这些关联影响着移徙者、定居者，及收容移民、难民和其他流离失所人口的人们（表1.1）。无论是经过深思熟虑，还是被迫背井离乡，人们移民时的年龄是他们的教育投入、教育中断、教育经验和教育成果的关键决定因素。从教育发展水平较低地区向水平较高地区移徙的儿童能获得原本得不到的机会。然而，移民学生的教育程度和学业成绩往往还是落在东道国学生的后面（框注1.1）。

移徙和流离失所对教育有深远影响，这要求各国教育体系接纳移徙者和教育上的落后者。各国需要在法律上承认移民和难民享有的受教育权，并实际落实这项权利。对于挤在贫民窟里的住户、游牧民和等待确认难民身份的人，要提供适应其需求的教育。各国教育体系应当包容，实现关于公平的承诺，这是贯串2030年议程的主线。教师应当为应对多样性环境和移徙（尤其是流离失所）造成的精神创伤做好准备。为了充分利用移民和难民的技能，应当促进资格认证和对先前学习经历认证工作的现代化，这将为各国长久昌盛做出巨大贡献。

> " 移徙和流离失所对教育有深远影响，这要求各国教育体系接纳移徙者和教育上的落后者。 "

教育也对移徙和流离失所有深远影响，包括影响其规模和人们对其的认识。教育是人们决定移徙的主要动力，推动人们追求更美好的生活。教育影响移民的态度、志向和信念，以及他们对目的地的归属感。

框注 1.1:

对于流动人口来说，教育既是优势也是软肋

本报告的内容覆盖了所有的人口迁移类型（图1.1）。其中规模最大但最容易被忽略的是国内移徙。平均每8个人中就有1个人不在自己出生的地方或省份居住。尽管许多国内迁移的结果是良好的，但是在一些情况下——特别是在快速城镇化的低收入国家和中等收入国家——国内迁移严重影响了流动人口和留守儿童的受教育机会。他们在目的地的入学会受到故意设置的管理规定限制，或者根本没人关心。

平均来讲，大约每30个人中有1个人在出生国以外居住。其中约三分之二在高收入国家，这就解释了那些国家在这个问题上的政治优越性。国际移民大多已到工作年龄，因此他们比目的地国的人口年龄更大。他们中大多数人为了工作而迁移，对其技能的认证、利用和鼓励是他们能否取得成功的关键因素。但也有很多人为了受教育而迁移，其教育可以通过很多措施得以改进。他们的移徙也对后辈有影响，至少会影响到下一代人。

大约每80个人中有1个人因战争冲突或自然灾害而在国境内外流离失所，近些年来其数量迅速增长。流离失所者十之有九住在低收入国家和中等收入国家。为流离失所者提供教育是使他们恢复常态、规律生活和重拾希望的工作的一部分，但是由于受到特殊的社会、经济和政治环境影响，对流离失所者的教育面临重重挑战。教育要帮助这些人应对漫长的流亡生涯，同时为丰富多彩的未来做好准备。

对各种流动人口下定义的目的是清楚地划分类别，从而确保他们的权利得到尊重。然而，再清晰的分类到了实践当中也会模棱两可。以对国际移民的界定为例，一些国家和组织基于血统确定国籍，另一些国家则基于出生地来确定。一些分类标准之间存在极大争议。关于人们是为了追求更好生活而移民，还是受迫于天灾人祸而流离失所，爆发了很多激烈的政治争论。东道主会质询移民和难民的动机（例如，为了工作还是教育）、合法性（例如，是否有档案）和责任（例如，是不是冲突受害者）。这些争论会转移人们对移民和难民生活是否幸福的关注度。

注: 参见术语表中与移徙和流离失所有关的概念界定。

图 1.1:
人们迁移的原因多种多样

国内移民在一个国家之内迁移，通常是单向迁移，即从农村去往城镇，但也有追随生计往复迁移的情况。

在印度，许多像苏布迪普一样的孩子每年有三四个月不上学，回去帮家里人摘棉花。等返回学校，他们就很难跟上进度了，不少孩子因此辍学。

国际移民跨越国境去找工作，其中一些人得到了东道国许可……

索菲亚的父母是从摩洛哥来的移民。她在法国长大，但仍感到自己与摩洛哥有着紧密的关联。对她来讲，两个国家都是祖国。

……也有一些人不具备移民法律法规所要求的外国人入境、居住和工作应出示的文件。

艾德和她的四个孩子站在他们位于哥伦比亚库库塔市卡米洛·达萨区的木屋外头。他们从委内瑞拉来。艾德得不到医疗服务，也无法让孩子们上学，因为他们是无证移民。

一部分年轻人走出国门，到外国的大学学习深造。

卡迪贾是一名阿尔及利亚的医学院毕业生，她曾经去法国进修过，因为法国的医学教育声望甚高。

国内流离失所者被迫在国内迁徙，他们仍然受到政府的保护。

刚果民主共和国坦噶尼喀省的姆布尤已经两年没上学了。他是因种族冲突而流离失所的。这场种族冲突引发了激烈摩擦，那里勒索不断、强盗横行、财产毁尽、酷刑泛滥、谋杀频发，人们被无凭无据地拘禁，强迫从事劳动，女性惨遭逼婚或者强奸。

寻求庇护者是那些在另外一个国家受到迫害，提出了避难申请，而申请尚未被批准的人。

这些年轻人是从阿富汗、伊拉克和阿拉伯叙利亚共和国来的寻求庇护者，露宿在布达佩斯火车站。

假如他们申请成功，那么寻求庇护者将获得难民身份，依据国际公约，他们受到保护并享有相应权利。

温达和她的母亲哈姆林，还有两个姊妹坐在一起，这是她们在伊拉克难民营里的家。她们的老家在阿拉伯叙利亚共和国卡米什利，四年前举家逃离了战乱。她父亲在难民营外面工作。温达想成为一名教师。

注：参见术语表中与移徙和流离失所有关的概念界定。
摄影（从上至下）：Oskar Kollberg/Save the Children、Dominic Egan、Paul Smith/UNHCR、Roméo Balancourt/IOM、Colin Delfosse/UNHCR、Andras Hajdu/UNHCR 和 Claire Thomas/UNHCR。

表 1.1:
教育和移徙/流离失所之间的关系实例

		移徙/流离失所对于教育的影响	教育对于移徙/流离失所的影响
原籍	迁出移民	• 移徙导致在贫民窟办学困难 • 教育系统需要做出调整，以适应季节性或循环流动人口的需求	• 受教育程度越高，移徙的可能性越大
	留守人口	• 移徙减少了农村人口，给办学造成困难 • 汇款影响到原籍社区的教育情况 • 父母缺席影响到留守儿童 • 移居的前景阻碍了教育投资 • 新项目培养了有抱负、有追求的移民	• 有文化的人移居异地，给原籍地发展造成影响，例如人才流失
目的地	迁入移民和难民	• 移民及其子女的受教育程度和成绩往往不及当地人 • 应将难民纳入国家教育系统 • 应保证难民的受教权	• 移民的资历往往高于工作要求，他们的技能没有得到充分承认或施展，他们的谋生之道发生改变 • 高等教育国际化趋势推动学生流动
	当地人	• 教室中呈现多样性，要求教师做好更加充分的准备，制定有针对性的课程，以支持新移民，防止出现隔离，此外还需要分列数据	• 正规和非正规教育可以增强社会复原力，减少偏见和歧视

资料来源：全球教育监测报告小组根据法尔吉斯的论文（Fargues, 2017）整理。

教室里多样性的增强既带来了挑战，其中也包括对本地人（尤其是贫困和边缘群体）的挑战，同时也带来了向他者文化与经验学习的机遇。为了消除针对移民和难民的负面态度，课程敏感度必须得到提升，这一需求比以往任何时候都更加迫切。

随着移徙和流离失所成为热点政治话题，教育也成为人们批判性理解相关议题的关键。教育能促进对相关信息的加工处理，推进社会团结，这在全球化时代尤为重要。然而教育应当超越包容，因为包容会掩盖差异；相反，教育应当成为战胜偏见、成见和歧视的武器。如果教育体系的设计不得当，就会传递出负面、片面、排斥与轻蔑移民和难民的形象。

背景：全世界已经开始应对移徙者和东道主的教育需求

在人类发展历程中，移徙是一个关键的积极流通力量。而且，不应将难民遣返至原居住地，从而使他们的自由遭受威胁，这条原则是国际法的根本。然而，移徙和流离失所也带来了地方、国家和国际层面的挑战。要解决这些难题，就得调动资源、协调行动。2016年9月，联合国的全体193个会员国签署了《关于难民和移民的纽约宣言》，以加强和改进责任分担机制（United Nations，2016）。

该宣言发起了制定两份全球契约的进程：其中一份是关于移民问题的，另一份是关于难民的。由国家主导的《安全、有序和正常移民全球契约》受到了严重质疑，由于美国等国家威胁退出，这项契约面临着实质性失败的风险。《难民问题全球契约》是由联合国难民事务高级专员办事处（UNHCR）主导的，因而受到的挑战略小一些，但是从其操作层面，即《难民问题全面响应框架》来看，它同样面临着倒退。这两项契约的最终版于2018年年中发布，其中列出了一些与教育有关的关键承诺。

《安全、有序和正常移民全球契约》中与教育有关的内容

教育是移民现实生活中的一个核心问题，然而把教育纳入移民事务的议程是很少见的。例如，在2016年《关于难民和移民的纽约宣言》发布后加入联合国系统的国际移民组织，并没有制定教育战略，也没有专门的教育专家。不过，在过去的60多年里，该组织响应了大量与项目挂钩的干预请求，从承担校车运营成本到支持各国培训边境管理公务员的职业教育项目（Sanz，2018）。

在如此复杂多样、争讼不休的领域，也难怪会缺乏系统化的应对方法。但是，移民契约的最终版草案已经把本报告所论及的大多数问题纳入议程（表1.2）。它传达了一个普遍积极的信号：教育是充分运用移民浪潮的机遇。目标15中一段有关提供基本服务的内容提到了教育，目标16和目标17中有若干段内容提及校外教育。目标18强调了技能认证，并做了细致的论述。

这份契约中关于教育的承诺能否兑现还未可知，因为它不具有强制力。本报告以支持各国兑现承诺为目的。

实践中的成果还要依靠评估进展的机制。国际移徙问题审查论坛将从2022年开始每四年召开一

次，该论坛将与高级别政治论坛协调一致，成为追踪和审查全球可持续发展目标实现情况的高端机制。

《难民问题全球契约》中与教育有关的内容

受教育权受到一系列人权协约的保障，包括《儿童权利公约》，难民在东道国的受教育权则受到1951年开放签署的联合国《关于难民地位问题的公约》的保护，1967年颁布的议定书又取消了时间和地理上的限制。

145个公约缔约方和146个议定书缔约方已做出承诺，保障难民享有"凡本国国民在初等教育方面所享有的同样待遇"。而且"缔约各国就初等教育以外的教育，特别是就获得研究学术的机会，承认外国学校的证书、文凭和学位，减免学费，以及发给奖学金方面，应对难民给以尽可能优惠的待遇，无论如何，此项待遇不得低于一般外国人在同样情况下所享有的待遇"（第22条）。

此外，1949年12月8日的联合国大会第302号决议（IV）处理了巴勒斯坦难民的受教育权问题。联合国难民事务高级专员办事处和联合国近东巴勒斯坦难民救济和工程处与各东道国政府一起负责保障这项权利得到落实。

1951年的公约为难民提供了保护和包括教育在内的各项服务，至今已有近70年了，然而其核心原则——共同责任仍然没有得到充分重视（Turk and Garlick，2016）。有必要通过制订更清晰的支持框架来改进承诺，由此引出了《难民问题全球契约》，其最终草案用两个段落的篇幅论述了教育问题，重点关注对专门性政策的资金支持（表1.3）。这份契约明确了各国促进难民入学的责任，以及制定政策以提高国家教育体系对难民的包容性的责任，这被视为《联合国难民事务高级专员办事处教育战略2012—2016》中的最佳实践。

> **本报告以支持各国兑现《安全、有序和正常移民全球契约》中的教育承诺为目的。**

表 1.2：
《安全、有序和正常移民全球契约》中与教育有关内容的节选

目标和承诺	行动
目标 2 尽量减少迫使人们离开原籍国的不利肇因和结构性因素 18. 我们承诺创造有利的……条件，使人民能够在本国过上和平、有益和可持续的生活。	（e）通过促进创业、教育、职业培训、技能发展方案和伙伴关系，着力开发人力资本……，以期减少青年失业、避免人才外流、优化来源国人才回流。
目标 15 为移民提供获得基本服务的机会 31. 我们承诺确保所有移民，不论其移民身份如何，都能通过安全获得基本服务行使各自的人权。	（f）向移民儿童和青年提供包容和公平的优质教育，协助他们获得终身学习机会，包括加强教育系统的能力，协助他们不受歧视地获得儿童早期发展和正规学校教育，协助无法进入正规系统的儿童参与非正规教育计划，提供在职和职业培训、技术教育和语言培训，以及促进与所有能够支持这项努力的利益攸关方结成伙伴关系。
目标 16 增强移民和社会的权能，以实现充分包容和社会融合 32.我们承诺推动建设包容和有凝聚力的社会，增强移民权能，使其成为社会积极成员，促进接纳移民的社区与移民相互接触，行使彼此之间的权利和义务。	（i）营造友好和安全的学校环境，支持移民儿童实现理想，为此加强学校各方之间的关系，将移民问题的循证信息纳入教育课程，向移民儿童比例高的学校提供专项资源用于开展融合活动，以促进对多样性和包容性的尊重，并防止种族主义、仇外心理和不容忍等一切形式的歧视。
目标 17 消除一切形式的歧视，倡导有据可依的公共言论，以形成对移民问题的正确认识 33. 我们承诺消除一切形式的歧视，谴责和反对针对所有移民的种族主义、种族歧视、暴力、仇外心理和相关不容忍的言论、行为和表现。	（c）提高独立、客观和优质媒体报道水平，包括提高媒体专业人员对移民相关问题和术语的敏感性并进行有关教育。 （g）让移民、政治宗教和社区领袖以及教育工作者和服务提供者共同参与，以发现和防止针对移民和侨民的不容忍、种族主义、仇外心理和其他形式歧视情况，支持地方社区开展活动促进相互尊重。
目标 18 着力于技能发展，促进技能、资格和能力的相互承认 34. 我们承诺着力于创新解决方案，促进相互承认所有技能水平移民工人的技能、资格和能力。	（a）与各行业合作制定标准和准则，以便相互承认外国资格和通过非正规途径获得的技能。 （b）提高国家资格框架的认证透明度和兼容性。 （c）缔结……互认协议。 （e）建立各国之间的全球技能伙伴关系，加强国家当局……的培训能力，以培养受训人员……的就业能力。 （g）与促进技能发展、流动和流通的相关利益攸关方合作，参与双边伙伴关系和方案，如学生交流方案、奖学金方案、专业交流方案和学员或学徒培训方案。 （j）发展和推广创新办法，对以正规和非正规方式获得的技能……予以相互承认并进行评价。
目标 20 促使汇款更加快捷、安全和便宜，促进对移民的金融普惠 36. 我们承诺使汇款更加快捷、安全和便宜，为此进一步完善……现有有利政策和监管环境。	（f）提供按服务商和渠道（如比较网站）分列且易于获取的汇款转账费用信息，以提高汇款转账市场的透明度和竞争力，并通过教育和培训促进移民及其家庭成员的金融扫盲和金融普惠。

资料来源：United Nations（2018a）。

表 1.3：
《难民问题全球契约》中与教育有关内容的节选

68.各国和相关利益攸关方将按照收容国的教育法律、政策和规划，提供资源和专门知识，提高收容国教育系统的质量和包容性，便利难民和收容社区的儿童（男童和女童）、少年和青年接受小学、中学和大学教育。将调动更多的直接财政支助和专项努力，尽量缩短难民男童和女童失学的时间，最好是自抵达起不超过三个月。

69.可视具体情况提供额外支助，用以扩大教育设施（包括幼儿发展、技术或职业培训）和发展教学能力（包括依照国家法律和政策酌情支持担任或可能担任教师的难民和收容社区成员）。其他支助领域包括努力满足难民的特殊教育需求（包括通过"安全学校"和在线教育等创新方法），克服妨碍难民入学和就学的障碍（包括通过经认证的机动学习方案），特别面向女童、残疾人和受过社会心理创伤的人。将支持国家教育部门制定和实施包含难民教育问题的计划。还将在必要时提供支助，使对等学历、专业和职业资格得到认可。

资料来源：United Nations （2018b）。

"

《难民问题全球契约》明确了各国制定政策以提高国家教育体系对难民的包容性的责任。

"

《难民问题全面响应框架》原本是《关于难民和移民的纽约宣言》的附件一，它进一步提出了履行义务和分担成本的实践路线。其实施试点重点关注在冲突环境中制定更加一贯的规划，以及在部分收容难民的东道国存在的长期流离失所问题。

内容：本报告阅读指南

本报告从教师和教育管理者的角度考察移徙和流离失所，旨在回答两个问题：

■ 人口迁移如何影响教育机会和教育质量？对移民和难民有哪些启示？

■ 教育如何才能改变移徙者的人生，并且改变接纳他们的社区？

第2章至第4章是本报告中的主题部分，探讨了三类人口流动（国内移徙、国际移徙和流离失所）如何影响教育机会、质量和包容性。这三章提出如下问题：移民或难民的教育结果是否与当地人有差异？差距是怎么产生的？是什么阻碍了优质且包容的教育供给？第5章讨论教育如何能够影响移徙者和东道主的人生。第6章关注国际留学生和专业人员流动，以及对他们的能力和资质的认证。

第7章至第19章是本报告中的监测部分。首先，该部分考察了国际教育目标的实现情况。其次，大多数章节用与移徙和流离失所问题相关的具体目标数据和相关政策焦点（表1.4）对专题部分做了补充。第7章是一篇简介，简短回顾了过去一年中可持续发展目标4的监测框架的发展，总结了"全民教育"时代（2000—2015年）的进展，以及其终点即2015年的关键指标信息，概括了监测移民和难民教育情况所面临的挑战。第8章至第17章涉及七个具

表 1.4:
本报告中涉及移徙和流离失所的主题目录

	专题部分	监测部分
国内移徙	第2章	数据焦点12.1: 贫民窟中的教育
		数据焦点15.1: 寄宿学校
国际移徙	第3章	政策焦点8.1: 受教育权
		政策焦点11.1: 移民的理财教育
		政策焦点13.1: 为移民开设的成人扫盲项目
		政策焦点17.1: 教师移徙
		数据焦点19.1: 移民税和教育预算
		政策焦点19.1: 精准定位有移民学生的学校
		政策焦点19.2: 用援助控制移徙
		政策焦点19.4: 汇款
流离失所	第4章	政策焦点9.1: 难民的幼儿教育
		政策焦点10.1: 难民的高等教育
		政策焦点12.1: 残疾难民的教育
		政策焦点15.1: 支持难民教育的技术
		政策焦点19.3: 人道主义援助
多样性	第5章	数据焦点14.1: 国际公民素养调查
		政策焦点14.1: 阻止暴力极端主义
留学生和专业人员流动	第6章	政策焦点10.2: 移民的职业技术教育
		政策焦点16.1: 欧洲和亚洲促进流动的奖学金

体目标和三个实施举措。第18章考察了教育在另外三个可持续发展目标——体面工作（可持续发展目标8）、可持续城市（可持续发展目标11）、和平与正义（可持续发展目标16）——中的作用。第19章检视了公共资金、国外资金和家庭资金投入。第20章汇总了关键论据，提出了对各国政府的建议和其应设立的优先目标，作为本报告的结语。

小杰是个11岁的小伙子，在中国微山县一所寄宿学校上五年级。他从9岁就开始寄宿了。他的父母在大理工作，他们每年团聚至少三次。他说，如果他能让学校做出一点改变的话，他会改善教室设施和伙食条件。

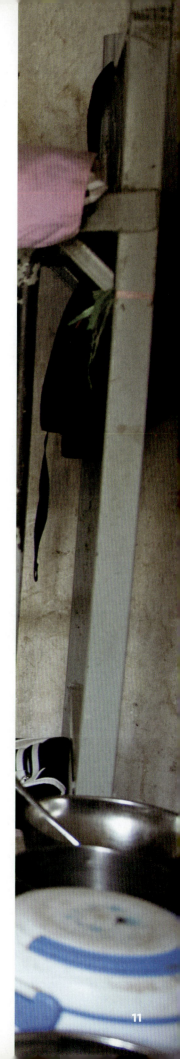

第 2 章

国内移徙

　　移徙是一个复杂现象，在大城市里尤为复杂。正因如此，地方政府必须长久地促进公民意识的提升和努力克服歧视。

　　教育对于激励移民的社会文化融入、自治和进入正规劳动力市场非常关键。在圣保罗市，移民的市民权利得到承认，拥有平等的入学和参与教育项目的权利。

——圣保罗市市长　布鲁诺·科瓦斯

重要发现

20多岁是国内移徙的高峰年龄段，这些国内移民一般是为了学习新技能或者充分发挥技能而移徙的。21%的泰国青年称自己为了求学而移徙。

与没上过学的人相比，受过初等教育者移徙的可能性高出一倍，受过中等教育者高出两倍，受过高等教育者高出三倍。

农村移徙者迁移到城市后，受教育程度会提升，但这并不是无可动摇的规律。在中学阶段从巴西东北部迁出的年轻人中，有25%从正规教育学生变成了非正规教育学生，而留在家乡的同龄人中这一比例为11%。

为了控制从农村向城市的移徙，许多国家抬高了移民入学的门槛。在中国，严格的限制曾经催生了非法的流动人口学校。从2006年起，中国政府进行了大刀阔斧的改革，放宽了相关限制，让所有流动人口都能接受公立教育。然而挑战仍在：北京的流动人口子女必须提交"五证"才能入学。

留守儿童也许能从稳定的生活和父母的汇款中获益，但是他们的教育和身心健康往往受到了伤害。在柬埔寨，留守儿童更有可能辍学，其中女童尤甚。

季节性工人的子女常常被剥夺受教育权。在印度七个城市临时性移徙的儿童中，有80%得不到在家人工作地点附近入学的机会。

传统学校体系满足不了游牧民和牧民的教育需求，其课程和校历不适合游牧民的生活方式。在索马里偏远地区开展的教学点普查表明，学生出勤率表现出季节性波动：旱季末尾的5月的出勤学生人数比11月和12月多50%。

许多国家关闭或合并了农村学校，因为人口从农村迁往城市或者生育率降低。俄罗斯的农村学校数从2000年的4.5万所减少到2015年的不到2.6万所。在压缩成本、提升质量的同时，各国政府必须同时认识到学校在社区中重要的社会地位。

低收入国家和中等收入国家的农村移民往往住在贫民窟里，那里长期存在缺少入学机会的问题。根据估算，孟加拉国的达卡市只有大约四分之一的贫民窟有公立学校。

有关国际移民和难民的耸人标题满天飞，让人很容易忘记国内移民才是流动人口的主力军。在低收入国家和中等收入国家，从农村向城市的移徙是一个突出的现象，导致了城镇化水平的提升。与此同时，农村人口缩减主要发生在较富裕国家（UNDESA，2014）。有多种多样可能的流动形式，包括永久的和临时的、城乡之间的、城市或农村内部的，其中从农村向城市的流动以及季节性或者周期性流动给教育体系带来的挑战是最大的。

在上述所有流动形式中，教育都是关键因素。更高的教育水平提升了人们对于农村地区以外教育机会的向往。教育也是移徙的目的之一。追求技能的年轻人向城市中心汇集，那里提供着中等及以上教育的机会。教育供给方应当接纳如此巨大的从农村来到城市的人流。教育体系也应当满足移民子女的需求，他们面临着在多方面做出调整的挑战，这取决于其背景及其与目的地的社会文化联结。

本章检视国内移民和教育的相互关系，探讨各级教育的入学机会、教育的质量和适切性、政策措施及其效果（包括教学政策及其实施），考察不同移民群体，尤其是遇到阻碍的群体的教育状况，并且思考人口流动给教育规划带来的挑战，包括在人口凋敝的农村地区和快速膨胀的贫民窟。

八分之一人口在出生地以外的地区居住

国内移徙是一个难以精确量化的动态过程，尤其在这个流动性越来越大的世界里。查明各国相对趋势的障碍在于数据资源的缺乏，而且关于国籍的定义众说纷纭。各国对农村行政范围的定义、登记人口跨区域流动的地理单位，以及统计的参考时段不尽相同。周期性或季节性流动的数据最难掌握。

根据人口普查数据，2005年有7.63亿人，相当于全球人口的12%，在出生地以外的地区生活（Bell and Charles-Edwards，2013）。根据盖洛普公司的数据，2011—2012年有3.81亿成人，相当于全球成年人口的8%，曾在之前的五年中从一地迁往另一地（Esipova et al.，2013）。在数据可比的61个国家中，20%的人在之前五年中曾经改变居住地（Bernard et al.，2018）。

在当今大多数高收入国家，大规模的从农村到城市的移徙是伴随着19—20世纪的经济增长而发生的。随着各国过渡到城镇化、老龄化社会，这种流动渐渐平息了（Champion et al.，2017）。现而今最大的国内人口流动发生在低收入国家和中等收入国家，特别是在中国和印度。2016年大约有7,700万中国流动务工人员出省寻找工作，有9,300万人在本省内流动，还有1.12亿短距离流动的工人到离老家不远的城市工作（Hannum et al.，2018）。

> 2016年大约有7,700万中国流动务工人员出省寻找工作，有9,300万人在本省内流动。

在印度，跨邦移徙率在2001—2011年翻了一番（World Economic Forum，2017）。据估计，2011—2016年每年有900万人在不同的邦之间流动（India Ministry of Finance, 2017）。

在撒哈拉以南非洲，从农村到城市的移徙造成的城市人口增长只占一小部分（De Brauw et al., 2014）。然而这对于部分国家的人口分布仍然有重大意义，并给城市发展规划带来了挑战（Mberu et al., 2017）。在尼日利亚，2010年的一项调查发现，23%的人口在之前十年中至少到另一地区居住过六个月，同时有约60%的国内移民居住在城市地区。在36个州中的7个，包括阿比亚州和拉各斯州，移民占当地人口的五分之二以上（Isiugo-Abanihe and IOM Nigeria, 2016）。

新的数据来源提供了有关国内移徙类型的颗粒度更高的信息。社交网络数据已被用于研究协调性移民，即一个城市有20%以上人口迁往外地（Hofleitner et al., 2013）。一项为期四年的对150万人的手机记录的分析显示，卢旺达的临时性和周期性移徙率很高，这是政府调查没有发现的（Blumenstock, 2012）。

各年龄段的人口移徙率不同，在各国之间也有差异。在具有远距离移徙数据的53个国家中，移徙高峰年龄的中位数是23岁，其范围是从白俄罗斯的19.5岁到西班牙的30岁，移徙密度的中位数是3.2%（图2.1a）。举例来说，大多数印度尼西亚国内移民的年龄为20—24岁，2010—2015年该国有十分之一的该年龄段人口在地区之间流动（图2.1b）。从教育的角度来看，移徙影响到的小学适龄儿童相对较少，中学适龄青少年人数略多。移徙最主要影响着那些为了接受中等后教育而迁移的人。

图 2.1:
大多数国内移徙者是在20多岁时流动的

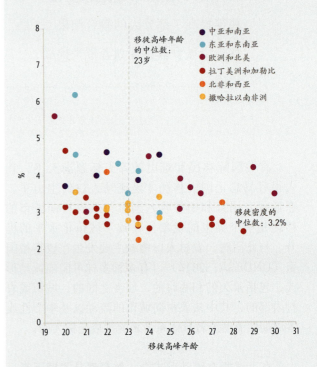

a. 部分国家在最近数据可得年份的国内移徙密度和移徙高峰年龄

注: 本图显示的是远距离移徙数据。
资料来源：Bernard et al.（2018）。

b. 印度尼西亚2010—2015年的国内移徙密度，按年龄和目的地分列

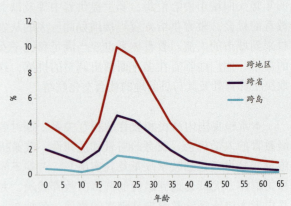

《全球教育监测报告》统计数据链接：http://bit.ly/fig2_1
资料来源：Muhidin（2018）。

教育对人们做出移徙决定起关键作用

城市地区的教育质量更好是年轻人选择移徙的主要原因。21%的泰国青年称自己为了求学而移徙（图2.2a）。而在成人中，家庭原因和求职动机是比教育更常见的移徙原因。即便如此，仍有9%的哥伦比亚成人和8%的伊朗成人为了接受教育而移民（图2.2b）。

一项基于青年人生活研究的历时分析发现，埃塞俄比亚、印度、秘鲁和越南有三分之一到二分之一的15—19岁青年在2009—2013年间至少移徙过一次。埃塞俄比亚和印度的移民潮是从农村到农村，秘鲁是从城市到城市，越南则是从农村到城市。除了印度女童以外，教育是其他人群主要的移徙原因，受教育程度越高的人越有可能去外地深造（Gavonel, 2017）。

以高等教育为目的的国内移徙与教育成本的可承受度和教育质量相关联，对15个年龄组的数据进行的分析显示，成绩好的中学生更有可能进入顶尖大学，而这些大学往往坐落于城市地区（Ahlin et al., 2017）。在美国，2014年新毕业的150万名中学生中，约有40万名离开自己所在的州去上大学

（Strayer，2016; United States DOE, 2015）。

受教育程度更高的人更有可能易地而居，因为他们对于自己所受教育的回报期望更高（World Bank, 2009）。偏好和志向是教育的结果，它们也促使人们离开农村地区，无论移徙可能带来多少收入均是如此（UNDP, 2009）。在53个国家中，与没上过学的人相比，受过初等教育者移徙的可能性实实在在地高出1倍，受过中等教育者高出2倍，受过高等教育者高出3倍（Bernard et al., 2018）（图2.3）。

在大多数国家，特别是平均受教育水平低的国家，从农村到城市的移民比留在农村地区的人受教育程度更高。在几内亚、马里和塞内加尔，从农村到城市的移民的受教育年限是留在老家的人的4倍；在智利和牙买加，这个数据分别是1.6倍和1.2倍（Bernard et al., 2018）。

受教育程度高的人口的移徙是一国之内人力资源的重新分配（Faggian et al., 2017）。在德国和意大利，大学毕业生的移徙加剧了地区间劳动力市场的失衡（Fratesi and Percoco, 2014; Granato et al., 2015）。巴西的人口流动模式因教育而不同。受教育程度较低人群的移徙规模和移徙距离自1980年代后有所下降，但与此同时受教育程度较高人群走得更远了，尤其是有更多人去往该国的首都（图2.4）。

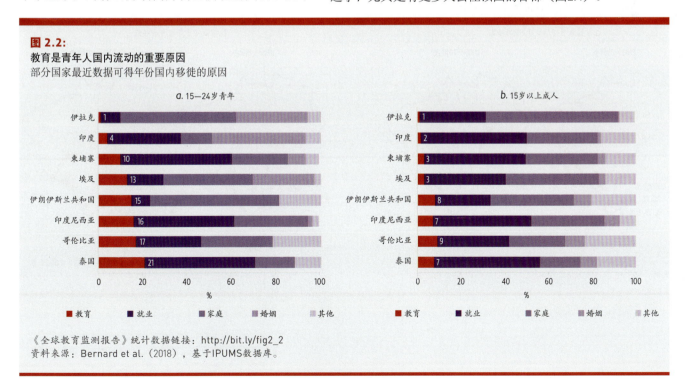

图 2.2:
教育是青年人国内流动的重要原因
部分国家最近数据可得年份国内移徙的原因

《全球教育监测报告》统计数据链接: http://bit.ly/fig2_2
资料来源: Bernard et al. (2018)，基于IPUMS数据库。

图 2.3:

受教育程度越高的人越有可能移徙

部分国家1999—2010年的移徙密度，以5年为间隔，按受教育程度分列

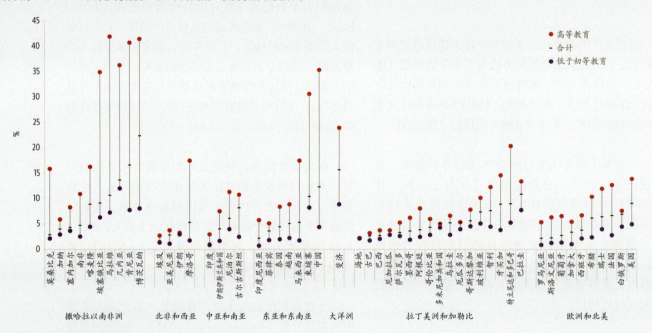

《全球教育监测报告》统计数据链接：http://bit.ly/fig2_3

资料来源：Bernard et al.（2018）。

图 2.4:

在巴西，受教育程度越高的人移徙的距离越远

1986—1991年和2005—2010年巴西国内地区间的净移民量

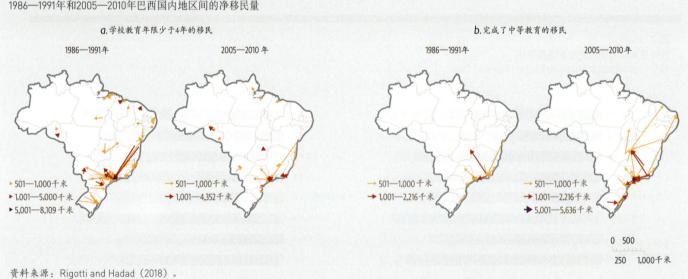

资料来源：Rigotti and Hadad（2018）。

移徙提高了部分人的教育结果

在那些农村地区入学率非常低的国家，从农村到城市的移徙能提高教育普及率。出生于印度尼西亚部分农村地区的人口中，从小移徙至城市的人比其他同伴至少多接受三年学校教育（Resosudarmo and Suryadarma，2014）。2015年《全民教育全球监测报告》中的一项分析显示，在初等教育普及率的城乡差距悬殊的撒哈拉以南非洲，仅靠提升城市居民所占百分比，就使得初等教育普及率在2000—2010年提高了1.5个百分点（UNESCO，2015）。

期盼并不总是能兑现，一些移民儿童可能得不到和同龄人相当的教育结果。一项为本报告开展的对巴西2007—2015年历时数据的分析显示，1993—2009年出生的学生中有15%至少移徙过一次。2000—2001年出生于该国东北部地区的青少年中，在上中学期间移徙者的升学率低于留在家乡的同龄人：有25%的移徙者从正规教育学生变成了非正规教育学生，而留在家乡的同龄人中这一比例为11%。对大多数移民来说，搬去有好学校的地方，如米纳斯吉拉斯州或者圣保罗市，并没有提高他们的受教育程度（Rigotti and Hadad，2018）。在意大利，对从南至北的国内移民的分析发现，移民儿童更有可能过早辍学，其中男生尤甚（Aina et al.，2015）。在土耳其，1990年和2000年两次人口普查之间的国内移徙造成了居民初中和高中完成率降低，社会经济地位低的青年情况更严重（Berker，2009）。

无论是移民儿童还是留守儿童，其教育机会都会受到国内移徙的影响，这可能是多重原因叠加导致的，包括不确定的法律地位和贫困等。孤苦无依的儿童可能在极端脆弱的条件下打工。一些政府可能不去维护他们的受教育权。偏见和刻板印象会降低移民儿童的教育质量和总体幸福感。

与没有接受过任何教育的人相比，受教育者从农村迁往城市的概率变化情况

国内移徙限制会影响入学

许多国家为防止不可持续的城市化和避免城乡失衡,出台了控制移徙的政策。2015年,190个反馈了数据的国家中,有79%的国家颁布了人口政策,以减少从农村向城市的移徙,或者疏解大城市中心,这个比例超过了之前的五年(UNDESA, 2017)。尽管总的趋势是提供激励,但在最严格的案例中,政府提出了明确的限制,而且公共服务供给与是否定居和法律地位挂钩,这就会影响到移民的教育机会。

中国的户口登记制度体系建立于20世纪50年代,当时的目的是限制人口流动,区分农村居民和城市居民,该体系把公共服务与原籍挂钩。自从它建立以来,中国又通过多项改革弱化了上述壁垒;但是,流动人口的教育机会和教育质量处于弱势的问题依旧(Hannum et al., 2018)。

越南也有相类似的户口体系,限制了移民接受公立教育,使从农村到城市去的贫困移民搬到了没有公立学校的地区(Cameron, 2012)。最近的改革旨在取缔这些限制(Huy, 2017),可是旧政策的阴影仍然使暂住的移民处于弱势地位。2015年户口登记调查的数据显示,89%的具有永久居民地位的15—17岁青年进入了高中,而处于暂住居民地位的青年中这一比例仅为30%(World Bank and Viet Nam Academy of Social Sciences, 2016)。

中国的移徙限制已放宽,但其影响仍在

中国的城镇化始于20世纪80年代。现如今农民工占总人口的21%。1990年、2000年和2005年的人口普查及普查年份之间的调查数据显示,流动儿童的入学率和非流动儿童及留守儿童相比显著偏低(Wu and Zhang, 2015)。在21世纪头几年,由于户籍限制,北京有半数以上的流动儿童进入了非法的流动人口学校,这类学校的质量较差,缺乏合格教师,基础设施不健全(Han, 2004)。

从那以后,户籍制度经历了大刀阔斧的改革。政府要求各地在2006年面向所有流动儿童提供教育,并在2008年免除了农民工子女的公立学校学费(UNESCO, 2015)。2014年的一次重要改革试图建立一个全国户籍登记体系,使户籍与基本公共服务解绑。国务院于2016年批准了一份文件,要求除了几个特大城市以外的所有地区放开限制,允许高校毕业生、技术工人和海外回国人员在城镇落户(China Daily, 2016)。

> 在北京,流动人口子女必须提交"五证"才能入学。

然而,流动人口接受教育的壁垒仍然存在。公立学校可以利用书面材料限制入学。在北京,流动人口子女必须提交"五证"才能入学,其中包括居住证、在京实际居住证明、在京务工就业证明、全家户口簿和在原籍没有符合条件的监护人的证明(Zhou and Cheung, 2017)。一些教育机关还严格入学条件,要求提供公立学校准许入学的证明(Tsang, 2018)。在上海,学校可以通过入学测验和其他策略拒绝流动人口入学,从而保持其学术声望,或者把流动人口分到层次较低的班级(Yiu, 2018)。流动青年也大多被收入较差的职业学校(Ling, 2015)。

过去对移民的限制的影响延续到了现在。直到最近,严格的户籍制度还规定所有学生必须在户籍所在地参加中考和高考。因此,农村流动人口不被允许在定居城市参加考试,而各地的课程差异又使得在户籍所在地参加考试的难度增加(Zhou and Cheung, 2017)。

家长们常常抱怨流动人口学校的教师质量差(Goodburn, 2015; Ye, 2016)。而且教师对流动青年的看法也可能影响教育质量。一项为本报告所做的对上海2014年儿童身心健康调查研究数据的分析显示,教师更有可能认为流动青年在语言课上有困难,即便在控制了学业成绩这个变量以后。教师还比较不喜欢流动青年及其家长的行为(Cherng, 2018)。这种区别对待的态度可能要部分地归咎于政策。一些教师感到在流动儿童学习上的投入是得不偿失的,因为他们过去曾被上海的公立高中拒之门外(Yiu, 2014)。

不同城市的政策也有差别，这影响着教师的工作条件。在北京，对民间组织专家的访谈表明，2012年该市估计有140所流动人口学校，其中只有三分之一是合法的。由于学校的非法身份，教师忍受着低廉的薪酬，缺乏职业安全感。在广州，流动人口学校教师的工作时数是受监测的，但是教师们不得不收取多种多样的费用，其中一些是为了完成招生定额（Friedman, 2017）。

留守儿童面临极其严峻的教育挑战

移徙还影响着数以万计的留守儿童，他们由单亲抚养，或由其他家庭成员照料。他们也许能从稳定的生活和父母的汇款中获益，但是他们的教育、心理发展和身心健康往往受到了伤害。在亚洲国家，特别是中国，关于这方面影响的研究最多。

一项对柬埔寨600个家庭的分析显示，留守儿童更有可能辍学，其中女童尤甚（Vutha et al., 2014）。在印度和越南，父母迁移到外地的5—8岁儿童的认知测验分数偏低，特别是那些父母长期在外的孩子缺乏亲子沟通，分数更低（Nguyen, 2016）。一项独立调查发现，越南移徙打工者的留守子女相对于其他儿童面临显著偏高的心理健康风险，有更多负面情绪，同伴关系问题也更多（Van Luot and Dat, 2017）。

中国的留守儿童常常遭遇教育机会的危机

2008—2014年，中国把家人留在故乡的流动工人数量从2,000万人增长到1.32亿人（图2.5a）。 2005—2010年，留守儿童数量从5,900万人增长到6,100万人，其中有2,300万人还不到5岁（图2.5b）。《2015年中国家庭发展报告》估计农村儿童中有35%是留守儿童（Yan, 2015）。另外一项估计表明，2016年有900万名年龄不到16岁的农村儿童不与双亲一同生活，其中有800万名儿童和祖父母生活在一起（Hannum et al., 2018）。一家非政府组织在六个省份的农村地区做了调查，发现超过900万名儿童一年都没有见过父母一面（Hong'e, 2015）。一项流动人口调查发现，2016年安徽、河南和四川有44%的儿童双亲中至少有一方不在身边生活，这三个省是流动工人的主要来源（Hannum et al., 2018）。

关于移徙对留守儿童的教育和身心健康影响的证据有好有坏。一项对中国西北少数民族地区130所农村小学的1.3万名学生所做的研究发现，留守对学业成绩有积极影响，尤其是对成绩差的学生来说（Bai et al., 2018）。另一项研究则发现留守青少年的成绩和同龄人不分伯仲，因为他们相信父母远走他乡的主要目的是给自己更好的教育（Hu, 2017）。

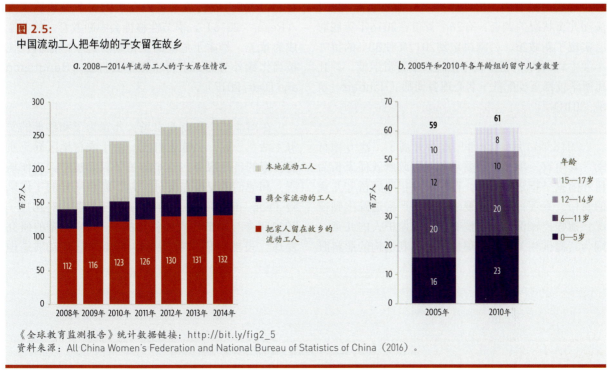

图 2.5:
中国流动工人把年幼的子女留在故乡

a. 2008—2014年流动工人的子女居住情况　　　　*b.* 2005年和2010年各年龄组的留守儿童数量

《全球教育监测报告》统计数据链接：http://bit.ly/fig2_5
资料来源：All China Women's Federation and National Bureau of Statistics of China（2016）。

然而，一项农村家庭调查显示，父母移徙对留守儿童的教育结果有显著负面影响，父母返乡可以缓解这些影响，中学生和女童受到的影响更为明显（Liu et al., 2018）。一项基于"中国教育追踪调查"为本报告而展开的分析发现，不在母亲身边的儿童的数学、语文和英语成绩偏低。与住在父母身边的儿童相比，单亲或双亲不在身边的儿童表现出更多的抑郁症状。对甘肃农村的历时数据分析（2000—2015年）发现，父亲不在身边的儿童受教育年限少0.4年（Hannum et al., 2018）。

> 在中国，不在母亲身边的儿童的数学、语文和英语成绩偏低。

一项对中国留守儿童研究的系统性综述发现，与总体情况相比，留守儿童的自我概念较差，心理问题更多（Wang et al., 2015）。留守儿童的教师通常缺少资源、认识和机会去和孩子的家人或监护人沟通，告诉他们充分支持和关注孩子的必要性（Jingzhong and Lu, 2011）。这一问题的严重性引起了媒体的高度关注，它们把目光投向了一些主要问题，如寄宿学校泛滥，以及农村青少年犯罪数量增多（The Economist, 2015）。

为了应对挑战，2016年2月中国国务院颁布了一项针对关爱留守儿童工作的政策指导意见，涉及27个部委。民政部、教育部和公安部发起了一轮对流动儿童状况的调查，有26个省份在2016年年底前已实施了新政策。云南决定到2017年使80%的留守小学生和100%的留守初中生就读于寄宿学校，并且每所学校都至少配备一名心理咨询师（Hannum et al., 2018）。

2016年11月，8个部门联合开展了一次专项行动，其中有一项指令是要求各地方政府敦促家长为留守的孩子指定监护人，监护人承担照顾留守儿童的责任。专项行动同时要求中小学严密追踪出勤情况，加强控辍保学。对没有父母或监护人的儿童，则为其提供相关救助管理机构、福利机构的照料服务。2017年10月，中国民政部宣布全国农村留守儿童信息管理系统正式启用（Hannum et al., 2018）。

寄宿学校在解决留守儿童问题的策略中发挥关键作用（数据焦点15.2）。这条途径确实行得通。一项对中国西部五个省份高中学校的历时研究，比较了2006—2008年开始住校的学生和非住校生的数学和语文成绩。住校生在刚开始住校时的成绩偏低，但是两年以后，他们的成绩超过了不住校的同学（Beijing Normal University, 2009）。不过，寄宿学校通常是既缺师资又缺设施的。最近的一项分析显示，来自五个省份59个县的住校生的营养状况、健康状况和教育成果比非住校生差（Wang et al., 2016）。有必要加强对行政人员的管理培训，以增进儿童福祉。

社区中心和社团可以作为替代性策略的组成部分，因为这些机构由具备高度奉献精神的志愿者运营，即便在资源短缺的社区也有他们的身影。但很少有证据表明，这些机构对留守儿童的社会心理健康有好处（Hannum et al., 2018）。

季节性流动工人影响教育机会

季节性劳动力移徙是贫困农村人口的一条生存策略，在全世界都是如此。2010年，孟加拉国有超过260万农村流动工人在农闲时节做建筑工人（Reza, 2016）。季节性移徙会中断教育，使儿童成为童工，暴露于危险的工作场所之中。他们往往被当作额外劳力，不得不辍学去打工（Bengtsson and Dyer, 2017）。

在南非的一些商业农场，儿童为了和移徙的父母生活在一起，只能去打工。由于农村地区缺乏质优价廉的日托服务，幼小的孩子只好被带到工作场所，和他们的兄姊与父母一起，面临同样的工作风险（Van de Glind, 2010）。在土耳其，对2010—2011年参与季节性农业移徙的6—14岁儿童的研究发现，虽然他们中有97%在上学，但有73%是推迟上学的，而且他们在180个上学日里有59天缺勤（Development Workshop, 2012）。

泰国的非政府组织、民间社会组织、房地产商和建筑公司以支持建筑工棚里的流动儿童为目的，建立了伙伴关系。那莱（Narai）有限责任公司与"儿童的更好生活基金会"合作，在建筑工棚里提供非正规教育。2016年以来，这家公司已经建立起一所流动学校，以及一支在七处工棚之间巡回授课的教师队伍（UNICEF and Baan Dek Foundation, 2017）。

在柬埔寨，制衣厂女工的识字率很低。政府通过与工厂、非政府组织和联合国教科文组织合作，成立了工厂扫盲项目，为识字班提供教科书、教师指南和教师培训。该项目在2017年已推广至11家工厂，计划在2018年再拓展到其他14家工厂（No et al., 2016）。

印度在为季节性工人的子女提供教育方面做出许多尝试

2013年，印度有1,070万名6—14岁的农村儿童家里有季节性移民。在这类家庭中，大约28%的15—19岁青年不识字，或者没有读完小学，而印度全国该年龄组的这一比例为18%（Chandrasekhar and Bhattacharya, 2018）。在印度七个城市的季节性工人的子女中，约有80%的孩子得不到在家人工作地点附近入学的机会，还有40%的孩子在工作，经受着虐待和剥削（Aide et Action et al., 2015）。

建筑业吸收了大部分短期移民。2015—2016年一项对旁遮普邦3,000名砖窑工人的调查发现，其中60%为邦际移民。住在砖窑场的5—14岁儿童中，有65%—80%每天工作7—9个小时。大约77%的砖窑工人报告称自己的孩子缺少接受幼儿教育或

初等教育的机会（Anti-Slavery International and Volunteers for Social Justice, 2017）。

40多年来，非政府组织帮助不少城市建立起面向建筑工人子女的流动托儿所，并且尝试着拉动政府和企业也加入建设（Bajaj and Gupta, 2013）。

一家非政府组织的报告援引1996年的《建筑业及其他行业工人法》，呼吁在建筑工地建立托儿所。一些一揽子项目涵盖了营养、保健和卫生、教育，以及社区参与和宣传支持（UNESCO, 2013）。

最近，印度政府提出了普查季节性流动人口的议题。依据2009年的《教育权利法》，各地政府有接纳流动儿童的法定义务。国家层面的指导纲要包含允许灵活录取、建设季节性招待所、提供可转移和可流动的教育志愿者、加强人口流出地和流入地的协作等方面的建议（Chandrasekhar and Bhattacharya, 2018）。

然而，实施过程面临诸多挑战。2010—2011年，一个试点项目给拉贾斯坦邦三个地区的砖窑场的失学儿童编制了唯一识别码，以追踪他们的教育进程。该项目没能实际改善他们的学习状况。这些砖窑场的教师们提到，文化、语言、生活方式、卫生习惯和衣着是他们与砖窑工人群体之间的主要壁垒。师生缺勤都司空见惯，其根源是教学条件恶劣，而且学生有在砖窑打工的需求（Reed, 2012）。

大多数具有前瞻性的邦级干预都以在原籍社区抚育儿童为重点，而不是解决季节性流动儿童面临的困难。古吉拉特邦为流动儿童建立起季节性寄宿学校，为失学儿童提供教育，并且与民间社会组

织合作加强了对流动儿童的线上追踪。在马哈拉施特拉邦，季节性流动人口不愿意把孩子交给寄宿学校。于是邦政府建立了替代性的社区安置点。村委会（gram panchayats）组织当地志愿者为留守儿童提供放学后的社会心理支持。奥里萨邦则承担了由一家非政府组织——"美印学习与移徙项目基金会"开办的季节性招待所的运营责任。奥里萨邦还与安得拉邦在2012年签署了谅解备忘录，以鼓励合作，促进流动人口幸福生活。泰米尔纳德邦则为流动儿童提供了多语种的教科书（Chandrasekhar and Bhattacharya, 2018）。

从事家政工作的儿童最有可能失去教育机会

许多农村儿童在城市家庭里面做帮佣。他们是最有可能失去上学机会的人群，然而相关的估计却非常罕见。在2012年，约有1,720万名5—17岁儿童在雇主家从事有偿或无偿的家务劳动，其中三分之二是女童（ILO，2017b）。

在印度尼西亚的雅加达等大城市，约有59%的家政童工是从农村来的女孩。其中一半童工只有初等教育学历，还有26%的人在七年级或八年级辍学（Patunru and Kusumaningrum, 2013）。在秘鲁，有95%以上的家政童工是女性，其中大多数是从农村到城市的移民，她们在年纪很小时就到了城里。利马的一项民族志研究表明，这些小女孩认为家政工作是一条走出农村、继续学业的途径。然而，繁重的劳动往往阻断了求学之路，限制了她们今后的就业前景（Alaluusua, 2017）。在埃塞俄比亚，一项对来自六个地区的将近5,300名失学女童的研究发现，她们平均在14岁时独自移徙到了城市，其中很少有人在移徙后走进学校，大多数人走上了有偿工作的道路，而最容易获得的就是家政工作（Erulkar et al., 2017）。

在很多非洲国家，领养是常见做法。父母移徙是送养孩子的原因之一；而收养孩子的原因通常是教育（Beck et al., 2015; Marazyan, 2015）。有近

10%的塞内加尔儿童是被领养的，其中存在明显的性别不均等问题。男孩更有可能被送往较为重视教育的家庭，从而比兄弟姐妹接受更多教育。女孩则有近四倍于男孩的概率是去帮助做家务杂事，而且她们被以教育为目的而收养的可能性更低（Beck et al., 2015）。

要保护这些儿童，就需要免费而优质的公立教育和社会保障，而且要对使用童工进行早期干预，或者禁止儿童从事繁重工作（ILO，2015, 2017a）。受过训练的教师能帮助保护家政童工的受教育权。国际反奴役组织是一家非政府组织，自成立以来就关注秘鲁、印度和菲律宾的教师教育项目，它建立了定期访校制度，以提高教师和驻校联络员对于家政童工问题的重视程度（Anti-Slavery International, 2013）。坦桑尼亚联合共和国的一个行业工会通过与国际劳工组织合作，在很多农村成立了童工问题委员会，它们是防止儿童受雇为家政工人的看门人（ILO，2013, 2017b）。

游牧民和牧民的教育需求尚未得到满足

对很多依靠牲畜生活的游牧民和牧民来说，流动是生活的必要组成部分。教育干预应当承认他们的需求，并提高教育与游牧生活方式及其新的现实情况的关联度。牧民人口数量很难确定，因为他们一般不会被体现在家庭调查和人口普查中（Randall, 2015）。有一项研究估计全球至少有2亿牧民（Davies and Hagelberg, 2014）。他们的教育状况极差。2015年在索马里的6岁及以上游牧民和牧民儿童中，只有16%入学，这还不到全国平均值的一半；游牧民中的成人识字率只有12%，而全国平均值为40%（图2.6）。

> ❝
> 2015年在索马里的6岁及以上游牧民和牧民儿童中，只有16%入学，这还不到全国平均值的一半。
> ❞

2013—2016年，研究人员追踪了约1,000个位于索马里的邦特兰自治区、加尔穆杜格自治区和索马里兰联邦成员州偏远农村地区的家庭。学校抽查表明学生人数存在季节性波动：旱季末尾的5月，在校儿童人数比11—12月多50%（JBS International, 2017）。

流动儿童很难按照和其他同龄人一样的进度发展读写和计算能力。为了帮助牧民儿童赶上长期缺勤后落下的进度，索马里的一个项目与教师和当地教育行政部门合作，针对特定的能力缺口，把计算能力和金融素养、经商技能与领导能力结合起来培养。该项目已在加尔穆杜格、邦特兰和索马里兰的150所小学铺开（CARE International，2016）。

2013年，南苏丹有108所流动学校，为4,000—12,000名学生提供服务。此外，南苏丹在2004—2012年开办的互动广播教学节目为一至四年级的学生录制了480节课，每节课30分钟，有40万名儿童收听到了该节目（Forcier Consulting，2016）。蒙古的游牧家庭占全国总人口的30%，他们的子女曾经受益于寄宿学校体系，但近些年也遇到了困难（框注2.1）。

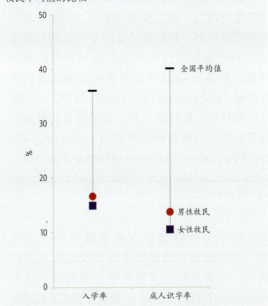

图 2.6:
索马里牧民的入学率和识字率非常低
2015年6—17岁人口入学率和成人识字率的全国平均值与牧民平均值的比较

《全球教育监测报告》统计数据链接：http://bit.ly/fig2_6
资料来源：Somalia Ministry of Education, Culture and Higher Education（2017a）。

框注 2.1:

蒙古的游牧民正在适应变化的条件

1990年以前，蒙古具有运转良好的寄宿学校体系，满足了高度分散的游牧人口的需求（Steiner-Khamsi and Stolpe, 2005）。近些年来，干旱、过度放牧、自然资源枯竭、牲畜私有化和采矿行业工作机会的增多影响了游牧民的生活，促使他们向城市移徙。2012—2016年，"苏木学校"（soum schools）的入学率降低了14%，这类学校是为人口稀少（平均人口数为1,500—3,000人）的行政区域开设的。相反，首都乌兰巴托的学校入学率提高了25%，有些学校甚至引入了三班倒的制度。

大约有1万名来自牧民家庭的6岁儿童进入一年级学习，其中有2,000人住在寄宿学校。在牧民家庭中，有越来越多的母亲离开游牧的父亲和其他家庭成员，陪同孩子住在"苏木中心"。一项最近的政策为游牧儿童提供了免费学生宿舍。在2016—2017年，3.5万名寄宿儿童中有72%是游牧民的孩子。但是，一些宿舍的取暖、供水和卫生条件非常差。

2013年，乌兰巴托的五年级学生数学平均成绩是64%，"苏木学校"学生的平均成绩是50%。除了基本技能以外，游牧知识没有受到课程的重视。尽管在课程中可以灵活地介绍当地相关内容与技能，但是实际上在使课程适应游牧生活方式方面的工作仍不到位，而且政策支持更偏向农耕而非游牧（Batkhuyag and Dondogdulam, 2018）。

为了使教育适应季节性移徙和长期流动而做出的努力

许多拥有大量游牧民或牧民人口的国家都设立了专门的政府部门、委员会或理事会，例如埃塞俄比亚的专项指挥部、肯尼亚的全国游牧民教育理事会、尼日利亚的游牧民教育委员会和苏丹的游牧民教育部。阿富汗2004年颁布的宪法承认游牧民的受教育权（Bengtsson and Dyer，2017）。在索马里及其索马里兰联邦成员州，牧民教育问题鲜明地体现在最新的《教育部战略规划》中（Somalia Ministry of Education, Culture and Higher Education, 2017b; Somaliland Ministry of Education and Higher Studies, 2017）。

在应对季节性移徙的众多策略当中，埃塞俄比亚、印度西部和阿曼的寄宿学校在防止牧民学生辍学，尤其是防止女童辍学方面取得了成功（Bengtsson and Dyer，2017）。流动学校大多数受限于规模，因为成本太高。在肯尼亚图尔卡纳县，流动学校非常依赖水和食物的可及性，当水和食物得不到保障时，出勤人数就会显著减少（Ngugi，2016）。

大多数国家的教育体系不适应季节性移徙。死板的校历在牧民儿童面前树立了障碍，他们无法调整自身的流动需求。牧民学生还对传统教学方式提出了挑战。教师可能不愿意重新接纳暂时性缺勤的儿童，或者会认为采取额外措施超出了其职责范围（Coffey，2013）。

建立可以随时随地退学和入学的学校网络，可能是一个可行的解决方案，但是这需要建立高效而实用的追踪系统，以在学校之间共享学生的进度信息。在埃塞俄比亚，移民社群通过一张联网的卡片共享移徙信息。让学生随身携带移徙登记证和学习注册表或者注册卡片，再加上追踪学生的学习进

> 非洲教育信托基金帮助索马里培训了一批社群教师，他们在42个牧民社群中陪伴着学生们。

度，直到他们初中毕业，这样就有助于在学校之间传递信息（Bengtsson and Dyer，2017）。

一些国家提高了教师的流动性。在埃塞俄比亚、肯尼亚和索马里为牧民开设的古兰经学校（duksi school）里，都有一名跟着牧民社群走的教师负责传讲《古兰经》（Bengtsson and Dyer，2017）。非洲教育信托基金帮助索马里培训了一批社群教师，他们在42个牧民社群中陪伴着学生们，而这项培训对于取得正规教师资格并非必需（Africa Education Trust，2017）。在埃塞俄比亚的骆驼流动图书馆系统中，会有一名教师指导学生阅读，还有一名牧民负责监督这个项目（Bengtsson and Dyer，2017）。

应当提供更加适合游牧民和牧民的教育

对游牧民的教育应当承认并重视他们的生活方式。乌干达的替代性基础教育体系为住在牧牛场里的儿童开办了流动学校。这些学校用当地语言授课，课程内容主要是计算、读写、畜牧生产和保健（Forcier Consulting，2016）。但是，即便这种通常被视为游牧民教育解决方案的替代性基础教育，也并没有被普遍接受。一项在肯尼亚桑布鲁县开展的研究发现，80%的受访者认为替代性基础教育并没有适应移徙生活（Lanyasunya et al., 2012）。

对肯尼亚三个半干旱县的分析发现，学校并没有提供与牧民生计有关的课程。课程往往与儿童的语言和经验不匹配，社群传统也没有被收入课程。在瓦吉尔县，2014年只有27%的小学适龄牧民儿童和9%的中学适龄牧民少年上了学。他们上的是牧民学校或者宗教学校，因为家长们认为这些学校与他们的关系更紧密，也更容易入学（Scott-Villiers et al., 2015）。世俗学校和宗教学校的竞争，是应对尼日利亚北部流动儿童的巨大群体——阿尔马吉里（almajiri）教育挑战的关键（框注2.2）。

狭窄的就业前景是影响学生决定是否继续学业的因素。在加纳，渔业为一个移民群体提供了获取收入的机会，这也提高了儿童辍学的风险（Ananga，2013）。在坦桑尼亚联合共和国，相对于较富裕家庭，牧民认为正规教育是高成本、低收

益的。农民儿童进入收费中学的可能性是牧民儿童的两倍，而商人家庭儿童的入学可能性是牧民的六倍（Hedges et al., 2016）。

职业教育可能与牧民的关联最紧，尤其是与游牧生活方式有关的农业技能教育更是如此。联合国粮食及农业组织（FAO）与游牧民社群合作，自2012年起在吉布提、埃塞俄比亚、肯尼亚、南苏丹和乌干达设立了牧民田野学校。这种学校的课程关注农业相关技能，旨在提高牲畜管理效率，及减轻气候变化带来的干旱等影响，而干旱是严重影响该地区和牧民生活的问题（FAO, 2013）。在南苏丹，联合国粮农组织与联合国教科文组织合作帮助该国政府为牧民社群提供流动的学习机会，包括开设涉及牲畜管理和生计多样化培训的正规课程（FAO, 2018）。

城市中的土著群体难以保持身份认同

在世界上的很多地方，教育体系不仅没能为土著人口提供适合的教育，而且也没有通过学校教育促进他们的同化。澳大利亚、加拿大、新西兰、俄罗斯和美国等国家曾经把土著儿童与他们的社群分离开来，让他们进入寄宿学校，而这些儿童在学校常常忍受着精神和身体的虐待，被阻止学习或者说本地语言，而且要为从事手工业或家政工作做准备（ECOSOC, 2010）。

现而今，这种制度的遗毒又叠加上了贫困和向城市地区的移徙，通常这意味着进一步的文化侵蚀、语言丧失和歧视。城市中的土著人口遭遇了政策偏见，土著被和农村或偏远联系到一起。关于土著权利的法规框架几乎不会提到在城市生活的土著人口，这提高了他们被政策忽视的风险（Brand et al., 2016）。

在新西兰，20世纪五六十年代是毛利人大量涌入城市的时期，这是政府为了劳动力繁荣而鼓励的结果（Kukutai, 2011）。在城市地区生活的毛利人比例，在1926年是16%，1966年增长到62%，2006年又增长到85%。1960年，只有26%的毛利人还会

> 职业教育可能与牧民的关联最紧，尤其是与游牧生活方式有关的农业技能教育更是如此。

框注 2.2：

为尼日利亚北部的阿尔马吉里儿童提供宗教与世俗相结合的教育

在尼日利亚北部，联邦政府和各州政府多年来创造了很多促进流动人口入学的办法，作为游牧民教育政策的一部分。这些办法包括建设流动学校、易拆装的教室、提供给流动渔民群体的独木舟和小船，以及加强了基础设施和技术援助（Okonkwo and Ibrahim, 2014）。然而，主要的挑战还是社会经济问题，正是它维持着阿尔马吉里体系。

阿尔马吉里是指流动的"学习伊斯兰教知识的学生"（Taiwo, 2013, p. 67），他们分布在尼日利亚北部，从农村向城市流动。这些学生会跟随一位流动的传授《古兰经》的宗教讲师。在阿尔马吉里体系中，一位教师可能负责多达100名学生，其中绝大多数是贫困的男童，他们最后都沦落到街头乞讨（Hoechner, 2018）。游牧民尤其青睐阿尔马吉里这种《古兰经》教育体系更胜于正规教育，因为前者更适应其社群需求。

一个联邦特别行动小组认为，把《古兰经》教育整合进基础教育项目是振兴阿尔马吉里体系的关键。2010—2013年，政府投资兴建了117所阿尔马吉里师范学校，遍布36个州中的26个（Olaniran, 2018）。但是，如果家长不放心正规世俗学校的质量的话，整合就成功不了（Antoninis, 2014）。这在西非是普遍问题（d'Aiglepierre and Bauer, 2018）。努力提高要求，争取侧重于现有非正规教育体系的学生、家长及教师的信任，这是很有必要的。

卡诺州的一项针对700名传统教师的干预措施，致力于与这些教师合作选拔能教非宗教科目的教师。此外，为了促进社群参与，这项干预措施还提供校餐、农业物资和小规模的现金转移支付。在最早的参与者中，约70%通过了初中过渡考试（ESSPIN, 2014）。

说毛利语，这促使人们呼吁具有文化适应性的双语毛利教育。1988年的女王委员会报告中就包含了这种教育（ECOSOC, 2010; Ryks et al., 2014）。然而，2013年的人口普查显示，只有21%的毛利人能用毛利语对话，表达日常事物（New Zealand Ministry of Social Development, 2016）。

一些国家的学校已把土著文化融入自身。澳大利亚一所城市小学的土著学生占25%，该校把土著知识嵌入课程，并向学生介绍土著符号，如旗帜、艺术品和地图，受到家长的欢迎（Baxter and Meyers, 2016）。加拿大有50%以上的土著人口在城市里居住。对城市土著人口的分析显示了教育促进其生活质量提升的重要作用，而且发现加入文化适应性课程与实践对幼儿教育结果很关键，其中包括土著语言课程、土著仪式课程和年长者参与授课（Beaton and McDonell, 2014; Findlay et al., 2014）。

虽然拉丁美洲的城市土著学生成绩明显优于农村土著学生，前者完成中等教育的概率比后者高3.6倍，但是他们仍落后于城市非土著学生。在墨西哥，有54%的土著人口住在城市里（World Bank, 2016）。跨文化的双语教育是弱化排斥的主要创举，但它并没有被系统地落实。土著家长认为小学对其身份持消极态度。在厄瓜多尔、墨西哥和秘鲁，城市中的年青一代明显更不愿意说土著语言（Del Popolo et al., 2007）。

智利马普切人曾经为受教育权而抗争，尤其是在2006年的学校抗议期间。2010年，土著语言被纳入那些土著人口占入学人数50%以上的学校的正式课程，这在农村地区比在城市里更常见。2013年，这项措施又延伸至土著人口占入学人数20%以上的学校，但是学校可以自愿选择是否落实（Webb and Radcliffe, 2013）。一所跨文化双语教育幼儿园的教师们感到，他们除了学习语言还需要更多文化知识，以及和土著社区相处的第一手经验（Becerra-Lubies and Fones, 2016）。

移徙给城乡教育规划者带来挑战

移徙影响着教育规划，农村人口凋敝和计划外的城市增加与城市边缘扩张，都对其提出了挑战。要消除加诸儿童、家长及其社区的这些人口统计学压力所造成的负面影响，就有必要制定精确细致的地方性举措，并且保持其灵活性。

农村人口凋敝推动了小规模学校的合并

农村人口凋敝对小规模农村学校有多方面影响。教育规划者必须有效权衡资源配置，使小型社区受益。2018年英格兰（英国）有超过2,000所学校只有不到100名学生（United Kingdom Department of Education, 2018），而2017年，有9%的小学和17%的中学存在公共资金空缺（United Kingdom Education and Skills Funding Agency, 2017）。在法国，幼儿园和小学的数量在1980—2016年减少了约1.75万所，减少了25%（France Ministry of Education, 2017）。

2006—2017年，挪威和瑞典少于100名学生的中小学校中，有四分之一到三分之一的学校已经关门。即便如此，仍有约30%的公立学校的学生人数不足百人（图2.7）（OECD, 2015）。1990—2015年，芬兰关闭或合并了近80%的不足50名学生的学校，这种学校一共有1,600多所（Autti and Hyry-Beihammer, 2014; Statistics Finland, 2017）。

> 俄罗斯的农村学校数从2000年的4.5万所减少到2015年的不到2.6万所。

城镇化进程和生育率降低给许多中等收入国家提出了相似的难题。俄罗斯的农村学校数从2000年的4.5万所减少到2015年的不到2.6万所（Goble, 2017）。中国农村小学数在2000—2010年缩减了52%。平均每天有

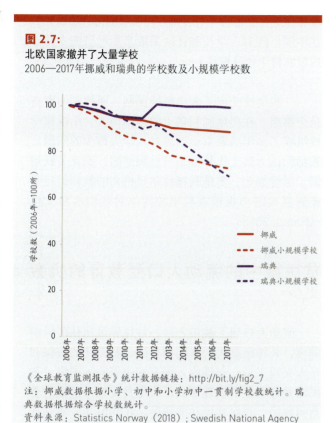

图 2.7:
北欧国家撤并了大量学校
2006—2017年挪威和瑞典的学校数及小规模学校数

图例：
— 挪威
- - 挪威小规模学校
— 瑞典
- - 瑞典小规模学校

纵轴：学校数（2006年=100所）
横轴：2006年 2007年 2008年 2009年 2010年 2011年 2012年 2013年 2014年 2015年 2016年 2017年

《全球教育监测报告》统计数据链接: http://bit.ly/fig2_7
注：挪威数据根据小学、初中和小学初中一贯制学校数统计。瑞典数据根据综合学校数统计。
资料来源: Statistics Norway（2018）; Swedish National Agency for Education（2018）。

63所小学、30个教学点和3所初中被撤销（Rao and Jingzhong, 2016）。在印度，预估的学龄人口数将会迫使政府重新考虑采纳过去基于距离的学校建设规范（Siddhu et al., 2015）。

哈萨克斯坦的小班教学学校占学校总数的一半，但其2013—2014年的入学人数只占学生总数的11%（Pons et al., 2015）。2011年，在泰国的3万所学校中，有将近一半学校的学生数不超过120人（Buaraphan, 2013），近30%的学校平均班额小于10人（OECD and UNESCO, 2016）。

需要针对学校合并进行磋商和治理改革

在为了节约成本和提高效率而考虑合并之前，政府必须承认学校在社区中的重要社会角色。为了

一小群学生而投入资金雇用教职工和维护设施，这样做可能是无法持续的。小规模学校可能吸引不到能指导足够多样化的学习的合格教师。然而，小规模学校在教师、家长和学生之间建立起了紧密的人际互动关系。对2015年国际学生评估项目数据的分析显示，小规模学校的学生在纪律、迟到、缺勤方面的问题较少（OECD, 2016b）。美国的学校合并破坏了社区生活，而且并没有显著地节约成本，也没有改善学生成绩（Ares Abalde, 2014）。

成功的合并要经过谨慎考量。《苏格兰学校磋商法案》引入了关闭学校之前的磋商机制，家长、学生、家长委员会、教会和其他社区组织、教职工和行业工会都要参与磋商。只有在经过了充分解释，并且没有可行的替代方案的情况下，才能关闭一所学校（Education Scotland, 2015）。2010—2012年，约三分之二的欧洲国家加入了合并学校的行列（European Commission et al., 2013）。相反，一些国家接受了维持小规模农村学校的高昂成本，以继续提供优质教育；而在另一些国家，由于地形隔绝，不可能进一步合并学校了（Ares Abalde, 2014）。

同样应该考虑到的是可观的成本。在奥地利，关闭学校的城市要对接纳学生的地区提供补偿（Nusche et al., 2016）。在埃塞俄比亚，关闭初中学校的城市至少在几年内都能获得投资，合并了高中学校的地方政府符合获得专项补贴的条件，国家政府负担了学生的交通费（Santiago et al., 2016）。立陶宛的新教育法要求各城市对优化学校网络负责。中央部门提供数据、分析、建议和指导，以支持合并进程。政府制定了优先措施，从而保留小规模农村小学，同时还采购了上百辆新校车，为学生提供安全的交通工具（Shewbridge et al., 2016）。

> 66
> 《苏格兰学校磋商法案》引入了关闭学校之前的磋商机制，家长、学生、家长委员会、教会和其他社区组织、教职工和行业工会都要参与磋商。
> 99

网络有助于农村学校保持活力

要通过政策措施保持农村学校的活力，就要鼓励它们资源共享、取长补短。加拿大安大略省一个学区的学校委员会广泛推行网络学习，以确保所有学生都能完成中等教育（Ontario Ministry of Education，2017）。加拿大魁北克省则在努力维持"最后的乡村学校"，通过创建互助网络来重新激活小规模农村学校，并使它们专业化（Ares Abalde，2014）。智利有374个微型中心，供农村教师相互见面，讨论他们共同面对的挑战（Santiago et al.，2017）。西班牙加泰罗尼亚的农村学校作为农村教育区的组成部分，彼此共享部分学科的教师，例如外语教师和音乐教师（Ares Abalde，2014）。

> " 智利有374个微型中心，供农村教师相互见面，讨论他们共同面对的挑战。"

韩国曾在20世纪八九十年代经历人口锐减，因此政府建议关闭所有不足180名学生的学校。那些留下来的学校则时常被组成2—4所学校的组合，其中一所学校负责管理教育项目和设施。资金主要投向了现代化设施、建设农村优秀高中、资助农村学校和促进公立寄宿学校发展（Ares Abalde，2014）。在中国，政府、学校和社区采取了多种措施支持小规模农村学校（框注2.3）。

一些学校变成了多年级授课制，而教师的准备是个难题。在奥地利和瑞士的多山地区，小规模学校组成了多年级课堂，以应对入学人数少的问题。教师们认为其工作环境是与世隔绝的，而且欠缺培训。尽管如此，奥地利福拉尔贝格州的教师们还是提到强大的小规模农村学校网络对他们有所支持（Raggl，2015）。

贫民窟中的流动人口受教育的机会更少

流动人口到了城市之后，往往导致居住区域的隔离，其特征是大门紧闭的社区、私有化的安保和私人交通工具。在低收入国家和中等收入国家，贫民窟是最明显的表现形式。大型贫民窟一般混居着新到移民、长居移民和非移民。在2006年，有估计称每天有100—300个家庭为了找工作抵达印度孟买，通常最后住进了贫民窟（Agarwal，2014）。根据在菲律宾的观察，过于拥挤会引发新到移民和长居移民之间的社会紧张，他们有着泾渭分明的社

到2030年
住在贫民窟里的儿童
将增加8,000万人

中国采取多项措施支持小规模农村学校

中国迅速完成的撤点并校挑战了农村学校提供优质教育的能力。2015年，政府把农村生均公共经费调整至与城市相同水平，从而有效增加了农村学校的经费。然而，在县级政府负责向学区分配经费和人员的管理体制下，乡镇中心学校占据了主要份额，而农村学校往往处于被动地位。

2011年以来，政府大举更新或升级了小规模农村学校的设施，这是官方认为需要格外关注的方面。2012年政府开始实施免费午餐项目，改善贫困学生的营养状况。

与提高农村地区师资水平有关的政策涵盖了多种多样的师资配置和交流项目。2006年起实行的农村学校特设岗位教师计划从大学毕业生中招聘教师，他们要在中国中西部地区的农村学校任教三年，尤其是要去往人口稀少的偏远地区任教。2015年，约90%的教师在任职期结束之后留在了自己的岗位上（OECD, 2016a）。

在甘肃和湖南两省的部分学区中，小规模农村学校之间协调了课表，这样教师就可以在不同的日子里到不同学校上课。

在一部分案例中，非政府组织、当地社区和学校也自发增加了资源投入，并建立起资源共享网络。2014年，四川利州区成立了第一个地方性的小规模学校联盟。河南濮阳、甘肃平凉、海南儋州也纷纷成立了这样的联盟，学校之间共享师资、集体备课并相互提供资金。

成立于2015年的中国农村小规模学校联盟现已拥有800余所加盟校，它致力于为小规模农村学校提供教师教育和在线课程，并呼吁对最弱势的农村学校实行政策倾斜。该联盟还提高了小规模农村学校在公共媒体上的曝光率（Han et al., 2018）。

交网络和背景（Baker et al., 2017）。一项在印度三座城市展开的分析发现，无论社会和宗教背景如何，新移民总是最被边缘化的人群，原因在于他们未做登记，以及跟老移民之间的紧张关系（Sahoo, 2016）。

虽然发展中国家城市人口中的贫民窟居民占比从2000年的39%降至2014年的30%，但是贫民窟居民人数仍在增多，据估计至少会达到8亿人（UN Habitat, 2016c）。全球教育监测报告采用贫民窟、学龄人口和城市人口的数据，并且经过推测，估计到2030年住在贫民窟里的儿童人数会比2015年多8,000万人。贫民窟的居住条件、合法性和基本服务供给在各国之间和国家之内都存在巨大差异，然而有数以亿计的贫民窟居民缺少包括公立教育在内的基本服务（UN Habitat, 2016c）（数据焦点12.1）。在2009年，孟加拉国贫民窟的中学就读率是18%，而城市地区的数据为53%。2004—2005年印度德里贫民窟的小学就读率为55%，而该城市整体的就读率为90%（UNICEF, 2012）。

虽然如此，一些居住在贫民窟的流动人口的教育轨迹还是逐渐改善了的，这对他们今后的人生际遇有着积极影响。对巴西里约热内卢的历时分析发现，一些家庭搬离贫民窟的原因是教育和就业前景变好了（Perlman, 2010）。对肯尼亚内罗毕的两个非正式定居点的历时数据分析发现，以上学为移徙目的的6—14岁儿童中有96%曾经上过学，相对地，以找到更好工作为移徙目的的6—14岁儿童中这一比例只有60%（Abuya, 2018）。

为贫民窟居民增加教育机会和改善教育质量在过去并非重要事项

虽然包容性的城市发展框架常常提及教育，但是教育并非城市化的优先论题，住房、供水和卫生才是焦点（United Nations Task Team, 2015）。"贫民窟家庭"缺乏以下至少一种服务：改善水源、改善卫生设施、充裕的居住面积、稳定的房屋居住年限或土地产权，而教育并不在列（UN Habitat, 2003,

> "
> 2003—2010年，内罗毕的两个非正规定居点中的移民和其他类型居民有40%
> 以上进入私立学校上学。
> "

2016b)。稳定的土地产权和房屋建设权利是确保教育供给的关键一步，然而，明确关注教育也是必需的。2016年印度在向联合国住房和城市可持续发展大会（"人居三"）提交的国家报告中做出承诺，提出了一个全面提供教育等公共服务的包容性城市发展议程（India Ministry of Housing and Urban Poverty Alleviation, 2016）。

贫民窟的财产权问题困扰着教育投资

各国政府往往不愿意在贫民窟投资兴建教育基础设施，因为那里的居民并没有所居住土地的产权。缺少公共投入限制了入学机会。孟加拉国达卡市的一项贫民窟居民调查显示，贫民窟中只有不到300所公立小学，据估计，2007年只有大约四分之一的贫民窟有公立学校。约15%的6—14岁儿童辍学参加全职工作，他们主要进入了服装行业（Quattri and Watkins, 2016）。在开罗的非正规人口稠密地区，步行范围内的公立学校数也不够（TADAMUN, 2015）。

几十年来，各国尝试过拆除贫民窟，或者把居民重新安置到城市中心以外地区，但是都失败了，于是各国开始关注贫民窟的升级改造，把其中的居民纳入城市的组织结构（UN Habitat, 2016a, 2016c; UNESCO, 2016b）。包容性住房政策能对教育结果产生积极影响。阿根廷把公民获得土地所有权与长期的教育改进联系了起来（Galiani and Schargrodsky, 2010）。一项针对里约热内卢巴罗2号贫民窟升级改造项目的影响评估发现，该项目对日托服务和学校出勤有微弱但显著的积极影响（Álvarez et al., 2011）。

> "
> 阿根廷把公民获得土地所有权与长期的教育改进联系了起来。
> "

升级改造项目越来越多地运用参与式方法。用创新的参与式方法统计贫民窟数量，并提高贫民窟居民的可见度从而影响政策，能够促进入学。

为此，南非约翰内斯堡成立了流动人口咨询理事会、流动人口咨询专家组和流动人口协会（South African Cities Network, 2016）。目前尚无有关这些举措对改善教育机会和教育质量的影响的妥善记录（Shack/Slum Dwellers International, 2018）。

社会保障政策能为贫民窟居民提供支持，但登记难题未解

针对城市贫困人口和贫民窟居民的社会保障项目能够帮助改善流动人口的生活条件，并间接改善其入学状况。然而严格的登记造册要求往往阻碍了流动人口加入项目（Hopkins et al., 2016）。《孟买贫民窟区域法案》中的获取福利资格的要求是，提供1995年1月1日之前的居住证明，而且所居住的贫民窟应当是市政府承认的（Subbaraman et al., 2012）。

城市社会保障项目不如农村的项目普遍，但其数量也在增加。把社会保障扩大至城市地区常常十分艰难，因为许多城市贫困人口是季节性或暂时性的移民。新移民可能无法被政府看到，因而也相对难以促使其进入安全网络。在肯尼亚，城市社会保障项目要求居民具有该国国籍，因此排除了5%的贫民窟居民，他们中有些曾经是难民，无法证明其肯尼亚国籍，还有一些是孤儿组成的家庭（Gentilini, 2015）。

私立机构填补了贫民窟教育供给的空白

由于贫民窟缺乏足够的公立学校，所以非政府组织（BRAC, 2017; Jagannathan, 2001）和私立机构也在那里提供教育。学校地图运动显示了乌干达坎帕拉、尼日利亚拉各斯、巴基斯坦拉合尔和肯尼亚内罗毕等城市的贫民窟居民进入非公立学校的比重（UNESCO, 2015, 2016b）。坎帕拉四个低收入地区的私立学校占比为94%，其入学人数占学前教育至中等教育入学人数的84%（Härmä et al., 2017）。2003—2010年，内罗毕的两个非正规定居点中的移民和其他类型居民有40%以上进入私立学校上学（Abuya, 2018）。

虽然私立学校常常是唯一的选择，但是这些学校可能还达不到最低标准，管理也非常松懈。贫民窟学校一般招聘的是未经训练的教师，或者兼职教师。一项旨在提高内罗毕贫民窟教师质量的倡议关注对教师咨询中心的教练和导师们开展培训，并向他们提供指南和教科书。评估显示，学生阅读成绩提高了，在教练和教师的比率偏低的地区更加明显（Piper and Zuilkowski, 2015）。

在一些贫民窟里，技术也搭建起了教育之桥。"醒来"（Jaago）是一个奖励性项目，它在孟加拉国的13所学校和一家孤儿院中运营，面向难民和贫民窟儿童，也包括国内移民，提供在线学习。该项目起初是通过手机短信和视频传送课程的，现如今则通过交互性工具联结起了达卡市的教师和学习者（UNESCO, 2016a）。

结语

各国政府，尤其是中等收入国家的政府必须改善国内移民的教育条件，他们是难以触及的失学儿童的绝大多数。关于移民人数和教育状况的数据匮乏。解决统计上的不足将会提高贫民窟人口、季节性流动人口和游牧民及牧民的可见度，从而确保所有年龄的所有个体逐步全面享有受教育权。

要在规划中整合国内移民的模式和他们面临的挑战，关注降低法律、行政和财政方面的教育供给壁垒。应当重视创新性方法，例如制定灵活的校历、做好移民追踪和发展教师的能力。尽管寄宿学校通常会促进流动，但是其办学条件需要得到充分关注。包容性教育要求确保移民获得相宜的技能，以及在无歧视的环境中由合格教师提供的教育。更宽泛地来看，社会保障、城市包容和生计项目需要把满足教育需求和需要纳入其工作，以支持最边缘化的人群。

美国加利福尼亚州洛杉矶，孩子们出现在一场
抗议联邦政府制裁非法移民提案的活动上。

摄影：Krista Kennell/Shutterstock.com

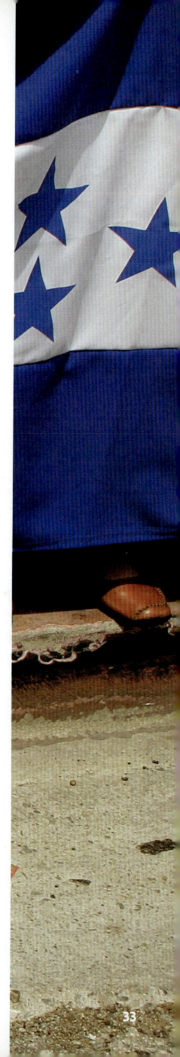

第 3 章

国际移徙

我们许多人都意识到国际移徙和教育之间有着密切的联系。然而，有时我们只能获得关于这种复杂关系的稀少而分散的证据。这份报告汇集了关于移徙和教育问题的现有实据，勾勒出令人难以置信的机遇所在，同时阐明教育不公现象会在什么地方出现以及为什么会出现。它提供了分析的基础，有助于指导我们在一系列移徙背景下的教育决策——目前，国际社会正致力于实现可持续发展目标，并努力在全球范围内最大限度地实现移徙活动的惠益。

——国际移民组织前任总干事　威廉·莱西·斯温[1]

[1] 2008年10月1日至2018年9月30日担任国际移民组织总干事

重要发现

国际移民人数从1960年的9,300万人增加到2017年的2.58亿人。他们所占的人口比例从1960年的3.1%下降到1990年的2.7%，2017年又达到3.4%。

在经合组织国家，2006—2015年，第一代和第二代移民学生的比例从9.4%增加到12.5%。此外，8.9%是混血儿，1.8%是在外国出生的归国留学生。

受教育程度越高，移民的可能性就越大。受过高等教育的人的全球移民率为5.4%，受过中等教育的人为1.8%，受过初等教育的人为1.1%。

移民往往比他们的东道主受过更多的教育。在巴西和加拿大，移民和当地人之间在受过高等教育的人口比例至少有20个百分点的差距。

移民往往发现他们的教育受到法律、行政或语言障碍的限制。2017年，在欧盟，过早离开学校的外国出生的年轻人是当地人的两倍。

移民年龄是教育需求、机会、轨迹和结果的主要决定因素。在美国，7岁进入美国的墨西哥移民没有完成中等教育的比例为40%，而14岁进入美国的墨西哥移民的这一比例是70%。

移民和当地人之间的教育差距往往会延续几代人。在比利时，在初中阶段停止接受教育的人口比例方面，第二代移民和当地人之间有17个百分点的差距。

移民的受教育程度和学习速度比留守人口提高得更快。在美国，来自哥伦比亚的移民子女的平均受教育年限比不移民的儿童多2.3年。

在包括澳大利亚和马来西亚在内的许多国家，无证移民和被拘留的无人陪伴儿童往往受教育机会有限，或无法获得受教育机会。

缺乏语言能力是一个教育劣势。2012年，在23个高收入国家，识字率较低的第一代移民学生平均约有53%接受了补习课程，从斯洛文尼亚的13%到芬兰的近80%不等。

把成绩差的学生和最有天赋的弱势移民学生分开。在奥地利林茨，从10岁开始的追踪研究发现，有移民背景的学生在五年级选择学术课程的可能性比当地人低16个百分点。

近年来，人们的跨境流动变得更加多样和复杂，对教育机会和教育系统的影响越来越大。

即使人们为了更好的工作和生活机会而迁移，情况与被迫流离失所不同（第4章），他们也几乎总是面临调整的代价，这会影响他们投资教育或使用技能的能力。出于法律或行政原因，或者受到语言障碍或歧视的影响，获得教育并从中受益可能会受到限制。缺乏强有力和透明的机制来认证先前的学习与证书会阻碍技能的使用。即使在更先进的教育系统中，移民和有移民背景的人也往往落后于同龄人，尽管相比待在家乡他们可能会获得更多的教育和技能。

教育系统在接纳新移民方面也承担着调整的代价。作为了解和尊重移民与有移民背景的人的主要机会，学校教育在包容性社会中发挥着主导作用，但日益多样化也给教师、学生和家长带来了挑战。虽然《安全、有序和正常移民全球契约》将国际移徙视为一项共同责任，但教育在议程中并不突出。教师的作用和反对学校隔离的斗争应该得到更广泛的认可。

本章描述了国际移徙的规模和多样性，并说明了它如何与教育机会、受教育程度和教育成就相互作用。本章强调了移民面临的不利条件，并论述了可以扩大受教育机会的政策和做法。随后的章节讨论了移徙与教育关系的其他方面，特别是如何提高教育质量以帮助社会更好地适应迁移流动（第5章），以及哪些行动有助于高技能人员的流动（第6章）。

国际移徙影响所有地区

国际移民人数从1960年的9,300万人增加到2015年的2.41亿人，增加了1.5倍以上（图3.1a）。然而，与普遍看法相反，国际移徙者在人口中的比例一直相对稳定，从1960年的3.1%下降到1990年的2.7%，自2000年以来一直在上升，到2015年达到3.3%（World Bank，2018）（图3.1b）。

联合国估计，2017年国际移民人数会增加到2.58亿人，占全球人口的3.4%。其中，64%居住在高收入国家。在低收入国家和中等收入国家，移民

> 有移民背景的人往往落后于同龄人，尽管相比待在家乡他们可能会获得更多的教育和技能。

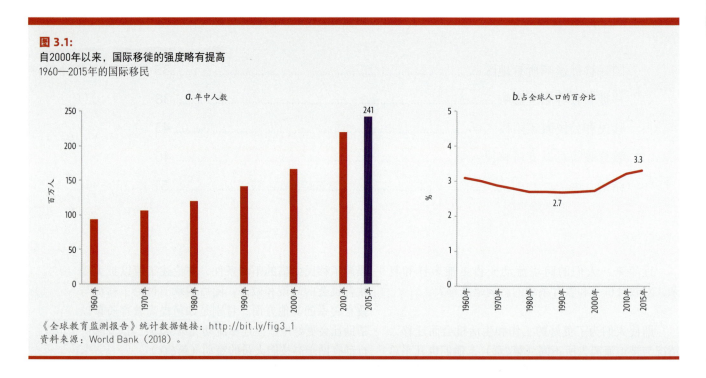

图 3.1:
自2000年以来，国际移徙的强度略有提高
1960—2015年的国际移民

a. 年中人数

b. 占全球人口的百分比

《全球教育监测报告》统计数据链接：http://bit.ly/fig3_1
资料来源：World Bank（2018）。

在人口中的比例保持不变，低至1.5%左右，而高收入国家的这一比例则从2000年的10%上升至2017年的14%。在科威特、卡塔尔和阿拉伯联合酋长国等海湾国家，移民是多数群体（United Nations Department for Economic and Social Affairs，2017b）。

哥斯达黎加、科特迪瓦、马来西亚和南非等不同国家的移民率比全球平均水平高两至三倍（IOM，2017；United Nations Department for Economic and Social Affairs，2017b）。哥斯达黎加的47万名小学生中约有4万人是移民，主要来自尼加拉瓜（IOM，2018）。科特迪瓦移民占总人口的比例从2000年的12%下降到2017年的9%，这仍然是撒哈拉以南非洲除盛产石油国家和小国家之外的最高水平。其中，2012年，一半以上的人来自布基纳法索（Teye et al.，2015）。主要来自孟加拉国、印度尼西亚、缅甸和菲律宾的移民，占马来西亚劳动力的15%。2006—2015年，他们的汇款增加了5倍（Endo et al.，2017）。截至2015年，南非有400万人（占总人口的7%）出生在国外：四分之三的人来自邻国，尤其是莱索托、莫桑比克和津巴布韦（Crush et al.，2015）。

移民率超过人口5%的国家分布于巴尔干半岛（阿尔巴尼亚、波斯尼亚和黑塞哥维那）、加勒比（圭亚那和牙买加）、高加索（亚美尼亚和格鲁吉亚）、中亚（吉尔吉斯斯坦和塔吉克斯坦）和中美洲（萨尔瓦多和尼加拉瓜）。移民率较低但移民绝对人数较多的国家包括尼泊尔、菲律宾和斯里兰卡（IOM，2017）。

重要的移徙走廊是东欧到西欧、北非到南欧以及南亚到海湾地区。从墨西哥去往美国是移民绝对数量最大的走廊，在2017年有1,270万名移民（图3.2）。

还有一些鲜为人知的流动，目前很难被准确估计。在某些情况下，社交媒体能够提供创新的和备选的数据源（Zagheni et al.，2017）。越来越多旨在定居欧洲的撒哈拉以南非洲移民仍滞留在过境国，如摩洛哥（Mourji et al.，2016）。海地人移民到智利（Pavez-Soto and Chan，2018）。委内瑞拉人移民到邻近的非西班牙语国家，以及巴西（Mahlke and Yamamoto，2017）、特立尼达和多巴哥（Nakhid and Welch，2017）。

图 3.2:

世界各地都有大型移徙走廊

2017年居住在部分移徙走廊中的某一目的地国且来自单一原籍国的国际移民人数

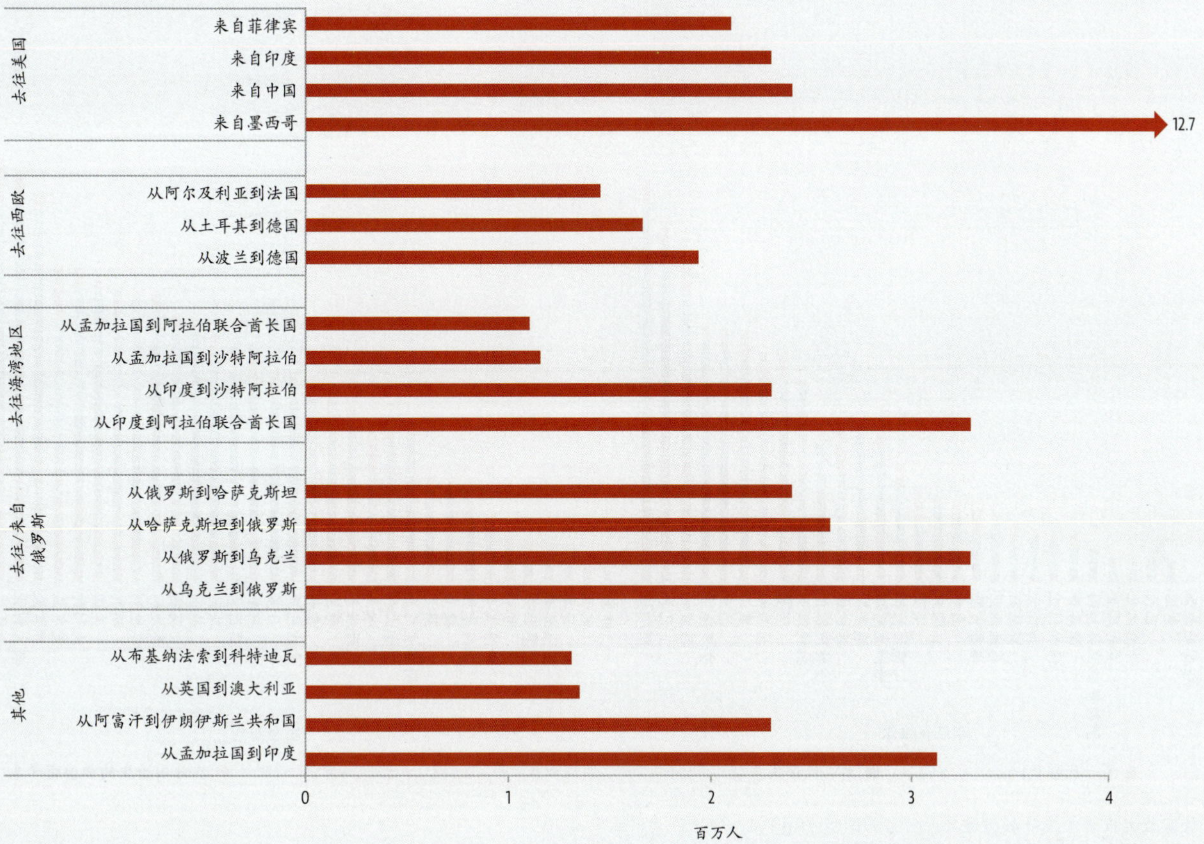

去往美国
来自菲律宾
来自印度
来自中国
来自墨西哥
12.7
去往西欧
从阿尔及利亚到法国
从土耳其到德国
从波兰到德国
去往海湾地区
从孟加拉国到阿拉伯联合酋长国
从孟加拉国到沙特阿拉伯
从印度到沙特阿拉伯
从印度到阿拉伯联合酋长国
去往/来自俄罗斯
从俄罗斯到哈萨克斯坦
从哈萨克斯坦到俄罗斯
从俄罗斯到乌克兰
从乌克兰到俄罗斯
其他
从布基纳法索到科特迪瓦
从英国到澳大利亚
从阿富汗到伊朗伊斯兰共和国
从孟加拉国到印度
0
1
2
3
4
百万人

《全球教育监测报告》统计数据链接：http://bit.ly/fig3_2

资料来源：United Nations Department for Economic and Social Affairs（2017b）。

总的来说，移民比一般人口年龄大。2017年，14%的国际移民年龄在20岁以下，相比在一般人口（图3.3）或被迫流离失所者（第4章）中的比例低得多。

移徙影响移民及其子女的教育机会。对国际学生评估项目数据的分析表明，在大多数经合组织国家，2015年，每5名15岁学生中至少有1人是移民或有移民背景（OECD，2016）（图3.4）。平均而言，其中5.4%是第一代移民，7.1%是第二代移民，8.9%是混血儿，1.8%是在外国出生的归国留学生。2006—2015年，第一代和第二代移民学生

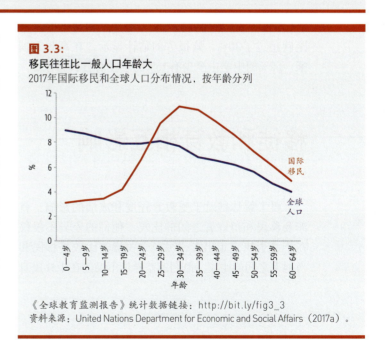

图 3.3:

移民往往比一般人口年龄大

2017年国际移民和全球人口分布情况，按年龄分列

12
10
8
6
4
2
0
%
国际移民
全球人口
0—4岁
5—9岁
10—14岁
15—19岁
20—24岁
25—29岁
30—34岁
35—39岁
40—44岁
45—49岁
50—54岁
55—59岁
60—64岁
年龄

《全球教育监测报告》统计数据链接：http://bit.ly/fig3_3

资料来源：United Nations Department for Economic and Social Affairs（2017a）。

图 3.4:

在大多数经合组织国家，至少有五分之一的15岁学生是移民或有移民背景

2015年部分国家15岁学生的分布情况，按移民背景分列

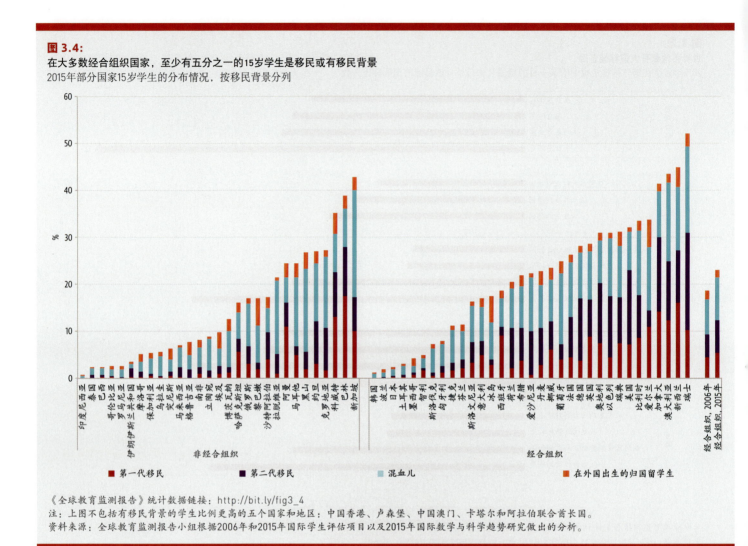

■ 第一代移民　　■ 第二代移民　　■ 混血儿　　■ 在外国出生的归国留学生

《全球教育监测报告》统计数据链接：http://bit.ly/fig3_4

注：上图不包括有移民背景的学生比例更高的五个国家和地区：中国香港、卢森堡、中国澳门、卡塔尔和阿拉伯联合酋长国。

资料来源：全球教育监测报告小组根据2006年和2015年国际学生评估项目以及2015年国际数学与科学趋势研究做出的分析。

的比例从9.4%增加到12.5%。加拿大和瑞士的这一比例超过了30%。该报告的估计显示，在高收入国家，52%的中学中至少有15%的学生有移民背景。

移徙和教育相互影响

要了解移徙对于受教育程度和成绩的影响，就涉及移民和留守者之间的比较，他们的差异不仅仅在于是否决定走出去。另一个关键的比较是移民和当地人之间的比较，他们的差异也不仅仅在于移民身份。例如，移民往往生活在学校质量不佳的贫困地区，这导致他们的受教育程度和技能掌握水平较低。

教育增加了移徙的可能性

移民不是随机人口。他们与一般人群的特点不同，这些特点有的容易被观察到（如教育），有的难以被观察到（如动机），二者都会影响移徙。受教育程度越高的人越有可能移民，他们能够更好地收集信息，把握经济机会，使用可迁移技能和为移徙活动出资。2000年，在接受过高等、中等和初等教育的人当中，全球移民率分别为5.4%、1.8%

> 2000年，在接受过高等、中等和初等教育的人当中，全球移民率分别为5.4%、1.8%和1.1%。

和1.1%（Docquier and Marfouk，2006）。美国移民的受教育程度高于32个输出国中31个国家的平均水平（Feliciano，2005）。

一些国家的选择性移民政策使移民和当地人之间产生了显著的受教育状况差异。2008—2012年，41%的美国非洲移民至少拥有学士学位，相比之下，其他移民的这一比例只有28%。来自尼日利亚（61%）、南非（57%）、肯尼亚（47%）和加纳（35%）的移民受教育程度最高（Gambino et al.，2014）。

在一些地方，移民的受教育程度低于当地人，这是因为他们来自平均受教育程度较低的贫穷邻国，如从阿尔巴尼亚到希腊、从海地到多米尼加共和国和从尼加拉瓜到哥斯达黎加（图3.5）。移民人口在这方面也可能是异质的。在南非，完成高等教育的移民多于当地人（差距为7个百分点），但根本没有受过正规教育的移民也比当地人多（差距为3个百分点）（Fauvelle-Aymar，2014）。

移民在移徙时的受教育程度也因其入境条件而异。例如，进入美国的萨尔瓦多、海地、墨西哥和尼加拉瓜的无证移民的平均受教育程度高于拿到临时就业合同的移民。两者的受教育程度都低于合法定居的移民（图3.6）。

教育和移徙之间的关系还取决于在原籍国和目的地国有什么样的就业机会以及低、中、高技能的人能得到多少报酬（Docquier and Deuster，2018；Tani，2018）。

移民影响了留守者的教育

移民经常留下孩子。在一些加勒比国家，10%—20%的儿童被留下（Dillon and Walsh，2012）。据估计，吉尔吉斯斯坦人口中有12%—17%是移徙工人，许多父母不愿意或无法带上他们的孩子

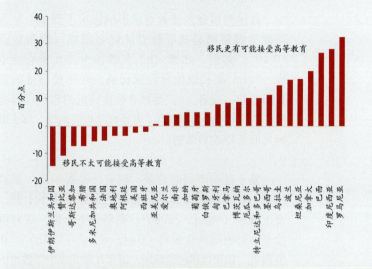

图 3.5:
移民往往比当地人受教育程度更高
2009—2015年部分国家的移民与当地人在受高等教育人口比例方面的差距

《全球教育监测报告》统计数据链接：http://bit.ly/fig3_5
资料来源：全球教育监测报告小组基于世界人口数据库数据的分析。

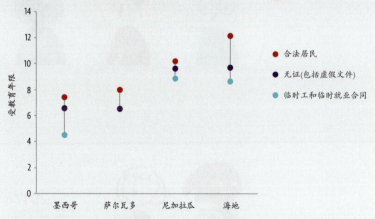

图 3.6:
进入美国的拉丁美洲和加勒比的无证移民，比拿到临时就业合同的移民的受教育程度更高
来自部分拉丁美洲和加勒比国家的移民的受教育年限，按上次到美国时使用的文件分列

《全球教育监测报告》统计数据链接：http://bit.ly/fig3_6
资料来源：全球教育监测报告小组基于拉丁美洲移民项目和墨西哥移民项目数据的分析。

（FIDH，2016）。菲律宾是国际移徙工人的最大来源国之一，估计有150万—300万名儿童的父母住在国外（Cortes，2015）。

移民对留守儿童教育的影响取决于背景。汇款可能会缓解阻碍接受教育的资金困难（政策焦点19.4）。然而，如果（a）汇款很少且儿童必须工作，（b）家长缺位导致家长减少对学校绩效的监督和监管，或者（c）受教育程度较低的移民获得有利可图的工作的前景削弱了其留在学校的动机，那么影响可能是零或负面的。

鉴于这些不同的背景，研究已经揭示出一系列结果。在菲律宾，有国际移民的家庭就读率上升，童工减少（Yang，2008）。在塔吉克斯坦，这对就读率的影响则是负面的（Dietz et al.，2015）。在墨西哥，如果母亲已经移民，留守儿童完成中等教育的可能性就会增加12个百分点（Miranda，2011）。如果父亲移民到美国，墨西哥女孩也能完成更长年限的学业；但如果她们在墨西哥境内移徙，则不会有这样的结果（Antman，2012）。相比之下，在危地马拉，如果父亲移居国外，入学率将降低37个百分点（Davis and Brazil，2016）。

移民在目的地国付出教育代价

移民通常提前脱离教育。2017年，欧盟18—24岁的在外国出生人口中有19%过早离开学校，相比之下，当地人中这一比例只有10%（Eurostat，2017）。在西班牙，在外国出生的人早期离校率为32%，当地人的这一比例为16%（图3.7）。只有爱尔兰、荷兰和英国的在外国出生的人的这一比例较低。

移民年龄是教育需求、机会、轨迹和结果的主要决定因素（OECD，2018；van Ours and Veenman，2006）。一个人在义务教育的初期、中期还是末期进入东道国教育系统，对其教育结果有很大影响。例如，16—18岁从前苏联地区移民到以色列的男孩中，有26%在中学毕业前辍学，而6—9岁时移民的男孩中，有13%辍学（Cohen Goldner and Epstein，2014）。在美国，7岁进入美国的墨西哥移民没有完成中等教育的比例为40%，而14岁进入美国的墨西哥移民的这一比例是70%（Beck et al.，2012）。

经合组织国家的移民学生留级的可能性几乎是当地学生的两倍（OECD，2015，2018）。

在欧盟，**2017年过早离开**学校的在外国出生的学生是当地人的**两倍**

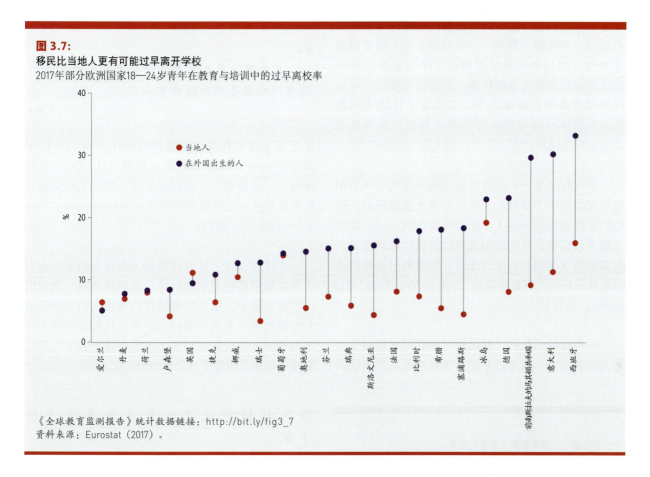

图 3.7:
移民比当地人更有可能过早离开学校
2017年部分欧洲国家18—24岁青年在教育与培训中的过早离校率

- 当地人
- 在外国出生的人

《全球教育监测报告》统计数据链接：http://bit.ly/fig3_7
资料来源：Eurostat（2017）。

根据2007—2013年法国学生小组调查（Panels d'élèves）对相关报告进行的分析，15%的法国父母的子女会至少复读一个中学年级，相比之下，土耳其移民的子女的复读率为32%，马里移民的子女的复读率为33%，越南移民的子女的复读率仅为6%（Ichou，2018）（图3.8）。西班牙的第一代移民学生留级的可能性几乎是当地人的两倍（Gonzalez-Betancor and Lopez-Puig，2016）。

受教育程度的差距会延续几代人

在大多数国家，当地人和有移民背景的人之间的教育差距仍然存在，但也有明显的例外，这些因素可以解释差距和追赶的证据。总体而言，第二代移民比当地人更有可能停止接受初中阶段的教育。比利时的这一差距为17个百分点，排除父母教育的因素后降至4个百分点（OECD，2017）。

对6个国家的第二代土耳其移民进行比较研究

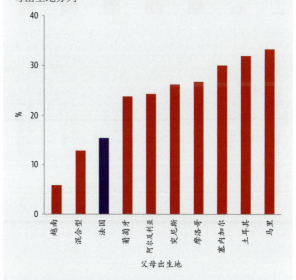

图 3.8:
在法国，有移民背景的学生比当地人更有可能复读一个中学年级
2007—2013年法国复读至少一个中学年级的儿童比例，按父母出生地分列

父母出生地

《全球教育监测报告》统计数据链接：http://bit.ly/fig3_8
资料来源：Ichou（2018）。

发现，制度因素对接受高等教育的可能性有着复杂的影响。在法国和瑞典，37%和32%的人接受过高等教育，因为他们很早就接受了学前教育，而中等教育阶段按能力分班较晚，即便能力较低也可以接受高等教育。相比之下，在没有上述因素的奥地利和德国，只有15%和5%的人接受过高等教育（Crul，2013）。

对一些结果——如教育轨道的可能性——差距较小现象的一个解释是，移民是被有意选择的，即他们比原籍国的同龄人受教育程度更高。这可能是（但不仅仅是）目的地国选择性移民政策的结果。在英格兰（英国），来自中国、印度和巴基斯坦等国的移民接受了有意的挑选（van de Werfhorst and Heath，2018）。

随着时间的推移，移民的受教育程度相对于当地人有所提高。衡量进步的一个标准是，达到比父

> 在美国，第三代墨西哥裔美国人的中学毕业率仅略低于非西班牙裔白人。

母更高受教育程度的移民的百分比。对11个国家的分析表明，第二代移民在教育上比当地人更具流动性，尽管对大多数国家来说，移民父母受教育程度低是造成这种结果的原因（Oberdabernig and Schneebaum，2017）。

估计第二代之后的移民赶上当地人的速度遇到了准确衡量移民背景的问题。美国针对这一挑战的一项研究显示，第三代墨西哥裔美国人的中学毕业率仅略低于非西班牙裔白人。第二代和第三代墨西哥裔美国人的受教育年限、大学就读率和学士学位完成率都有显著提高（Duncan et al.，2017）。

移民的教育状况改善速度要快于留守者

评估移民相对于留守者的教育轨迹需要专门的高质量数据。自1982年以来，墨西哥移民项目覆盖了有墨西哥-美国移民的161个社区和大约2.7万个家庭，其中4%在美国。自1998年以来，拉丁美洲移民项目收集了拉丁美洲和加勒比地区10个国家向美国移民的信息。除萨尔瓦多和墨西哥外，移民子女的平均受教育年限比非移民子女多1.4年（图3.9）。

虽然随着移民从平均受教育程度较低的国家移徙到受教育程度较高的国家，他们的受教育程度受到的影响可能很大，但全球影响比预期的要小得多。为本报告所做的新研究表明，到2050年，成人接受中等后教育的比例将增加不到0.1个百分点，青年的这一比例将增加约0.2个百分点。这一小小的影响提醒我们，移民率很低，而且很少有移民到达东道国时年轻到足以让他们的教育轨迹发生很大变化。此外，移

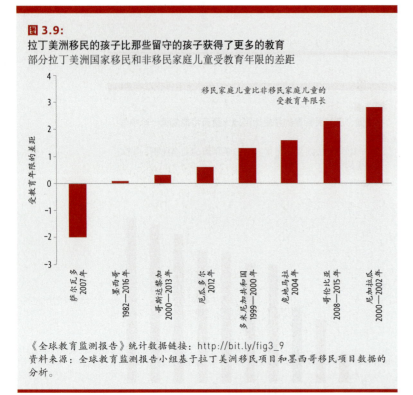

图 3.9:
拉丁美洲移民的孩子比那些留守的孩子获得了更多的教育
部分拉丁美洲国家移民和非移民家庭儿童受教育年限的差距

《全球教育监测报告》统计数据链接：http://bit.ly/fig3_9
资料来源：全球教育监测报告小组基于拉丁美洲移民项目和墨西哥移民项目数据的分析。

民往往来自受教育程度高于原籍国平均水平的家庭（IIASA，2018）。

移民的学业熟练水平低于当地人

成就不是本报告关注的唯一教育结果。在15岁的学生中，49%的第一代移民和61%的第二代移民在2015年国际学生评估项目中，阅读、数学和科学水平至少达到了2级，相比之下，当地学生的这一比例为72%（OECD，2018）。在可以比较2006年和2015年国际学生评估项目结果的经合组织国家中，达到2级熟练水平的第二代移民比例提高了7个百分点，但该比例在第一代移民中下降了3个百分点（图3.10）。

经合组织国家的移民存在学习差距，这一差距约有20%是社会经济地位较低造成的——在一些国家高达50%。在考虑了社会经济地位因素后，2015年国际学生评估项目中达到最低阅读、数学和科学水平的学生百分比差异在法国从24个百分点降至13个百分点，在希腊从22个百分点降至12个百分点（OECD，2018）。

移民和公民政策阻碍入学

受教育权载于《世界人权宣言》（第26条）和《儿童权利公约》（第28条）。《保护所有移徙工人及其家庭成员权利国际公约》也承认移民儿童的受教育权，无论其官方移民身份如何（第30条），尽管迄今为止只有四分之一的国家承认了该公约，而且几乎全是移民输出国（OHCHR，2018）。实际上，限制性移民政策、前后矛盾的法律以及东道国严格的证件要求都可能妨碍这项权利的落实（政策焦点8.1）。

图 3.10:
随着时间的推移，经合组织国家第二代移民的学术水平有所提高
2006年和2015年，部分国家15岁学生中，第一代和第二代移民达到国际学生评估项目2级熟练水平的百分比

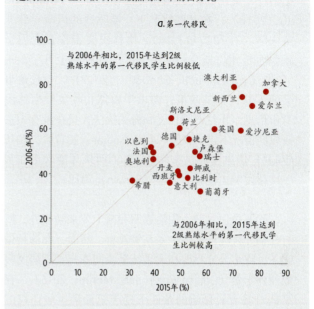

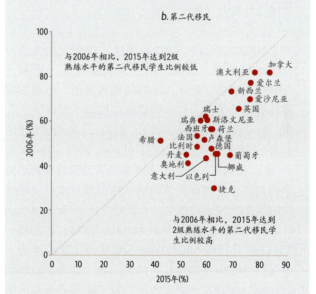

《全球教育监测报告》统计数据链接：http://bit.ly/fig3_10
资料来源：全球教育监测报告小组使用国际学生评估项目数据进行的分析。

无证移民仍然面临入学障碍

在美国的1,100万非法移民中，三分之二已经在那里生活了至少10年（Krogstad et al., 2017）。据估计，该国7%的儿童是非法移民所生（Capps et al., 2016）。在某些情况下，被驱逐的风险导致儿童失学。在2017年2月的一次移民突击检查之后，新墨西哥州拉斯克鲁塞斯学区的缺勤率上升了60%（Las Cruces Public Schools, 2017）。学校董事会随后修订了其政策，要求学校停止收集学生移民身份信息，拒绝联邦移民和海关执法人员在没有司法授权的情况下进入校园（Alba Soular, 2017）。2018年4月，田纳西州汉布伦县20%的西班牙裔学生在另一次移民突击检查后失学（Scown, 2018）。

除亚拉巴马州、佐治亚州和南卡罗来纳州外，所有州都允许无证学生接受高等教育。然而，在这种情况下，许多公立学院和大学甚至会向本州长期居民收取州外学费（Golash-Boza and Merlin, 2016）。在某些对教育有影响的条件下授予无证学生居住权的尝试已经展开（框注3.1）。

摩洛哥2000年《第4号法律》规定仅向摩洛哥儿童提供教育，但2011年，其宪法承认了所有儿童的受教育权，此外，2013年教育部的一份通知则将接受教育的机会扩大到撒哈拉以南非洲国家的儿童，但不包括其他国家的儿童。然而，一些有关文件的要求可能难以被满足（Caritas Maroc, 2015; Qassemy et al., 2014）。例如，卡萨布兰卡地区教育和培训学院需要学生提供医学证明，特别是对来自受埃博拉病毒影响国家的学生，有证明才能入学（Caritas Maroc, 2015; Qassemy et al., 2014）。2015—2016年，约有7,500名移民儿童在公立学校注册入学（Le Matin, 2015）。然而，一个非政府组织估计，2014年设在卡萨布兰卡、拉巴特和丹吉尔的中心接收的8—17岁儿童中，上学的不到一半（Caritas Maroc, 2015）。

针对无证移民的政策经常变化，这影响到他们子女的教育。在泰国，尽管1999年《教育法》将"人"定义为持有国家颁发的证件的人，但在2005年内阁发布决议给予当地人和移民学生同等的人均经费后，无证移民就可以进入泰国学校了，所有学生都有权获得完成学业的证书，无论其身份证件如何。但由于对学校决策的监督薄弱，许多学校领导拒绝接纳移民学生，理由是为他们提供教育要付出成本且他们的辍学率较高（Nawarat, 2017）。此外，频繁打击无证工人会产生负面后果。在毗邻缅甸的达府，大多数移民教师都没有居留证件。无证移民父母因为害怕被逮捕而不太可能送孩子上学（The Nation, 2017）。

美国尚未解决无证移民及其教育面临的障碍

《外来未成年人发展、救济和教育法案》（DREAM）提到了一系列立法提案，授予未满18岁的无证年轻人居住权。第一项提案于2001年推出，没有提案获得通过（American Immigration Council, 2018）。

2012年，奥巴马政府推出了《童年入境者暂缓遣返办法》（DACA）。针对儿童时期入境的无证青年，它提供了可延期两年的保护，使他们免于被驱逐出境，并有资格获得工作许可证，条件包括目前在读或具有中学证书。截至2018年5月，符合条件的130万人中约有70万人提出了申请。其中近80%是墨西哥人；总体而言，这些人中92%是拉丁美洲人（MPI, 2018）。

为年轻无证移民提供着眼于长远的移民政策可以鼓励教育投资。随着符合条件的移民努力满足条件，《童年入境者暂缓遣返办法》将中学毕业率提高了约15%（Kuka et al., 2018）。然而，鉴于该办法不仅鼓励完成中学学业，而且鼓励工作，它对中等后教育的就读率和毕业率的影响更加微妙。无证学生必须在全日制中等后教育与辍学工作之间做出选择。一项研究发现，四年制大学的《童年入境者暂缓遣返办法》受助者的辍学率可能增加了14个百分点以上。在社区学院没有观察到这种影响，那里灵活的课程可以容纳在职学生（Hsin and Ortega, 2018）。

在智利，海地移民人数从2010年的不到5,000人增加到2017年的10.5万人，因为法律允许该地区的移民在边境获得签证，然后申请工作许可证（Charles，2018b）。根据国家人权研究所的研究，海地人在公共场合和社交媒体上受到种族主义言论的攻击（INDH，2018）。由于68%的智利人希望实施更严格的移民管制，2018年4月智利出台了新的移民法，以规范管理现有移民，同时收紧了工作许可标准（Charles，2018a；The Economist，2018）。尽管2008年《第9号总统令》将智利定义为一个欢迎所有儿童接受公共教育的国家，无论其移民身份如何，但教育的提供一直由地方政府官员自行决定（Reveco，2018）。

无人陪伴的未成年移民特别容易受到伤害

从全球来看，无人陪伴的未成年人人数增加了近四倍，从2010—2011年的6.6万人增加到2015—2016年的30万人（UNICEF，2017）。他们的流动性特别大，难以计数，容易受到剥削和虐待，而他们的教育需求往往得不到满足。在法国，无人陪伴的未成年人在接受儿童保护措施之前不能上学，这一过程可能需要很长时间（France Human Rights Defender，2016）。

无人陪伴的未成年人越来越多地被滞留在羁留中心，他们在那里往往缺乏受教育的机会。2013—2017年，平均每年约有5万名来自萨尔瓦多、危地马拉、洪都拉斯和墨西哥的儿童在美国边境被拦截（United States Customs and Border Protection，2018）。在美国，访问家庭羁留中心的儿科和精神卫生专业人员报告说，那里教育服务不足（Linton et al.，2017）。在墨西哥，3.5万名未成年人中有一半以上无人陪伴，被滞留在羁留中心，除了教育内容有限的临时活动，如手工艺活动和宗教讨论之外，没有有组织的教育（HRW，2016）。

一个普遍的问题是如何将无人陪伴的未成年人留在学校，即使有立法和政策来迅速将他们从羁留中心移出并保护他们的受教育权，如在意大利（框注3.2）。年龄较大的儿童往往被安排接受特殊课程，这可能会增加辍学的风险。在德国，2017年，

超过60%的16岁以下无人陪伴的未成年人就读于正规学校，约30%的未成年人就读于面向新来学生的特殊班级。相比之下，将近85%的16岁以上的人进入了特殊班级（Tangermann and Hoffmeyer-Zlotnik，2018）。

无国籍者面临教育障碍

据估计，全世界有1,000万人无国籍，即没有公认的国籍。对一些人来说，这是由过去或现在的移徙导致的。大约70万生活在科特迪瓦的人是在殖民时期作为邻国的劳工被带到科特迪瓦的。上小学需要国籍证明，尽管学校的善意可能会在实践中克服这一障碍（UNHCR，2015）。中等和高等教育入学需要出生证明、身份证和居住证（Nonnenmacher and Yonemura，2018）。

在马来西亚的沙巴州，菲律宾和印度尼西亚移民的子女在出生证上被认定为外国人，不能上公立学校（Lynch，2008）。多米尼加共和国的海地人

无国籍海地人在多米尼加共和国没有充分享有受教育权

移民占多米尼加共和国人口的5.6%，其中88.5%是海地人（Dominican Republic National Statistical Office, 2018）。行政和司法手段被用来剥夺他们的国籍，并将他们驱逐到海地。特别是，2004年《第285号法律》和2013年《宪法法院第168号决定》剥夺了数千人的国籍，其中许多人在出生时已正确登记，并拥有国民身份证（cédula）、选民证或护照。中央选举委员会的决定也产生了类似的后果（IACHR, 2015）。2014年《第169号法律》试图应对国际批评，该法律承诺恢复某些群体的公民身份，但尚未解决这个问题（Mordecai et al., 2017）。

面对证件障碍，许多儿童被排除在教育之外。2012年的一项全国移民调查显示，6—13岁儿童的净就读率，在海地出生的儿童中为52%，在有移民父母但出生于多米尼加共和国的人中为79%，在出生于其他国家的人中为82%（Dominican Republic National Statistical Office, 2013）。即使设法入学，他们也很难获得进步。海地移民需要国籍证明才能在国家数据库中登记，并参加国家中等教育入学考试。即使他们克服了这些障碍，学校也可能要求年满18岁的学生提供他们的国民身份证复印件，这实际上往往意味着他们不能毕业。许多儿童知道他们可能无法获得文凭，因此辍学（Georgetown Law Human Rights Institute, 2014）。

（框注3.3）。肯尼亚的努比亚人，以及巴林、科威特、沙特阿拉伯和阿拉伯联合酋长国的无国籍者也因国籍不确定而难以获得教育服务（Institute on Statelessness and Inclusion, 2017）。

教育政策可以支持移民入学

除移民政策外，政府还有一系列教育政策工具来促进移民接受教育。"移民融合政策指数"研究项目评估了38个国家（主要是高收入国家）的政策在多大程度上符合促进社会经济发展和公民融合的国际标准，自2011年发布第三版以来，该项目已将教育列为重点政策领域之一。它考察了政府是否充分鼓励移民的子女与当地人的子女一样获得成就和发展。它的四个维度之一是评估移民儿童和他们的教师是否"有权在学校满足他们的特殊需求"（Huddleston et al., 2015）。2015年，东欧和南欧国家在这方面排名最低；北欧国家和美国排名最高（图3.11）。

以下部分评估了三个对入学至关重要的教育政策领域：幼儿教育；儿童语言支持方案；与按能力分班、遴选和隔离有关的政策。后续章节将涵盖其他教育政策，特别是那些侧重于教育质量（课程、教材和教师准备：第5章）、职业技术教育（政策焦点10.2）、理财教育（政策焦点11.1）、成人语言支持方案（政策焦点13.1）和解决移民需求的学校基金（政策焦点19.1）的政策。

必须优先考虑移民在幼儿计划中的参与

向移民儿童提供幼儿保育和教育是一个重要的基础。平均而言，受过学前教育的15岁移民在2012年国际学生评估项目中的阅读得分比没有受过学前教育的高49分，其领先优势平均相当于一年以上的学校教育（OECD, 2015）。在奥地利和德国，移民的学前教育就读率增加了他们进入中学学习的可能性（Crul et al., 2012）。

> " 向移民儿童提供幼儿保育和教育是一个重要的基础。"

然而，移民儿童接受学前教育的机会往往少于当地儿童。在德国黑森州，有移民背景的3岁以下儿童中有27%进入儿童保育中心，相比之下，当地儿童中这一比例为44%（Hessen Ministry of Justice for Integration and Europe, 2013）。在瑞士巴塞尔，有移民背景的儿童从与德语儿童的接触中受益最多，但他们最不可能在家庭之外获得幼儿保育和教育（Keller and Grob, 2010）。在美国，无证的3岁和4岁儿童的学前教育入学率落后于有证移民和当地人（Capps et al., 2016）。

各种干预措施都试图增加入学机会。在意大利，尽管包括米兰和都灵在内的许多城市向无证移民的子女敞开了大门，但在进入幼儿园方面，市政当局往往优先考虑合法居民，而不是无证移民。移民开办的家庭托儿所提供价格合理的日托服务，不看移民子女是否持有证件（Ruffini and D'Addio，2018）。塞尔维亚的学前教育法律甚至允许无证的在外国出生的儿童在与国民相同的条件和规则下，进入学前教育机构或提供学前预备课程的学校（Right to Education Initiative，2018）。瑞典市政当局必须告知新入境的家庭他们的学前教育和学校教育权利。学前课程还应为不讲瑞典语的儿童提供发展第一语言的机会（Skolverket，2018）。

其他国家更具规范性。2017年丹麦法律要求未接受学前教育的移民的3岁孩子参加语言测试。那些对丹麦语不够精通的人需要接受学前教育并接受额外的语言培训。不参加的父母不得享受社会福利（CPH Post，2017）。

语言支持计划是移民教育的关键

语言水平低是一项教育劣势。语言熟练有助于人们实现社会化、建立关系和形成归属感。熟练程度不足会增加受歧视、被欺凌和自卑的风险（OECD，2018）。

在2015年国际学生评估项目中，经合组织国家中约有60%的第一代移民学生和41%的第二代移民学生在家里不说评估语言。在这些国家，非母语学生在数学、阅读和科学方面未达到国际学生评估项目2级熟练水平的风险是母语学生的1.5倍。芬兰和

> 在2015年国际学生评估项目中，经合组织国家中约有60%的第一代移民学生和41%的第二代移民学生在家里不说评估语言。

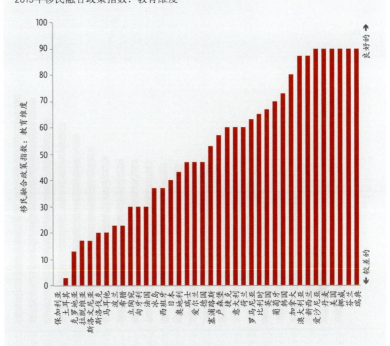

图 3.11:
各国针对移民儿童、父母和教师的需求的做法各不相同
2015年移民融合政策指数：教育维度

《全球教育监测报告》统计数据链接：http://bit.ly/fig3_11
注：该维度包括五个指标：（a）获得关于教育系统的建议和指导（以移民初始语言提供的信息；顾问和中心；口译服务）；（b）支持学习教学语言（在学前教育和义务教育中使用第二语言学习标准）；（c）监测移民学生；（d）以移民学生为目标（通过指导，如教学援助或家庭作业支持，以及财政资源）；（e）回应移民学生的学习需求和教师期望的教师教育计划（职前和在职）。
资料来源：Huddleston et al.（2015）。

意大利在阅读领域、德国和瑞士在数学领域出现了母语学生和非母语学生之间的差距高于平均水平的现象（OECD，2015，2018）。

在经合组织国家，新移民往往被纳入与其年龄相符的班级，并获得语言支持，尽管只有三分之一的国家会在他们入境时评估其语言能力。2012年，在23个国家，读写水平不高的第一代移民学生中约有53%的人在校外学习读写补习课程，具体比例从斯洛文尼亚的13%到芬兰和瑞典的近80%不等（图3.12）。

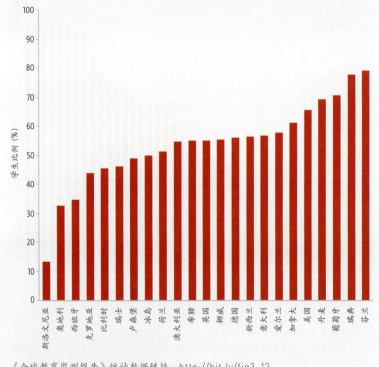

图 3.12:
在经合组织国家，平均有一半的移民获得语言支持
2012年，在部分高收入国家，读写水平不高的第一代移民学生参与补习课程的百分比

《全球教育监测报告》统计数据链接：http://bit.ly/fig3_12
资料来源：Huddleston et al.（2015）。

在欧洲，初等和初级中等教育的新移民语言预科班的时间长短不等，从比利时、法国和立陶宛的一年或一个学年，塞浦路斯、丹麦和挪威的两年，拉脱维亚的三年，到希腊的四年不等（European Commission/EACEA/Eurydice，2017）。正如四个欧洲国家的例子所表明的，课程也因授课方式而异。

> 各国应为移民提供语言补习措施和其他促进计划。

德国有几种类型的"迎新班"（Willkommensklasse）。除了各州的差异外，学校还根据自己的情况调整整体模式。各类迎新班的区别在于它们

对语言和学科学习的关注度以及向普通班级过渡的阶段。但是主要的区别是新移民是被隔离还是被纳入普通班级（Ahrenholz，2016）。就无人陪伴的未成年人而言，萨尔州为无人陪伴的未成年人开设了特殊语言课程（Tangermann，2018）。语言支持计划的质量受到课堂技能差异、学生在学年中到达时间的不同、是否全日制学校（提供这种语言支持活动的最好场所）是否存在以及城乡之间的不平等的影响。

在荷兰，在初等教育中，市政部门要求学校董事会在正规学校设立接收班，为移民在一年内进入普通班做准备，尽管有些学生一开始可能会在普通班兼读。有近200个这样的班级。在某些情况下，特别是在农村地区，移民从一开始就被普通学校录取。在中等教育中，接收班是国家层面组织的，学校所接收学生的最大年龄（16岁或18岁）和上课时间（一年至三年）各不相同（Le Pichon et al.，2016）。

西班牙有三种主要模式。学生在一天的部分时间里上临时课程，上课时间随着语言技能的提高而减少。学生在进入普通班之前，在语言沉浸式课程中，即使不是一整天，也要待很长时间，在那里他们可以得到额外的支持。马德里的"链接教室"（Aulas de Enlace）就是这种模式的一个例子。金融危机降低了移民率，削减了预算，导致在2006—2015年这些班级的数量减少了70%（Silió，2015）。跨文化课程将重点从语言支持延伸到在家庭与学校之间建立联系（Rodriguez-Izquierdo and Darmody，2017）。虽然各地区倾向于遵循三种模式之一，但仍有相当大的灵活性。在安达卢西亚自治区，除了上课时间的临时课程外，还有课外活动期间的移民语言支持计划和远程培训计划（Junta de Andaluci，2018）。

瑞典有一个面向15岁以上高中新生的语言入门计划。从2011年开始参加该计划的人中，只有大约9%的人获得了文凭或证书，完成了高中学业（Skoverket，2016）。此后，这些预科班受到了监

管。它们的开办时间不能超过两年，并且只能举办部分活动，另外一些活动则由主流班级提供。瑞典已经开发了一些教材来帮助学生运用母语和瑞典语将经验与知识联系起来。2016年，有3.6万名学生参加了该计划（Bunar，2017）。

在欧洲以外，加拿大政府提供持续的教学语言支持。课程使用由专业认证教师制定的第二语言学习标准。政府机构监控课程标准。包括阿尔伯塔省、新斯科舍省和安大略省在内的一些省份也有类似的要求（Huddleston et al.，2015）。2014—2016年，日本需要语言支持的移民人数增加了18%，但仍缺乏受过日语教育和相关领域培训的教师。在被指定要促进移民学生进入中等教育的60个市和县中，有30个为入学考试提供了特殊措施，允许延长考试时间、使用阅读辅助工具以帮助掌握汉字发音、使用字典或减少考试科目（Tokunaga，2018）。

分流、选择和隔离使移民教育面临多重挑战

移民进入低质量班级和学校的趋势对他们的进步有着至关重要的影响。成绩差的人可能会在关键的过渡点离开学术课程，进入职业技术轨道，或者移民社区可能会集中在学校条件较差的贫困社区。

> "
> 不要将移民学生与其他学生分开，不论是在不同的教育轨道中还是在不同的学校中。
> "

以前的基于能力的选择机制不利于移民学生

许多国家把成绩差的人分成要求不高的几类。能力排序会导致不平等，使社会背景与学生成绩之间的联系更加紧密。虽然职业培训可以激励那些被学术课程摒弃的弱势学生，但它可能会损害有移民背景的学生的后续机会。在意大利，59%的普通中学移民毕业生升入了大学，相比之下，专业学校和技术学校的移民毕业生的这一比例分别为33%和13%（Italy MIUR，2018）。

在奥地利和德国，教育轨道的分流从10岁就开始了（框注3.4）。在奥地利的林茨，有移民背景的学生选择五年级学术课程的可能性比当地人低16个百分点（Schneeweis，2015）。在荷兰阿姆斯特

框注 3.4:

柏林的家长和学校反对学校取消种族隔离

在2015—2016年大量难民涌入之前，德国经历了几次移民潮，特别是20世纪60年代和70年代外来务工人员的到来。2014—2015年，31%的学生有移民背景（Gönsch et al.，2016）。

德国各州的中学入学政策各不相同，但都包括早期筛选。从历史上看，目前在五个最大的州，学生被分到三种类型的学校：普通中学、实科中学和文理中学，后者最具选择性。渐渐地，几个州开始引入一种综合性学校，即综合中学（Gesamtschule）。这一改革被认为是2000—2015年移民学生与当地学生学习成绩差距缩小的原因之一，但这一差距仍然高于经合组织的平均水平（Davoli and Entorf，2018）。截至2014年，就读文理中学的移民人数仍然不足（26%），就读普通中学的移民人数过多（48%），而就读普通中学的移民子女中有一半没有拿到证书或实习资格就离开了学校（Gönsch et al.，2016）。

在柏林，2014—2015年有移民背景的学生的比例为37%，高于全国平均水平。早在1982年，柏林州议会就建议将外国学生在班级中的比例控制在50%以内。那时，完全由外国学生组成的班级很普遍。到1989年，普通中学的移民学生中有55%在这类班级，这些班级在1995年被正式取消（Glenn and de Jong，1996）。

然而，初等教育和中等教育中的隔离仍在继续。对四个地区108所小学服务区域的分析表明，五分之一的学校招收的有移民背景的学生是本地学生的两倍。这是因为家长绕过了正式的小学分配，并且学校提供了吸引当地学生和更好教师的方法，例如根据家长选择的宗教或外语教学开设单独的班级（Fincke and Lange，2012；Open Society Justice Initiative，2013）。

继其他州之后，柏林在2010—2011年引入了综合中学，将普通中学、实科中学和文理中学合并，以促进中等教育中的族裔多样性（Morris-Lange et al.，2013）。它保留了文理中学，选择了该种学校60%的学生，另外10%留给他们的兄弟姐妹，剩下30%通过抽签选出（Basteck et al.，2015）。然而，其他制约因素——例如，只有三分之一的综合中学提供了为大学入学资格考试做准备所需的课程——限制了改革的有效性。2017—2018年，一些综合中学学生群体仍然完全使用非德语作为母语（Sekundarschulen Berlin，2018）。

丹，2007—2008年，9%的摩洛哥第二代移民学生和11%的土耳其第二代移民学生在12岁时进入初级中等职业教育，相比之下，当地人的这一比例只有2%（Crul et al., 2012）。

中学过渡阶段的早期分流尤其不利于有移民背景的男生。在德国，在控制了阅读和数学的考试分数后，他们获得进入最低教育轨道的建议的可能性比同龄人高7个百分点，而获得进入最高教育轨道的建议的可能性则低7个百分点（Ludemann and Schwerdt, 2013）。

一些国家将移民学生和当地学生分开，例如延长预科班的时间。这种情况发生在一定年龄以上，通常是义务教育的限制年龄以上。在奥地利的施泰尔马克州，15岁以上的儿童如果被认为没有准备好上中学，则无权上学，并在评估后被转入特殊课程（FRA, 2017）。

隔离加剧了移民教育的挑战

移民往往集中在特定的街区，通常是郊区。移民学生最终往往就读于学业标准和成绩较低的学校，与当地人相隔离，这对他们的教育成就产生了负面影响（Entorf and Lauk, 2008; Rangvid, 2007）。在以当地学生为主的学校上学的移民也有接受高等教育的愿望，即使这些影响往往是由他们的社会经济地位或学校的社会经济背景所调节的（Minello and Barban, 2012; Van Houtte and Stevens, 2010）。

大多数欧洲国家都出现了种族隔离。在法国，对2007年学生固定样本调查的分析发现，移民更有可能身处移民占比超过15%的班级。尤其是有这样的情况：班级里有17%的第一代移民、12%的第二代移民、5%的混血儿和2%的当地人（Fougere et al., 2017）。在德国的黑森州，大约41%的在家不说德语的儿童进入的是至少有一半的儿童在家不说德语的托儿所（Hessen Ministry for Integration and Europe, 2013）。在英国，非母语学生更有可能与弱势的母语学生一起上学（Geay et al., 2013）。

当地学生移居到更富裕的社区加剧了隔离，例如在丹麦（Rangvid, 2007）和荷兰（Ohinata and van Ours, 2013）。在美国，公立中学每四个新的非英语母语学生中，就有一个转到私立学校（Betts and Fairlie, 2003）。择校加剧了澳大利亚学校的种族分化（Al-deen and Windle, 2017）。

在某些情况下，移民的比例与当地人（通常是最弱势群体）的教育成果之间存在负相关关系。在丹麦，移民集中对当地人的阅读和数学成绩有很小的负面影响（Jensen and Rasmussen, 2011）。在以色列，小学时就有移民同学降低了最弱势的当地学生通过高中入学考试的可能性（Gould et al., 2009）。在意大利，有研究发现移民学生集中的班级会使当地人的阅读和数学考试成绩降低2%（Ballatore et al., 2015）。在挪威，移民在学校中所占比例每增加10个百分点，当地辍学人数就有可能增加3个百分点（Hardoy and Schone, 2013）。在荷兰，当移民学生在该国居住了几年时，对当地学生的成绩没有影响，但是新近移民的较高比例与当地学生的语言测试分数较低有关，特别是在父母受教育程度低的当地学生中（Bossavie, 2017a, 2017b）。

各国使用不同的方法来打击种族隔离，取得的成果参差不齐

各国尝试了不同的方法来减轻居住隔离的影响（Brunello and De Paola, 2017）。在比利时瓦隆，2007—2010年颁布了三部法律，其中第二部法律的有效期很短，倾向于实施学校分配抽签制度。由于现行法律主要基于就近原则分配学校，限制居住隔离效应的工具是弱势学校与优势学校之间的合作以及为社会经济背景低的学生设定配额（Ryelandt, 2013）。法国在2007年改革了学校分配的自选学校系统，通过改善对服务区域边界和损耗的管理来增加多样性。然而，在马赛，除了社区公立学校外，一年级初中学生的入学率从2006年的43%上升到2013年的46%，在某些社区则达到67%，其部

> 意大利规定第一代"在外国出生"的学生最多占30%，以限制隔离。

分原因是中产阶级家长将其子女转到了私立学校（Audren et al.，2016）。

在意大利，2010年的一份通知规定第一代"在外国出生"的学生最多占30%（Santerini，2010）。但是也有例外，例如，如果他们说意大利语，或者如果课堂结构已经超过了限制，该比例也可得到宽限。在艾米利亚-罗马涅大区，2017年有13%的学校和25%的学前教育机构申请宽限。实际上，17%的小学课堂超过了这一限制（Italy MIUR，2017a）。

结语

国际移徙是一种全球性现象，具有重大的经济、社会和文化影响。教育是移民潮的驱动力，但也受到人口流动的重大影响。根据具体情况，移徙可以成为改善低收入国家和中等收入国家儿童与青年教育状况的桥梁。尽管他们可能落后于当地同龄人，要奋力拼搏，但大多数人最终还是迎头赶上，实现了更美好生活的梦想。

然而，许多移民儿童和青年面临着几个严重的障碍，这些障碍将他们排除在国家教育系统之外，并妨碍他们在新环境中充分利用机会。一些国家没有向所有儿童和青年提供同等的受教育权，特别是如果他们没有必要的证件的话。政府需要消除与入学机会（特别是幼儿教育和义务教育年龄后的教育）、语言熟练程度、按能力分组和隔离相关的障碍。

许多国家的学校对新来的学生都有接收协议，并且可能会改变教材，从语言学的角度使它们更容易被接受。然而，它们在弥补移民学生的欠缺时往往采取紧急应对的观点。例如，长期分开上学可能扩大差距和劣势。

各国政府应该用结构性干预措施来取代这种做法，以确保包容的有效性。这种干预不仅涉及移民儿童，还涉及学校组织、家庭和负责教育的机构工作者。第5章进一步探讨了这些干预措施，以及涉及儿童、年轻人和成人的校外干预措施。

埃塞俄比亚和索马里的难民儿童在靠近
吉布提和索马里边境的难民营上学。

摄影:Petterik Wiggers/UNHCR

第4章

流离失所

这份报告有力地论证了《难民问题全球契约》强调教育的重要性以及将难民纳入国家教育系统和教育部门规划的紧迫性。

《关于难民和移民的纽约宣言》呼吁各行动者紧急合作，以支持各国政府将难民纳入国家教育系统的工作，并确保收容难民的社区获得对实现可持续发展目标至关重要的充足且持续的发展资金。

留在学校的年轻人拥有重要的机会来提升他们的思想和能力，促进社区建设、公民参与和领导。

我们可以一起把这变成现实。现在是采取行动的时候了。

——联合国难民事务高级专员　菲利普·格兰迪

重要发现

世界上有8,700万名流离失所者: 2,500万名难民、300万名寻求庇护者、4,000万名因冲突而在国内流离失所者和1,900万名因自然灾害而流离失所者。当他们丧失教育时，他们的脆弱性会进一步加深。

一半以上的难民不满18岁。2017年，至少有400万名5—17岁的难民儿童和青年失学。

在许多受冲突影响的国家，难民和国内流离失所者给已经在苦苦挣扎的教育系统带来了压力。乌干达的南苏丹难民定居在贫穷的西尼罗河地区，2016年中等教育净就读率为9%，不到全国的一半。

自然灾害也可能导致流离失所，从而扰乱教育，即便其后果的持续时间不长。在孟加拉国，风暴和洪水等灾害平均每年会摧毁900所学校。

越来越多的人一致认为，难民教育不应在缺乏合格教师、不提供经认证的考试以及资金可能在短时间内被削减的平行系统中提供。但是地理、历史、资源和能力会影响难民融入国家教育系统的程度。

《埃塞俄比亚难民宣言》允许难民进入公立学校，允许被收容儿童进入难民学校。伊朗伊斯兰共和国于2015年颁布法令，要求学校接收所有阿富汗儿童，无论其有无证件。土耳其计划到2020年将所有叙利亚难民儿童转移到公立学校。

尽管承诺包容，但一些国家的难民或者在地理位置上被分隔（因为他们定居在偏远地区，如在肯尼亚），或者在时间上被分隔（因为资源的限制需要采用两班倒制，如在黎巴嫩）。

乍得在2013年将难民纳入其临时教育方案，以解决教学语言、文凭认可以及文化和民族身份丧失的威胁等问题。2018年，它将108所难民学校转变为普通公立学校。

替代教育方案帮助因流离失所而中断教育的儿童。肯尼亚达达阿布难民营的速成学习课程将国家八年制课程压缩为四年，增加了难民男孩的入学机会。

大规模流离失所给教师招聘、留任和培训带来挑战。如果所有难民都入学，土耳其将需要增加8万名教师，德国将需要4.2万名教师和教育工作者，乌干达则需要增加7,000名小学教师。

《教育2030行动纲领》认识到，"自然灾害、流行病和冲突，以及由此造成的境内和跨境流离失所，可能会使整整几代人受到创伤、未受教育以及没有准备好为其国家或地区的社会和经济复苏做出贡献"（UNESCO，2015）。

据估计，2017年年底流离失所者的人数为8,730万，为第二次世界大战结束以来的最高水平。它包括两大类：跨越国界寻求保护以免遭冲突和迫害的人（2,540万名难民和310万名寻求庇护者）以及国内流离失所者（大约5,880万人）。在后者中，4,000万人因冲突和暴力而流离失所，1,880万人因自然灾害而被迫迁移，尽管迁移时间较短（IDMC，2018c；UNHCR，2018d）。这一估计数不包括因缓慢发生的灾害（因气候变化导致的生存困境）或大规模发展项目而被迫迁移或流离失所的人（Behrman and Kent，2018；Ionesco et al.，2016）。

流离失所者往往来自全球最贫困、服务最落后的地区，当因流离失所而丧失教育时，他们的脆弱性会进一步加深。《教育2030行动框架》总结了教育在这种情况下应该发挥的作用，强调教育应该"立即提供保护，向受危机影响的人提供拯救生命的知识和技能以及心理社会支持"。它呼吁各国"发展具有包容性、反应灵敏和有复原力的教育系统"，以满足这些人的需求（UNESCO，2015）。但是，那些依赖东道国来扩大国际受教育权的难民的地位，不同于那些在本国国内流离失所的人，后者的政府对实现其公民的权利负有具体责任。

> " 当被迫流离失所者丧失教育时，他们的脆弱性会进一步加深。"

就难民而言，作为2016年9月《关于难民和移民的纽约宣言》的一部分，所有联合国会员国承诺"在最初流离失所后的几个月内……在安全的学习环境中提供高质量的初等和中等教育"。此后，各国提出了应对难民问题的责任共担方案，此为《难民问题全球契约》的一个组成部分，该契约进一步承诺为难民和东道国人民"贡献资源和专长，以提高国家教育系统的质量与包容性"。这些安排正在推行《难民问题全面响应框架》（CRRF）的15个国家进行试点。

在回顾了流离失所情况及其对教育的影响之后，本章转而讨论向难民提供包容性教育的核心问题：他们在多大程度上被纳入国家教育系统，以及在政策和实践中为确保这种教育具有适切性、响应性而面临的挑战与机遇。其他一些与难民教育有关的重要问题将在本报告的监测部分进行讨论，包括幼儿保育和教育（政策焦点9.1）、高等教育（政策焦点10.1）、流离失所的残疾人（政策焦点12.1）、技术的作用（政策焦点15.1）以及人道主义援助的有效性（政策焦点19.3）。本章最后讨论了国内流离失所者和因自然灾害流离失所者的教育问题。

流离失所人口集中在少数几个国家

2017年年底，7个国家接纳了全世界1,990万名难民中51%的人，不包括巴勒斯坦难民。土耳其接纳的最多（350万名）。此外，540万名巴勒斯坦难民生活在4个国家。总的来说，低收入国家和中等收入国家接纳了大约89%的难民（UNHCR，2018c；UNRWA，2017b）（图4.1a）。

全球难民人口构成的两个方面特别重要。第一，大约52%的人不满18岁。第二，约39%有住宿

> 2017年年底，世界上因冲突造成的4,000万名国内流离失所者中，有61%集中在6个国家。

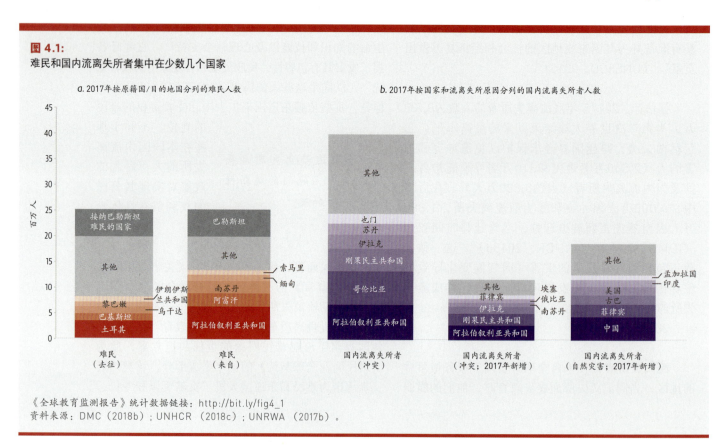

图 4.1:
难民和国内流离失所者集中在少数几个国家

a. 2017年按原籍国/目的地国分列的难民人数

b. 2017年按国家和流离失所原因分列的国内流离失所者人数

《全球教育监测报告》统计数据链接：http://bit.ly/fig4_1
资料来源：DMC（2018b）；UNHCR（2018c）；UNRWA（2017b）。

数据的难民生活在有管理的、自我安置的或中转的营地或集体中心（UNHCR，2018c），主要是在撒哈拉以南非洲的一些地方，如乌干达的比迪比迪（约有28.5万名来自南苏丹的难民）、肯尼亚的达达阿布（约有23.5万名难民，主要来自索马里）、埃塞俄比亚的多洛阿多（约有20.9万名难民，主要来自索马里）和肯尼亚的卡库马（约有14.8万名难民，主要来自索马里和南苏丹），以及孟加拉国的库图帕隆（约有60万名来自缅甸的难民）（UNHCR，2017b，2017c，2018b，2018e）。大多数难民居住在位于城市地区的个人住所里（UNHCR，2018c），他们在那里寻求安全、隐姓埋名，追求就业机会和更好的服务。

上述数字不包括逃到1951年《关于难民地位问题的公约》及其1967年议定书的非缔约国或不认为某些条件构成迫害的国家的人。2015年5月，黎巴嫩要求联合国难民事务高级专员办事处（UNHCR）停止对叙利亚难民的登记，当时叙利亚难民已达到120万人。2017年3月，约50万名从未被联合国难民事务高级专员办事处登记的叙利亚人被排除在新的居住政策之外，该政策免除了登记难民的居住费（Janmyr，2018）。2015年，突尼斯正式接纳了不到1,000名难民（UNHCR，2016a），尽管约有100万名利比亚人为躲避内战逃往那里（Karasapan，2015）。

2017年年底，世界上因冲突造成的4,000万名国内流离失所者中，有61%集中在6个国家。阿拉伯叙利亚共和国以680万人名列榜首，包括2017年新流离失所的290万人。2017年，刚果民主共和国、伊拉克和南苏丹的新国内流离失所者人数也有激增。此外，在1,880万名因自然灾害造成的国内流离失所者中，68%生活在6个国家，中国的人数最多，有450万人。这种流离失所往往是暂时的（IDMC，2018c）（图4.1b）。

挪威难民委员会的国内流离失所监测中心（IDMC）有一个综合监测平台，显示关于冲突或自然灾害报告的信息，这有助于估计国内流离失所者的人数。机器学习工具能够读取、过滤与分析新闻和联合国报告或非政府报告，并提取信息，然后进行验证（IDMC，2018d）。虽然多数数据来源都很常见，但该中心也会使用非传统数据源，如卫星图像和社交媒体数据（IDMC，2018c）。非传统来源可以绕过安全问题和登记系统，这些问题和系统在许多情况下妨碍了对流离失所者的便捷识别。自我识别可能存在很大的偏差，因为许多流离失所者因害怕被迫害而不愿被识别（Baal and Ronkainen，2017）。

流离失所减少了受教育的机会

估计流离失所者的人数是复杂的，因为他们的流动是不可预测的，而且是在充满挑战的情况下发生的。由于缺少信息，估计他们的受教育状况更加复杂。就寻求庇护者而言，很难追踪儿童（其中一些最终被滞留下来）是否有受教育的机会（框注4.1）。就难民而言，虽然报告难民营中难民的入学率更容易，但城市地区已登记难民的入学率数据也经常可用。

> 很难追踪寻求庇护的儿童（其中一些最终被滞留下来）是否有受教育的机会。

很难收集到关于生活在城市地区的58%的难民的受教育状况信息。很少有国家明确地在学校普查中确定难民身份。土耳其是个例外，那里93%的叙利亚难民住在难民营外（UNHCR，2018c）。政府为公立学校的教育管理信息系统（EMIS）补充了一个平行的"外国学生"系统，用于监控临时教育中心。在出台将这些中心纳入国家教育系统的政策后，叙利亚学生的初等教育净入学率从2014年的25%增加到2017年的83%。然而，他们的中等教育净入学率增幅要小得多，从16%增加到22%（Arik Akyuz，2018；UNHCR，2018l）。

总体而言，联合国难民事务高级专员办事处估计，2017年，61%的难民儿童进入小学就读，23%的难民青少年进入中学就读。在低收入国家，前者的比例低于50%，后者的比例只有11%（图4.2）。2017年，约有400万名5—17岁的难民失学（UNHCR，2018g）。

框注 4.1:

庇护方面的法规也可能影响受教育的机会

寻求庇护的儿童和青年在许多国家被滞留下来，包括澳大利亚、印度尼西亚、马来西亚、墨西哥、瑙鲁和泰国，他们的受教育机会往往有限甚或没有。泰国移民法允许无限期拘留来自缅甸、巴基斯坦和索马里的寻求庇护者，这损害了其受教育的机会（Save the Children, 2017）。

《欧盟接收条件指令》要求欧盟国家在寻求庇护者提交申请后三个月内，给予他们进入教育系统的机会，条件与国民相似（第14条）。实际上，儿童和青年通常要等几个月或几年才能入学。2016年3月，当所谓巴尔干路线上的边境检查站关闭时，数千个家庭被滞留在没有教育等基本服务的过境中心。

荷兰、波兰和斯洛伐克对寻求庇护者不分停留时间长短都提供教育，但在奥地利、保加利亚、丹麦、芬兰、法国、德国、希腊和匈牙利的部分地区，处于移民羁留期的儿童因停留时间短或性质特殊而无法接受任何形式的教育（FRA, 2017）。在匈牙利，所有有子女的寻求庇护家庭和14岁以上无人陪伴的儿童，在他们的申请得到处理时，必须留在与塞尔维亚接壤的两个过境区中的一个。除了民间社会组织提供的教育之外，这些过境区的儿童无法接受教育（Bakonyi et al., 2017）。

寻求庇护的儿童的权利并没有在所有五个北欧国家的法律中得到充分体现。在冰岛，《义务教育法》没有确定相关程序，而是由移民局和市政部门协商决定。总体而言，在这些国家，市政部门对其义务可能有不同的时间框架和解释（UNICEF, 2018）。

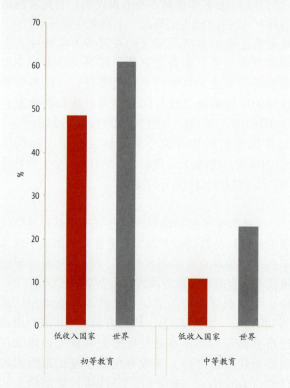

图 4.2:
低收入国家只有11%的难民青少年进入中学就读
2017年5—17岁难民入学率，按教育等级分列

《全球教育监测报告》统计数据链接：http://bit.ly/fig4_2
资料来源：UNHCR（2018）。

> "2017年，约有400万名5—17岁的难民失学。"

各国难民入学率的差异可能相当大。2016年，埃塞俄比亚各地区的难民中等教育毛入学率各不相同，从萨马拉的1%到吉吉加的47%不等（UNHCR, 2016b）。性别差距可能也非常大，例如在巴基斯坦的阿富汗难民中间（框注4.2）。

难民往往来自非常脆弱的社区，在流离失所之前缺乏教育。对澳大利亚在2013年5—11月

获得永久人道主义签证的2,400人进行的一项研究显示，23%的女性和17%的男性在入境时不识字（Marshall, 2015）。在乍得，来自中非共和国、尼日利亚和苏丹的6—14岁难民中，十分之三是文盲（UNHCR and WFP, 2017）。

难民往往到达东道国服务不足的地区，使本已有限的资源捉襟见肘。例如，在乌干达，南苏丹难民占难民总数的70%以上，他们定居在贫穷的西尼罗河地区（UNHCR, 2018h），2016年该地区的中等教育净就读率为9%，不到全国的一半（UBOS and ICF, 2018）。

40年过去了，阿富汗难民在巴基斯坦没有受到足够的教育

随着1979年苏联的入侵，第一批阿富汗难民抵达巴基斯坦。该数字在1989年达到330万人的峰值，但2017年仍有140万人登记，其中50万人年龄在5—18岁（UNHCR，2018c，2018f）。据估计，另有100万名居住在巴基斯坦的阿富汗人没有登记（HRW，2017）。

巴基斯坦不是1951年《关于难民地位问题的公约》的签署国，但2010年修订的宪法保障所有5—16岁儿童享有接受免费义务教育的权利，在本国公民和外国人之间不存在任何歧视。实际上，阿富汗难民可以进入一系列学校，主要是公共领域以外的学校：私立学校（从低成本学校到精英学校）；宗教学校，免费提供食宿；社区学校；非正规学校。此外，联合国难民事务高级专员办事处管理的难民学校为开伯尔—普什图省52个难民村的5.7万名阿富汗学生提供服务，但资金有限，难以雇用和留住合格教师（Nicolle，2018；NRC and UNHCR，2015）。难民学校使用阿富汗课程，为阿富汗难民返回和重新融入阿富汗教育系统做准备，尽管长期流离失所已导致在巴基斯坦出现了第二代阿富汗难民（UNHCR，2018j）。

然而，难民，特别是女童获得教育的机会非常少。2011年一项确定难民身份的调查显示，阿富汗难民的初等教育净入学率为29%，不到巴基斯坦全国入学率（71%）的一半。同年，难民女童的初等教育净入学率（18%）不仅只是男童（39%）的一半（图4.3），甚至还不到阿富汗女童初等教育就读率的一半。只有5%的阿富汗难民上了中学（UNHCR，2016c）。

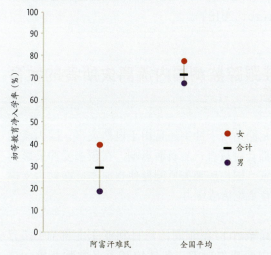

图 4.3：
在巴基斯坦的小学中，只有不到五分之一的阿富汗难民女童入学
2011年巴基斯坦的阿富汗难民和全国平均初等教育净入学率，按性别分列

● 女
— 合计
● 男

《全球教育监测报告》统计数据链接：http://bit.ly/fig4_3
资料来源：Nicolle（2018）。

女童受教育机会少带来的一个问题是，女性难民的识字率为8%（UNHCR，2016c），而在巴基斯坦，阿富汗难民的识字率为33%，巴基斯坦全国平均识字率为57%（Nicolle，2018）。这就导致了一个恶性循环：社会文化传统要求少女只能由妇女授课，但女教师很少（NRC and UNHCR，2015）。

关于难民教育质量的资料不多

极少数评估质量和学习成果的资料来源往往会描绘难民教育的惨淡景象。在肯尼亚难民营，学校必须遵守教育部关于提供基础教育和培训的最低标准和注册指南。然而，在达达阿布难民营，平均生师比非常高，特别是在学前教育（120∶1）和初等教育（56∶1）中。仅有8%的小学教师是获得国家认证的教师，六成的难民教师没有接受过培训。平

> 在达达阿布难民营，仅有8%的小学教师是获得国家认证的教师，六成的难民教师没有接受过培训。

均而言，六名学生共用一张桌子，四名学生共用一本英语、数学、科学和社会研究教科书（Women Educational Researchers of Kenya，2017）。

2016年，在乌干达难民人数最多的四个地区进行的由公民主导的评估显示，难民面临的学校和生活条件比当地人更差。难民定居点内学校的平均生师比（113∶1）是外部学校（57∶1）的两倍，每天一餐的家庭比例也是如此（28%对13%）。尽管存在这些情况，五年级学生的学习成绩（虽然很低）差别不大：在收容难民人数最多的永贝区，30%的难民和32%的本地人的阅读技能都是二年级水平（Uwezo，2018）。

很难跟踪监测国内流离失所者的教育轨迹

无论是由于冲突还是由于自然灾害，国内流离失所都会对教育产生负面影响。在很多受冲突影响的国家，国内流离失所问题使得原本已在勉力支撑的教育系统倍感压力。

截至2017年年底，尼日利亚东北部有160万名国内流离失所者，包括约70万名学龄儿童，这是"博科圣地"从2009年开始对平民实施暴力袭击的结果（UNOCHA，2017b）。"博科圣地"摧毁了近1,000所学校，并使1.9万名教师流离失所（HRW，2016）。报告显示，截至2017年，该组织已杀害了近2,300名教师（UNOCHA，2017a）。最近一次教育需求评估发现，在260所学校中，28%毁于枪弹炮火，20%被蓄意纵火，32%被洗劫一空，另有29%过于靠近武装团体或军方驻地。持续存在的安全问题，加上甚至连基本费用都无法支付和延迟支付的教师工资，使合格教师短缺问题长期存在。大多数人在自愿的基础上工作（Igbinedion et al.，2017）。

国内流离失所监测中心估计，截至2017年年底，伊拉克有260万名国内流离失所者（IDMC，2018a）。大约三分之一的人登记住在正式营地。2017年7月，尼尼微、安巴尔和埃尔比勒三个省的正规教育就读率分别为68%、73%和76%。然而，在一些国内流离失所者营地，这一比率低至5%。就读率随年龄的增长而升高：6—11岁的就读率为54%，12—14岁的就读率为57%，15—17岁的就读率为70%（CCCM Cluster and REACH，2017）。

在也门，截至2017年12月，5%的学龄儿童是国内流离失所者（GCPEA，2018）。学校是最常用于收容国内流离失所者的公共建筑，这加剧了大规模国内流离失所对教育的影响（Al-Sabahi and Motahar，2017）。总的来说，国内流离失所使教育系统面临压力，如在乌克兰（框注4.3）。

自然灾害也可能导致流离失所，扰乱教育，即使其后果与由冲突造成的流离失所相比是短暂的。在孟加拉国，地震、风暴、洪水和海平面上升平均每年会损坏900所学校（Save the Children，2015）。2004年洪水前后的一项家庭和学校调查收集了关于其影响的详细信息。与平均一年的洪水影响相比，很难确定某一场洪水的影响。大约19%的家庭平均被洪

框注 4.3:

冲突已经使乌克兰数百万人流离失所，影响了他们的教育

据联合国难民事务高级专员办事处报告，截至2018年1月，乌克兰有180万名国内流离失所者（UNHCR，2018d）。冲突严重影响了教育基础设施：截至2015年10月，顿涅茨克和卢甘斯克地区的280个教育机构遭到破坏（UNICEF，2016）。在收容国内流离失所者最多的第聂伯罗、哈尔科夫、基辅和扎波罗热等城市，教育机构面临教室拥挤和缺乏提供食物与交通资源等挑战。虽然基层志愿组织、民间社会组织和东道国社区对国内流离失所者的迫切需求做出了回应，但贫困降低了青年接受高中和高等教育的可能性。国内流离失所者家庭的收入比社会政策部规定的最低生活水平低30%（IOM，2017）。

政府的应对措施包括增加学前教育机构和中学入学名额，将18所州立大学从该国东部和克里米亚迁出，简化国内流离失所者的入学和转学程序（Right to Protection et al.，2017）。根据2015年5月通过的法律，政府会部分或全部支付23岁以下已登记国内流离失所者的学费，并提供其他激励措施，如长期教育贷款、免费教科书和互联网接入（COE，2016）。2016年内阁的一份通知批准建立一个隶属于社会政策部的统一的国内流离失所者信息数据库，以阐明流离失所人口的需求（Right to Protection et al.，2017）。

2018年人道主义应对方案侧重于采取行动，通过心理社会服务、课后活动、生活技能学习和对冲突敏感的教育来应对创伤、压力和暴力的影响。它还涉及加强教育部对所有教育被中断的学生的认证予以承认的能力（UNOCHA，2017c）。

> " 在孟加拉国，地震、风暴、洪水和海平面上升平均每年会损坏900所学校。"

分之一（FMRP，2005）。

菲律宾平均每年经历20场台风，发生火山爆发、地震和滑坡的风险很高（Save the Children，2015）。2013年11月台风"海燕"过后，1.24万间教室和2,000个日托中心需要维修，4,400间教室和500个日托中心需要重建。政府为2,000多个临时学习点分发了帐篷和防水布，并向43.5万名3—17岁的儿童提供了学习材料（Education Cluster，2014）。对强健基础设施的投资可以带来改变。配备了教学材料的、可以抵御台风的学校使受教育时间平均延长0.3年（Cas，2016）。

应将难民需求纳入国家教育系统

面对危机，大多数政府不为难民提供教育。这一问题就留给了国际人道主义部门，它们条件反射式地为难民建立了平行系统。相关条款反映了东道国的制度。然而，人们逐渐达成共识，认为这不是一个可持续的解决办法。流离失所状态往往会持续很长时间。平行系统通常缺少合格的教师，考试成绩无法认证，资金来源有可能随时被切断。因此，平行教育减少了难民被纳入第一庇护国并在那里过上有意义的生活的机会，那里对他们提供了妥帖的保护。[1]

2012—2016年联合国难民事务高级专员办事

水淹了7天。30%的学校因洪水而关闭，约15%的学校会关闭2周或更长时间。受影响的学校平均比上一年多关闭7天。在受影响的学校开放的日子里，就读率降低了三

处全球教育战略首次敦促各国为难民儿童提供经过认可和认证的学习机会，以便保持教育的延续性（UNHCR，2012）。这一举措的长期好处对东道国政府和难民来说都是相当可观的。其目标是根据先前的入学机会、识字情况和语言，将难民充分纳入国家教育系统，在上过短期补习班后与本地人在同一间教室里学习，使他们做好准备进入与其年龄相称的年级就读。流离失所的情况不同，对于难民的包容程度也会有所不同。包容的性质在不断发展变化，地理、历史、资源可用性和系统容量都会影响它的性质。

在某些情况下，随着局势的发展和对潜在好处的日益了解，实现包容是一个渐进的过程。土耳其[受影响人口为380万人（世界上最多），主要来自阿拉伯叙利亚共和国[2]]决定在未来三年将所有叙利亚难民儿童纳入国家教育系统，并逐步取消单独的规定（框注4.4）。这一对策为各国政府做出教育政策选择提供了有益的借鉴，以应对大规模难民流动，并在旷日持久的难民局势中从短期、即时的解决办法向更制度化、系统化和可持续的办法过渡。在其他情况下，政府的承诺时断时续，例如在伊朗伊斯兰共和国（受影响人口为100万人，主要来自阿富汗），包容性政策在40年来偶尔会遭遇挫折（框注4.5）。

埃塞俄比亚（受影响人口为90万人，主要来自索马里和南苏丹）主要开办平行的难民学校。但是，这些课程都遵循国家课程，至少从五年级起（UNHCR，2015c），同时，《埃塞俄比亚难民宣言》允许难民进入公立学校，并允许收容儿童进入难民学校。政府正在努力将难民进一步纳入国家教育系统。应负责难民教育的难民和返乡者事务管理局的要求，国家通识教育部部长向所有区域教育委员会主任发出通知，确定难民教育的合作领域，包括课程和教科书、学生评估、教师教育和学校

---

1 本部分借鉴了德莱登–彼得森等人的观点（Dryden-Peterson et al.，2018）。

2 括号中的统计数据来自联合国难民事务高级专员办事处（UNHCR，2018c）。它们指的是2017年年底，包括难民、处于类似难民状况的人和案子尚在处理中的寻求庇护者。

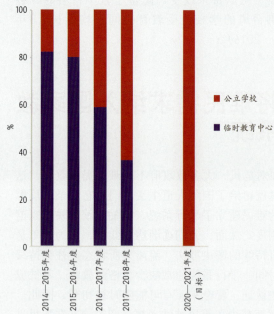

框注 4.4:

土耳其承诺将叙利亚儿童纳入其教育系统

截至2018年，土耳其收容了350万名难民，其中100万名是学龄儿童（UNHCR，2018c）。第一批叙利亚难民于2011年4月进入土耳其。2013—2018年，居住在城市地区的叙利亚人的比例从64%增加到93%（3RP，2018）。随着难民人口的增加及其向难民营外的蔓延，慈善家、非政府组织和信仰组织建立了非正式学校，配备志愿教师，用阿拉伯语授课，并使用经过修改的叙利亚课程。它们在很大程度上不受监管，在国家教育系统之外运作，在九年级和十二年级结束时，相关质量保证和认证标准化都非常有限。

2014年年底，国民教育部为这些临时教育中心（TECs）建立了监管框架。叙利亚家庭可以选择入读临时教育中心或公立学校（Turkey Ministry of National Education，2014）。在接下来的两年里，对支持临时教育中心的组织的教育提供、数据管理和监管将进一步标准化，不符合规定的临时教育中心会被关闭。2016年8月，政府宣布将所有叙利亚儿童纳入国家教育系统。据估计，在上学的叙利亚儿童中，就读于临时教育中心的儿童比例从2014—2015年的83%下降到2017—2018年的37%。预计剩余的318个临时教育中心将于2020年关闭（图4.4）。

政府要求所有临时教育中心每周提供15小时的土耳其语教学，为学生过渡到土耳其学校做准备。包容性政策也对学校基础设施和教师准备产生了严重影响。该进程得到了"促进叙利亚儿童融入土耳其教育系统"的支持，该项目获得了3亿欧元援助，这是欧盟在土耳其的30亿欧元难民援助的一部分（Delegation of the European Union in Turkey，2017）。这些援助的五分之二用于资助学校建设；其余部分被分配给土耳其语和阿拉伯语课程、补习教育和补习班、免费学校通勤、教材、考试系统、指导和咨询、培训1.5万名教师和

雇用行政人员（Arik Akyuz，2018）。

部分资源还资助了一项传播战略，包括网站、电视节目、短片和其他工具，以提高对叙利亚儿童受教育机会的认识（Arik Akyuz，2018）。父母需要了解他们的权利是什么，以及如何让他们的孩子入学。然而，即使他们意识到自己的权利，一些难民社区也可能拒绝被纳入国家教育系统，不同意他们的子女接受他们自己不懂的语言的教育（Dallal，2016）。

图 4.4:

到2020年，不会再有叙利亚难民儿童进入土耳其的临时教育中心

在土耳其注册入学的叙利亚难民儿童的分布情况，按学校类型分列

《全球教育监测报告》统计数据链接：http://bit.ly/fig4_4
资料来源：Arik Akyuz（2018）。

框注 4.5：

不同方面对将阿富汗难民纳入伊朗教育系统的态度各不相同

关于在伊朗伊斯兰共和国登记的和无证件的阿富汗难民的数据很少。然而，现有的少量证据表明，他们比逃到巴基斯坦的阿富汗难民有更好的受教育机会（框注4.2），其初等教育入学率是后者的两倍多（Nicolle，2018）。

当阿富汗难民在20世纪80年代首次抵达时，政府针对提高认识运动，将教育作为所有儿童的权利和义务。在难民营定居的难民（当时不到10%）在那里上学（WFP et al.，2016）。而在城市地区定居的人与伊朗的同龄人一起免费上公立学校（Hoodfar，2010）。

20世纪90年代，寻求保护以免受内战和塔利班侵害的阿富汗人持续涌入，导致伊朗决定停止给予其无限期合法居留许可（HRW，2013）。此外，一项法规定阿富汗难民只能在发放了居留证件的城市注册入学，这影响到后来在该国境内流动的人（Hoodfar，2007）。无证阿富汗人无法合法使用公共服务，尽管许多学校仍然允许他们注册。2001—2004年情况出现了暂时缓解，当时另一项法规允许无

证阿富汗人重返学校（Tousi and Kiamanesh，2010）。为了应对断断续续的排斥，一些阿富汗社区成立了非正式学校，政府最初对此表示宽容。后来，许多未注册的学校被关闭了（Squire，2000）。

2004年，一项新的指令禁止无证阿富汗儿童入学，并指示教育部向阿富汗难民学生收费。该指令还禁止阿富汗学生注册大学预科课程，这是申请大学入学考试的先决条件，这实际上阻碍了他们进入伊朗高等院校（Nicolle，2018）。2012年颁布的条例要求阿富汗学生放弃难民身份并获得阿富汗护照和签证，这进一步增加了他们接受大学教育的难度（HRW，2013）。

2015年5月，最高领导人下令学校接收所有阿富汗儿童，无论其有无证件。2016年4月，一项政府指令为无证阿富汗儿童创建了教育支持卡，保护他们在学习期间不被驱逐出境，并允许所有阿富汗学生注册入学直到获得中学文凭，但仍要收取学费（Nicolle，2018）。该指令导致2016年公立学校无证儿童入学人数增加了5.1万人（Zolfaghari，2016）。

检查。目前各方正在共同努力规划人道主义和发展援助干预措施（UNHCR，2017d）。"教育不能等待"基金在选定地区拨款支持地区和学校一级的难民教育规划和管理（ECW，2018）。

> 在埃塞俄比亚，政府正在努力将难民进一步纳入国家教育系统。

卢旺达（受影响人口为17万人，主要来自布隆迪和刚果民主共和国）在2016年承诺将1.8万名难民儿童纳入初等教育系统，将3.5万名青少年纳入中等教育系统，这解决了难民营的平行教育需求（United Nations，2016）。2016—2017年，难民的初等教育入学率从54%上升到80%，中等教育入学率从34%上升到73%。卢旺

达于2018年2月加入了《难民问题全面响应框架》（CRRF，2018b）。

在某些情况下，尽管做出了承诺，但包容并没有充分实现。难民可能被纳入国家教育系统，共享东道国的课程、评估和教学语言，但仍有一定程度的隔离。部分融入可能是由于难民集中在不同的地点，如难民营，造成了地理上的分隔。在肯尼亚（受影响人口为49万人，主要来自索马里和南苏丹），两个最大难民营的学校在教育部进行了注册。学生们学习国家课程，参加国家资格考试，但是与当地学校之间的距离意味着这里几乎不会有当地学生。

资源可能是一个关键制约因素。黎巴嫩和约旦（受影响人口分别为100万人和73万人）的人均难

多重挑战影响了难民融入希腊教育系统

2015—2016年，超过100万人进入希腊或过境希腊。在欧盟和土耳其于2016年3月达成协议并关闭土耳其与其他欧洲国家的边界后，估计仍有2万名儿童留在该国。四分之三的儿童住在大陆上，要么住在难民营、城市住所，要么住在无人陪伴的儿童庇护所；剩下的四分之一住在五个岛上，往往超过了在拥挤不堪的难民营中的最长停留时间。

2016年8月，一个由政府赞助的委员会提出了一项难民教育行动计划，并在教育、研究和宗教事务部设立了一个执行机构。自2016—2017年度以来，大陆地区有两种主要的正规教育类型。首先，一些孩子上普通学校（大部分位于教育优先区），现有接待班为移民儿童服务。其次，附近的学校为居住在开放式住宿场所的难民儿童设立了新的接待班。孩子们上下午班，学习希腊语、英语、信息技术、数学、音乐和体育等特殊课程。难民教育协调员充当难民和学校社区之间的联络人（Greece Ministry of Education Research and Religious Affairs，2017）。

对第一年执行情况的评价指出，该行动计划实现了正常化的目标，但也认识到了不足之处。由于没有根据教师以前在跨文化教育方面或把希腊语作为第二语言教学方面的经验进行选拔，因此教师往往没有准备，很少有人参加现有的培训课程。父母的参与和向家庭提供的信息很有限。一些地方社区也积极表示反对，尽管市政部门在缓解紧张局势方面发挥了积极作用（Anagnostou and Nikolova，2017）。

截至2017—2018学年结束时，虽然没有辍学率估计数，但估计居住在城市住所和无人陪伴儿童庇护所的5—17岁儿童中有62%接受了正规教育，从5—6岁儿童的76%到16—17岁儿童的42%不等（UNHCR，2018a）。政府于2018年6月出台法律，规范了难民教育结构，并对教师招聘实行更严格的标准（Greece Government Official Gazette，2018）。

然而，这五个岛上的供应不足仍然是一个问题。最近的一份报告发现，虽然难民营是为临时居留而设计的身份查验场所，但长期居留并不能证明缺乏建立与大陆相同结构的意愿是合理的。报告指出，没有接种疫苗被用来证明被排除在接待班之外是合理的。2018年年初，政府在除最大的居留点以外的所有居留点均开设了学前班，并宣布将在2018—2019年度首次开设为所有居留点的儿童提供服务的接待班（Human Rights Watch，2018）。

民人数是世界上最高的。它们采用两班倒制系统，一组在上午上学，另一组在下午上学，产生了时间上的分隔。2016年，黎巴嫩1,350所公立学校中有160所开办了上午班，主要是黎巴嫩儿童参加，下午班主要是叙利亚难民参加。同样的教师经常教两个班，并且报告说工作繁重（Dryden-Peterson and Adelman，2016）。约旦还试图通过两班倒制学校来容纳不断增长的叙利亚难民人口。这些学校的儿童接受的教学时间比那些在公立学校按常规课程表上学的儿童少（Culbertson and Constant，2015；HRW，2016）。

即使是富足的国家，也可能面临通过国家教育系统向难民提供教育的实际挑战。正如希腊（受影响人口为8万人，主要来自阿富汗、伊拉克和阿拉伯叙利亚共和国）所记录的那样，这需要有效的规划和协调（框注4.6）。

在一些情况下，难民教育继续在单独、非正规

布隆迪难民没有被纳入坦桑尼亚教育系统

坦桑尼亚联合共和国境内的大多数布隆迪难民，生活在由内政部管理的基戈马地区的三个难民营中。联合国难民事务高级专员办事处协调他们的教育问题，资助两个国际非政府组织——国际救援委员会和慈善社——提供正规学校教育。国家政策将难民教育与国家系统分开，难民教育不由政府或发展伙伴资助（Dalrymple，2018）。

2017年，在联合国难民事务高级专员办事处和儿基会的支持下，教育、科学和技术部制定了2018—2021年包容性教育国家战略，其中包括针对难民学生的目标和指标，似乎摒弃了以前的平行办法。此前，政府决定成为首批实施《难民问题全面响应框架》的国家之一（Dalrymple，2018）。然而，坦桑尼亚联合共和国于2018年1月退出《难民问题全面响应框架》，这使得是否继续接纳难民的转变变得不明朗（ReliefWeb，2018）。缺乏国际捐助方的财政支持是其退出的一个关键原因，这突出表明，面对一个主要影响世界最贫穷地区的问题，全球责任共担十分重要（Betts，2018）。

的社区学校或私立学校进行，如坦桑尼亚联合共和国境内的布隆迪难民（受影响人口为35万人）（框注4.7）或泰国境内的缅甸克伦难民（受影响人口为11万人）（框注4.8）。这种学校可以由国际组织或由难民和当地社区自己发起与支持。它们可能得到认证，也可能得不到认证。巴勒斯坦难民的平行教育系统是一个独特的例子（框注4.9）。

框注 4.8：

泰国的缅甸克伦难民教育大多在不同的学校进行

自缅甸1948年独立以来，缅甸政府和该国第三大民族组织克伦民族联盟（KNU）在民族权利和身份、自治及自然资源方面发生冲突。民主化始于2011年，停火协议于2012年签署，尽管零星冲突仍在继续。据估计，仍有10万人生活在泰国边境对面的九个难民营中（Zaw，2018）。难民儿童就读于64所学校，这些学校遵循克伦民族联盟下属克伦教育部的课程（Shiohata，2018）。泰国公立学校不是难民的选择。克伦人通常没有泰国身份证件，他们以前受过的教育也不被承认（Dare，2015）。

缅甸的民主化进程有很大的教育改革成分。在教育部门综合审查之后，教育促进执行委员会于2014年起草了一项国家教育法案，该法案鼓励在使用缅甸语的同时使用少数民族语言进行教学，有助于应对冲突背后的某个因素（Shiohata，2018）。2018—2019年，在巴戈地区教授克伦语的活动将延伸到四年级（Karen News，2018），并在伊洛瓦底地区继续扩展（Khalain，2018），这两个地区都有克伦人。政府正在逐步招聘少数民族语言教学助理，在2017年12月向志愿者提供少量工资，并考虑将那些拥有学士学位的志愿者晋升到永久职位（Phyu，2018）。

在公立学校使用少数民族语言可以鼓励难民返回缅甸，但确保返回者受益仍然是挑战。根据2015年人口和健康调查，缅甸的初等教育完成率为81%。然而，在克伦族占多数的克伦邦，这一比例为68%，60%的男生完成了学业。全国中等教育完成率为15%，但克伦邦为13%，只有8%的男生毕业。

框注 4.9：

既定的平行系统——联合国近东巴勒斯坦难民救济和工程处对巴勒斯坦难民的教育方法

联合国近东巴勒斯坦难民救济和工程处与联合国教科文组织合作，近70年来一直为巴勒斯坦难民提供经认可的基础教育。它目前在西岸、加沙、约旦、黎巴嫩和阿拉伯叙利亚共和国的711所学校为大约52.6万名难民儿童提供免费基础教育（UNRWA，2018b）。该机构还为7,000多名难民青年开办了8个职业培训中心，为1,800多名难民开办了2个教育科学学院，提供学位教师教育（UNRWA，2017b）。这一全面的平行教育系统涵盖教育的所有方面，从课程到包容性教育实践和教师专业发展。与约旦、西岸和加沙公立学校的学生相比，联合国近东巴勒斯坦难民救济和工程处的学生成绩领先整整一年（Abdul-Hamid et al.，2016）。

平行的难民教育系统需要与东道国政府保持一致和密切合作，以确保学生顺利过渡到国家教育系统，包括承认和认可他们的资格。虽然联合国近东巴勒斯坦难民救济和工程处作为一个联合国机构具有业务独立性，但它与东道国政府教育系统的许多方面保持一致，如课程、考试和时间表。这是一种难民教育的良好做法（UNHCR，2015b）。

在旷日持久的难民环境下，过去70年发生了多次危机，这一系统在这一过程中获得了复原力，使其能够适应紧急情况。2011年，联合国近东巴勒斯坦难民救济和工程处启动了一项系统性的全机构教育改革，推出了一个创新项目，即"紧急情况下的教育"。该项目强调不断加强教育人员提供优质教育的能力，在学校建立实践社区，并促进与家长和社区的密切联系（UNRWA，2017a）。

联合国近东巴勒斯坦难民救济和工程处教育项目的平均费用是每个儿童每年826美元。资金的主要来源是联合国会员国的自愿捐款。然而，在过去10年里，这些都没有跟上日益不稳定的环境所产生的需求。2011—2016年，联合国近东巴勒斯坦难民救济和工程处的所有学校中有44%"直接受到武装冲突和暴力的影响，它们要么对学校造成物质损害，要么严重扰乱教育服务"（UNRWA,2016）。2017年，美国提供了相当于该项目25%和该处总预算32%的资金（UNRWA，2018a）。2018年8月，美国宣布将停止对该处的支持（BBC，2018）。虽然其他捐助方已经提出或承诺增加捐款，但这种资金不稳定性对继续提供教育和其他服务构成了威胁。

要实现包容，需要克服几个障碍

由于在面对流离失所的压力的同时承诺将流离失所学生纳入国家教育系统，各国政府及其合作伙伴需要制定灵活的计划，以确保协调一致。有效的规划可以提升安全性、复原力和社会凝聚力。规划方面的挑战出现在国内特别是国际层面，迫切需要在国际人道主义援助和发展援助预算之间架起桥梁（政策焦点19.3）。计划应关注的问题包括不同的规划视野（发展捐助方能够提供多年资金），及不同的规划架构（人道主义捐助方在教育部门的计划中往往是被忽略的）。相关计划需要认识到与流离失所有关的问题，包括文件不全、语言不熟练、教育轨迹中断和贫困。

流离失所对教育的压力需要提供数据和规划

在教育系统已经薄弱的情况下，与包容性有关的困难最为明显。联合国教科文组织国际教育规划研究所在全面的教育部门计划制定前，制定了关于过渡教育方案（TEPs）的指南。一个完整的计划需要数年的时间来制定，而一项过渡教育方案通常需要不到12个月的时间，并侧重于迫切需求（GPE and UNESCO-IIEP，2016）。2011—2017年，全球教育伙伴关系支持了11项过渡教育方案（GPE，2016）。

乍得（受影响人口为41万人，主要来自中非共和国和苏丹）于2013年成为第一个将难民纳入其过渡教育方案的国家。在12个难民营进行的参与性评估提出了苏丹难民对向乍得国家教育系统过渡的三个关切：教学语言的改变、返回苏丹后在乍得颁发的文凭能否得到承认，以及丧失国籍和文化、宗教、民族身份的威胁（UNHCR，2015a）。方案中考虑到了这些问题。

乍得随后在2015年获得了其商定的全球教育伙伴关系拨款中的700万美元，用于涵盖学校午餐、学校建设和教材的紧急方案（GPE，2016）。2018年，政府将19处难民营和难民安置区的108所学校改建为普通公立学校（CRRF，2018a）。

2018年宣布的乌干达难民和收容社区教育应对计划是一个独特的例子，它解决了12个地区34个收容难民的县的教育需求。它汇集了发展援助和人道主义援助伙伴，每年将惠及超过67.5万名难民和被收容学生，其三年半的费用为3.95亿美元（Uganda Ministry of Education and Sports，2018）。

2017年12月，在《吉布提区域难民教育宣言》中，吉布提、埃塞俄比亚、肯尼亚、索马里、南苏丹、苏丹和乌干达的教育部部长承诺"到2020年将难民和返乡者的教育纳入国家教育部门计划"（IGAD，2017b）。附件包括可能采取的行动的例子，例如为难民和返乡者制定最低学习标准，将难民纳入国家教育管理信息系统，以及建立一个监测计划执行情况的区域委员会（IGAD，2017a）。

为了规划难民教育，各国需要改善其教育管理信息系统。乍得开发了一个综合系统，其中包括每个营地的数据收集表格，从学前教育一直到高等教育和非正规扫盲计划。这提高了现有数据的质量，确保了统一的数据收集、输入、汇编和共享（UNESCO，2016）。约旦教育部还将难民儿童的教育地位纳入教育管理信息系统平台（Jordan Ministry of Planning and International Cooperation，2018）。南苏丹将联合国难民事务高级专员办事处的数据收集与国家教育管理信息系统合并，以确定面临风险的学校。通识教育战略计划利用这些信息来集中支持最需要帮助的地区（GPE and UNESCO-IIEP，2016）。

> " 相关计划需要认识到与流离失所有关的问题，包括文件不全、语言不熟练、教育轨迹中断和贫困。"

缺乏身份证件和证书是难民被排除在外的一个关键因素

难民往往缺乏出生证明、离校证明和文凭等证件，这使其融入国家教育系统更加困难。正如叙利亚难民所经历的那样，目的地国对教育的限制各不相同。

直到最近，约旦还要求住在难民营外的难民向内政部登记，并获得进入学校的"服务卡"。获得服务卡需要出生证明。没有出生证明就逃离出来的难民或在流离失所期间没有登记其子女出生的难民失去了这一资格（Human Rights Watch，2016）。为了在2016年年底具备更大的灵活性，教育部开始允许公立学校招收无卡儿童。

> 各国政府必须保护难民的受教育权，无论其身份证件或居留身份如何。

在黎巴嫩，叙利亚难民如果能够证明难民身份和在黎巴嫩或阿拉伯叙利亚共和国完成小学学业，就可以进入中学。许多学生在没有小学学业证明的情况下逃离家园，使得私立学校成为他们唯一的教育选择，如果他们能够负担得起的话。自联合国难民事务高级专员办事处于2015年5月指示停止登记难民以来，没有难民身份的叙利亚人更难上学了（Dryden-Peterson et al.，2018）。

土耳其政府放宽了对希望进入高等教育的叙利亚人的证件要求，并规定承认叙利亚当局颁发的中学毕业证书。国民教育部还为那些在临时教育中心读完十二年级的学生提供特殊豁免，让他们参加教育部管理的考试，这些考试会颁发在土耳其申请大学时被认可的证书（Yavcan and El-Ghali，2017）。

难民掌握当地语言对于获得被接纳感是必要的

缺乏有关教学语言或课堂语言的知识阻碍了难民学生发展参与、学习和交流的能力，也是其被纳入国家教育系统的一个障碍，特别是对年龄较大的儿童和青年而言。在希腊，语言困难是难民儿童停止接受正规教育的主要原因（REACH and UNICEF，2017）。

20世纪初，在乌干达，来自刚果民主共和国的难民由于缺乏英语能力而自动被安置在较低的年级。然而，这些学生即使掌握了教学内容，复读率也更高。将大一点的学生放在可以获得基本读写技能的拥挤的低年级教室里，给通常最不称职的教师带来了压力，并增加了年幼儿童的安全风险（Dryden-Peterson，2006）。在卢旺达的布隆迪难民面临同样的挑战。国际合作伙伴提供长达六个月的综合定向课程，其中包括英语课程。达到适当水平的学生可以进入公立学校。该计划包含教师教育和辅导，以及解释如何向公立学校过渡的社区宣传运动（UNICEF，2015；Wachiaya，2017）。

高收入国家有更多的资源来发展难民的语言能力。在德国，获得庇护的难民必须参加融合课程（600小时的语言课程和100小时的德国法律、历史、文化与社会课程）（Bundeszentrale für Politische Bildung，2018）。在奥斯陆，儿童在被纳入适合其年龄的国家教育系统之前，将接受为期两年的初级入门课程（Eurocities，2017）。

如果这些课程时间太长，就会迫使难民脱离教育系统。此外，语言需要延伸到能够理解东道国社会规范的非语言实践中。这些不能被明确教授，而只能通过与当地人的互动来学习。语言包容性的这一方面在政策制定中基本上被忽视了（Dryden-Peterson et al.，2018）。

替代方案有助于流离失所者赶上并进入或重返学校

替代教育方案能帮助因流离失所而中断教育的儿童（Save the Children et al., 2017）。速成教育工作组汇集了联合国各机构和国际非政府组织，根据该工作组的说法，速成教育是一个"灵活、适合各年龄的方案，在加速的时间框架内运行，旨在为弱势、超龄、失学儿童和青年提供受教育的机会"，以及"使用与其认知成熟度相匹配的有效教学方法，帮助他们获得同等的、经过认证的基础教育能力"（AEWG, 2018）。

速成教育方案的目标对象是至少错过了一年学习时间的10—18岁的学生，将其课程时间缩短，并在最后提供认证。方案有多种类型，包括：为缺课不到一年的学生提供补课计划，帮助他们重新进入正规教育的方案；针对在校但低于预期年级水平的学生的补救方案；为主要障碍是语言熟练程度的学生开设的衔接课程（Shah et al., 2017）。

挪威难民委员会在达达阿布开设了一种速成学习课程，将肯尼亚的八年制课程压缩为四年。该方案响应了学生的需求，设有多个进出点。在每个周期结束时，学生可以使用教育部和替代教育合作伙伴商定的评估框架，以合适的年级水平重新进入正式系统。一项审查表明，该方案增加了难民男孩的学习机会，但对于女孩的作用不大（Shah, 2015）。国际非政府组织倾向于实施这些方案，同时，教育部应

> "
> 挪威难民委员会在达达阿布开设了一种速成学习课程，将肯尼亚的八年制课程压缩为四年。
> "

将标准化的灵活方案以及支持能力发展和物资部署的机制纳入其部门计划。

对流离失所者来说教育费用不只有学费

对难民来说，学费和其他教育花费可能特别高，特别是当他们的行动自由和工作权利受到限制时。人道主义援助补贴学校交通费用：在约旦、伊拉克和土耳其，国际移民组织和联合国儿基会推出了校车服务，使3.5万名叙利亚儿童能够上学（Kompani, 2018）。

黎巴嫩的公共教育名义上是免费的，但是登记、制服、课本、交通和学校伙食可能使难民家庭负担不起。政府与联合国儿基会和世界粮食计划署一起试行了"去往"（Min ila）计划，向下午轮课的小学生提供现金，以支付交通费用，并补偿因儿童上学而非工作造成的家庭收入损失。尽管入学率没有受到影响，但试点地区的每周就读时间增加了0.5—0.7天，比对照组增加了约20%（de Hoop et al., 2018）。

在土耳其，家庭、劳动和社会服务部，国民教育部，土耳其红新月会，以及联合国儿基会正在欧盟委员会、挪威和美国的支持下，将国家有条件的现金转移支付教育方案推广到叙利亚难民和其他难民中。公立学校、临时教育中心和速成学习课程的学生每月可获得8美元至13美元，视性别和年级以及正常就读情况而定。此外，还计划每学期为每个孩子一次性支付22美元。截至2018年7月，该方案已惠及36.8万名儿童，预计到2019年7月将惠及45万名儿童（Arik Akyuz, 2018）。

在哥斯达黎加，2017年的一项法律修正案确保了难民可以平等获得社会发展和家庭津贴信托基金福利，其中包括教育资助（UNHCR, 2017a）。

教师是成功实现包容的关键

当教室空间或学习材料短缺时，教师有时是流离失所的环境中学生唯一可用的资源。然而，将流离失所者纳入国家教育系统对教师的招聘和留任提出了挑战。不受管制、不合标准和短期教师合同的激增对工作条件产生了负面影响。教师还需要特殊培训，以制定教学策略来应对过度拥挤、多年龄或多语种混编班级，以及与流离失所相关的压力和创伤。[3]

流离失所的环境加剧了教师管理问题

流离失所的环境中教师档案和资格的多样性对教师管理有重要影响。流离失所加重了教师管理系统在可用性、资金和规划方面通常面临的压力。在脆弱的环境中，教师招聘、补偿和发展的协调一致往往进一步受到损害，因为在这种环境中，多个人道主义和发展援助机构根据不同的规则运作（Kirk and Winthrop, 2013）。

在流离失所的情况下教师短缺问题加剧

没有关于难民教育教师的全球数据。无论是在危机爆发时还是在长期流离失所的情况下，流离失

> " 教师需要特殊培训，以制定策略来应对过度拥挤、多年龄或多语种混编班级。"

所背景下教师短缺问题都大量存在，特别是合格教师短缺问题。

在土耳其，如果所有学龄期的叙利亚人都要入学，估计需要增加8万名教师（Sirkeci, 2017）。受影响人口的教育水平低、许多教学岗位偏远且易受伤害、教学语言问题、剥夺难民的工作权利以及不承认难民教师资格，这些加剧了教师的人数不足问题（Mendenhall et al., 2018）。

德国教育工作者工会（Gewerkschaft Erziehung und Wissenschaft）估计，还需要补充1.8万名教育工作者和2.4万名教师，估计每年的额外费用为30亿欧元（Vogel and Stock, 2017）。人员短缺导致合同制或志愿教师激增，这些教师的资格各不相同，通常从事短期工作，没有工作保障，收入远远低于为国家服役的同行。退休教师被召回，"横向进入者"（拥有大学学位但没有教师资格的教师）也被用来补空（Strauss, 2016; Vogel and Stock, 2017）。

---

3 本部分基于门登霍尔等人的研究（Mendenhall et al, 2018）。

要填补因大量难民涌入造成的教师缺口：

德国需要	土耳其需要	乌干达需要
42,000	**80,000**	**7,000**
名教育工作者和教师	名教师	名小学教师

> *主要出于安全考虑和文化习俗，在流离失所的环境中，女教师人数尤其不足。*

根据其教育部门计划（Uganda Ministry of Education and Sports，2018），乌干达将需要增加7,000名小学教师来开展难民教育。每个地区的工资分配都需要修订，以部署更多的教师；根据一项估计，在今后三年里，乌干达难民定居点小学教师的工资成本将达到1,500万美元。另一个问题是，南苏丹难民教师的资格仍未得到承认，尽管有许多人担任课堂助理（Save the Children，2017）。

在流离失所的环境中，女教师人数尤其不足，这主要是出于安全考虑和对妇女有偏见的文化习俗（Reeves Ring and West，2015）。2016年，肯尼亚达达阿布难民营的小学女教师比例为13%。2014年，埃塞俄比亚多洛阿多难民营的小学女教师比例为18%（UNHCR，2015c；Women Educational Researchers of Kenya，2017）。招聘合格女教师的困难因无法将她们留在遭受暴力影响的地区而加剧。在巴基斯坦，由于担心她们在激进组织袭击学校时的安全，因暴力而流离失所的女教师不愿重返工作岗位（Ferris and Winthrop，2011）。

在流离失所的情况下补偿教师是一项挑战

公平和可预测的教师薪酬是充足的教师供应、招聘、留任、激励和福利的基础。这对预算已经捉襟见肘的国家教师服务部门，及其短期紧急融资周期与教师工资经常性成本不相容的人道主义伙伴构成了严峻挑战（INEE，2009）。缺乏足够的资源来支付教师工资，跟踪教师工资的审计机制薄弱，工资和教师资格记录遭到破坏，以及教师管理系统维护不善都是常见问题（Dolan et al.，2012）。

由于法律对就业的限制，志愿教师通常会获得小额津贴或奖励。激励性支付标准通常不考虑资格、经验和生活成本。在难民营里，教师的收入可能与要求较低的非熟练工人相同（Mendenhall et al.，2018）。教师工资通常需要货币或非货币的公共资源来补充（Reeves Ring and West，2015）。国家教师和难民教师薪酬之间的巨大差距可能导致局势紧张。

许多流离失所环境中的教师缺乏正规培训

流离失所背景下的教师需要量身定制的专业发展，以应对学生支离破碎的教育历程以及冲突、流离失所和重新安置造成的创伤等情况。然而，他们经常在具有挑战性的条件下教学，却只能获得零星支持。在黎巴嫩，尽管难民儿童的出现影响到日常教学工作，还是有55%的教师和工作人员在过去两年中参加了专业进修（EI，2017）。

在许多危机情况下，来自社区的个人，尽管最多有中学证书，只有自己的教育经验可以借鉴，也可能被招募来教书。他们进入教师行业往往是突然的和无法预料的，他们想成为临时教师的愿望和履行职责的信心都很低。然而，他们可能还有其他有价值的特质可以贡献，比如与他们的学生有共同的文化理解（Kirk and Winthrop，2013）。他们需要的是针对具体情况的

> *肯尼亚卡库马难民营73%的小学教师没有证书。*

适当培训，如在肯尼亚卡库马难民营，那里73%的小学教师没有证书（Mendenhall et al.，2018）（框注4.10）。

教育者必须管理多语种课堂。在乌干达，教学内容在课堂上才得到翻译，这减缓了教学过程（Dryden-Peterson，2015）。在土耳其，教育部任命的教师没有受过向外国人教授土耳其语的培训（Coşkun and

多种方案帮助肯尼亚卡库马难民营不合格的小学教师做准备

世界上最大的难民营之一卡库马的教师得到了多种支持。一种正规方式是马辛德穆利罗科技大学与联合国难民事务高级专员办事处和路德会世界联合会合作，向难民提供教学文凭和证书课程。一个学术项目授予小学教育文凭，难民学生（大多是全职小学教师）在一年内完成学习。该项目包括基础课程（如课程研究）和专题课程（如社会研究、科学、生活技能与和平教育）（Mendenhall et al.，2018）。

危机背景下的小学教师培训包是一个开源课程，由危机背景下紧急情况教师机构间教育网络工作组开发，是一种非正规方式。它为被招聘在紧急情况下教学的不合格教师或资格不足教师培养基本的教学技能。培训材料涵盖教师的角色和身心健康、儿童保护、身心健康和包容，教育学，课程和规划（INEE，2017）。补充辅导包提出了一种点对点的方法，通过这种方法，教师可以寻求彼此的支持，集思广益，设定目标，并

庆祝他们的成功（Mendenhall et al.，2018）。

哥伦比亚大学师范学院的一个团队在卡库马应用了这个培训包，那里80%以上的教师是难民。直到最近，刚刚完成中等教育的新招聘教师仍旧几乎没有接受任何培训。该团队增加了一个移动辅导组，以帮助营地教师通过应用程序"什么"（WhatsApp）与世界各地训练有素的教师和热情的教育者建立联系。教师参加了培训研讨班，通过小组讨论和课堂参观获得同伴辅导支持，以及4—6个月的移动辅导。卡库马和附近新的卡罗贝耶定居点近90%的小学教师以及30名国家教师一起接受了培训（Mendenhall et al.，2018）。

然而，该培训包尚未得到肯尼亚教育当局的承认或认证。此外，协调仍然是一个持续的挑战，多个组织从事类似的专业发展活动，带来了零星和不连续的培训经历（Mendenhall et al.，2018）。

> 为应对该地区旷日持久的危机，乍得提高了难民教师的资格，以便他们能够获得全面认证并在公立学校工作。

Emin，2016）。欧盟资助的30小时定向培训已被提供给6,200名合同制教师和8,800名公立学校教师，其内容涵盖冲突管理、教学方法、辅导和咨询技能等领域（Mendenhall et al.，2018）。

在德国、意大利、西班牙和瑞典等高收入国家，教师可能会接受培训和认证，但需要新的技能来满足难民的需求（Bunar et al.，2018）。德国的教育政策分权于16个州，根据难民人数、移民学生的经验和本地的政策取向，各州针对难民的应对措施各不相同。各州在为教师准备语言支持方面取得了明确的进展，尽管进展参差不齐。2012—2015年，10个州开始提供明确的语言支持内容，尽管到2017年只有6个州规定对教学的语言支持是强制性的（Baumann，2017）。

一些国家帮助难民教师获得证书并重新走上岗位

解决流离失所情况下教师短缺的一个办法是将难民教师纳入国家培训方案。难民教师通常被排除在外：他们可能被剥夺工作权利，或者严格的专业规定可能阻止他们合法加入国家教师队伍。即使再培训是可能的，它也往往是漫长而昂贵的，需要全日制学习（Mendenhall et al.，2018）。

乍得是难民教师重返职业道路最有希望的例子之一。为应对中非共和国和苏丹旷日持久的危机，政府在国家和国际组织的支持下，让难民学校使用

> 在阿拉伯叙利亚共和国，73%的教师没有接受过在课堂上为儿童提供心理支持的培训。

乍得课程：向难民营派出更多的乍得教师，教授法语、公民和地理；提高难民教师的资格，使他们现在有机会获得乍得教育部门的全面认证，并在乍得公立学校工作（UNHCR，2015a）。

2012—2014年，来自中非共和国的98名难民教师通过多巴培训学院参加了认证培训。2012—2016年，在完成了暑假期间为期两年的教师教育课程后，341名苏丹难民教师也获得了阿贝歇双语教师培训学院的认证。另外一批苏丹教师正在接受培训，贾巴尔难民营的一些教师正在乍得的学校担任临时教师。乍得和苏丹政府与联合国教科文组织、儿基会和难民事务高级专员办事处签署了一项联合协议，以确保苏丹教师回国时获得认证和同等资格（Mendenhall et al.，2018）。

高收入国家也有举措。德国波茨坦大学的难民教师课程使叙利亚难民和其他难民教师能够重返课堂，在那里他们可以为德国学校的新移民搭建桥梁。该课程支持德国努力将难民和寻求庇护者融入劳动力队伍。这个为期11个月的课程包括几个月的强化德语教学、教师教育以及学校课堂练习。该大学收到针对25个名额的700多份申请，并计划扩大招生（Mendenhall et al.，2018；Potsdam University，2017）。在瑞典，教师工会为想继续留在这个行业的新入境教师制作了一个指南。它解释了该国的教学标准，并提供了有关政府机构的信息（Bunar et al.，2018）。

教师需要应对有创伤经历的学生方面的支持

流离失所的学生经常有遭受暴力和冲突的创伤经历。高收入国家的研究报告称，创伤后应激障碍患病率在10%—25%之间；据报道，在低收入国家和中等收入国家，这一比例高达75%（Fazel，2018）。对34项难民学习研究的回顾发现，除了流离失所带来的创伤之外，学习者在新的学习环境中还面临若干风险因素，包括父母对教育期望的误解、教师的刻板观念和低期望、工作人员或同龄人的欺凌和歧视。这些经历会导致心理健康问题和破坏性行为，妨碍教与学（Graham et al.，2016）。

假如儿童无法获得心理健康服务，学校可能是唯一可以提供这项帮助的地方。对基于学校的难民和寻求庇护的儿童心理健康干预措施的回顾分析区分了两种干预措施：通过艺术、音乐或戏剧进行创造性表达以帮助学生发展社会情感技能的干预措施；认知行为疗法，这种疗法可以处理过去的经历（例如通过语言处理），或者处理当前和未来的挑战（例如通过自我安慰）。认知行为疗法似乎有积极的治疗效果（Sullivan and Simonson，2016；Tyrer and Fazel，2014）。

但是，这方面的证据很少，且主要来自高收入国家。此外，这种干预需要受过专门训练的治疗师，超出了教师的技能和责任范围（Sullivan and Simonson，2016）。在大多数情况下，教师缺乏创伤和心理健康培训。在阿拉伯叙利亚共和国，援助协调组（一个非政府组织）调查的73%的教师没有接受过在课堂上为儿童提供心理社会支持的培训，更不用说自我护理了（Mendenhall et al.，2018）。

《紧急情况下的心理健康和心理社会支持指南》建议，教师可以通过互动和具体的结构性社会心理活动营造一个安全、有益的环境，从而提供心理社会支持（IASC，2007）。教师可以与学生及其家人保持联系，了解他们的经历，观察学生的行为是否有痛苦的迹象，并向受过创伤治疗训练的学校心理学家等专业人员寻求帮助（Sullivan and Simonson，2016）。为此，他们需要持续的专业发展，例如建设性的课堂管理或转介机制的使用。但是，他们不应试图对学生进行治疗（IASC，2007）。

在极具挑战性和压力的环境中工作的教师需要额外的支持来应对艰难的工作条件。关于这些需求的证据仍然非常有限（Burde et al.，2015）。

冲突对国内流离失所者的教育产生了严重的负面影响

联合国《关于国内流离失所问题的指导原则》规定，人人享有受教育权，"有关当局应确保这些人，特别是流离失所的儿童，接受免费义务初等教育。教育应尊重他们的文化特征、语言和宗教信仰"（UNHCR，1998）。然而，许多流离失所危机发生在一些能力有限的最贫穷的国家，并且是由政治层面的冲突造成的。这些因素阻碍了对问题的认识和教育方面的协调。

《坎帕拉公约》（正式名称为《非洲联盟保护和援助非洲国内流离失所者公约》）是承认国内流离失所者权利的最强有力的尝试之一。截至2017年6月，55个国家中有27个国家批准了该公约（African Union，2017），该公约指出，必须"在最大程度上切实可行并尽可能少拖延地"向国内流离失所者提供教育（第9条）（African Union，2012）。然而，对其执行情况的分析指出，各国往往缺乏履行保护义务的人力和财力。因此，国内流离失所者往往依赖国际人道主义援助（ICRC，2016）。

国内流离失所者和难民面临类似的教育挑战

在许多情况下，对国内流离失所者的教育问题做出的法律、教育和行政方面的回应，与对难民的回应类似。

哥伦比亚拥有世界第二大国内流离失所人口：2017年为650万人。尽管2012年开始了和平进程，但流离失所现象仍在继续。2015年，过去五年内在国内移徙的人（11%）中，6%的人认为暴力是主要原因。考卡省、乔科省、普图马约省和考卡山谷省的这一比例超过了10%（Colombia Ministry of Health and Social Protection and Profamilia，2017）。2018年的前六个月，北桑坦德省的武装团体发生冲突后，约4.5万名学生和2,000多名教师被迫停课（Norwegian Refugee Council，2018）。政府把重点放在保护国内流离失所者的法律框架上。2002年，宪法法院指示市级教育当局在教育机会方面优先考虑流离失所儿童。2004年，在100多次请愿后，法院进一步宣布国内流离失所者包括受教育权在内的基本权利正在受到侵犯（Espinosa，2009）。虽然法律框架有助于识别国内流离失所者，但在城市地区实际上很难做到这一点（IDMC，2015）。

流离失所意味着很多儿童和青少年的教育轨迹被打断，他们需要获得支持才能重新进入教育系统。2017年，阿富汗有130万名国内流离失所者。非政府组织"危机中的儿童"实施了一项社区速成教育方案，以帮助喀布尔市内及周边地区非正常环境下的国内流离失所失学儿童读完小学六年级，并转入正规教育机构。然而，该方案受到政府要求与社区教育政策保持一致方面的限制，该政策对时间表、课程和加速率等问题做出了相当明确的规定（Ghaffar-Kucher，2018）。

> 国内流离失所的教师面临风险和行政障碍，这使得他们几乎不可能领取薪水。

国内流离失所的教师也面临挑战。他们经常在原籍地区的管理下继续工作，导致面临风险和行政障碍，这使得他们几乎不可能领取薪水。阿拉伯叙利亚共和国政府要求教师每月返回政府控制的地区领取薪水。教师们报告说，同行们在旅途中被逮捕或拘留，使得其他人不敢再尝试（ACU，2017）。

在伊拉克，原籍省的地方当局管理着国内流离失所者学校。例如，尼尼微省管理的国内流离失所者学校的许多教师几个月都没有领到薪水（Dorcas，2016）。在许多情况下，不同的教育合作伙伴根据其预算提供不同的津贴，导致合作伙伴和教师之间关系紧张。在伊拉克，44个合作伙伴在15个省开展服务，并向大约5,200名教师发放津贴或其他奖励（Education Cluster，2018）。合作伙伴之间协调不力导致了服务存在缺口，不同类别的教师之间存在薪资差距，而且合作伙伴之间出现矛盾。埃尔比勒教育小组最近召集合作伙伴，商定了一个协调一致的激励表，为教师和其他类型的工人制定标准费率（Mendenhall et al.，2018）。

自然灾害和气候变化要求教育系统做好应对准备

地震或台风等自然灾害使教育系统面临人员伤亡、基础设施受损和流离失所等威胁。确保教育部门的计划考虑到这些风险可以减少潜在影响。应当加强各级政府这样做的能力，以便在从应急到恢复重建的各个阶段，使教育服务尽量不受干扰。

2017年，联合国减少灾害风险办公室与教育部门减少灾害风险以及增强抗灾能力全球联盟发布了最新的《学校安全综合框架》。它的三项基本内容分别是安全的学习设施、学校灾害管理以及减少风险和增强抗灾能力教育。三者的交汇点是多灾害风

> "
> 《学校安全综合框架》的三项基本内容分别是安全的学习设施、学校灾害管理以及减少风险和增强抗灾能力教育。
> "

险评估、教育部门分析以及以儿童为中心的评估和规划（UNISDR and GADRRRES，2017）。

在孟加拉国，由于认识到该国面临的灾害风险，《第三初等教育发展方案》的一个组成部分侧重于紧急情况。其目的是执行2011年灾害应急响应地方协调小组的建议：制定一个"框架，对将减少灾害风险和紧急教育纳入部门规划并实施给予指导"（Bangladesh Ministry of Primary and Mass Education，2015）。

许多太平洋岛国认识到气候变化是自然灾害风险增加的原因，并相应地规划了教育。2011年，《所罗门群岛紧急情况下备灾与教育政策声明和指南》发布。它旨在确保学生在突发事件前后及期间能够继续享有安全的学习环境，确保所有学校都设立临时性学习和教学空间。为了保证教育质量，受灾地区的所有教师应在灾难发生后两个月内接受社会心理策略培训，并在六周内在所有临时学习场所和学校开展社会心理活动（Solomon Islands Ministry of Education and Human Resources Division 2011）。《2016—2030年教育战略框架》建议课程引入"对气候、环境、灾害、社会凝聚力和社会保护风险管理的认识，以促进适应、可持续性、复原力和包容或公平"（Solomon Islands Ministry of Education and Human Resources Division，2016）。

今后几十年，气候可能成为导致人们流离失所的主要原因之一。"环境难民"或"气候难民"是指因海平面上升、干旱或荒漠化等气候变化而离开家园的人，尽管这些术语尚不具有法律含义。

为了降低面对气候变化的脆弱性，一些国家已经在考虑对策。"有尊严地移民"政策是基里

巴斯政府全国性整体迁移战略的一部分。它旨在提高民众的教育资历，使其能够在国外的护理等行业获得体面工作的机会，特别是在人口老龄化的潜在东道国，如澳大利亚、日本或新西兰，这些国家将需要熟练工人。《基里巴斯-澳大利亚护士计划（2006—2014年）》提供2,100万澳元，为基里巴斯学生提供奖学金，让他们在澳大利亚布里斯班的格里菲斯大学获得技能和经验，以及为基里巴斯的护士提供培训机会，并为基里巴斯护理学院提供项目支持。对该计划的审查发现其成本效益低，并建议其扩大职业范围和所涵盖的国家（Shaw，2014）。

难民和流离失所儿童与青年的教育对于其恢复正常感至关重要，但从社会和文化角度来看，共享东道国的课程、教科书、教师和基础设施只是走向包容的第一步。仅仅直接接触既不能建立归属感，也不能形成社会凝聚力。这只有从教育开始，进而全面融入社会才有可能（第5章）。

结语

近年来，流离失所者人数和平均流离失所时间有所增加，达到了第二次世界大战以来的最高水平。这些趋势迫使人们彻底反思如何最好地向受影响的人群提供教育。对难民来说，一个特别重要的教训是，应放弃将他们安置在另外的学校的对策，这一解决办法被证明是不可持续的：它将他们排除在收容社区和可持续的生活机会之外。

但是，确保包容并不简单，可能会受到地理、历史、资源和能力的影响。它要求各国政府做出相当大的努力来协调有关部门，统一程序（从数据收集到教师工资），让难民和收容社区参与进来，并设计方案，让教育中断或不会说教学语言的儿童与青年重新进入适当水平的教育系统。国内流离失所者和受自然灾害影响的人会面临更多的复杂情况。

应对措施的规划和实施十分复杂，因此国际合作伙伴的作用至关重要。它们支持各国应对挑战，从培养教师到减少难民家庭的成本障碍。但是，它们也有效率低下的方面，特别是在将短期应急反应与长期、面向发展的规划和支持联系起来方面。《关于难民和移民的纽约宣言》《难民问题全面响应框架》《难民问题全球契约》的承诺将政策推向了正确的方向。

"我爱学校，埃夫查里斯托！"来自德黑兰的7岁的罗昂在乘公共汽车去小学前说。

摄影：IOM Greece

第 5 章

多样性

通过接触和经验挑战学生的认知是学校固有的职责。教育被赋予独特的定位，能够积极影响新成员对我们社区的认知和接受度。教育帮助学生具备批判性思考的能力，对不同的思维、生活和行为方式持开放态度。拥抱文化回应式教育的社区更受欢迎、联系更紧密，最终也更安全。

——英语语言发展教育者
2018年美国国家年度教师 曼迪·曼宁

教育采用基于儿童权利的方式，和宽容息息相关。本章清楚且及时地推动改进教师教育，帮助教师为多样性做好准备，目前只有少数几个国家提供这种教育。这对确保难民、移民及所有边缘群体的文化得到承认和重视至关重要。

——"教育国际"秘书长 戴维·爱德华兹

重要发现

教育通过提供关键技能帮助塑造对移民和难民的态度，从而促进不同文化的交流。教育还为学生在学校接触移民和难民并挑战自己的刻板印象提供了机会。

移民和难民可能会在学校遭受偏见和歧视，这会妨碍他们的学习。在美国，来自非英语家庭的儿童经常被误诊为有特殊教育需求。

公众态度可以影响移民和难民的归属感。英国的研究表明，被当地同龄人认可会促使难民和寻求庇护的青少年更加努力地学习。

受教育程度越高，对移民的态度越积极。在参与2017年移民接受度指数调查的国家中，53%接受过高等教育的人希望在他们的国家移民的水平保持不变或有所增加，相比之下，具有中等教育程度的人的这一比例为46%，具有初等及以下教育程度的人的这一比例为39%。

课程和教科书越来越多地反映与移民有关的问题，并承认其他文化。在21个高收入国家中，1980年时只有澳大利亚和加拿大将多元文化主义列入课程。到2010年，多元文化主义已经完全融入了芬兰、爱尔兰、新西兰和瑞典的课程，这一主题被三分之二以上的国家列入议程。

批判性思维技能以及容许以包容性和非歧视性方式探索敏感问题，有助于打破文化隔阂。"全球一代"（Generation Global）是一个安全的在线空间，人们可以与来自不同文化的人进行互动，它覆盖20个国家的23万多名学生，对学生看待他人的开放态度产生了积极的影响。

教师经常感到他们缺乏支持，并且没有为多样化、多语言、多文化的课堂教学做好准备，也没有准备好向学生提供社会心理支持。在6个欧洲国家中，52%的教师认为他们受到的管理多样性方面的支持不足。

教师的多样性与少数族裔学生的成就、自尊和安全感有关。然而在法国，只有拥有法国、欧盟或欧洲经济区的国籍的人才能参加教学考试。

提高对移民和流离失所者的认识可以弥合社会中的文化差异。巴西圣保罗开展了一项名为"人人有份"的提高认识的活动，增进了移民的权利。

移民和流离失所者会给教育系统带来挑战。同时，教育至少在三个方面对塑造这两类人群的经验起着关键作用。高质量的教育可以帮助移民和难民适应新环境，减少适应改变的心理代价，增强他们对东道社区的归属感。包含移民和流离失所的历史与现状等方面内容的教育，也可以影响本地学生的认知，有助于他们欣赏彼此的共性和价值差异。正规和非正规教育可以增进公众理解，转变歧视性态度，增强社会开放度、宽容度和复原力。

> 重新审视教育的内容和方式，以建设包容性的社会，帮助人们生活在一起，而不仅仅是做一个宽容的人。

对所有国家来说，无论其移民历史或现状如何，重视多样性的教育都很重要。教育的作用和责任不仅仅是建立宽容的社会，这种社会可能被动地接受但未必包容差异；而应当是建立包容性的社会，这种社会既欣赏又尊重差异，为所有人提供高质量的教育。

教育的变革职能要求在从学生和教师到国家政策框架的所有层面进行变革。课程和教科书需要调整，教育系统需要投入大量资金来帮助教师应对多样性，既要促进个人学习，又要培养一个热情的、相互理解的社区。

本章讨论移民和难民易遭受社会偏见与排斥的脆弱性，以及教育在塑造对移民的态度方面的作用。提高受教育程度可以促进对移民积极贡献的赞赏，并减少对移民后果的担忧。教育系统采用各种包容方式，成功地支持了移民和难民的身份认同、自信心和归属感。教育政策还应努力促进包容性的、基于人权的教育方法，并在各级教育中以不同的方式连贯一致地提供这种教育。

移民和难民受到刻板印象、偏见与歧视的影响

历史、文化和社会经济背景的巨大差异，使得比较各国的移民和难民情况变得困难。但一些分析表明，东道国的居民并不总是积极地对待移民和难民。

框注 5.1:

刻板印象、偏见与歧视影响着移民和难民

刻板印象是对个人或群体的看法，这些看法往往过于笼统、不准确且顽固。例如，教师可能会对来自某些国家的移民的外貌或行为持有刻板印象，并期望有相同背景的人以同样的方式行事，即便并不了解他们。

偏见泛指对一个群体及其成员的不合理的负面评价和感受。例如，在没有证据的情况下，非移民儿童的父母可能会认为移民或难民学生的学习进展缓慢，并会威胁到他们孩子的进步。

而歧视是指对一个群体或其成员的不合理的消极行为。这种情况可能发生在个人层面（同龄人从不选择移民或难民学生作为队友）或机制层面（利用移民登记作为入学条件，通过这样的政策来阻止移民或难民进入学校）。

这些概念随着时间的推移而变化。有研究人员使用"现代"偏见和歧视，来形容一些有偏见的态度和行为，但这些态度和行为是未经省察的、无意识的且相对矛盾的，并不是完全敌对的、公开的偏见或歧视（Cunningham et al., 2004; Lin et al., 2005）。这两种形式都存在于今天的社会（Swim et al., 2003），基于种族的偏见和歧视通常被称为种族主义，基于国籍的偏见和歧视通常被称为仇外心理。

脑成像显示，每个人都可以非常快速地对人脸进行分类，处理人脸的方式与处理其他图像不同，会基于非常少的信息来判断社会群体（例如，与种族和宗教信仰相关）。这可能导致将移民和难民归类为"他者"，特别是当他们明显与本地人不同时。这种刻板印象或偏见会导致歧视行为（Kawakami et al., 2017; Murray and Marx, 2013）。移民和难民群体的社会权力比不上本地人，因此他们很难避开这种影响（Major et al., 2002）。

> 在美国，来自非英语家庭的儿童经常被误诊为有特殊教育需求，部分原因是读写能力测试对他们有偏见。

的偏见与歧视性做法也会让移民和难民学生的学习需求得不到满足。特别是在冲突期间，当焦虑和不确定性加剧时，人们可能会与他们最认同的人保持一致，对移民或难民产生成见和偏见，从而导致歧视（Brader et al., 2008）。

在南非，学校受限于受教育权政策和2002年颁布的《移民法》，被禁止接纳没有南非出生证的人。由于缺乏明确的政策，教师对津巴布韦移民的偏见和歧视更加严重，学生用仇外言论嘲弄移民（Crush and Tawodzera, 2014）。

在美国，对移民家庭学生的结构性歧视有几种形式。双语课程的缺乏使来自非英语家庭的儿童处于不利地位。他们经常被误诊为有特殊教育需求，部分原因在于读写测试所使用的不是他们的母语（Adair, 2015）。在参与学校事务时，移民家庭的父母也感到不如本地父母受欢迎，并且觉得自己对孩子在学校的待遇和教育几乎没有影响。这种歧视可能是有意或无意的，其原因包括与移民社区缺乏联系、教师教育不足以及注重狭隘的学习指标的测试文化（Adair et al., 2012）。

在全球化的世界中，与不同背景的人交往日益成为常态，但许多人仍然根据对群体的看法，而不是基于个人品性去评价他人。在刻板印象和偏见的影响下，移民和难民面临歧视和被排斥的风险（框注5.1）。

学校中的偏见与歧视妨碍移民和难民的学习

即使移民政策和教育政策保护受教育权，学校

公众态度可以塑造移民的自我认知和幸福感

公众态度很重要，因为它会影响移民和难民的认同感、归属感、幸福感以及成功定居的机会。在某种程度上，移民和难民会根据他们被如何看待或贴上标签来认识自己（Epstein and Heizler, 2015）。与本土观念和制度规范的互动起着重要作用（Barrett et al., 2013; La Barbera, 2015)。

总的来说，调查发现，难民往往比寻求庇护者或移民受到更积极的对待，特别是如果后者没有证件（Dempster and Hargrave, 2017; Murray and Marx, 2013）。2016年难民欢迎调查显示，27个国家中73%的人强烈或部分认同，人们应该可以在其他国家避难以逃避战争或迫害。大约80%的人能接受难民进入他们的国家或城市，30%的人接受难民进入他们的社区，10%的人接受难民住进他们的家（Amnesty International, 2016）。但是，在11个国家进行的另一项调查发现，虽然大多数人都对难民表示同情，但他们也会担心难民对安全或经济的影响（TENT, 2016）。人们对德国境内的叙利亚难民有更多的同情和信任，但人们并不会更愿意与他们互动（Stöhr and Wichardt, 2016）。

至于移民自己的观点，本报告对2014年世界价值观调查的分析表明，43个国家中有34个国家的移民与当地人相比，不太可能认为自己属于东道国。在有些国家，包括巴林和吉尔吉斯斯坦，超过10%的移民感觉自己像是局外人，与全世界、各个国家或当地社区脱节。刻板印象或充满偏见的媒体描述既影响本土观念，也影响移民或难民的自我认知（框注5.2）。

移民和难民对歧视的看法与其幸福感之间存在明显的负相关。一项对328项研究的元分析发现，可被感知的歧视往往与抑郁、焦虑和较低的自尊相关联。它对弱势群体和儿童的影响更大，在实验研究中也是如此（Schmitt et al., 2014）。一项在希腊进行的针对500多名有移民背景的13岁男生的为期两年的研究发现，本地学生的态度会影响移民学生的幸福感。如果移民学生感觉受到本地人的喜

> 乌干达的难民青少年发现，语言差异会带来歧视，且意味着他们更有可能辍学。

爱，则他们会很少感受到歧视，即使他们能够感受到对其所在族群的歧视（Reitz et al., 2015）。

英国一项小规模的定性研究表明，难民和寻求庇护的青少年发现，被当地同龄人认可会激励

框注 5.2：

媒体常常负面地描述移民和难民

与移民有关的媒体报道往往存在刻板印象，使用一般性分类和不精确的术语，忽略移民或难民的声音。媒体中的概括性描述会强化"移民在任何情况下都表现得一致"的印象。接触使用一般性语言的新闻文章（例如，"移民闯入他人住宅"）的德国大学生比接触使用具体术语的新闻报道（例如，"某名18岁的移民，来自某个特定的国家，闯入某位名人家中，并偷走了一台电脑"）的大学生，更倾向于认为移民会参与犯罪（Geschke et al., 2010）。带有偏见的视觉表征也会影响态度。社论漫画将移民描绘成疾病传播者，接触到这类漫画的加拿大人会更倾向于认为移民是疾病的源头，以至于对移民采取非人性化行为，最终对开放的移民政策持负面看法（Esses et al., 2013）。

媒体对移民和流离失所人群的报道日渐负面化并呈现两极分化趋势（SOM, 2012）。2015年，捷克共和国最大报社的编辑指示记者将移民和难民报道为一种威胁（Howden, 2016）。2009年，在挪威，71%与移民相关的媒体报道都集中于移民带来的问题（Islam in Europe, 2010）。英国的媒体常常将移民和难民描述为对文化、安全和福利体系的威胁（Dempster and Hargrave, 2017; Esses et al., 2017）。2010年，一艘载有492名斯里兰卡泰米尔人的船只在加拿大西海岸被拦截，媒体报道基本是负面的，暗示他们的难民申请是伪造的。一项民意调查发现，63%的加拿大人希望这艘船返航，一项旨在使该国难民制度更加严格的法案也出台了（Esses et al., 2013）。

教育可以通过教授政治知识和批判性思维技能，帮助解读虚构的事实，消除对移民和难民的负面描述。研究表明，知情程度较低的人更容易依赖媒体信息来形成信仰（Meltzer et al., 2017），更容易受刻板印象信息的影响（Huber and Lapinski, 2006）。"9·11"纽约恐怖袭击之后的一段时间里，德国受教育程度较高的人对移民仍然抱有相对积极的态度，然而受教育程度较低的人更多持有负面观点（Schüller, 2012）。

受教育程度越高的人越能更好地区分不实陈述。在瑞士，受教育程度越高，越能够对政治宣传中的移民信息进行批判性评估（Matthes and Marquart, 2013）。2016年美国总统选举后的一项调查发现，受教育程度越高的人越能够正确区分真实与虚假的社交媒体故事（Allcott and Gentzkow, 2017）。

自己建立友谊，寻求心理帮助并更加努力学习（Fazel，2015）。相比之下，乌干达的刚果和索马里难民青少年发现，语言差异会使建立友谊变得更加困难，并带来歧视，削弱他们的幸福感和自我价值。结果，他们更有可能辍学，转向不良的社会关系并加入帮派（Stark et al.，2015）。

教育影响对移民和难民的态度

学校中对移民和难民的刻板印象及偏狭描述会对包容性产生不利影响。向所有学习者开放的体系有助于建设一个欢迎多样性、移民和难民成为公民的社会。

受教育程度与对移民更加积极的态度相关

通常来说，受教育程度与对移民更加积极的态度相关。在学校中与移民和难民的互动有助于增加对来自其他文化的人的熟悉和信任（Gundelach，2014）。学生可以学习克服未知的恐惧的技巧，建设性地接触不同的文化，避免简单地以偏概全。受教育程度越高的人越不太会有种族优越感，越加重视文化多样性（Hainmueller and Hopkins，2014）。

> " 学生可以学习克服未知的恐惧的技巧，建设性地接触不同的文化，避免简单地以偏概全。 "

在参与2017年移民接受指数调查的国家中，53%接受过高等教育的人希望保持或提高现有的移民率，相比之下，在受过中等教育的人中这一比例为46%，在受过初等及以下程度教育的人中这一比例为39%（Esipova et al.，2015）。

在参与2014年世界价值观调查的52个国家中，有38个国家的受访者被要求从一份邻居名单中进行挑选。相比受过中等教育的受访者，受过高等教育的受访者对移民和外国工人更加宽容，平均而言，受过高等教育的人比受过中等教育的人在宽容度上高2个百分点（图5.1a），受过中等教育的人又比受过初等教育的人高2个百分点（图5.1b），五分之四的国家的移民至少占总人口的10%，受教育程度越高则宽容度越高。

年轻人对移民的态度更加积极（Ford，2012；Winkler，2015）。在参与2014年欧洲社会调查的国家中，超过半数的14—34岁的人赞同批准来自穷国的移民入境，相比之下超过65岁的人中只有35%赞同。结合年龄和受教育程度则呈现出更大的差距。在法国和斯洛文尼亚，近80%受过高等教育的年轻人赞同批准难民入境，而在一部分受教育程度较低的老年群体中这一比例不足30%（Health and Richards，2016）。

教育和包容性态度之间的关联受到一些人的批评。他们认为，天性更包容的人往往追求更多的教育，或者受教育程度高的人从事不容易受到移民威胁的工作。然而，两项使用欧洲社会调查数据的准实验研究表明，教育确实能够产生积极的态度。第一项研究收集了来自12个国家的数据，发现多上一年学，对移民持有支持性态度的可能性就会提高8—10个百分点（d'Hombres and Nunziata，2016）。第二项研究关注丹麦、法国、荷兰、瑞典和英国，发现多上一年中学与反对移民的可能性较低存在因果关系，那些反对移民的人认为移民会降低生活质

> " 来自12个欧洲国家的数据显示，多上一年学，对移民持有支持性态度的可能性就会提高8—10个百分点。 "

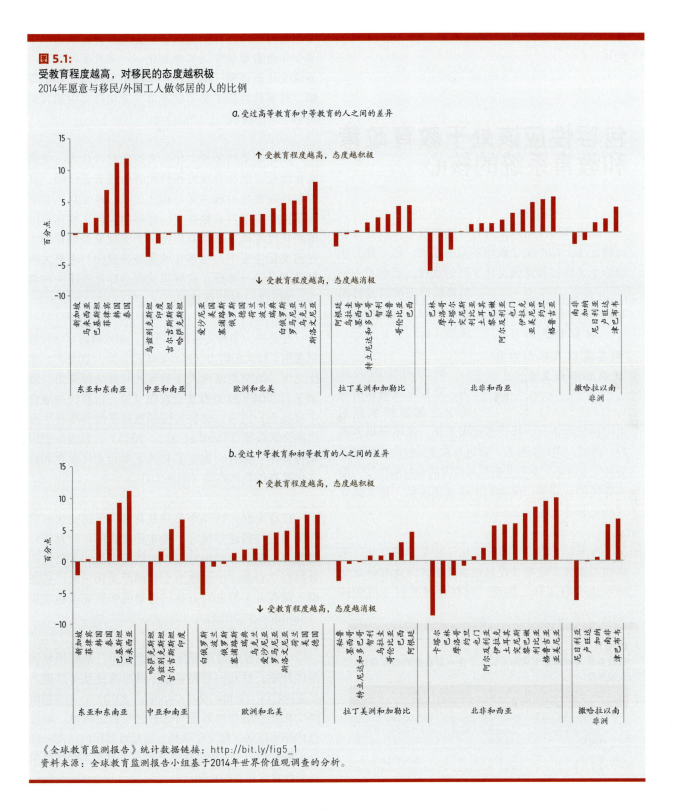

图 5.1:

受教育程度越高，对移民的态度越积极

2014年愿意与移民/外国工人做邻居的人的比例

《全球教育监测报告》统计数据链接：http://bit.ly/fig5_1

资料来源：全球教育监测报告小组基于2014年世界价值观调查的分析。

量，并认同反移民团体（Cavaille and Marshall，2018）。

包容性应该处于教育政策和教育系统的核心

解决多样性问题是教育目的的核心，但在采取何种方法上却产生了截然不同的观点。每一种方法都给予了移民和难民文化不同的重视，影响着人们对移民的态度以及移民和难民的自我认知与归属感（表5.1）。

> 教育塑造对移民的态度以及他们的自我认知和归属感。

赞同同化的人认为，学校应该确保所有的学生都能够掌握东道国的官方语言，接受东道国文化，而不是培养差异。然而，同化会导致"移民与东道国社会之间的差异被完全抹平，并强烈暗示东道国的霸权地位"，损害移民的认同感，使他们产生文化混乱，被人孤立（King and Lulle，2016）。

各国对于使用"多元文化"还是"跨文化"来描述国家教育政策并没有达成共识，因此在研究文献中也少有区分。然而，《联合国教科文组织跨文化教育指导方针》做出了一定的区分，认为"多元文化教育通过学习其他文化……来产生接纳"，而跨文化教育则"通过……不同文化群体之间的理解、尊重和对话，努力促进多元文化社会中的共同生活"（UNESCO，2006）。

如此定义的多元文化主义的反对者认为，强调文化维度可能会忽视歧视移民群体的真正原因，其中包括制度性种族主义。相比之下，跨文化主义不仅帮助学生学习其他文化，还帮助他们了解东道国的结构性障碍，这些障碍使不平等现象长期存在。在跨文化主义中，尊重和欣赏差异成为一个更大的教育项目的一部分，这种模式将多样化视作一种常态，而不是一种特殊情况。

在美国，多元文化教育政策，如双语或多语种教学遇到了较大的阻力（Kim and Slapac，2015）。相比之下，欧洲越来越关注包容性和社会凝聚力，特别是自2004年欧盟委员会发布《第一份移民和融合年度报告》以来，该报告强调教育系统需要提供促进融合的技能（Faas et al.，2014）。但很少有国家像爱尔兰那样，制定了有关于多元文化教育和跨文化教育的具体政策（框注5.3）。

在意大利，1994年公共教育部关于跨文化对话和民主共存的通知确定了跨文化教育的可行方法。这些方法强调学校中开放和对话的气氛的重要性，教师在学科教学中要致力于贯彻跨文化主义，将之融入课程并采取针对有移民背景的学生需求的政策（Santerini，2010）。

一些国家的政策局限于融合工作，从标识移民群体开始。然而，移民希望不做出改变就可以融入东道国社区（Erdal and Oeppen，2013）。开办特定跨文化学校的趋势可能与这种包容背道而驰。尽管自1985年以来，跨文化学校一直是希腊国内法的一部分，但它们一直与国家体系平行，并受到本地学生家长和教育管理者的抵制（Gropas and Triandafyllidou，

表5.1：
教育系统对待移民文化的方式，产生一定程度的移民自我认知风险

	同化	融合 （多元文化主义）	包容 （跨文化主义）
目标	移民文化消失，移民接受东道国的规范和价值观	移民文化的一部分被接受或被融合，移民更受包容和尊重	赞美移民文化，因为文化多样性受到了重视
风险	移民感觉被排斥，因为他们的文化被认为具有威胁性	移民感到矛盾，因为他们文化中的一部分比其他部分更受重视	移民感到更受欢迎，因为他们的文化被认为是增加的价值

资料来源：全球教育监测报告小组基于金和卢勒（King and Lulle，2016）以及联合国教科文组织（UNESCO，2006）文献的分析。

爱尔兰制定了一项跨文化教育政策

随着从移民输出国转变为移民接收国，爱尔兰认识到文化多样性是一个永久性的现实（Ireland DOJE，2017）。到2015年，该国15岁以下人口中的15%都是移民儿童（Harte et al.，2016）。

《2010—2015年跨文化教育战略》是在2008年第一份关于移民的部长级声明之后发布的，它有五个目标：（1）一个完整的机构途径；（2）所有教育提供方的能力发展；（3）对语言教学能力的支持（1亿欧元用于学校语言以及1,000万欧元用于成人课程），同时认识到母语对提高语言水平的重要性；（4）学校、家长和社区的伙伴关系；（5）数据和监测。一个门户网站为所有利益相关方提供获得跨文化资料的途径（Ireland DOES，2010）。

发展项目和跨文化教育项目支持职前教师跨文化教育培训，特别是将人权和全球公民意识纳入教学，认识到学生态度的重要性（Ireland DOES，2014）。《2016年教育（入学）法案》取消了对移民入学的限制，禁止收费和使用等候名单，要求所有的学校公开入学政策（Ireland DOES，2016）。自2003年起，爱尔兰要求中学毕业考试增加语言选项。2018年，考试将用18种欧盟语言进行管理，为英语或爱尔兰语水平较低的学生提供更多接受高等教育的机会（Ireland State Examinations Commission，2018）。

2017年国家跨部门移民综合策略致力于监测学校政策，评估其对移民入学的影响；鼓励学校支持父母参与，采取积极措施吸引移民从事教学工作（Ireland DOJE，2017）。欧洲议会最近的一项研究发现，爱尔兰和瑞典拥有欧洲最强有力的移民教育监测和评估框架（Essomba et al.，2017）。在转型过程中，爱尔兰在国际学生评估项目中保持着欧洲最低的本地学生−移民学生数学成绩差距（Harte et al.，2016）。此外，在幸福、焦虑和自我批评三项幸福感指标中，13岁的移民和本地居民并无明显差异（Smyth，2015）。

> 自1985年以来，跨文化学校一直是希腊国内法的一部分，但与国家体系平行，受到学生家长和教育管理者的抵制。

2011；Palaiologou and Faas，2012）。最近大批移民和难民的涌入导致教育、研究和宗教事务部在2016年修订了法律，加强跨文化学校与主流学校之间的联系。

教育受到强烈的政治影响，会支持或破坏国家或地方一级的跨文化教育政策。反对移民、支持加强边境控制的政治情绪日益高涨，降低了实施跨文化教育政策的可能性。在荷兰，对移民日益恶化的态度促成了一项以忠诚于荷兰社会为重点的融合政策，教育部采取更加强调同化的立场，从2006年起，强制用公民教育取代跨文化教育（Leeman and Saharso，2013）。

培养移民学生归属感的另一个渠道是与原籍国保持联系的侨民学校的运营。在某些情况下，这些学校可能由原籍国的政府管理或协调，例如波兰就有这样的例子（框柱5.4）。此类做法所面临的挑战包括编写适当的教材和提供训练有素的教师。通常，社区会建立私立学校，例如在沙特阿拉伯的菲律宾人，在阿拉伯联合酋长国的巴基斯坦人（Zakharia，2016），在英国的伊朗人（Gholami，2017），在日本的巴西人（Watanabe，2010）。他们的课程可能来自原籍国、东道国或两者混合。最后，有一些非正规学校，其目的是向移民儿童传播原籍国的语言和

波兰为其侨民提供广泛的学校网络

居住在邻国的波兰历史上的少数民族，加上最近的移民，使得2018年共有来自近60个国家的1,000多个教育机构在波兰侨民组织数据库中进行了登记。德国、立陶宛、乌克兰、英国和美国是此类机构数量最多的国家。

这些学校可分为三类：在雅典、莫斯科和布拉格等城市，沿袭波兰教育系统并由波兰教育部资助的学校；其他国家教育系统的一部分，有些学科可能提供波兰语；由民间社会团体或宗教组织开办的星期六学校（Lipińska and Seretny，2011）。

波兰教育部还设立了波兰海外教育发展中心，其作用是支持和促进波兰语学习。该中心在波兰驻37个国家的使馆中开办学校。它协调波兰教师出国工作的任务，组织在线学习，支持教师培训并提供教科书。2010—2016年，它为48个国家的约3万名学生和6,000名教师分发了教材（ORPEG，2017）。从2017—2018年度开始，参加波兰海外教育发展中心主导的课程的波兰学生不再需要参加口头和书面考试，这些考试本是升入接下来的班级所必需的（Poland Ministry of Education, 2017）。

图 5.2:
越来越多的国家将多元文化主义纳入课程
1980—2010年21个高收入国家将多元文化主义纳入课程的情况

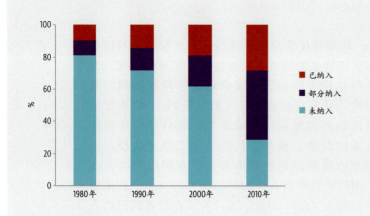

- 已纳入
- 部分纳入
- 未纳入

《全球教育监测报告》统计数据链接：http://bit.ly/fig5_2
注：本图中多元文化主义的定义更接近本报告表5.1中跨文化主义的定义。
资料来源：Westlake（2011）。

文化遗产，例如澳大利亚墨尔本的拉脱维亚社区（Gross，2015），或是加拿大蒙特利尔的亚美尼亚社区和韩国社区（Maguire，2010）。

课程和教材正变得更具包容性

课程和教材可以对抗刻板印象，减少偏见，减轻对移民的焦虑，培养移民的归属感（van Briel et al.，2016）。它们需要反映多样性，帮助教师采用能够体现多样性的教学方法，帮助学校适应多种视角。相反，不恰当的教科书图片和描述会让来自不同文化的学生感到被排斥或被误解，更容易让他们感到挫败和疏远（Hintermann et al.，2014；Weiner，2018）。

在参与2016年国际公民和公民教育调查的22个国家中，54%的八年级学生认可所有族裔群体的平等权利。对该报告的分析表明：在12个国家中认可这些权利与了解其他国家的历史有着积极的关联；在18个国家中，则与进行公开课堂讨论有着积极的联系（Sandoval-Hernández and Miranda，2018）。

越来越多的国家正在修改课程，以反映不断丰富的社会多样性。对21个高收入国家的多元文化主义政策指数的分析发现，1980年时只有澳大利亚和加拿大将多元文化主义列入课程（图5.2）。到2010年，三分之二以上的国家将多元文化主义列入议程，另有4个国家——芬兰、爱尔兰、新西兰和瑞典在课程中充分融入了多元文化主义的内容（Westlake，2011）。

2015年一项相关的长期研究表明，在38个国家（主要是高收入国家）中，有27个国家将跨文化教

> 课程和教科书需要帮助教师采用能够体现学习的多样化的教学方法，帮助学校适应多种视角。

育作为一门独立学科或纳入课程体系中。比利时、加拿大、爱尔兰、意大利、荷兰、瑞典和英国同时采用了上述两种方式。丹麦、法国、匈牙利和波兰并未融入跨文化教育；即便融入，也并不包含对文化多样性的欣赏（Huddleston et al.，2015）。

> **在欧洲，81%的受访者认为，学校课程和教材应该包括种族多样性的信息。**

课程改革有赖于社会群体的政治支持和共识。课程多样性的增加在欧洲得到了广泛的公众支持：在2015年欧洲晴雨表调查中，有81%的受访者同意学校课程和教材中应该包括种族多样性的信息（Van Briel et al.，2016）。当地社区对课程内容的决定也会影响跨文化教育政策的实施。在里斯本，学校与家长和学生共同开发了另一种包容性课程，在家庭和学校文化之间架起桥梁，使五、六年级学生对学校有更积极、更信任的看法（César and Oliveira，2005）。

认识到个别科目中的其他文化可以使教育多样化

多元文化和跨文化价值观可以融入具体科目中。虽然历史课程以民族为中心，侧重于民族内容，很少（如果有的话）讨论文化多样性，然而其他科目变得越来越具包容性。在英格兰（英国），英国身份的多元文化历史包含在地理和公民科目中。德国的课程试图解决更广泛的多样性问题，尤其是在地理方面（Faas，2011）。

本报告对12个国家的教科书进行了分析，发现所有国家至少在一些教科书中讨论了移民问题。在加拿大安大略省，学生从二年级开始学习移民的概念；在韩国，学生从一年级开始学习多元文化社会的概念。然而，提到移民时通常也仅限于定居点的历史记载以及国家建设和人口扩张的理念（Opertti et al.，2018）。

在曾经的英国殖民地，教科书中对移民和殖民化的处理自20世纪下半叶开始发生演化。澳大利亚早期的课文关注19世纪的淘金热如何吸引欧洲的移民者，但更多当代的课文则质疑淘金热对土著居民和托雷斯海峡岛民的影响。在加拿大安大略省，早期的课文侧重于欧洲移民带来的好处，而最近的一些课文则包括了第一民族在加拿大国民身份发展中的作用，以及他们是如何受到诸如流离失所和寄宿学校等早期定居现象的影响的（Toulouse，2018）。早期的加拿大课文中无法找到多元文化主义，但其在当代的课文版本中更加突出，包括一个反复出现的章节"那时和现在的身份"（Opertti et al.，2018）。

现代教科书仍旧忽略具有争议的移民问题。墨西哥的教科书并不讨论无证移民以及与美国的关系。南非的教科书忽视了对其他非洲国家移民的仇外态度和歧视。在英国，来自前英联邦国家的移民通常被认为是有争议的，在教科书中也鲜有提及。

> **墨西哥的教科书并不讨论无证移民以及与美国的关系。**

相比之下，科特迪瓦最近的教科书讨论了难民和流离失所的问题，这些问题在2002年政治危机之后越发突出。课程框架指导教师从三年级开始进行基于权利的教育。课程使用流离失所人口的个案研究，强调《儿童权利公约》第2条，对难民儿童使用非歧视的概念。其目标是发展与儿童权利以及国际人权法案相关的情境下的能力（Opertti et al.，2018）。

课程可因地制宜进行调整，以适应多样性

中央政府并不会设计学校教学的方方面面，因此可以因地制宜地进行调整。阿尔伯塔省教师协会与加拿大多元文化教育基金会合作，在本省推出了一系列支持移民和难民教育及学习的资源

（EI，2017b）。资源侧重于特定群体，如克伦人、索马里人和南苏丹人。

一份关于阿拉伯社区的资料介绍了阿拉伯文化，探讨了关于阿拉伯人和穆斯林的神话与误解。它为教师提供建议，帮助他们与移民和难民家长及社区进行沟通，通过更开放的方式了解学生。它鼓励教师理解，并在课堂中进行包含文化和语言差异的教育，邀请学生分享他们的文化。

它还为学区和学校提供指南与资源清单（Canadian Multicultural Education Foundatian/ Alberta Teachers' Association，2016）。

> **强有力的学校领导有助于增进跨文化能力和文化应对方式。**

强有力的学校领导可以根据课程内容、教学方法和学校文化，增进跨文化能力和文化应对方式（Khalifa et al.，2016）。在美国，在学校领导重视多样性的地方，学生更有可能参与跨文化交流（Pica-Smith and Poynton，2014）。不幸的是，不是所有的学校领导都意识到了这个问题，或者有动力或有能力促进学校跨文化理解的发展。马来西亚的学校领导被要求实施跨文化项目，然而，缺乏来自政府的指导及适应改变的自主性，最终导致方案实施受阻（Malakolunthu，2010）。

融入了跨文化能力和教育的教学促进包容

与移民和难民进行适当、有效和相互尊重的互动需要文化能力，这是必须教的（Barrett et al.，2013）。在教学实践中需要包含促进开放对待多种观点的活动。以包容和非歧视的方式自由探索敏感话题，这是培养批判性思维能力、质疑自己的身份以及构建信仰的关键。

有一种方法是通过真实或想象的互动进行体验学习。在美国的一项准实验研究中，与本地移民和难民家庭建立伙伴关系的本科生，与完成了同样课程但并未与上述家庭接触的学生相比，在跨文化交流技能上明显具有更高水平（De Leon，2014）。

研究表明，合作学习对课堂互动有积极作用，包括改进跨文化关系、接受差异和减少偏见。建立一个共同的目标是合作学习中最重要的因素。学生在一起工作，利用特定的规则来完成小组任务，最终使集体学习成果最大化（Van Briel et al.，2016）。德国一个以问题为基础的学习单元让中学生反思涉及文化误解的重大事件，对该单元的评估发现，参与者提高了跨文化理解力，并能更好地掌握多种观点（Busse and Krause，2015）。

讲故事、角色扮演或模拟是鼓励开放思维的另一种方式。学习者设想故事或个人自传，然后从他人视角进行重新创作，这要求他们采用其他的身份。这一过程可以帮助学生发现潜在的差异（Barrett et al.，2013）。

社交媒体和专业平台是很有用的工具，让学生参与虚拟的或面对面的交流互动，促进跨文化理解（O'Dowd and Lewis，2016）。Facebook 和Skype都是非常流行的课堂直播视频会议平台（Thomé-Williams，2016）。"全球一代"的前身是"面对信仰"，是一个来自不同文化和信仰的人进行对话与交流的安全网络空间。在最初的7年间，该项目在20个国家拥有超过23万名学生。2017年的一项评估发现，与非使用者相比，学生对来自不同文化的人持开放的思想和态度能带来积极的影响（Doney and Wegerif，2017）。

> **社交媒体和免费应用程序可以鼓励来自不同文化和信仰的人之间的互动，并对持有开放思想的学生产生积极影响。**

免费的应用程序也被证明可以提高人们对多样性的认识。"种族主义"玩家要以穆斯林妇女或印度学生的身份进行一周的角色扮演，并被提示对遭遇种族主义做出回应。评估发现，玩家更有信心应对种族主义，60%的学生在玩游戏后表示反对种族主义行为（All Together Now，2018；van Briel et al.，2016）。

在大多数国家，培训教师适应多样化课堂并不是强制的

在有移民和难民的多样化课堂上，教师需要多种能力才能胜任教学。其中一种能力是准备好教授不精通教学语言的学生（Bunar et al.，2018；PPMI，2017）。

一份关于欧洲教师教育促进多样性的报告强调了三个方面的改进。第一个方面的改进涉及法律框架、文化多样性的维度和解决问题的方法的知识。第二个方面的改进涉及教师与学生及教师与家长的沟通、开放的思想和对学校社区的尊重、鼓励学生参与以及应对冲突以防止移民和难民被边缘化。第三个方面的改进涉及管理和教学：解决课堂中的社会文化多样性问题；建立一个包容、安全的环境；因材施教；针对文化敏感的教学使用多样化的教学手段（PPMI，2017）。

学校和教师需要将家庭文化视作一种财产，努力将学校、家庭和社区文化连接起来（Gichuru et al.，2015；Wells et al.，2016）。教师也应该反思自己的身份，避免投射自己的文化或强化主导性规范（Kincheloe，2011）。

教师常常在多样化课堂教学中感到准备不足或支持不足（Adair et al.，2012）。在法国、爱尔兰、意大利、拉脱维亚、西班牙和英国接受采访的教师中，超过三分之二的人略微、适度或强烈地同意为适应移民学生的需求增加了自己的工作量，并带来了挫折；52%的教师认为管理部门对管理多样性的支持不足（Fine-Davis and Faas，2014）。

教师教育项目包含多样性的程度因国家而异。在荷兰、新西兰和挪威，教师候选人必须学习支持多元文化背景学生的必修课。荷兰的课程包括跨文化教育培训、对移民及其具体学习需求的期望，以及关于文化多样性及其对教与学的影响的知识。法国、日本和西班牙都没有类似的课程，或只提供了临时课程（OECD，2017）。在欧洲，职前教师教育中的此类课程通常只是选修课（van Briel et al.，2016）。

本报告回顾了49个国家促进多样性的职前及继续教师教育的公开资料，发现各国政府在105门确定课程中督导、提供或资助了30门课程，主要集中在职前教师教育阶段。大学、教师协会、非政府组织和私营组织填补了教师准备支持方面的空白。大约63%的政府课程是必修课程，但其他的课程几乎都不是必修（April et al.，2018）。

此外，这些课程更强调一般性知识，而不是实用教学法（图5.3）。大约80%的课程侧重于跨文化知识，例如对全世界教育体制、文化和艺术的概览。相比之下，以学生为中心的教学方法包括多样

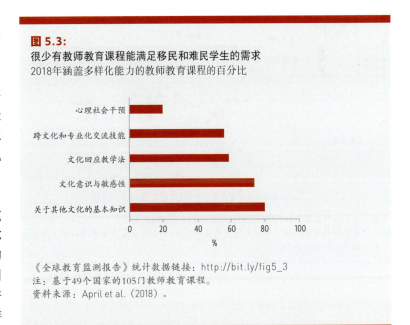

图 5.3:
很少有教师教育课程能满足移民和难民学生的需求
2018年涵盖多样化能力的教师教育课程的百分比

《全球教育监测报告》统计数据链接：http://bit.ly/fig5_3
注：基于49个国家的105门教师教育课程。
资料来源：April et al.（2018）。

> **在49个国家中，只有五分之一的课程培养教师学会预判并解决跨文化冲突。**

化课堂的理论和教学实践，引入其他语言和文化，并使用不同的教学策略来满足不同学习者的需求。

大约74%的课程融入了文化意识和敏感度训练，包括对文化偏见的自我评估。在更实用的教学类别中，59%的课程有文化回应的方法，20%的课程包含心理社会干预，这表明只有五分之一的教师做好了预判并解决跨文化冲突的准备，或是熟悉为

有需要的学生提供心理治疗和转介选项（April et al.，2018）。

一项对欧洲国家的评估发现，几乎没有证据表明存在多样性培训的战略性政策，也没有证据表明职前教师教育项目有助于教师发展相关能力（PPMI，2017）。美国一项对45门多元文化教师教育课程的评估显示，16%的教师使用保守的教学方法，假定存在文化分歧，按文化划分同质群组，并鼓励同化。大约58%的教师采用更加自由的教学方法，侧重于宽容和文化敏感性的教学、教师自我反思以及知识和必要的教学技能的发展。大约29%的教师通过明确区分根深蒂固的平等障碍来培养批判

> **在法国，只有4%的教师受过多元文化或多语言教育的培训。**

意识，一些课程鼓励他们成为变革的推动者（Gorski，2009）。

在职教师同样需要持续的专业发展，以适应全球化时代不断变化的教育需求。然而，2013年的教与学国际调查发现，在34个教育系统中，只有16%的初中教师在上一年度接受过多元文化或多语言教育的培训（OECD，2014）。在法国和以色列，20%的初中教师所就职的学校中，有10%以上的学生掌握的不是教学语言，而是母语。然而，法国只有4%的教师从有关多元文化或多语言教育的专业发展中受益，相比之下以色列的这一比例为20%（图5.4）。

图 5.4:
教学语言非母语国家的教师似乎准备不足
2013年初中教师多元文化或多语言教育专业发展的普遍程度以及以第二语言学习的学生中度或高度集中的学校的初中教师的比例。

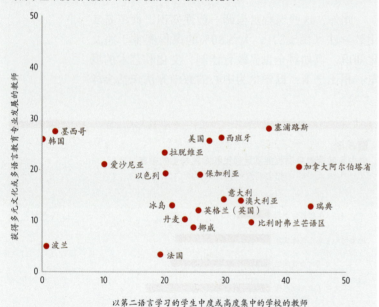

《全球教育监测报告》统计数据链接：http://bit.ly/fig5_4
注：中度集中指以第二语言学习的学生的比例为11%—30%，高度集中指以第二语言学习的学生的比例在30%以上。
资料来源：Smith and Persson (2018)。

教师的多样性与移民学生的学习和自尊有关

关于教师队伍多样性的信息是有限的，由于对移民背景的定义不同，各国之间的比较也较具挑战性。欧洲具有移民背景的教师相对于学生群体构成来说人数不足，特别是在高度多样化的国家。职业道路上的障碍，包括进入行业的歧视性政策助长了这种不足。在法国，只有具有法国、欧盟成员国和欧洲经济区成员国国籍的人才可以参加教师教育测试（Donlevy et al.，2016）。

> 爱尔兰和瑞典最近加快了对移民和难民教师的培训。

那些获得资格证书的人也可能会面临招聘障碍，包括有偏见的测评师或学校遴选委员会。对荷兰学校的研究发现，将语言问题或宗教差异视作风险因素，会导致聘用本地候选人多过移民，即使他们拥有类似的技能和资历。许多学校管理委员会同样缺乏多样性，这会进一步限制移民教师的就业机会（van den Berg et al.，2011）。

增加多样性的一个方法是放宽需求。爱尔兰和瑞典最近加快了对移民和难民教师的教师教育（EI，2017a；Marino Institute of Education，2018）。

关于移民背景对教师的影响的研究很少，现有的研究可能无法区分第一代移民和第二代移民，也无法区分移民和少数族裔教师。一些证据表明，教师的多样性与移民学生的成就、自尊及安全感有关（King and Lulle，2016）。移民教师也可能对移民学生家长在新文化和新教育系统中面临的挑战具有更强的同理心，尽管他们自己通常也处于进退两难的境地，因为他们的文化知识可能与他们所受的教育训练并不一致（Adair et al.，2012）。

瑞典的一项分析发现，以在非北欧国家出生的学生比例来衡量，不同种族的教师队伍与非北欧国家出生的学生的学业成绩之间存在正相关（Lindahl，2007）。

移民和少数族裔教师面临污名化和刻板印象。英国一项研究发现，31%的少数族裔教师在学校中受到过歧视（NASUWT and Runnymede Trust，2017）。英国的一些圭亚那裔和南非裔教师遭遇过来自学生的种族主义言论和歧视（Manik，2014），以及本地教师的仇外态度（Lashley，2018）。在美国的五个城市中，具有移民背景的幼儿教师时常感到，他们不得不在对移民家庭做出文化回应与遵守专业规范之间做出选择。教师同样需要向家长和同行展示不同的自我，进行语码转换，改变自己的行为，以此来管理自己（Adair et al.，2012）。

非正规教育是建设具有复原力的社会的一个关键但容易被忽视的方面

关于移民和流离失所问题的教育与宣传活动并不仅仅是在学校内进行的。非正规教育有多种形式和目的。但遗憾的是，由于政府很少提供这类教育，因此很难找到相关详尽信息。

社区中心发挥着关键作用。土耳其的一个非政府组织尤瓦协会，利用社区或多功能中心开办语言课程、职业技能培训班并提供心理社会支持（Hanemann，2018）。美国东北部的一个新兴移民社区设立了一个社区中心，帮助不同文化的人们团结起来，并提供识字课程、课后辅导、体育社团活动、社区远足以及公共活动和会议场所。作为服务对象和志愿者的年轻移民表示，中心为他们提供了一个值得信任的空间，他们能感到自己被接纳（Brezicha and Hopkins，2016）。

文化促进者或中介（教师、教学助理、学校辅导员、社区成员）可以弥合移民社区和东道国社区的语言及文化差异。与移民学生背景相似的学生更能确认移民经历。文化中介常常提供翻译服务，帮助人们进入教育系统，教授学校相关人员有关文化习俗与信仰，帮助父母主张他们孩子的需求，提供其他实际援助，例如选定语言课程或就业机会（Yohani，2013）。

> 城市可以在包容方面发挥主导作用，开展反对仇外心理的宣传活动，同时促进移民权利。

在英格兰（英国），伦敦西区的难民服务中心的志愿者通过参与日常活动来帮助难民和寻求庇护者，这些活动为非正式对话提供了空间，承认难民和寻求庇护者的多层面的生活（Askins，2015）。在瑞典，林雪平市培训了掌握索马里和阿拉伯语知识的导师担任"共同学习"项目的"联系人"。他们有着共同的语言和文化，充当榜样，帮助那些在外国出生的父母保持积极性，避免产生误解（Hanemann，2018）。

城市可以在包容方面发挥主导作用。反对仇外主义的教育、就业和社会福利计划，以及移民咨询委员会都是城市主导的共同努力。巴西圣保罗发起了一项名为"圣保罗人人有其位"的宣传活动，并在2017年秋季成立了城市移民理事会，这是一个帮助移民融入当地政治生活并促进他们权利的咨询组织（WEF，2017）。

为了提高效率，这些倡议应该让移民社区密切参与。在俄罗斯圣彼得堡，130多个注册的非政府民族文化联盟致力于开展跨种族关系的工作，并组织了聚焦教育、启蒙、文化和媒体的活动，但是与移民社区的互动很少。宽容本身就是一个目标，而不是社会凝聚力的工具，其重点应该是展示不同民族群体之间的文化差异（Klimenko，2014）。

艺术、社区事务和体育是开展非正规教育的有效途径。2018年，作为"什么团结我们"（Lo Que Nos Une）活动的一部分，青年组织马迪巴（Madiba）在哥斯达黎加举办了一个电影论坛，包括与青年难民和移民组织在电影后的对话活动，强调移民的日常现实（RET International，2018a，2018b）。"移民世界电影节"已在首尔举办了十多年，为移民提供了一个展示自己的作品和探讨文化差异的机会。2017年的主题是"重绘边境"，这一届电影节包括了17部描述移民经历的短片和故事片，随后是与移民工人协会成员的圆桌会议（Kerry，2017）。

挪威和西班牙的社区节日鼓励跨文化交流。"超大号的奥斯陆"（OXLO）是一项综合性运动，是城市规划战略的一部分。它通过一份宪章承认所有居民平等，并承诺包容和互相尊重。作为年度活动周的一部分，挪威鼓励各市和组织策划跨文化活动，并向积极帮助奥斯陆成为包容性城市的组织或个人颁发6,000美元奖金（Maytree Foundation，2012; Oslo Council，2018）。西班牙瓦拉多利德一年一度的塞马纳跨文化节活动不断，例如青年音乐会、为新来者介绍本地文化，并专门抽出一天讨论移民问题，如2017年"你也算在内！"主题节（City Council of Vallodolid，2017; Maytree Foundation，2012）。

为回应仇外主义对外国人的攻击，恺撒酋长足球队在2017年南非反种族主义周期间重新发起了"#Africa4Life"社交媒体运动，利用其知名度向公众宣传消除"移民是一种威胁"的言论，强调外国人做出的积极贡献（Kaizer Chiefs，2017）。

结语

　　确保移民并难民入学并完成学业仅是迈向包容的第一步。让这些学生充分融入东道国社会的主要挑战是提供高质量的教育，防止出现偏见、刻板印象和歧视。国家教育系统提供了不同的模式，但在高收入国家出现了一个趋势，即采用跨文化教育方法宣传移民和难民文化，重视文化多样性。

　　然而，向全纳教育体系的转变产生了深远影响。它需要一项战略，涵盖从课程和教学方法到教科书，特别是教师教育的一系列干预措施。这是一项需要在国家层面开展的对话活动，讨论如何开放课堂环境，如何使移民和难民感到受欢迎，因为他们需要兼顾多重身份，还常常生活在公众消极态度和媒体负面报道的压力下。不可避免的是，这意味着教育需要越过学校的围墙，拥抱东道国和移民社区的活力。

里斯本的一名罗马尼亚学生伊拉兹马斯说："我在里斯本的时光帮助我学会了更加宽容，而且消除了过去的刻板印象。"

摄影：Fàbio Duque Francisco/GEM Report

第 6 章

学生和专业人员的流动

　　本章关注高技能移民和高等教育国际化,呈现了当前的现实情况,并指出了能促进东南亚国家制定相关政策的机遇。对于国家教育政策制定者、地区组织和多边机构来说,本章都是必读的关键一章。

——东南亚教育部长组织主席　加多特·哈里·普里奥维扬托

重要发现

高等教育国际化延伸至比以往更多的国家，这对于思想和知识的流动与交流意义深远。

学生做出到何处接受高等教育的决定，取决于在家乡是否有可以上的大学、学业成本和国内外教育质量的比较。国际留学生中，有一半去往五个说英语的国家。

大学招收国际留学生是为了使学生群体多样化以及提高全球排名，然而其主要驱动力是增加收入。据估计，2016年国际留学生给美国经济贡献了394亿美元。

获取工作经历的机会正日益成为学生流动的主要动力。2011—2014年，在英国的印度学生数减少了近50%，而在澳大利亚的印度学生数增加了70%，这是英国改变政策，限制发放毕业生工作签证的结果。

各国政府通常视学生流动为促进与他国紧密联系的途径之一。美国富布赖特学者项目每年资助来自160多个国家的8,000人。部分国家为与国家经济增长息息相关的学科的学生提供出国留学资助。巴西科学家流动项目在2011—2016年资助了10.1万名高校学生出国留学。

具有国际流动性的大学教师队伍能为学生的学习经历增添国际化的、跨文化的和比较的视野。2016年，美国计算机科学和数学专业博士学位获得者中，有90%持有临时签证。

区域性的学历互认框架和学分转换有助于学生流动，避免了可能的虚耗，而且能促进就业和提高工资收益。联合国教科文组织起草了《承认高等教育学历全球公约》，计划于2019年签署。

依据《安全、有序和正常移民全球契约》，各国政府承诺推进对技能、学历和能力的认证。然而，全球只有不到四分之一的移民被任一双边学历承认协议所覆盖。

在174个国家中，有约三分之一的国家高技能移民输出比例在20%左右，包括阿尔巴尼亚、厄立特里亚和格林纳达。这样的流动会对贫困国家造成不利后果，不过向繁荣地区移民的愿望会刺激输出国增加教育投入，从而缓解上述不利后果。

在这个日益全球化的世界里，很多年轻人到海外求学，还有很多高技能专业人员走出国门寻找就业机会。高等教育国际化要求各国协调其体制。教育供给方之间也出现了竞争关系，学术使命及价值观也面临着被商业等其他方面的利益掩盖的风险（IAU，2012）。要发挥教育融合和专业人员流动的益处，各国之间就必须互认学历及专业资格。与此同时，贫困国家还在担忧人才外流的隐患。

高等教育国际化有多种形式

虽然高等教育国际化只影响到一小部分学生和教师，但是它对于思想和知识的流动与交流意义深远。国际化不仅仅指人员的流动，还包括课程、项目和机构的流动，它们共同影响着国内外的教育（Altbach and Knight，2007）。[1]

学生流动的模式正在发生变化

学生出国参加全日制或非全日制学习是国际技能人才移徙中越来越重要的一部分，虽然国际统计没有系统地收集非全日制学习人群的数据（数据焦点16.1）。

---

[1] 本节基于班达里和罗布雷斯（Bhandari and Robles，2018）的背景文件编写。

国际留学生中，有一半去往五个说英语的国家：澳大利亚、加拿大、新西兰、英国和美国。澳大利亚、新西兰和英国的学生中有超过15%是留学生，而在博士学位候选人中，留学生占比超过了30%。但是，最近的变化会影响这些国家吸引到的学生人数。英国决定脱离欧盟，再加上限制发放学生签证以及提高医疗保险成本，都会降低英国作为留学目的地国的吸引力。最近美国签证机制的不确定性可能是导致加拿大留学生入学人数增多的原因（Project Atlas，2017）。

> 高等教育中的国际化流动对于思想和知识的流动与交流意义深远。

法国和德国的国际留学生占比分别上涨至8%和6%，其部分原因在于这两个国家增加了用英语授课的留学生项目数量（Brenn-White and van Rest，2012）。近来另一些国家也加入了这个市场，其中包括中国和俄罗斯，2017年它们的国际留学生入学人数占比分别为10%和6%（Project Atlas，2017）。

2016年五个最大的留学生输出国中有三个是亚洲国家：中国、印度和韩国，它们输出的学生占出境留学生数的25%。虽然许多学生去往西方国家，但是在130万名从东亚和太平洋地区走出来的国际留学生中，有36%在该区域之内求学

> **国际留学生中，有一半去往五个说英语的国家，而三个亚洲国家输出的学生占出境留学生数的25%。**

（Kuroda，2018）。欧洲是第二大留学生输出国，2016年该地区输出的留学生占输出学生总数的23%，这90万名学生中，有76%在该区域内求学。跨区域的国际留学生占该区域国际留学生总数的35%（Eurostat，2016；UNESCO，2017b）。

其他值得注意的学生流动模式包括在法国留学的非洲学生人数十分可观、在西班牙的拉丁美洲学生也很多，因为他们和这些国家的人说一样的语言，历史上也有关联。近期非洲学生前往中国的趋势是经济纽带日益拉近的结果。2000年以来，中非合作论坛向非洲的专业人员和学生提供了到中国接受短期培训和长期大学深造的奖学金。奖学金申请人数已从2016—2018年的3万人增加到了2019—2021年的5万人（Benabdallah and Robertson，2018）。

对教育质量的考虑决定了个体的流动

制度和政府的因素对学生流动的驱动力超过了个人因素。学生做出到何处接受高等教育的决定，取决于是否能进入家乡最好的大学、支付学费的能力和国内外教育质量的比较。

在一些主要的留学生输出国，高水平院校的招生名额供不应求。例如，中国的学生为了接受高等教育，需要在竞争激烈的高考中取得好成绩。富裕家庭的考生为了避免高考失利而准备到国外上学。2016年，中国有近17万人在提供国际课程的中学上学（IEduChina，2016）。还有一些学生到国外上中学，其目标也是为就读国外的大学做准备。2015年，在美国上中学的中国学生多达4.3万余人，在奥地利、加拿大和英国，此类学生也不少（Farrugia，2014，2017）。

来自19个国家的1.6万名年轻人中，有四分之三对美国高等院校及其课程的质量和多样性给予了积极评价（IIE，2015）。院校排名同样有巨大的影响力，它往往决定了招生偏好和申请国家奖学金项目的资格（Hazelkorn，2015；ICEF Monitor，2017；Redden，2016；Walcutt，2016）。

高等院校把外国学生作为收入来源

大学招收国际留学生是为了使学生群体多样化，为学生提供接触多种文化和语言的机会，以及提高全球排名。然而，其主要驱动力是增加收入。据估计，2016年国际留学生给美国经济贡献了394亿美元，其中主要是住宿费和学费。这使得国际教育成为该国最大的出口产业之一。还有其他国家也取得了丰厚的经济收益，包括澳大利亚（247亿美元）、加拿大（155亿美元）和英国（319亿美元）（Global Affairs Canada，2017；Maslen，2018；Universities UK，2017）。

在一些出生率持续走低、人口老龄化的亚洲国家，高等教育部门转而依靠国际留学生来维持院校运营（Farrugia and Bhandari，2016）。日本通过开发用英语授课的课程和项目等措施，吸引亚洲和来自更远地区的国际留学生，从而调和国内入学率低的问题（框注6.1）。2010—2014年，韩国国际留学生人数达到了8.5万人左右。2015年，该国设

> **据估计，2016年国际留学生给美国经济贡献了394亿美元。**

定了目标：2023年要招收20万名国际留学生，占总招生名额的5%。提供奖学金、颁布法规允许高校开办国际部或国际项目、推广英语授课和增加毕业生就业机会，这些措施都为实现目标提供着支持。2017年，韩国国际留学生数增加到了12.4万人（ICEF Monitor，2018）。

东道国的高等教育支出从留学生人数中得到了回馈。一项对欧洲18个国家的研究显示，生均支出每增加1%，留学生人数就增加2%（van Bouwel

日本致力于加强高等教育国际化

日本的低出生率导致高等教育新生人数预计将在2018—2031年间降低25%以上。超过三分之一的私立大学没有充分发挥其运营能力，而国立或公立大学也面临着财政危机。吸引国际留学生成为一项策略。

2003年实现了10万国际留学生计划的目标之后，日本政府发起了新的动议，作为其"亚洲门户"战略的一部分，通过"全球30计划（2009—2014）"来实施。13所大学制定了英语授课的学历项目，加强了对国际留学生的支持力度和大学间的合作网络建设，措施包括设立海外办事处、共享教育资源等。多个部门在从招生录取到毕业就业的各个环节协调合作。

目前正在实施的涉及两个层次共37所大学的"全球顶尖大学计划（2014—2023）"设定了若干方面的目标：共享国际化全职教师队伍；构建具备国际学历的全职教师队伍；增加国际留学生数量；增加有海外留学经历的日本学生（包含跨院校协议下的学生）数量；增加用外语授课的课程数量。教育法修正案强化了大学校长在支持上述目标实现过程中的决策自主权。

日本采取的其他措施还包括建立双边院校（例如，埃及-日本科学技术大学、马来西亚-日本国际技术学院、越南-日本大学），以及一个关于与外国大学合作开设学历项目的新计划（Kuroda，2018）。

> 在欧洲的18个国家里，生均支出每增加1%，留学生人数就增加2%。

是英国改变政策，限制发放毕业生工作签证的结果（Project Atlas，2016）。

在美国，2016—2017年度的100万余名国际留学生中，有14%受益于选择性实习培训（OPT），它是一种大学毕业后的临时性工作签证。这样的机会对于来自中国、印度和尼泊尔等亚洲国家的留学生来说是很有效的推动力：2016—2017年度，31%的印度学生持有OPT入境许可，这使他们成为该项目的主要参与者。随着科学、技术、工程和数学（STEM）毕业生的OPT期限从一年延长到了三年，这一政策在一定程度上导致了近期加入项目的热潮，同时，越来越多的人希望留下来长期工作也说明了它对许多学生都很重要。学生们重视获取实际工作经验、赚钱和开阔眼界的能力，这可能是为了在美国定居，或者为了回到家乡过更好的生活。

近年来，随着全球范围内知识本位和创新驱动的经济规模增长，一些国家在支持国际留学生入学之外，又开始试图把留学生留在国内劳动力市场中。2015—2016年度，中国接收的国际留学生数为44.3万人，北京、上海和深圳的项目为学习高科技和电子商务课程的国际留学生开辟了进入当地劳动力市场的绿色通道，以应对当地的技能差距（Sharma，2017）。德国提供了学费低廉的学历课程和用英语授课的研究生课程，并允许非欧盟国家毕业生在求职期间逗留18个月。德国提前三年实现了留学生的入学人数目标——到2020年招收35万人（Kennedy，2017；Nafie，2017）。

and Veugelers，2009）。其中某一所在世界大学学术排名，即"上海排名"前200名中的院校，留学生数增加的幅度为11%（van Bouwel and Veugelers，2013）。

部分国家提供工作机会以吸引留学生

获取工作经历的机会正日益成为学生流动的主要动力。在加拿大、德国、新西兰、英国和美国等国家，关于学生工作能力的政策会对国际留学生数产生影响。2011—2014年，在英国的印度学生数减少了近50%，而在澳大利亚的印度学生数增加了70%，在美国的印度学生数增加了37%，这

> 中国的项目为学习高科技和电子商务课程的国际留学生开辟了进入劳动力市场的绿色通道，以应对当地的技能差距。

加强学生流动性的政策形式多样

各国政府把通过双边计划促进学生交流作为一种文化外交和发展援助的形式 (Teichler et al., 2011)。1946年创立的富布赖特学者项目旨在加强美国与世界其他国家的链接,推进文化理解。它是通过合作伙伴关系模式来运营的:与东道国合作的有49个双边委员会,以及未设立委员会的149个国家的大使馆。该项目每年资助来自160多个国家的约8,000名学生、学者、教师和专业人员 (Bettie, 2015)。

在高等教育、创新与研究双边论坛框架下,墨西哥于2013年制订了"10万人计划",目标是派出10万名墨西哥学生到美国留学,同时招收5万名美国学生在墨西哥留学。美国于2011年发起了"10万美洲强者"计划,目标是在美国和拉丁美洲之间互派10万名留学生 (Farrugia and Mahmoud, 2016)。

一些政府奖学金项目是作为发展援助形式之一存在的。欧洲开发基金资助的非洲、加勒比及太平洋地区学者流动计划,由欧盟委员会与非洲、加勒比及太平洋地区 (ACP) 秘书处共同实施,面向非洲、加勒比及太平洋地区的学生提供高等教育入学机会 (European Commission, 2018)。

部分留学生输出国提供留学资助

各国会把资助出国留学作为一项发展战略。巴西科学家流动项目,在巴西本土被称作"Ciência sem Fronteiras"(科学无国界),2011—2016年资助了10.1万名高校学生出国留学,他们学习的都是与国家经济增长息息相关的学科。该项目中的学生在国外参加一年学术研究并经历可选择的暑期实习之后,便可以取得在巴西的学历 (Mcmanus and Nobre, 2017)。

> **巴西资助了10.1万名高校学生出国学习与国家经济增长息息相关的学科。**

2005年,沙特阿拉伯设立了阿卜杜拉国王奖学金项目,资助出国攻读学位的学生。沙特学生是美国国际留学生中规模最大的五个群体之一。据说,由于原油价格下跌,2016年的预算会有所削减,对学术资质的要求以及研究领域、学校资质等方面的限制也将更加严格 (Kottasova, 2016)。

并不是所有国家的政府都支持出国留学。2009年,阿尔及利亚开始收紧对留学生的奖学金发放,仅资助最优秀的本科毕业生 (Sawahl, 2009)。曾经有一段时期,乌干达要求想出国深造的博士做出保证回国的承诺 (Karugaba, 2009)。

教师、课程、项目和院校也在流动

具有国际流动性的大学教师队伍在高等教育国际化中扮演着关键角色。他们能为教育增添国际化的、跨文化的和比较的视野,并通过与自己的海外同行合作发表成果、开展科研项目,提升院校的国际化水平 (Knight, 2012)。流动的大学教师有多种类型,从精英研究型大学寻找的学者,到帮助补齐地方短板的专家,还有在取得学位的国家继续学术生涯的"短期"学者 (Rumbley and de Wit, 2017)。美国的博士学位获得者调查显示,该国是接收短期学者最多的国家,国际流动人员占据了新学术岗位的25%。2016年,美国各学科领域的博士学位获得者中,持有临时签证或限期聘任合同的比例不尽相同,心理学等社会科学的这一比例低于60%,而数学和计算机科学的这一比例接近90% (NSF, 2018)。

> **2016年,美国计算机科学和数学专业博士学位获得者中,有90%持有临时签证。**

教育方面的国际技能流动已延伸至课程和院校层面。大规模开放在线课程 (MOOC) 是典型的融合了互动式视频、测验、讨论的课程,有时还包含同学之间的作业评分。近些年来,这些由众多教育机构和其他课程供应方制作上线的课程引发了热潮。据估计,2017年,41个课程供应方合计服务了8,100万名学习者,尽管当年新增学习者人数首次停滞在2,300万人 (Shah, 2018)。

大规模在线开放课程仅仅受到学生是否联网以及硬件设备的限制（即使用手机也能学），尤其是那些免费课程，能够扩大教育机会，特别是发展中国家的教育机会。课程完成率低是它饱受质疑的一点，然而不同供应方和不同课程的完成率参差不齐，它和课程特点也有关系。例如，一项对哈佛大学和麻省理工学院在EdX学习平台上的在线课程的评估显示，证书获得率的中位数只有8%，但是付费课程学习者的证书获得率高达60%（Chuang and Ho，2016）。为了应对普遍的缺课理由（例如，跟不上授课教师，缺乏同学支持），课程供应方采取了一些新方法，包括为远程教育学生提供在当地的东道国支持（Knight，2016）。

离岸的、跨国界的和无国界的项目也使得在家接受国际教育成为可能（HEGlobal，2016；Knight，2016）。一项针对博茨瓦纳、中国、马来西亚、墨西哥、巴基斯坦、俄罗斯、新加坡、南非、阿拉伯联合酋长国和越南的调查研究发现，跨国教育的灵活度提高了课程完成率和学历取得率，其中59%的学生是在职学习者（British Council，2014）。大学分校以及近来出现的区域性教育枢纽（例如，马来西亚高等教育部、阿拉伯联合酋长国的迪拜知识村、卡塔尔的教育城市、新加坡的全球校舍）扩大了高等教育国际化的规模。这些枢纽以多种多样的方式整合了国内院校、国际化校园和国外合作伙伴（Dessoff，2012）。

院校流动对于国内和国际的高等教育都有显著的影响。传统的学生流动会随着国际留学生选择在祖国的分校上学而减少。与此同时，国际化的形式会继续层出不穷，满足更多学生多种多样的教育需求（Bhandari and Belyavina，2012）。

学历互认使得学生和劳动力流动的利益最大化

为促进学生流动，各国加强了机构建设，并制定了复杂的协议，例如双边或联合的学历项目、学分转换和战略合作伙伴关系。这些协议是推进更大规模的劳动力流动的第一步，各国越来越多地尝试通过在双边、区域性和全球层面统一标准、深化质量保障机制和互认学历来促进劳动力流动。

各国过去曾经试图分别解决学生流动和资格认证方面的问题。尽管那样的做法耗资不菲，部分国家仍在创新方法。立法保障认证的权利能促进公众接受并提高效率。2016年，奥地利实行了一部关于承认国外学历的综合性法律，保障了所有教育等级的证书和文凭持有者申请评估的权利（OECD，2017）。丹麦的大学及国际化局是个一站式评估国外文凭的机构，后来被整合到新成立的丹麦高等教育局中。根据就业和学业深造的需求，它可以开展咨询式或者捆绑式的评估。根据2010年的一份报告，一般性评估的处理时间平均为32.5天，其中89%在两个月内完成。用户满意度调查发现，评估对于就业和教育结果有积极影响（IOM，2013）。

但是，试图联合起来以寻求充分合作的国家日益增多。2010年，欧盟及其伙伴国家通过引入共同学历标准、质量保障、学历互认机制和学术交流项目，建立起一个欧洲高等教育区（EHEA）。这是博洛尼亚进程的高峰。博洛尼亚进程是欧盟委员会、欧洲理事会，以及高等教育机构、质量保障机构、学生、教职员工和用人单位的代表于1999年共同发起的。目前已有48个国家加入其中。最近的实

> " 各国通过在双边、区域性和全球层面统一标准、深化质量保障机制和互认学历来促进学生流动。 "

施情况报告承认，部分地区的政策制定有所延滞，涉及的问题包括联合项目的质量保障、欧洲学分转换与累计体系，以及文凭增补协议——一份详细描述学习的要件和取得的学习结果的文件（European Commission et al., 2018）。

虽然博洛尼亚进程和相关的改革使得欧洲高等教育区内各国互认学历更加简便，但并没有达到自动互认的水平。1997年4月签署的《欧洲地区承认高等教育学历、文凭和学位公约》（《里斯本公约》）以法律形式保障了立约国之间的学历互认（Rauhvargers, 2004）。截至2018年8月，已有54个国家批准了该公约，其中包括7个欧洲以外国家（澳大利亚、加拿大、以色列、哈萨克斯坦、吉尔吉斯斯坦、新西兰和塔吉克斯坦）（Council of Europe, 2018）。

要实现学历互认的妥善落实并达成共识，不仅要求加强国家间联系，而且需要有好的信息系统，把国际协议转化为国家法律。构建欧洲信息中心网络是欧盟的欧洲区域/国家学术认证信息中心的一个计划。55个国家共同发起这一计划，是为了借助国家学历信息交流来提高国际认证程序的透明度。

东南亚国家联盟（ASEAN）吸取欧洲的经验，在2015年成立了东盟经济共同体（AEC），其目标是建设统一的劳动力市场并允许技能人才自由流动。东盟经济共同体得到了欧盟提供的关于建立学历参照框架、质量保障机制和学分转换体系的技术支持。此外，东盟经济共同体的目标还有，根据伊拉斯谟计划的经验，提出一个学者流动计划（政策焦点16.1）。

2018年1月，日本和韩国批准了2011年签署的《亚洲和太平洋地区承认高等教育学历公约》，该公约因此正式生效。日本还承诺成立一个国家信息中心（Mori, 2018）。在2018年6月召开的第三届区域性高等教育大会上，拉丁美洲和加勒比地区国家一致同意在高等教育领域推进更紧密的区域性合作（UNESCO IESALC, 2018）。

> 在非洲，大学管理、教育质量和学分转换的问题制约了学生们在区域内留学的愿望。

在非洲，大学管理、教育质量和学分转换的问题制约了学生们在区域内留学的愿望（Woldegiorgis and Knight, 2017）。东非共同体的五个国家在2017年成立了共同高等教育区，并将制定区域性标准、指导纲要，成立国家委员会和理事会。学生将可以进入该地区110所大学中的任何一所，不需要参加特别的考试，各所大学之间的学分也可以互相转换（Ligami, 2017；Waruru, 2017）。

为了实现制定区域性公约的目标，联合国教科文组织起草了《承认高等教育学历全球公约》，计划于2019年签署。除了制定跨区域互认高等教育学历的总原则，该公约还旨在提出通用的质量保障框架。正如《里斯本公约》的立约方一样，新的全球公约的各方将承诺承认外国学历（以及准学历），除非证明两国学历之间存在实质性差别。它们也将必须成立官方认证机构，维护信息中心，及时提供国家高等教育体系的相关信息，并维护学历持有者申请评估的权利（UNESCO, 2015, 2017a）。

专业资格互认也是充分发挥人口流动的益处所必需的

专业资格认证和学历认证一样能够促进技能劳动力的移徙。由于受歧视、社交范围有限、语言不流利或者签证限制，移民通常在经济上被孤立

（OECD，2014）。对于那些在语言方面有困难的移民来说，如果资格得不到充分认证，那着实是雪上加霜（Eurostat，2014）。

得不到资格认证的移民可能无法在正规行业合法作业，例如从事教学和护理，而且他们通常做的是大材小用的工作。经合组织国家中，三分之一以上具有高等教育学历的移民在低于自身资质的岗位上工作，而本地人的这一比例为四分之一（OECD/European Union，2015）。

为本报告所做的分析显示，在欧洲和北美以外地区取得高等教育学历的移民中，只有30%在高技能岗位工作。其中认为自身受教育程度与岗位匹配的人只占不到15%，而在东道国取得高等教育学历者中这一比例约为70%，本地人中该比例为将近75%。

> 经合组织国家中，三分之一以上具有高等教育学历的移民在低于自身资质的岗位上工作，而本地人的这一比例为四分之一。

虽然移民和本地人在劳动力市场结果上的差异随着移民居留时间延长而缩减，但是要迎来公平还需经过许多年的时间（Aleksynska and Tritah，2013）。在欧洲的具备技能的非洲移民，如果没能在工作的头五六年升职，就很可能永远做着低技能的工作（Castagnone et al.，2015）。在美国除科学、技术、工程和数学以外的工作岗位上，外国出生的劳动者要花费20年以上的时间才能赚到和本地人持平的工资（Hanson and Slaughter，2016）。

协调一致的国际规则和透明的资格认证程序能够促进国际移徙。有效运行的认证体系能带来许多实际好处。德国的认证使移民的就业率提高了45个百分点，其时薪提高了40%（Brücker et al.，2015；IOM，2013）。在美国，大学毕业的移民由于未充分就业而减少的收入使得美国的年税收收入损失了1,020亿美元（Batalova et al.，2016）。在经合组织国家，获得资格认证的移民被大材小用的

比例比未获得资格认证者低10个百分点，这是把研究领域和获取哪一国的资格纳入考虑之后得出的结果（Bonfati et al.，2014）。

资格认证需要简化，并提高灵活度

各国政府越来越认识到技能和资格认证的重要性。依据《安全、有序和正常移民全球契约》，各国政府承诺推进对技能、学历和能力的认证（United Nations，2018）。然而，全球只有不到四分之一的移民被任一双边学历承认协议所覆盖（Crespo Cuaresma et al.，2015）。

由于订立这样的协议需要政治上的协作和共同的质量保障标准，因此订立协议的主要是富裕国家，其中大多数是欧洲经济体。即便在欧洲，一项对欧盟出资的立项项目的评估发现，其中只有六个项目在概述中明确提到移民（Souto-Otero and Villalba-Garcia，2015）。

> 全球只有不到四分之一的移民被任一双边学历承认协议所覆盖。

认证体系通常制定得太不完善，或者极难满足移民需求（Cangiano，2015；Lodigiani and Sarli，2017）。在一项对13个欧洲国家所做的调查中，只有一小部分受过多年教育的移民申请过认证（OECD，2014）。他们或者不能够，或者不愿意投入资源去经历复杂、耗时又昂贵的认证过程（CEDEFOP，2016；Hawthorne，2013）。认证的规则通常是先鉴定能力，然后验证能力，并要求被认证者提供原始证书或者受教育程度的证明。此外，规管行业和非规管行业的官方认证及验证的步骤和机构有很大差异。

鉴定、注册、评估和证明技能与能力涉及众多政府部门和实体机构（CEDEFOP，2016）。认证机构常常与负责社会融入和就业的部门联系不紧密（OECD，2014）。评估机构、颁证单位和学术院所可以统一要求和步骤，例如统一证明文件，从而

减少要向众多机构提交的文件数量。各国政府能够确保各机构遵照公平透明的程序，并向最佳做法看齐。例如，加拿大安大略省2007年开始实行"公平委员"制度，以确保持有外国学历者公平地获得进入规管行业的渠道（Owen and Lowe，2008）。

2012年，德国通过了一部简化认证流程的联邦法案。所有外籍人士，无论居住状况和国籍，都能得到认证。他们可依法提出认证要求，三个月内即可得到结果。在国外获得专业资格者经鉴定可与德国的行业要求相适配。该法案覆盖了约600个职业群体（Kovacheva and Grewe，2015）。有多种措施可以解决透明度不够和信息匮乏等问题，其中门户网站能提供简明扼要且容易获取的用外文表述的信息（IOM，2013）。"德国认证"网站和手机应用有九种语言的版本，每年有100万以上的访问者（Rietig，2016）。

不过，在高度分散的体系中，协作依然充满挑战。2005年成立的"德国IQ网络"是16个国家、70多个咨询中心组成的合作网络，它们协助申请者通过认证流程，还为招聘办事处和求职中心的工作人员提供跨文化技能教学。德国工商总会成立了一所外国技能认证中心"IHK FOSA"，它可以办理所有会员国家的申请，使得鉴定结果在国家之间和行业之间更趋一致（Rietig，2016）。

对于国际标准的统一化做得还不到位，或者质量保障体系尚未建立起来的那些规管行业来说，部分认证是另一条路径。申请者会被要求通过一门考试、在监督之下工作一段时期，或者是职能受到限制。"华盛顿协议"是少见的非区域性多边协议，它对专业工程师资格进行实质等效认证，但是赋予了各国行政部门对部分许可有效期的自由裁量权（Hawthorne，2013）。

尽管移民肯定能从技能鉴定中获得相当大的好处，但是他们没有充分利用这些可行的程序。一些国家开发了针对移民的鉴定工具。奥地利的一个项目"你有技能"（Du kannst was）瞄准低学历移

民，即便没受过正规教育的人也能和普通的职业教育学生走上同一个考场并获得证书（Souto-Otero and Villalba-Garcia，2015）。丹麦的"能力卡"使移民能更方便地向有意向的招聘者展示自己的技能，并与劳动力市场的需求挂上钩。专业技能、语言能力和通识能力的评估和记录都实现了电子化，求职和深造都更加便利（OECD，2014）。

"欧洲技能护照"有助于使欧盟国家公民的技能和资格在整个欧洲范围内更容易被理解。它包括一份线上简历，可以附带详细说明技能的公文，使得各行政机关、教育机构和伙伴组织能够查验其从教育和工作经历中获取的各项技能。最近，欧盟为非欧盟国家公民开发了一个替代版本，还有人建议在全欧洲推广由挪威开发并试点使用的面向难民的另一个相近版本（CEDEFOP，2018；European Commission，2017；NOKUT，2017）（政策焦点10.2）。

规管行业资格的互认很复杂

在专业资格认证中，合法性和公共安全问题是难点。然而，认证属于公共利益，它可以让移民填补卫生和教育部门的空缺岗位，而不用从事专业领域之外的工作（Girard and Smith，2012）。在加拿大，接受国外教育且具有相关资格的移民中，只有四分之一在规管行业工作（Sumption et al.，2013）。

多边自动认证规管行业资格的例子很少见，其中之一是欧盟的"专业资格指导意见"。它允许所有持认证资格的建筑师、牙医、医生、助产士、护士、药剂师和兽医在任一成员国家执业（Sumption et al.，2013）。但是，自动认证协定，例如欧盟的那些协议，都经历了漫长的制定统一标准和建立质

> ❝
> 建立并维护像欧盟协议那样的协定，要求切实的政治承诺和大量资源。
> ❞

量保障机制的过程，经济和政治上的协调过程则更加漫长。建立并维护这样的协定，要求切实的政治承诺和大量资源（IOM，2013）。

各国会改革教育体系和资格框架，从而使其与其他国家或区域相符合，这样有助于长期的互相认证。印度正在与德国合作改革职业技术教育和培训体系，模仿德国的课程和培训（Desiderio and Hooper，2015）。摩尔多瓦共和国构建了国家资格框架，它参照的是欧洲资格框架（Republic of Moldova Government，2017）。

一些协定已经通过制定区域性资格框架，允许区域内流动。在"加勒比国家共同体统一市场与经济"框架下，加勒比地区具备资格的人员能够拿着一份"加勒比国家共同体技能资格认证证书"自由移徙和工作。虽然大学毕业生能获得按照学位授予的证书，但是只要满足一些额外条件，他们也能获取包括护士和教师在内的部分专业资格（World Bank，2009）（政策焦点17.1）。这一体系于1996年生效，至今已颁发了1.6万张证书（CARICOM，2017）。

在"东非共同体共同市场协议"框架下，伙伴国家承诺促进服务提供者的自由流动，在必要情况下，统一并相互认证学历和专业资格。迄今为止，已实现互认的有财会、建筑和工程专业，律师行业的互认也指日可待（Kago and Masinde，2017）。

人才外流对贫困国家有害

学生和技能劳动者的流动以及相关联的人力资本流失，即众所周知的人才外流，会对贫困国家造成负面影响。为本报告所做的估计表明，在174个国家中，有略超过四分之一的国家高技能移民输出比例在20%左右，包括加勒比地区的格林纳达、圭亚那，欧洲的阿尔巴尼亚、马耳他，撒哈拉以南非洲的厄立特里亚、索马里（Deuster and Docquier，2018）（图6.1）。

对捐助国大学以奖学金形式提供的援助会加剧这种趋势，因为学生往往不会再回国。相反，正如可持续发展目标的具体目标4.b所指出的，援助应

有略超过四分之一的国家，包括格林纳达、圭亚那、阿尔巴尼亚、马耳他、厄立特里亚和索马里

至少有 **20%** 的 **高技能** 移民输出

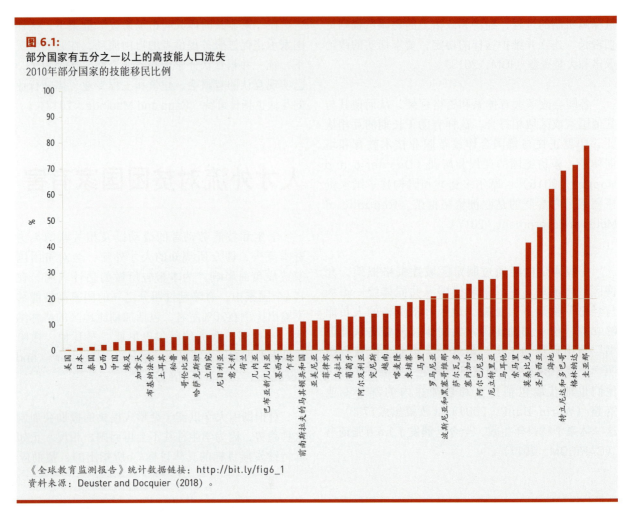

图 6.1:
部分国家有五分之一以上的高技能人口流失
2010年部分国家的技能移民比例

《全球教育监测报告》统计数据链接: http://bit.ly/fig6_1
资料来源: Deuster and Docquier (2018)。

当为学生或者受援区域内的大学提供支持。世界银行根据2003—2008年的国别研究所做的估计发现，撒哈拉以南非洲约18%的高等教育公共支出流向了支持出国留学的奖学金（World Bank，2010）。

富裕国家积极主动地争取技能劳动者。在经合组织国家，技能劳动者移民曾经大幅增长，来自成员国以外国家的高技能移民比来自成员国的多出近一倍（Kerr et al.，2016）。20世纪70年代，移民输出国因为担忧技能人才外流会阻碍国家发展，甚至曾经提议征收移民税（Bhagwati and Hamada，1974）。

不过，和从前相比，有越来越多的国家认为，技能移民对

> 撒哈拉以南非洲约18%的高等教育公共支出流向了支持出国留学的奖学金。

来源国和目的地国的教育与技能发展都是有更积极的影响的。外汇有利于移民输出国的经济发展（政策焦点19.4）。而且，技能移民对繁荣地区的向往会刺激输出国增加教育投入。

为本报告所做的关于技能移民对输出国人力资本积累的影响研究，综合考虑这些相互牵扯的力量，提供了最新估计。该研究发现，当净高技能移民率为14%时，会对人力资本积累带来最大的积极效应，积极效应会持续到移民率高达33%时。进一步延伸该模型，把来源国和目的地国特征以及低技能移民输出率也考虑在内，结果显示移民输出预期会造成90个国家的净人才流入和84个国家的净人才外流。平均来看，低收入国家和中等收入国家的净效应很小（Deuster and Docquier，2018）。

移民回迁可以弥补人才外流，但需要政策支持

有一个因素可以弥补人才外流的影响，那就是移民回迁，这一现象常常被忽略，因为人们认为移民一旦离开就不会再想回国。然而，移民可能会主动回迁，把它作为个人移徙策略的一个步骤；也有可能会在祖国政府广聚英才的激励下回国（Agunias and Newland, 2012）。移民也可能非自愿地回国，例如，他们可能被外国驱逐并禁止再次入境，或者在目的地国经济条件变化，工作机会遭受负面影响时被迫回国。无论何种情况下，回国的移民及其家庭都有着特定的教育需求，而这些需求经常得不到满足。

首先，他们会迎来资格认证的难关。各国政府可以通过提供建议，或者提供鉴定及认证服务，来为他们减轻重新融入劳动力市场的压力。韩国"快乐回国计划"提供技能训练，还颁发职业证明（GFMD, 2013）。在菲律宾，技术教育与技能发展局下属的六家机构负责管理"永久回国海外菲律宾劳动者网络"，而达沃市的"技能注册数据库"能够在归国侨民与认证服务和未来雇主之间搭建桥梁（ILO, 2010）。

其次，归国侨民倾向于尝试个体经营，或者创办企业。但是，各国发现调整其技能发展政策以支持归侨的需求是非常困难的（Bardak, 2014）（框注6.2）。

结语

近年来，高等教育国际化，包括学生、学者、课程和机构的流动，呈现出丰富多彩的形式。各国都在争取吸引更多外国学生，他们是宝贵的收入来源，也为东道国及其大学增光添彩。为了促进学生流动，越来越多的大学加入了双学位项目或者联合培养学位项目、学分转换和战略性伙伴关系。与此同时，各国进一步统一标准，深化质量保障机制和双边、区域及全球层面的学历认证。

框注 6.2:

阿尔巴尼亚需要制定支持归侨创业的政策

阿尔巴尼亚是移民输出比例最高的国家之一。2015年，据估计有290万阿尔巴尼亚人在本国居住，同时有110万阿尔巴尼亚人在国外定居（UNDESA, 2015, 2017）。希腊和意大利的财政危机波及近80%的阿尔巴尼亚移民，造成移民的回国潮。一项调查显示，70%的男性归侨已在海外失业（IOM and INSTAT, 2013）。2008—2014年，估计有15万到18万阿尔巴尼亚侨民回国，其中大多数是从希腊返回的（Barjaba and Barjaba, 2015）。

结果，2011—2014年阿尔巴尼亚的劳动力增加了5%。劳动力调查数据分析显示，归侨对就业率增长有所贡献，他们中既有个体经营者，也有创办了新企业、提供工作岗位的。和非移民相比，归侨更有可能创业，并且能够把非移民带到劳动力大军中来（Hausmann and Nedelkoska, 2017; Piracha and Vadean, 2010）。

职业中心会提供创业教育选修课，而且常常同时有发展伙伴提供支持（Nikolovska, 2010）。2010年，阿尔巴尼亚政府制定了一项为期五年的归侨重新融入战略，加强地区劳动力事务办公室中的"移民窗口"工作，让归侨也能接受公共服务，包括职业中心的服务（Albania Government, 2010）。《就业与技能战略2014—2020》也承认了在支持归侨方面面临的挑战（Albania Ministry of Social Welfare and Youth, 2014）。然而，2011—2015年，只有800名归侨来到移民窗口办理就业事宜（Vathi and Zajmi, 2017）。把这项服务延伸至市级会增加服务机会，但是应加强基层服务与战略的一致性（Gëdeshi and Xhaferaj, 2016）。此外，职业中心可能并不是为归侨提供创业培训的最适宜渠道。

专业资格认证也能增加技能劳动者的移徙福利。资格未得到认证的人们找到技能工作的可能性更小。但是认证机制往往太零散或者太复杂，无法满足移民和难民的需求，因而得不到充分利用。需要提供更实惠有效的认证机制，从而突破社会经济融入方面的关键阻碍。

人力资本流失，加上学生及学者的移徙，会对较贫困国家造成负面影响。然而，移民输出的前景会刺激输出国增加教育和技能发展方面的人均投入，挽回人才外流的部分损失。各国教育体系需要做出调整，以善用归国侨民的技能。

米娜（11岁），五年级，柬埔寨戈公省崩卡昌岛。

第 7 章

7

监测可持续发展目标
中的教育目标

重要信息

2018年，有四个新指标被用于测量可持续发展目标4的进展情况，由此，联合国教科文组织统计研究所共报告了43项指标中的33项指标。

2019年可持续发展高级别政治论坛将首次审查可持续发展目标4，这是报告可持续发展目标4的关键一年。

根据当前可得的截至2015年年底的数据，全民教育时代有两项重要发现：

- 2008年之后，初等教育完成率方面的进展陷入停滞，这意味着目标2"普及初等教育"无法实现。

- 初等和中等教育中的性别均等得到稳步推进，并在2009年得以实现，比原定的实现时间（2005年）晚了四年。

移民和流离失所者在身份、行程和法律地位方面存在差异。移民和流离失所者的迁移流动变化很快，抽样框架可能无法跟上。毫无疑问，在一段时间内，对他们的教育状况进行全球监测仍将组合使用多种方法。

关于流离失所人口的数据倾向于在难民营中进行收集，但居住在那里的难民还不到40%，国内流离失所者的人数则更少。

应考虑采用灵活的方法收集有关移民和难民的数据。这方面的例子包括拉丁美洲移民项目和"德国教育系统中的难民"研究。

虽然教育发展过程中某些最为棘手的问题依然无解，支撑着有关教育的可持续发展目标4（SDG 4）的监测框架依然雄心勃勃。各方正在着力开发与这一雄心相匹配的指标、标准和工具，这一过程需要国际机构、国家、捐助方和专家开展密切合作。

本章介绍本报告的监测部分，首先审查了可持续发展目标4的监测框架和报告框架的状况，涉及其改进和实施方面的某些进展；后续章节讨论了具体的案例。然后，本章对全民教育时代（2000—2015年）进行了评估。虽然2015年的《全民教育全球监测报告》致力于进行这种评估，但关于所有目标和财政承诺的全部统计数据才刚开始显现（框注7.1）。最后，本章介绍了与移民和流离失所者有关的教育监测问题，虽然可持续发展目标监测框架承诺要密切关注这一问题，但落实起来却很困难。

> 各方正在着力开发与可持续发展目标4相匹配的指标、标准和工具。

可持续发展目标4监测框架

2017年9月，联合国大会正式通过了联合国统计委员会基于其可持续发展指标跨机构专家组（IAEG-SDGs）的工作而制定的、旨在监测可持续发展目标的232项全球指标清单。可持续发展指标跨机构专家组将在2019年和2024年对指标框架进行重要审查，以使该指标框架能够在2020年和2025年的委员会会议上获得批准。

可持续发展目标4设有11项全球指标，除了具体目标4.2对应两项全球指标外，其余每项具体目标各对应一项全球指标。联合国教科文组织统计研究所（UIS）是8项指标的唯一监测机构，并与国际电信联盟（ITU）合作，负责关于信息和通信技术的具体目标4.4的指标。联合国儿童基金会是关于幼儿发展的具体目标4.2的监测机构，而经合组织则负责关于奖学金援助的具体目标4.b。

作为对这11项全球指标的补充，《教育2030行动纲领》的附件提出了32项主题指标，涵盖了范围更广的教育议程。因此，可持续发展目标4的监测框架共包含43项指标。虽然主题指标是可选的，但各国需要解释为何选择不报告某些主题指标。

基于既定方法和数据覆盖范围的三级分类法，显示了需要针对哪些指标进一步开展方法学层面的工作。目前已有两项教育指标被确认为一级指标（具有一套监测方法……各国有定期的数据产生），五项指标被确认为二级指标（具有一套监测方法……但各国没有定期的数据产生），还有两项指标被确认为三级指标（尚未……具有一套监测方法）。具体目标4.5的差距指数取决于基础指标的质量，因而属于多个等级，指标4.1.1的情况也是如此（表7.1）。

还有五项全球指标与教育有关，这些指标分别聚焦于以下方面：国家预算中教育及其他社会支出的优先级；成人接受性健康和生殖健康教育的机会；没有就业、接受教育或培训的青年；使全球公民和可持续发展教育成为主流；气候变化教育。

自最初提案公布以来，可持续发展指标跨机构专家组的审议和调查引发了对分类体系的修订。监管机构负责改进那些被确认为三级的指标。指标4.1.1中的次级指标（b）和（c）已升级为二级指标。为了提高有关低年级的指标4.1.1a的等级，有关部门启动了一项程序。尽管可持续发展指标跨机构专家组已经成立了一个小组来实施旨在改进指标的工作计划，方法问题还是导致指标4.2.1降级为三级指标。在执行完指标4.7.1的工作计划后，根据各国对1974年《关于促进国际了解、合作与和平的教育以及关于人权与基本自由的教育的建议书》第六次执行情况磋商的回应情况而开发的方法（第14章），是请求可持续发展指标跨机构专家组于2018年11月对其重新进行等级划分的依据。现在指标4.a.1（以前是一级指标或二级指标）和指标4.c.1都被确认为二级指标，意味着可以获得有限的数据。

联合国教科文组织统计研究所通过可持续发展目标4–教育2030指标技术合作组织（TCG，由统计研究所与联合国教科文组织召集成立）来协调由其监测的绝大多数全球指标以及余下的所有主题指标的开发工作，技术合作组织由来自可持续发展指标跨机构专家组成员国和部分国际机构的代表组成。其工作组（特别是指标开发工作组）提出了各种主题指标的定义。从2018年的数据发布开始，联合国

教科文组织统计研究所也报告另外四项指标，即成人扫盲项目参与情况（指标4.6.3）、全面的性教育（指标4.7.2）、校园暴力（指标4.a.2）和校内袭击（指标4.a.3）。由此，在可持续发展目标4的43项全球指标和主题指标中，联合国教科文组织统计研究所共报告了33项指标。其他主题指标（包括教学语言、资源分配和教师专业发展等）的相关工作正在进行当中或即将启动。

> 在可持续发展目标4的43项全球指标和主题指标中，联合国教科文组织统计研究所共报告了33项指标。

另外两个由联合国教科文组织统计研究所召集成立的机构补充了技术合作组织的工作。其中，全球监测学习联盟负责技术上更为复杂的学习成果指标，主要涉及阅读和数学最低熟练水平、成人识字率和数学素养。2018年年末，全球监测学习联盟开始邀请各国参与，并有望发展成为技术合作组织的一部分。教育不平等指标跨机构小组负责以家庭调查数据为基础的指标，但尚未将各国包括在内。

可持续发展目标4报告框架

负责可持续发展目标后续行动和审查过程的最高机构是年度可持续发展高级别政治论坛（HLPF）。该论坛为具体实施和后续行动提供政治领导、指导和建议，跟踪进展情况，鼓励基于证据、科学和国家经验制定协调一致的政策，并处理新近出现的问题。

可持续发展高级别政治论坛开展主题和目标进展审查工作，每年关注不同的主题并巡回关注各项可持续发展目标。教育领域将在2019年首次接受审查。年度可持续发展报告为可持续发展高级别政治论坛的审查提供了框架。可持续发展高级别政治论坛也接收自愿提交的国家审查材料、政府间机构提交的材料，以及代表民间社会的各类"主要团体与利益相关方"提交的材料。

表 7.1:
可持续发展目标4及其他与教育相关的全球指标，按监测机构和分类等级分列

指标	监测机构	等级
可持续发展目标4		
4.1.1 儿童和青年人（a）在二年级或三年级，（b）在初等教育结束时以及（c）在初级中等教育结束时至少达到最低的（i）读写和（ii）数学熟练水平，按性别统计	统计研究所	三级 二级
4.2.1 5岁以下儿童中健康、学习和社会心理健康正常发展的比例，按性别统计	联合国儿童基金会	三级
4.2.2 参与有组织学习的比例（正规初等教育入学年龄前一年），按性别统计	统计研究所	一级
4.3.1 此前12个月中青年和成人参与正规和非正规教育与培训的比例，按性别统计	统计研究所	二级
4.4.1 具备信息和通信技术技能的青年和成人比例，按技能类别统计	统计研究所和国际电信联盟	二级
4.5.1 本表中所有教育指标（凡可划分群体的）均等指数（女/男，农村/城镇，最贫困五分之一/最富裕五分之一，以及其他数据可得的方面，如残疾程度、移民人口、受冲突影响）	统计研究所	一级或二级或三级取决于指标
4.6.1 特定年龄人口获得特定水平的（a）读写和（b）计算能力的百分比，按性别统计	统计研究所	二级
4.7.1 （i）全球公民教育和（ii）可持续发展教育，包括性别平等和人权，被纳入各级教育的（a）国家教育政策、（b）课程大纲、（c）教师教育和（d）学生评估的程度	统计研究所	三级
4.a.1 学校接入以下资源的比例：（a）电；（b）教学用的互联网络；（c）教学用的计算机；（d）残疾学生使用的基础设施和资源；（e）基本的饮用水；（f）男女分开的卫生设施；（g）基本的洗手设施（依据WASH指标定义）	统计研究所	二级
4.b.1 官方发展援助用于奖学金的数量，按部门和学习类型统计	经合组织	一级
4.c.1 特定国家的以下各级教育的教师中，获得任教所要求的最低标准职前或职后有组织教师培训（例如教学法培训）的比例，按性别统计：（a）学前教育；（b）初等教育；（c）初级中等教育；（d）高级中等教育	统计研究所	二级
其他可持续发展目标		
1.a.2 基本公共服务（教育、卫生、社会保障）支出占公共支出比重	国际劳工组织、统计研究所和世界卫生组织	二级
5.6.2 用法律法规保障15—49岁妇女获得性和生殖卫生保健、信息和教育的国家数量	联合国人口基金	三级
8.6.1 未接受教育、就业或培训的青年（15—24岁）所占比例	国际劳工组织	一级
12.8.1 将（i）全球公民教育和（ii）可持续发展教育（包括气候变化教育）纳入（a）国家教育政策、（b）课程大纲、（c）教师教育和（d）学生评估的程度	统计研究所	三级
13.3.1 在中小学和大学课程中融入气候变化减缓、适应、减少影响和早期预警的国家数量	《联合国气候变化框架公约》和统计研究所	三级

注：等级按照以下界定划分。
一级：指标在概念上是清晰的，具有一套国际认可的监测方法和标准，有定期的数据产生，至少50%的国家和每个地区至少50%的人口与此指标相关。
二级：指标在概念上是清晰的，具有一套国际认可的监测方法和标准，但没有定期的数据产生。
三级：尚未具有一套国际认可的监测方法和标准，但方法论或标准正在（或即将）研制或测试。
资料来源：IAEG-SDGs（2017）。

由于有关全部可持续发展目标的报告可能只会予以教育领域有限的关注，世界教育论坛在其《仁川宣言》中要求"以由联合国教科文组织编写和出版的独立的《全球教育监测报告》作为所提议的可持续发展目标4及其他可持续发展目标中的教育事宜的监测和报告机制"（UNESCO，2015a，para.18，p.11）。根据这项指令，本报告第8章至第17章审查了七项具体目标（具体目标4.1至具体目标4.7）以及三种实施途径

（具体目标4.a至具体目标4.c）的进展情况，第18章讨论了其他三项可持续发展目标中与教育相关的问题，第19章讨论了教育财政问题。

❝

教育领域将在2019年的可持续发展高级别政治论坛上首次接受审查。

❞

框注 7.1:

评估2000—2015年全民教育时代的成就

《全民教育全球监测报告》创办于2001年，旨在向国际社会通报全民教育目标及其监测框架的进展情况，包括18项指标（UIS，2001）。这些指标与千年发展目标（MDG）监测框架的指标相重合。最后一期报告即2015年报告在于韩国仁川举行的世界教育论坛上提交，主要依据2012年的数据评估了全民教育的成就。联合国教科文组织统计研究所与各国合作，通过提高调查效率和优化数据发布时间安排，努力减少教育数据的滞后性。以下的最新评估——基于联合国教科文组织统计研究所的数据，除非另有说明——并没有改变既有的结论，即全民教育时代取得了显著进展，但最后看来还远远没有实现目标。

幼儿保育和教育

"目标1：全面扩大和加强幼儿保育和教育工作，尤其是对最易受到伤害和处境最不利儿童的保育和教育工作。"

• 关于"幼儿发展项目"的参与情况，没有收集到充足而一致的数据。但是，学前教育毛入学率已经从2000年的32%上升到2015年的47%（指标1）。

• 没有系统地从行政数据中收集关于参与"某种形式的有组织的幼儿发展项目"的一年级新生百分比信息。但是，联合国儿童基金会第五轮多指标聚类调查（2013—2015年）收集了这一信息，31个参加了该调查的中等收入国家和低收入国家的证据显示，这一比例的中位数为36%（指标2）。

普及初等教育

"目标2：确保到2015年使所有儿童，尤其是女孩、处境不利的儿童和少数民族儿童都能接受并完成良好的免费初等义务教育。"

• 2000年和2015年，一年级毛招生率一直保持在106%（指标3）。

• 相比之下，一年级净招生率的全球平均值从2005年首次报告时的65%升至2015年的69%（指标4）。

• 初等教育毛入学率从2000年的99%升至2015年的103%（指标5）。

• 初等教育净入学率从2000年的83%升至2015年的89%，经调整的净入学率（失学儿童指标以此为基础）要高出2个百分点（指标6/千年发展目标指标2.1）。

• 失学儿童人数从2000年的1.01亿人减至2015年的0.62亿人。早在2008年失学儿童人数就已降至这一水平，此后进展就停滞了。

• 小学最高年级的毛招生率从2000年的82%升至2015年的90%。但是，根据家庭调查，本报告估计有近1亿名儿童没有读完小学。

青年和成人的技能

"目标3：确保通过公平参与适当的学习和生活技能项目，满足所有青年和成人的学习需要。"

• 没有专门针对此目标的指标。本报告认为初级中等教育是发展基础技能所必需的，进而定期报告这一级教育的毛入学率。初级中等教育毛入学率从2000年的72%升至2015年的85%。

成人扫盲

"目标4：到2015年，使成人脱盲人数，尤其是妇女脱盲人数增加50%，并使所有成人都有平等机会接受基础教育和继续教育。"

• 青年识字率从2000年的87%升至2015年的91%。青年文盲人数从1.44亿人降至1.04亿人（指标16/千年发展目标指标2.3）。

• 成人识字率从2000年的81%升至2015年的86%。成人文盲人数从7.86亿人降至7.53亿人（指标17）。

• 青年识字性别均等指数（GPI）从2000年的0.93升至2015年的0.97。成人识字性别均等指数从0.88升至0.92（指标18）。

性别平等

"目标5：到2005年消除初等和中等教育中的性别差距，到2015年实现教育领域性别平等，重点是确保女童充分而平等地参与高质量的基础教育并取得成绩。"

• 以毛入学率为基础，初等教育性别均等指数从2000年的0.92升至2005年的0.95和2015年的1.00；中等教育性别均等指数从2000年的0.92升至2005年的0.94和2015年的0.99；高等教育性别均等指数从2000年的0.99升至2005年的1.05和2015年的1.12（千年发展目标指标3.1）。

教育质量

"目标6：全面提高教育质量，确保人人都能学好，在读、写、算和基本生活技能方面都能取得被承认和可衡量的学习效果。"

• 2015年，在94个数据可得的国家中，拥有所需学历的小学教师的百分比为97%（指标9）。

• 所接受的培训符合国家标准的小学教师百分比从2000年的85%增至2015年的93%。在21个数据可得的国家中，不到75%的小学教师根据国家标准接受了培训（指标10）。

• 初等教育生师比从2000年的26.3∶1降至2015年的23.1∶1。在151个数据可得的国家中，81%的国家的这一比例有所下降（指标11）。

• 初等教育复读率从2000年的5%降至2015年的1.8%（指标12）。

• 小学最高年级续读率从2000年的76%升至2015年的80%（指标13/千年发展目标指标2.2）。

- 无法获得效率系数的估计数（一批人完成一轮初等教育所需的预计学年数占实际用掉的学年数的百分比）（指标14）。
- 在全民教育时代，尚未协商出一种方法来监测读到四年级，已经掌握了一系列由国家规定的基本学习能力的儿童的百分比。该指标与近年来所讨论的可持续发展目标4的全球领先指标基本相同，后者由初等教育完成率（可持续发展目标主题指标4.1.4）与小学结束时达到最低熟练水平的学生比例（可持续发展目标全球指标4.1.1b）二者组合而成。2012年的《全民教育全球监测报告》显示，这一阶段的小学儿童中有62%的人已达到这一水平；联合国教科文组织统计研究所随后进行的估算则将这一数字调低至44%（指标15）。

教育融资
- 教育在国内生产总值中的份额从2000年的4.1%升至2015年的4.8%（指标7）。
- 教育在政府总支出中的份额变化不大，从2000年的13.6%变为2015年的14%（指标8）。

　　总的看来，有两项重要结论颇为引人注目。首先，就目标2而言，一直到1997年，参与率都停滞不前，此后，初等教育毛入学率、净入学率和最高年级毛招生率有所提升，并持续到2008年，然后再次陷入停滞（图7.1a）。相比之下，就目标5而言，虽然没能在2005年实现均等目标，但在20世纪90年代和21世纪头十年里始终保持了进步势头，到2009年在初等和中等教育中实现了均等，2015年青年识字率接近实现均等。但是，成人识字率依然存在性别差距，63%的文盲是女性。在高等教育领域，情况出现了逆转，男性参与高等教育的可能性较小（图7.1b）。

　　对全民教育目标的监测表明，在中期进行审查可能为时已晚，无法确定具体目标能否达成。根据《2030年可持续发展议程》，解决这一问题还需要进行更多的系统性思考，不能局限于教育领域。

　　《全球教育监测报告》致力于依据选定指标的"常规"基准来彰显累积性的进展。为此，2010—2014年出生的儿童可被视为可持续发展目标一代。这些年份以一种很接近且有意义的方式，与关键的教育里程碑相关联。2015年，这一代人中年龄最大的一批人年满5岁，在许多国家这是小学入学年龄之前的最后一年；就《2030年可持续发展议程》而言，他们有望在可持续发展目标时代（2015—2030年）开启之时的第一个学年接受学前教育。到2030年，这一代人中最年幼者将满16岁，这可能是按时读完初中的最晚年龄。

　　因此，可持续发展目标一代的头和尾是两个在教育上很有意义的年龄群体。本报告在很大程度上依赖于2017年的数据，对可持续发展目标一代的关注有限。未来几年的一个关键问题将是2017—2019年小学的入学率有多高。如果这些适龄儿童中大批的儿童没能上学，那么到2030年普及中等教育的任务就会面临严重威胁；世界将在迈向可持续发展目标时代剩下不到三分之一的时间里奋力赶上可持续发展具体目标4.1。

图 7.1:
2000—2015年，世界稳步推进性别均等，但没能普及初等教育

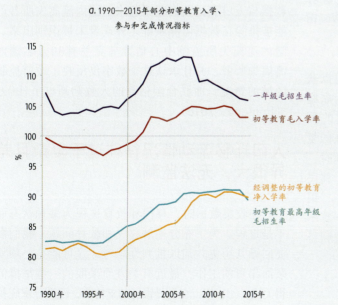

a. 1990—2015年部分初等教育入学、参与和完成情况指标

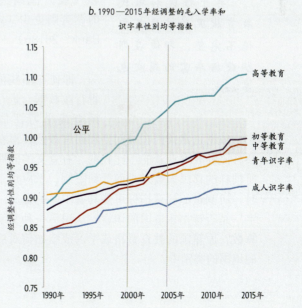

b. 1990—2015年经调整的毛入学率和识字率性别均等指数

《全球教育监测报告》统计数据链接：http://bit.ly/fig7_1
资料来源：统计研究所数据库。

数据焦点7.1：监测移民和流离失所者的教育状况面临诸多挑战

《2030年可持续发展议程》的一个总体原则是不让任何一个人掉队。一些人口群体所面临的不利处境被结果平均值所掩盖。因此，可持续发展目标的监测框架明确侧重于根据历史上与不利处境有关的各种特征来对指标进行分类。具体目标4.5及其全球指标在示例中未列出移民和流离失所状况。然而，《2030年可持续发展议程》的基础文件承认了它们的相关性，并在可持续发展目标17的具体目标17.18中加以明确，该具体目标呼吁捐助国"加强对发展中国家的能力建设的支持……以显著提高按……移民身份……以及其他与国籍相关的特征来分类的优质、及时且可靠的数据的可得性"（United Nations，2015）。

然而，正如本报告所证明的，关于移民和难民教育状况的系统数据很不完整，即便在那些数据丰富的国家也是如此。在世界银行的微数据目录中，截至2018年年中，将近2,500个家庭调查中有2,000多个调查包含教育信息，但其中只有大约七分之一涉及移民，涉及难民和（或）流离失所者的调查则更少（World Bank，2018b）。

> 关于移民和难民教育状况的系统数据很不完整，即便在那些数据丰富的国家也是如此。

即使在那些可以获得行政数据、进行家庭调查或学习评估的国家，数据也常常因在被问到和回答涉及其潜在的复杂移民和教育背景的可比较的、有意义的问题时，所抽样的移民人数过少而受到限制。当应用于移民时，所测量的教育指标可能具有不同的含义。"识字"是否特指东道国的语言？认识另一种文字算不算数？原籍国的教育资格或学习成绩如何对应到目的地国的类别中？

移民和流离失所人口甚至往往不被承认

集中人口登记可包含有关人口流动的重要信息，特别是有关国内移民的信息，但通常必须进行调查。然而，由于语言障碍或法律问题，移民家庭处于流动状态，不太可能接受调查员的访问或访谈。此外，增加相对较少的国际移民样本数，需要对国际移民群体进行抽样或附加调查。在抽样框架中囊括相关人群是所有这些方法的基础。

由于人口迁移流动变化很快，抽样框架可能无法跟上。例如，对于被称为"拉丁美洲历史上增长最快的跨境流离失所人口"中那些离境的委内瑞拉人的数量估计可能会非常不精确，需要通过各种来源对信息进行相互验证（Freier and Parent，2018）。据联合国报道，自2015年以来已有160万人离开该国（ReliefWeb，2018）。在这种情况下，接收国很难调整其数据收集工具。

这个问题对流离失所人口的影响尤为突出。有关部门倾向于在难民营中相对系统地收集数据，但居住在难民营或收容中心的难民还不到40%（UNHCR，2018），住在那里的国内流离失所者的人数（IDPs）则更少。由于营地经常位于标准抽样框架之外，一个关键问题就是如何将这些群体的数据与人口登记数据联系起来。国内流离失所者可能被排除在数据监测系统之外或者未被识别出来。国内流离失所监测中心估计乌克兰有80万名国内流离失所者，并且承认这个数字仅反映了政府控制区域的情况。而联合国估算的人数则超过了100万（Englund，2018）。

人口迁移流动情况往往过于复杂且差异很大，无法监测

在收集数据时，移民和教育被视为某种状态而不是过程。为了充分理解移民和教育问题，我们需要回顾其历史并加以批判性思考。这可能是一项复杂而昂贵的工作，最近有关方面采取的一些举措值得关注。2017年，在世界银行的支持下，欧洲寻求庇护

> 关于流离失所人口的数据倾向于在难民营中进行收集，但居住在那里的难民还不到40%。

者调查用六种语言（阿拉伯语、班巴拉语、英语、波斯语、法语和提格雷尼亚语）随机调查了希腊和意大利部分收容中心的人员。调查允许在寻求庇护者之间以及寻求庇护者与原籍国人口之间进行比较。它利用经合组织国际成年人能力评价项目来评估读写和计算技能（World Bank，2018a）。在希腊和意大利，接受过初等教育的寻求庇护者中分别只有50%和41%的人达到最低的读写熟练水平（图7.2）。

上述评估的样本仅限于居住在收容中心里的寻求庇护者，不包括那些居住在收容中心外面的人、更早入境的人、无人陪伴的未成年人以及未完成行程的人。即便如此，评估还是发现了相当大的差异，包括受访者在行程中的显著差异。20%—25%的受访者是"第二次"移徙，他们曾经居住在或出生在其他国家，如伊朗伊斯兰共和国或利比亚。受访者目前所在的各国对寻求庇护的认证率从不到20%（如摩洛哥、黎巴嫩和南苏丹）到超过90%（厄立特里亚和阿拉伯叙利亚共和国）不等。四分之三的阿富汗夫妇一起居住在收容中心，而在厄立特里亚人中这一比例还不到10%。相当一部分少数群体似乎已经通过注册语言或其他课程为旅程做好了准备。最近前往欧洲国家的移民的自我报告的技能与其受教育程度和熟练水平评估结果是一致的（World Bank，2018a）。

有必要针对移民和难民采用灵活的抽样方法，但成本高昂

确保将移民和难民纳入标准化的通用调查是可取的，但这并非永远是最佳解决方案。除了要有足够大的样本量外，标准化的调查不能反映移民情况的动态变化也是一个问题。

侧重于研究的调查被用于回答将输出社区和接

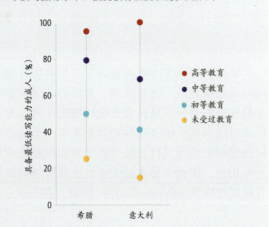

图 7.2:
在希腊和意大利的寻求庇护者中，大约一半的初等教育毕业生缺乏最低读写能力
2017年读写熟练水平，按受教育程度和庇护国分列

《全球教育监测报告》统计数据链接：http://bit.ly/fig7_2
资料来源：World Bank (2018a)。

收社区联系起来的问题。自1982年以来，墨西哥移民项目一直包含了从墨西哥移民到美国的人，并提供有关完成学校教育年限和教育汇款支出的信息。如2017年年中，该项目包含了161个社区和2.7万个家庭，其中4%的社区和家庭在美国（Mexican Migration Project，2018）。类似地，拉丁美洲移民项目从1998年开始收集从哥伦比亚、哥斯达黎加、多米尼加共和国、厄瓜多尔、萨尔瓦多、危地马拉、海地、尼加拉瓜、巴拉圭、秘鲁和波多黎各（美国）等地前往美国的移民信息（Arp-Nisen and Massey，2006）。非洲和欧洲之间的移民项目研究了三个撒哈拉以南非洲国家（刚果民主共和国、加纳和塞内加尔）和欧洲之间的移民问题，包括移民回流、循环流动和跨国活动（Beauchemin，2012）。

通用调查的时间间隔可能过长，无法在危机情况下及时提供信息。这影响了相关教育数据的收集，就连那些行政能力和统计能力很强的国家也会受到影响。在最近入境奥地利和德国的人群中利用替代性的非随机抽样方法快速收集数据，为我们提供了重要的经验。对非随机样本、代表性样本和官方数据的比较表明，快速评估的准确性足够高，可以提供初步的政策指导。

> 德国开展了一项纵向研究，每年在五个州收集两次数据，并辅以非国民居住者集中登记。

奥地利流离失所者调查研究了没有居住者名单的应急住宿地点。比较发现，奥地利寻求庇护者的年龄和公民身份信息与官方统计数据非常匹配。随后来自国家就业服务机构的数据证实，受访者的实际技能和资格与其自我报告的学术或职业教育情况基本相符。因此，要求提供学校证书可能导致对教育程度的低估（Buber-Ennser et al.，2016）。

德国于2016年7月启动的纵向研究"德国教育系统中的难民"（ReGES）由联邦教育和研究部资助，由莱布尼茨教育轨迹研究所代表政府实施，该研究所也负责实施德国国民教育追踪研究。"德国教育系统中的难民"研究在五个州进行，每年收集两次数据。该研究侧重于教育一体化，调查了教师、社会工作者和志愿者，以及2,400名4岁及以上或14岁及以上的主要教育参与者和他们的父母（LIfBI，2016）。

德国也持续进行非国民居住者集中登记，登记对象包括经认证的难民和寻求庇护者，这为联邦就业署、联邦移民和难民办公室以及德国社会经济小组的调查提供了抽样框架。因为寻求庇护者只有在正式提交申请后才能进入登记范围，所以要在2016年年中之前进行交错抽样，以反映在2016年1月之前的三年内所有入境者的情况。该调查是一项追踪研究，最初一轮在2016年、2017年和2018年进行，覆盖了3,500户家庭中的4,800名成年人，答复率为50%。1,250个家庭作为额外的零星样本在2017年首次接受了调查（DIW，2017）。

测量工具要能反映移民轨迹的复杂性

调查时的教育状况并不足以让我们了解教育和移民现象的动态变化，我们至少还需要知道其资格是在入境前还是在入境后获得的。如果受访者必须根据东道国的教育系统分类来描述自己的教育资格，则其回答可能是无效的，无法在一国之内或各国之间进行比较。

应对这一挑战的方法之一，是整合一个国家学校系统及证书的相关信息。由莱布尼茨社会科学研究所（GESIS）开发的教育资格调查计算机辅助测量和编码（CAMCES）模块就是一个例子，该模块可以嵌入各种调查问卷中。它允许受访者用自己的语言报告教育程度，并将其答复与1997年和2011年的《国际教育分类标准》对应起来，从而克服了人工翻译资格名称的问题。通过标准化和自动化的数据收集、编码与协调，以及对外国的、罕见的或过时的资格更广的覆盖，这种方法有望提供更为准确的数据。截至2017年10月，教育资格调查计算机辅助测量和编码模块包含了约2,100种教育资格及1,000多种备选名称，涵盖了几乎所有欧洲国家以及德国最大移民和难民群体的原籍国（SERISS，2018）。

还可以调整现有的工具。即便是那些与移民有关的问题中看似微不足道的措辞变化，也可能会影响受访者的答复。在将经合组织国际学生评估项目调查中关于出生地的问题从选择评估所在国的"国内/国外"更改为从国家列表中进行选择后，不回答该项目的学生比例在德国从1.7%骤升至7.9%，在日本则从5%降至0.4%（Richardson and Ali，2014）。虽然这些属于异常值，但那些不计入"不答复"的对问题的回答会影响关于各种常见移民背景的结论。2018年的国际学生评估项目将详细询问学生是否会使用非测试语言与其家庭和社交圈的各种成员进行交谈（OECD and GEMR，2018）。

> 世界银行正在支持非洲和南亚调整定期的家庭调查，以添加与非国民（包括难民）相关的问题。

世界银行正在支持非洲和南亚调整定期的家庭调查，以添加与非国民（包括难民）相关的问题，并将联合国难民事务高级专员办事处的登记册纳入抽样框架。对2017—2018年度约旦家庭收支调查的成功调整，为这项举措奠定了基础（Carletto，2018）。

移民问题正变得更为标准化并被纳入主流

最近的举措试图协调有关移民和流离失所者的教育状况的数据收集工作。国际移民组织（IOM）正在与联合国儿童基金会、联合国难民事务高级专员办事处、欧盟统计局以及经合组织合作，以缩小"让移民、难民和流离失所的儿童处于危险之中并且无法获得基本服务"的数据差距（UNICEF et al.，2018）。国际移民组织的全球移民数据分析中心不发布专门的流离失所人口教育数据，但其包含教育要素的流离失所追踪矩阵正在进行升级改造，并被越来越多的国家所采用（Englund，2018）。

2016年3月，联合国统计委员会支持创建了难民和国内流离失所者统计专家组。该专家组由来自50个成员国及相关机构的代表组成，由挪威统计局、欧盟统计局和联合国难民事务高级专员办事处领导。由其草拟的建议书包括以下内容：（a）收集难民和有难民背景者的人口统计数据，（b）在国家统计系统（民事登记、行政数据、调查、人口普查）中纳入难民，以及（c）引入有关生活条件、社会经济因素和融合措施的指标。它还建议根据公认的最佳做法来报告难民教育问题，包括学校和学前教育参与情况、教育程度、读写和计算技能、5—16岁阶段的受教育年数、东道国语言熟练水平和参与语言课程的情况、在融入东道国学校系统方面获得的支持（UN Statistical Commission，2018）。

学校普查在设计时极少会考虑大规模的人口流动问题。由联合国教科文组织和联合国难民事务高级专员办事处开发的难民教育管理信息系统是一个免费、开源、基于网络的工具，旨在协助各国收集、汇编、分析和报告难民教育数据。2017年和2018年，这一工具分别在坦桑尼亚联合共和国和卢旺达进行了初始测试和试点，目前正在肯尼亚、南苏丹、苏丹和乌干达进行推广，到2019年年初至少还会有10个国家跟进。这一工具并不想成为一个与国家系统并行的系统，而是力求融入后者或至少与之建立联系（UNHCR，2018）。

结论

上述举措和创新方法很受欢迎，为了解世界各地的移民和流离失所者的教育状况做出了重要贡献。同时，它们也常被用来强调监测的复杂性。移民和难民群体在身份、行程和法律地位方面存在非常大的差异。面对测量方面的挑战，没有一招制胜的解决方案。毫无疑问，在一段时间内，对移民的基本情况和教育状况进行全球监测仍将组合使用多种方法。

洪都拉斯学校中心外的教师和学童。

摄影：Save the Children

重要信息

2017年有6,400万名小学适龄儿童失学，这意味着这一数字连续第十年停滞不前。

根据2013—2017年的数据，初等教育的完成率为85%，初级中等教育的完成率为73%，高级中等教育的完成率为49%。

《全球教育监测报告》提出了一个新模型，可以更有效地利用调查和普查数据来预测最近年份的完成率。

为了能在2030年普及中等教育，2018年所有儿童都应入读小学，然而2016年低收入国家的招生率仅为72%。

总计有3.87亿名（56%）小学适龄儿童和2.3亿名（61%）初中适龄青少年未达到最低读写熟练水平。针对本指标中的最低熟练水平，有关部门提出了一项新方案。

15年来对四年级学生读写技能的调查数据表明，中等收入国家在达到最低基准方面的进展约为每年1个百分点，这意味着这些国家不太可能在2030年实现这一具体目标。

由公民主导的评估和联合国儿童基金会多指标聚类调查的新模块为了解不在学儿童的学业成就提供了宝贵的洞见。

非歧视公约所赋予的权利并不能确保移民儿童实际享有受教育权。严格要求提供证明文件，无论是法律规定的还是由当地把关者强加的，都可能妨碍入学。

第 8 章

具体目标 4.1

初等和中等教育

到2030年，确保所有女童和男童完成免费、公平、优质的初等教育和中等教育，取得有意义和有效的学习成果。

全球指标

4.1.1 儿童和青年人（a）在二年级或三年级、（b）在初等教育结束时以及（c）在初级中等教育结束时至少达到最低的（ⅰ）读写和（ⅱ）数学熟练水平，按性别统计

主题指标

4.1.2（a）在二年级或三年级、（b）在初等教育结束时以及（c）在初级中等教育结束时组织全国性的学习评估

4.1.3 最高年级的毛招生率（初等教育、初级中等教育）

4.1.4 完成率（初等教育、初级中等教育、高级中等教育）

4.1.5 失学率（初等教育、初级中等教育、高级中等教育）

4.1.6 超龄儿童百分比（初等教育、初级中等教育）

4.1.7 法律框架所保障的（a）免费及（b）义务的初等教育和初级中等教育年限

尽管可持续发展目标4明确转向将学习成果指标包含其中，国际社会依然针对中等教育的参与和完成情况提出了雄心勃勃的目标。然而，确保到2015年使所有儿童都能接受并完成小学教育的全民教育目标尚未实现。在世界各地，弱势群体（包括移民和难民）的受教育权仍未获得承认（政策焦点8.1）。

即使普及了初等教育，及时入读率也可能停留在100%以下，如在中高收入国家和高收入国家，其经调整的净招生率经常保持在90%左右。其余10%的儿童可能就读于学前教育机构或者在稍晚时候入学。但近年来低收入国家的进展停滞了，维持在72%的水平上（图8.1）。为了能在2030年普及中等教育，2018年所有国家的招生率至少需要与中等收入国家和高收入国家目前的招生率相当。

自2008年以来，失学人数停止减少，失学的小学适龄儿童为6,400万人（9%），初中适龄青少年为6,100万人（16%），高中适龄青年为1.38亿人（36%）（表8.1）。2017年，失学人口总数达2.62亿人。以上数字包括了那些完全没有上学、延迟入学或辍学的人。随着低收入国家的及时入学率停止增长，在未来几年中，预计失学率不会出现决定的

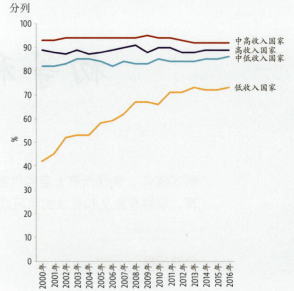

图 8.1:
在低收入国家，不到四分之三的儿童能及时入学
2000—2016年经调整的小学一年级净招生率，按国家收入水平分列

中高收入国家
高收入国家
中低收入国家

低收入国家

《全球教育监测报告》统计数据链接：http://bit.ly/fig8_1
资料来源：统计研究所数据库。

> 为了能在2030年普及中等教育，2018年所有儿童都应入读小学，然而2016年低收入国家的招生率仅为72%。

下降。总的来说，撒哈拉以南非洲的失学率仍居高不下。自2000年以来，该地区在失学人口总数中所占的份额越来越大（图8.2）。

根据由行政数据得出的每个教育阶段最高年级的毛招生率，2017年90%的儿童完成了初等教育。这一数字自2008年以来停止增长。约76%的青少年完成了

表 8.1:
2017年或最近年份部分学校教育参与情况指标

	2017年 辍学率（%）			2017年 辍学人数（百万人）		
	初等教育	初级 中等教育	高级 中等教育	初等教育	初级 中等教育	高级 中等教育
世界	**9**	**16**	**36**	**64**	**61**	**138**
撒哈拉以南非洲	21	36	57	34	27	36
北非和西亚	10	14	32	6	4	9
中亚和南亚	6	17	47	12	19	67
东亚和东南亚	4	9	19	7	8	16
大洋洲	9	4	23	0.4	0.1	0.4
拉丁美洲和加勒比	5	7	23	3	3	7
欧洲和北美	3	2	7	2	1	2
低收入国家	20	36	60	24	21	27
中低收入国家	10	18	45	31	31	87
中高收入国家	4	7	21	7	8	21
高收入国家	3	2	6	2	1	3

资料来源：统计研究所数据库。

> 自2000年以来，撒哈拉以南非洲在失学人口中所占的份额越来越大。

初级中等教育。根据2013—2017年的家庭调查数据，初等教育的完成率为85%，初级中等教育的完成率为73%，高级中等教育的完成率为49%（表8.2）。基于调查得出的完成率估计值可能低于毛招生率，一个原因是调查数据基本上是在学校普查工作之前的几年收集的。为了修正这一问题，本报告提出了一种新方法（数据焦点8.1）。

本报告提出的对完成率估计值的修正方法，可与全球指标4.1.1结合起来。该指标监测学生在教育轨迹的三个节点上达到学习成果的最低熟练水平的百分比，以描述整个群体的学业成就，但忽略了那些在完成学业前离开学校的学生。

图 8.2:
撒哈拉以南非洲在全球失学人口中所占的份额越来越大
2000—2015年失学人口分布，按地区分列

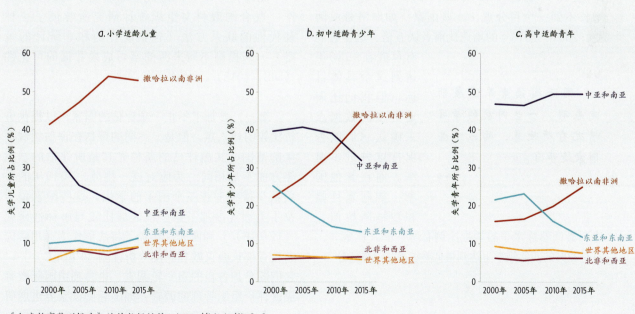

《全球教育监测报告》统计数据链接：http://bit.ly/fig8_2
资料来源：统计研究所数据库。

表 8.2:

2017年或最近年份部分学校教育完成情况指标

	2013—2017年完成率（%）			2017年最高年级毛招生率（%）	
	初等教育	初级中等教育	高级中等教育	初等教育	初级中等教育
世界	**85**	**73**	**49**	**90**	**76**
撒哈拉以南非洲	64	37	27	69	43
北非和西亚	84	74	39	87	73
中亚和南亚	89	77	40	96	82
东亚和东南亚	95	79	58	97	90
大洋洲	…	…	…	94	78
拉丁美洲和加勒比	91	81	62	98	79
欧洲和北美	99	98	87	97	91
低收入国家	59	32	18	66	41
中低收入国家	85	71	41	93	77
中高收入国家	96	84	60	95	87
高收入国家	99	97	86	98	92

注：（…）表示数据不可得。

资料来源：根据行政数据得出的最高年级的毛招生率来自统计研究所数据库；完成率由统计研究所和全球教育监测报告小组根据家庭调查数据计算得出。

关于指标4.1.1，过去一年通过跨国校本学习评估对四年级学生进行评价的国际阅读素养进展研究（PIRLS），发布了所取得的主要新成果（IEA，2017）。该研究每五年进行一次。在伊朗伊斯兰共和国，达到低基准的四年级学生百分比从2001年的56%增至2016年的65%，平均每年增长不到一个百分点。一些国家，如摩洛哥或阿曼，2001—2016年的增速比前者快五倍，这使它们有可能在2030年达到这个具体目标。但我们还需要更多的数据点来确认它们能否保持这种进步速率。而在其他国家，如阿塞拜疆和沙特阿拉伯，达到最低熟练水平的学生比例有所下滑。在南非，只有22%的四年级学生达到最低熟练水平（图8.3）。

> **国际阅读素养进展研究表明，一些国家的学习情况有所改善，而另一些国家退步了。**

考虑到针对国际阅读素养进展研究中的低基准的建议将成为指标4.1.1b的国际基准的组成部分，这些数据清楚地表明，到2030年实现这一具体目标将会非常困难。

在过去一年中，通过全球监测学习联盟的工作，联合国教科文组织统计研究所尝试了三种替代性的联系方法（包括统计的和非统计的策略），来提高不同来源的学习成果数据的可比性（UIS，2018）。

第一，参加了不止一项评估的国家可以提供进行比较的切入点。但是，不同的评估在评估领域、年龄范围、实施评估的条件尤其是所评估的学生等方面不尽相同。为应对这一挑战，2019年的一项新举措将考查三个国家的学生。这些国家位于拉丁美洲［参加了第三次区域比较与解释性研究（TERCE）］和西非［参加了将法语作为通用语国家教育部长会议教育制度分析计划（PASEC）］，它们既参加各自的新一轮调查，也参加由国际教育成就评价组织管理的调查，如国际阅读素养进展研

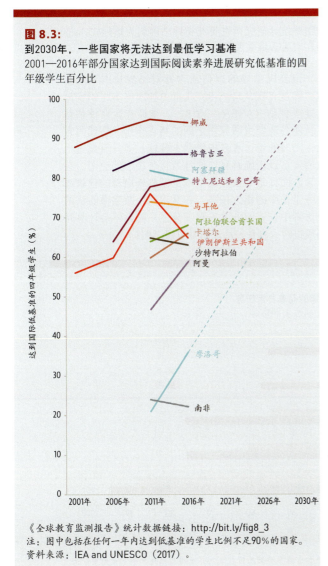

图 8.3:

到2030年，一些国家将无法达到最低学习基准

2001—2016年部分国家达到国际阅读素养进展研究低基准的四年级学生百分比

（纵轴）达到国际低基准的四年级学生（%）

（图中标注）挪威、格鲁吉亚、阿塞拜疆、特立尼达和多巴哥、马耳他、阿拉伯联合酋长国、卡塔尔、伊朗伊斯兰共和国、沙特阿拉伯、阿曼、摩洛哥、南非

（横轴）2001年 2006年 2011年 2016年 2021年 2026年 2030年

《全球教育监测报告》统计数据链接：http://bit.ly/fig8_3

注：图中包括在任何一年内达到低基准的学生比例不足90%的国家。

资料来源：IEA and UNESCO（2017）。

究。有人称这种方法为"罗塞塔石碑"，因为它能够在不同的调查之间进行强有力的比较，这些调查涵盖了世界的大部分地区（IEA，2018）。

第二，将主要的跨国评估联系起来，不包含那些未参加相关评估但有可能为全球指标提供国家评估数据或其他来源数据的国家（框注8.1和框注8.2）。一个范围广泛的开发项目显示，在技术合作方的支持下，联合国教科文组织统计研究所绘制了一张反映不同评估内容的图谱，并开发了一个报告打分量表。下一阶段是使用专家判断来调整不同调查中的

题目，并确定它们的难易水平以便解释熟练水平。这种方法也被用于确定如何将不同跨国评估所定义的最低熟练水平（例如国际阅读素养进展研究的低基准）联系起来，以确定国际最低熟练水平。

第三，与此同时，继续努力通过统计技术将不同的熟练水平量表连接到一个通用标准之中。根据最新估算，3.87亿名（56%）小学适龄儿童未达到最低读写熟练水平。这一比例在中亚和南亚的儿童中为81%，在撒哈拉以南非洲的儿童中为87%，而在欧洲和北美的儿童中仅为7%。此外，2.3亿名（61%）初中适龄青少年未达到最低的读写熟练水平。类似的估算也适用于计算的最低学业熟练水平（UIS，2017b）。

> **3.87亿名（56%）小学适龄儿童未达到最低读写熟练水平。**

数据焦点8.1：估算"教育2030"议程的完成率

关于教育完成情况的具体目标4.1和关于平等入学情况的具体目标4.5，越来越关注使用家庭调查或人口普查数据来监测教育指标。实际上，就某些指标而言并没有其他选择，例如特定人口群体的完成率，因为极少能获得按年龄或其他人口特征分列的毕业生行政数据。

调查数据自身也存在挑战。大多数调查每三到五年进行一次，而调查结果至少要到一年后才发布，从而造成相当大的时滞。

针对多个指标，可以进行多重调查，由此可能生成相互矛盾的信息。2016年的《全球教育监测报告》提出了协调不同信息来源的问题，例如这类

框注 8.1：

由公民主导的评估持续发展

大约15年前，印度非政府组织布拉罕协会率先进行了由公民主导、以家庭为基础的评估，为测量不同人群，包括那些不在学人群的学习成果提供了宝贵的洞见。最近在印度进行的一项纵向研究显示，在八至九年级辍学的儿童中，有三分之一的人能够阅读二年级水平的文本，而继续就读的儿童的这一比例为三分之二（ASER，2018；Ramanujan and Deshpande，2018）。

评估在概念上继续扩展和深化。2018年阿富汗第一次进行了由公民主导的试点评估（PAL Network，2018）。在"人民学习行动"网络的支持下，已有13个国家开展了这样的评估，联合国教科文组织统计研究所也将此类评估确认为指标4.1.1a的潜在有效数据来源。

由公民主导的评估通常针对16岁及以下的儿童，印度首次从14—18岁儿童中抽取样本组织实施了此类评估（ASER，2018）。该调查旨在评估基本技能与现实生活应用之间的相互作用。在读写方面，75%的受访者表现出基本技能，但只有超过半数的人可以正确解释口服补液包装袋上的说明。在计算方面，基本技能甚至不足以胜任简单的建筑或服务工作中的相关任务。在会用两个数字做除法的受访者中，有四分之一到二分之一的人不会计算时间或报时、测量长度或增加重量（图8.4）。

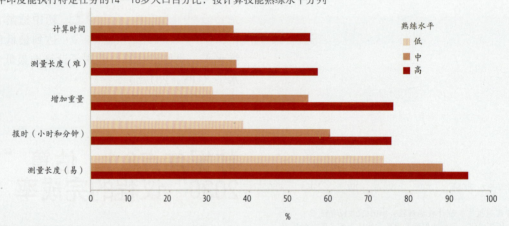

图 8.4：
在印度，即使是具备基本计算技能的年轻人也无法完成工作所需的简单日常任务
2017年印度能执行特定任务的14—18岁人口百分比，按计算技能熟练水平分列

《全球教育监测报告》统计数据链接：http://bit.ly/fig8_4
注：如果受访者最多认识两位数，则将其熟练水平定义为低；如果受访者最多会做两位数减法，则将其熟练水平定义为中；如果受访者最多会用一位数除三位数，则将其熟练水平定义为高。就测量长度而言，如果物体被放置在标尺上的"0"标记处，则任务为易，如果物体被放置在标尺上的其他位置，则任务为难。
资料来源：ASER（2018）。

信息的两个主要来源——多指标聚类调查与人口和健康调查（DHS）（UNESCO，2016）。平均估计或对这些估计值的简单趋势拟合直接忽略了相关信息。相对于其他来源而言，一些来源可能会系统地得出偏低或偏高的估计值，反映出抽样框架或提问方式上的差异。由于样本量较小或其他非统计性的问题，某些来源可能表现出更大的变动性，这会减损其可靠性。一些受访者提供的是反映过去情况的回顾性信息，这增加了产生误差的风险，需要纠正这种误差。

国际卫生领域在测量基于多种来源的指标方面面临类似的挑战。联合国儿童死亡率估计跨机构工作组采用了一种共识性模型，以计算每年各会员国5岁以下儿童估计数（Alkema and New，2012）和新生儿死亡数（Alexander and Alkema，2008）。联

学习成果数据的新来源——第六轮多指标聚类调查基础学习模块

联合国儿童基金会第六轮多指标聚类调查的创新举措中，包括两个相关的新模块，分别是儿童功能模块（第12章）和基础学习模块。学习模块旨在根据全球指标4.1.1了解7—14岁儿童的读写和计算技能（UNICEF，2017）。截至2018年年中，当前的第六轮多指标聚类调查中大约有50项调查有望包括这一模块。

多指标聚类调查随机选择并直接评估每个家庭中的一名儿童。读写评估包括阅读故事、三个字面理解问题和两个推理理解问题。为了确保相关性和文化适切性，所呈现的词汇与该国的阅读教科书相对应。计算评估包括读数、识数、加法以及图形识别和补全。计算问题是以达到相应水平所应普遍具备的技能为基础的。就读写和计算而言，儿童能够正确回答相应评估中的所有内容，意味着其具备了基础技能。

2018年，两个签约参加学习模块的国家最先发布了报告。在朝鲜，大约95％的7—14岁儿童具备基础读写技能，82％的儿童具备基础计算技能（CBS and UNICEF，2018）。在塞拉利昂，相应的比例分别为16％和12％。只有39％的7—14岁儿童能读出故事中的单词，只有34％的儿童能读数（Statistics Sierra Leone，2018）（图8.5）。

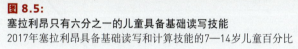

图 8.5:
塞拉利昂只有六分之一的儿童具备基础读写技能
2017年塞拉利昂具备基础读写和计算技能的7—14岁儿童百分比

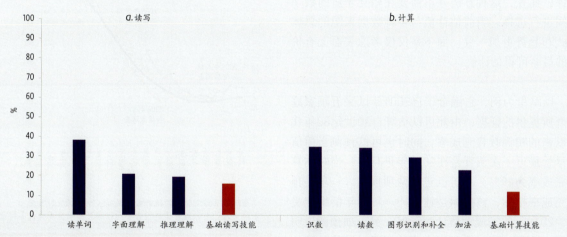

《全球教育监测报告》统计数据链接：http://bit.ly/fig8_5
资料来源：Statistics Sierra Leone（2018）。

合国孕产妇死亡率估计跨机构工作组采用了类似的方法（Alkema et al.，2016）。

统计模型是一种精密的解决方案，为估计教育完成率提供了有价值的指导，但决不能将一个领域的统计模型盲目地应用于另一个领域。例如，即使高等级的孕产妇死亡率在统计学上也只占分娩总数的很小比例。相比之下，完成率从接近零到接近普及，其间差异很大，特别是对初等教育或特定人群而言。而且，在开发健康模型时，各种决策都是以对死亡类型的经验性观察为基础的，这对完成率并不适用。同样重要的是，一些国家能够提供高质量的死亡登记行政数据，从而为我们评估调查中的统计偏差提供了基准；然而，就完成率而言，并没有相应的基准。

> " 《全球教育监测报告》提出了一种估算完成率的新方法，利用一个模型来协调来自多项调查的数据。
>
> "

出于上述考虑，全球教育监测报告小组开发了一个类似的模型来估算完成率、验证结果并提供说明性估计值（UNESCO，2018）。该方法具有许多潜在的优点。对年龄较大学生群体的学业完成率进行逆向推算，可以对初等教育、初级中等教育和高级中等教育完成率的发展情况进行长期展望。利用所有可得信息，根据最新数据进行短期外推，可以估算该指标当前的水平。因此，即使上一次调查是在几年前进行的，也可以合理地报告当前估计值，这可能能够应对针对基于调查的估算提出的关键性批评。而且，这种方法并不需要在相互矛盾的数字之间进行选择。当前估计值与各种数据来源的总体模式和趋势更加一致，而不是仅仅考虑表面上有价值的最新可得估计值。

以马里为例，它融合了自2001年以来五项家庭调查所提供的证据，由此可以估算自20世纪80年代初以来的初等教育完成率，同时也可以预测当前值（尽管最近一次调查是在2015年进行的，当时估算的完成率为49%）。可以进行两项预测。一项是预测完成率指标，该指标是针对15—17岁年龄组定义的，2018年的完成率估计为56%。另一项预测说明了在15岁和16岁以后延迟完成的情况，以估计群体完成率，大约会高出2—3个百分点（图8.6）。

这些结果代表了利用调查数据得出一系列协调一致的完成率数据的第一个步骤。下一步是向技术合作组织推荐这一方法，以此作为报告关于完成率的主题指标的基础。通过进一步的改进，还可以计算按某些个体特征分类的一系列协调一致的完成率。

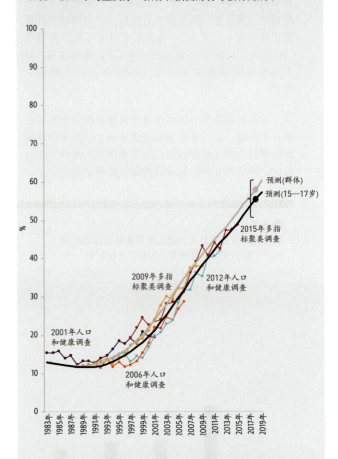

图 8.6:
20世纪90年代末以来，马里的初等教育完成率增速加快
1983—2019年马里实际、拟合和预测的初等教育完成率

《全球教育监测报告》统计数据链接：http://bit.ly/fig8_6
资料来源：全球教育监测报告小组根据五项家庭调查计算得出。

这些结果也可用于改进对所有达到最低读写和计算熟练水平的儿童，而不仅仅是对学生的百分比的估算。目前的测量由两个部分构成：在学儿童百分比和在评估中达到最低水平的儿童百分比（UIS，2017a）。在新的估算中，完成率反映了读完小学或初中的儿童百分比，该指标将取代测量的第一个组成部分。

> *尽管承诺不歧视，但受教育权通常以公民资格和（或）合法的居民身份为条件。*

政策焦点8.1：承认移民、寻求庇护者、难民和无国籍者的受教育权

即使是那些根据《教育2030行动纲领》提供至少九年免费义务教育的国家，也不一定会在原则上或实践中将这一权利扩展至移民和难民群体。尽管承诺不歧视，但是以公民资格和（或）合法的居民身份作为受教育权的限制条件，可能是宪法或教育立法中一种最常见的、明确的排斥。即便在没有这种限制条件的情况下，许多移民也因被要求证明自己的身份才能入学，而无法实现这一权利。明确禁止在教育领域歧视移民的法律规定，是对抗这种排斥的最有力的保障。

非歧视原则保障受教育权

移民、国内流离失所者、难民、寻求庇护者和无国籍者受到平等和非歧视的人权原则的保护。普遍的非歧视原则，在具有法律约束力的保障受教育权的人权文书，包括《儿童权利公约》《经济、社会及文化权利国际公约》《消除一切形式种族歧视国际公约》以及联合国教科文组织《取缔教育歧视公约》中得到了确认。虽然法律地位和移民身份并没有明确出现在这些公约的文本中，但是经济、社会及文化权利委员会已确认"非歧视原则适用于居住在缔约国领土内的所有学龄人口，包括非国民，无论其法律地位如何"（CESCR，1999），并且"一国之内的所有儿童，包括无证儿童，均有权

接受教育"（CESCR，2009）。

专门的移民国际条约确认了移民特别是难民作为权利所有者，在教育方面享有与国民相同的待遇。1951年《关于难民地位问题的公约》规定，难民应享有与国民同样的待遇，包括承认外国教育证书以及财政支持、减免学费（第22条）（UN General Assembly，1951）。1954年《关于无国籍人地位的公约》主张，各国"应在基础教育方面给予无国籍人国民待遇"（UN General Assembly，1954）。

这些专门针对初等教育的文献资料，反映了在一定时期内，即便是国民也很少享有接受中等教育的权利。但是，负责监督《保护所有移徙工人及其家庭成员权利国际公约》的委员会澄清说："只要具有国民身份的儿童可以获得免费的中等教育，缔约国就必须确保移徙工人的子女平等获得受教育机会，无论他们的移民身份如何。"（第75条）（CMW，2013）

> *尽管各国批准了包含受教育权的国际条约，但只有82%的国家的宪法中含有该条款。*

罗兴亚人面临的困境凸显了这些条约的重要性。孟加拉国、马来西亚和泰国尚未批准承诺不歧视的关键条约。没有相应的法律地位和保护机制，罗兴亚儿童往往无法接受教育。由于长期处于无国籍状态，马来西亚的罗兴亚儿童不符合由国家拨款的学校的登记注册要求；一些儿童即使能入学，也不能参加给予中学入学机会的考试（RTEI，2018）。

在国家立法中移民或被包含在内或被排除在外

尽管所有国家都批准了包含受教育权的国际条约，但只有82%的国家的宪法中含有该条款。即便如此，受教育权也并不总是可以申诉或者具有法律强制力的（RTE Project，2017）。此外，一些国家（如中国和希腊）的宪法规定只有本国公民才享有受教育权（RTEI，2018）。

在一些国家，明确否认无证移民权利的法律可能会损害宪法规定的受教育权（第3章）。在欧洲，尽管保加利亚、芬兰、匈牙利、拉脱维亚和立陶宛的宪法条款确立了受教育权，其他法律还是将无证移民排除在外。在南非，宪法和国家教育立法保障所有儿童的受教育权，无论其移民身份或法律地位如何，但是2002年《移民法》禁止无证移民入学。虽然临时登记入学可以不提供证明文件，但这项规定往往被忽略（Spreen and Vally，2012）。

在塞浦路斯和斯洛伐克，学校有义务向移民当局举报没有有效证件的家庭。而在荷兰，有专门的法律来阻止学校检查18岁以下的移民是否有正式身份（Spencer and Hughes，2015）。

《澳大利亚福利权利法案》将受教育权与合法的居民身份联系起来，使"无证移民和被拒绝的寻求庇护者进一步陷入困境"（CESCR，2017）。巴巴多斯《教育法》"限制了奖助学金等奖励"，甚至连拥有合法居民身份的移民儿童也未能除外（CMW and CRC，2017）。

相反，明确承认移民、难民或无国籍者受教育权的立法增加了其实现受教育权的可能性。例如，根据俄罗斯《宪法》（第43条）和《教育法》（第78条），每个儿童都有受教育的权利。外国公民（包括经认证的难民）和无国籍者享有免费接受公立学前教育、基础初等教育和普通中等教育的平

等权利。话虽如此，无国籍儿童依旧往往因为缺少学校入学登记所需的证明文件而无法接受初等教育（RTEI，2008）。

在阿根廷，许多无证移民通过2004年的《移民法》和随后的"故乡"（Patria Grande）正规化计划成为正式移民（Cortes，2017）。该国《移民法》规定："在任何情况下，移民的非正式身份都不得妨碍他或她作为学生入读教育机构，无论该教育机构是公立的还是私立的，国立的、省立的还是市立的，小学、中学、大专还是大学（RTEI，2018）。"

乌干达的国内流离失所者政策确认了流离失所儿童有权"与乌干达其他地方的儿童同等接受教育"。未来，乌干达的国家政策还需要致力于确保国内流离失所的妇女和女童充分而平等地参与教育（RTEI，2018）。

实现移民的受教育权面临实施障碍

虽然包容性法律框架很重要，但在许多国家它未必能够避免地区或地方的歧视性做法。校长是关键的把关者，决定着谁能进入校门。儿童登记入学时可能会被要求提供国民身份证、居住证明、出生证明或先前的教育证书。

> 在许多国家，地区或地方的歧视性做法可能与包容性法律框架相矛盾。

在埃及、伊朗伊斯兰共和国、伊拉克、约旦、黎巴嫩和土耳其，许多移民、难民和寻求庇护者的子女缺少登记入学所需的证明文件，无法进入教育机构（Equal Rights Trust，2017）。

在西班牙，尽管有宪法保障，同时2009年的2号法律也明确将受教育权扩大到包括所有合法和非法的移民及寻求庇护者，然而，由于缺少有效的

护照或身份证，一些儿童无法接受教育。此外，将受教育权与参与市政普查相挂钩，阻碍了那些在相应地址没有合法居留权的人实现其受教育权（RTEI，2018）。

在俄罗斯，一些校长和地方当局澄清了要求提供合法居留权证明以登记入学的2014年教育部第32号令（Leech，2017）。自2015年吉尔吉斯斯坦加入欧亚经济联盟以来，吉尔吉斯斯坦正式移民的子女可以接受教育，而占大多数的无证移民子女则未被包括在内（FIDH，2016）。乌兹别克斯坦的学校官员在学生登记入学之前也经常要求其提供居住证明、护照或掌握该国语言的证明（RTEI，2018）。

移徙工人委员会和儿童权利委员会强调，要求提供出生登记或国家教育证书是歧视性做法，这两个委员会建议"各国采取适当措施，通过承认儿童先前获得的学校证书和（或）根据儿童的能力颁发的新证书，来认可儿童先前接受的教育"（CMW and CRC，2017）。

坚持要求移民儿童在登记入学之前提供完整的证明文件的学校把关者可能会认为这是法律的要求。官方的澄清和保证有助于消除这种误解。

2014年，意大利和土耳其明确指出，证明文件不是登记入学的强制性要求。在意大利，教育、大学和研究部制定的指导方针规定，不得因缺少居住证明而禁止儿童登记入学（RTEI，2018），并且学校无须向移民当局通报情况（Delvino and Spencer，2014）。意大利国务委员会明确指出，没有居留许可证的人在18岁以后仍可继续接受教育，以完成中学学业（Italy Council of State，2014）。在土耳其，一项新法规取消了要求叙利亚儿童在登记入学之前出示土耳其居留许可证的限制。

强有力的国家法律框架可以进一步提供正式的机制或途径来解决把关者超越其权限侵犯儿童受教育权的问题，如法国的例子所示（框注8.3）。

框注 8.3：

法国针对侵害受教育权的现象提供法律补救措施

在法国，市长负责学前和小学注册登记。一些人拒绝让无法证明在本市有合法居留权的儿童注册。这样做违反了法国的法律。法律明确规定，没有居留权不是限制入学的理由。2016年，教育部发布的一份通告强调，外国学生在学校登记入学，无论其年龄大小，都不能以提交居留许可证为条件。2017年对教育法所做的补充进一步指出，对于居住在某市的家庭而言，家庭状况和住房情况不能成为拒绝其子女入学的正当理由（RTEI，2018）。

依靠这种强大的法律基础，父母可以通过各种方式对抗歧视性的入学决定。他们可以向监察员反映情况，监察员是为保护人民的权利而设置的一种非司法性的、独立的权力机制。监察员有权就学校注册登记中的歧视问题进行调查和干预。2017年，监察员谴责上塞纳省的一位市长以原籍为由拒绝一名学生注册入学（France Human Rights Defender，2017）。司法上诉是另一条途径。法院有权撤销入学决定或者制裁侵权方。2016年，里尔的一家法院下令一个社区招收一名儿童，否则每天罚款1,500欧元（Administrative Tribunal of Lille，2016）。2016年，法院因里奥朗吉社区没有登记注册外国罗姆人学生而对其开出罚单（Administrative Tribunal of Versailles，2016）。

结论

法律的、结构性的和程序性的因素可能导致移民儿童无法接受教育。普遍非歧视条款所赋予的隐性的权利，并不能确保他们实际享有受教育权。在国家立法明确拒绝给予非公民或无证移民受教育权的情况下尤其如此。即使没有这种明显的歧视，严格要求提供证明文件，无论是法律规定的还是由当地把关者强加的，都可能妨碍入学。只有通过立法授予移民（包括无证移民和无国籍者）受教育权以及接受非义务教育的权利，才能为这些权利提供保障。此外，还需要建立正式渠道，允许父母和社区成员对侵权行为做出回应并寻求补救措施。

2019年，在希腊塞萨洛尼基，一家名为"贝特那"
（Baytna）的机构将儿童聚集在NRC社区中心。
在贝特那，儿童通过游戏、艺术和运动发展自我调
节、表达和行动能力。

摄影：Refugee Trauma Initiative

重要信息

在全球范围内，有69%的儿童在正规初等教育入学年龄前一年参与有组织的学习，这一比例以
缓慢的速度稳定增长。

联合国儿童基金会幼儿发展指数正在接受稳健性审查。来自七个国家的最近两轮调查数据显
示，在所测量的四个领域中，3—4岁儿童读写和计算技能的提高幅度通常很小。

相对而言，很少有国家对在跨国调查中评估幼儿发展情况感兴趣。但是，低收入国家和中等收
入国家也在努力开发入学准备情况国家监测：所考查的34个国家中只有8个国家收集了对这一
具体目标而言至关重要的所有四个领域的数据，分别是认知、语言、身体和社会情感。

在全球范围内，超过六分之一的被迫流离失所人口是5岁以下的儿童，缺乏适当的干预措施和
保护关系可导致这些儿童产生长期的心理健康、社会和经济问题。针对5岁以下难民儿童的最
佳做法应侧重于家庭和照料者，并采用多部门方法。

对26个活跃的人道主义应对方案和难民应对方案的考查显示，近半数的方案没有提及5岁以下
儿童的学习或教育问题，具体提及学前教育的方案不到三分之一。

第 9 章

具体目标 4.2

幼儿期

到2030年，确保所有女童和男童可以获得优质的幼儿发展、保育和学前教育，使他们为初等教育做好准备。

全球指标

4.2.1 5岁以下儿童中健康、学习和社会心理健康正常发展的比例，按性别统计

4.2.2 参与有组织学习的比例（正规初等教育入学年龄前一年），按性别统计

主题指标

4.2.3 5岁以下儿童拥有积极的、激发潜能的家庭学习环境的百分比

4.2.4 幼儿教育毛入学率，包含（a）学前教育和（b）幼儿教育发展项目

4.2.5 法律框架所保障的（a）免费和（b）义务的学前教育年限

幼儿教育和保育（ECEC）对于认知和情感发展至关重要，在创伤性危机环境中起着重要的保护作用（政策焦点9.1）。全球指标4.2.1"5岁以下儿童中健康、学习和社会心理健康正常发展的比例，按性别统计"体现了对儿童发展的关注。按照惯例，同时也由于联合国儿童基金会是其监测机构，该指标借鉴了联合国儿童基金会幼儿发展指数（ECDI）。该指数基于10个问题，涉及以下4个领域：读写和计算、身体状况、社会情感发育以及学习。10个问题则包含在联合国儿童基金会多指标聚类调查及部分轮次的人口和健康调查中。

> 幼儿教育和保育在创伤性危机环境中起着重要的保护作用。

第四轮多指标聚类调查（2010—2012年）首次配置了当前版本的幼儿发展指数（UNICEF，2017）。一些国家同时拥有第四轮和第五轮多指标聚类调查（2013—2016年）的数据，可以分析随时间推移发生的变化。结果表明，身体领域的发育情况一致性很高，学习领域的发育情况一致性略低，而各国之间在社会情感发育以及读写和计算领域的不均等最为显著。在发展水平极不均等的读写和计算领域，提高幅度通常很小，其中幅度最大的是伯利兹（从46%到52.5%）和毛里塔尼亚（从19%到27%），而喀麦隆和哈萨克斯坦则有所退步（图9.1）。

对幼儿发展指数稳健性的担忧导致可持续发展指标跨机构专家组将指标4.2.1确认为三级指标，要求制订工作计划以改进其监测方法。2017年联合国统计委员会决定成立幼儿发展跨机构专家组，该专家组作为咨询和协调机构，将考查联合国儿童基金会为改进幼儿发展指数所做的工作。联合国儿童基金会已对10项幼儿发展评估研究（既有间接的父母或教师报告，也有直接的儿童评估）中的500多个项目进行了考查。联合国儿童基金会还在保加利亚、印度、牙买加、墨西哥、乌干达和美国就一组选定项目进行了认知测试，并针对修订指数的方法和心理测量方面以及各个领域编制了背景材料。这项工作预计将在2019年年初完成（IAEG-SDGs，2018）。新项目将从第七轮多指标聚类调查开始引入。

不过，第六轮多指标聚类调查已经在幼儿发展相关指标中引入了一项变革举措，将成人和父母参与信息由3—4岁儿童扩展至2—4岁儿童。这些问题有助于了解主题指标4.2.3"5岁以下儿童拥有积极的、激发潜能的家庭学习环境的百分比"。一个由联合国儿童基金会牵头的专家组正在为其他调查开发问题范例，重点是确保它们适用于全球各地，并对文化多样性予以适当考虑。

其他调查还测量育儿和家庭环境因素，如在四个拉丁美洲国家实施的幼儿发展指标区域项目（PRIDI）。该项目表明成人与儿童互动的质量——

图 9.1:

除读写和计算领域外，各国在幼儿发展领域的差异相对较小

2010—2012年和2013—2016年部分国家发育正常的36—59月龄儿童百分比，按领域分列

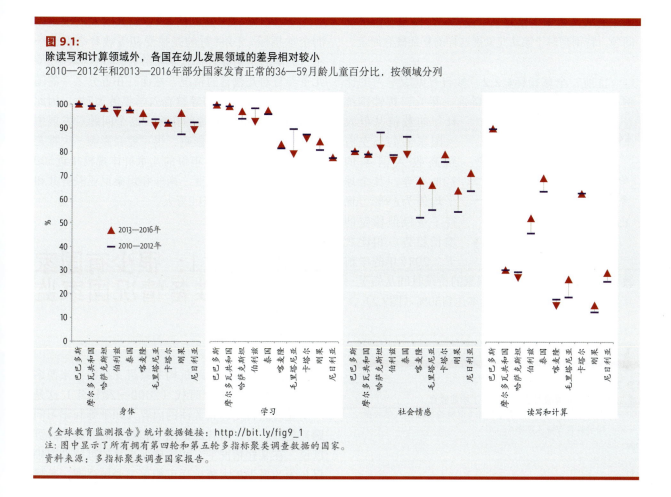

《全球教育监测报告》统计数据链接：http://bit.ly/fig9_1

注：图中显示了所有拥有第四轮和第五轮多指标聚类调查数据的国家。

资料来源：多指标聚类调查国家报告。

父母是否与子女一起玩耍、唱歌或让子女参与谈话——对儿童的发育有重要影响。在社会情感发育和认知发育领域，来自最好和最差培养环境（在两个领域中分别是尼加拉瓜和秘鲁、哥斯达黎加和巴拉圭）的儿童之间的差距，随着儿童年龄的增长而拉大。一个影响因素是贫困，贫困会增加父母的压力，影响他们为子女成长提供必要资源的能力（Verdisco et al., 2015）。

经合组织国际早期学习与儿童身心健康研究的结果将于2019年公布，其目的是评估幼儿教育和保育中心或学校等机构环境中5岁和6岁儿童的认知与社会情感发育情况。该研究包括直接评估早期读写、早期计算、自我调节和社会情感技能，并对父母和幼儿教育者进行问卷调查，同时也研究行政人员观察资料（OECD，2018）。

但是，相对来说很少有国家参与该研究。这表明高收入国家普遍不愿意在进行比较的情况下评估儿童的早期学习技能。以调查为基础的测量不太可能很快覆盖到全国。与此同时，一些国家确实投资于对整个系统范围内的幼儿发育和入学准备情况进行监测，以确定是否需要进行干预（数据焦点9.1）。应该指出，可持续发展目标4监测框架（特别是关于成果的指标）的一个主要目的是提供形成性评价。它应该发出信号，提醒人们教育成果值得关注，各国应该投资于建立强有力的监测机制。而能否将不同

国家的成果数据连接起来则是第二阶段需要解决的问题，特别是对于像幼儿发展这样的复杂概念而言。

目前，全球指标4.2.2"参与有组织学习的比例（正规初等教育入学年龄前一年），按性别统计"的数值从低收入国家的42%左右到高收入国家的93%不等，其全球平均值为69%，保持了缓慢但稳定的增长趋势。相比之下，2017年的学前教育（该教育等级在不同国家的持续时间从短至一年到长达四年不等）毛入学率达到50%（图9.2）。

> 在全球范围内，70%的人在正式入学年龄前一年参加有组织的学习，这一比例增长缓慢但很稳定。

全球指标4.2.1监测的是4岁幼儿的发展成果，而全球指标4.2.2针对的是接受初等教育之前的一年，监测的是初等教育入学年龄为6岁的国家中5岁儿童参与幼儿教育的情况。然而，在五分之一的国家中，2017年正规初等教育入学年龄为7岁，因此没有用于监测5岁儿童的指标。这个问题对发展中国家和发达国家都有影响，很可能会影响一大批儿童：印度尼西亚单一年份的儿童群体规模接近500万人，而在埃塞俄比亚、南非和坦桑尼亚联合共和国这一数字也超过了100万人。

数据焦点9.1：很少有国家拥有入学准备情况国家监测体系

可持续发展指标跨机构专家组支持数据来源多样化，相比全民教育时代（2000—2015年）这是一个显著的转变。其关注的内容（如平等和学习问题）更为广泛，对各国提出了相对更高的要求。可以说，在某些情况下，相比确保更好的可比性，确保各国的报告扩大覆盖面可能更需要被强调。虽然有些人批评可持续发展目标4的监测框架过于雄心勃勃，但其关键作用是形成性的，即引导各国关注一些核心问题，并探索收集相关数据的方法。

全球指标4.2.1"5岁以下儿童中健康、学习和社会心理健康正常发展的比例，按性别统计"也不例外。"入学准备"和"发育正常"都是难以界定的概念，世界各地的人们对这些概念有不同的看法。然而，该指标的数据来源仅限于多指标聚类调查和当前的幼儿发展指数。联合国儿童基金会正在测试一组新的、经过扩展的问题，并通过一个由可持续发展指标跨机构专家组创建的工作组，对幼儿发展指数进行更新。

无论幼儿发展指数的可靠性和有效性有何改进，各国可能都需要更加审慎地利用现有的、符合其需求并契合其体制结构和文化特征的入学准备措施。监测幼儿发展应确认政策干预和支持措施的发展趋势及潜在需求，而不是作为高风险评估，将那

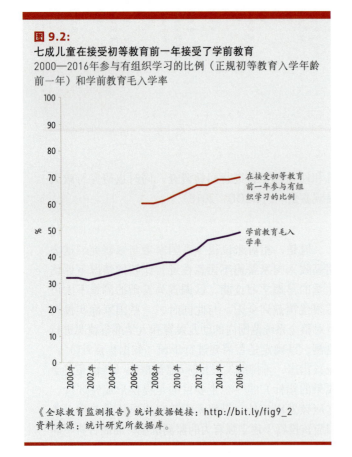

图 9.2:
七成儿童在接受初等教育前一年接受了学前教育
2000—2016年参与有组织学习的比例（正规初等教育入学年龄前一年）和学前教育毛入学率

在接受初等教育前一年参与有组织学习的比例

学前教育毛入学率

《全球教育监测报告》统计数据链接：http://bit.ly/fig9_2
资料来源：统计研究所数据库。

> "入学准备"和"发育正常"都是难以界定的概念，世界各地的人们对这些概念有不同的看法。

些没有"准备好"的儿童排除在外（National Research Council of the National Academies，2008）。调查入学准备情况不仅要询问儿童是否准备好上学，也要询问学校是否为儿童做好准备（UNICEF，2012）。

虽然调查对于监测儿童是否从幼儿教育和保育中受益以及了解家庭在幼儿发展中的作用而言至关重要，但它们并不能代替国家监测体系，后者能够从个体层面逐年收集全面的、大规模的幼儿发展数据。然而，这种国家监测体系很少见，即使在高收入国家也是如此（Anderson et al.，2017；Raikes，2017）。在一些国家，人们对收集和使用幼儿发展数据持根本性的反对意见（Bertram and Pascal，2016）。

相反，更为常见的情况是，各国在人员配备、培训、设施和课程方面设置了针对提供方的监测标准及相应的国家框架和程序，例如印度2013年的国家幼儿保育和教育政策（Ministry of Women and Child Development，2013；Paul，2017）。国家幼儿发展监测还应与项目影响力评估区别开来，例如美国"领先一步"学前教育项目中的国家报告系统，其目的是缩小低收入家庭儿童的教育劣势（Wortham，2012）。

世界银行"取得更好教育成果的系统方法"（SABRE）中有一个幼儿发展模块，旨在评估行政系统在认知、语言、身体和社会情感发展领域的数据可得性。34个国家中只有8个国家收集了所有4个领域的数据（图9.3）。此外，"取得更好教育成果的系统方法"的评分仅反映了以某种形式涵盖的领域数量，而不能反映数据的收集方式或国家层面的汇总数据的可用性。

保加利亚按照系统时间表（在学前教育领域也根据预期的学习里程碑）来跟踪和记录儿童在四个

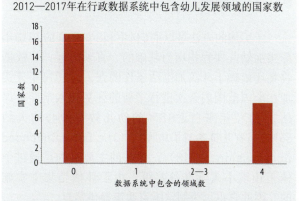

图 9.3:
很少有国家收集儿童发展所有四个领域的数据
2012—2017年在行政数据系统中包含幼儿发展领域的国家数

《全球教育监测报告》统计数据链接：http://bit.ly/fig9_3
注：本分析基于34个低收入国家和中等收入国家。
资料来源：基于"取得更好教育成果的系统方法"国家报告。

领域的发展情况。但是，这些数据没有被充分用以支持幼儿发展政策（World Bank，2013a）。在伊拉克，学前教师进行了个体发展情况观察评估，但这些信息并没有在更高的层面上得到分析（Adams and Denboba，2017）。

"智利与你共成长"项目体现了幼儿发展监测领域的最佳做法，即"全面追踪儿童，并通过多部门服务机制响应儿童的需求"（World Bank，2013b）。实际上，相关结果被用于国家层面的战略规划，甚至是面向3岁以下儿童的规划（Bertram and Pascal，2016）。

相比之下，自2014年以来，前南斯拉夫的马其顿共和国为所有入读幼儿中心的儿童建立了儿童发展档案。教师根据该国的早期学习和发展标准框架记录儿童的发展情况。除了提供个性化的学前教育信息，档案中还记录了入学准备、顺利向小学过渡等情况（World Bank，2015）。

南非2014年的国家课程框架同样要求在六个早期学习和发展领域进行非正式的观察评估（South Africa Department of Basic Education，2015）。该评估不会给出分数或百分比，但会记录为初等教育入学年级做准备的情况。在儿童向初等教育过渡之前，会向家长和学校报告评估结果，并将结果用于进行国家监测。

牙买加的方法是以面向4岁和5岁儿童的2010年牙买加幼儿课程指南为基础的。直到最近，其数据收集还依赖于牙买加生活条件调查，但2016年牙买加在全国范围内首次进行了新的牙买加入学准备评估，2017年来自近88%的幼儿教育中心的大约86%的4岁儿童参与了该评估（The Early Childhood Commission，2018）。评估的主要目的是通过个体干预缩小入学准备差距。由于评估是集中实施的，因此它也可为制定国家政策提供信息。

政策焦点9.1：为流离失所人口提供幼儿教育和保育

在全球范围内，流离失所人口中5岁以下的儿童占到16%，超过400万人（UNHCR，2018a）。这种困境会对幼儿带来近期和长期的影响。生活在暴力环境下以及面临流离失所的压力会产生毁灭性的影响，尤其是在人生早期这个脑发育最快的时期（Britto et al.，2017）。即使是那些没有遭受身体暴力侵害的儿童，也可能因与家人和故土分离而受到伤害。如果不采取适当的干预措施并建立保护性和关怀性的关系，流离失所和冲突就会导致整整一代人面临长期的心理健康、社会和经济问题（Center on the Developing Child，2007；International Rescue Committee，2017）。[1]

> 针对5岁以下难民儿童的干预措施应侧重于家庭和照料者，并采用多部门方法。

显示幼儿教育和保育对人生轨迹有积极影响的证据有很多，并且还在不断增加（The Lancet，2016）。适当的干预措施，包括早期学习，对处于暴力和不稳定环境下的

1　本部分借鉴了布高等人的论文（Bouchane et al.，2018）。

儿童至关重要，否则这些儿童可能会缺少稳定、有益、丰富的成长环境。干预措施应侧重于家庭和照料者，以现有平台为基础并采用多部门方法。世界卫生组织及其合作方于2018年5月推出的培育护理框架就是这样一种方法。它明确了五个组成部分，其中一个就是早期学习机会（WHO et al.，2018）。

一些迹象显示相关承诺正在增加，其中一个迹象就是2016年《关于难民和移民的纽约宣言》（第82条），该宣言呼吁联合国会员国支持难民幼儿教育（United Nations，2016）。2017年年底，麦克阿瑟基金会宣布向芝麻卡通工作室和国际救援委员会（IRC）提供1亿美元的赠款，用于在伊拉克、约旦、黎巴嫩和阿拉伯叙利亚共和国进行的幼儿发展干预（这是此类人道主义应对行动中规模最大的一项）（MacArthur Foundation，2017）。然而，在很多流离失所的环境下，被迫流离失所幼儿的早期学习需求往往没有得到满足。

难民接受幼儿教育和保育的机会仍然有限

一项针对九个中高收入国家和高收入国家的研究表明，无论是在收容中心之内还是之外，对难民和寻求庇护者中幼儿需求的响应情况都"非常糟糕"。这表明这些服务并不是国家政策制定者优先考虑的问题，而且在政府层面相应的规划和实施责任也很分散。加拿大为新入境者提供一些服务，但仅向注册修读由公共财政资助的语言课程的父母提供儿童保育服务。荷兰的国家政策中不包括为义务教育年龄以下的难民提供教育。即使是在那些提供服务的国家，提供方往往也没有足够的能力解决难民儿童的文化和语言多样性问题以及创伤问题。在瑞典，非母语幼儿在学前教育阶段（入学率为23%）拥有发展母语的合法权利，但实际上只有39%的人获得了此类支持（Park et al.，2018）。

人道主义应对方案和难民应对方案（HRPs and RRPs）证明，有关方面极少对幼儿发展做出承诺。根据培育护理框架的五个组成部分为本报告所做的有关26个活跃方案的考查分析显示，缺口很大。平均而言，这些方案包含了早期学习六个推荐要素

> 在26个活跃的人道主义应对方案和难民应对方案中，近半数的方案没有提及早期学习需求。

中的一个。近半数的方案没有提及5岁以下儿童的学习或教育问题，具体提及学前教育或幼儿教育和保育的方案不到三分之一，包括马里、南苏丹和阿拉伯叙利亚共和国的方案。只有乌克兰的人道主义应对方案提到了幼儿娱乐要素。超过40%的方案未提及与响应式保育相关的干预措施。在战略目标中，只有略多于三分之一的方案包括了5岁以下儿童（Bouchane et al.，2018）（图9.4）。

非政府举措表明需求很高

有限的公共幼儿教育和保育活动意味着这个缺口往往由非政府组织来填补。耶稣会难民服务社（JRS）和"文化之间"组织发起的幼儿教育和保育倡议覆盖了乍得、中非共和国、黎巴嫩和南苏丹数以千计的难民儿童。乍得的"小涟漪"项目是由国际非政府组织"我行动"（iACT）发起的，它是由难民主导、以家庭为基础的幼儿项目。该项目在2013年试点实施了教师培训，引入了游戏化学习和社会情感学习，并提供每日营养餐。2017年，项目扩展到乍得北部的两个难民营，雇用了84名难民妇女，覆盖了近3,500名3—5岁儿童，预计到2018年年底将覆盖6,000名儿童。评估显示，一年后，能够数到五或以上的学童比例从43%升至73%，至少能够正确背诵字母表上前10个字母的学童比例从45%升至83%（Bouchane et al.，2018；Dallain and Scott，2017）。

联合国儿童基金会及其非政府组织合作方为肯尼亚的卡库马难民营和卡洛贝耶难民营提供包括幼儿教育在内的一系列服务。教师们挨个拜访幼儿家庭，让近900名幼儿参与了基于艺术的教育和游戏项目。然而，教室过于拥挤，平均每间教室有133名儿童（Steinberg，2018）。

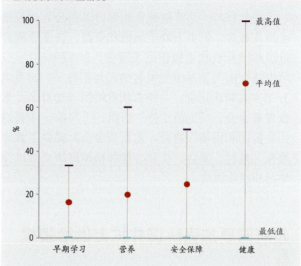

图 9.4:
人道主义应对方案和难民应对方案通常仅涵盖早期学习干预措施中不到五分之一的推荐要素
2017年26个人道主义应对方案和难民应对方案中部分领域对推荐要素的涵盖情况

《全球教育监测报告》统计数据链接：http://bit.ly/fig9_4
注：早期学习要素包括通过发声、面部表情和手势响应儿童的交流行为；通过说话和唱歌刺激儿童的语言发展；鼓励儿童在照料者的指导下探索物品；照料者与儿童一起玩耍、阅读和讲故事；流动的玩具和图书馆；优质的日托和学前教育。
资料来源：Bouchane et al.（2018）。

国际救援委员会为帮助布隆迪和坦桑尼亚联合共和国境内难民营里的刚果儿童，试点运行了"治疗教室"学前教师教育项目。2014年，该项目经过调整后在黎巴嫩实施，如今已惠及3,200名学前儿童，并培训了128名教师。在每间教室里，一位来自黎巴嫩的国际救援委员会主导教师与一位来自叙利亚的助理教师结对开展教学。经过四个月的试运行，参与项目的3岁儿童的动作技能、社会情感技能、执行能力以及早期读写和计算技能均有所提高，达到最低熟练水平的比例也较此前约15%的最低基准翻了一番（Bouchane et al.，2018；International Rescue Committee，2016）。

在缅甸北部，"边缘儿童"组织与两家当地组织——克钦发展组织和克钦妇女协会共同开发了一个幼儿发展项目，其课程关注位于8个难民营的15

个学习中心里500多名3—6岁国内流离失所儿童的身体和社会心理需求。一项影响力评估表明，该项目有助于提振这些儿童的信心和积极性（Children on the Edge，2015）。

在土耳其，尽管叙利亚儿童可以在公立学校接受幼儿教育，但由于缺少场地和资源，许多非政府组织和国际机构也提供此类服务。2017年6月，一项由联合国儿童基金会发起的倡议招收了1.28万名3—5岁叙利亚儿童。一些非政府组织（如母亲儿童教育基金会、"生活支持"组织、"马维·卡莱姆社会援助和团结"协会、尤瓦基金会）提供了教师教育、教材、家访、社会心理和精神健康支持以及学习和娱乐活动。

政府需要加强协调并扩大供给规模

由于资源不足，非国家行动方在扩展项目和管理业已高企且还在不断增长的学前服务需求方面面临挑战。而各种公共干预措施除了也面临一些类似的挑战外，还存在机构间缺少协调、常常没有专门针对流离失所儿童的幼儿教育政策等问题。

> " 非国家行动方在扩展项目和管理业已高企且还在不断增长的学前服务需求方面面临挑战。 "

一些国家成功地与多个当地行动方和非政府组织行动方建立了伙伴关系。在比利时，弗兰芒语社区的公共幼儿教育和保育机构在弗兰芒大区和布鲁塞尔首都大区设立中心，为有孩子的家庭提供全方位服务。该机构与负责管理收容中心的比利时寻求庇护者联邦收容署和红十字会携手开展工作（Park et al.，2018）。

在中非共和国，联合国儿童基金会和非政府组织"国际方案"发起了一个项目，并在稍后时候扩大了项目规模。根据需求评估，干预措施瞄准受冲突影响地区的儿童，包括国内流离失所者。育儿课程和教师教育强调早期学习和儿童发展。这两个合作方与政府一起制定长期支持战略，而面向3—6岁儿童的幼儿服务则在教育过渡方案中受到优先考虑。部际委员会定期举行会议，协调非政府组织的活动，并与其他机构进行接触（Consultative Group on Early Childhood Care and Development，2016）。

埃塞俄比亚正在扩大难民教育规模，以履行该国政府在2016年9月纽约难民问题领导人峰会上做出的承诺。3—6岁难民儿童中有五分之三的人受到资助，入读设在难民营中的80个幼儿中心以及位于亚的斯亚贝巴的150所私立和公立幼儿园（UNHCR，2018b）。

德国与地方行动方合作，采取了难民和寻求庇护者综合教育方案。联邦家庭事务、老年公民、妇女和青年部启动了"语言包"方案，为难民和寻求庇护者提供侧重于语言支持的幼儿教育和保育项目。该部计划在2017—2020年投资近4亿欧元，用于扩大方案规模及增加工作人员（Park et al.，2018）。

乌干达与联合国儿童基金会以及其他合作方携手，共同改善其学前教育入学情况。2017年，难民收容区里只有不到一半的符合条件的儿童能入学（UNICEF，2018）。根据难民响应综合框架，乌干达制定了相应的政策和战略来增加持证照料者人数和提供高质量、综合性幼儿发展服务的机构数量（Uganda Ministry of Education and Sports，2018；UNHCR，2018b，2018c）。教学语言和难民教师认证仍然是乌干达面临的主要挑战之一。

结论

高质量幼儿教育的一大益处是可以提供一种保护机制，这对流离失所人口接受教育而言尤为重要。面向流离失所人口的教育要具备充足的基础设施、适合的材料、合格且训练有素的教师以及丰裕的资金。从长远看，促进家庭、社区和教师之间的合作也很重要。

　　为被迫流离失所人口提供完备的幼儿教育和保育是可行的。尽管存在政策与协调方面的挑战，公共行动方仍必须在推广业已取得成功的地方性或试点性举措方面发挥核心作用。缩小数据收集差距，监测和记录举措的影响力，促进社区参与提高认识的活动，为倡议活动、中央和地方的能力发展活动以及与一系列行动方（包括民间组织和人道主义行动方）的伙伴关系提供支持，这些都有助于激励公共行动方发挥上述作用。相比其他国家，那些在国家教育规划中纳入了幼儿教育和保育服务的国家发展速度要快得多。政府承认对所有人来说"首要任务是尽早起步——并且在长达20年的童年阶段坚持不懈"（United Nations，2018），这是落实《2030年可持续发展议程》的关键一步。

22岁的阿拉（中）于2013年3月与家人逃离叙利亚达拉。他们定居在约旦的扎塔里营地。"在约旦，我有两年时间没有接受正规教育。我希望获得硕士学位，或者博士学位。但我担心我可能不得不待在这个营地，或者无法获得经济资助来完成我的学业。"

摄影: Antoine Tardy/UNHCR

重要信息

成人参与教育和培训的新定义涵盖正规规定和非正规规定，以及工作和与工作无关的机会。

劳动力调查中的问题需要标准化：面向所有的青年和成人，不仅仅是就业者；采用前12个月的共同参考期；将范围扩大到技术和职业培训之外。

在中等收入国家，成人工作相关教育和培训的年参与率较低可能是常态。在埃及，熟练工人的年参与率为4%。

2017年高等教育毛入学率达到38%；2016年，中高收入国家的这一比例首次超过50%。

在撒哈拉以南非洲，高等教育是最难以负担的，在大多数国家高等教育成本超过了国民收入的60%。

在一些中等收入国家，最富裕家庭更有可能获得奖学金。成功地以贫困家庭为目标的国家包括哥伦比亚和越南，哥伦比亚为贫困学生提供更优惠的贷款条件，越南则是向少数民族学生提供援助。

难民接受高等教育可以增加他们的就业机会，并为他们提供继续上学的动力。目前有一些值得称赞的举措，其中一些涉及社区，但只有1%的难民接受了高等教育。

如果移民和难民缺少就业或获得体面工作的机会，他们就不太可能投资于自身的技术和职业技能发展。规划人员可以通过承认先前的非正规学习和非正式学习，为难民提供就业指导，帮助他们更容易地进入劳动力市场。

第10章

具体目标 4.3

职业技术教育、高等教育和成人教育

到2030年，确保所有女性和男性平等地接受可负担的优质技术、职业和高等教育，包括大学教育。

全球指标

4.3.1 此前12个月中青年和成人参与正规和非正规教育与培训的比例，按性别统计

主题指标

4.3.2 高等教育毛入学率，按性别统计

4.3.3 职业技术教育项目（15—24岁）参与率，按性别统计

只有具体目标4.3和4.6聚焦于可持续发展目标4中义务教育之外的终身学习承诺。具体目标4.3承诺"确保所有女性和男性平等地接受可负担的优质技术、职业和高等教育，包括大学教育"，覆盖各年龄段的人群（青年和成人）、多种教育类型（正规和非正规），以及多种教育目的（工作或非工作）。因此，很难去为满足所有需求而制定一个简明的监测框架。然而，在过去一年间也采取了一些措施来澄清概念。

全球指标4.3.1"此前12个月中青年和成人参与正规和非正规教育与培训的比例，按性别统计"旨在整合数据来源（UNESCO，2017），但在需要收集什么样的数据上欠缺指导。

2018年，可持续发展目标4的技术合作组织建议对指标4.3.1采用更加宽泛和灵活的定义，鼓励各国积极收集成人教育信息。该提议拟邀请各国在现有的劳动力调查中增加一套明确的问题包括：（1）区分正规教育和非正规教育；（2）在非正规教育之下包含任何时长的项目，并遵循欧盟成人教育调查分类，涵盖课程、工作坊和讲座、在职培训和私人课程；（3）将全球指标4.3.1与主题指标

> **2018年，建议对具体目标4.3中的全球指标采取更加广泛和灵活的定义，覆盖正规和非正规教育。**

4.3.3青年参与职业技术教育与培训（TVET），以及主题指标4.6.3参与扫盲项目联系起来。

劳动力调查作为主要数据收集工具，具有可以广泛和经常使用的优点，但将问题标准化，以此扩大拥有可比数据的国家数量并非易事。正如上一期《全球教育监测报告》所指出的，这种标准化在欧洲以外地区的实施依然有限。本章通过回顾北非和西亚三次高质量的调查，强调了这些困难（数据焦点10.1）。

欧洲经常使用两种数据来源。成人教育调查的内容与标准一致，但每五年提供一次数据；2016年的数据将在2018年年底公布。劳动力调查，主要关注正规教育，拥有一个为期四周的参考期，而不是12个月，因此每年都可以提供数据（Eurostat，2017）。

这显示，虽然成人教育参与率依旧稳定，平均在10%—11%，但趋势可能会因国家而异，有些国家受金融危机影响更大，例如英国（图10.1）。

正规教育数据更容易获得，例如中等职业技术教育与培训。中等职业技术教育轨道的招生相对稳定。在全球范围内，22%的高中学生在职业技术教育轨道就学，相比之下初中学生的比例仅为2%。除拉丁美洲和加勒比地区之外，学生多为男性（表10.1）。

以毛入学率为标准测量的全球高等教育参与率，在很多国家继续快速增长，2017年达到了38%（表10.2）。2016年在中高收入国家首次超过了50%，高于2010年的33%。在全球范围内，20%的高等教育学生修读短期学位课程（《国际教育分类标准》5级）。68%的学生修读学士学位课程（《国际教育分类标准》6级）。后一比例在低收入和中低收入国家最高，说明较富裕国家高等教育的扩张部分是因为短期课程的多元化。博士学位或同等资历教育（《国际教育分类标准》8级）中，女学生比例很低，特别是在低收入国家。

> "
> 2017年全球高等教育毛入学率达到38%，2016年中高收入国家首次超过了50%。
> "

在某些情况下，社会态度和教育期望是中等职业技术教育面临的一项挑战，中等职业技术教育通常被认为学术水平较低，因此不利于学生进入高等教育阶段（Clement，2014）。然而，从整体而言，各学习阶段并没有入学人数的取舍平衡：自2000年起，几乎所有国家的高等教育入学率都有显著提升，但与中学生中职业技术教育学生的占比的变化没有明显的关系（图10.2）。

扩大职业技术教育与培训和高等教育为青年和成人提供了增加就业机会的重要途径。

图 10.1:
欧洲成人教育参与率保持稳定，但趋势因国家而异
2008—2017年欧盟和部分国家的成人最近四周内参与教育和培训的比例

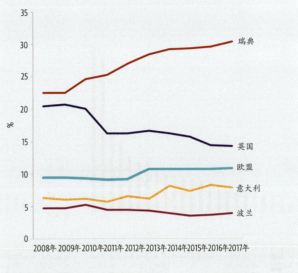

《全球教育监测报告》统计数据链接：http://bit.ly/fig10_1
资料来源：Eurostat（2018）。

表 10.1:
2017年职业技术教育参与情况指标

	初级中等教育			高级中等教育		
	职业技术教育入学人数（百万人）	职业技术教育入学人数中女性所占比例（%）	占初级中等教育学生总人数的比例（%）	职业技术教育入学人数（百万人）	职业技术教育入学人数中女性所占比例（%）	占高级中等教育学生总人数的比例（%）
世界	6	48	2	57	43	22
撒哈拉以南非洲	0.7	35	2	3	43	13
北非和西亚	0.6	22	2	6	45	30
中亚和南亚	0	35	0	5	32	6
东亚和东南亚	0	34	0	23	43	36
大洋洲	0.3	35	14	0.8	40	45
拉丁美洲和加勒比	2	58	6	6	50	23
欧洲和北美	2	54	4	14	44	34
低收入国家	0.2	33	1	2	41	15
中低收入国家	0.9	34	1	13	39	12
中高收入国家	2	55	2	29	44	33
高收入国家	2	48	4	13	44	28

资料来源：统计研究所数据库。

图 10.2:

扩大高等教育并不一定会对中等职业技术教育产生负面影响

2005—2015年高等教育毛入学率的变化，按职业技术教育在中等教育中所占比例的变化分列

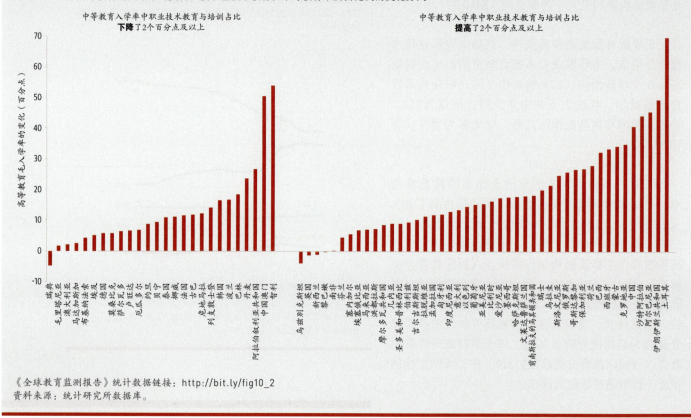

中等教育入学率中职业技术教育与培训占比
下降了2个百分点及以上

中等教育入学率中职业技术教育与培训占比
提高了2个百分点及以上

《全球教育监测报告》统计数据链接：http://bit.ly/fig10_2
资料来源：统计研究所数据库。

表 10.2:

2017年高等教育参与情况指标

	高等教育入学人数（百万人）	毛入学率（%）	《国际教育分类标准》5级		《国际教育分类标准》6级		《国际教育分类标准》7级		《国际教育分类标准》8级	
			占高等教育学生数的百分比（%）	女生所占百分比（%）	占高等教育学生数的百分比（%）	女生所占百分比（%）	占高等教育学生数的百分比（%）	女生所占百分比（%）	占高等教育学生数的百分比（%）	女生所占百分比（%）
世界	221	38	20	52	68	51	11	53	1	45
撒哈拉以南非洲	8	9	23	46	68	41	8	37	1	34
北非和西亚	19	44	18	46	72	50	9	49	1	43
中亚和南亚	44	25	3	38	83	47	14	50	1	42
东亚和东南亚	71	46	32	51	61	52	6	49	1	40
大洋洲	2	79	31	60	53	57	13	53	3	51
拉丁美洲和加勒比	27	51	12	57	82	56	5	55	1	51
北美和欧洲	50	77	22	55	56	54	20	57	3	48
低收入国家	6	9	10	40	81	38	8	38	1	27
中低收入国家	64	24	6	51	82	48	11	51	1	43
中高收入国家	93	52	28	50	63	54	7	51	1	44
高收入国家	57	77	23	56	58	53	16	57	3	47

注：本表包含高等教育的四个层次：短期高等教育（《国际教育分类标准》5级）、学士学位教育（《国际教育分类标准》6级）、硕士学位或同等资历教育（《国际教育分类标准》7级）和博士学位或同等资历教育（《国际教育分类标准》8级）。
资料来源：统计研究所数据库。

然而，挑战依然存在，尤其是在成本方面。作为具体目标4.3的一项重要规定，"可负担"的界定和衡量方法需要进一步被澄清（数据焦点10.2）。这些挑战对移民和难民尤其重要，其中包括对先前学习的承认，对他们技能培训的投资是他们融入目的地国的关键（政策焦点10.1和政策焦点10.2）。

数据焦点10.1：将与成人教育和培训相关的劳动力调查问题同全球指标联系起来

技术合作组织对全球指标4.3.1的定义提出了具体的建议，该指标涵盖此前一年正规教育和非正规教育与培训的青年及成人参与率。这些建议与《全球教育监测报告2017/8》中提出的建议类似，即该指标应涵盖所有教育类型，无论是否与工作相关或是否为正规教育。

教育提供方多种多样且数量巨大，因此为了覆盖所有的教育类型，参与式调查比行政数据更受青睐。技术合作组织提出的问题与欧盟成人教育调查一致：在此前12个月，受访者（a）是不是正规教育或培训的学生或学徒？如果是，最近的水平如何？（b）是否在闲暇或工作时间参加四项非正式活动（课程、工作坊或讲座、在职培训指导、私人课程）中的任意一种，其目的是提高多个领域（包括兴趣爱好）的知识或技能。

然而，调查提出问题的方式差异很大，很少能符合监测指标4.3.1的要求。综合劳动力市场调查

在埃及（1988—2012年进行了四轮调查）、约旦（2010年）和突尼斯（2014年）收集了高质量、可比且具有全国代表性的数据，就是很好的例子。这些国家的统计局与区域智库经济研究论坛合作，采用了类似的方法。每一轮调查抽取5,000—1.2万户家庭作为样本，埃及的最近两轮调查（2006年和2012年）追踪了同一批家庭。[1]

收集职业教育或在职培训项目参与情况信息的调查主要有两种方式。最近在埃及和突尼斯进行的一项研究，询问所有就业人员是否参加过正规教育之外的职业或在职培训项目。事实证明参与率非常低：两个国家的这一比例大约都是10%。

其次，所有的调查都需要就业人员回答他们是如何获得工作所需的技术技能的。提供给受访者的选项包括教育的提供方或类型，如正规教育（普通或技术）、职业技能培训项目、基于企业的培训、语言课程、计算机课程或其他，但并不明确。参与率的增长幅度从突尼斯的22%到约旦的29%不等（图10.3）。这一问题关乎终身参与率，因此在所有成人中，青年在普通劳动力市场上的比例偏低不足为奇。但在拥有技术技能的人群中，青年的参与率更高，这说明获得这些技能的途径发生了改变。

为了将数据与指标更直接地联系起来，有两种方法可以用来估算年均参与率。第一种方法是将终身培训参与率转化为年参与率，这意味着在埃及和突尼斯，15—29岁青年的年均参与率将低于2%。第二种方法利用埃及最近两轮劳动力市场调查的小组结构，允许对随着时间推移而改变参与状况的人的比例进行估算。

1 本部分基于阿米尔（Amer，2018）的背景文件。

> "
> 教育提供方多种多样且数量巨大，使得参与式调查比成人教育全球指标的行政数据更受青睐。
> "

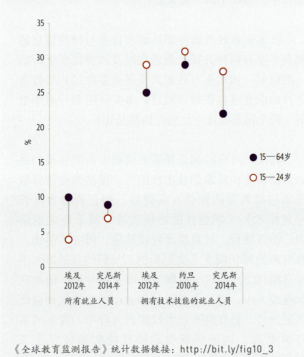

图 10.3:
埃及和突尼斯每十个成人中只有一人参与过培训
2010—2014年埃及、约旦和突尼斯青年及成人正规教育之外培训项目参与率，根据青年占（1）所有就业人员和（2）具有技术技能的就业人员的百分比计算

● 15—64岁
○ 15—24岁

《全球教育监测报告》统计数据链接: http://bit.ly/fig10_3
资料来源: Amer（2018），基于综合劳动力市场调查数据。

在15—64岁拥有技术技能的就业人员当中，2006年前从没有接受过培训的就业人员中，有23%的人在2012年之前已接受过培训。忽略重复参加培训的可能性，这说明技术人员的年参与率在4%左右。

方法论上的挑战限制了使用这一系列的调查来为全球指标提供信息。首先，培训问题只直接针对有工作的人，而没有包括其他参加培训的人（包括失业者和劳动力群体以外的人）。其次，这些调查询问的是终身参与率，而不是限定在参考期内，比如前12个月。最后，这些调查只提到职业技术教育，忽略了指标范围内的更广泛的项目。尽管存在

这些限制，但有证据表明相关国家的参与率较低，与一些较贫穷的欧洲国家情况一致。

该分析提醒我们，定义全球指标只是第一步。接下来应该详细说明不同的劳动力调查及相关调查如何询问青年与成人参与教育和培训的问题。当问题与定义之间有很大分歧时，应鼓励各国调整调查问卷。

数据焦点10.2：界定和衡量高等教育的可负担性

许多国家的政府无法满足日益增长的高等教育需求，导致私人支出比例不断增长，包括越来越多的私人机构收取学费（Johnstone and Marcucci，2010）。如果没有信贷限制，政府和家庭之间的成本分摊可能是高效而公平的。即使一个大学学位可以令私人支出物有所值，贫困学生也需要能负担相应支出。

学费或其他支出以及财政支持，必须与学习者的总成本和支付能力保持平衡。直接成本包括学费、其他费用、书本费、材料费、交通费和生活费。学生贷款、助学金、补贴和奖学金提供财政支持。可负担性可以通过将净成本、私人成本和财政援助之间的差额与衡量家庭支付能力的指标联系起来加以估计。然而，很少有国家有足够详细的调查数据来提供这样的信息（Murakami and Blom，2008；Usher and Medow，2010）。

另一种办法是根据综合数据，用联合国教科文组织统计研究所提供的每个接受高等教育学生的初始家庭支出，除以世界不平等数据库中报告的平均国民收入，从而进行预估。该负担能力指数可针对来自不同地区和收入组的71个国家进行计算。按照这个标准，一般而言，欧洲最负担得起高等教育，撒哈拉以南非洲地区则最负担不起。该地区11个数据可得

> 在撒哈拉以南非洲数据可得的大多数国家中，每个学生的私人净成本
> 超过了平均国民收入的60%。

的国家中，有7个国家每个学生的私人净成本超过了平均国民收入的60%，几内亚和乌干达更达到300%左右（图10.4）。该指数在布隆迪、柬埔寨和尼泊尔徘徊在100%左右。虽然印度尼西亚、日本和越南的这一指数接近30%，但高等教育私人净成本仍占贫困人口收入的75%以上，贫困线标准为平均国民收入的40%。

有针对性的学生资助是国家和国际教育干预的关键组成部分。例如，2013年世界银行54%的资金用于捐赠、奖学金、贷款和有针对性的激励方案（World Bank，2014）。但是降低高等教育净成本的效果因国家而有很大的差异。世界银行的就业与

生产技能项目（STEP）提供了过去12个月内在11个低收入国家和中等收入国家家庭中是否有任何成员获得政府奖学金的信息（没有说明所资助的教育等级）。

对这份报告的分析显示，与预期相反，一些国家中，与最富裕的五分之一家庭相比，最贫困的五分之一家庭更不可能报告获得了政府奖学金（按目前的高等教育入学条件）。在中国云南省，最富裕家庭获得奖学金的可能性大约是最贫困家庭的两倍；在多民族玻利维亚国，前者更是高达后者的六倍（图10.5）。来自贫困家庭的年轻人接受高等教育的

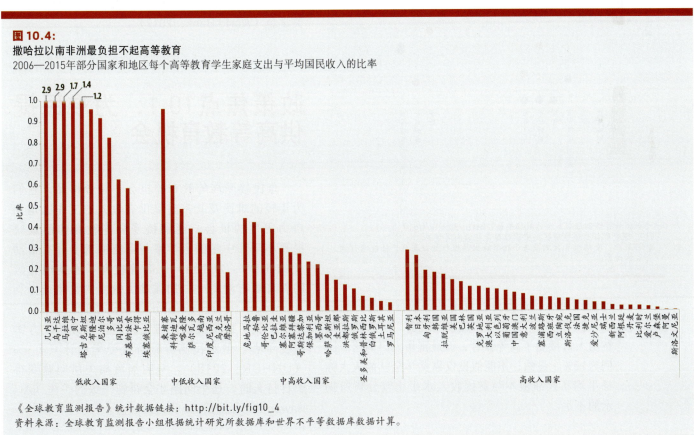

图 10.4:
撒哈拉以南非洲最负担不起高等教育
2006—2015年部分国家和地区每个高等教育学生家庭支出与平均国民收入的比率

《全球教育监测报告》统计数据链接：http://bit.ly/fig10_4
资料来源：全球教育监测报告小组根据统计研究所数据库和世界不平等数据库数据计算。

> 在一些中等收入国家，贫困家庭比富裕家庭更难获得政府奖学金。

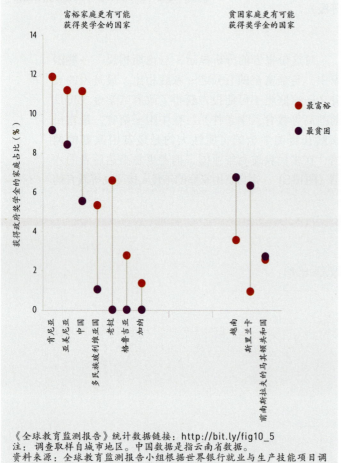

图 10.5:

在很多国家，奖学金针对的并不是最贫穷的人

2011—2013年，至少有一名成员正在接受高等教育的家庭获得各级学校教育的政府奖学金的百分比，按收入分列

《全球教育监测报告》统计数据链接：http://bit.ly/fig10_5
注：调查取样自城市地区。中国数据是指云南省数据。
资料来源：全球教育监测报告小组根据世界银行就业与生产技能项目调查数据计算。

可能性更小。对世界教育不平等数据库的分析显示，2011—2016年，在中低收入国家，只有1%的最贫困人口接受了高等教育，但最富裕人口的这一比例为15%。显然，不能假设仅靠奖学金就能大大弥补平均私人净成本与贫困收入水平比较分析所揭示的不足。

全面一揽子政策可能会更成功，例如在哥伦比亚和越南。哥伦比亚采取了多管齐下的办法来扩大教育机会。高等教育机构、地方当局和企业之间建立伙伴关系，寻求在选择很少或没有选择的地区来扩大高等教育。主要公共助学贷款的提供商ICETEX的资金增加了。贷款条件变得更加优惠，从2011年起，低收入家庭学生的贷款利率为零，对担保人的要求也更加宽松（Ferreyra et al.，2017）。

越南在20世纪90年代中期推行政策，支持学费减免和学生援助计划，以使贫困学生和少数民族学生受益。2006年，大约22%的贫困大学生受益于多达50%的学费减免。自2006年以来，少数民族学生接受的一次性援助占其每月高等教育总开支的三分之一。从2007年起，贫困学生奖学金已提升至全额奖学金（World Bank，2012）。

政策焦点10.1：为难民提供高等教育机会

难民接受高等教育的机会不是奢侈品。它们为年轻的难民及其家庭提供有收入的工作以增加自力更生的机会。能够接受高等教育的前景对提高小学和中学的入学率与保留率都十分有帮助（UNHCR，2015a）。高等教育"比其他等级的教育更有潜力……加强难民做出的策略选择"（Dryden-Peterson and Giles，2010，p.4），培养一代可以带头决定难民问题可持续解决方案的变革者。但难民高等教育接受率估计只有1%（UNHCR，2018）。只有当流离失所问题变得旷日持久时，这个问题才会得到一致的关注（Al-Hawamdeh and El-Ghali，2017）。[2]

---

2 本部分基于费雷德（Ferede，2018）的背景文件。

> "
> 只有1%的难民接受了高等教育。
> "

本报告中所强调的各种挑战在高等教育中相互交织：承认学历和先前学习，学习东道国语言，克服成本高昂的问题。在长期的难民环境中，高等教育是在累积了诸多教育不利因素的最后才出现的，这些因素阻碍了很多人获得接受高等教育的资格。此外，难民的高等教育权利往往最多只包含不受歧视。

叙利亚危机使这一问题凸显出来。从历史上看，流离失所导致人群的高等教育参与率降低，然而多达五分之一的叙利亚年轻人在离开本国之前有机会接受高等教育。战争结束后这一比例急剧下降，大约为5%或更少，这促使人们呼吁"不要失去一代人"（European Commission，2016）。即使在约旦这种友好且熟悉的环境中，挑战依然是多重的，从缺乏学术和职业规划咨询到缺少财政资助（Al-Hawamdeh and El-Ghali，2017）。

奖学金可以支持当地、本地区和在较富裕国家的难民

流离失所人群接受高等教育的机会严重受限。难民营之内或其周围缺少实际接受高等教育的机会，这也推动了一些基于技术的行动计划。联合国难民事务高级专员办事处和日内瓦大学共同领导了"危机中的互联学习"联盟，通过面授和在线学习，在冲突、危机和流离失所的情况下提供高等教育机会。自2012年以来，来自难民和收容社区的7,000多名学生参加了互联学习课程。（UNHCR，2018）

国际难民高等教育奖学金早在奖学金成为全球发展正式议程的一部分之前就出现了。阿尔伯特·爱因斯坦德国学术难民行动基金（DAFI）是其中最大、最知名的项目之一，自1992年成立以来，该项目通过难民事务高级专员办事处向难民提供奖学金。2016年，阿尔伯特·爱因斯坦德国学术难民行

动基金的奖学金受益者已达到4,652人，较2015年的2,321人有了显著增加。其中约44%的人为女性。阿尔伯特·爱因斯坦德国学术难民行动基金现在仍然是一个灵活的项目，覆盖的地理范围不断调整，以充分适应难民的流动和教育需求。叙利亚难民危机就是一个例子，反映了整体的扩张和地理范围的变化。2016年，叙利亚人是最大的受益者群体，占所有受益者的38%。目前，阿尔伯特·爱因斯坦德国学术难民行动基金最大的项目设在土耳其、埃塞俄比亚、伊朗伊斯兰共和国和黎巴嫩（UNHCR，2017）。

> "
> 2016年，阿尔伯特·爱因斯坦德国学术难民行动基金通过联合国难民事务高级专员办事处运营的奖学金使4,652人受惠，其中38%为叙利亚人。
> "

其他一些奖学金项目主要支持在高收入国家学习的人。接受高等教育越来越被认为是通往安全的东道国的可选或替补方案，这不仅仅是对个人而言的（Kirkegaard and Nat-George，2016），对机构而言同样如此，例如欧盟正式承认通过奖学金和学习项目接纳难民是一种保护途径（ERN+，2017）。加拿大允许私人资助申请接受高等教育的难民个人（框注10.1）。

学术界同样需要保护和支持

学者和学生都是高等教育的一部分。"学者处于危机中"（SAR）项目设立于2000年，近年来每年为超过300名需要保护的学者提供庇护和援助，并在其全球网络下的院校中为这些学者安排临时研究和教学职位。2002年，"学者处于危机中"与国际教育协会合作，国际教育协会的学者救助基金支援了一些受益者。作为学术自由的主要倡导

加拿大采用基础广泛的资助模式来接纳难民接受高等教育

加拿大世界大学服务处（WUSC）的学生难民项目（SRP）是一个资助协议的立约方，支持基于大学的当地委员会资助难民的安置和大学学习。自1978年以来，这一项目已经允许来自39个国家的超过1,800名难民在全加拿大超过80所大学及学院学习。

加拿大在团结和动员上取得成功的关键在于这项努力是由学生、教师和职工共同推动的。他们通过征收学生会赞助费来提高知名度并募集资金；鼓励其他学生加入；为学生难民项目的学生提供面对面的社交和学业支持。学生难民项目有严格的资格和选拔标准。参与者的年龄在17—25岁之间，在其庇护国（黎巴嫩除外）被认定为难民，符合加拿大的资格、安全和医疗移民标准，符合东道国大学的入学要求。由于加拿大难民私人资助项目只是一项个人安置计划，参与者必须单身且没有家属，单身母亲除外。

参与者参加语言课程和计算机培训，为进入加拿大做准备，并参加联合国移民组织的离境前培训。加拿大世界大学服务处的工作人员或志愿者将针对加拿大的生活和学习提供额外的指导，并提供一个欢迎包。在学生难民项目学生到来之前，当地委员会替他们注册课程，安排食宿计划，为他们购买日常用品、学习用具和电话卡，并填写永久居民卡、健康卡和社会保险号的申请表。由于难民学生在离境前已经完成了移民审查，他们将以永久居民身份抵达加拿大，这意味着他们有资格享有在加拿大工作、申请学生贷款等诸多权利。

参与者通常会获得可观的收益，这也反映了他们要投入大量的时间和精力。来自难民营教师的报告指出了一种潜在的倍增效应，即接受中等后教育的希望和参加高度竞争性的学生难民项目的资格是完成中等教育的激励因素（WUSC，2007）。同时，学生难民项目受益者获得的私人资助规模也难以扩大。

2017—2018年度，共有160名难民青年获得资助，其中一半以上来自阿拉伯叙利亚共和国。此外，以多伦多为基地的大学网络"叙利亚生命线"与学生难民项目类似但目标更窄，该网络在难民私人赞助项目的支持下运作，截至2018年9月，已经通过248个私人赞助团体资助了1,074名叙利亚人（Lifeline Syria，2018）。

> "学者处于危险中"项目每年为超过300名需要保护的学者提供庇护和援助。

者，"学者处于危险中"还调查并公开反对针对高等教育界的攻击。英国风险学者理事会（CARA）是"学者处于危险中"的合作伙伴，为被迫流亡海外的学者提供紧急援助，特别是为在母国面临直接威胁的学者提供多年的援助计划，而不是短期的资助。

2017年，法国在科学和研究界以及高等教育和研究国务秘书的倡议下，设立了"国家紧急援助和收容流亡科学家计划"（PAUSE），用于支持那些因所在国家的政治形势而在工作上受阻并且其本人及家人的生命受到威胁的研究人员和教师。项目提供足够长的居住时间，使他们能够融入法国的社会环境，确保他们的研究得以继续。高等教育机构和研究机构接受共同资助。

私人支持不一定会导致忽视更广泛的收益

对个别学生和学者的资助本身就是一个目的。然而，这样做只惠及一小部分有需要的人——即使如此，也必须谨慎地、"无害"地实施（UNHCR，2015b），提供个人资助的机构更应该确保更广泛的社区也从中受益。

阿尔伯特·爱因斯坦德国学术难民行动基金奖学金并不是为高收入国家居民设立的，它有意地把受益者的原籍社区作为获益方，并呼吁受益者回馈这些社区。大约70%的阿富汗阿尔伯特·爱因斯坦德国学术难民行动基金受益者返回国内，受雇于发展和重建相关部门（Milton and Barakat，2016）。不幸的是，即使难民社区对教师的需求日益上升，2015年，阿尔伯特·爱因斯坦德国学术难民行动基金受益学生中也只有8%的人接受了教育科学或教师培训。

除了提供私人救济外，支持难民学者的网络还可以促进能力建设。2006年，英国风险学者理事会发起了一个旨在重建伊拉克研究和教学能力的项目，将位于伊拉克国内、约旦或其他地方的伊拉克学者与英国同行联系起来。2009年，为应对津巴布韦逃亡学者人数的增加，该组织启动了第二个区域项目，提供重要的设备和物资捐赠与奖学金。2012年，该组织在津巴布韦大学设立了一个虚拟讲堂，使津巴布韦的流亡学者得以和其他人实现实时连接。

2016年，英国风险学者理事会为流亡在黎巴嫩和土耳其的叙利亚学者发起了一个项目，目的是让他们建立一个国际网络，一旦重返叙利亚，就利用该网络重建高等教育。在试点阶段，土耳其举办的学术技能发展和学术英语工作坊为进一步合作奠定了基础。英国大学接待了首批短期研究访问学者。2017年年底，该项目进入第二阶段，主要由开放社会基金会资助，为期18个月。除了工作坊之外，根据设想还有一个由英国风险学者理事会委托的名为"研究孵化访问"的研究计划和一个研究资助倡议。

结论

很少有学生和学者专门利用高等教育奖学金和资助项目。在一些倡议中，高等教育界支持遭受流离失所影响的同行，通常具有很高的个人参与度。他们在促进东道国难民问题解决上发挥了重要作用。然而，不可能一次只满足一个难民的需求；即使是成功的倡议能做的也依旧很有限。它们不能取代为破除数以千计的青少年难民所面临的高等教育机会的结构性障碍而做的努力。

政策焦点10.2：满足移民和难民的职业技术教育需求

职业技术教育与培训可以帮助移民和难民适应东道国劳动力市场的需求。然而，为移民和难民设计的职业技术教育与培训需要考虑两个问题。首先，应该考虑到一些限制因素，这些因素会降低流离失所者对技能发展的需求。其次，在将移民和难民同教育和培训或工作进行匹配之前，应该了解和承认他们带到目的地国家的技能。[3]

有很多障碍阻碍移民和难民进一步发展他们的技能

脆弱性和选择有限成为移民和难民的特征。他们的就业权利可能会受到限制。1951年《关于难民地位问题的公约》的145个缔约国中，只有75个国家按照第17—19条的规定给予难民工作的权利，而且这种权利还经常受到限制（Zetter and Ruaudel，2016）。一些国家已经采取了一些措施来解决这一问题。2016—2018年，约旦为叙利亚难民发放或续签的工作许可超过10万份（ILO，2018）。2016年，土耳其允许60万名叙利亚难民工作（Karasapan，2017）。一些高收入国家也制定政策，在其领土范围内分配难民，但就业前景并不是分配标准之一（OECD，2016a）。

无证移民和寻求庇护者可能没有合法的工作权利，特别是雇主不愿意雇用他们，这阻碍了他们参与职业培训，特别是以被雇用为基础的职业培训（OECD and UNHCR，2018）。

---

3 本部分基于联合国教科文组织国际职业技术教育培训中心和诺丁汉大学的研究（UNESCO-UNEVOC and University of Nottingham，2018）。

> " 为流离失所者提供的职业技术教育与培训项目应考虑到限制因素，这些因素会降低他们对技能发展的需求，同时还要承认他们已经拥有的技能。 "

在爱尔兰和立陶宛，在获得庇护成为难民之前，无证移民无法进入当地的劳动力市场。在英国，寻求庇护者需要等待12个月才能获得工作权，而包括希腊、挪威、葡萄牙和瑞典在内的国家，在个人申请庇护时就给予其工作权（European Employment Policy Observatory，2016）。

"帮助个人在社会环境中熟练活动的联系和信任网络"（CEDEFOP，2011，p.4）的限制，可能意味着移民和难民缺乏关于就业机会的信息，导致一开始就失业。即使被允许工作，移民往往也只能从事低技能的工作。最初的失业和与技能不匹配的不稳定工作降低了对移民技能投资的回报，特别是当雇主剥削缺乏证件的弱势群体时。法国的移民接受培训的人数只有本地人人数的一半，而在移民高度集中的行业中这种差距更大。在建筑业，7%的移民工人接受过培训，而本地人中有24%的人接受过培训（Safi，2014）。

一旦移民和难民进入劳动力市场，语言障碍可能会阻碍他们对技能进行投资。在瑞典，将学习资料翻译成多种语言有助于降低职业培训课程的辍学率。除了一般性语言课程，瑞典还对移民技能发展项目的需求做出了回应：职业技术教育与培训机构制定了一揽子方案，将语言学习辅导纳入专门针对某一行业或产业的职业技术教育与培训，提高职业语言能力（UNESCO-UNEVOC and University of Nottingham，2018）。

教育提供方和入境点众多可能会阻碍对职业技术教育与培训的参与。因此，东道国劳动力市场对陌生教育和培训环境的指导非常重要。德国的一个难民项目提供密集的职业语言培训和就业指导，目的是为1万名年轻难民找到工作。2016年，全国

为有移民背景的12—27岁青年提供服务的机构数量增加到450个，惠及11万人。在庇护过程中，特别指导和咨询服务主要针对年轻人。"让社区青年更强大"为177个地方政府中最难以惠及的年轻人提供咨询和指导（Germany Federal Ministry of Education and Research，2017a）。瑞典公共就业服务局实施了一项介绍方案，评估难民的劳动力市场准备情况，并在必要时提供关于瑞典生活、语言培训和专业职业培训的指导（OECD，2016b）。

职业技术教育与培训提供方和公共就业服务机构需要将移民和雇主联系起来，帮助移民获得与先前职业相关的工作经验。参加实习和担任志愿者也可以使移民在培训后为就业累积必要的社会资本（CEDEDOP，2011）。德国的"欢迎导师"（Willkomenslotsen）支持中小型企业雇用新入境的技术工人，包括移民。2016年，150名培训导师在本地的商会提供培训服务，并为3,441名难民提供培训或就业岗位（Germany Federal Ministry of Education and Research，2017b）。荷兰对终身学习和非线性教育轨迹的强调，使职业技术教育与培训对外国人融入社会做出了回应（Desiderio，2016）

职业技术教育与培训的内容和教学质量也可以增加移民和难民融入社会的机会。联合国近东巴勒斯坦难民救济和工程处的职业技术教育与培训项目每年通过8个培训中心向7,200名巴勒斯坦青年提供实践培训。在加沙，学员的期末考试成绩高于全国平均水平（UNRWA，2016）。该项目在黎巴嫩设有一个中心、一个就业指导和介绍部以及若干就业服务中心。其课程设置灵活，学制设定以学生为中心，与雇主保持紧密联系，课程内容符合劳动力市场需求。许多国家在该区域为叙利亚难民提供课程项目（框注10.2）。

> "无证移民和寻求庇护者可能没有合法的工作权利，这阻碍了他们参与职业培训，特别是以被雇用为基础的职业培训。"

> 如果难民的非正式学习得不到承认、验证和认可，则会损害他们获得体面工作或继续教育和培训的能力。

许多障碍阻止移民和难民使用他们的技能

承认学术、职业或专业资格的机制是存在的，但移民和难民不可能随身携带资格证书。《里斯本公约》缔约国中超过三分之二的国家极少或没有采取措施执行其中第7条，即承认难民的资格证书（UNESCO and Council of Europe，2016）。人们对基于技术的方法，如数字证书，在技能识别方面的实验效果知之甚少（UNESCO，2018）。

由于职业技术教育系统的可变性，职业技术教育与培训学位的可迁移性可能不如学术学位。国家资格认证和教育质量框架对先前学习的评估推动了这一进程。然而，对于在埃及、伊拉克、约旦、黎巴嫩和土耳其的叙利亚难民而言，除了正规的国民教育体系和经教育部认证的正式的、非正规的二次机会项目之外，并没有其他评估学习和能力的方式（ETF，2014）。

框注 10.2:

邻国为叙利亚难民设立职业技术教育与培训项目

叙利亚危机催生了很多为难民设立的职业技术教育与培训项目。国际伙伴的支持至关重要。在土耳其，国家就业署正与几个国际组织合作，克服行政管理上的障碍，为叙利亚难民提供就业机会，开发职业培训项目（Kirişci et al.，2018）。

在约旦，"我们的希望"（Amaluna）项目与私营企业合作，为处境脆弱的约旦人和18—24岁的叙利亚人提供就业机会。截至目前，项目已经覆盖了2,500名青年，其中1,500人接受了访谈，537人登记在册。其中，近五分之四的人已经毕业，三分之一的人受到了雇用。下一步是扩大该项目的规模，惠及超过3万名弱势青年（UNICEF，2018）。挪威难民委员会为叙利亚青年提供了缝纫、美发、焊接和计算机课程，三个月的课程包括生活技能、读写和计算。2013—2015年，有770多名年轻人从这里毕业（UNICEF，2015）。

联合国儿童基金会、联合国开发计划署、欧盟以及有多个捐赠方的欧洲区域发展和保护计划资助了马克祖米基金会的职业培训项目。项目与联合国难民事务高级专员办事处合作，为在黎巴嫩的14岁以上的难民提供为期8周的课程，每年培训约4,500人，大多数为妇女。主要内容包括信息技术、语言、美容、劳动力市场定向、创业技能和跨文化沟通。项目教授实践知识，授予国家认可的证书，与雇主建立联系（ETF，2017b）。有证据表明，这些课程提高了学员的收入，提供了新的职业道路。

2009年以来，"约旦更好的工作"项目一直聚焦于改善服装行业移民工人的工作和生活环境，包括提供培训，已惠及73家工厂的6.5万名工人。2015年，一项共同协议最终达成，确保所有移民工人享受同等的招聘和就业政策，并阐明了他们的权利。自2016年以来，项目监督了合同的修订，将难民纳入合同覆盖范围，并为叙利亚难民发放了2,000份工作许可证（Better Work Jordan，2016a，2016b）。

德国国际合作公司根据约旦《国家水资源战略》《国家就业战略》《约旦对叙利亚危机的反应计划》，对约旦的"聪明的水管工"项目进行了资助，旨在减少家庭的水资源浪费。项目培训合格的水管工，在叙利亚难民中招募培训学员，并重点针对妇女。结业学员创建了自治合作社，承诺为社会目标做出长期贡献（ETF，2017a）。

主要挑战在于承认先前的学习。如果难民的非正式学习得不到承认、验证和认可，则会损害他们获得体面工作或继续教育和培训的能力（Singh，2018）。一份验证清单显示，移民和难民在非正规和非正式学习核查的目标群体中占比不足（ETF，2015）。

欧洲理事会与希腊、意大利、挪威和英国一起为欧洲国家难民提供资格护照，该护照根据可用的文件和结构化面试，提供中等后教育资格评估。其内容包括工作经验和语言能力。2017年，作为希腊试点工作的一部分，该评估对92名难民进行了面试，并给其中73名难民发放了资格护照。亚美尼亚、加拿大、法国、德国和荷兰的合作伙伴将加入第二阶段（Council of Europe，2018）。

德国根据《联邦认证法》，针对参考资格框架，给予确定和评估无证件的专业和职业能力的机会，例如通过专家口试或工作演示。2012年进行了60次评估，2015年上升至129次。在此期间，阿富汗、阿尔巴尼亚、伊朗、伊拉克、科索沃和叙利亚难民提出的申请中有一半以上能够完全对应要求。2016年推出的一款提供阿拉伯语信息以及多语言识别的应用软件，让难民能够更容易地利用这项服务。2015年6月至2016年12月，约有2万名难民参与了认证咨询（Germany Federal Ministry of Education and Research，2017a）。

2013年，挪威推出一项针对没有可核实文件的人员的国家认证程序。由挪威教育质量保障局任命的专家委员会利用学术评估、家庭作业和工作经历地图的方式进行评估。一项申请人调查显示，2013年获得技能认证的难民中，超过一半的人或者找到了相关工作，或者接受

了继续教育（OECD，2016b）。

瑞典为承担卫生护理助理工作的难民开发了一项高级中等卫生护理课程。通过小组讨论和教师监督来评估与课程相关的先前学习，从而加快难民学员获得高级中等教育文凭的速度（Andersson and Fejes，2010）。

政府间合作也可以推动承认、验证和认可资格。菲律宾技术教育和技能发展局正与海湾国家及中国香港地区合作，为移民工人制定资格互认协议，并对当地的移民进行测试和认证（de la Rama，2018）。

一些国家帮助要到海外工作的移民做准备

一些移民率高的国家投资于发展国民技能，以减轻他们对新环境的不适感，并最大限度地利用汇款这一潜在的宝贵收入来源。孟加拉国、菲律宾和斯里兰卡将与工作相关的、离境前的职业培训，同较长期的强制培训计划结合起来，这往往涉及非政府组织、私人就业机构和工会。在接收国方面，加拿大也对移民支持计划进行了资助，这些计划与能否被接收国接纳有关。在目的地国家，移民信息网站呈现出增加的趋势（ETF，2015）。

然而，即使是组织良好的离境前培训也可能无法在国外奏效。孟加拉国放弃了欧盟资助的制造业职业培训课程，因为该国发现，目的地国家意大利的招聘并非基于离境前培训或技能评估，而是基于雇主对动机和适应性技能的评估。部分移民随后接受了高强度的在职培训（Charpin and Aiolfi，2011）。

> 在摩尔多瓦共和国，外来捐助方为潜在的移民资助了很多离境前培训计划。

在摩尔多瓦共和国，外来捐助方近年来为潜在的移民资助了很多离境前培训计划。这些计划一方面提供了关于合法移民进入欧盟以及就业渠道的一般信息，另一方面提供了关于非法移民和贩运的风险的一般信息。除了专业培训，还强调语言、文化和社会方面的信息。然而，工人对这种离境前活动的兴趣有限，因为入职指导和培训与实际离境及就业没有具体联系（ETF，2015）。

结论

发展移民和难民的职业技术技能并不仅仅涉及教育规划者。如果缺乏利用自己的技能就业的机会，移民和难民将不愿意对进一步发展进行投资。规划者可以通过承认先前的非正规和非正式学习，提供职业指导，帮助移民和难民更容易地进入劳动力市场。

国际移民组织提供的"工作现金"项目的每位受益者
都有机会参加为期三个月的扫盲课。

摄影：Amanda Nero/IOM

重要信息

对全球信息和通信技术技能指标的监测包括调查成人和青年是否进行了九项活动中的任何一项。除了高收入国家之外，数据非常少。在15个中高收入国家中，至少有三分之一的成年人从事过的活动只有两项，即复制和粘贴文件、把文件作为附件添加到电子邮件中。

但是监测这些基本技能可能并不能提供足够的信息，因为即使是针对低识字水平的用户的技术解决方案也需要中等水平的技能。监测高级技能的挑战在于定义它们，并找到一种经济有效的方法来测量它们。

2013年率先为欧盟国家开发的"公民数字化能力框架"（DigComp），现已被用作数字素养技能的全球框架，并做了少量调整。鉴于数字素养评估的宽泛性，需要进行一项评估来确定哪种评估方式最适宜，并且最经济有效。

监测社会和情绪技能具有挑战性。2015年经合组织国际学生评估项目评测了合作解决问题的能力。一个有趣的结果是，在以色列、意大利和西班牙等国家，移民较多的学校里的本地学生比移民较少的学校里的本地学生表现得更好。

理财教育可以帮助保护移民和难民免遭欺诈，使他们能够最大限度地使用汇款。印度尼西亚的国家理财素养战略为未来的和当前的移民提供培训。参加者更有可能做预算，他们的存款几乎是未接受培训的类似群体的两倍。

第11章

具体目标**4.4**

工 作 技 能

到2030年，大幅提升拥有相关技能（包括为了就业、体面工作和创业而应具备的技术和专业技能）的青年和成人数量。

全球指标

4.4.1 具备信息和通信技术技能的青年和成人比例，按技能类别统计

主题指标

4.4.2 达到数字化读写技能最低熟练水平的青年和成人比例

4.4.3 青年和成人受教育程度比例，按年龄组、经济活动状况、教育等级和教育项目方向统计

具体目标4.4的范围令人印象深刻，因为其旨在鼓励对青年和成人就业所需的技能进行投资。然而，其监测框架却相对狭窄，显得平庸。严格说来，成人能力的主题指标4.4.3并不是技能指标。另外两个要素——信息和通信技术（ICT）技能的间接测量（全球指标4.4.1）以及数字素养技能的直接测量（主题指标4.4.2）——似乎在监测这一宽泛的目标上作用非常有限。例如，在工作场所适用的技能中，理财素养是融入社会的关键，特别是对移民而言，但没有任何指标反映了这些技能（政策焦点11.1）。

数字素养技能很重要，但很难直接监测

尽管如此，信息和通信技术素养以及数字素养指标在教育监测框架中仍然具有创新性。首先，它们的目标是反映读写和计算能力以外的技能。其次，它们试图评估对工作普遍重要的技能，可以说除此之外没有哪种技能分类关注得如此广泛。最后，它们向各国政府发出挑战，要求政府思考如何使公民在学校之外获得这些技能。

青年与成人的信息和通信技术技能全球指标采用个人报告的形式，个人在家庭调查中报告是否在过去三个月中从事了特定的活动。国际电信联盟的最新数据显示，在典型中等收入国家，超过三分之一的受访者使用的技能只不过是复制粘贴文件以及给电子邮件添加附件，而在高收入国家，相应的比例为58%—70%（图11.1）。然而，即使在高收入国家，编程也只是少数人的活动。

测评个人过去三个月应用某项技能的百分比，可能会低估拥有该项技能但最近没有使用过的人的百分比。经合组织的国际成年人能力评价项目调查收集数字技能使用频率的信息。由于国际成年人能力评价项目中没有介于"每月少于一次"和"从不"之间的选项，所以相应的周期并不能穷尽所有可能性。但国际成年人能力评价项目的图表显示很少使用技能者的数量相当少（表11.1）。

监测实际行为可以比简单地审查技术的传播收集到更多信息。手机在贫困农村地区的使用并没有人们想象的那么普遍，尤其是考虑到很多群体的低使用率和低参与率（Haenssgen，2018）。技术参与可以理解为一种社会现象。第三方经常参与帮助非用户利用移动技术。

接触特定在线服务的程度，反映了很多数字技能之外的因素。例如，最近的一项研究指出，Facebook用户的相对性别差距与国际电信联盟测量的互联网使用的性别差距高度相关（Fatehkia et al.，2018）。尽管方法上存在缺陷，但基于在线测评的估计可能最终有助于缩小各国之间在数据覆盖上的差距，或者在调查稳健性之上的差距。

> 在中高收入国家，超过三分之一的人可以复制粘贴文件以及给电子邮件添加附件，而在高收入国家，这个比例升高至58%—70%。

一个关键问题是，全球指标所获取的基础性数字技能能否代表一个非常低的门槛。改善生活的数字化解决方案可以包括一些应用软件，这些应用软件使社区卫生服务工作人员能够向政府服务机构登记孕妇，允许人们提出付款申请，为农民提供小型企业管理工具，等等。绘制使用这些工具所需的技能地图表明，即使是针对低技能和低识字水平的用户的解决方案也需要中等水平的数字技能，而不是基础的数字技能（UNESCO，2018）。

主题指标4.4.2"达到数字化读写技能最低熟练水平的青年和成人比例"远远超出了使用信息和通信技术设备的能力（Fau and Moreau，2018）。作为全球监测学习联盟工作的一部分，最近的一项举措试图根据欧盟委员会制定的公民数字化能力框架（DigComp）来界定全球数字素养框架。在这个框架内确定经济有效地测量能力的工具，依旧是具体目标4.4监测议程（数据焦点11.1）面临的最大挑战。

这一举措考察了公民数字化能力框架在欧洲以外的适用性，将计算思维视为公民数字化能力框架之外的一项技能。这种技能被理解为在日常生活中应用算法、计算等解决问题，包括使用数字技术。这种技能比编程更加广泛，不一定涉及特定的计算机语言（UIS，2018）。2018年国际计算机和信息素养研究包含了一个新的关于计算思维的可选评估链其定义为"能够识别问题，并将其分解为可管理的步骤，计算出重要细节或模式，形成可能的解决方案，并将这些方案以计算机、人类或两者皆可以理解的方式来呈现"（IEA，2017，p.1）。结果应该有助于理解计算思维与计算机和信息素养的其他方面之间的关系。

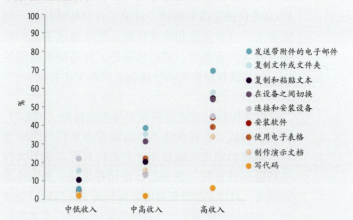

图 11.1：
信息和通信技术技能的分布仍然不均
2014—2017年先前三个月内从事过与计算机相关活动的成人的百分比，按国家收入组别分列

《全球教育监测报告》统计数据链接：http://bit.ly/fig11_1
注：中等收入国家的中位数是基于很少的国家计算的（5个中低收入国家，15个中高收入国家）。
资料来源：国际电信联盟数据库。

表 11.1：
大多数使用过数字技能的人经常使用，尤其是在工作当中
2011—2015年部分国家从事过与计算机相关活动的人中，自我报告平均每个月从事相关活动不到一次的百分比

	工作			日常生活		
	使用电子表格	使用文字处理软件	编程或编写代码	使用电子表格	使用文字处理软件	编程或编写代码
智利	9	8	6	17	16	6
丹麦	11	7	6	24	18	6
日本	10	13	6	23	28	5
新西兰	9	7	4	22	22	4
爱尔兰	6	3	9	17	21	3
俄罗斯	12	8	4	22	20	5
美国	9	7	5	23	21	5

资料来源：全球教育监测报告小组对经合组织国际成年人能力评价项目数据的分析。

" 考虑到即使是针对低识字水平用户的解决方案也需要中等水平的技能，一个关键问题是，全球指标所获取的基础性数字技能能否代表一个非常低的门槛。"

跨国监测社会情感技能的尝试很少见

《全球教育监测报告2016》概述了测量具体目标4.4进展的范围和挑战，讨论了社会情感技能，包括毅力、自我控制和社交技能。报告描述了这些技能对就业的重要性，同时也描述了对监测挑战的关注，例如就技能定义和实施达成的跨文化共识。

世界银行最近进行的就业与生产技能（STEP）调查，确认了上述关注点。该调查主要在15个中等收入国家的城市区域展开，主要针对所谓的五大性格特征：开放性、责任心、情绪稳定性、外向性和亲和力。对结果的分析呼吁在解释跨文化措施时要谨慎，要对如何使测量方法适应贫困国家进行更多的研究（Laajaj et al.，2018）。

经合组织正在开发一项评估10—15岁儿童社会情绪技能的国际研究。这项研究将使用"五大性格特征"模型的另一个版本，将特征分为开放性、任务表现、情绪调节、与他人互动和合作。研究将侧重于选定城市和国家，并在2020年公布研究结果（Chernyshenko et al.，2018；OECD，2017b）。

2015年经合组织国际学生评估项目调查了学生合作解决问题的能力，即一个人"有效地参与一个过程的能力，在这个过程中两个或更多的行动者尝试通过共同解决问题所需要的理解和努力，并整合知识、技能和努力来达成这一解决方案"（OECD，2017a，p.26）。在参与调查的52个教育系统中，日本、韩国和新加坡的平均得分最高。在这些国家中，15岁的学生中至少有10%的人达到了4级，这意味着他们能够在解决复杂问题的同时"保持对团队活力的认识，并确保团队成员按照他们的既定角色行事"。

研究结果还对学校的多样性带来了启示。在控制了学生的科学成绩后，移民学生比例较高的学校里，本地学生在合作解决问题任务上的表现，要比移民较少学校里的本地学生更好（OECD，2017a）（图11.2）。

数据焦点11.1：定义和评估数字及创业能力

监测关于有多少青年和成人拥有"就业、体面工作和创业相关的技能"的可持续发展具体目标4.4，可能会有一定的困难。除了读写和计算之外，很少有技能与不同的劳动力市场都有明显的关联，能够接受全球监测。此外，要想在劳动力市场取得成功，需要具备适当比例的技能组合。

正如《全球教育监测报告2016》指出的，从全球比较的角度来看，重点应该放在适用于不同劳动力市场的技能上，这些技能可以通过教育来获得，并且可以以低成本进行测量。将信息和通信技术（全球指标4.4.1）以及数字素养（主题指标4.4.2）纳入可持续发展目标4的监测框架之中是适当的，特别是在这些技能与就业和参与社会、政治生活的关系日益紧密的背景下。然而，监测数字素养的难度很大，成本也可能很高，而且没有关于创业技能的指标。欧盟委员会最近发起了两项行动，试图界定和评估数字及创业能力。

> " 从全球比较的角度来看，重点应该放在适用于不同劳动力市场的技能上，这些技能可以通过教育来获得，并且可以以低成本进行测量。 "

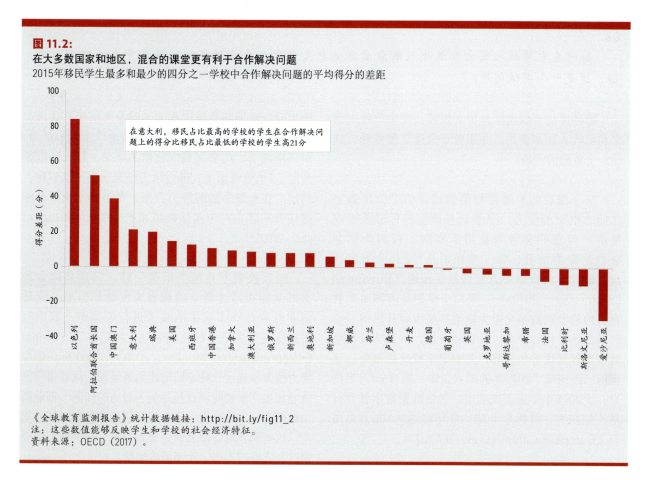

图 11.2:
在大多数国家和地区，混合的课堂更有利于合作解决问题
2015年移民学生最多和最少的四分之一学校中合作解决问题的平均得分的差距

在意大利，移民占比最高的学校的学生在合作解决问题上的得分比移民占比最低的学校的学生高21分

《全球教育监测报告》统计数据链接：http://bit.ly/fig11_2
注：这些数值能够反映学生和学校的社会经济特征。
资料来源：OECD（2017）。

界定一个框架并评估数字能力

欧盟委员会联合研究中心（JRC）于2013年开发了公民数字化能力框架。现在的第三版（2.1）中涵盖了5个领域（信息和数据素养、沟通和合作，数字内容创建、安全以及问题解决）和21项能力，并举例说明了8个熟练水平，例如，在浏览、寻找和筛选数据、信息和数字内容方面，识别可以帮助找工作的门户网站的能力，对应最低熟练水平（Carretero et al.，2017）。

作为由数个国家经过数年协商而制定的综合框架，公民数字化能力框架可以作为指标4.4.2的全球框架。在全球监测学习联盟的指导下，香港大学教育信息技术中心认为公民数字化能力框架是全球数字素养框架的坚实起点，可以从两个扩展项目中获益：对数字设备的基本熟悉程度，在富裕国家通常被认为是理所当然的；反映中等收入国家和低收入国家文化、经济及技术背景的更广泛的职业相关能力，例如，有些案例显示出农民对复杂技能的需求日益增长，从使用手机服务做出农业和贸易决策，通过智能手机应用软件购买和售出产品，到使用与笔记本电脑相连接的湿度传感器构建数据驱动的浇灌系统（UIS，2018）。

同时，还需要确定公民数字化能力框架是否可以作为评估和监测数字素养技能的坚实基础。全球监测学习联盟正在进行的一项摸底调查可能会提供答案。全世界范围内数字素养评估的范畴可以因关注点、目标（入学、认证、培训需求评估、就业等）、目标群体、接受程度、项目开发、信度和效度、交付方式、成本、可扩展性以及主管部门（私人提供方对评估的参与程度比对读写和计算技能评估的参与程度要高）而异。

> 如何在中等收入国家和低收入国家实际地扩大数字素养评估规模，服务于全球监测目标，这是一个关键问题。

哪种评估可以实际地扩大规模，在中等收入国家和低收入国家使用，并服务于全球监测目标，这是一个重要的问题。

三个潜在的有趣模型明确地评估了公民数字化能力框架的能力。虽然这些模型的目的是形成性的，但它们有潜力被用于监测。有两个模型来自欧盟委员会。第一个模型是对234个家庭的试点研究，考查弱势青年的数字技能（European Commission，2018a）。第二个模型是参照面向教育机构的公民数字化能力框架扩展版而开发的。它针对的是学校领导者、教师和学生，帮助学校识别数字素养的优势和劣势，并制定学校改进策略。该模型已经完成了2017年的试点工作，拥有6.7万名用户，于2018年年底正式推出。包括欧盟数字教育行动计划在内，目标是于2019年年底达到100万名用户（European Commission，2018b）。

第三个模型是Pix，这是一个评估和认证公民数字化能力框架技能的在线平台，由法国国家教育、高等教育和研究部管理，并作为国家资助和管理的初创企业得到开发。公民可以免费获得数字技能评估、优劣势诊断和学习资源推荐（Vie et al.，2017）。2019—2020年度，8—12年级的学生都可以登录这一平台（Pix，2018）。

界定一个框架并评估创业能力

创业技能包含一系列能力，其中许多能力在创业之外也有价值。事实上，这些能力只是成功的创业行为的一部分（ODI，2012）。这些能力涉及横向认知和实践技能，需要抓住机会和想法采取行动，为他人创造经济、文化或社会价值（Bacigalupo et al.，2016）。欧盟委员会联合研究中心于2016年制定了创业能力框架（EntreComp），

作为回应欧洲新技能议程的共同参考框架。该框架包含3个领域（想法和机会、资源以及"付诸行动"）和15项能力。与公民数字化能力框架一样，该框架界定了7个熟练水平，通过学习结果示例加以解释，例如，在采取举措的能力方面，负责任地执行分配的任务的能力对应最低熟练水平（Bacigalupo et al.，2016）。

与公民数字化能力框架一样，问题是创业能力框架能否通过现有的调查来评估和监测。全球创业监测对54个国家的成人进行了调查，其中一项指标是"害怕失败会成为创业的阻碍"（Global Entrepreneurship Monitor，2018），该指标在创业能力框架中通过三种不同的能力来呈现。世界银行的就业和生产率技能调查包括关于毅力的问题，创业能力框架在"动机和毅力"中解释了这种性格特征。然而，这些调查对管理者而言成本较高，而创造力等技能以及管理的不确定性都很难测量。

十几个自我评估工具显示出一些对创业能力框架能力的映射潜力，但受访者需要激励才能来参加自我评估，以便为诊断或政策推断提供足够的数据。例如，完成一项测试后可以根据受访者的优势和劣势，引导他们获得特定的培训机会，参加青年就业计划、职业咨询服务或技能认证。许多行业、专业领域和专业人员经常使用自我评估工具进行认证，包括卫生部门从业人员、管理人员和教师。促进在这些工具中包含基于创业能力框架的元素看起来是一条能被广泛采用的可行路径。虽然这些数据不能代表一般人群，但可能会与监测诸如"寻求有关自主创业的建议"等能力的趋势相关（Bacigalupo et al.，2016）。

> 监测创业技能很困难且成本较高，因为它涵盖了一系列能力。

政策焦点11.1：支持移民理财教育

理财素养有助于个人更好地管理自己的经济状况，避免欺诈或金融剥削。移民和难民尤其容易受到这些伤害。收容社区的金融和福利系统以及虐待报告机制最初可能并不透明，特别是对受教育程度不高的新来者而言。因此，移民很容易受到剥削型合同、高昂的招聘费用、剥削型签证条款和彻头彻尾的骗局的侵害，最终导致经济困难、人口贩卖或抵债性劳动（UNODC，2015）。理财素养水平低的人无处不在。在高侨汇接收国只有四分之一到三分之一的

> 在高侨汇接收国只有四分之一至三分之一的成人具备理财素养。

成人具备理财素养，这一水平远远低于除侨汇输出金额最低的国家以外的所有国家（图11.3）。在移民中，诸如复利、通货膨胀和风险分散等概念往往

没有被很好地理解（Lusardi and Mitchell，2014）。

越来越多的政府与非政府的理财教育倡议瞄准了移民和难民（Atkinson and Messy，2013；GPFI，2015），目的是教育移民如何有效地管理侨汇（政策焦点19.4）以及侨汇之外的金融产品和服务。一些倡议还关注留守的家人（OECD，2016b）。

理财教育倡议迎合多样化的移民需求

像每个人一样，移民也会受益于对金融产品的充分理解，例如活期账户、储蓄账户和电子支付，以及个人理财技巧，如知道如何做预算、跟踪费用、记账、理解债务管理和信贷（利息计算、未偿还本金、还款优先级）（Atkinson and Messy，2015；OECD，2016b）。在侨汇方面，具备理财素养的移民至少需要了解各种渠道并比较成本的构成，包括汇率、手续费和不同的通货膨胀率。受教育程度较高的移民通常表现出高于平均水平的创业率。理

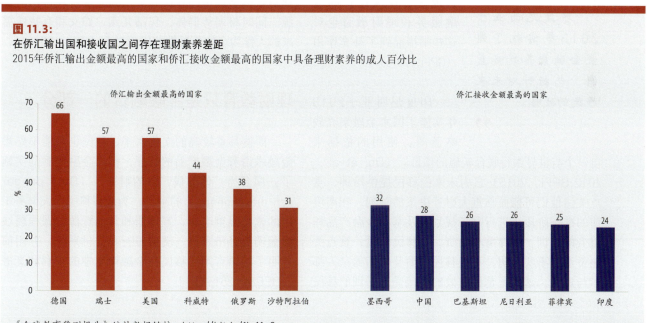

图 11.3:
在侨汇输出国和接收国之间存在理财素养差距
2015年侨汇输出金额最高的国家和侨汇接收金额最高的国家中具备理财素养的成人百分比

《全球教育监测报告》统计数据链接：http://bit.ly/fig11_3
注：具备理财素养的成人是指能正确回答关于以下四个与理财决策有关的概念中至少三个的问题的人：基础计算、复利、通货膨胀和风险分散。
资料来源：理财素养数据来自克拉佩尔等（Klapper et al.，2017），侨汇数据来自世界银行（World Bank，2018）。

财素养为更高级和更专业的技能提供了基础，例如保险和退休计划、会计和管理企业投资与贷款。

作为增进金融包容性、理财素养和普及理财教育的更广泛日程的一部分，许多全球倡议将关注点放在移民身上。例如，经合组织国际理财教育网络和二十国集团普惠金融全球合作伙伴组织的理财素养和金融消费者保护工作小组。一些联合国机构和捐助方也提供培训和理财素养材料，例如国际农业发展基金（IFAD）下属的侨汇融资机构。与金融行业有联系的慈善基金会也参与针对移民的项目，比如在埃及（Attia and Engelhardt，2016）。

为移民提供的理财教育项目通常涉及国际、政府、非政府和私营部门利益相关方的合作。在中国，云南发展研究院发起的一项针对国内农民工的非政府理财教育倡议，提供一种汇款记录产品作为信誉证明，帮助农民家庭获得小额信贷。该研究院与国际农业发展基金合作，鼓励社区组织分享理财素养的实践经验。在农村信用社、邮局和其他正规汇款渠道匮乏的偏远地区，挨家挨户的金融服务和理财教育也对这些举措起到了补充作用（GPFI，2015）。

> 印度尼西亚于2013年实施了国家金融素养战略蓝图，包括针对未来移民的战略。

印度尼西亚于2013年实施了国家金融素养战略蓝图，使用的依据来自一个与世界银行联合实施的项目。（Doi et al.，2012;GPFI，2015）它为未来的移民提供培训，重点关注他们可能面临重大财务决策的时刻。在离境前的准备阶段，进行财务规划以及基本金融产品和服务的培训，如储蓄和信贷。在移民阶段，重点关注侨汇。事实证明，不仅移民，而且他们的家人都参与进来，这样做是最有效的。接受过培训的移民更有可能做预算，他们的存款几乎是未接受培训的类似群体的两倍（World Bank，2017b）。

墨西哥理财教育委员会协调各成员的理财教育活动和计划。国民储蓄和金融服务银行（BANSEFI）是一家致力于促进金融包容性的社会发展银行，提供理财教育课程。课程模块覆盖侨汇类型、金融产品选择、侨汇使用管理以及存款和投资。课程还介绍了海外墨西哥人研究所在美国提供的服务。该银行通过领事馆来接触所在地的移民（OECD，2018）。

摩洛哥收容了大量无证移民，主要来自撒哈拉以南非洲。摩洛哥理财教育基金会与国际劳工组织合作，为移民设立了理财教育项目。在开发培训之前会展开质性调查，以确保课程工具包能够满足移民及其家庭的需求（World Bank，2017a）。

国际移民组织与万事达卡基金会在罗马尼亚联合发起了支持移民和难民融入当地社会的行动。其中一个目标是在融合中心通过免费的、每周提供的理财素养培训帮助移民和难民独立地管理自己的资源，同时将弱势群体，包括儿童、妇女和有特殊需求的人作为个体化援助的优先对象（IOM，2018）。

理财教育只是金融融合的一部分

即使具备较高的文化水平，移民也可能不熟悉金融术语和金融产品的特征。瑞典金融监管局实施了一项名为"你的钱，你的财务"（Dina pengar och din ekonomi）的项目，为从事移民个人财务工作的教师提供电影、宣传册和其他资源。课程模块覆盖瑞典经济术语、瑞典银行和支付系统，并用简单明了的语言阐述移民在金融市场中的权利和义务（OECD，2016a）。

> 理财教育的有效性受限于移民对金融机构缺乏信心，以及担心因为使用金融服务而被驱逐出境。

移民可能会不信任金融机构，无论是在母国还是在接收社区。无证移民和新入境难民通常担心获得金融服务所需的信息会被用于核实他们的身份，并导致他们被驱逐出境。避税和安全问题也可能导致这种不信任。虽然这种不信任情有可原，但在其他一些情况下，不信任主要是因为对移民规则和第三方提供的信息的法律含义缺乏了解，或者是因为谣言。的确，移民，特别是难民可能无法获得对等的信息网络去获得关于金融服务的建议。

另一个主要障碍与金融行业本身有关，这个行业所提供的产品缺乏与移民的接收社区或母国家庭的关联性或文化敏感性，没有足够的接入点（如分支机构），或者提供的产品收费高、灵活度低。很少有金融产品对女性移民有足够的敏感度。尽管接收侨汇的是女性，但她们在获得正规金融服务时经常面临经济和社会的阻碍，而行业内的培训也很少针对这些妇女的需求和所受的限制（GMG，2017）。对不熟悉新环境的移民，以及在汇错钱时求助无门的国内家庭来说，缺乏合适的投诉渠道也是另一个关键的阻碍。

因此，单靠理财教育倡议并不一定有效，这并不令人意外。理财教育对移民最终的经济福祉的影响是复杂的，且与环境相关。其中大部分将理财素养与或糟糕或明智的财务决定相关联，但理财教育的因果影响并不明显（Entorf and Hou，2018）。一项对在卡塔尔的印度移民的研究发现，理财教育对财务决定的影响很小（Seshan and Yang，2014）。澳大利亚和新西兰的研究也发现，理财素养项目对使用正规银行的服务并没有产生显著影响。在斐济，仅仅是使用移动电话就提升了理财素养（Brown et al.，2014；Gibson et al.，2012）。元分析显示出更复杂的证据（Fernandes et al.，2014）。最近的研究表明，弱势群体的金融态度和行为所受的影响很小（Kaiser and Menkhoff，2017）。

一项共同的政策建议为移民开发更有针对性的理财教育，因为不同的群体有不同的偏好，面临不同的经济环境。当文化水平非常低的时候，接受短期金融培训可能不足以改变行为（Lusardi and Mitchell，2014）。探索教学方法可以帮助我们确定一些理财素养要素是否更适合从做中学（Michaud，2017）。家庭内部的同伴效应同样重要，应该被纳入理财教育项目设计中（Doi et al.，2012）。在斯里兰卡，金融扫盲项目专门为移民、留守家庭成员或返乡人员提供培训（Rosenberg，2017）。

结论

移民和难民面临与理财素养无关的金融包容性障碍。然而，理财教育可以帮助他们防范诈骗，让家人可以最大限度地使用侨汇。对理财教育的需求因移民的技能水平、所处移民阶段而异，并且移民与其留守家人的教育需求也不相同。这种多样化的需求由从事理财教育的各类行动方来满足，而仅仅是管理这些供应-驱动型的潜在培训提供方就需要相当的智慧手段。

中等收入的传统劳务派遣国都有国家理财教育战略。但是派遣国和接收国都有机会在国家层面协调移民理财教育，并将此纳入一般移民政策，以避免重复并惠及所有移民。成功的举措包括将移民纳入自身发展，积极地向其家庭提供相关信息，在做出财务决定时提供相关资料，特别关注妇女和其他弱势群体，将金融服务和与移民服务相结合，以及在利益相关群体中做好协调。

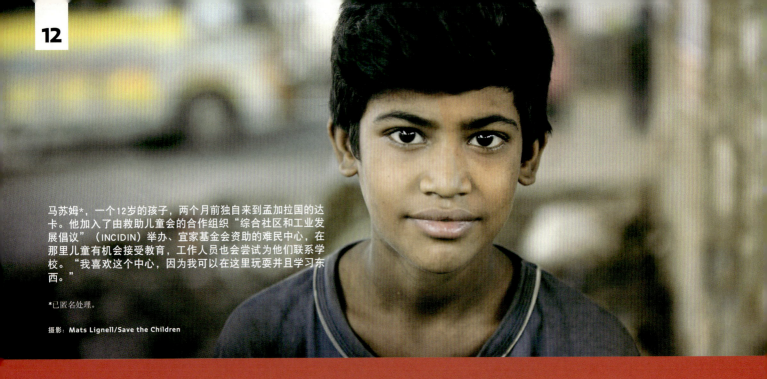

马苏姆*，一个12岁的孩子，两个月前独自来到孟加拉国的达卡。他加入了由救助儿童会的合作组织"综合社区和工业发展倡议"（INCIDIN）举办、宜家基金会资助的难民中心，在那里儿童有机会接受教育，工作人员也会尝试为他们联系学校。"我喜欢这个中心，因为我可以在这里玩耍并且学习东西。"

*已匿名处理。

摄影：Mats Lignell/Save the Children

重要信息

虽然全球的入学率实现了性别均等，但平均而言，在中等教育层面，只有49％的国家在初级中等教育上实现了性别均等，实现高级中等教育性别均等的国家只占24％。这主要是由于在许多国家，男孩的入学率较低。

学业完成率依地域和贫富而存在显著差异。但是，按多个维度对数据进行交叉分类（例如，贫穷的农村女孩）往往会导致样本量较小，这会使对这些群体的估计更加不精确。

在低收入国家和中等收入国家，农村学生完成高级中等教育的概率一般仅为城市同龄人的一半左右。但新的数据表明，非洲和亚洲80％以上的人口居住在城镇，这可能意味着城乡教育不平等现象更加严重。

全世界至少有8亿人生活在贫民窟。现有的少量数据往往表明，贫民窟的教育指标很不理想。孟加拉国贫民窟的小学学龄儿童和中学学龄儿童的辍学率是其他城市地区的两倍。

新的联合国儿童基金会关于残疾儿童的多指标聚类调查数据显示，在塞拉利昂5—17岁的儿童中，有0.2％的儿童存在视觉困难，0.2％的儿童存在听觉困难。其他功能性困难因年龄而有很大差异，这使得这些数据难以被解释。

增强残疾难民行使发言权的能力并将其纳入主流课程设计，对于确保他们接受教育至关重要。

第12章

具体目标 4.5

平　等

到2030年，消除教育中的性别不均等，确保弱势人群（包括残疾人、土著民族和脆弱环境中的儿童）平等地接受各级教育和职业培训。

全球指标

4.5.1 本表中所有教育指标（凡可划分群体的）均等指数（女/男，农村/城镇，最贫困五分之一/最富裕五分之一，以及其他数据可得的方面，如残疾程度、移民人口、受冲突影响）

主题指标

4.5.2 初等教育学生中，第一语言或母语是教学语言的百分比

4.5.3 将教育资源重新分配给弱势人口的政策可基于具体的公式测算的程度

4.5.4 生均教育支出，按教育等级和资金来源统计

4.5.5 教育援助总额用于最不发达国家的百分比

可持续发展目标4的核心是构建不让一个人掉队的公平的教育系统，这要求我们关注教育投入、过程和结果的不均等情况。在入学方面，可以通过性别维度的行政数据估计不均等。总体来看，全球在中等及以下教育等级中保持着入学方面的性别均等。全球各个地区的初等和初级中等教育在入学方面通常也实现了性别均等，撒哈拉以南非洲的初等教育除外（0.96）。在高级中等教育中，地

> 总体来看，全球在中等及以下教育等级中保持着入学方面的性别均等。

区差异要大得多，经调整的性别均等指数从撒哈拉以南非洲的0.82到大洋洲的1.12不等。尽管全球平均来看实现了性别均等，但是只有24%的国家达到了均等（表12.1）。

在学业完成率方面，需要通过针对性别（女/男）、地域（农村/城镇）和贫富（最贫困五分之一/最富裕五分之一）的家庭调查估计均等情况。虽然各个国家平均来说在按性别分列的学业完成率方面接近均等，但许多国家的女孩或男孩依旧处于劣势，特别是在中等教育中。在地域和贫富方面，各国正在努力减小初等教育完成率的不均等程度，

表 12.1:

2017年毛入学率经调整的性别均等指数和达到性别均等的国家比例，按教育等级分列

	学前教育		初等教育		初级中等教育		高级中等教育		高等教育	
	经调整的性别均等指数	性别均等国家（%）	经调整的性别均等指数	性别均等国家（%）	经调整的性别均等指数	性别均等国家（%）	经调整的性别均等指数	性别均等国家（%）	经调整的性别均等指数	性别均等国家（%）
世界	1.00	59	0.99	62	0.99	49	1.02	24	1.16	6
撒哈拉以南非洲	1.02	44	0.96	34	0.98	21	0.82	5	0.75	0
北非和西亚	1.00	53	0.99	67	0.99	60	1.02	30	1.19	20
中亚和南亚	0.97	38	1.00	57	0.99	50	0.99	46	0.89	7
东亚和东南亚	1.00	80	0.99	76	1.00	56	1.03	41	1.15	0
大洋洲	1.01	27	0.99	59	1.02	29	1.12	0	…	…
拉丁美洲和加勒比	1.02	69	0.97	55	1.01	52	1.10	14	1.27	5
欧洲和北美	0.99	82	1.00	93	0.99	74	1.01	38	1.23	7
低收入国家	1.02	30	0.97	35	0.96	10	0.75	10	0.54	0
中低收入国家	1.00	62	0.98	50	1.00	36	0.99	24	1.04	11
中高收入国家	1.01	59	0.99	68	1.01	61	1.06	23	1.20	3
高收入国家	1.00	76	1.00	85	0.99	68	1.03	33	1.27	7

注：经调整的均等指数在均等之上和之下是对称的，例如，如果一个国家的就读情况为每100个男孩对应80个女孩，而另一个国家为每100个女孩对应80个男孩，则两个指数的数值在1的两侧对称。
资料来源：统计研究所数据库和全球教育监测报告小组进行的计算。

> " 在不少低收入国家和中等收入国家，农村学生完成高级中等教育的概率一般仅为城市同龄人的一半左右，而且有时远低于这个数字。"

但中等教育的不均等依旧严峻。在不少低收入国家和中等收入国家，农村学生完成高级中等教育的概率一般仅为城市同龄人的一半左右，而且有时远低于这个数字（图12.1）。

虽然此处讨论的不同种类的不均等都是用均等指数表示的，且均等指数在可持续发展目标监测框架中被单独监测，但仍有许多其他方法可以衡量和解释群体之间的教育差异。正如《全球教育监测报告2016》所示，对不平等的不同测量方法可能会产生看似矛盾的结果。新的《衡量教育平等手册》澄清了超越可持续发展目标指标框架的衡量平等的不同方面的必要概念和分析。这本手册区分了两种分析：一种关注每个人是否都达到最低标准或拥有同样的条件；另一种关注教育是否因为背景特征而不公平，是否仅仅取决于努力用功和能力卓著，是否积极主动地惠及最弱势人群（UIS，2018）。

该手册还说明了在面对各种相互交织的不利因素时调查的局限性。按多个维度对数据进行交叉分类往往会导致样本量较小，这会导致对这些群体的估计更加不精确。本报告对2013—2017年家庭调查的分析表明了不确定性如何随维度增多而增加。如果最贫困人口的学业完成率估计值为80%（单个维度：贫富），则实际值通常低至75%或高达85%（与估计值相差5个百分点）。但如果农村贫困女孩的学业完成率估计值为50%（三个维度：性别、地域和贫富），则实际值通常低至39%或高达61%（与估计值相差11个百分点）。在精确度最差的四分之

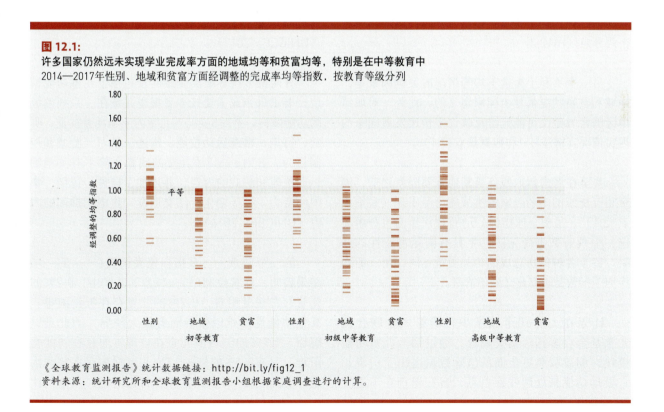

图 12.1:
许多国家仍然远未实现学业完成率方面的地域均等和贫富均等，特别是在中等教育中
2014—2017年性别、地域和贫富方面经调整的完成率均等指数，按教育等级分列

《全球教育监测报告》统计数据链接：http://bit.ly/fig12_1
资料来源：统计研究所和全球教育监测报告小组根据家庭调查进行的计算。

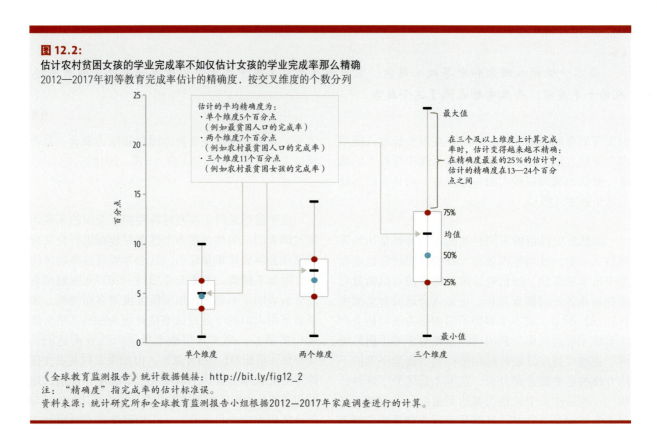

图 12.2:
估计农村贫困女孩的学业完成率不如仅估计女孩的学业完成率那么精确
2012—2017年初等教育完成率估计的精确度，按交叉维度的个数分列

《全球教育监测报告》统计数据链接：http://bit.ly/fig12_2
注："精确度"指完成率的估计标准误。
资料来源：统计研究所和全球教育监测报告小组根据2012—2017年家庭调查进行的计算。

一的估计中，误差通常会在某一方向上达到13—24个百分点（图12.2）。

另一个不利于衡量不均等情况的关键因素是，地域和贫富状况都是由国家定义的。此外，对城镇地区的官方定义可能无法反映许多快速发展国家的现实情况（框注12.1和数据焦点12.1）。

甚至在考虑例如残疾等其他重要因素之前，测量相互交织的不利因素的挑战就已经出现（政策焦点12.1）。虽然全球指标4.5.1将残疾作为可分解类别，但现有数据尚无法产生具有国际可比性的结果。鉴于各种损伤造成的相关困难不同，单一的残疾均等指数是否有意义尚不清楚。

计划在大约60个国家举行的第六轮联合国儿童基金会多指标聚类调查，通过纳入儿童功能模块，朝着收集更全面的国际数据迈出了一步。它根据功能来处理残疾信息，旨在识别在不适宜的环境中正在经历或有可能经历有限参与的儿童（UNICEF，2017）。

有两份多指标聚类调查问卷包括了儿童功能模块，要求母亲或主要抚养者报告儿童在一系列领域的功能障碍。针对5岁以下儿童的问卷涵盖视觉、听觉、行走、精细运动技能、沟通、学习、游戏和控制行为。针对5—17岁儿童的问卷去除了有关精细运动技能和游戏的内容，并增加了自理、记忆、集中注意力、接受变化、结交朋友、焦虑和抑郁的内容（UNICEF，2016）。

第一个调查——多指标聚类调查6——的一项结果表明，在塞拉利昂5—17岁的儿童中，0.2%的儿童存在视觉困难，0.2%的儿童存在听觉困难。其他功能性困难因年龄而有很大差异，因此难以解释。1.9%的5—9岁儿童在自理方面存在功能性困难，只有0.1%的15—17岁儿童据称存在此类困难。5.1%的5—9岁儿童存在行走困难，但这一比

框注 12.1:

对城镇地区的定义比通常认为的要灵活得多

对农村地区的弱势进行跨国评估在很大程度上依赖于可比较的"农村"和"城镇"定义。遗憾的是，它们的可比性很低。从事农业活动的劳动力比重、人口规模、人口密度以及特殊的国家标准或这些标准的任何组合，都对分类有决定性作用。此外，官方分类可能落后于结构和人口变化。这可以反映变化的快速性，或者在某些情况下可以有意识地避免由城镇地位带来的法定公共服务投入。

在基多举行的2016年联合国住房和城市可持续发展大会（"人居三"）决定制定一个以人为本的全球城镇和定居点定义，以帮助监测可持续发展目标，该定义将在2019年提交联合国统计委员会批准。欧盟联合研究中心、联合国粮食及农业组织、经合组织和世界银行之间合作努力，综合了建筑区的遥感数据和人口分布的普查信息，进而比较了农村/城镇的行政分类（JRC，2018）。

正在被检验的替代定义之一是城镇化模型的程度，该模型将方圆1平方千米的网格单元分为三类：（a）城镇中心（相邻的几个单元中每平方千米至少有1,500个居民且总共至少有50,000个居民）；（b）城镇群（相邻的几个单元中每平方千米至少有300个居民且总共至少有5,000个居民）；（c）农村地区（每平方千米的居民人数少于300人，以及城镇群和城镇中心外的其他单元）。市政类型之间的其他区别，例如对通勤区的识别，对可持续发展目标城镇议程很重要，但对于可持续发展目标4中不平等的测量不那么重要（JRC，2018）。

《2016年人类星球地图集》给出了初步结果，2018年版以新的全球城镇中心数据库的形式呈现了更新和修订过的结果。引人注目的是，尽管按照国家定义，非洲和亚洲不到一半的人口居住在城镇地区，但这一新的估计表明以上地区超过80%的人口居住在城镇地区（JRC，2018）。

这对于监测城乡之间的教育不平等具有重要意义。目前对农村教育成果的估计可能包括了大量事实上位于城镇地区的教育成果，这掩盖了真正的农村地区的情况。在低收入国家和中低收入国家的城镇郊区，未被承认的贫民窟人口数字甚至可能高于目前的估计，因此了解贫民窟的教育情况更加紧迫。

> **"**
> 在塞拉利昂，行走困难的儿童不上学的可能性是没有这种困难的儿童的三倍。
> **"**

例在15—17岁儿童中只有1.4%。同时，行走困难的儿童不上学的可能性是没有这种困难的儿童的三倍（Statistics Sierra Leone，2018）。

数据焦点12.1：分析贫民窟的教育仍然具有挑战性

据估计，全世界至少有8亿人生活在贫民窟（UN Habitat，2016）。国家的定义或估算方法可能导致对这一数据的低估。一项挨家挨户的家庭调查表明，人口普查可能将内罗毕最大的贫民窟基贝拉的人口少算了至少18%（Lucci et al.，2018）。

虽然数据稀缺，但已有数据依旧倾向于表明贫民窟的教育指标比其他城市地区更差。两项对内罗毕贫民窟的调查显示，至少接受过中等教育的妇女比例从2000年的32%增加到了2012年的51%，但该市平均值为68%（APHRC，2014）。

孟加拉国政府对非正规居住区和流动人口的普查表明，1997—2014年，孟加拉国贫民窟的数量从3,000个增加到了1.4万个，没有受过教育的男性贫民窟居民的占比从79%下降到26%（Bangladesh Bureau of Statistics，2015）。然而2009年的多指标聚类调查分析显示，贫民窟的中等教育就读率为18%，而这一比例在城镇地区为53%，在农村地区为48%（UNICEF Bangladesh，2010）。对2016年城镇儿童福祉调查的分析证实，贫民窟的小学适龄儿童和中学适龄青少年的辍学率是其他城镇地区的两倍（图12.3）。

贫民窟居民特别容易被驱逐、流离失所和被改造，这会影响他们的教育。萨巴尔马蒂河滨项

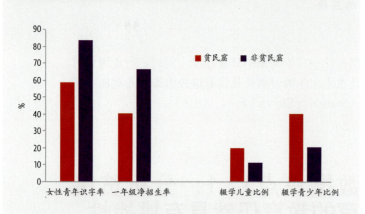

图 12.3:
在孟加拉国，生活在贫民窟的儿童和青少年的受教育机会、保留率和结果更糟糕
2016年孟加拉国按城镇地点分列的部分教育指标

《全球教育监测报告》统计数据链接：http://bit.ly/fig12_3
注：本图比较了居住在建制市（最大的城镇区域）的人口。
资料来源：Bangladesh Bureau of Statistics and UNICEF Bangladesh（2017）。

> " 在孟加拉国，贫民窟的小学适龄儿童和中学适龄青少年的辍学率是其他城镇地区的两倍。"

目——印度艾哈迈达巴德的一个城市美化和基础设施项目——对流离失所者进行的一项研究发现，有大约18%的流离失所的学生退学，11%的学生出勤率较低。由于交通状况不佳，流离失所的学生花费了更多的时间和金钱上下学（Bhatkal et al.，2015）。

贫民窟中的教育仍然不是数据收集的优先事项。SDI网络的国家联合会是一个非政府组织，以前被称为棚屋/贫民窟居民国际组织（Shack/Slum Dwellers International），它在30多个国家的数千个贫民窟进行社区驱动的数据收集（Beukes，2015；IIED，2017）。自2013年以来，该组织一直在努力使数据收集系统化和标准化，同时保持足够的灵活性，以便社区调查员进行更新（Shack/Slum Dwellers International，2018）。但是，例如，对南非西开普省的106个非正规居住区进行的快速评估结果显示，只有大约四分之一的居

住区提供了上学儿童百分比的信息。更常见的是，教育数据仅限于居住区与学校之间的距离。三分之一的居住区距离中学的路程超过一小时（Community Organisation Resource Centre，2016）。

对肯尼亚7个贫民窟的教育机会进行的研究得出如下结论：缺乏足够的公立学校导致了私立学校的增长（Ngware et al.，2013）。如果这些学校没有注册，贫民窟的教育活动就可能会被低估。基贝拉的一个开放式测绘项目将学校坐标作为数据收集的一部分。虽然地区教育官员估计该地区约有100所学校，但这项工作发现了330所。这些数据提醒地区和其他官员注意非正规教育供给，并支持政府为更多学校提供资助（Hagen，2017）。内罗毕城镇家庭调查还记录了私人参与的增长情况。在两个非正规居住区，7年内入读低收费私立学校的由农村到城镇的流动儿童比例增加了10个百分点，2010年这一比例达到67%（Abuya，2018）。

有必要收集数据并建立宣传网络，以促进贫民窟优质教育的发展。随着贫困国家计划外的城市人口的增长，系统性应对贫民窟教育问题最终将影响政府政策，而政府政策迄今为止往往忽视这些非正规居住区。

政策焦点12.1：残疾难民需要支持以克服多重教育障碍

在许多低收入国家和中等收入国家，残疾儿童往往难以接受教育，如果他们被迫流离失所，则更是困难。他们的经历可能差别很大，这首先取决于他们的需求得到认定和回应的程度。残疾难民儿童将受益于无论其处境如何艰难都强调其受教育权利的国际法律文书。联合国儿童权利委员会通过了一项专门针对残疾儿童的一般性意见，呼吁给予他们高度优先的特别援助（McCallum and Martin，2013）。[1]

---

1 本部分内容基于史密斯-可汗和克洛克的论文（Smith-Khan and Crock，2018）。

> 联合国难民事务高级专员办事处已经将华盛顿小组的问题纳入脆弱性评估框架，该框架承诺对残疾难民面临的风险做更细致的理解。

《残疾人权利公约》认为，损伤本身并不会带来残疾，没有包容和帮助才导致"残疾"的产生。在流离失所的情况下，这种缺失更有可能发生，因此，流离失所往往更易"致残"（Crock et al., 2017）。

缺乏有关残疾难民的证据，但这一情况正在改善

旧的人权框架所依据的保障模式鼓励在视觉识别、医疗评估或自愿提供信息的基础上对残疾问题采取医疗化方法，优先考虑可治疗的损伤。其结果是，现在有时仍然存在严重低估残疾状态和比例的趋势。

在印度尼西亚和马来西亚，联合国难民事务高级专员办事处及其合作伙伴2012年识别和记录的残疾数据很少，而且是临时性的，主要依靠视觉识别或自我报告获得，并使用身体和精神残疾等基本分类。相比之下，2011年对生活在巴基斯坦的100万阿富汗人进行的大规模调查则提出了关于残疾的体系化的问题，从而更深入地了解了残疾人之间的差异，包括他们的受教育机会。然而，这些问题对随之而来的援助需求涉及不多。识别和评估流离失所的残疾人的最新机制，或许可以为寻求提升包容性的组织提供合适的模式。系统性的、基于功能的问题，例如华盛顿残疾统计小组提出的问题，越来越成为全球的标准问题并得以探讨。

在约旦，"人道和包容"——一个以前被称为"国际助残"（Handicap International）的非政府组织——正在试行华盛顿小组问题的修订版，并编写相关的培训材料，以协助人道主义行动者（Humanity and Inclusion, 2018）。直到最近，联合国难民事务高级专员办事处对相关残疾问题的处理仍然有限，例如将视力和听力损伤合并为一类（Crock et al., 2017）。现在，联合国难民事务高级专员办事处采纳了华盛顿小组的简短问题集，并与其合作伙伴共同制定了脆弱性评估框架，该框架将残疾人歧视与其他类型的障碍结合起来，按年龄和性别分列（Women's Refugee Commission, 2017）。这些举措有望使我们更加细致地了解残疾难民面临的多方面风险和可能性。

流离失所的残疾儿童面临重重障碍

残疾不是一个单一的概念。根据个人损伤和可获得的关照，残疾经验可能有很大差异。背景、经历和个人特征可能导致截然不同的结果（Ben-Moshe and Magaña, 2014）。巴基斯坦的上述调查提供了按功能障碍类型划分的受教育机会和识字率数据。视力困难的人最有可能上学（52%），而有自理困难的人最不可能上学（7.5%）。介于这二者之间的是说话困难（31%）或行走困难（27%）、创伤引起的抑郁或混乱（23%）以及认知困难（21%）（Smith-Khan et al., 2015）（图12.4）。

合适的学校可能距离遥远，交通受限。无论是在难民定居点还是在城镇地区，难民的教育设施往往难以抵达。临时学习中心尤其可能是随波逐流的，位于道路和人行道维护不善的街区，或者是没有电梯的多层楼房上。乌干达允许大量难民充分接受公共教育，在该国，主流学校往往缺乏适当的设施和员工培训来关照残疾儿童（Refugee Law Project, 2014）。

缺乏教育方面的实际可及性并不是残疾难民儿童面临的唯一主要障碍，教师教育的缺乏也很关键

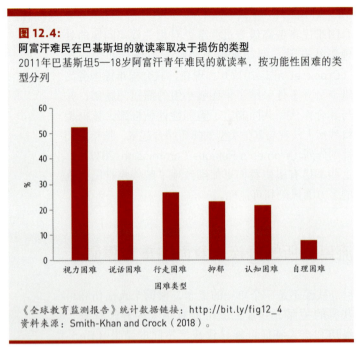

> 缺乏教育方面的实际可及性并不是残疾难民儿童面临的唯一主要障碍，教师教育的缺乏也很关键。

图 12.4:
阿富汗难民在巴基斯坦的就读率取决于损伤的类型
2011年巴基斯坦5—18岁阿富汗青年难民的就读率，按功能性困难的类型分列

《全球教育监测报告》统计数据链接：http://bit.ly/fig12_4
资料来源：Smith-Khan and Crock（2018）。

语的叙利亚难民在土耳其独立交流和获取信息的可能性比在约旦低，无论是通过（相互理解的）约旦手语还是通过书面阿拉伯语均是如此（Hendriks，2008）。此外，流离失所者生活的区域通常很少或没有特殊学校。那些已有的特殊学校地方有限，且通常会收费。马来西亚的学习中心的教师观察到，一些经济能力有限的家庭让残疾儿童辍学，而倾向于送他们的兄弟姐妹上学。

无法使用特殊设施也意味着无法使用辅助技术。在流离失所之前使用辅助技术接受教育的残疾人可能无法随身携带他们的辅助设备。一名年轻的失语难民的母亲解释说，逃离阿拉伯叙利亚共和国前往土耳其意味着这名年轻人失去了他用来交流、娱乐和从事教育活动的电脑，这造成了他和他的家人的痛苦，阻碍了他的学业进步（Smith-Khan and Crock，2018）。

（HelpAge International and Handicap International, 2014; HRW, 2016）。非政府组织开办的课程可能同样缺乏对其教育引导者（通常是志愿者）的适当培训，这不利于平等参与，在印度尼西亚和马来西亚等难民缺乏法律地位并且依赖社区学习中心的国家尤其如此（Smith-Khan and Crock，2018）。

在教室里，残疾难民可能会被忽视或隐藏。损伤可能会招致社会污名，或加剧难民对被移民当局或其他政府当局拒绝的恐惧，进而导致父母隐瞒或较少报告其子女的需求，尤其是女孩的需求。因此，残疾儿童特别容易受到虐待和遗弃。

《残疾人权利公约》对残疾的定义也表明，残疾人存在与性别、青年期和极端年龄、语言、族裔以及社会经济地位相关的复杂困难。使用叙利亚手

关照措施是可能的，社区参与也至关重要

虽然残疾难民要面临多种多样的教育障碍，但这些障碍并非不可逾越。乌干达专门为在定居点和城市地区生活的残疾难民提供了职业培训和创收资金。这笔资金还帮助残疾儿童获得教育，覆盖了学习材料费、校服费和食宿费。虽然这种一次性资助毫无疑问地改善了受益者的教育参与状况，但更广泛的环境和场所障碍依然存在。

越来越多的新的难民营配备了无障碍的基础设施，例如，在约旦的各个办公部门、中心以及难民营中的一所新医院中就可以看到这类设施（Smith-Khan and Crock，2018）。此外，还有必要提供无障碍交通。一个在约旦扎塔里营地提供全纳性戏剧

讲习班的组织安排了一辆小型公共汽车，运送儿童穿越大型营地，以促进他们的参与。

确定收容社区和难民社区的现有优势并与之接触至关重要。马来西亚残疾人组织（DPOs）的代表与难民社区领导人见面后发现，残疾人组织基本上不了解他们城市中的难民。他们也对邻国的冲突和难民所遭受的迫害风险一无所知，这些冲突和迫害迫使难民逃往马来西亚。这种意识上的缺乏，加上语言障碍，可能意味着难民失去了从包括残疾人组织在内的当地团体那里获得实际支持和扶持的机会。

> " 确定收容社区和难民社区的现有优势并与之接触至关重要。 "

乌干达的残疾人组织在民间有很强的影响力，并得到了政府的认可。残疾人组织联盟——乌干达全国残疾人联盟，开展了旨在将残疾难民纳入发展性活动的项目。例如，残疾人组织与各种难民和发展机构接触并向其提供咨询服务，同时帮助残疾难民进行自我组织和自我宣传（NUDIPU，2018）。乌干达全国聋人协会在两个难民定居点的相邻地区开办学校。两个以难民为重点的非政府组织——难民法项目组和国际开发银行乌干达办事处，也是帮助难民了解残疾人权利和促进残疾难民组织发展的关键（Crock et al.，2017）。

结论

虽然关于残疾流离失所者问题的研究和数据仍然有限，但有良好实践的案例表明，收集高质量数据是设计适当战略以提升包容性的先决条件。这些数据需要足够详细，以识别该群体的显著异质性。流离失所的背景——无论是紧急的、短暂的还是长期的——和残疾类型都会影响包容性的提升。在各种情况下，如果不能得到关照和帮助，损伤就会变成残疾。增强残疾难民的权利，使他们能够表达自己的意见，并将他们纳入主流项目设计中，对于确保他们融入教育至关重要。同样至关重要的是确定现有资源，与收容社区合作，发现包括残疾成员的难民社区的优势，并在此基础上再接再厉。

来自伊拉克的穆罕默德·阿卜杜拉(左)和来自阿富汗的古尔姆·礼萨·拉马赞尼(右)在奥地利学习媒体技能时露出心领神会的微笑。

摄影: Stefanie J. Steindl/UNHCR

重要信息

2017年全球有7.5亿成年文盲。全球成人识字率为86%，但这一数据在撒哈拉以南非洲只有65%。

青年文盲总人数从2000年的1.44亿下降到2017年的1.02亿。但是65岁以上的文盲人数继续增加。2016年，老年文盲比青年文盲多40%。

15%—40%的文盲是孤立的，生活在没人能阅读的家庭中。在包括厄瓜多尔和乌拉圭在内的中高收入国家和高收入国家，孤立的文盲往往年纪较大，生活在由一人或两人构成的家庭中。

读写能力为社会和文化间的交流，以及移民和难民的社会、身体和经济福祉提供支持。

母语文盲使得获得第二语言的读写能力变得更加困难：那些没有受过正规教育或者受过很少正规教育的人，可能需要8倍的时间来获得基本的第二语言阅读技能。

扫盲项目和方法因国家而异。2005年以来，挪威规定新抵达的成年移民和难民必须完成600小时的挪威语课程和社会研究课程。

语言项目应在针对各类人群进行规划和适应性调整时，倾听移民和难民的声音，包括特定年龄和在特定场所工作的移民和难民的声音。作为对其第一个难民融入战略的评估的一部分，苏格兰政府就语言和扫盲课程的设计与700名难民和寻求庇护者进行了磋商。

第13章

具体目标 4.6

读写和计算

到2030年，确保所有青年和相当大比例的成人，无论男女都能够读写和计算。

全球指标

4.6.1 特定年龄人口获得特定水平的（a）读写和（b）计算能力的百分比，按性别统计

主题指标

4.6.2 青年和成人识字率

4.6.3 文盲青年和文盲成人参与扫盲项目的比例

成人识字率继续缓慢增长。2017年的全球成人识字率为86%，相当于有7.5亿成年文盲。识字率从撒哈拉以南非洲的近65%到欧洲和北美的几乎全民识字不等。对于低收入国家来说，女性的平均识字率（53%）仍然比男性（68%）落后大约16个百分点（表13.1）。

近年来，青年识字率上升得足够快，导致青年文盲和65岁以下成年文盲绝对数量的下降，这主要是由亚洲拉动的。北非和西亚15—24岁的青年文盲数有所下降，但撒哈拉以南非洲的这一数据仍然停滞不前。在低收入国家、中低收入国家和全球，65

> 2017年，全球成人识字率为86%，这一比例从撒哈拉以南非洲的65%到欧洲和北美的几乎100%不等。

岁及以上的老年文盲人数继续增长。由此，老年文盲几乎比青年文盲多40%（图13.1）。

与青年文盲的情况不同，中期内，学业改善降低老年文盲率的幅度主要取决于1990年开始的全民教育项目之前的教育政策。因此，减少老年文盲并实现他们的终身受教育权需要有针对性的规划和更多的研究，

表 13.1：
2000年和2017年青年和成人扫盲指标

	青年						成人					
	识字率		性别均等指数		文盲人数（百万人）		识字率		性别均等指数		文盲人数（百万人）	
	2000年	2017年	2000年	2017年	2000年	2017年	2000年	2017年	2000年	2017年	2000年	2017年
世界	86.6	91.4	0.93	0.97	144	102	81.5	86.2	0.88	0.92	786	750
撒哈拉以南非洲	65.9	75.4	0.84	0.90	44	48	56.0	64.6	0.71	0.79	157	200
西亚和北非	85.4	89.6	0.89	0.96	10	9	71.3	80.5	0.76	0.86	65	66
中亚和南亚	74.1	89.0	0.81	0.95	77	39	60.1	72.8	0.68	0.8	387	369
东亚和东南亚	98.1	98.8	0.99	1.00	6	4	91.4	95.8	0.92	0.97	125	74
拉丁美洲和加勒比	95.1	98.4	1.01	1.00	5	2	89.1	93.5	0.98	0.99	39	31
大洋洲	...	...	...	...	...	...	...	...	...	...	...	...
北美和欧洲	99.4	...	1.00	...	0.8	...	98.7	99.2	0.99	1.00	11	7
低收入国家	58.2	72.9	0.81	0.90	34	36	50.7	60.6	0.69	0.77	115	148
中低收入国家	78.7	89.1	0.86	0.96	97	59	66.7	76.4	0.75	0.84	495	486
中高收入国家	97.3	98.2	0.99	1.00	10	7	90.5	95.0	0.93	0.97	158	104
高收入国家	...	...	...	...	...	...	...	...	...	...	...	...

资料来源：统计研究所数据库。

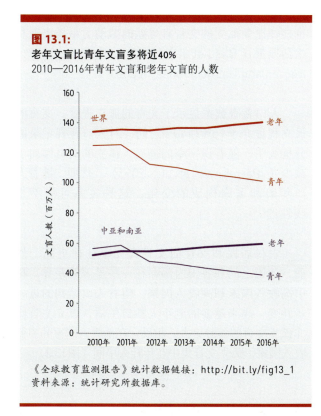

图 13.1:
老年文盲比青年文盲多将近40%
2010—2016年青年文盲和老年文盲的人数

《全球教育监测报告》统计数据链接：http://bit.ly/fig13_1
资料来源：统计研究所数据库。

可持续发展目标议程旨在通过全球指标4.6.1——"特定年龄人口获得特定水平的（a）读写和（b）计算能力的百分比，按性别统计"——引导国际社会对功能性读写和计算能力采取新的、更加细致的统计方法。然而，收集这类数据的挑战不容低估。2016年尚没有新的估计值。收集读写能力数据的三项主要跨国可比调查——经合组织的国际成年人能力评价项目、世界银行的就业与生产技能项目以及联合国教科文组织统计研究所的读写能力评估与监测项目（LAMP），这些项目有高昂的财政、技术和运营成本，尤其是对贫困国家而言。

联合国教科文组织终身学习研究所目前正在全球监测学习联盟的框架内整合两个成人读写和计算专家组的工作。他们旨在构建一种混合的熟练水平，各国可用该指标作为对全球指标的报告，也可用其开发与国际成年人能力评价项目相匹配的概念模型和测量工具。全球监测学习联盟于2017年采纳了该指标，并将其作为全球指标的框架。一个关键问题是，如何测量低于国际成年人能力评价项目各维度上的最低水平的值，现有标度太高而不能作为全球水平的最小阈值。为此，对新的读写和计算测试项目的调整或开发预计将在2019年进行。

最近，联合国教科文组织统计研究所调查了"迷你读写能力评估与监测项目"的可行性，这是一项简短的读写调查。它考量了六种方法：更窄的技能领域；有目的抽样而不是随机抽样；将读写模块添加到现有研究（例如劳动力调查）中；完全自适应的基于网络的部署；关注关键技能门槛；分散的评估管理。联合国教科文组织统计研究所提议对现有的读写能力评估与监测项目进行调整，通过电子方式托管读写和计算的简短模块，根据内容框架扩大题库，并制定一套实施工具包，使各国可以在保证质量的情况下独立将其用于家庭调查。联合国教科文组织统计研究所估计可以在6个月内安排一个"迷你读写能力评估与监测项目"，在基于计算机的情况下实施周期为7个月，纸笔版本项目的实施周期为12个月（UIS，2018）。

并考虑到贫困国家老年人的教育需求。也许与直觉相反，他们比更年轻的文盲更不太可能孤立地生活（生活在没人识字的家庭里）（数据焦点13.1）。

> **老年文盲的数量继续增长。**

主要基于代理人报告或自我报告的识字率估计数，或基于完成初等教育必然意味着识字的假设所做的估计表明，高收入国家的居民几乎普遍识字。尽管如此，这些国家仍然需要扫盲项目，例如让移民和没有或几乎没有受过教育的难民，或者以拉丁文字以外的文字读写的人，融入以识字作为社会参与的先决条件的社会（政策焦点13.1）。即使是在已普及小学教育的本国人口中，成年功能性文盲的人数也往往相当多。

数据焦点13.1：劣势的多样性——孤立文盲现象

对读写能力的复杂评估，如读写能力评估与监测项目和国际成年人能力评价项目，证实了读写能力不能被随意划分的识字和不识字充分衡量。更常规的自我评估和单项读写测量的优势在于，更有可能在收集每个家庭成员信息的调查中得以实施。特别是，这种方法可以帮助确定文盲的孤立程度：是否生活在没人能够阅读的家庭。

> **大约15%—40%的文盲来自没人能阅读的家庭。**

孤立的文盲比非孤立的文盲处于更不利的地位，换句话说，非孤立的文盲可以受益于一个或多个识字的家庭成员，这些家庭成员可以向其解释用药说明或帮助其填写官方表格。即使有家庭之外的网络知道有人是文盲并且能够为其

提供支持（Riekmann et al.，2016），孤立的文盲也往往比非孤立的文盲有更差的劳动力市场表现和生活质量（Basu et al.，2002；Maddox，2007；Iversen and Palmer-Jones，2008）。

人口普查数据显示了文盲的孤立程度。文盲的孤立程度介于15%和40%之间。对人口普查记录的分析表明，随着识字率的提高，孤立的文盲倾向于减少（Permanyer et al.，2013）。然而，随着人口年龄和家庭构成的变化，这种关系可能不是线性的。

农村居民和女性的文盲孤立率往往更高。然而，各国之间和各国内部存在一些显著的差异。在中高收入国家和高收入国家，随着人口结构的进一步转变，越来越多的老年人独自生活，孤立文盲比非孤立文盲的年龄更大。相反，在低收入国家和中低收入国家，孤立文盲集中在年轻人中间（图13.2）。

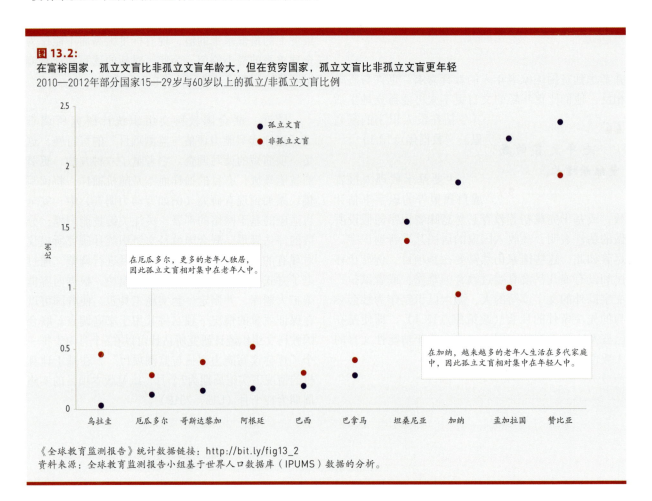

图 13.2:
在富裕国家，孤立文盲比非孤立文盲年龄大，但在贫穷国家，孤立文盲比非孤立文盲更年轻
2010—2012年部分国家15—29岁与60岁以上的孤立/非孤立文盲比例

《全球教育监测报告》统计数据链接：http://bit.ly/fig13_2
资料来源：全球教育监测报告小组基于世界人口数据库（IPUMS）数据的分析。

一种解释是，年轻文盲相对于老年文盲更可能来自社会经济地位较低的群体。家庭构成是另一个导致这一现象的因素。年龄较大的成年人倾向于有更多10—14岁最近正在上学的孩子。55岁及以上的成年文盲更有可能生活在贫穷国家的多代大家庭中，因此更有可能与更年轻、受教育程度更高的家庭成员生活在一起。相比之下，希腊和葡萄牙等富裕国家的文盲不太可能生活在这样的家庭中，更有可能成为孤立文盲。

仅仅提高年轻群体的受教育程度并不能缓解文盲的孤立程度。从中期来看，没有在学校获得读写能力的儿童和青年往往集中在文盲家庭。从长远来看，年纪较大的文盲不太可能和识字的孩子生活在一起。

没有什么能替代针对孤立文盲的扫盲干预措施。在富裕国家，其目标群体应该是一个人或两个人组成的家庭中的老年人。在较贫穷的国家，它的目标群体应该是在社会经济中的边缘化群体，通常是农村青年，正如以前的《全球教育监测报告》所显示的，这是扫盲项目没有充分针对的一个人口群体。例如，尼日尔农村青年参与此类项目的可能性远低于老年城市居民（UNESCO，2016）。

政策焦点13.1：扫盲和语言项目是成年移民和难民融入社会的一个支柱

移民和难民的识字率差别很大。他们可能无法阅读任何语言，可能从未上过学，可能上过几年学，或者可能太久没有练习。他们可能对东道国的语言一无所知。2016年对在德国的寻求庇护者的调查显示，34%的人能够用拉丁文字读写，51%的人用另一种文字读写，15%的人是文盲（Scheible，2018）。然而，最后这部分人参加扫盲课程的可能性最小（图13.3）。

虽然本报告强调学龄儿童的需求（第3章和第4章），但父母、员工、服务使用者和公民所面临的

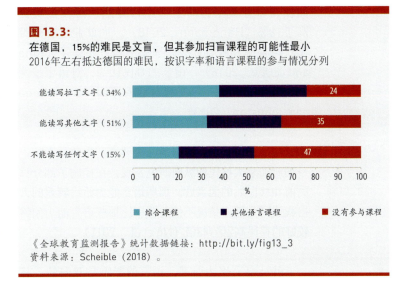

图 13.3：
在德国，15%的难民是文盲，但其参加扫盲课程的可能性最小
2016年左右抵达德国的难民，按识字率和语言课程的参与情况分列

能读写拉丁文字（34%）　24
能读写其他文字（51%）　35
不能读写任何文字（15%）　47

（横轴）0 10 20 30 40 50 60 70 80 90 100　%

■ 综合课程　■ 其他语言课程　■ 没有参与课程

《全球教育监测报告》统计数据链接：http://bit.ly/fig13_3
资料来源：Scheible（2018）。

> 《安全、有序和正常移民全球契约》的草案没有明确提到成人教育或扫盲。

语言挑战也很重要。2009年由144个国家通过的关于成人学习的《贝伦行动框架》具体说明了为移民和难民制定教育对策的必要性。2015年，联合国教科文组织《关于成人学习和教育的建议》强调需要增加弱势群体接受教育的机会，包括移民工人、无国籍者或流离失所者（UNESCO and UIL，2016）。

德国2004年为移民推出了有补贴的语言课程（Isphording，2015）。在瑞典，成功完成课程的参与者会获得金钱奖励（King and Lulle，2016）。然而，针对移民和难民的大规模公共成人扫盲项目依旧很少，《安全、有序和正常移民全球契约》的草案也没有明确提到成人教育或扫盲。[1]

学会读写对移民和难民有许多好处

熟练掌握东道国的语言会带来许多个人优势。在德国的难民中，熟练的德语会话、阅读和写作技

1　本部分以汉尼曼的背景文件（Hanemann，2018）为基础。

能使得就业概率提高了19个百分点，潜在工资提高了18%（Hanemann，2018）。向就业过渡是难民获得福祉和收容社会归属感的最重要途径（King and Lulle，2016）。南非的难民认为，对语言技能缺乏信心是他们不愿发起对话的原因（Bacishoga and Johnston，2013）。

相反，低语言水平可能会对健康产生负面影响。一项对加拿大移民的纵向研究发现，在控制了部分移民前和移民后的因素后，那些语言能力始终较差的人自我认同为健康情况不佳的概率比那些语言能力始终较好的移民高2倍到3倍（Ng et al.，2011）。

就社会凝聚力而言，语言的影响是双向的。移民和难民需要懂得东道国的语言，当地人需要欣赏移民和难民的母语。据报道，在德国，随着叙利亚和伊拉克难民的涌入，人们对阿拉伯语课程的兴趣有所增加（Wierth，2017）。

高收入东道国提供差别化扫盲项目

学习包括母语在内的任何语言的文盲，需要被特别对待，因为他们在学习识字基础知识和学校教育规范方面尤其面临挑战。他们经常需要学习书面文本的基本知识，包括单词是口语的表征的原则以及单词的书面组织方式。写作的机制对他们来说也可能是新的。

鉴于移民和难民的多样性，扫盲项目必须灵活。强度、内容和时间表应该适合个人需求和背景。更有效的扫盲项目包括促进各级教育之间过渡的衔接课程，能够将语言、读写和计算与生活技能或职业培训结合起来，能够让学习者按照自己的节奏取得进步。

> 那些没有受过正规教育或受过很少正规教育的人，可能需要8倍的时间才能达到基本的第二语言阅读水平。

母语文盲使得获得第二语言的读写能力变得更加困难（Benseman，2014）。一项估计表明，那些没有受过正规教育或者受过很少正规教育的人，可能需要8倍的时间来获得基本的第二语言阅读技能（Schellekens，2011）。在芬兰，这种缓慢的学习速度意味着为成人文盲提供的培训可能太短（Malessa，2018）。在对五名女性文盲移民的纵向研究中，一项1,400小时的语言和读写课程被认为不足以使其获得实用的阅读技能（Tammelin-Laine，2014）。

缓慢的学习进度甚至会让经验丰富的全职教师感到沮丧。对于移民的教师来说，他们需要掌握使用记录移民每天遇到的挑战的材料的能力，以及向识字率低的成年人传授口语技能的方法知识。教师还需要了解母语能力如何影响第二语言读写能力的发展。

作为一个名为"欧洲其他语言使用者：成年移民教育和教师培训"的项目的一部分，九个国家的伙伴组织正在推出一门针对教师的在线课程。该课程旨在培养的六种技能之一是与低读写技能学习者合作。该模块正在接受通过前测与后测、课堂讨论和自我评估进行的综合评估（Naeb and Young-Scholten，2017）。

扫盲项目和扫盲方法因国家而异，包括提供额外的学习时间和教学，以及母语教学，以支持最初的识字学习。澳大利亚国家成人移民教育项目由州一级的提供者实施，为青年移民、寻求庇护者和难民提供510小时的英语教学，该计划将在5年内完成。受教育不足7年的人有资格额外学习400小时的语言课程（Centre for Multicultural Youth，2013）。

维也纳的阿尔法中心（AlfaZentrum）移民项目为初学者和更高水平的德语学习者提供多层次的以学习者为导向的扫盲课程。参与者对课程和课堂上的日常教学主题有发言权，可以要求使用他们想要理解的家庭或工作场所的材料，而不是标准化的教科书。在评估方面，咨询会议代替了测试。这些帮助教师确定了移民获得的技能、知识和经验，并为教师提供了有关改进项目的见解（Plutzar and Ritter，2008）。

> "
> 2009—2015年，英国技能资助机构对以英语为第二语言的课程的资助减少了50%以上。
> "

在比利时弗兰芒语区，低学历或低读写能力成人基础教育中心主要面向的对象是移民。有一门课程专门针对文盲（Choi and Ziegler，2015）。2017年，新的德国法律扩大了成人学习计划的范围，为那些能用母语读写和不能用母语读写的人开设了不同的课程。识字需求较大的人还可获得额外的学习时间（Scheible，2018）。荷兰在地方培训中心为低读写能力移民提供单独的课程，目标是使他们在日常生活中更加独立。课程没有按母语的读写水平进行区分（Grotlüschen et al.，2016）。

2005年以来，挪威规定新抵达的成年移民、难民和获得人道主义保护的人必须完成600小时的挪威语和社会研究教学。2012年的新课程包括一个针对文盲学习者的单独模块。用移民最熟悉的语言学习读写的重要性变得显而易见。然而，很少有母语使用者具备教师资格。越来越多的成人学习中心聘任受教育程度最高的移民学生作为初级扫盲班的助手，以弥合教师和学生之间的语言鸿沟（Sbertoli and Arnesen，2014）。

苏格兰学历管理委员会在2016年1月增加了一个过渡阶段——"为学习做准备"。"以英语为外语"的三个扫盲单元的对象是没有英语技能或母语读写技能低的难民和寻求庇护者（Scottish Government，2017）。

想要提高读写能力的成年人也面临障碍

一些国家缺乏提高移民和难民读写能力的项目。孟加拉国一直不愿意支持为罗兴亚难民提供语言服务的非联合国机构（Hanemann，2018）。

缺乏资金也可能使项目的执行受限，特别是当政府资源和支持不符合政策的时候。例如，虽然英国政府希望移民一进入英国就学习英语，但语言学习的需求远远超过供给，一些语言中心报告了两三年内的等待入学名单（McIntyre，2017）。财政支持的减少可能会导致供给的受限。2009—2015年，英国技能资助机构对以英语为第二语言的课程的资助减少了50%以上（Refugee Action，2016）。

贫困、安全问题和文化问题可能会阻止或妨碍个人，特别是妇女参加扫盲项目。对儿童保育责任的文化期待和有限的家庭支持也阻碍了她们参与此类项目（Hanemann，2018）。新居民聚集形成的民族语言飞地可能会由于较少接触当地语言而阻碍语言学习。澳大利亚、加拿大、以色列、英国和美国发现了飞地密度和语言习得之间的负面关系（Isphording，2015）。

一些移徙活动的暂时性会降低移民学习新语言的动机。期望在东道国停留更长时间的人更可能提高其语言熟练程度。难民人口学习东道国语言的可能性可能低于移民。在美国，58%的居住了20年或更长时间的难民仍被归类为英语水平有限的人（Capps et al.，2015）。

移民或难民是否达到了东道国语言的工作熟练程度，部分取决于这些语言与其母语的差异大小，也取决于他们接触该语言的程度。在美国国防语言研究所外语中心，为了帮助学习者达到熟练掌握语言的程度，一系列资源充足的课程的总教学时间为780—2,200小时，教学时间的长短依语言不同而不同。然而，这一条件是不可复制的（Benigno et al.，2017）。语言学习达到口语流利水平估计需要3—5年，而达到学术水平可能需要7年（Demie，2013；Hakuta et al.，2000）。

语言项目需要适应移民和难民的条件

要使语言项目起到克服挑战并提高语言熟练程度的作用，它们就必须具有适应性、文化敏感性和充足的资源。为指导相关组织提供语言支持，欧洲委员会于2017年发布了一个工具包，重点关注文化意识、发现个人学习需求的方法以及建议开展的学习活动，包括现实生活交流的反思和情景再现（Council of Europe，2017）。

> **让移民和难民参与规划和教学是支持项目调整的一种方式。**

让移民和难民参与规划和教学是支持项目调整的一种方式。作为对其第一个难民融入战略的评估的一部分，苏格兰（英国）就语言和扫盲课程的设计与700名难民和寻求庇护者进行了磋商，其结果是，苏格兰对那些处于学习英语的早期阶段、几乎或完全不能读写的人给予了额外关注（Scottish Government，2018）。

框注 13.1:

佛得角整合了为非洲移民提供的职业教育和成人扫盲

在过去的20年里，进入佛得角的移民，尤其是从西非来的移民，增加了两倍。2014年，两项独立的研究发现，12.5%的非洲移民不会识字，73%的移民工人缺乏与职业技能相关的资格。对此，教育和移民相关部门与非洲共同体平台、移民协会和相关非政府组织合作，制定并于2016—2017年度推出了佛得角非洲共同体移民扫盲和培训项目。该项目将持续到2020年，涵盖扫盲、葡萄牙语和职业培训，如计算机技能和木工培训。

尽管女性的就读率受到家庭责任或缺乏配偶许可的影响，且学习者在兼顾工作和学习方面面临困难，但98%的参与者成功完成了第一年的学业。学习者能够更好地用葡萄牙语交流，并发展了职业技能，非洲妇女感到自己更有能力掌握基本的读写和计算技能（Andrade，2018）。

新西兰采取了政府全体行动的方法来改善难民重新安置的结果，在这种方法中，语言熟练程度被确定为自给自足、社会融入和独立所必需的五项条件之一。2014—2015年度，教育部和高等教育委员会就课程的可取特点和所面临的障碍与以前和现在的难民进行了磋商。2015年，政府资助了4.7万名参与者参加了"以英语为外语"课程（New Zealand Ministry of Business，2017a，2017b）。

只要有可能，移民到达后会优先考虑就业。技术和职业教育项目可以帮助新来者获得技能和认证的证书。澳大利亚墨尔本理工大学的青年移民英语课程是一个可持续的、量身定制的当地课程的例子。它提供三级语言课程，帮助学习者为进入主流技术和进一步的课程做准备。资金是该项目可持续的关键。作为该机构的重要任务，该课程获得了经常性核心预算资金，这为课程提供了稳定性，并使该课程具备了抗风险性和吸引高技能员工的可能性（ACTA，2017）。

在德国，社会融入和语言习得与参与劳动力市场密切相关。为了加速难民就业，政府对一项为期9个月的社会融入课程给予了支持，该课程包括60小时的文化培训和600小时的德语教学。熟练程度至少为B1的难民，即六个级别中的第三个，有资格参加与工作相关的语言培训课程。2016年，政府提供了10万个资助名额，目的是将难民的语言技能提高至从职业培训项目毕业所需的水平。然而，课程往往过于拥挤，教员工资过低、资历不足。B1级的通过率低于60%（Hanemann，2018）。

为了解决流离失所者的不规律就读问题，慕尼黑成人教育中心试行了"进来"（Komm Rein）项目，这是一个提供地理信息和提升跨文化意识的项目，确保新来者一到达就能与德国人初次接触。由于正式和非正式的互动时间的存在，参与者和教师几乎每天都可以调整课程，以容纳新的参与者（Hanemann，2018）。虽然此类项目往往侧重于移民或难民青年，但一些项目，如佛得角的项目，关注的是成年人（框注13.1）。

必须认真考虑对项目提供者给予奖励。例如，美国《劳动力投资和机会法》对以绩效为核心的结果的关注可能会使一些项目提供者规避风险，使他们更有可能排斥低读写能力的移民，优先考虑那些被认为更有可能取得进步的移民。这最终会减缓最弱势移民的经济、语言发展和社会融入（Greenberg et al., 2017）。

结论

读写能力能为社会和文化交流以及移民和难民的社会、身体和经济福祉提供支持。然而，一些国家存在的巨大障碍限制了成人学习语言课程并取得成功。如果个人没有动机，认为课程不适合自己，或者觉得没有安全感，他们就可能不会参加。有效的项目应当资源充足，而且对文化敏感。语言项目应在针对各类人群进行规划和适应性调整时，倾听移民和难民的声音，包括借助面向特定年龄和特定场所工作的活动。

一个小男孩抱着地球仪。

摄影: ESB Professional/Shutterstock.com

重要信息

联合国教科文组织1974年的建议是这一具体目标的全球指标的基础，在最近两次磋商期间，根据该建议进行报告的国家数量从57个增加至83个。

该建议的指导原则包括人权和基本自由，只在17%的国家的在职教师教育中得到充分体现，但在80%以上的国家的学生评价中有充分体现，在前一次的磋商中，这一比例还不到一半。

国际教育成就评价组织的国际公民素养调查显示，2009—2016年有可比数据的18个国家中，11个国家的学生公民素养得分有所提高。在14个欧洲国家实施的一个特殊模块显示，88%的八年级学生认同移民应当享有同等权利。

教材可能无法充分挖掘教育促进和平的潜力。在全球范围内，2000—2011年，包含冲突预防和冲突解决内容的社会科学教科书所占比例低至10%左右。

通往暴力极端主义的道路是复杂的，原因是多方面的。优质而平等的、增强对多样性的尊重的教育能够对此做出正面的贡献，虽然这是一个长期的过程。我们要欢迎能接纳批判性观点的开放的课堂氛围。

传媒阅读、安全的讨论空间、青年俱乐部和社区中心等形式的非正规教育可以帮助人们成为批判性媒体消费者，增加对多样性的尊重，并最终降低暴力极端主义的风险。

第14章

具体目标 4.7

可持续发展教育
和全球公民教育

到2030年，确保所有学习者获得促进可持续发展所需要的知识和技能，这其中包括通过教育来实现可持续发展和可持续生活方式、人权、性别公平、推广和平与非暴力文化、全球公民意识、赞同文化多样性和文化对于可持续发展的贡献。

全球指标

4.7.1（ⅰ）全球公民教育和（ⅱ）可持续发展教育，包括性别平等和人权，被纳入各级教育的（a）国家教育政策、（b）课程大纲、（c）教师教育和（d）学生评估的程度

主题指标

4.7.2 提供基于生活技能的预防艾滋病教育和性教育的学校百分比

4.7.3 世界人权教育计划的框架在国家层面实施的程度（依据联合国大会决议59/113）

4.7.4 学生中表现出充分理解全球公民和可持续发展议题的人数百分比，按年龄组或教育等级统计

4.7.5 15岁学生熟练掌握环境科学和地理科学知识的百分比

监测具体目标4.7的进展情况仍然具有挑战性并在不停变化，它对教育的内容和目的的关注独特而新颖。1974年联合国教科文组织《关于促进国际了解、合作与和平的教育以及关于人权与基本自由的教育的建议书》为全球指标4.7.1奠定了基础。做出回应的国家数量从第五次磋商（2009—2012年）的57个上升至第六次磋商（2013—2016年）的83个。第六次磋商的初步结果现已在区域层面达成，同时继续就是否提供国家层面的结果进行谈判。

各国报告了其教育体系的四个领域——教育政策、课程、教师教育和学生评价——体现该建议的指导原则和相关主题的程度。在职教师教育的实施情况最差，相关国家中，有17%"充分体现"了这一建议。学生评价的变化最明显，第六次磋商中有五分之四以上的国家报告称它们纳入了指导原则，比第五次磋商时的不到一半国家有所提高。虽然报告中普遍以某种形式纳入原则，但只有21%的国家报告称专门用于这些教学的时间"完全充足"（图14.1）。

第七次磋商将于2020年试行，将课程的组成分解为内容和资源，并将进一步改进，使可持续发展目标指标的跨机构专家组能够将该全球指标从三级提升到二级。

> 在最新一次关于具体目标4.7的全球指标的磋商中，报告国家从57个增加至83个。

第六次磋商涉及暴力极端主义的预防。人们越来越认识到教育的作用至关重要。阿拉伯地区国家是因这类冲突受害人数最多的国家，所有相关的阿拉伯地区国家都将这一主题列入课程，而其他地区相比之下只有36%—74%的国家将这一主题列入课程。然而，教育在预防方面能起到的作用也是有限的（政策焦点14.1）。

关于第六次磋商的报告指出，与指导原则相关的评估要优先考虑知识和技能。因此，国际教育成就评价组织国际公民素养调查的学生层面数据提供了一个重要的补充视角。2016年国际公民素养调查的问题提供了有关学生价值观和态度的有趣视角，特别是有关主题指标4.7.4——"学生中表现出充分理解全球公民和可持续发展议题的人数百分比，按年龄组或教育等级统计"（数据焦点14.1）。

> 所有阿拉伯地区的国家都将预防暴力极端主义列入了课程。

经合组织2018年的国际学生评估项目包含了一个新模块"全球能力"，其结果将于2019年年底公布，这个模块包括有关全球公民的问题，与国际公民素养调查的问题相似，但很少有问题相同。国际学生评估项目还包括对与开放及跨文化沟通、不同视角、冲突解决和适应性等相关的认知能力及社会情绪能力的评估（OECD，2018）。

图 14.1:
只有17%的国家的在职教师教育完全体现了人权和基本自由原则
2012—2016年在教育政策、教师教育和课程中体现1974年联合国教科文组织建议书的原则的国家百分比

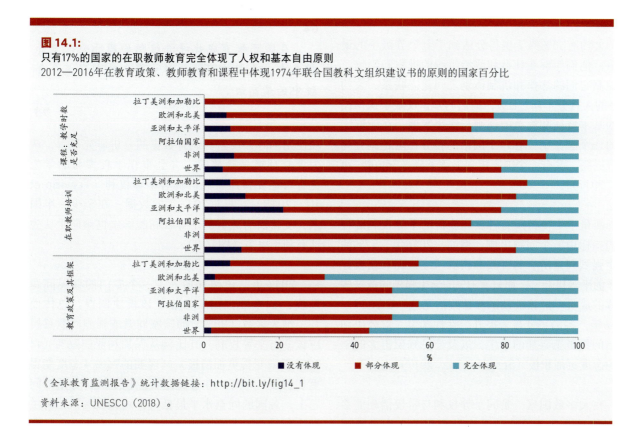

《全球教育监测报告》统计数据链接：http://bit.ly/fig14_1

资料来源：UNESCO（2018）。

预计参加全球能力模块测试的55个国家中，约有一半也将参加认知能力评估。

在可持续发展目标最终确定之前，代表民间组织的联合国儿童和青年主要小组建议，将为所有青年人提供综合的性教育作为可持续发展目标4的一个具体目标（UN MGCY，2015）。最终，主题指标4.7.2——"提供基于生活技能的预防艾滋病教育和性教育的学校百分比"被采纳。一些国家受邀在教育管理信息系统加入：学校是否教授（1）一般生活技能；（2）性和生殖健康；（3）艾滋病病毒预防。可以通过学校年度普查或校本调查搜集数据。经过试点测试，联合国教科文组织统计研究所国家调查在2017年加入了性和生殖健康问题，并在2018年涵盖了一般生活技能和艾滋病病毒预防。报告的数据将汇总校长对学校普查表格的反应。然而，直接向作为受益人的学生提问题也是可行的。

数据焦点14.1：对平等和多样性的态度与学校教育过程有关

与一些普遍看法相反，可持续发展目标4的议程不仅将读写和计算指标放在教育辩论的核心位置，而且试图引入更广泛的学习成果指标。国际社会仍然在研究这些指标的操作性定义。实际上，这些讨论是由现有可比较的信息所决定的，而非取决于就应该监测什么达成的共识。

国际公民素养调查对八年级学生的评估是公民学习结果可比数据的来源。继2009年开展第一轮评估以来，2016年在24个国家进行的第二轮评估旨在分析年轻人对公民和公民身份的认识和理解，以及相关的态度、看法和行动（Schulz et al.，2017）。尽管该调查在设计时并没有考虑具体目标4.7，但它提供了主题指标4.7.4测量和监测的信息。[1]

---

1 本节主要基于桑多瓦尔-费尔南德兹和米兰达的论文（Sandoval-Hernández & Miranda, 2018）。

大约有35%的学生得分达到了五个等级中的最高级，他们能够在社会和政治组织的进程和影响，与控制它们的法律和机制体制之间建立联系。大约13%的人得分不超过D级，他们的知识仅限于认识民主的基本特征和简单的规则与法律案例。在能够比较的18个国家中，有11个国家的得分在两轮调查间显著提高，没有一个国家出现显著下降（Schulz et al., 2017）。

衡量学生支持所有种族和族群的平等权利的程度的指标由五个问题组成。例如，2016年，57%的学生强烈同意所有的种族和族群"应该拥有获得好工作的平等机会"，而只有31%的学生强烈同意这些群体的成员"应该被鼓励参加政治竞选"。2009—2016年，各国得分显著提升。女性学生、对公民和政治问题更感兴趣的学生，以及公民知识更多的学生的态度更加积极（Schulz et al., 2017）。

在大多数国家，赞同平等权利与学校活动的参与度和对课堂开放性的看法呈正相关，在半数国家与学校里的学生互动质量呈正相关。2009年一

> 在国际教育成就评价组织的国际公民素养调查中，大约有35%的学生得分达到了五个等级中的最高级。

项使用国际公民素养调查数据的分析研究显示，认为课堂环境是开放的，并且重视学校参与的学生更有可能支持所有族群拥有平等权利（Treviño et al., 2018）。根据2016年的数据，在至少一半国家，支持所有族群的平等权利的学生也倾向于认为这有利于民主（图14.2）。

2016年，该调查加入了一个专门的移民问题模块，14个欧洲国家参加了该模块调查。总体而言，绝大多数（88%）的国家同意或强烈同意移民应该享有平等权利，其比例从保加利亚的76%（自2009年来变得更加消极）到瑞典的94%（态度变得更加积极）不等。在移民是否应该继续讲母语的问题上，各国的同意水平最低（平均为68%），荷兰和比利时弗兰芒语区的该比例最低，分别为51%和58%（Losito et al., 2017）。

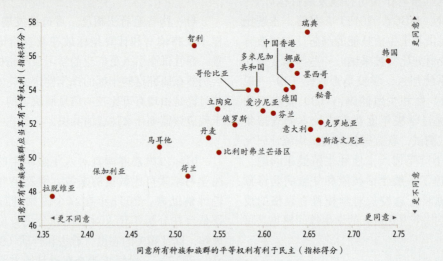

图 14.2:
认为所有族群享有平等权利的学生同样认为这对民主有利
2016年部分国家的教育体系中，同意所有种族和族群应当享有平等权利，并同意所有种族和族群的平等权利有利于民主的指数

《全球教育监测报告》统计数据链接: http://bit.ly/fig14_2
注: 2009年国际公民素养调查中，同意平等权利指数的平均得分是50分。在平等权利与民主指数中，1分表示"有害于民主"，2分表示"无害也无利"，3分表示"有利于民主"。
资料来源: Sandoval-Hernández and Miranda（2018）。

政策焦点14.1：教育预防暴力极端主义的作用越来越大

暴力极端主义被定义为"支持和使用暴力来实现意识形态、宗教或政治目的的人的信念和行动"，激进主义被定义为"一个人采取极端观点或做法，使暴力行为合法化的过程"（UNESCO，2017a，pp.19，20）。

为了打击暴力极端主义，各国将大量资源用于情报、准备和调查，以发现和预防恐怖袭击。在包括欧洲在内的一些地区，无差别暴力袭击令人担忧。多种形式的威胁增加了，应对的范围也扩大了（Europol，2018）。

预防暴力极端主义的挑战要大得多，因为激进主义的根源是多种多样的，其驱动力也有多种层次。尽管如此，预防仍被视作对抗恐怖主义必要的第一道防线。一些观察人士认为，教育在政策和项目设计上起关键作用（Bhatia and Ghanem，2017）。

暴力极端主义威胁着2030年议程的实施。极端分子倾向于将发展转为挑战，如将贫困转变为实现其目标的工具，甚至加剧这些挑战，并将其作为制造边缘化恶性循环的一种策略，尤其是影响最贫困、最脆弱的群体（United Nations，2015）。虽然暴力极端主义、恐怖袭击以及针对本国和非本国公民的袭击都无疑直接造成了移民和流离失所，但高收入国家的公众舆论都过分强调了相反的逻辑——移民与恐怖主义有关（Crabtree and Kluch，2017）。事实上这种关联性不堪一击，外国人发动的袭击和本国人发起的袭击相比只是一小部分，东道国的压制手段，而不是移民本身，可能是造成暴力极端主义的一个原因（Dreher et al.，2017）。

大量关于激进主义动力机制的文献的出现，强调了个人的和结构性的驱动因素（表14.1）。这些因素以复杂的方式相互作用，没有一条唯一或典型的通往激进主义的道路。然而，从原则上来说，教育可以影响激进主义，也可以影响反动的反应。

表14.1：
激进主义的个人和结构性驱动因素

拉动因素（个人）	推动因素（结构）
• 个人背景（如生存和对身份认同的精神追求、青少年危机、使命感等）；	• 缺乏社会经济机会（贫困、腐败、失业等）；
• 认同集体的不平和受害者叙事，激起强烈的情绪；	• 边缘化、结构性歧视；
• 滥用/歪曲信仰、政治意识形态、两极分化和分裂的观点；	• 管理不善，侵犯人权，司法系统腐败；
• 被有魅力的领导者、社会团体、网络所吸引。	• 长期未解决的冲突。

资料来源：Lelo（2011）；UNESCO（2017a）；United Nations（2015）。

教育是防止暴力极端主义的关键，即使这种关系很复杂

被排除在教育之外可能成为不满的来源，为激进主义提供肥沃的土壤。在叙利亚战争期间，叙利亚的教育体制崩溃，这意味着许多叙利亚年轻人无法通过教育脱离武装组织。在某些情况下，武装团体根据他们的意识形态建立学校。虽然东道国采取了很多措施将叙利亚难民儿童和青少年纳入它们的教育体制之中，但最初的歧视或缺乏证明文件使他们错失了受教育机会，由此导致他们感到无助和绝望，让年轻人更容易受到剥削和激进主义的影响（International Alert，2016）。

关于教育和暴力极端主义或恐怖主义之间因果关系的研究还没有定论（Krueger and Maleckova，2003）。这可能反映了教育与个人和结构性驱动因素的相互作用及其影响的复杂性。一项对八个阿拉伯国家进行的研究表明，失业只增加了受教育程度较高人群堕入激进主义的可能性；通过教育提高经济地位的预期落空，增加了通过暴力极端主义解决不满的吸引力（Bhatia and Ghanem，2017）。

教育内容也会对其产生影响。对极端主义分子的背景分析发现，工程师在伊斯兰和右翼激进分子圈子里的比例过高，而左翼激进圈子里的社会科学家比例过高。这得出了一种理论，即学科背景可能反映着个体特征，使得一些教育途径更可能使个体有选择性地加入某一群体（Gambetta and Hertog，2016）。也就是说，在特定情境下，教育背景，而不是受教育水平，更有可能诱发特定的激进路径。

尽管存在这些错综复杂之处，但联合国秘书长关于预防暴力极端主义行动计划的报告强调，教育可以通过促进尊重多样性、和平和经济发展，作为对抗激进主义的缓冲器（United Nations，2015）。一项对撒哈拉以南非洲国家的研究表明，教育是打击暴力极端主义的四座战略基石之一（Lelo，2011）。事实上，暴力极端主义常常将教育视为威胁，并以学校为目标，例如，2014年4月针对尼日利亚博科圣地的恐怖袭击，以及2015年4月青年党杀害肯尼亚学生的事件（United Nations，2015）。

教育政策可以探索更多防止暴力极端主义的途径

联合国教科文组织1974年建议执行情况的第六次磋商结果显示，在过去的五年，60%的参与国，包括所有参与的阿拉伯国家在内，在国家课程中都更加强调指导原则。指导原则包括"理解和尊重所有人，他们的文化、文明、价值观和生活方式"，以及"个人愿意参与解决其所在社区、所在国和全世界的问题"（UNESCO，2018b）。

然而，教材可能与规定的课程重点不符。一项全球分析显示，2000—2011年，预防冲突和解决冲突的主题，如国内或国际审判、真相调查委员会和经济赔偿等，在社会科学教材中所占比例较低，仅为10%左右。亚太地区的冲突预防覆盖率最高，非洲、拉丁美洲和加勒比地区的冲突解决内容所占比例约为15%（Bromley et al.，2016）。

教师的作用至关重要

教师在培育宽容和批判性态度中可以发挥重要作用。然而，预防激进主义是一项敏感的任务。若没有充分的准备，教师的努力可能无效或适得其反（UNESCO，2016）。必须始终坚持民主、公民身份、人权和文化多样性等原则。从特定的社会群体中选拔教师会加剧社会的不平等和分裂

> 2000—2011年，社会科学教材中预防和解决冲突的内容所占比例很低，只有10%左右。

（INEE，2017）。无效的教学方法，如死记硬背，不能促进社会包容或对极端主义产生抗力。

对全球32个案例研究的回顾显示，同伴学习、体验式学习、团队合作、角色扮演和激发批判性思维的方法，如公开讨论，在鼓励支持和平的认知、社会情感和行为变化方面最为有效。选择性地支持处于危险中的个人，如对据说参与侵害活动的学生进行家访，也被证明是有效的。

一些遏制暴力极端主义的政策被批评为在追求安全性的过程中过度限制人身自由，比如教育中的言论和表达自由（UNESCO，2017a）。美国联邦调查局关于预防暴力极端主义的指导意见和英国的预防政策，可以被理解为对学校作为公开的探讨场所的作用的冲击，它加强了执法部门对教育的干涉。这种做法也缺乏有效性证据（Patel and Koushik，2017）。

非正规教育为预防暴力极端主义提供了另一种途径

学校可以成为联合教育以外的利益相关方一同预防暴力极端主义行为的适当场所。菲律宾南部一项防止莫洛青年暴力极端主义的举措，旨在赋予基督教和穆斯林青年权利，为他们在学校和大学中营造安全空间，可以让他们在不担心后果的情况下讨论所遇到的不公。有一个私人部门为青年主导的倡议活动提供导师和资源（International Alert Philippines Programme/Mindanao Business Council，2018）。

一些项目借助受害者的声音，使话题变得更贴近学生，更具有针对性。在印度尼西亚，国际反恐

> 联合国秘书长关于防止暴力极端主义行动计划的报告强调教育可以起到缓和作用。

> *若没有充分的准备，教师培养宽容和批判性态度的努力可能无效或适得其反。*

中心参与了"和平印度尼西亚联盟的受害者之声"活动，该活动用炸弹袭击幸存者的故事向生活在脆弱地区的中学生进行宣传。该项目还旨在提高监狱中囚犯和工作人员的认识，希望降低暴力极端主义的威胁（ICCT，2018）。

暴力极端主义的进程并不是性别中立的。暴力极端主义和恐怖主义团伙常常以妇女和女童为目标实施性别暴力，包括绑架、强迫婚姻、性暴力和对性别活动的攻击（GCTF，2014）。因此，反对暴力极端主义的性别敏感的教育策略应该吸纳妇女参与，并检验她们起的作用。德国性别和右翼极端主义专家中心关注打击种族主义、反犹太主义和激进态度。该中心面向幼儿园教师、青年俱乐部和社区中心的成员，以及其他民间社会活动者，培训他们使用性别敏感的方法和民主原则。中心还为具有重要影响力的记者提供培训课程（RAN，2018）（框注14.1）。

妇女可以主导这类教育倡议。20年来，巴基斯坦开伯尔-普赫图赫瓦省的母亲和新生儿组织向3.5万名青年和2,000名妇女传授调解和化解冲突的技能

（Women Without Borders，2010）。相反，如果只将妇女视为母亲和妻子，当孩子或丈夫变得激进时，就可能会认为妇女也负有一定的责任（Giscard d'Estaing，2017）。

> *反对暴力极端主义的性别敏感的教育策略应该吸纳妇女参与，并检验她们起的作用。*

结论

通往暴力极端主义的道路是复杂的，原因是多方面的。只有少数人在经历了确定的促成因素之后才真正走上了暴力极端主义道路。优质而平等的教育能够对此做出正面的贡献，虽然这是一个长期的过程，不能立竿见影（Mirahmadi et al.，2015）。虽然对正规教育能直接达到什么目标的期望应该有所降低，但它对和平社会的潜在贡献需要沿着三条道路进一步努力（Davies，2009）：第一，教育应该加强对多样性的尊重（第5章）；第二，需要在学习材料中系统地呈现冲突预防、无暴力的解决方法以及和解；第三，要欢迎能接纳批判性观点的开放的课堂氛围。教育不会随着学校的终结而消亡。能够积极地将社区融入其中的非正规学习途径也有很多机会防止暴力极端主义。

框注 14.1:

培育媒体素养可以消除媒体和社交媒体的负面影响

当媒体渠道歧视多元观点时，会增加边缘社区的脆弱性。许多欧洲国家的媒体不恰当地描述移民，特别是穆斯林与社会问题的关系，例如不断上升的失业率和犯罪率，以迎合种族主义的刻板印象。极端右翼网站在社交媒体上散播虚假的耸人听闻的报道，在很大程度上不受法律或政策的约束（ENAR，2017）。培养记者的能力对提高人们对激进主义的认识、发挥媒体作用非常重要（UNESCO，2017b）。

反过来，培育媒体素养也可以让公民成为负责任的、批判性的媒体消费者和制造者（Kellner and Share，2007）。包括教会人们检验可靠信息来源的不同叙述，并赋予学生构建自己的叙事和基于证据的学习的权利。提高这些技能的教育是建立民主和包容文化的一部分。

塞尔维亚无暴力学校计划提供有关暴力、仇恨言论和歧视的网络资源、经验分享平台以及有关暴力预防和媒体素养的数字化教师培训（European Commission，2016）。在英国，一家创意设计机构在当地政府资助下创建了"数字化颠覆"工作坊，旨在保护脆弱的年轻人免受网上暴力极端主义宣传的伤害。专家团队与年轻人合作，调查网络虚假信息对他们及其同龄人的影响，并制作视频，提高他们在接触互联网内容时的批判性思维能力（Briggs and Feve，2013）。

一名来自中非共和国爱国运动的战士。塞雷卡组织的基地在两所学校附近。城里所有的学校都被关闭了，因为士兵常常占用这些建筑。

摄影：Edouard Dropsy/HRW

重要信息

全球范围内，69%的学校拥有饮用水、66%的学校拥有卫生设施、53%的学校的卫生状况至少达到基本服务水平。一项对71个国家教育管理信息系统的调查显示，只有6%的问卷调查涉及香皂的使用，这是基本卫生服务水平的关键因素。

禁止学校体罚的国家从2014年年底的122个增加到131个。

一项对145个国家的六项国际调查数据的综合分析估计，11—15岁儿童中，39%的男孩和36%的女孩报告称自己是校园欺凌的受害者。

人们对寄宿学生的数量、寄宿学校的生活条件以及寄宿对学生健康和学业成功的影响知之甚少。在乌干达，大约15%的小学与初中学生和40%的高中学生在学校寄宿。

2013—2017年，共有12,700多起针对教育的袭击，造成超过2.1万名学生和教育工作人员受伤，波及28个国家。这一评估不包括单人实施的校园枪击事件或犯罪团伙的袭击，在有些教育体制中这也是一个灾难。

技术的可扩展性、速度、移动性和可移植性使其成为教育流离失所人群的适宜选择。但相关措施往往提供与东道国课程不相匹配的教育内容。支持这种伙伴关系的国际组织需要确保它们有助于难民融入国家教育体制。

第15章

具体目标 **4.a**

教育设施 和学习环境

到2030年，建设和升级适应儿童、残疾人和对性别问题敏感的教育设施，提供安全、没有暴力，包容和有效的学习环境。

全球指标

4.a.1　学校接入以下资源的比例：（a）电；（b）教学用的互联网络；（c）教学用的计算机；（d）残疾学生使用的基础设施和资源；（e）基本的饮用水；（f）男女分开的卫生设施；（g）基本的洗手设施（依据WASH指标定义）

主题指标

4.a.2　学生经历欺凌、体罚、羞辱、暴力、性歧视和性虐待的百分比

4.a.3　针对学生的袭击数量，包括个人和机构

在许多国家，提供"适应儿童、残疾人和对性别问题敏感"的教育设施以及"安全、没有暴力，包容和有效的学习环境"是一项挑战。2030年议程包括一系列与设施和环境有关的指标。这些指标虽然看起来很简单，但都突出了即便是监测基础设施状况都面临的挑战。

对教育设施质量的监测并不清晰

世界卫生组织/联合国儿童基金会联合监测项目（JMP）自1990年以来一直监测家庭是否获得供水、卫生设施和卫生状况。2008年和2013年，该项

> **全球三分之二的学校拥有基本供水服务，三分之二的学校拥有基本卫生设施，一半的学校拥有基本卫生服务。**

表 15.1：
监测学校供水、卫生设施和卫生状况的描述语

服务水平	饮用水	卫生设施	卫生状况
基本	学校有来自经改善水源的饮用水，且调查时学校能接到水	学校有经改善的卫生设施，且调查时学校的卫生设施是男女分开的，并运转良好（可以使用、功能正常、有私密性）	调查时学校的洗手设施能出水且有香皂
有限	学校有来自经改善水源的饮用水，但在调查时学校接不到水	调查时学校没有男女分开且可使用的改善的卫生设施	调查时学校的洗手设施能出水，但没有提供香皂
无	学校有来自未改善水源的饮用水，或没有水源	学校的卫生设施未改善，或没有卫生设施	学校没有洗手设施或没有水

资料来源：UNICEF and WHO（2018）。

目采取多种数据来源和方法，对学校进行综合评估（UNICEF，2015）。不同国家和不同数据来源的学校对学校适当的卫生设施的定义往往不同。许多数据并不能代表一个国家所有的学校类型。全球洗手设施的数量根本无法估计。

2016年，该联合监测项目召集了一个专家组确定调和标准和指标，基于全球规范和标准，反映现有国家调查和跨国家调查中可取的信息。2018年，专家组发布了基于先前分类（评估为"改善"或"未改善"）的服务质量描述，并引入了新的标准（UNICEF and WHO，2018）（表15.1）。

报告收集了充分的数据，为具体目标4.a提供了综合而协调的全球基准线。92个国家提供了关于学校基本饮水服务的国家信息，101个国家提供了卫生设施信息，81个国家提供了卫生状况信息，68个国家对这三类信息的基准线都做了估算。全球三分之二的学校拥有基本饮水服务，三分之二拥有基本卫生设施，一半具备基本卫生条件（图15.1）。虽然每一项规定在国家层面都相互关联，但没有固定关系。在约旦，93%的学校有基本饮用水，但只有33%的学校拥有基本卫生设施。在黎巴嫩，近93%的学校拥有基本卫生设施，但只有59%的学校拥有基本饮用水。在巴勒斯坦，大约80%的学校具备这两类基本的设施。

小学的服务质量往往低于中学。很少有国家有学前教育数据，只有极少数国家区分了城市学校和农村学校。人们正继续努力，建立一套核心的和一系列扩展的学校普查问题（UNICEF and

> 2016年，全球范围内52%的小学和67%的初中用上了电。

WHO，2018）。对71个国家教育管理信息系统的审查显示，只有很少的系统包含了这些问题。例如，只有6%的调查问卷包括了香皂供应，这是洗手设施是有限还是达到基本服务水平的决定性因素（JMP，2017）。

电力是高质量学习环境的另一个关键因素。贫困国家也缺乏电力。2016年，全球范围内52%的小学和67%的初中用上了电。低收入国家的相应比例分别为17%和35%。电力供应不可预测的性质也是使准确监测变得困难的一个因素。在难民依赖的临时教育环境中，获得电力和互联网特别重要，两者的缺乏可能造成二次伤害。因为有效地使用技术可以弥补一些弱势（政策焦点15.1）。

现有数据难以监测到的一部分基础设施是寄宿学校的生活条件。普遍情况是，很少有人知道寄宿学生的比例，虽然在有些国家这一比例非常高（框注15.1）。

学习环境中的安全性和包容性很少受到全球监测

安全和包容需要监测的方面非常多，任何系统性的尝试都不可避免地显得不完整。不幸的是，许多学校都在遭受武装袭击，连最低限度的自由都难以保证。监测安全性和包容性是可持续发展目标4框架的一个特点，其监测方法仍在不断努力改进中（数据焦点15.2）。

联合国教科文组织《关于校园暴力和欺凌的全球现状报告》指出，现有数据和证据存在重大差距（UNESCO，2017）。禁止学校体罚的国家从2014年年底的122个增加到131个（Global Initiative to End All Corporal Punishment of Children，2018）。普遍存在体罚的国家数据并不常见，但在一些体罚违法

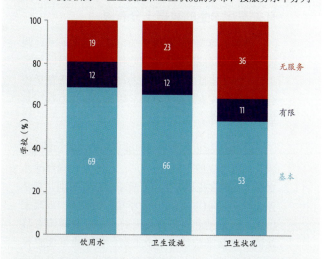

图 15.1:
不足七成的学校拥有基本水平的饮用水
2016年学校饮用水、卫生设施和卫生状况的分布，按服务水平分列

《全球教育监测报告》统计数据链接：http://bit.ly/fig15_1
注：数据是四舍五入后的，因此合计值可能不是100%。
资料来源：UNICEF and WHO（2018）。

> 禁止学校体罚的国家从2014年年底的122个增加到131个。

的国家，包括喀麦隆与特立尼达和多巴哥，学生几乎普遍遭受过虐待（Gershoff，2017）。

欺凌等概念缺乏全球标准定义，调查的目标年龄组、参考时期、措辞和暴力形式都各有不同（UNESCO，2017）。在技术合作组织的支持下成立的一个专家组，就解决方法论上的挑战、简化有关欺凌的主题指标的报告提出了建议（UNESCO，2018a）。

另一项研究通过对六项覆盖145个国家的国际调查的数据进行协调，试图解决方法上的差异，这些调查系统性地低估或高估了欺凌发生的风险。据估计，11—15岁儿童中，有39%的男孩和36%的女孩曾遭受过欺凌。经过一系列的调整，该研究将各国

框注 15.1:

有关寄宿学生的数据十分有限

国际上尚未有寄宿学生的定义。标准的家庭调查通常覆盖同一屋檐下一同吃住的家庭成员。与军营、医院和监狱等其他机构的设置一样，寄宿学校通常被排除在家庭抽样之外，因此很难知道寄宿儿童是否被调查了。

2008年对30项调查的回顾发现，只有2项调查涉及寄宿学生的问题（EPDC，2009）。联合国儿童基金会的多指标聚类调查要求受访者识别儿童是否"与亲人同住、住在寄宿学校、被领养，或离家出走"。加纳和卢旺达最近的人口和健康调查将就读于寄宿学校列为一个类别。但其他可能也很重要的数据，如上学的距离或时间，通常是不可获得的。

坦桑尼亚联合共和国和乌干达的全国调查包含了有关寄宿的更详细的问题。坦桑尼亚的调查将寄宿儿童列入家庭名册，但只确定学校是否为寄宿学校，

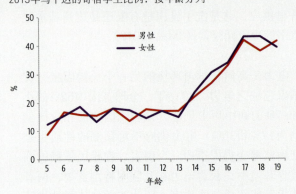

图 15.2:
乌干达40%的17岁学生都是寄宿生
2013年乌干达的寄宿学生比例，按年龄分列

男性
女性

%

年龄

《全球教育监测报告》统计数据链接：http://bit.ly/fig15_2
资料来源：全球教育监测报告小组基于2013年乌干达全国面板调查的分析。

而不确定儿童是否寄宿在学校中（很多寄宿学校也招收走读生）。乌干达的调查询问了学校的类型和寄宿率。13岁及以下寄宿在校生的比例在10%到20%之间，高中教育的最后几年比例上升到40%，男孩和女孩之间几乎没有差异（图15.2）。

人们对寄宿学校的生活条件或寄宿学校出勤率与个人幸福和学业成功的关系知之甚少。中国已经出现了相互矛盾的结论，21世纪初期开始的大规模"撤点并校"计划导致寄宿生数量激增（第2章）。但最近一项研究发现寄宿生的学习成绩和福利指数（如营养）都受到了负面影响（Wang et al.，2016）。在富裕国家也能看到负面影响。法国一项随机将贫困学生分配到寄宿学校的政策实验显示，这种寄宿经历具有破坏性，只有一小部分学生在两年后开始在学业上有所起色（Behaghel et al.，2017）。

欺凌风险分为三个等级（低、中、高）；数据可得的国家中有28%处于高风险级别（Richardson and Fen Hiu，2018）。

终止与学校有关的性别暴力国际工作组制定了预防途径的最低标准和监测框架，其中不仅包括普遍程度的指标，也包括过程指标（即全校整体改进的方法）和驱动因素（UNGEI，2018）。欺凌数据的分类受限于除性别维度以外数据的获得——即使在这种情况下，也缺乏有关性取向或生理及心理性别不一致的欺凌证据。

数据焦点15.1：袭击是教育系统的灾难

学校经常在暴力冲突中受到破坏或成为袭击目标。认识到这一危险，国际教育界在可持续发展目

标4的主题监测框架中增加了一个袭击指标，并批准全球保护教育免受袭击联盟（GCPEA）作为信息来源，使其成为国际教育监测框架中第一个获批的非官方信息来源。

全球保护教育免受袭击联盟的2018年《遭受袭击的教育》报告是继2007年、2010年和2014年之后的四个报告。作为对联合国教科文组织2007年报告的回应，2010年由紧急状态下的教育、安全护卫和国际人权领域的组织联合成立了全球保护教育免受袭击联盟，这些组织关注各国由冲突和不安全所引发的袭击问题。由民间组织和联合国系统的组织组成的指导委员会对该联盟进行管理。

> **2013—2017年，28个国家的学校遭到了袭击。**

据报道，2013—2017年，教育领域共发生了超过12,700起袭击事件，造成超过2.1万名学生和教育工作人员受到伤害。报道的事件包括：对学校、学生、教师和其他教育工作人员的人身攻击和威胁；将学校和大学用作军事用途；武装分子在学校或大学中招募儿童或实施性暴力；袭击高等教育机构。2018年，共有28个国家被归入按事故数量/学生或受伤工作人员数量分类的三个等级（GCPEA，2018）（表15.2）。

全球保护教育免受袭击联盟主要有三个数据搜集渠道：（1）联合国机构、发展和人道主义非政府组织、人权组织、政府机构和智库发布的报告；（2）由马里兰大学全球恐怖主义数据库支持，基于多种语言的谷歌新闻媒体搜索；（3）直接与受影响的28个国家的国际和国家组织工作人员联系。部分地因为数据来源渠道不同，获得的国家数据可能会随着时间的变化而变化。2014年报告的标准导致另外13个国家也被划分为受影响国家。

没有按事件类型分类为解释工作造成了额外的挑战。虽然炮击学校是事实清楚的，但其他类型更依赖于国际条约的合法性，如军队在学校招募未成年人。《儿童权利公约关于儿童卷入武装冲突问题

表15.2:

2013—2017年，受影响国家发生多起针对教育的袭击、以军事目的占用教育设施，或学生及教育工作人员受伤的事件

非常严重的影响（1,000人或更多）	严重的影响（500—999人）	受影响（20—499人）
刚果民主共和国	阿富汗	孟加拉国
埃及	印度	布隆迪
以色列和巴勒斯坦	伊拉克	喀麦隆
尼日利亚	巴基斯坦	中非共和国
菲律宾	索马里	哥伦比亚
南苏丹	苏丹	埃塞俄比亚
阿拉伯叙利亚共和国	乌克兰	肯尼亚
土耳其	委内瑞拉玻利瓦尔共和国	利比亚
也门		马里
		缅甸
		泰国

资料来源：GCPEA（2018）。

的任择议定书》特别禁止武装叛乱集团招募18岁以下的儿童，但不禁止政府军队招募。该议定书向少数反对全面禁止进行18岁以下儿童武装招募的国家让步，规定各国将采取一切可行措施，防止儿童加入武装部队，直接参与敌对行动（OHCHR，2000）。

对袭击事件的类型进行更详细的分类，有助于细致入微地解释比较的结果，包括比较名单上和名单之外的国家，以及比较袭击随着时间推移变得更严重或更不严重的国家。由于全球保护教育免受袭击联盟的任务是监测受武装组织袭击的受影响的脆弱国家，因此无法获得某些类型袭击的信息。然而，就可持续发展具体目标4.a而言，任何在学校中受到攻击或被杀害的学生无疑都没有身处于一个"安全、没有暴力"的环境，这暗示监测的差距仍然很大。

在美国，校园枪击案发生得非常频繁，即使枪手是出于意识形态的原因，这类事件也不包括在分类之内。虽然枪手有时候与武装组织有一定联系，但这些事件不符合国家和国际武装冲突的标准。据保守估计，自1999年科伦拜枪击案以来，美国至少有193所学校的18.7万名学生经历过校园枪击案（Cox and Rich，2018）。

犯罪团伙的袭击也属于全球保护教育免受袭击联盟的职权范围之外，因此也没有系统地报告。在中美洲，暴力组织犯罪和武装冲突之间的程度界限

也并不清晰。因此，2018年的报告对萨尔瓦多、危地马拉和洪都拉斯的暴力犯罪行为进行了补充说明，即便没有系统地收集这类袭击的数据。

政策焦点15.1：技术可以支持流离失所人群的教育

被迫流离失所往往使本已脆弱且无法快速吸纳大量人口的教育系统不堪重负。即使在长期流离失所的情况下，复杂的环境也会限制流离失所人群获得高质量的正规或非正规教育。这些限制促使人们为满足教育需求而寻找其他解决方法。

> " 以技术为基础解决难民教育问题有很多优点，如可扩展性、速度、移动性和可移植性，它能够很好地解决难民教育面临的一些挑战。"

以技术为基础解决难民教育问题有很多优点，如可扩展性、速度、移动性（技术可以惠及流离失所人群）和可移植性（流离失所人群可以随身携带技术），它能够很好地解决难民教育面临的一些挑战。精心设计的程序可以广泛地分发给任何拥有联网设备的人，例如有智能手机或平板电脑的人（图15.3）。

数字化解决方案往往建立在现有基础设施之上，以最小边际成本下载和迅速传播。向流离失所人群提供教育的挑战之一是他们经常流动，通常需要花费数月才能到达他们预定的目的地。

因此，技术改善现有学习环境或创造虚拟学习环境的潜能日益受到技术开发者、人道主义者和教育领域的关注。虽然技术方案解决了教育领域的一系列挑战，但本部分要符合目标4.a的意图，讨论与有效学习环境相关的部分案例。所有这些活动都有非政府组织行动者参与。[1]

---

1 本部分基于联合国教科文组织最新的难民问题技术解决方案评估（UNESCO, 2018c）。

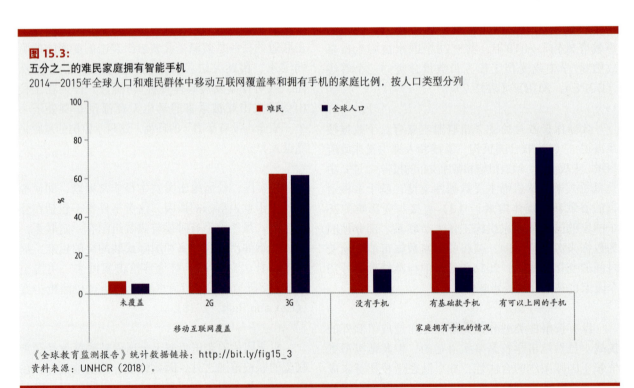

图 15.3:
五分之二的难民家庭拥有智能手机
2014—2015年全球人口和难民群体中移动互联网覆盖率和拥有手机的家庭比例，按人口类型分列

《全球教育监测报告》统计数据链接：http://bit.ly/fig15_3
资料来源：UNHCR（2018）。

> "
> 　一个关键问题是技术支持的内容如何与课程以及使难民融入国家教育系统相关联。
> "

技术旨在替代教材和学习材料，以及填补其他资源缺口

　　难民和国内流离失所人群的教育必须解决流离失所造成的破坏，以及对量身定做的教育系统的需求，至少在紧急状况的早期阶段就要如此。技术解决方案可以弥补标准化资源的不足。

　　即时网络学校计划是由联合国难民事务高级专员办事处和沃达丰（Vodafone）基金会联合倡议的计划。向刚果民主共和国、肯尼亚、南苏丹和坦桑尼亚联合共和国20所中小学中超过4万名学生和600名教师提供援助，到2018年惠及超过6万名学生（Safaricom，2017）。该计划通过卫星或移动网络连接提供互联网服务，利用太阳能电池和备用发电机供电，并通过预下载和在线资源提供动态数字内容，将偏远孤立的社区与世界连接起来。肯尼亚一项评估的初步数据指出，初等教育证书考试的出勤率提高了3个百分点，参与率提高了36%（Vodafone Foundation，2017）。

　　尽管种种迹象表明该计划取得了积极成果，但这种方式的挑战在于如何将预下载的资源和在线资源同国家课程结合起来。由于干预是由技术公司主导的，因此更强调安装平台的技术方面，而不是与内容相关的决策，这两个方面的工作者没有交集。即时网络学校平台的实例之一是"偏远社区教育和学习热点"（RACHEI），一个由非政府组织"可能世界"（World Possible）开发的便携式服务器。可以用它访问维基百科、可汗学院和健康信息包等资源，这些资源可以被检索并下载到移动设备上。可汗学院教学模块在联合国儿童基金会为黎巴嫩的难民设立的"树莓派"（Raspberry Pi）以及可汗学院自己的"轻可汗"（KA lite）行动中都已付诸应用。

　　这些补充资源以多种形式，而且常常是相互重复的形式出现，关键问题是如何能够有效地把这些资源与课程关联起来，特别是考虑到使难民融入国家教育系统当中。包括"偏远社区教育和学习热点"在内的新一代平台正在引入学习管理系统和内容一致性选项来回应这一质疑。

　　叙利亚难民危机中的两个电子学习案例明确地尝试了依照国家课程实施的方式。"粉笔"（Tabshoura）是由非政府组织"黎巴嫩替代性学习"、两家国际非政府组织和一所大学的教育学院联合提供的项目，它在一个学习管理系统"Moodle"的基础上，为学前教育开发阿拉伯语、英语和法语的在线学习资源。它从一开始工作的重点就是围绕2015年黎巴嫩不同年级、学科和项目的课程大纲来开发资源。教师们创造了既适合互动平台又符合课程学习目标的活动。这些活动被翻译、编辑、验证、改编和数字化，作为补充资源供叙利亚难民一同使用（Fahed and Albina，2016）。

　　"我们理解"（Nafham）成立于2012年，是一个免费的在线教育网站，提供从学前教育到高级中等教育阶段的视频内容。除了提供原创视频，网站也鼓励教师、学生和家长制作视频，在1万多部视频中有三分之一的视频是由他们完成的。这些视频课程涵盖了埃及75%的国家课程，按年级和学科分门别类。这种商业模式建立在在线广告和私营部门合作伙伴关系之上。这种商业模式最初的目的是帮助那些依赖昂贵私人补习的家庭，后来扩展到包括1,000部视频，覆盖大约35%的叙利亚课程。课程被用来作为"卢米行动"（Rumie Initiative）的"学习叙利亚"项目的补充，为约旦和土耳其的叙利亚难民提供预下载教育资源的平板电脑，其中包括来自叙利亚教育委员会的电子教科书（GBC，2016；Rumie，2018；Wimpenny et al.，2016）。

> 技术不能取代正规学校教育，大多数以技术为基础的干预措施只能作为补充或临时解决方案。

另一个潜在的技术贡献涉及课程之外的重要领域，例如社会心理支持。非政府组织"无国界图书馆"与联合国难民事务高级专员办公室共同开发了"思想盒"（Ideas Box）。它包括一个教育组块，和常见的第三方内容一样与课程不一致，但同样也包括额外的信息和文化资源，从书籍、电影到相机和平面设计软件。"思想盒"的目的是创造一个丰富被孤立社区体验的社区空间。在两个接纳刚果难民的布隆迪难民营进行的定性评估显示出这个项目在提高抗逆性方面发挥的积极影响（Lachal，2015）。

在黎巴嫩和约旦，国际救援委员会在其"放映室"（Vroom）项目中采用了为美国低收入家庭开发的一种模式，通过WhatsApp（即时通信软件）和Facebook（网络社交软件）传送视频和动画，以游戏和建议的形式传授育儿技巧。这些课程结合了育儿技巧课程和家访，帮助最偏远的家庭。一项影响评估表明，收到科学育儿信息的家长比收到以家长为中心的文本信息的家长，更有可能点开链接观看相关视频（Wilton et al.，2017）。

技术可以更快地惠及教师

大多数项目，如即时网络学校，都有来自教师专业发展项目的支持。一些基于技术的课程直接关注教师专业发展，包括肯尼亚卡库马的教师指导项目（第4章）。

在美国人口、难民和移民局的资助下，国际救援委员会发起了"携手共学"（Connect to Learn）行动，目标是帮助伊拉克杜胡克省多米兹难民营学校的160名叙利亚难民教师。爱立信提供硬件和软件，亚洲电信（AsiaCall）支持互联网接入服务。这一行动为教师提供定制化培训材料，让他们可

以与同行交流经验。该行动的目标是帮助教师做好"康复课堂"的准备，通过富有同情心的课堂环境和教学视频为受袭击伤害的儿童提供社会心理支持。专业发展项目聚焦于将技术工具转化为教育资源（GIZ，2016）。

在尼日利亚，联合国教科文组织与诺基亚合作的一个教师教育项目显示，教师重视通过电话接受的实践和专业指导。在一年的时间里，项目每天发送的短信帮助小学教师计划课程，提出有启发性的问题，鼓励反思性回答，评估学生英语语言和读写课程学习。一项评估显示，该方法惠及7万名教师，帮助他们发展专业能力，并将教师更加紧密地联系在一个网络之中（UNESCO，2018b）。

结论

在教学和学习工具有限的情况下，技术越来越多地被用于支持学生的学习，和在紧急情况下帮助培训教师。一项针对144名参与叙利亚难民教育的非国家行为者的调查发现，49%的人参与了开发和传播教育技术革新（Menashy and Zakharia，2017）。许多通用的技术工具，特别是在难民营中也随处可见的手机，在受流离失所人群影响的社区中，包括教育领域中，也被证明是有用且受欢迎的。然而，基于技术的方法有其挑战性，通常需要高昂的前期投资，并不是所有群体都能获得足够的电力和网络连接。与世界上很多地方的技术干预措施一样，影响评估的因素通常与实施的组织有关，结果也缺乏坚实、客观的研究基础（Tauson and Stannard，2018）。

两个问题引出了主要疑问。一个显著的特点是大多数项目和行动所提供的内容与难民所处的学习环境截然不同。尽管各方做出了调整内容的尝试，但与东道国教育体系的兼容性则是个例外。这对支

持此类行动的国际组织提出了挑战，它们同时也以使难民融入国家教育系统作为遵循的原则，因为它们有责任与各国政府合作，而这些政府都没有采取此类干预措施。认识到技术不能取代正规学校教育是至关重要的，大多数基于技术的干预措施都可以作为补充或临时解决方案。

其次，许多行动涉及私人技术公司。他们的动机混合了慈善和利益的考虑，后者包括品牌形象，以及在某些情况下进入新市场之前的创新测试。国际组织有时会支持这种附带少量条件的伙伴关系，它们有责任确保这些伙伴关系得到很好的协调，并最终服务于使难民融入国家教育系统当中。

汉娜于2012年逃离阿拉伯叙利亚共和国。在约旦居住五年后，她将很快在法国地方政府颁发的奖学金的支持下开始在蒙彼利埃的保罗·瓦莱里大学攻读学位。

摄影：Benjamin Loyseau/UNHCR

重要信息

自2010年以来，由援助计划资助的奖学金数额停滞不前，止步于12亿美元。

在全球范围内，2017年有2.3%的高等教育学生在国际层面流动，2012年有2%，相当于510万名流动学生。

欧盟国家承诺到2020年确保至少有20%的毕业生在国外完成部分学业，在其他国家学习3个月或更长时间，或者获得至少15个学分。但并不是所有非欧盟目的地国家都会报告学生的成绩或学分，这妨碍了监测。2016年的新估计显示，向外流动率为10.7%，远低于目标。

经过近30年的经验累积，对学生交流的旗舰项目——伊拉斯谟计划的评估表明，其对就业和职业机会产生了积极影响，尽管评估者对其公平性存在一些担忧。学分转换、资格框架和质量保障机制支持了欧洲学生的流动；在东南亚等雄心勃勃的地区推广这些机制需要坚定的承诺。

第16章

具体目标 4.b

奖学金

到2020年，在全球范围内大幅提高发达国家和其他发展中国家向发展中国家，特别是最不发达国家、小岛屿发展中国家和非洲国家提供的高等教育入学奖学金数额，资助范围包括职业培训以及信息和通信技术、技术、工程和科学项目。

全球指标

4.b.1 官方发展援助用于奖学金的数量，按部门和学习类型统计

主题指标

4.b.2 受益国家获取的高等教育奖学金种数

正如过去两期《全球教育监测报告》所指出的，由于对具体目标4.b有各种不同的解释，因此很难甚至不可能明确规定谁应对实现这一目标负责。撇开解释不谈，相对于实现具体目标，全球指标能为全球进展带来的信息并不充足。对"官方发展援助用于奖学金的数量"的集中关注可能会产生误导。首先，援助的数量并不能揭示受援者的数量。其次，并非所有国家都通过援助支付大部分奖学金，事实上，由其他来源，特别是大学资助的奖学金可能会使官方的政府奖学金相形见绌。最后，在使用援助预算提供奖学金的国家中，至少三分之一的奖学金援助不能按受援国分配，尽管确定受援者的来源是该具体目标的一个关键部分。

就奖学金援助数量的变化趋势而言，有证据表明，其数额一直停滞不前，2016年官方奖学金总量停滞在12亿美元，与2010年持平。除奖学金外，捐助国还支付了19亿美元的费用，即捐助国高等教育机构接收发展中国家学生的费用。

> 自2010年以来，援助方资助的奖学金数量止步于12亿美元。

即使有奖学金数额的信息，也需要拿它与国际学生流动的数量进行比较。在全球范围内，2017年的境外流动率中位数为6%。然而，这反映的是较多小国家的高流动率。由于大国的流动性较低，全球境外流动率估计为2.3%，高于2012年的2%，相当于有510万流动学生。虽然越来越多的国际流动学生离开了自己的家园，但区域内流动的比例可能更大。大多数来自欧洲的国际流动学生留在该地区，他们的流动通过欧盟的"伊拉斯谟+"计划得到积极促进，这是东南亚正在试图效仿的一项举措（政策焦点16.1）。

本具体目标不仅旨在使"发展中国家，特别是最不发达国家、小岛屿发展中国家和非洲国家"的国民更负担得起高等教育，这些国民在学术上有所准备，但缺乏出国留学的财政支持，本目标还旨在为学生提供本国没有的机会。许多来自小国的学生通过出境攻读一些专业课程，而在大国，这些专业课程只需要转到另一个城市或省份就可以获得，国家规模和境外流动率之间的显著负相关证明了这一差异（图16.1）。

向外流动也与不同收入群体的总体高等教育参与率负相关（图16.2）。如果来自富裕家庭的高等教育学生的比例过高，而这些家庭也更有可能将他们的孩子送到国外学习，那么随着教育体系的扩大和更多流动性更弱的学生获得接受高等教育的机会，流动率将会下降。然而，后者的负斜率要比前者更陡。部分原因可能是更大的高等教育系统与课程多样化有关，这增加了学生在家乡学到他们需要的东西的可能性。

这些统计数字都指的是入学人数。衡量有多少国民从国外高等教育机构毕业的困难较大。尽管欧盟做出了一致的努力，但很少有国家系统地收集此类统计数据（数据焦点16.1）。

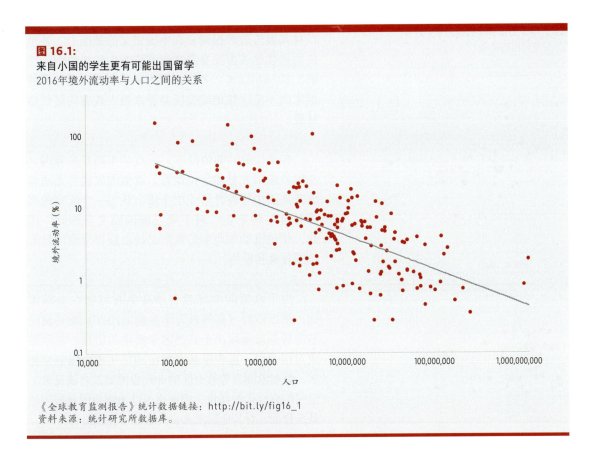

图 16.1:
来自小国的学生更有可能出国留学
2016年境外流动率与人口之间的关系

《全球教育监测报告》统计数据链接: http://bit.ly/fig16_1
资料来源: 统计研究所数据库。

数据焦点16.1: 衡量欧洲及其他地区的学生流动性

尽管已有数据重点关注了高等教育的国际化, 但数据缺口阻碍了监测的发展, 甚至阻碍了在这一领域有具体政策目标的国家的发展。例如, 促进学生流动是欧盟高等教育战略与2020年教育和培训总体框架的核心。2011年, 教育、青年、文化和体育部长理事会一致认为, 欧盟平均至少应有20%的高等教育毕业生在国外接受过部分学习和培训, 包括工作实习。《高等教育学生流动2020》中的该基准是在国外至少学习3个月, 或者在欧洲学分转换和累积系统 (ECTS) 中至少获得15个学分。职业教育和培训领域也有类似的指标和基准。

该基准不同于当时可用的国际学生流动性数据。此前, 欧盟的学分流动数据与欧盟本土的项目有关, 如"伊拉斯谟+"计划, 涉及入学情况。1990年代联合国教科文组织统计研究所/经合组织/欧统局教育数据倡议专门收集入学学生的流动数据。《高等教育学生流动2020》的基准数则涉及毕业情况, 并且需要不同来源、反映不同性质的"学分流动性"和"学位流动性"数据。

根据定义, 由于学生在国内机构完成学位, 所以学分流动是暂时的; 因此, 通常由毕业生来源国的国内机构提供关于毕业生学分流动情况的数据。就该基准而言, 毕业生的来源国被定义为他或她完成高级中等教育的国家。在2016年之前, 各国可

> " 2011年, 欧盟认为平均至少应有20%的高等教育毕业生在国外接受过部分学习和培训。 "

图 16.2:
国内的高等教育机会越少，寻求出国留学机会的学生越多
2016年境外流动率与毛入学率之间的关系

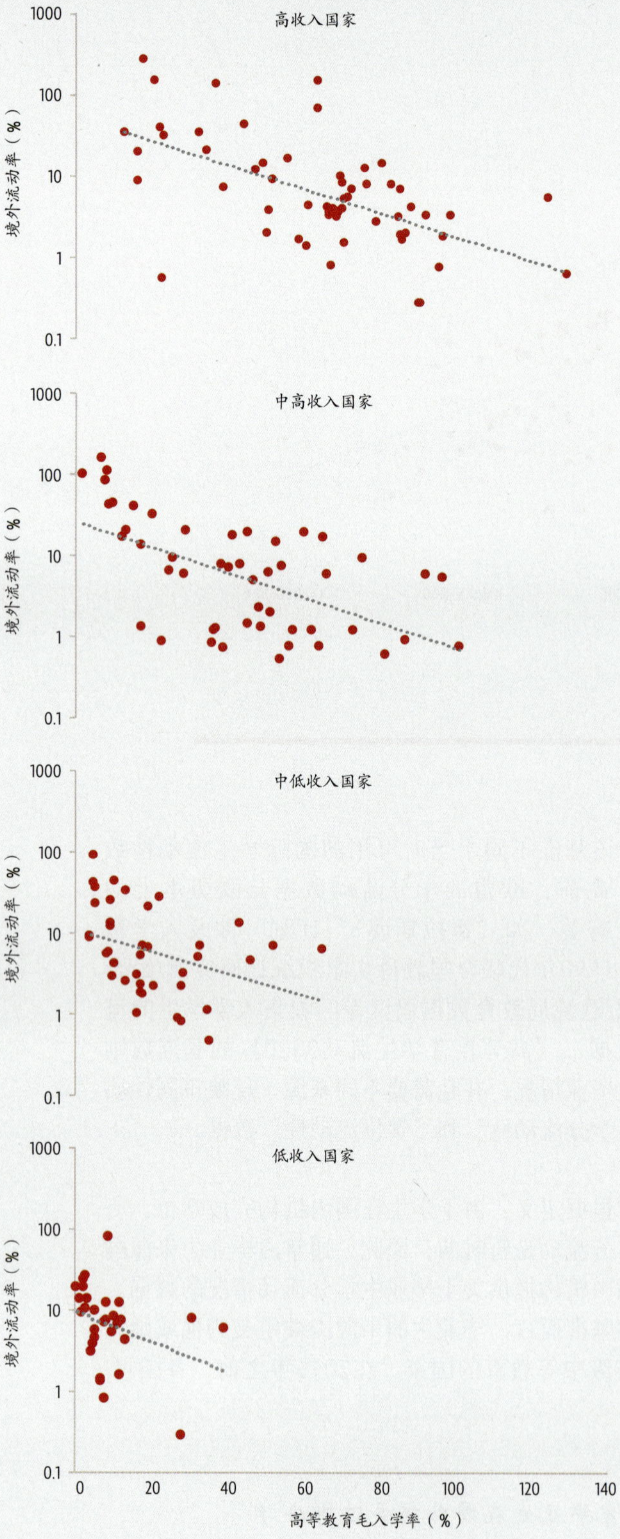

《全球教育监测报告》统计数据链接：http://bit.ly/fig16_2
资料来源：统计研究所数据库。

以将其报告的数据建立在本国定义的基础上，甚至使用居住地或公民身份来定义毕业生的来源国。然而，2016年以来，各国都优先采用接受先前教育的国家而不是居住地或公民身份来报告现有的最佳估计数。

在学位流动的情况下，一些学生离开来源国，在国外参加完整的学位课程。欧盟国家通常无法知道其高级中等教育毕业生中谁会从另一个国家的高等教育机构毕业。对于第三国国民尤其如此。因此，学位流动毕业生的数据必须由获得学位的目的地国收集和报告。

由于欧盟的中等教育毕业生有可能在全球流动，所以欧盟《高等教育学生流动2020》境外流动基准数的质量取决于其他国家提供的信息。对欧盟成员国而言，报告该基准数在2015年成为强制性要求。虽然欧洲高等教育区的非欧盟国家没有该义务，但它们有合作的动机，因此也可以为欧盟国家报告该基准数据。对其他国家来说，它们可自愿报告。

2014年，作为联合国教科文组织统计研究所/经合组织/欧统局数据收集的一部分，全球数据收集机制已经建成。这一举措主要使用行政信息，启用了新的有关学习流动和数据收集的方法手册。要获得对该基准数的可靠估计，不一定需要获取全球所有国家的数据，因为欧盟学位流动毕业生高度集中在欧盟以外相对较少的目的地。其目的是覆盖占全球欧盟学生学位流动95%的目的地国家。迄今为止，澳大利亚、巴西、加拿大、智利、哥伦比亚、以色列、新西兰和俄罗斯提供了必要的数据。要覆盖得更全面，还需要美国的数据。中国、印度、日本、墨西哥和韩国是目前缺失的其他主要目的地。

全球数据收集机制首次估计的是2013年的学位流动率。尽管由于目的地国覆盖面不完全，导致有可能低估了向外流动情况，但其仍远低于20%的目标。即便如此，很明显，在许多欧洲国家，向外流动率很高（图16.3）。

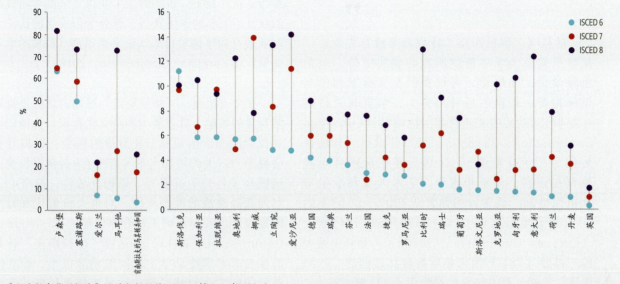

图 16.3:
欧洲学生的流动性随学习层次的提升而提高
2013年部分欧洲国家学位学习向外流动率，按照《国际教育分类标准》的教育等级分列

《全球教育监测报告》统计数据链接: http://bit.ly/fig16_3
注: ISCED表示《国际教育分类标准》，包括: 学士学位（ISCED 6）；硕士学位或同等资历（ISCED 7）；博士学位或同等资历（ISCED 8）。
资料来源: Flisi et al.（2015）。

2016年发布的新估计首次计算了学位和学分流动率。这些估计认为向外流动率为10.7%，包括7.6%的学分流动率和3.1%的学位流动率。学位流动率从学士层次的2.5%上升到硕士层次的4.3%和博士层次的8.4%。相比之下，硕士层次的学分流动率最高（10.4%）（Flisi and Sánchez-Barrioluengo，2018）。

> "
> **2016年，**
> **向外流动率为**
> **10.7%。**
> "

通过毕业而不是入学来监测高等教育流动率的转变是一个值得注意的尝试。欧盟的行动显示了数据收集方面的挑战。尽管如此，更广泛的国际社会应该超越具体目标4.b的表述，假定奖学金的最终目的是不仅增加来自发展中国家的流动学生在国外高等教育的入学机会，而且要增加其毕业机会。

政策焦点16.1：流动的学生，流动的政策？欧洲和亚洲的学术交流项目

参加国外的高等教育项目可能会对管理提出一定挑战，并且可能很难为一两个学期的项目提供证明。制度化的项目可以极大地支持短期学生流动。虽然许多机构与国外伙伴保持了双边关系，但区域一级的制度化流动更会大大增加流动的机会。

当前规模最大和最引人注目的是1987年推出的欧洲共同体大学生流动行动计划，即"伊拉斯谟"计划。该计划的参与者在另一个欧洲国家学习3—12个月后，国内机构会将这些课程计入他们申请学历的累积学分。

> "伊拉斯谟"计划是世界上最大的学生交流项目。

根据《"伊拉斯谟"计划高等教育宪章》，接收机构应为学生提供所有必要的支持，包括免除学费、注册费、考试费以及实验室和图书馆使用费。根据生活费用多少，学生每月最高可获得350欧元的交通费和生活津贴（European Commission，2018b）。2014年以后，该项目被称为"伊拉斯谟+"计划，现在该项目涵盖教育和培训、青年和体育、学术人员和学生贷款担保机制。该项目的预算从2007—2013年的90亿欧元增加到了2014—2020年的148亿欧元（Europea Commission，2018a）。预算中最大的一部分（78%）用来拓展教育和培训的"欧洲维度"发展，其中包含高等教育（占总额的33%）（European Commission，2018a）。"伊拉斯谟+"计划的资金将在2021—2027年翻一番，达到300亿欧元（ICEF Monitor，2018）。

在"伊拉斯谟+"计划的前三年，流动学生和学者的数量增加到100万人，其中大部分是本科生。仅在2016年，就有约3,900所高等教育机构获得了流动补助金（European Commission，2017）。据估算，平均每名参与者的成本约为1,500欧元，或每名参与者每天15欧元（European Commission，2018a）。

有几种方法可以评估"伊拉斯谟"计划的有效性

评估"伊拉斯谟"计划对学生流动性的支持既需要考虑系统产出，还需要考虑个人成果。

在系统层面，"伊拉斯谟"计划启动了现在被称为欧洲学分转换和累积系统的发展，该系统基于可比的质量保障标准确认学习量和取得的学习成果（European Commission，2015）。自其1989年创

建以来，欧洲学分转换和累积系统已被应用于所有授课模式，以及大学以外的非正规和非正式学习环境。所有"伊拉斯谟+"计划的学生都获得了正式的参与认证。此外，80%的学生获得了全部学习成果的认证，15%的学生获得了部分学习成果的认证。职业教育和培训项目的认证率也很高（88%的学习成果）（European Commission，2018a）。

在个人层面，"伊拉斯谟"计划的目标是提高参与者的技能、就业能力和跨文化意识，为他们提供探索欧洲价值观和公民身份的机会，以提升社会凝聚力。大约每10名参与者中有9名会报告说，这提高了他们的抗逆力、思想开放性、好奇心、对迎接新挑战的准备程度、对他人价值观和行为的宽容度以及与不同人群合作的能力（European Commission，2014）。尽管"伊拉斯谟"计划的参与者和非流动学生之间的差异很小，但在国外学习的学生对移民和少数民族持更积极的态度（European Commission，2018a）。"伊拉斯谟"计划的参与者在毕业5—10年后继续深造或以接受专业培训作为主要活动的比例（9%）是非参与者（4%）的2倍多（European Commission，2016）。

然而，人们不应该不加批判地解释这些发现。控制参与者和非参与者之间潜在的未观察到的差异，进而评估参与对这些结果的影响，这很重要（Hauschildt et al.，2015；Schnepf et al.，2017）。例如，参与者可能来自更有特权的背景，这将增加他们未来的教育和就业机会，而不论其流动经历如何。在英国，2015—2016年度，约4.4%的社会经济背景好的学生参加了"伊拉斯谟"计划，相比之下，社会经济背景差的学生的参与率为2.8%。随着时间的推移，这一差距越来越大（Schnepf，2018）。然而，来自意大利和英国的高质量数据表明，欧洲学生的流动性对其就业能力产生了积极影响（Schnepf and D'Hombres，2018）。

选择性流动降低了学生通过流动发展其欧洲身份认同的可能性。甚至在出国留学之前，参与者就已经受过高等教育，对欧洲表现出了比非参与者

更积极的态度（Kuhn，2012）。一些研究已经开始关注限制项目有效性的其他细微差别。"伊拉斯谟"计划的学生倾向于与其他参与者交往，尤其是他们同国籍的学生，并且他们与当地学生的高质量互动也很少（Sigalas，2010）。学生流动的驱动因素，如语言相似性和空间毗邻性，意味着许多学生集中在特定国家流动（Baláž et al.，2018）。

东亚和东南亚学生流动计划试图借鉴欧洲的经验

"伊拉斯谟"计划的成功促使东南亚尝试借鉴欧洲的经验和做法。2015年，东南亚国家联盟（ASEAN，简称东盟）和欧盟启动了东南亚地区高等教育支助项目（SHARE），以协调区域高等教育系统，并建立东盟内部学生流动计划，该项目对32所公立和私立大学提供400项奖学金的资助（Rasplus，2018）。

更大范围的协调和流动需要政府部门、质量保障机构、区域组织（包括东南亚教育部长组织的区域高等教育和发展中心）和东盟大学网络之间的协作。三种学分转换系统并存，造成学生、学者和管理人员几乎不相信国外的学习会得到承认（SHARE，2016；Yavaprabhas，2014）。这些系统需要根据"博洛尼亚进程"积累的实践和经验，确定能够有效比较学生成果的工具，而不是简单地计算学分（Yonezawa et al.，2014）。

尽管在资质认证、相互认可、质量保障和学分转换框架方面取得了进展，但一个区域性高等教育区的落实方兴未艾。东盟学生境外流动总量中只有7%是在本区域内，而且大多数学生更喜欢在马来西亚、新加坡、泰国和越南学习。文化和地理上的接近是重要因素。例如，印度尼西亚人倾向于在马来西亚学习（Chao，2017）。缺少丰富的学生层面数据对当前更好理解流动模式形成了阻碍，因此，东南亚地区高等教育支助项目计划提高数据质量，对学生流动进行管理（SHARE，2017）。

欧洲学生流动的成功在很大程度上应归功于国家间紧密的联系和既定的政治上的合作机制。亚洲大部分地区仍在发展这种机制。因此，机构间的协议可能是促进融合的另一个驱动力。大学生流动集体行动计划（CAMPUS Asia）是日本文部科学省资助的一个交流项目，旨在与中国和韩国建立一个大学网络，以提高学生在国际学术市场的竞争力，培养领军人物（Chun，2016）。

结论

在积累了近30年的经验之后，欧盟成员国的利益相关方认识到了流动的好处以及协调一致支持流动的重要性。对"伊拉斯谟"计划的评估表明，它在扩大就业和职业机会方面有积极影响。欧洲高等教育区有许多促进流动的重要机制，包括文凭补充、欧洲资格框架、质量保障注册机构和合作网络、学分累积系统和校历的协调。在其他地区复制这些机制需要强有力的政治意愿和承诺，东南亚的尝试提供了一个正面的例子。

> " 尽管在资质认证、相互认可、质量保障和学分转换框架方面取得了进展，但一个区域性高等教育区的落实方兴未艾。"

埃克勒斯是一名难民，2003年她被迫与母亲、父亲和三个弟弟一起目睹了苏丹内战的爆发。如今她已成为缅因州波特兰市的"英语学习者"项目的教师。

摄影：Heather Perry/UNHCR

重要信息

关于教师指标的国际可比数据仍然稀少得出乎意料。甚至只有较少数的国家报告教师的人数，且这一数据还未考虑教学时间、教师的行政职务和其他复杂因素。

根据国家层面的定义，2017年全球85%的小学教师接受了培训，这一数据自2013年以来下降了1.5个百分点。在撒哈拉以南非洲，只有64%的小学教师接受过培训，一些国家在平衡大量招聘教师和保持其入职标准方面能力不足。在尼日尔，13%的小学教师是2013年新招聘的，这是比例最高的国家之一，但其中只有37%的教师接受过培训。

只有51%的国家拥有估计教师流失率的最基本数据。此外，现有的数据并不总是易于解释的。它们可能只涵盖公立学校，如乌干达；也可能只覆盖区域数据，而不考虑跨区域流动，巴西就是如此。

解释教师流失的估计值时需要谨慎。对澳大利亚个别教师的监测显示，83%的离职教师在离开岗位两年内又返回了岗位，其中至少有一半是带薪离岗。

国际教师移徙可以改善教师获得专业发展机会的可能性和东道国教师队伍的多样性。但这也可能导致输出教师的教育系统和移徙教师蒙受损失。需要对招聘、雇用和工作条件进行监管和监测以对其进行保护。

第17章

具体目标 4.c

教师

到2030年，大幅提升合格教师供给，包括通过在发展中国家开展国际合作的教师培训，特别是在最不发达国家和发展中岛国。

全球指标

4.c.1 特定国家的以下各级教育的教师中，获得任教所要求的最低标准职前或职后有组织教师培训（例如教学法培训）的比例，按性别统计：（a）学前教育；（b）初等教育；（c）初级中等教育；（d）高级中等教育

主题指标

4.c.2 学生与受过培训的教师的比例，按教育等级统计

4.c.3 依据国家标准，合格教师的比例，按教育等级和机构类型统计

4.c.4 学生与合格教师的比例，按教育等级统计

4.c.5 教师平均工资与其他要求相当水平的资格的行业的比较

4.c.6 教师流失率，按教育等级统计

4.c.7 此前12个月接受过在职培训的教师百分比，按培训类型统计

收集可持续发展目标4中教师相关指标的国际可比数据仍然出乎意料地充满挑战。即使使用最基本的生师比定义——教师人数（不考虑实际教学时数、非教学管理岗位的教师和许多其他复杂因素），也只有相对较少的国家能够生成相关数据，特别是中等教育的数据。

根据国家层面的定义，2017年全球85%的小学教师接受了培训，这一数据自2013年以来下降了1.5个百分点。该指标在撒哈拉以南非洲（64%）和南亚（71%）最低。受过培训的中等教育教师百分比没有全球平均数，但有一些区域的数据，如撒哈拉以南非洲的50%、拉丁美洲和加勒比的80%，这些区域的学生与受过培训的教师之比分别为43：1和21：1（表17.1）。

虽然除撒哈拉以南非洲之外，在有数据可查的少数区域和次级区域，中等教育中现有的学生与受过培训的教师之比似乎很低，但许多国家的中等教育入学率必须大幅增长，才能实现可持续发展目标4。当招聘训练有素的教师的速度跟不上入学情况时，其后果在初等教育中是显而易见的。在撒哈拉以南非洲，虽然一些国家招聘教师的比率很高，但如果其教师教育能力没有起色，那么这种做法可能会对它们维持招聘标准的能力提出挑战。尼日尔在2013年新招聘了13%的小学教师，但其中只有37%接受了培训。安哥拉、贝宁、马拉维和马里的小学教师

表 17.1:
2017年或最近数据可得年份的部分受过培训的教师和合格教师指标，按教育等级分列

地区	受过培训的教师		学生与受过培训的教师之比		学生与合格教师之比	
	初等教育	中等教育	初等教育	中等教育	初等教育	中等教育
世界	**85**	...	**28**	...	**26**	**18**
撒哈拉以南非洲	64	50	60	43	53	29
北非和西亚	84	...	23	...	21	15
北非	84	78	27	21	24	17
中亚和南亚	72	...	48	...	38	...
中亚	99	96	22	10	22	10
东亚和东南亚	...	...	...	...	19	16
东南亚	97	94	19	19	21	19
拉丁美洲和加勒比	89	80	24	21	...	...
大洋洲	...	...	...	...	...	...
欧洲和北美	...	...	...	...	...	...
低收入国家	74	...	53	...	49	...
中低收入国家	76	...	39	...	34	24
中高收入国家	...	...	...	...	20	15
高收入国家	...	...	...	...	...	...

注：比例是根据教师人数计算的。
资料来源：统计研究所数据库。

队伍扩充率很高，但受过培训的新任教师不到一半。相反，布基纳法索、乍得、刚果和科特迪瓦在相对较高的扩充率下，所有新任教师都接受了培训（图17.1）。

> 根据国家层面的定义，2017年全球85%的小学教师接受了培训，这一数据自2013年以来下降了1.5个百分点。

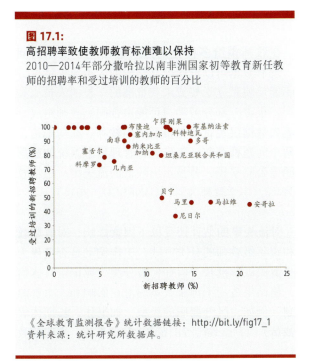

图 17.1:
高招聘率致使教师教育标准难以保持
2010—2014年部分撒哈拉以南非洲国家初等教育新任教师的招聘率和受过培训的教师的百分比

《全球教育监测报告》统计数据链接：http://bit.ly/fig17_1
资料来源：统计研究所数据库。

上。该项目由经合组织开展，预计将于2019年中期公布结果。该模块收集以下信息：教师在国外度过了多长时间（无论是否出于专业目的），这种经历如何影响他们在文化多元的环境中的教学，他们对教授来自不同背景的学生有多少信心，以及他们采取了哪些做法。关于教师出生国的问题是选答的，只有阿尔伯塔省（加拿大）、新西兰和美国选择将其包括在内。虽然有几个国家选择退出，但教与学国际调查还是将有关多元文化的问题包括在内，这使其有机会将教师的观点与学生的观点进行比较，学生的观点是通过2018年经合组织国际学生评估项目全球能力模块和国际教育成就评价组织国际公民素养调查收集的（Le Donné，2018）。

数据焦点17.1：很难准确估计教师流失情况

高招聘率并不一定意味着教育扩张，还可能是出于顶替离职人员的需要。尽管关于人员流失的可靠数据不完整，但一些估计，尤其是高收入国家的估计，表明新教师的流失率很高。其他证据则表明，大多数出于家庭原因离开的教师会在两年内重返教师岗位（数据焦点17.1）。

教师向富裕国家的移徙是困扰许多较小和较贫穷国家的一个独特现象。另一方面，并非所有对受过培训的教师的需求都必须通过增加培训教师人数来解决：可以从国外招聘受过培训的教师，尽管流动后的资格认证和人员任用方面的挑战很普遍（政策焦点17.1）。

几乎没有国际可比的证据能表明教师的国际经验和对多样性的态度。对可持续发展目标4知识基础的补充之一，就体现在2018年涵盖49个教育系统的教与学国际调查中关于公平和多样性的模块

之所以建议将教师流失率列为可持续发展目标4监测框架中的主题指标，其依据是认为流失率可能反映了低动机。减少可避免的教师流失可能比试图大规模扩大教师教育更容易，也更经济。

只有51%的国家拥有可以估计教师流失率的最基本的数据：当年的教师总数和新教师总数以及上一年的教师总数。即使在高收入并且数据丰富的国家，这一数据的可得性也很低（UIS，2016）。此外，现有数据并不总是易于解释的。

> **只有51%的国家拥有可以估计教师流失率的最基本的数据。**

准确的估计需要带身份识别号码的人事数据，以便追踪人员的资质、入职、离职和重新入职情况。数据应区分不同类型的入职者，包括重新入

职者，以及不同类型的离职者（表17.2）。教师的工作轨迹通常不是线性的。对一小部分瑞典教师进行的为期五年的追踪研究发现，许多人只是暂时离开，有些人则是出于希望以更高的教学技能重新入职的动机离开（Lindqvist et al., 2014）。

这些人事数据应在国家层面被整合。学区通常只能通过教师目前的所在地区来估计人员流动，而不能跟踪那些移出管辖区的人（Macdonald, 1999）。遗憾的是，许多关于教师留职的决定性因素的研究都受到这一情况的限制，包括针对美国各州（Boyd et al., 2008; Plecki et al., 2017）或地区层面（Nicotera et al., 2017）的纵向研究。

在巴西，教师在市和州一级注册，但巴西没有联邦层面流失率的综合信息。教育部的研究机构——国家教育研究院每年收集教师人数的信息，但无法获得全国新入职教师的人数。它还收集关于

教职员工的管理信息，但该指标是根据学校一级的教师任期计算的，以五年为分析单位（INEP, 2018）。

在教师供给多样化的国家也出现了类似的问题。现有数据可以说明公立学校的人员流失情况，但不能反映私立学校或未获批准的学校的人员流失情况。很大一部分劳动力可能由合同制教师组成，但流失数据仅包含公务员系统的教师。在乌干达，这两个问题都存在，来自教育管理信息系统的数据仅涵盖公立学校，并显示出较低的流失率：小学教师为4%，中学教师为5%（UNESCO, 2014）。

对流失率的估计还受以下因素影响：对兼职教师和跨年级教师的分类方式、工作调动是否被视为人员流失以及延长产假如何被分类。应记录具体信息，使结果适用于理解政策的潜在影响和人力资源规划（例如，区分离职的类型，如退休、长期休假或裁员）（Finster, 2015）。在乌干达，离职的教

表 17.2:
教师离职、入职和重新入职的年度动态

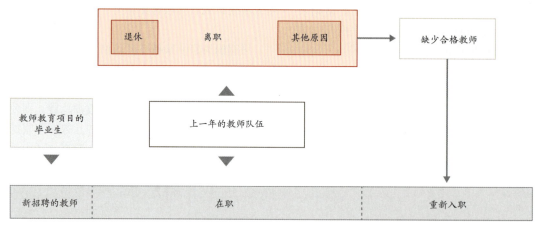

资料来源：根据经合组织（OECD, 2005）的资料整理。

师中，25%死亡或退休（由于年龄或疾病），21%辞职，15%被解雇，10%被调到非教学岗位，其余的原因尚未确定（UNESCO，2014）。

透过一些行政数据，可以很好地解释教师为什么离开学校或本行业。智利、瑞典和美国的研究发现，经验不足的教师、更具资格在其他地方就业的教师、被安置在更具挑战性的学校或农村学校的教师、报酬偏低的教师、签订短期合同的教师流失更严重（Ávalos and Valenzuela，2016; Borman and Dowling，2008; Lindqvist et al.，2014）。

一些国家开展了专门调查。智利的纵向教师调查与其他来源的数据相联系，以求产生有价值的见解（Cabezas et al.，2011）。不专门针对教育或教师的调查也可以提供关于教师流失和工作满意度方面的有价值的信息。来自2001—2013年澳大利亚家庭、收入和劳动力动态调查的纵向数据显示，平均每年有14%的教师离职。允许教师在不同教育等级之间流动的情况下，小学教师的流失率为20%，中学教师的流失率为18%。但是大多数离职的教师都回来了，其中83%在两年内回来。这些人中至少有一半是在休带薪假，他们很可能是在休产假（Jha and Ryan，2017）。

政策制定者特别关注留住新获得资质的教师（UNESCO，2009）。最初几年的离职率往往高于职业生涯中期的离职率（Goldring et al.，2014）。但是，新获得资质的教师的留职率估计会由于信息来源的不同而有所不同。例如，在荷兰，基于大学教师教育毕业生样本数据的估计和基于政府网站信息中教师教育入学者数据的估计之间存在差异。对这些不同来源数据的比较表明，对毕业后五年的流失率的最可靠估计为12%—13%，这远远低于其他高收入国家的报告（den Brok et al.，2017）。但这与最近的其他研究相一致，这些研究认为尚未有针对新获得资质教师的流失的很好的解释（Weldon，2018）。

尽管评估教师流失率很重要，但现有的信息来源对教师劳动力市场的覆盖往往不够全面（例如，跨教育等级或跨部门），或者在针对个人的长期监

测方面不够详细。这两个因素都表明，报告的教师流失率可能被高估了。

> 现有的信息来源对教师劳动力市场的覆盖往往不够全面，或者在针对个人的长期监测方面不够详细。

政策焦点17.1：教师移徙既有好处也存在风险

与护士、医生和工程师等其他专业技术人员的移徙相比，针对教师移徙的研究少得多。与许多此类技术型职业一样，教学通常会受到严格的管理，需要特定的，通常是严格的资质要求，而且不同管辖区对资质的要求不同。尽管如此，这些障碍并没有阻止成千上万的教师在国家间移徙。在部分国家，教师流动的规模之大导致了输出国的教师短缺。

> 在部分国家，教师流动的规模之大导致了输出国的教师短缺。

像其他移民一样，教师可能受到经济因素和其他促进和阻碍因素的综合影响。认为自己相对贫困是南非教师移徙到英国的主要原因（Manik，2014）。政治不稳定、歧视以及恶劣的培训设施和工作条件是导致教师移徙的其他因素（Ridge et al.，2017）。例如，现代基础设施的缺乏、教材的匮乏和研究设备的不足促使尼日利亚的学者去国外寻找工作（IOM，2014）。

在许多国家，教师是一种受监管的职业

许多国家会对教师进行监管。特定机构会评估和认证教师的能力和资格，同时，把关机制将获得教学职位的机会限制在具有国家特定专业资格的

> 许多国家将获得教学职位的机会限制在具有国家特定专业资格的人中。

人中。在瑞典，教师，包括学前教师，必须在国家教育部注册，该部门为合格教师颁发资格证书（Skolverket，2018）。

教师在流动之前完成资格认证程序可能是不现实的。在澳大利亚，资格认证程序必须在境内完成，而且掌握英语是强制性要求（IOM，2013）。在加拿大魁北克省，进入该行业所需的法语考试是许多移民教师面临的障碍（Niyubahwe et al.，2013）。对移徙到澳大利亚、德国、以色列、新西兰、南非、英国和美国的教师的调查表明，资格认证对其是一项重大挑战（Bense，2016）。

移民在教师中的代表性不足可能反映了这些障碍。即使在积极招募技术移民、有27%的人口出生在海外的澳大利亚，2013年移民仅占小学教师的16%，中学教师的19%（McKenzie et al.，2014）。招聘规定可能意味着计划外或临时的移民教师无法获得进入国外劳动力市场的机会。在南非，只有47%的津巴布韦移民教师在教学领域工作（Crush et al.，2012）。

许多教师在全球南北迁移

移民教师可以通过双边程序或招聘机构被聘用，也可以简单地作为来到一个国家的独立个人被聘用，通常他们最终会获得一个临时的职位。根据经合组织及非经合组织国家移民数据库（DIOC）的数据，加拿大、德国、英国和美国的移民教师人数最多。加拿大有将近19.5万名移民教师，印度、英国和美国是最大的教师输出国。全球教育监测报告小组对2010年经合组织及非经合组织国家移民数据库数据的分析显示，美国至少有14.3万名移民教师。总体而言，8%的教师出生在国外（Startz，2017）。

教师资格的管理规定通常与语言能力相关，因此，许多大规模流动发生在具有语言和文化共性的国家之间。来自其他英语国家，特别是英国的教师是澳大利亚学校中最大的移民教师群体，同时，澳大利亚人在英国的教师队伍中也有一席之地。在海湾国家发现石油后，埃及和其他阿拉伯国家的教师在教育系统规模扩张方面发挥了关键作用。这个例子还说明了移民教师是如何面对移民或教育政策的变化无常的（框注17.1）。

根据语言流利程度决定的移徙包括近期聘用以英语为母语的国际人士的趋势。在中国香港，"以英语为母语的英语教师计划"旨在通过学生与以英语为母语的教师的接触来促进英语学习。许多欧洲国家的公立小学和中学也有类似招募以外语为母语教师的项目（European Commission，2017a）。

国际私立学校也在努力吸引海外教师。2016年，全世界有8,000所私立英语学校，预计到2025年这一数字将翻一番（OFSTED and Wilshaw，2016）。2015年，1.8万名教师离开了英国，该学年约有10万名英国教师在国外的国际学校全职工作，使英国成为世界上最大的教师"出口国"（Wilshaw，2016）。

> 教师资格的管理规定通常与语言能力相关，因此，许多大规模流动发生在具有语言和文化共性的国家之间。

阿拉伯教师向海湾国家的移徙经历了两代人的时间

从20世纪中期开始，随着石油和天然气的发现，海湾阿拉伯国家合作委员会国家的教育体系急剧扩张。虽然这些国家直到20世纪60年代才实施教师培训计划，但它们可以提供高工资，以吸引其他阿拉伯国家的教师发展其教育系统（Kapiszewski，2006；Ridge et al.，2017）。

最初，招聘是通过政府间循环劳动力移徙项目进行的。随着时间的推移，许多海湾阿拉伯国家合作委员会国家的教育部不再通过这些项目招聘教师，移民教师的正式工作机会进而有所减少。然而，仍不断有阿拉伯教师前往海湾阿拉伯国家合作委员会国家，独立寻找工作或通过职业介绍所求职（Ridge et al.，2017）。

海湾阿拉伯国家合作委员会国家的阿拉伯教师面临许多经济和非经济挑战。他们的工作条件往往不稳定，且缺乏长期合同。教师们经常通过辅导来补贴工资收入。一项对阿拉伯联合酋长国12年级学生的研究发现，65%的学生接受私人辅导，主要是男性教师的辅导，其中65%的辅导教师来自埃及，29%来自其他阿拉伯国家（Farah，2011）。

直到最近，外籍阿拉伯教师一直很活跃。在卡塔尔，2013年，外籍阿拉伯教师约占公立学校教师的87%。在阿拉伯联合酋长国，2010—2011年度，公立男校90%的教师和公立女校20%的教师是外籍阿拉伯人。然而，在该学年，阿布扎比教育委员会建立了一个新的课程模式，计划到2030年将英语作为教学语言（Ridge et al.，2017）。这一政策举措反映了文化的飞速变革。在一项对18—24岁阿拉伯青年的调查中，海湾阿拉伯国家合作委员会国家三分之二的受访者报告说，他们在日常生活中说英语多于说标准阿拉伯语（Arab Youth Survey，2017）。

阿拉伯联合酋长国学校中的埃及和约旦教师正在被说英语的新教师取代，这些新教师主要来自高收入国家，他们以更优的条件被雇用，并获得丰厚的福利。相比之下，约旦教师却面临薪酬歧视和缺乏支持（EI，2016）。

教师移徙会造成输出国教师短缺

英国本土教师的短缺部分是由教师移徙导致的。牙买加和南非的教师招聘产生了全球性的多米诺效应。为了缓解自身的教师短缺，南非从国外招聘教师，尤其是从津巴布韦（图17.2）。2000年代的危机年份里，3.5万名教师离开津巴布韦前往博茨瓦纳、南非和英国，津巴布韦的教育系统受到了严重影响（de Villiers and Weda，2017）。

近几十年来，加勒比国家出现了大量教师移徙，这主要是由英国和美国积极的教师招聘导致的。2000年代初，面对公立学校的教师短缺，纽约市教育局加强了国际招聘力度，吸引了数百名来自加勒比地区的教师，特别是来自牙买加和巴巴多斯的教师（Penson and Yonemura，2012）：仅2001年就有350名来自牙买加的移民教师（Hadley

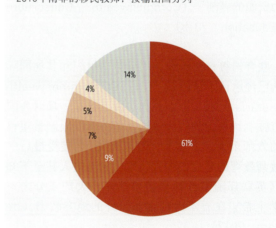

图 17.2:
南非有三分之二的移民教师来自津巴布韦
2010年南非的移民教师，按输出国分列

■ 津巴布韦　■ 加纳　■ 尼日利亚　■ 莱索托　■ 刚果民主共和国　■ 其他

《全球教育监测报告》统计数据链接：http://bit.ly/fig17_2
注："其他"包括印度、斯威士兰、乌干达、英国和赞比亚。
资料来源：Keevy et al.（2014）。

Dunn，2013）。对于小岛屿国家来说，即使相对较少的移民教师也会造成自身严重的教师短缺（Bense，2016）。

输出国在培训和教育这些专业人员以及整个教育系统方面的投资损失可能相当大。难以替代的数学、物理、科学和计算机科学教师最容易出国。在包括英国在内的许多欧洲国家，这些岗位被公认为人员短缺岗位（United Kingdom Government，2016）。因此，他们较少受到欧洲经济区公民优先招聘要求的限制。

国际协议有助于规范教师流动

这些发展致使相关国际倡议承认，输出国有意阻止高技能教师的严重流失。《英联邦国家教师招聘协议》回应了加勒比小国的关切，即它们正在因定向招聘活动而失去师资力量。英联邦国家的教育部部长们在2004年批准了《英联邦国家教师招聘协议》，以"平衡教师进行国际移民的权利和保护国家教育系统完整性的需要，并防止对贫穷国家稀缺人力资源的剥削"（Commonwealth Consortium for Education，2015）。

联合国教科文组织、国际劳工组织和其他国际机构已经承认了该协议（UNESCO/Commonwealth Secretariat，2012）。然而，由于这是一项对各国没有强制约束力的行为守则，它并不能限制希望移民的教师个人。事实上，对南非134名接受最后一年教师教育的学生的调查发现，91%的人甚至不知道《英联邦国家教师招聘协议》；大约三分之一的学生希望在五年内到南非以外的地方教书（de Villiers，2017）。

关于教师移徙的其他区域协定可能体现出有必要在行业准入方面进行国际协调。建立欧洲资格框架的目的是帮助构建一个关于核心能力，包括教师的核心能力的共识，并规定对于在一个欧盟成员国接受教师培训并希望在欧盟行使自由流动权的欧洲公民，可以合法地附加哪些额外的资格要求。此外，"伊拉斯谟+"计划也支持短期的国际教师交流（European Commission，2017b）。

私营和在线招聘机构没有得到很好的监控或监管

国际教师招聘是一项利润丰厚的业务，吸引着许多商业机构。在"教育国际"的一项调查中，64%有作为移民教师经历的受访者报告说曾使用中介机构。近四分之一的人报告他们支付了安置费：在大多数情况下这笔费用不到1,000美元，但有些人支付了10,000美元甚至更多。虽然大多数人会推荐他们使用的机构，但五分之一的人考虑到所面临的骚扰、高昂的费用以及透明度的缺乏，不会再使用相同的机构，或者不确定他们是否会推荐该机构（EI，2014）。

> " 2014年接受调查的移民教师中，近三分之二的人报告说，他们是通过中介机构获得海外职位的。"

事实上，招聘通常没有受到严格监管。对英国的43个机构网站的审查表明，许多机构没有提供充足的或充分适切的工作条件信息（de Villiers and Books，2009），这引起了输出国和接收国登记招聘人员的呼吁（EI，2014）。

结论

国际教师移徙可以带来许多积极的变化。像其他移民一样，教师可能会有更好的生活，并获得职业发展机会。东道国教师队伍的多样性可能会得到增强。但是教师移徙也给个人和教育系统带来了风险。需要适当的法规和协议来确保输出系统不会产生破坏可持续性的损失，进而最终损害学生的学习。

需要对招聘、雇用和工作条件进行监管与监测，以确保移民教师有足够的信息做出明智的决定，在学校中按照承诺的条件被雇用，并得到有针对性的支持，以充分发挥他们的潜力和实现其专业发展。国家和国际监管与监测系统都需要参与进来，使这一进程公平普惠。

18

艾泽尔是海地大湾省圣保罗冰川诊所的一名护士，她正在为妇女们提供计划生育咨询。

摄影: Reginald Louissaint Jr./Save the Children

重要信息

为实现可持续发展目标8关于体面工作的要求，许多国家需要招募和培训社会工作人员，他们是处理侵犯人权事务的先锋。然而在2014年，尼泊尔每名社会工作人员要服务11.6万人。中国于20世纪80年代后期正式启动社会工作，目前有超过250所大学开设了社会工作课程。到2020年，国家目标是新增社会工作者23万人。

为实现可持续发展目标11关于城市和非正式定居点的可持续城镇化的要求，解决亚洲和非洲国家城市规划专业人员短缺问题十分重要。肯尼亚每20万人只有一个城市规划师，印度每40万人只有一个城市规划师。世界城市和地方政府联合组织是全球主要的地方政府行为主体网络，协调同行之间的学习交流，与大学和各类资源充分接触，以支持城市管理人员的能力发展。

为实现可持续发展目标16关于和平社会的要求，需要（1）加强执法人员的教育和培训，帮助建立信任，限制使用武力；（2）加强司法人员的教育和培训，以满足全球约40亿缺乏公正司法的人的需求。德国警察的平均培训时间为130周，而美国警察只有19周的培训时间——比许多行业要求的培训时间还要少。

第18章

其他可持续发展目标中的教育——体面工作、城市、警察和司法

（可持续发展目标4之外与教育有关的全球指标）

全球指标

1.a.2　基本公共服务（教育、卫生、社会保障）支出占公共支出比重

5.6.2　用法律法规保障15—49岁妇女获得性和生殖卫生保健、信息和教育的国家数量

8.6.1　未接受教育、就业或培训的青年（15—24岁）所占比例

12.8.1　将（i）全球公民教育和（ii）可持续发展教育（包括气候变化教育）纳入（a）国家教育政策、（b）课程大纲、（c）教师教育和（d）学生评估的程度

13.3.1　在中小学和大学课程中融入气候变化减缓、适应、减少影响和早期预警的国家数量

尽管教育在实现其他16项可持续发展目标中发挥了作用，但除可持续发展目标4之外只有五项与教育相关的全球指标。本章讨论可持续发展目标8（体面工作和经济增长）、可持续发展目标11（可持续城市和社区）以及可持续发展目标16（和平、正义与强大机构）中的教育部分，教育通过提升国家实力来实现这些目标的作用。

教育是体面工作、城市可持续发展和社会凝聚力的组成部分

教育影响着可持续发展的方方面面，包括本章所讨论的三个相互关联的目标。本节重点介绍了一些最新的发现，这些发现揭示了这些复杂的关联。

教育对实现旨在消除童工的可持续发展目标8有着影响，然而对教育干预效果的研究还不够充分，有时甚至有违直觉。在布基纳法索，没有姐妹的男孩的劳动参与率提高了，同时进入学校学习的机会也有所增加，这可能是因为学校通勤时间缩短了（Dammert et al., 2018）。尽管保护儿童免受剥削是公认必要的，但是否未成年人参与任何形式的经济活动都是需要被禁止的，如何排除学徒和与学校教育不冲突的在职培训，仍然存在分歧（Aufseeser et al., 2018）。

很少有人研究雇主的受教育水平对体面工作岗位的供应的影响。在意大利，大学毕业的雇主不太会雇用临时工（Ghignoni et al., 2018）。这需要进一步的研究，包括在中等收入国家和低收入国家中，教育如何影响管理实践和高于最低工资的薪酬支付。

体面工作包括合理的收入，这部分取决于可持续发展目标11要求的住房负担能力等因素。在许多城市，无技能、半技能或低收入的技能型职业使人们难以负担在市中心合理通勤范围内居住的费用。当学校质量驱动的居住地点选择以及邻里住房成本出现实际的或可感知的差异时，由此产生的职业隔离将进一步加剧。择校的增多将会加剧中产阶级化，尤其是在美国种族隔离的社区。

虽然中产阶级化不利于公平，但它在某些情况下也可以为学校的多元化创造机会。在高收入国家，受教育程度高、相对富裕的年轻家庭搬到市中心而不是郊区，可以减少隔离，只要长期低收入家庭没有流离失所，且新住民到公立学校就读（Mordechay and Ayscue, 2018）。社会经济多元化的学校同样可以推动城市发展。

> 可持续发展目标8中与教育有明确联系的有关体面工作的具体目标之一就是消除童工。

美国来自富裕社区的学生，以及与富有家庭的同龄人一起上学的学生，教育成绩最好。但最近一项研究指出，贫困地区的学校质量并不能解释教育劣势。相反，贫困地区的环境影响学校质量。提升教育成绩需要集中精力发展城市，例如整治环境健康危害，以及治理当地的暴力犯罪（Wodtke and Parbst，2017）。

关于紧急情况下教育的研究强调保护安全的空间免遭暴力。可持续发展目标16的三个具体目标和具体目标4.a反映了这个和平社会维度。较低的公共安全水平增强了获得保护自己或伤害他人的技能的动机，并降低了投资于教育的动机。学校教育的益处只有在公共安全获得投资时才能充分体现（Cruz，2017）。

一个和平社会不仅没有暴力，而且容纳多样性。几个世纪以来，教育在这方面发挥了关键作用。在英国，大学已经产生了溢出效应，增加了对女性和居住在大学附近少数民族的权利的支持，不论他们的受教育水平如何。目前大学的地理分布与中世纪种族和宗教多元化有关，这表明教育和宽容是共同进化的（Fielding，2018）。

然而，越来越多的人担心教育是否有能力在整个社会中传播自由主义态度。虽然教育一直是反对民族主义和民粹主义政党或候选人的强有力预测因素，但受教育程度越高的人对民粹主义政治信息的免疫力就越低。荷兰1985—2011年对少数族裔的偏见逐步上升，特别是在受教育水平较高的人群中，这抵消了这一时期教育扩张带来的收益（Thijs et al.，2018）。

全球范围内，教育都是预防腐败的因素，腐败现象与和平正义的社会格格不入。在最近对123个国家36个潜在腐败决定因素的系统分析中，初等教育的缺乏成为发展中国家出现腐败最有力的预测因素之一（Jetter and Parmeter，2018）。

教育有助于建设专业能力

受过良好教育的专业人员对于实现可持续发展各个领域的目标至关重要。考察教育对其他可持续发展目标贡献的一个方法就是看它如何帮助建设专业能力。

建设社会工作者的能力

实现可持续发展目标8中雄心勃勃的相关具体目标，包括体面工作（具体目标8.5）、消除强迫劳动和人口贩运（具体目标8.7）以及保护弱势群体（如移民工人）的劳工权利（具体目标8.8），需要提升那些为处于危机中的个人和家庭保障福祉的人的能力。长期以来，卫生从业者和治安人员、社会工作者都是应对最弱势人群人权被侵犯问题的先锋。

全球社会服务劳动力联盟最近做出了一些努力，填补关于中等收入国家和低收入国家社会工作人员的相当大的数据缺口，强调国与国之间存在的巨大不平等。2014年，尼泊尔每名公共社会工作人员需要服务11.6万人，与摩尔多瓦共和国的3,000人形成对比（图18.1）。

社会工作者往往得不到充分的培训。对埃塞俄比亚社会服务人员的评估中，60%的服务提供者表示缺乏相关的教育，几乎所有受访者都表示需要更多的培训才能胜任工作（IntraHealth International，2013）。一项对13个西非和中非国家的评估指出，缺乏法律框架以及培训不切合当地实际都是主要问题（Canavera et al.，2014）。对亚洲、东欧和撒哈拉以南非洲13个低收入国家和中等收入国家的学历课程进行的一项评估表明，硕士课程的缺乏限制了教师队伍提升和专业人员在系统层面的规划能力（Global Social Service Workforce Alliance，2015）。

> 各国需要招募和培训更多的社会工作者，他们是应对最弱势人群人权被侵犯问题的先锋。

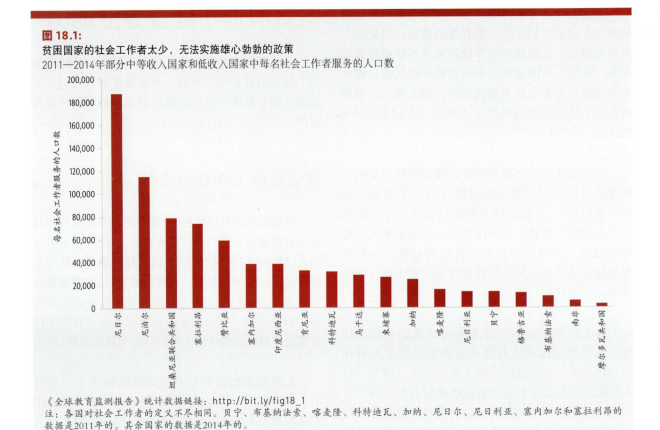

图 18.1:

贫困国家的社会工作者太少，无法实施雄心勃勃的政策

2011—2014年部分中等收入国家和低收入国家中每名社会工作者服务的人口数

《全球教育监测报告》统计数据链接：http://bit.ly/fig18_1

注：各国对社会工作者的定义不尽相同。贝宁、布基纳法索、喀麦隆、科特迪瓦、加纳、尼日尔、尼日利亚、塞内加尔和塞拉利昂的数据是2011年的。其余国家的数据是2014年的。

资料来源：Canavera et al.（2014）；Global Social Service Workforce Alliance（2015）。

许多国家都在努力发展这一职业并使其多元化。中国在20世纪80年代后期正式启动了社会工作，目前有250多所大学开设了社会工作课程。国家目标是到2020年新增社会工作者23万人（Roby，2016）。

从2010年到2015年，南非社会工作者数量增加了70%（Global Social Service Workforce Alliance，2016）。南非《儿童法》要求正式确定以亲属关系为基础的抚养关系，这促成了社会工作者的增多，为制定一系列规范和标准创造了条件，并且使得社会发展部具有更大的影响力去要求国家财政预算支持。该部有一个专门部门通过国家数据、国际家庭调查和社区协商来确定服务需求。按照计划，到2018年，南非要把儿童和青少年护理人员从800人增加至1万人，截至2016年5月，已安排超过5,500人接受培训（Roby，2016）。2010—2015年，撒哈拉以南非洲八个国家的受访专家表示，他们的国家打算将教育和培训与劳动力规划结合起来，并全面扩大劳动力规模（Global Social Service Workforce Alliance，2016）。

建设城市规划人员的能力

世界上有一半以上的人居住在城市。按照可持续发展目标的具体目标11.1—11.3中有关提升城市规划和服务的要求，这对于改善非正式定居点和预测城市化增长至关重要。需要强大的城市规划机构和受过良好训练、能够制定完成城市议程的专业人员（UN Habitat，2016a）。

许多国家面临着城市规划专业人员短缺问题。印度只有21所大学提供城市规划研究生课程，只有5所大学提供相应的本科课程。因此，2011年人口普查显示，整个国家只有4,500名合格的城市和城镇规划师。同年，政府估计到2031年，城市发展规划还需要30万名城市和城镇规划师（Meshram and Meshram，2016）。一些非洲国家，包括加纳和尼日利亚，由于城市化率日益升高，正面临规划师缺口的进一步增大（图18.2）。

> 印度估计，到2031年还需要30万名城市和城镇规划师。

规划学课程需要更好地结合物理、社会和环境规划，包括认识到规划对教育供给的重要性。印度城市规划学会对获得其认证的机构进行的一项评估发现，很多规划专业的学生缺乏接触城镇和城市问题的机会。他们不熟悉城市发展机构的功能，与贫民窟和城市基础设施的接触有限，对新的城市发展项目和技术工具不了解，这使他们没有做好在毕业后从事规划工作的准备（Meshram and Meshram，2016）。

非洲规划学院协会与赞比亚大学合作，于2013年引入空间规划硕士学位。该项目强调非正规性、气候变化、获得土地和与城市化挑战有关的伙伴关系，被认为是非洲第一个充分纳入非正规问题的项目（Watson and Agbola，2013）。作为60个城市的战略性城市规划需求评估的一部分，莫桑比克的案例研究指出，市政工作人员自己制定规划的能力非常有限，因此必须要将这项服务外包出去。马拉维和纳米比亚也显示出，当地的规划技能和中央政府的协调能力有限。该评估呼吁学术机构加强地方公职人员的规划能力，鼓励并支持形成网络关系（UCLG，2010）。

相比之下，中国政府投资于十多家机构，为城市管理人员提供培训。新加坡每年为所有公职人员提供100小时培训的预算，他们还能获得个性化指导和领导力发展的机会（Bouton et al.，2013）。

世界城市和地方政府联合组织是地方政府行动方主要的全球同行网络，负责协调同行学习交流、可持续发展议程的本土化、与大学在能力建设和知识管理活动方面合作，及互相提供支持城市管理

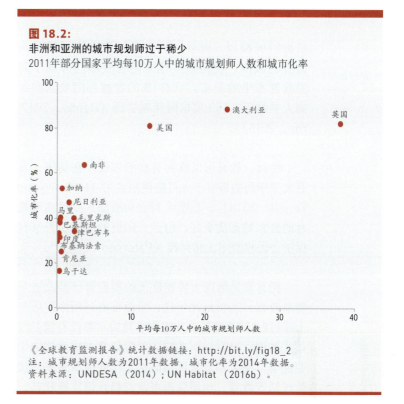

图 18.2:
非洲和亚洲的城市规划师过于稀少
2011年部分国家平均每10万人中的城市规划师人数和城市化率

《全球教育监测报告》统计数据链接：http://bit.ly/fig18_2
注：城市规划人员人数为2011年数据，城市化率为2014年数据。
资料来源：UNDESA（2014）；UN Habitat（2016b）。

人员能力建设的机会和资料（Friedemann，2016；UCLG and Learning UCLG，2018）。

建设执法人员的能力

执法对于可持续发展目标16（OECD and Open Society Foundations，2016）呼吁的"全民正义"和机构问责制有巨大的影响力。尽管警察维护着公共安全，但警察的残暴和腐败仍然是影响最弱势群体的主要问题。提高警察教育的要求和培训，建立信任，减少偏见和武力，对全世界都很重要。

美国警察的暴力行为上过头条新闻，尤其是对手无寸铁的非洲裔男子的枪击事件，引发了"黑人的命也重要"运动。这些争议突显了全球警察教育和培训的巨大差异。德国警察平均受训130周，而在美国只有19周——比许多行业要求的

培训时间都短。此外，为了应对警察空缺职位申请者的减少，美国许多地方的警察部门降低了对受教育水平的要求。只有1%的警察部门要求四年制大学学历，15%要求两年制学历（Danby，2017；Yan，2016）。

然而，教育可以改善警察的表现。在美国，具有大学学历的警官不太可能使用武力（Rydberg and Terrill，2010）。在澳大利亚和欧洲，受过高等教育的警官的态度更好。但是，印度的高学历警察对保护公民权利不太感兴趣（Paterson，2011）。

拥有世界第四大警察队伍的墨西哥已经改进了警察教育。20世纪90年代，墨西哥有41所学院服务于超过2,000个部门，其中大多数警察都没有接受过正式培训。只有14所学院入学最低要求出示初中毕业证书，而大部分从事预防性工作的警察最多只接受过初等教育。历届墨西哥政府都强调发展联邦、州和市政府的能力，认识到有必要通过更好的招聘选拔、更好的培训、更好的薪酬和更好的操作程序来提高执法专业水平（Sabet，2010）。

许多国家与国际机构或捐助方合作，以提高警察的专业能力。国际移民组织培训了印度尼西亚各地的3,000多名女警，让她们从事保护妇女和儿童、消灭人口贩运和人口走私方面的工作（IOM Indonesia，2016）。在东南亚，联合国一直致力于通过培训来提高受训人员的执法能力，解决该地区的儿童性剥削问题（UNODC，2013）。

> "
> 执法人员需要更好的教育和培训，以实现可持续发展目标16"全民正义"。
> "

一些国家也在努力遏制警察腐败。新加坡有一个非常有效的腐败行为调查局，被认为是其他国家的榜样。但在1999年，由于爆出涉及警察的腐败丑闻，新加坡警察学院不得不采取进一步行动，引入了一门以价值观为核心的培训课程，包括一个基于案例研究的40小时的项目，以进一步增强对腐败的抵抗力（Pyman et al.，2012）。

社区警务人员寻求用以服务为导向的方法建立信任。保加利亚自2016年开始培训多民族社区的警务工作人员，帮助弱势群体。在最近的移民潮中，招募警务人员并培训他们礼貌地接触移民和难民变得越来越紧迫，催生很多新的措施。赫尔辛基警察局2016年发起了招募年轻移民的行动，稍微增加了这类警务人员的数量（EUFRA，2017）。

建设司法部门的能力

自2003年以来，联合国关于犯罪趋势和刑事司法系统运作的调查追踪了法官和地方法官的数量，各国的数据差异悬殊。2013年，尼日利亚有69名专业法官或地方法官，服务于1.7亿多人，平均每10万人仅有0.04名法官，相比之下肯尼亚为1.2名，南非为4.3名（UNODC Statistics，2017）。

司法教育是司法体系的基石，是强化制度的具体方面改革的基石（World Bank，2003）。联合国毒品和犯罪问题办公室编制了一份关于加强司法廉洁和司法能力的资源指南，建议关注法律教育中的实际培训，包括社会技能培训，并为法官开发可获得的继续专业培训项目。法律培训通常需要三到五年，但即使在高收入国家，成为一名法官也并不总是需要法律学位。有些国家为新入选的法官提供大量初级专业培训。在通过司法入职考试后，法国的新法官需要在专门的学校接受31个月的培训。加纳和约旦设立了为法官提供继续教育的学校（UNODC，2011）。

> " 有必要加强法律能力建设，以满足全球约40亿缺乏公正司法的人的需求。"

联合国开发计划署支助多种法律和司法改革项目，其中包括能力建设部分。2016年，来自几内亚比绍偏远地区的12名法官和检察官在巴西接受了有组织犯罪和人口与毒品贩运罪方面的培训（UNDP，2017）。自2014年以来，联合国教科文组织的一个项目向非洲和拉丁美洲国家的600多名法官和法律专业人员提供了关于信息和表达自由的法律原则和判例的司法培训，在线项目的学习者人数更是高达这个数目的十倍（Orme，2018）。

自2014年以来，联合国毒品和犯罪问题办公室和联合国开发计划署系统地收集了获取和提供法律服务的数据。在数据可得的68个国家中，73%要求律师出示通过专业考试的证明，4%要求律师助理完成政府认可的培训课程。但20%的报告国指出农村地区存在严重的律师短缺（UNODC，2016）。在高收入国家，法律知识的地区分布也不平均。在美国纽约州，2017年所有384名市法院法官都曾经做过律师，而镇法院和农村法院的法官中只有39%曾经是律师（New York State Commission on Judicial Conduct，2017）。

总的来说，全球大约有40亿人得不到公正司法。改善这种情况往往涉及民间组织。在世界银行的支持下，厄瓜多尔的一项司法改革向民间组织提供赠款，用于处理各种与司法有关的工作，案件结案率很高。另一个例子是为150名法律援助律师提供240小时培训的项目，这些律师最终可以获得教育部颁发的职业资格证书（Maru，2009）。

民间组织为基层法律宣传员提供法律教育，并扩大了他们的网络。Namati是一个由120家基层司法机构组成的全球网络，为一线法律宣传员提供培训和知识补给。该网络建立在塞拉利昂先前的成功经验上，在过去的十年间，该国通过国家伙伴联盟，使得社区律师助理服务迅速扩大。通过Namati培训的律师助理帮助孟加拉国和肯尼亚成千上万的无国籍人士申请到了合法的身份证件（Namati，2014）。

结论

《全球教育监测报告》详细阐述了教育与其他可持续发展目标之间的相互关系，以及定期审视这些关系的必要性。议程是广泛的，这些报告一次只能检视有限的几个目标。今年的重点是体面工作、城市、警察和司法，从两个角度来检视：首先，评估入选的案例，这些例子显示了相互影响的复杂交织，并提醒人们教育的关键作用，一部分例子也提醒了人们错失的机会。其次，展示通过教育和培训建设实现其他目标所依托的专业能力的多种途径，在本章中具体是指社会工作者、城市规划者、警察和司法官员。传递的信息依然清晰：通过教育实现能力发展需要成为2030年可持续发展议程的核心。

这些叙利亚难民儿童乘坐国际移民组织的交通工具到达学校，这所学校离难民营非常远。

摄影：Muse Mohammed/IOM

第19章

19

财 政

　　给数百万受灾难影响的儿童以希望是我们的道德责任。因此，紧急情况下的教育是欧盟以及我个人的重中之重。欧盟的投入已经在最近几年得到迅猛增长，并且在2019年将达到欧盟人道主义援助预算的10%。我鼓励所有捐助方都增加贡献。我的希望是看到无论在何种情况下，每个儿童都在一个安全的场所中学习，能都获得及时的支持，以便当危机来袭时他们的教育能够不受影响。出于这个原因，我赞赏和支持联合国教科文组织与所有教育合作伙伴的提议。

——欧洲人道主义救援和危机管理
委员　克里斯托斯·斯蒂廉德

　　《全球教育监测报告2019》清晰地展示了，如果我们无法调动人道主义资金去支援紧急事件和长期危机中的教育，我们将承受什么样的代价。报告提供了富有洞见的分析，支持为了促进冲突和灾难中的教育投资公平而发起呼吁、制定政策和开展援助改革。资金挑战是在危机中落实受教育权的主要障碍。《全球教育监测报告2019》提醒我们，教育必须被放在优先地位，因为它是有效人道主义救援的基础，并且与可持续发展投资密切相关。

——"教育不能等待"基金主任　亚思明·谢里夫

重要信息

在全球范围内，教育总支出中公共支出占79%，家庭支出占20%，捐助方支出占0.3%（在低收入国家为12%）。

在所有教育经费中，仅有0.5%被投向低收入国家。

2017年，公共教育支出的中位数为GDP的4.4%和公共支出总额的14.1%。

移民的财政后果较为温和，大概占GDP的1%，这包括移民的教育成本。

很少有国家在基于公式的学校经费分配中明确承认移民身份。大部分国家间接地将学生语言或者社会经济地位纳入考量，以满足移民的教育需求。

2016年，教育援助达到了有记录以来（初始值为134亿美元）的最高水平。

多边开发银行，比如世界银行，已经在减少向中等收入国家发放的教育贷款。有人建议设立一个国际教育融资机构来应对此问题，但是贷款必须以公平为导向。

政策制定者不应当过分将援助视为控制移民的手段。

2016年大约有8亿美元的人道主义援助和发展援助被提供给难民教育，但没有任何联合规划。

设立于2016年的"教育不能等待"基金是近来整合人道主义援助和发展援助的标志。

汇款使得撒哈拉以南非洲、中亚和南亚以及东南亚的18个国家的教育支出增加了35%。将汇款成本从7.1%降低到可持续发展目标10.c的3%，能够令每年的家庭教育支出增加10亿美元。

实现教育的具体目标是有明码标价的。《全球教育监测报告》估计，2015—2030年在低收入国家和中低收入国家实现全面普及学前、初等和中等教育所需要的年均成本将达到3,400亿美元，占国内生产总值（GDP）的6.3%（UNESCO，2015b）。因此，需要密切关注支出水平，特别是在（a）政府长期教育投入不足，（b）没有获得外部援助的公平份额，（c）家庭支出占教育总成本的比例过大的国家。

本章内容按照教育财政的三大来源进行安排：政府、捐助方、家庭。本报告估计全世界每年的教育支出为4.7万亿美元。其中，高收入国家的支出为3万亿美元（占65%），低收入国家的支出为220亿美元（占0.5%），尽管这两类国家的学龄儿童数大致相当（图19.1a）。在教育总支出中，公共支出占79.3%，家庭支出占20.4%。在低收入国家中，捐助方支出占教育总支出的12%，在中低收入国家中占2%（图19.1b）。

> **低收入国家的教育支出仅占全球教育支出的0.5%。**

公共支出

可持续发展目标1.a关注"调动资源……终结所有形式的贫困"。作为该目标的一部分，全球指标1.a.2呼吁监测政府在教育、卫生和社会保障方面的支出，特别强调公共支出中的教育份额。但是，为了尊重各国根据自身情况调整公共支出的权利，并没有提出明确的教育支出目标。

与之有所不同的是，《教育2030行动纲领》提出了两个公共教育财政的关键标准（UNESCO，2015a）：

- GDP中至少4%—6%分配给教育；

- 公共支出总额的至少15%—20%分配给教育。

从全球范围来看，2017年公共教育支出的中位数是GDP的4.4%，地区均值从东亚和东南亚的3.4%到拉丁美洲和加勒比的5.1%不等。教育支出并没有随着人均收入增加而显示出任何模式。高收入国家的支出占GDP的比例比低收入国家高出0.9个百分点，但低收入国家比中高收入国家高0.3个百分点。公共支出总额中教育所占比重的全球中位数是14.1%，地区均值从欧洲和北美的11.6%到拉丁美洲和加勒比的18%不等（表19.1）。

图 19.1:
公共支出占教育支出的五分之四

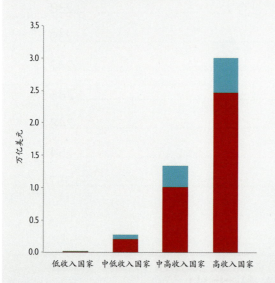

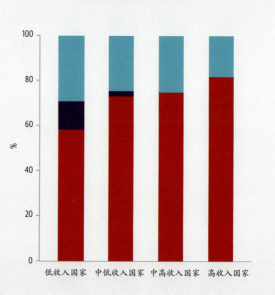

a. 2014年或最近年份教育支出总额，按国家收入
分组和资金来源分列

b. 2014年或最近年份教育支出总额的构成，
按国家收入分组和资金来源分列

家庭支出　捐助方支出　公共支出

《全球教育监测报告》统计数据链接：http://bit.ly/fig19_1
注：上述分析基于三个方面：（a）对于没有公共支出数据的国家，数额从GDP、公共支出占GDP比例，以及对应国家收入分组的教育支出占公共支出总额平均比例进行插补得到；（b）将援助支出的60%纳入公共预算（因此从公共支出中扣除），剩余40%通过其他途径进行分配；（c）高收入国家、中等收入国家和低收入国家的家庭支出占教育支出总额的比例估计值分别为18%、25%和33%。
资料来源：全球教育监测报告小组基于统计研究所（公共支出和家庭支出）以及贷方报告制度数据库（捐助方支出）的分析结果计算。

表 19.1:
2017年或最近年份的公共教育支出，按国家收入分组和地区分列

	占GDP的比重（%）	占公共支出总额的比重（%）	生均支出（2015年购买力平价美元不变价格）		
			初等教育	文盲数（百万人）	高等教育
世界	**4.4**	**14.1**	**2,028**	**2,716**	**4,322**
撒哈拉以南非洲	4.1	16.5	268	476	2,485
西亚和北非	3.8	12.3	4,392	4,911	5,150
中亚和南亚	3.9	15.7	764	1,048	1,951
东亚和东南亚	3.4	13.5	2,645	7,700	6,165
拉丁美洲和加勒比	5.1	18.0	1,800	2,287	2,517
大洋洲	4.7	14.1	…	…	…
欧洲和北美	4.8	11.6	7,416	7,890	8,621
低收入国家	4.0	16.1	194	276	1,675
中低收入国家	4.4	16.4	985	1,104	2,029
中高收入国家	4.1	13.9	2,155	2,498	3,185
高收入国家	4.9	12.9	7,990	8,955	10,801

注：估计值为中位数，仅当每组至少50%的国家有数据时才报告。
资料来源：全球教育监测报告小组基于统计研究所数据计算。

总体来看，148个国家和地区中有43个没有达标（图19.2）。这包括所有收入水平的国家（从最贫困的国家，比如乍得，到最富裕的国家，比如卡塔尔）和所有地区的国家（比如，海地、日本、约旦、纳米比亚、巴基斯坦和罗马尼亚）。

尽管较贫困的国家更重视教育，低收入国家和中低收入国家的公共教育支出占公共支出总额比例的中位数也已经稳定地超过15%，但仍有一些国家没有达标。在这些国家中，柬埔寨、刚果民主共和国、几内亚和乌干达在全球教育伙伴关系举办的2018年融资大会上承诺增加国内支出（图19.3）。

2016年，初等教育阶段的公共教育支出平均占比为35%，从低收入国家的47%到高收入国家的26%。中等教育支出占比的全球均值为34%，从低收入国家的26%到中低收入国家的38%。较富裕国家的青少年人口留在学校里完成中等教育的比例更高可以解释这种支出模式（图19.4）。

生均支出水平存在地区差异。2017年，撒哈拉以南非洲的高等教育生均支出（2,485美元）几乎是初等教育（268美元）的10倍。在中亚和南亚，这一比值为2.5倍。欧洲和北美国家在初等、中等和高等教育阶段的生均支出几乎一样。高收入国家的高等教育生均支出是低收入国家的6倍，但中等教育生均支出是其32倍，初等教育生均支出是其41倍。

生均教育支出的计算是一个简单的除法，用每个学段的总支出除以在校生总数。实践中，政府通常都会努力将经费分配到需求更大的学校和学生，以促进教育公平。拨款公式将处境不利的因素纳入考量，并据此进行资源分配。一个潜在的特征因素是一所学校或一个学区中移民的集中程度；在这些情况下，可以为应对移民在语言进修班和其他方面的需求提供更多资源（政策焦点19.1）。

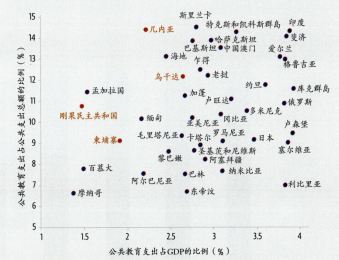

图 19.2:
至少有43个国家和地区没有达到任何一个教育财政标准
2017年或最近年份公共教育支出占GDP的比例和占公共支出总额的比例都没有达到标准的国家和地区

《全球教育监测报告》统计数据链接：http://bit.ly/fig19_2
注：南苏丹的教育支出不足GDP和公共支出总额的1%。
资料来源：统计研究所数据库。

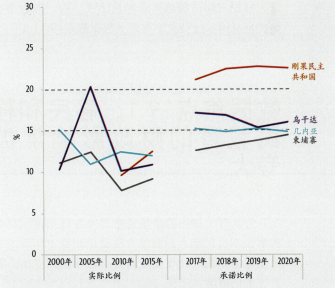

图 19.3:
投入不足的国家已经承诺增加对教育的投入
2018年全球教育伙伴关系融资大会前后的公共教育支出占GDP的比例和占公共支出总额的比例

《全球教育监测报告》统计数据链接：http://bit.ly/fig19_3
资料来源：统计研究所数据库（实际比例）和2018年全球教育伙伴关系融资大会（承诺比例）。

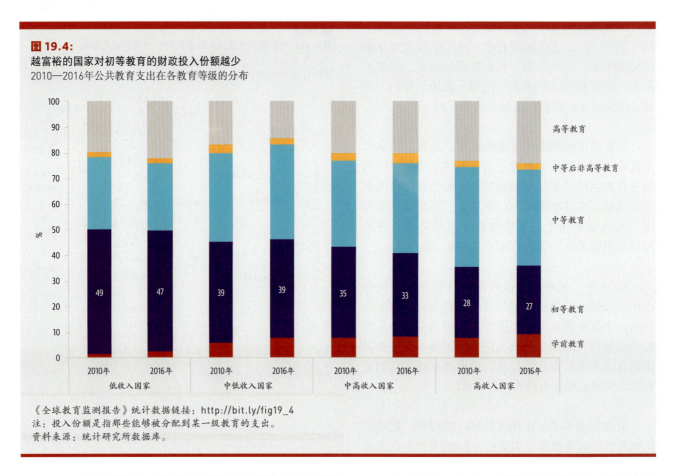

图 19.4:
越富裕的国家对初等教育的财政投入份额越少
2010—2016年公共教育支出在各教育等级的分布

《全球教育监测报告》统计数据链接：http://bit.ly/fig19_4
注：投入份额是指那些能够被分配到某一级教育的支出。
资料来源：统计研究所数据库。

学生群体中有较高比例的移民被认为是政府预算的潜在负担，而且在许多东道国都饱受争议。但是，移民对财政的总体影响是比较小的，因为至少移民也对国家经济做出贡献（数据焦点19.1）。

数据焦点19.1：移民和移民教育的财政影响常被夸大

公众有关移民的争论通常集中在对东道国福利的潜在不良影响上。简单方法是比较特定年份的移民家庭的纳税和社保贡献与政府对移民的支出。教育因素也被纳入计算。

从政府收入来看，相比于本国居民，移民中劳动力人口的比例更高，因此对公共财政的贡献也更大。但是通常移民产生的收益更小，因为他们在劳动力市场中处于劣势。尽管随着受教育水平的提高，移民获得雇用和挣得可税收入的可能性也更大，但他们随受教育年限而增加的净贡献要比本国人低，因为具有高技能的移民很可能从事低技能、低薪酬的工作。他们也常常从事非正式工作（OECD，2009）。

从政府支出的角度来看，移民更有可能依靠社会福利和使用公共服务，比如教育。高收入国家通常有关于生均教育支出的均值数据，但移民接受教育可能会使得均值发生偏离，例如，带来语言学习的额外支出。另一方面，移民的总体教育成本更低，因为他们更少接受高等教育，而高等教育成本更高（OECD，2013）。

> "从长期来看，移民的未来终身纳税和社保贡献通常都会带来可观的正净现值。"

财政影响由于政府层级和时间框架而有所不同。虽然所得税和社保贡献通常是累积到国家层面的，然而地方却是教育投入的重要部分。对于中央政府来说，移民家庭的净贡献可能是正的，但是对于地方政府来说可能为负，比如美国就是如此（Kandel，2011）。另外，虽然为移民提供教育可能表现为特定年份的支出，但却应该被理解为对他们的终身投入。从这一长期视角来看，移民的未来终身纳税和社保贡献通常都会带来可观的正净现值（National Academies of Sciences, Engineering and Medicine，2017）。

难民比移民的花费要多，移民通常更有可能是处于工作年龄的成人，能够适应劳动力市场的需求。相当数量的难民涌入可能在短时间内带来不小的基本需求支出、语言培训支出和其他综合支出。德国一项有关大规模难民潮的经济影响的分析表明，在占GDP大约0.5%—1.5%的短期成本之后，未来3—10年的正效应可能会超过成本（取决于背景条件）。这一研究发现在最保守的假设下——难民的失业率在10年内保持在50%以上并且永远不低于35%，而且他们的生产率不超过德国工人平均生产率的三分之二——仍然成立（Fratzscher and Junker，2015）。

整体而言，移民的财政后果是相对温和的。一项调查采用了许多方法来估算移民对经合组织国家的净贡献，发现正效应和负效应通常都在GDP的1%以内（OECD，2013）。这一变动区间对英国所有类型的移民都适用（比如，来自欧洲经济区的移民和欧洲经济区以外的移民）（Vargas-Silva，2017）。令人意外的是，移民教育的财政影响是非常小的。与直觉不同，移民教育对就业的间接影响超过对教育支出的直接影响，至少在大部分欧洲国家如此（Boeri，2010）。

移民的净经济影响十分复杂，关系到他们的教育履历、劳动参与（根据学历）和子女的教育参与。因此，衡量这种影响意味着巨大挑战，需要考虑不同的模型假设。但是，殊途同归，移民整体上对财政的影响相对较小，这与人们热烈争论的有所不同。

政策焦点19.1：资助移民学生聚集的学校

在许多国家，预算与招生联系紧密。尽管这种分配方式简单而直接，但它忽略了其他方面的需求。关于公平的可持续发展目标4.5试图把握学校资助政策明确将资源分配给弱势群体的程度，其中一个主题指标承认需要将其他的学校特征纳入考量。

拥有大量移民和难民学生的学校更可能有较高的资助需求。这些学生可能有语言障碍，且比本国学生的社会经济背景更差。他们的学业成就也更低，即便控制社会经济地位也是如此（OECD，2012），并且他们也更可能留级和辍学。一些资助政策认识到了支持移民和难民的学校有更大需求。

很少有国家明确面向有移民学生的学校投资

基于公式的资助方式的宗旨之一，是将额外的资源分配到那些具有不利特征的学校，以促进公平（Fazekas，2012）。这些特征包括学校位置、地方政府规模和筹资能力、学生民族和文化背景，以及特殊教育需求。基于公式的资助方式认识到这样一个事实，即弱势群体儿童达到既定教育结果需要更高的生均经费（OECD，2017）。

为有移民的学校提供额外资助能够支持学校应对语言障碍和其他挑战以改进移民的学业表现。有一些案例项目将移民作为学校资助的明确因素（Sugarman et al.，2016）。在立陶宛，学校每接收一个本国的少数民族学生和一个移民学生，就能够在学生入学第一年获得额外20%和30%的经费。这些额外的经费被用于支助融合课程、双语教育以及以立陶宛语作为第二语言和作为母语的教学（Essomba et al.，2017）。

美国教育部从1966年开始给移民教育项目（第一款C部分）分配经费。各州获得的经费取决于一个基于本州移民学生数和生均支出的公式。在2015—2016学年，各州和地方机构为3.1万名具有资格的国内流动工人的子女提供服务。每年大约有3.74亿美元用于教育和支助，包括培训教师应对移民学生的需求（United States Department of Education，2018b）。

在学校资助公式中明确将移民身份作为因素的案例极少。对11个亚洲和太平洋地区国家进行的评估没有发现一个这样的案例（UNESCO，2013）。在一份世界银行早年发布的报告中，也没提及东亚和拉丁美洲的中等教育资助公式中对移民有所考虑（di Gropello，2006）。

但是，移民和难民学生可能会间接地导致额外的经费支出。公式已经承认的特征通常直接或偶然地与移民有关。例如，经费可能流向语言教学效率低或者社会经济贫困的社区，这些通常与移民有关。

一些国家已经修改资助公式，将移民身份替换为相关因素。在比利时弗兰芒语区，政府提供的额外经费拨款要参考低社会经济地位、低教育表现、家中使用的语言和母亲的低学历（OECD，2015）。2007年，以色列不再将移民身份作为资助因素，同时引入了一个新的公式，赋予父母教育水平40%的权重（Bendavid-Hadar and Ziderman，2010）。荷

兰降低了民族背景作为标准的重要性，同时取消了移民因素。该国的公式更关注小学阶段学生的父母受教育程度，和中学阶段的贫困地区学生人数（OECD，2017）。

英格兰（英国）旨在引入一个新的国家资助公式，该公式将在2020—2021学年全面推行（Whittaker，2018）。新公式废除了移民的具体资助，同时使用14个因素，共分为三个层面，外加基于地区的成本调整。这三个层面中有一层用于为弱势学生提供补贴经费，占总比重的18%。

新公式承认三种重要劣势（图19.5）。"贫困"反映获得学校免费餐的学生比例，用免予征税家庭的子女的比例这一指标来表示（占总支出的9.1%）。"较低的先前学业成就"反映在小学入学、10岁或

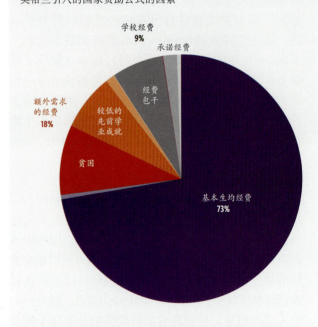

图 19.5:
英格兰18%的学校资助将用于补贴不利处境
英格兰引入的国家资助公式的因素

《全球教育监测报告》统计数据链接：http://bit.ly/fig19_5
资料来源：United Kingdom Department of Education（2017）。

11岁的国家测评中未达到预期水平的学生比例（占总支出的7.4%）。根据第二语言是英语的学生比例，学校会获得额外经费。这一信息从学校普查中获取，该普查采用五分量表来汇报每个学生的英语熟练程度，从"初学英语"到"熟练"（占总支出的1.2%）（United Kingdom Department of Education，2017）。

在基本资助公式之外，学校还可以获得用于支持移民和难民学生的更多资源。在丹麦和挪威，中央政府拨给各地方的一次性拨款中就考虑了一些人口特征，比如地方的社会经济结构指数（丹麦）和地方的移民学生数（挪威）。但是，地方有完全的经费分配权。丹麦的国家政府在2008—2013年引入学校和家庭顾问来加强移民家庭和学校之间的合作（Ravn，2009）。在瑞士，苏黎世州政府已经关注到移民学生群体较多的学校，并向这些学校投入经费以提供语言和其他支持（框注19.1）。

一些国家为资助公式之外的语言项目提供专门支持。在保加利亚，2016年的学前和学校教育法律为包括移民学生在内的不同群体引入了额外的保加利亚语课程。在意大利，任何想要获得语言方面经费支助的学校必须进行年度招标。斯洛文尼亚教育部每学年为每所学校提供35小时以上的斯洛文尼亚语课程资助（Essomba et al.，2017）。美国的英语学习项目每年为各州提供总额达7.4亿美元的拨款，这一拨款基于以英语为第二语言的学生比例和近期的移民学生比例进行计算（U.S.Department of Education，2018a，2018b）。

也有面向教师的额外支持，这些教师可能在与移民学生和家庭交流时存在困难，也可能降低教育和管理标准或者根本不负责任（European Parliament，2016）。德国资助一些项目去招募和培训有移民背景的教师，这些教师能够支持移民学生，而且成为教职工中的文化桥梁（Germany Federal Office for Migrants and Refugees，2011）。

框注 19.1:

苏黎世已经立法，为移民学生较多的学校提供资助

瑞士苏黎世州的教育部门最早于1966年批准在公立小学的附属机构开设"家庭语言和文化"（HSK）课程，起初利用的是课外时间。1972年，学校被允许将这些课程与学生日常课表进行整合，从1982年开始，课程成绩可以记入学生成绩单（Zurich Education Department，2011b）。随后，非公立机构也有机会开设此类课程，截至2015年有超过27个获得认证的机构。这些课程包括了主要语种，比如阿拉伯语、汉语、俄语和西班牙语，也包括一些在本州有成规模社群的小语种，包括阿尔巴尼亚语、库尔德语。苏黎世州有约四分之一的儿童母语非德语，每年都有这样的儿童从HSK课程中获益（Zurich Education Department，2016）。

为了在HSK项目中获得认可并能够进入公立学校，机构必须是非营利、无党派和无教派的，并且遵守与HSK课程框架相一致的课程要求。起初，这类课程假定HSK学习是为了让学生最终能够回到和融入祖国。后来逐渐变成以融入瑞士社会为目标，传授跨文化技能和促进双语教学。HSK教师必须接受培训并取得资质，而且达到中级德语水平（Zurich Education Department，2011b）。教育部门提供了将HSK课程和教师充分融入学校社区的最佳实践指南。HSK项目鼓励普通教师和HSK教师一起讨论每个学生的需求和进步，一起为项目学习和家长参与做出贡献（Zurich Education Department，2011a）。

通过参与苏黎世的"多元文化学校质量"项目中的各种活动，学校能够获得额外支持。该项目为参与学校提供平均每年4万瑞士法郎的资助，用于学前教育的语言和父母参与活动，以及各学段的写作活动。这些活动被称为HSK加强版，旨在深化语言发展，提高学业成绩和融合程度。该项目于1996年开始进行试验，并于2006年正式被纳入法规。目前该项目有120所学校参与，占全州学校的四分之一，这些学校的移民学生占40%以上（Roos，2017）。学校在一个小组的支持下开展自己的活动，该小组提供协调、交流、咨询、干预框架和最佳实践案例。例如，写作支持关注写作策略和基本技能，同时也将写作的某些方面当作社会实践纳入考量（Zurich Education Department，2014）。

识别和回应移民学生的需求，制定学校的预算、服务和附加经费，这些都需要地方自治。在德国的16个州中，有7个州的地方学校管理者拥有自行分配附加经费的权力（OECD，2017）。美国所有州都有学校纲要来决定学生获得额外经费的有效资格，并且对过程进行监控（California Department of Education，2018；Oregon Department of Education，2018）。但是，在一些案例中，仍然有对于效率的疑虑。在美国新泽西州，每年附加经费的一半用于填补地方经费的不足，而不是用于精准支持特定学生（Farrie et al.，2015）。

与移民和难民学生有关的支持政策可能忽视了学校和管理的挑战。低学历的移民和难民倾向于在差学区扎堆，那些地方的师资本来就比较差。对语言教师和社会情感支持人员的需求难以在短期内得到满足（Scholten et al.，2017）。为这些有需求的学校招募教师可能需要更高的工资和更好的工作条件（Essomba et al.，2017）。这些激励都难以在学校常规预算之外提供。此外，政治决定可能明显地影响后期资助或是一些项目的预算外支助。比如，有关美国初等和中等教育办公室重组的讨论对移民相关的项目造成了影响（Klein，2018）。

结论

基于公式的资助模式是帮助学校分担培养弱势群体学生的高昂成本的一种方式。只有一小部分高收入国家明确将移民因素作为学校预算的制定因素；在移民和难民集中的学校，弱势的其他维度——包括社区贫困和语言不熟练，而这些都是移民的特征——通常会带来更高的生均成本。学校能够在多大程度上使用这些资源来解决移民学生的具体问题，比如社会心理支持的需求等，并不清楚。

援助支出

可持续发展目标为国际社会设定了一个野心勃勃的具体目标。即便我们只考虑这些具体目标中的一个，其挑战也足以令人生畏：到2030年，所有年轻人都应当完成优质的中等教育。在2013—2017年，平均每年有49%的年轻人完成中等教育。最困难的国家需要更多经费但却无法获得，因此需要国际社会齐心协力。2015年《全民教育全球监测报告》估计，如果要弥补低收入国家和中低收入国家2015—2030年每年至少390亿美元的资金缺口，需要所有经合组织发展援助委员会的成员国以及部分非成员国将其国民总收入的0.7%用于援助，而且这些援助的10%需要用于基础教育和中等教育（UNESCO，2015b）。

教育援助在2016年达到历史新高

2016年，教育援助达到自2002年有支出记录以来的历史新高（图19.6）。从2015年到2016年，教育援助增长了15亿美元，或者说是实际值的13%，总额达到134亿美元。基础教育援助的增加占总增长的三分之二。经历了十年左右的停滞后，基础教育援助增加了17%，从2015年的51亿美元增加到2016年的60亿美元，这是自有记录以来绝对值涨幅最大的一次。对中等及中等后教育的援助也有所增加，但相对较少，这使得基础教育的占比也达到45%的历史新高。官方发展援助中的教育占比，在剔除债务减免之后，自2009年以来首次增加，从2015年的6.9%增加到2016年的7.6%。

对基础教育的援助支出已经增加，但仍然没有被分配到最需要的国家。主题指标4.5.5关注援助被分配到最贫困国家的比例，这些国家被世界银行划分为低收入国家，或者被联合国划分为最不发达国家。对低收入国家的基础教育援助比例从2002年的36%下降到2016年的22%。对最不发达国家的援助比例呈现出相似的长期趋势。虽然该比例从2015年的31%增加到2016年的34%，但与2004年的峰值47%仍有很大差距（图19.7）。

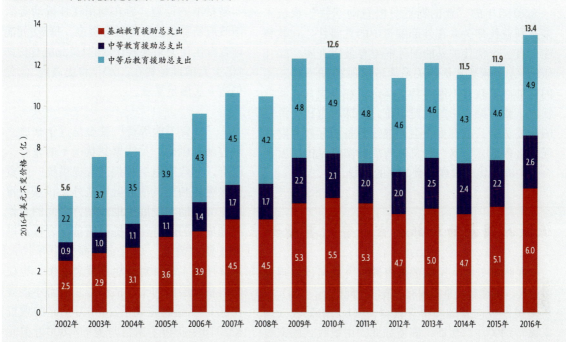

图 **19.6:**

教育援助在2016年达到新高

2002—2016年教育援助总支出，按教育等级分列

- ■ 基础教育援助总支出
- ■ 中等教育援助总支出
- ■ 中等后教育援助总支出

《全球教育监测报告》统计数据链接：http://bit.ly/fig19_6
资料来源：全球教育监测报告小组基于经合组织贷方报告制度（OECD CRS, 2018）数据分析。

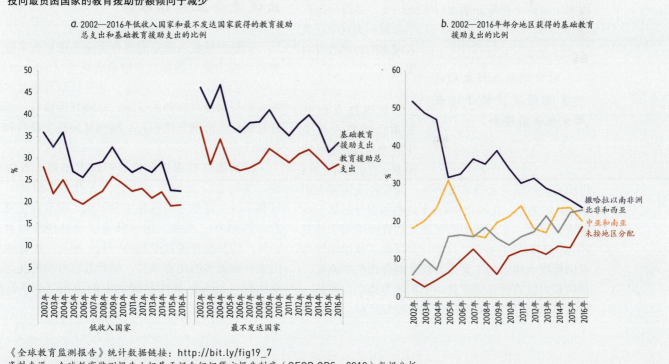

图 **19.7:**

投向最贫困国家的教育援助份额倾向于减少

a. 2002—2016年低收入国家和最不发达国家获得的教育援助
总支出和基础教育援助支出的比例

b. 2002—2016年部分地区获得的基础教育
援助支出的比例

《全球教育监测报告》统计数据链接：http://bit.ly/fig19_7
资料来源：全球教育监测报告小组基于经合组织贷方报告制度（OECD CRS, 2018）数据分析。

多方利益伙伴关系已经在教育中有所行动

2015年的"亚的斯亚贝巴行动纲领"承认了多方利益伙伴关系在外部融资中的重要性。在教育中，有三个伙伴关系的国际框架有最新进展。2018年2月，全球教育伙伴关系承诺增加2018—2020年的资助。"教育不能等待"基金正在巩固其在紧急状况下教育融资中的关键地位。全球教育机会筹资国际委员会（教育委员会）继续筹备国际教育财政促进会的建立。这三种机制背后的契机是国际发展合作中有关优先发展教育共识的复归。

低收入国家的外部教育融资需要增加

在弥补低收入国家的融资缺口方面可以取得很多进展，其途径是重组现有的援助分配机制：（a）将更多援助投向基础和中等教育；（b）给低收入国家以特别关注。然而，即便如此，中低收入国家要实现可持续发展目标4还存在很大的资金缺口。对中低收入国家的援助资金的减少快于这些国家税收的增加。2015年，在数据可得的10个低收入国家中，税收占GDP比例的中位数是15.2%，但是官方发展援助占国民总收入的比例是9.7%。在30个中低收入国家，这两个指标分别为16%和3.2%。关键问题在于如何扩大对中低收入国家的外部教育融资。

> 对中低收入国家的援助资金的减少快于这些国家税收的增加。

全球教育伙伴关系已经在积极关注世界上最贫困的国家。2016年，该组织在4.97亿美元的总支出中，向低收入国家支出了3.51亿美元。在2018年2月于达喀尔召开的第三次融资会议上，一项高达23亿美元的资助被用于补充2018—2020年的基金，这进一步巩固了该组织作为面向低收入国家的主要多边教育融资机构的地位。该机构可以将伙伴国家从44个拓展为65个。但是，因为该机构没有达到31亿美元的融资目标，在资助

更多中低收入国家以达到89个伙伴国家的目标下，每个项目的资助都被摊薄。中低收入国家有资格申请全球教育伙伴关系的乘数计划，这是一个于2017年被批准的计划，旨在利用杠杆撬动资源：对于一国政府新募集的外部教育资金，每3美元能够收到全球教育伙伴关系乘数计划的1美元配套资助。最初的1亿美元项目经费在2020年将提高到3亿美元，但这仍然无法满足需求。

"教育不能等待"基金是近年来成立的第二大多边融资机构，关注紧急状况下的教育。该基金为政府、非政府组织和捐助方提供统一的资金池。在确保更多和更灵活的融资之外，该基金旨在加强人道主义援助和发展援助行动方之间的合作与协调，鼓励项目的国有化，提倡跨部门合作，以应对中期和长期的需要。尽管它也面向中等收入国家，但是其任务主要针对危机和紧急状况，也仅仅部分地面向系统层面的干预活动。"教育不能等待"基金在2017年超额完成了2,000万美元的融资目标，并在2018年获得了来自丹麦的4,600万美元和荷兰的1,750万美元额外资金承诺，该基金将2018—2019年度融资目标设定为2.85亿美元。

一个面向中等收入国家的新的教育财政促进会正持续酝酿

正是中低收入国家的教育资金需求导致了教育委员会提出设立国际教育财政促进会（Education Commission，2017）。这一融资机制将通过多边开发银行来提供额外的资源：非洲开发银行、亚洲开发银行、美洲开发银行、欧洲复兴开发银行和世界银行。

援助通常被视作向发展中国家的单一资源转移。实际上，援助是多样的，它有很多模式、工具和渠道，通常采用两种主要形式：赠款或优惠贷款。2016年，低收入国家获得了全部援助赠款的81%，以及教育援助赠款的79%。相反，中低收入国家获得更多的优惠贷款，尽管教育方面的优惠贷款比例（35%）要比总援助中的比例（40%）低（图19.8）。

> **"**
> 2016年低收入国家获得教育援助赠款总额的79%。
> **"**

比如，世界银行的教育贷款来自两种机制。国际开发协会为75个难以获得私人金融市场资金的国家提供优惠贷款（比如，延期贷款、长宽期限、低于市场的利率）。这些国家包括所有的低收入国家、一些发展中的小岛国，还有部分中低收入国家，包括尼日利亚、巴基斯坦（这些也被称为混合国家，因为它们也能够通过非优惠的途径借贷）。国际复兴开发银行主要为中等收入国家提供非优惠贷款。

建立国际教育财政促进会的倡议认为，多边开发银行对中低收入国家的教育贷款很有限，无论是优惠的还是非优惠的。比如，2002—2017年国际开发协会的教育贷款占比的中位数为10.5%，而国际复兴开发银行的教育贷款占比的中位数为6.4%。不仅如此，国际复兴开发银行的教育贷款占比从2012年的8.2%下降到2017年的4.7%，而其教育贷款总额仅为11亿美元，低于能源和采掘业的44亿美元（图19.9）。

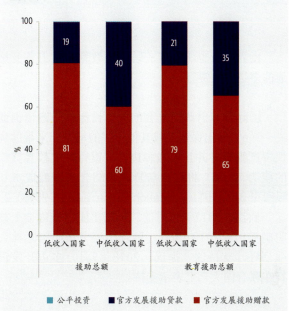

图 19.8:
贷款是官方发展援助的重要部分，即使在教育中也是如此
2016年官方发展援助支出和其他官方资助份额，按援助类型分列

■ 公平投资　■ 官方发展援助贷款　■ 官方发展援助赠款

《全球教育监测报告》统计数据链接：http://bit.ly/fig19_8
资料来源：全球教育监测报告小组基于经合组织贷方报告制度（OECD CRS, 2018）数据分析。

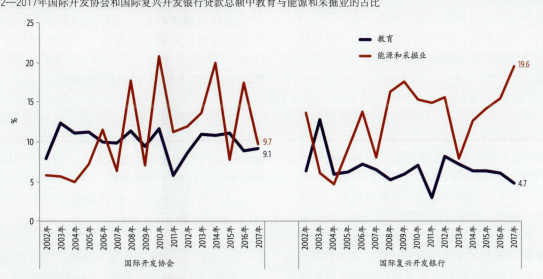

图 19.9:
世界银行对教育的非优惠贷款比重偏低而且逐渐减少
2002—2017年国际开发协会和国际复兴开发银行贷款总额中教育与能源和采掘业的占比

《全球教育监测报告》统计数据链接：http://bit.ly/fig19_9
资料来源：全球教育监测报告小组基于经合组织贷方报告制度（OECD CRS, 2018）数据分析。

> 国际教育财政促进会和多边开发银行的潜在捐助方已经在诸如倡导公平或者基于结果的分配机制等事务上表达了诸多观点。

世界银行也不是唯一一个在教育贷款上备受挑战的多边开发银行。

国际教育财政促进会的关键目标就是邀请捐助方：（a）做出保证（或其他形式的承诺）来帮助确保资产组合，并且增强多边开发银行扩大教育贷款的能力；（b）将赠款与贷款相结合来降低成本和吸引更多借款国（Education Commission，2018）。这一倡议在2017年11月的二十国集团汉堡峰会上被明确提出；2018年5月，联合国秘书长向国际社会强烈呼吁支持这一提议；2018年9月，多边开发银行在联合国大会上表示支持。

在未来的几个月，有望通过反复磋商明确制度设置、捐助方承诺的水平以及治理安排，这些都将多边开发银行置于中心位置。这一新机构将会由信用评级机构做出评级。另外，还需要建立一些流程，来表明国际教育财政促进会的贷款是额外的，且不会与其他项目重合。为了说明这些贷款是现有贷款之外的而且目标更明确，就必须设置一个比现有规划更大的秘书处。最后，还需要对贷款的潜在重点进行说明，因为潜在捐助方和多边开发银行已经发表了诸多观点，如果不考虑其内在矛盾的话，这些观点包括诸如强调公平或基于结果的分配机制等议题。

一个相关的问题是，国际教育财政促进会的资助是否应当被纳入官方发展援助。比如，国际开发协会的贷款被纳入官方发展援助，但国际复兴开发银行的贷款被划为"其他官方资金"。根据经合组织的现行定义，要被认定为官方发展援助，贷款必须有25%的赠款成分，必须按照10%的贴现率进行计算，必须"有优惠特征"。新的官方发展援助定义将于2019年年初生效，届时将规定至少具有45%赠款成分的贷款才能被报告为面向低收入国家和最不发达国家的官方发展援助。对中低收入国家的贷款将需要有至少15%的赠款成分才能被报告为官方发展援助。此外，只有赠款和优惠贷款的"赠款部分"才会被作为官方发展援助，这与现行的定义将赠款和贷款的面值都算作官方发展援助的做法大相径庭（OECD，2015）。根据这些定义，国际教育财政促进会的赠款资金将被记录为援助，而贷款资金将被记录为其他官方资金。

随着对于不同资助机制的兴趣的增加，确保协调以避免不同机构中的平行和垂直结构变得重复化和碎片化，将会是一个挑战。

政策焦点19.2：援助作为移民管理的工具

移民和难民潮在许多国家都是一个政治敏感问题，并且经常伴之以控制移民、限制低技术移民或偏向高技术移民的呼吁。这些政策经常引起非常规移民，阻碍循环流动，而非控制移民（de Haas，2007）。因此，已经有一些更具战略性的呼吁，要从起点上应对导致移民的原因。

有关外部援助，特别是教育，能够减少移民的想法已经在学术界和政策界得到了一些支持。有关援助和移民控制或防止流离失所之间关系的证据仍然微妙而且取决于背景条件，但其核心观点是，提高来源国的可支配收入能够减弱移民的关键动机（Lanati and Thiele，2017）。

2015年，大量难民横渡地中海，促使欧盟成员国达成了《欧洲移民议程》。该议程的核心之一就是与第三方国家合作，重点"解决非欧盟成员国的非常规移民背后的根源"，以及对抗走私和非法交易。与这一总体战略相一致，非洲紧急信托基金在2015年年末成立，以维持欧盟对于萨赫勒地区、乍得湖地区、非洲之角和北非地区26个国家的移民政策。该基金从最初的18亿欧元增长到30亿欧元，为增加就业机会、保障食物和营养品、冲突预防以及移民管理等项目提供资金（Fanjul，2018）。

一些国家通过支持移民输出国的经济发展，使援助政策明确或隐含地与移民预防有所关联。在西班牙，特定来源国的移民人口每增加1%，将会使该国成为西班牙援助对象的概率提高18%，并且使得西班牙对该国的援助资金的总量增加0.05%（Vázquez and Sobrao，2016）。研究发现，寻求庇护者和难民的人数会正向影响奥地利、挪威和美国对输出国的援助资金分配（Czaika and Mayer，2011）。一项有关210个来源国家和地区向22个捐赠国（和目的地国）的移民流动的研究表明，送出大量移民的国家获得了最多的对外援助。对于该项研究中的中位数国家，每多向经合组织国家输出1个移民会多带来242美元的外国援助（Bermeo and Leblang，2015）。

反对运用援助来阻止移民的逻辑主要包含两种观点。第一，高收入使得贫困家庭放松了预算约束，让他们更热衷于投资移民。国别和跨国证据都支持这一观点。对墨西哥的有条件现金转移支付项目"机遇"（Oportunidades）的分析表明，有保障的额外可支配收入使得贫困家庭更能够负担移民费用（Angelucci，2015）。对77个低收入国家和中等收入国家的研究发现，援助增长和移民水平之间具有很强的正向关联（Lucas，2005）。第二，双边援助可能鼓励移民，因为这提供了更多有关捐助国的信息，也降低了移民的成本（Berthélemy et al.，2009）。

实际上，在较低的人均GDP水平上，收入和移民呈正相关，而在较高的人均GDP水平上，收入和移民呈负相关（Dao et al.，2016）。一项综述性研究估计，在人均收入在8,000—10,000美元（购

买力平价）的条件下，总收入对于移民的影响仍然为正向的，而很多国家都无法达到这个收入水平（Clemens and Postel，2018）。一些试图通过援助来加速这一进程的尝试效果并不明朗。受援国的人均收入年增长速度每提高1个百分点就需要多获得相当于GDP的10%的援助资金（Clemens et al.，2012）。

> 在较低的人均GDP水平上，收入和移民呈正相关，而在较高的人均GDP水平上，收入和移民呈负相关。

一些研究表明，移民依赖于一些特定的背景，比如收入不平等（Bazzi，2017）。对25年追踪数据的分析发现，援助必须支持更好的治理，或者向农村发展倾斜，才能减少移民（Gamso and Yuldashev，2018a，2018b）。尽管如此，一项对1995—2014年28个捐助国（和目的地国）以及136个受援国（和来源国）的研究发现，援助对移民有持续的负向影响，这一影响的原因被作者归结为使用移民流量的数据而非移民存量的数据（Lanati and Thiele，2017）。但是，一项有关1976—2013年来自141个国家的难民接受援助的影响的研究发现，援助仅仅在人道主义援助占比很高的极少数情况下才能够减少难民数量（Dreher et al.，2018）。

教育在援助和移民之间发挥中介作用

很难明确教育援助的作用，特别是有关移民的教育援助，因为此类援助的规模相对较小。教育对减少移民的帮助，并不可能立竿见影。不仅如此，对于短期影响的追求会削弱教育部门外部干预的长期影响（Riddell and Niño-Zarazua，2016）。

尽管如此，教育仍然对于来源国和目的地国的移民起到关键的中介作用。一项有关从北非到经合组织国家的移民趋势的研究表明，援助导致的来源国收入增加会成为受教育水平较低者移民的推动因

素。另一方面，目的地国的人口特征、人口密度、城市人口增速、抚养比和教育收益率对于移民率起着更具决定性的作用（Gubert and Nordman，2009）。

相比于财富因素，对教育等当地公共服务的满意度更会影响移民动机（Dustmann and Okatenko，2014）。一项对187个来源国的分析表明，双边援助促进了技术移民。相反，援助总额提高会导致非技术移民的增加。不仅如此，非技术移民倾向于福利再分配更好的国家，而技术移民则倾向于更多机遇和更高收入的国家（Berthélemy et al.，2009）。一项对123个国家的研究发现，在贫困的来源国，微观经济因素对移民增幅的解释率为25%。相比之下，还有三分之一的增幅要归因于社会关系规模的变动，另有三分之一到二分之一的增幅要归因于劳动力人口的技能结构变化（Dao et al.，2016）。

结论

颇具争议的是，有关援助和移民之间关系的证据距离得出结论还差得很远。这些证据的结果对于估计方法和数据的选择十分敏感，因此援助政策制定者对援助在移民控制中的作用抱有较高期望时需要格外谨慎。移民流的总量由许多不可控的因素决定。然而，聚焦教育的发展援助和人道主义援助能够积极地影响移民和流动的动机和结果，本报告已经阐明了这种关系。

政策焦点19.3：资助移民教育的转折点

确保难民儿童上学不仅是在重建必要的秩序，而且代表着一种关键而又极其不受重视的投资。这项工作能够解决争端的起因，帮助重建失去的一切，播下和平与和谐的种子——这些在长期难解的危机中更重要。无法接受教育可能将问题直接传递给下一代。

2015年，一项对于13个捐助国的评估显示，没有一个捐助国有人道主义的教育战略或政策，更不用说难民战略或政策（NRC and Save the Children，2015）。

但是，在努力提升人道主义援助的效益和效率的同时，给予紧急状况下的教育和难民教育更多优先权获得了更有力的支持。

2016年5月召开的首届世界人道主义峰会是一个转折点，对于教育领域也是一样。该峰会的目标是为联合国秘书长2016年2月提出的人道主义议程的五大核心"责任"寻求落实途径（United Nations，2016）。根据第三项核心责任"不让一个人掉队"（同时也是2030年可持续发展议程的内容之一），峰会呼吁合作伙伴确保到2030年"所有受灾儿童，无论是在冲突地区或者流离失所，都能够获得优质的教育与学习机会，为此，国际社会将优先调动资源提供支持"（OCHA，2017，p.50）。

峰会新增和加强了20项措施。在这些措施中，"教育不能等待"基金的成立是一个清晰的标志，它再次兑现了对紧急状况下的教育的承诺。其他措施包括："重大交易"计划，涉及一套效益提升倡议（Metcalfe-Hough and Poole，2018）；"工作新方式"计划，旨在加强人道主义援助和发展援助之间在分析、规划和融资方面的合作，包括成立一个人道主义与发展合作联合指导委员会（OCHA，2018）。

> "教育不能等待"基金的成立是一个清晰的标志，它再次兑现了对紧急状况下的教育的承诺。

实际上，人道主义援助并不是满足难民教育需求的主要和唯一资金渠道。但提高人道主义援助对教育的援助效率，并且将其更紧密地与两个更大的资金池——发展援助和公共支出——相联系是非常关键的。为了商讨难民教育所面临的更大的规划和融资挑战，本节将提供一个国际社会目前能够用于支持难民教育的资源概览。

对难民教育资金需求的估算千差万别

由海外发展机构为世界人道主义峰会所做的一项有关紧急状况下的教育成本的研究估计，在35个国家有750万3—18岁儿童需要紧急支持。假设考虑教室建设、教师教育和薪酬、学校设施和学生保留，并且采用《全民教育全球监测报告》提出的成本模型，该研究估计每个儿童的平均成本为156美

哪怕为了满足处于危机中的儿童的最基本教育需求，也需要人道主义援助中的教育份额……

……增加
10倍

元。在剔除了政府投入之后还有85亿美元的资金缺口，或者说生均113美元的经费需要由国际社会来承担（ODI，2016）。

可以做出两点观察。首先，生均113美元比现有的人道主义援助对教育的支出要高出很多。2018年《全球人道主义援助报告》声称，在2017年，"全面、整年、多部门的人道主义援助仅仅需要支出人均232美元"（OCHA，2018，p. 13）。由于教育在全部支出中仅占2%，而目标人群中有一半都是学龄儿童，因此，假设难民教育需求主要由人道主义援

> 救助儿童会估计，难民教育的年度资金缺口为24亿美元。

助来承担，生均支出必须增长至少10倍，而且教育必须占到人道主义援助总额的20%。

其次，生均156美元接近低收入国家初等教育的成本，但与中等收入国家中等教育的成本相距甚远，比如黎巴嫩（894美元）和土耳其（2,618美元），而这两国集中了最多的叙利亚难民。救助儿童会是一个国际非政府组织，该组织最近的一项研究估计，难民教育的生均成本为575美元，其中320美元由国际社会负担。这意味着750万3—18岁的难民儿童接受教育的资金缺口为每年24亿美元（Save the Children，2018）。

"教育不能等待"基金的筹资目标也可根据这些分析确定。在15年内，其中期目标是到2021年每年为890万儿童募集18亿美元（比之前估计的1,360万儿童有所减少）（ECW，2018a）。这意味着生均经费为202美元，比撒哈拉以南非洲国家的小学生均8美元的发展援助水平要高出许多。

很难追踪人道主义援助和发展援助对难民教育的投入

尽管国际融资对于难民教育非常重要，但对其进行追踪并非易事。两个国际数据库提供了信息：联合国人道主义事务协调办公室（OCHA）负责维护的资金追踪服务（FTS），经合组织发展援助委员会的贷方报告制度（CRS）提供人道主义援助和发展援助的数据。

资金追踪服务是所有人道主义捐助方和执行机构自愿使用的一种机制，用于记录方案和请求。数据持续更新，对与特定请求相关的资助现状进行简要说明，以此服务于政府、捐助方和人道主义行动者做出及时的战略性和操作性决策的需要。资金追踪服务搜集如下信息：（a）人道主义援助总额；（b）拨付给经联合国协调的请求的资金；（c）各部门的人道主义援助资金。

资金追踪服务的数据揭示了有关人道主义教育援助的三个关键事实。全球对于教育的人道主义援助在急速增加，从2012年的1.35亿美元到2017年的4.51亿美元，其中有3.01亿美元用于落实经联合国协调的人道主义计划（图19.10a）。尽管人道主义援助增长了两倍，但教育所占的份额几乎持平，2017年为2.1%，远低于相关需求以及教育占人道主义援助4%的指导性目标（图19.10b）。此外，教育持续地成为资助需求完成比最低的部门（2017年为36%），远低于平均水平（60%）（图19.11）。

上述数据对于监测难民教育存在两个关键不足。首先，2017年所有经费请求的42%并未分配到具体部门，而是由多个部门共享或者待定。因此，上述数值可能会低估对教育的人道主义援助，其中包括难民教育。其次，由于数据无法区分干预项目，因此并不清楚哪些项目与难民有关，所以上述数值又可能高估难民教育的支出。

贷方报告制度数据库在整合人道主义援助和发展援助方面具有优势。但是该数据库将经合组织发

> 教育持续地成为资助需求完成比最低的部门（2017年为36%）。

援会成员的人道主义援助仅仅分为三类（物资救济援助与服务、应急食品援助和救济协调），而且没有按照人道主义紧急状况的分类或者部门（比如教育）进行分类。后者将从2019年开始有所改变，相应的数据为2017年数据，届时发援会将更新人道主义援助的代码并且纳入紧急状况下的教育。

但是，由于大部分年份的项目标记缺失，估算难民教育的总支出就需要对资金追踪服务和贷方报告制度数据库进行逐项的人工分析。一个例子可以说明其中的困难：2016年由德国提供资助的阿拉伯叙利亚共和国的"阿勒颇西部农村学生教育改进"项目（110万美元）可以被划归到完全与教育相关的一类，但是要估算联合国儿基会对叙利亚"加强抗逆力、教育和儿童保护"项目（1,220万美元）的教育援助份额就要求做出假设，并从实施机构搜集更多信息，而这些机构可能用的不是同一套分类标准。另外，人道主义援助的不同定义和大量相关报告表明，资金追踪服务和贷方报告制度的数据无法匹配。

对贷方报告制度数据库的一项分析表明，2016年225个人道主义援助项目对难民教育共计支出4.25亿美元。但是，贷方报告制度数据库也提供了教育官方发展援助的数据。分析表明，有相当一部分未被承认的发展援助资金也在为难民教育提供资助，2016年达到8.4亿美元。大约有4.53亿美元通过联合国近东巴勒斯坦难民救济和工程处支出给巴勒斯坦难民，另有3.87亿美元提供给其他难民群体（图19.12）。剔除巴勒斯

> 2016年，225个人道主义援助项目对难民教育共计支出4.25亿美元。

图 19.10:
对教育的人道主义援助连续四年增长
2000—2017年与人道主义教育援助相关的部分统计指标

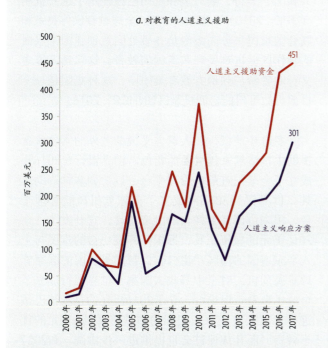

a. 对教育的人道主义援助

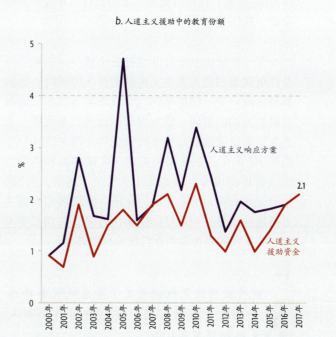

b. 人道主义援助中的教育份额

《全球教育监测报告》统计数据链接：http://bit.ly/fig19_10
资料来源：联合国人道主义事务协调办公室的资金追踪服务数据库。

图 19.11:
教育一直没有获得应有的人道主义资助
经联合国协调获得资助的项目比例

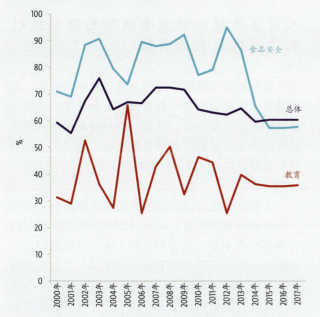

《全球教育监测报告》统计数据链接：http://bit.ly/fig19_11
注：依据资金追踪服务数据库2018年5月底的数据绘制。资金追踪服务的数据可能会由于访问时间不同而有所变动。
资料来源：联合国人道主义事务协调办公室的资金追踪服务数据库。

图 19.12:
难民教育受到人道主义援助和发展援助的双重资助
2014—2016年难民教育援助支出，按援助来源分列

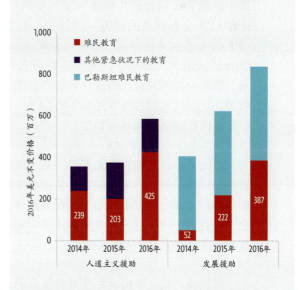

《全球教育监测报告》统计数据链接：http://bit.ly/fig19_12
资料来源：《全球教育监测报告》基于贷方报告制度数据库分析。

坦难民不计，这意味着难民教育2016年获得的资金仅为8亿美元，这仅占救助儿童会估计的年度外部融资缺口24亿美元的三分之一。

有三种解决办法可以填补资金缺口。捐助方可以在继续增加对人道主义援助的投入的同时，保持教育份额不变。这也是2012年以来紧急状况下的教育援助增加的原因。贷方报告制度的数据表明，人道主义紧急援助从2012年的91亿美元增加到2016年的223亿美元。如果加上重建、灾难预防和捐助方付出的难民成本，总支出几乎增长了两倍，从145亿美元增长到409亿美元。但是，继续增加人道主义援助并不是一个可持续的解决方案，其增长更可能主要反映的是像叙利亚危机那样的结果。

> "
> 新的欧盟政策框架提高了紧急状况和持续危机中的教育援助份额，2019年占其全部人道主义援助预算的10%。
> "

捐助方可以在人道主义援助中优先投入教育，因为教育所占比重实在太低。2018年5月，一个新的欧盟政策框架提高了紧急状况和持续危机中的教育援助份额，相比于2015年的1%，提高到2019年全部预算的10%。2017年，欧盟对22亿美元的人道主义援助进行了集中分配（European Commission，2018）。资金追踪服务的数据显示，叙利亚地区难民和恢复计划的教育投入也有所增加，从2015年的2.4%到2016年的7.4%，且2017年一直保持在6%的平均水平以上。

相比之下，"教育不能等待"基金设定了一个温和的目标，到2021年将人道主义援助中的教育份额从4%（剔除一大部分没有被分配到具体部门的资金）提高到5.4%。这意味着提高人道主义援助中的教育份额的空间十分有限（ECW，2018c）。

类似地，第三个解决方法是将更多的发展援助预算投入难民教育。比如，从2013年开始，全球教育伙伴关系已经为脆弱和冲突国家提供应对危机的弹性方案。该组织允许这些国家制订临时教育方案并且在八周之内获得资助额度的20%。中非共和国、乍得、索马里和也门已经使用了这一机制（GPE，2018）。2016年4月，全球教育伙伴关系和联合国难民事务高级专员办事处同意加强国家层面的合作以促进难民和东道国的教育。这包括人道主义行动者参与到地方教育集团中，这种集团是一个目前仍然可用的协调机制（UNHCR，2016）。

多边开发银行在人道主义援助之外的紧急状况援助中扮演越来越重要的角色。世界银行在2016年成立了全球灾难危机管理平台，以协调多种资助工具。世界银行2016年成立了全球危机风险管理平台，用来协调其多样化的融资工具。它开发了一个20亿美元的融资工具，即国际开发协会的难民与十八个东道国的地区子窗口，以帮助最贫困的国家管理难民危机。对于中等收入国家，世界银行成立了全球优惠融资促进会，并于2016年在约旦和黎巴嫩进行首次试验。每一美元的赠款将撬动4美元的优惠融资，而且该促进会也提供进一步协调。到2017年中期，该促进会已经募集到承诺的3.72亿美元，而且其中1.93亿美元已经批出。但是这些都没有分配给教育，尽管教育也在该促进会的资助范围之内（World Bank，2016，2017a，2017b）。

人道主义援助和发展援助的联合规划对于难民教育很关键

提升对难民教育支持的总量、效率和效益，其关键在于发展行动者对教育投资的参与度，以使得难民和东道国都受益。这是一个对将难民纳入国家教育体系非常关键的投资领域，而人道主义行动者在其短期目标内对此并没有特殊义务。

大部分经联合国协调的人道主义援助都只提供一年或更短期的救济。对于持续危机的多年份支持一直都资金不足，尽管90%的人道主义援助响应方案都至少持续三年（UNESCO，2015c）。缺乏持续性和可预测性阻碍了灾后重建和发展。相反，各国的国家教育规划在历史上并没有关注过灾后恢复和流离失所。这些规划也没有与人道主义机构进行合作，也没有优先采集那些能更快应对危机的方面的数据。

> 教育正在成为人道主义响应方案中的标准要素：2017年89%的人道主义请求都包含教育。

"教育不能等待"基金在其为干预活动提供最多12个月支持的"首次紧急回应"之外，又提供了最长期限为3—4年的"多年恢复"的融资工具，这很好地展现了人道主义援助与发展援助相互融合的动向。"多年恢复"项目是为了呼应人道主义援助和发展援助行动者之间的合作计划而产生的，也就是说，将短期的人道主义教育计划与更具有结构性的方面（比如融资、去中心化、能力建设和制度改革）相结合，并将其反映到以发展为导向的部门规划工具中。乌干达就是为数不多的将所有行动者聚集在一起来资助这样一个计划的国家（框注19.2）。乌干达的计划受到"多年恢复"项目的支持。类似的工作也在阿富汗、孟加拉国和巴勒斯坦展开（ECW，2018b）。

并不是只有多边机制才能够帮助架起人道主义和发展之间的桥梁。单个捐助方也需要表明他们的意愿。有报告称澳大利亚、加拿大、挪威和英国都转向通过人道主义和发展预算进行联合资助——同时也通过和平建设的合作机制进行资助（Aviles，2017），这个例子被称为"三股纽带"。瑞士已经将人道主义援助和发展援助战略纳入统一框架（OCHA and UNDP，2018）。欧盟已经开发出"联合人道主义与发展框架"，作为项目和规划的基础（European Commission，2017）。

2018年6月在加拿大夏瓦罗举行的七国集团峰会上，四个成员国（加拿大、德国、日本和英国）连同欧盟和世界银行一起，承诺在未来三到五年对"危机和冲突情况下的妇女和女童教育"投入29亿美元（Canada Office of the Prime Minister，2018）。对于如何确保人道主义援助和发展援助做出联合贡献以实现这一承诺，人们将拭目以待。

框注 19.2:

乌干达提供了一种多利益相关者的人道主义教育响应模式

乌干达是接纳非洲难民最多的东道国：共接纳了138万人，大部分来自布隆迪、刚果民主共和国和南苏丹（UNHCR，2017）。《2006年难民法》和《2010年难民条例》为难民学生提供了和本国人平行的学习机会。在实践中，多数难民都就读于非常偏僻的学校，被安顿在没有本国居民的地方。国家和国际进程的结合，为12个难民集中地区带来了一项教育规划。

乌干达的第二次国家发展规划承诺促进难民和难民集中的东道社区的社会经济发展。总理办公室负责开发和实施一项"难民安置改革议程"，为这些地区提供资源。《教育部门战略规划（2017—2020年）》纳入了一个发展和实施响应计划的目标，该目标针对那些在相关地区的难民和东道社区。

乌干达政府在发展援助和人道主义援助合作者的支持下，起草并于2018年5月通过了《难民和东道社区教育响应方案》，计划在三年内（到2021年6月底）调动3.95亿美元，每年支持67.5万难民和东道社区学生。这是一个极为少见的深层规划案例，该案例将人道主义援助和发展援助行动者联合起来（Uganda Ministry of Education and Sports，2018）。

《难民和东道社区教育响应方案》是一种全国层面的响应，尝试通过对现有的难民教育相关措施和政策进行分析，将两种进程结合起来：由2016年9月的《纽约宣言》发起的难民问题全面响应框架，该宣言支持各国采取全社会途径来解决难民危机；"教育不能等待"基金，该基金将政府和非政府合作者聚集到一起来支持规划准备。

人道主义援助的多部门规划也是加强难民教育的关键

教育长期在人道主义需求评估中缺位。对几年前的27项评估进行回顾，没有一项评估真正包含教育。这些评估对数据和结果的关注有限，也没有完全覆盖不同教育等级，且注重数量而非质量（Winthrop and Matsui，2013）。比如，2014年苏丹所获教育资助的71%用于学校营养餐计划（UNESCO，2015c）。尽管在评估的压力下，对入学和营养餐的关注是应该的，但这对于持续危机的情形并不适合。规划不应该基于各类组织所惯常的活动，而应基于那些对包容、公平、优质的教育有所贡献的活动。

全球教育集群是2007年建立的一个协调机制，旨在增强应对危机的准备和能力，该集群为联合需求评估设定了相关指南（Global Education Cluster，2010）。有意见认为这些指南在规划中使用得太少（ODI，2016），目前该集群正致力于修改有关需求评估和国家战略的指南。教育正在成为人道主义响应方案中的标准要素：2017年89%的请求中包含教育成分（ECW，2018b）。

教育在多边人道主义干预计划中应处于关键位置。比如，教育项目应当与避难所合作，因为家校距离决定了入学率、出勤率和学习情况；应当与儿童保护部门合作，因为安全空间规划是教育安全的前提；应当与供水、卫生和营养部门合作，因为学校在提供这些服务方面具有优势。更一般地，学校是社区基础设施的支柱和社会进步的催化剂，正如孟加拉国的罗兴亚危机所表明的那样。该危机表明，尽管多部门规划有助于确保教育在人道主义响应中更多被涉及，但却并不能确保罗兴亚人被纳入孟加拉国的教育体系（框注19.3）。

结论

在人道主义援助的水平、效率和效益经过多年改进之后，世界人道主义峰会成为一个转折点，也将人们的目光引向包括难民在内的紧急状况下的教育。教育是对《人道主义议程》中有关弥合人道主义援助与发展援助之间隔阂的承诺的测试，因为该议程横跨紧急状况、重建和开发。人道主义和发展行动者需要一同合作，以解决难民融入国民教育体系的问题。教育也需要被更好地纳入多部门规划，因为教育有很强的整合潜力。

基于此，提高需求评估的质量，实施结合人道主义与发展的联合规划，采用正确的融资手段，这些都非常重要。未来几年，改进对难民教育的人道主义与发展融资的追踪系统也对进程监测十分重要。

家庭支出

家庭支出是教育支出中一个重要但却常常被忽略的部分。即便初等教育和中等教育免除学费，家庭仍然承受着教育相关成本。一些成本，比如教材、补给和交通，在大部分国家都存在。但另一些成本却反映出一些公共教育系统缺陷，包括非正式收费、私立学校学费和课外补习费用，并且对教育机会的公平分布产生不良影响。可持续发展目标4的监测框架已经通过主题指标4.5.4"生均教育支出，按教育等级和资金来源统计"指出这一现象对教育公平的威胁。

家庭支出数据的缺乏在很长一段时间里都将对教育支出的分析局限在政府和援助方面。联合国教科文组织统计研究所在2017年首次发布了家庭数据，虽然覆盖范围十分有限。具有2000年以来数据的国家有91个，但只有48个国家有2014—2016年的数据，其中有28个高收入国家，18个中等收入国家和2个低收入国家（埃塞俄比亚和乌干达）。此外，家庭预算、收入和支出调查并没有设置不同个体、不同水平、不同类型教育的详细支出问题。

尽管如此，现有证据仍然表明在一些低收入国家和中等收入国家，家庭承担了一大部分教育支出。家庭对教育总支出的贡献占GDP的比重从格鲁吉亚的0.1%到乌干达的3.9%不等，在乌干达，家庭支出占教育总支出的63%。在一些数据可得的高收入国家和地区，家庭教育支出占GDP的比重通常不超过1%。这

在孟加拉国的罗兴亚危机中，联合部门规划有助于教育供给，即便无法促进融合

在2017年8月底到2018年5月初，71.3万名罗兴亚难民为了逃离缅甸若开邦的动乱，抵达孟加拉国考克斯巴扎地区。超过90%的难民生活在靠近缅甸边境的考克斯巴扎地区的1,600多个自发的临时定居点或者东道社区。在人道主义方面，一个战略执行小组指导跨部门协调小组。联合国儿基会和救助儿童会牵头负责教育部门的活动，尽管全国性的集群尚未启用，该行动也反映出了集群性架构。孟加拉国外交部的一个行动小组负责协调（Karamperidou et al., 2018）。

与其他危机不同，教育在救灾响应的第一阶段就被纳入了，教育服务开展得非常迅速。从2017年9月开始，联合国儿基会在当地三个实施伙伴（孟加拉国乡村进步委员会、社区发展中心和达卡阿舍尼亚使命）的配合下，建立起临时学习中心，为4—6岁儿童提供早期教育，为6—14岁儿童提供非正规基础教育。到2018年4月底，在难民营和临时避难所有1,000多个这样的中心。

如此迅速的响应是由多个因素促成的。在2016年10月危机发生时，有8.7万名罗兴亚人逃亡到孟加拉国，当时联合国儿基会已经在此地区开展活动。联合国儿基会的优势在于它拥有教育响应的启动经费，尽管2017年教育部门2,600万美元的经费需求的92%都未得到满足，而食品安全部门的经费甚至超出了预算。孟加拉国运行有序的非政府组织遇到了准备就绪的强大伙伴。

此外，孟加拉国政府已经在方法上做过许多改进。过去几十年，孟加拉国拒绝承认那些1978年逃亡到此的罗兴亚人为难民。该国在解决罗兴亚人的教育问题上也十分拖沓，不接受国际援助，甚至拆除人道主义组织建立的学习中心，且对教学语言非常敏感。但是在2016年，孟加拉国修改了《缅甸难民和非法缅甸国民条例》，第一次将教育列入干预领域。这使得在大规模难民涌入之前，人道主义组织和地方部门就受到了鼓励和支持。

教育和其他部门之间的强力合作形成了多个综合服务供给的案例，用学习中心作为非教育干预的切入点。学习中心提供微量营养素强化项目和疫苗接种服务，让健康服务小组能够比在过度拥挤的难民营中更容易接触到儿童。学习中心也提供健康咨询，以及有关随地排便、洗手和安全饮水的课程模块。之后，学习中心还建造了卫生设施。

但是，缺乏协调导致学习中心有时空无一人，而另一方面，非教育干预又在争抢儿童的时间。此类规划者缺乏对于文化环境和敏感性的足够认识。在识别和治疗严重营养不良的某个干预行动周里，主办方要求母亲必须带着最小的孩子来参加，最终却是大孩子带着小孩子来参加，因为女性必须留在家中。由于沟通低效和人员流动等因素，跨机构协调也时常遭受挫败（Karamperidou et al., 2018）。

一数值从爱沙尼亚的0.1%到日本的1.6%不等，日本的家庭支出占教育总支出的31%（图19.13）。

> **在萨尔瓦多，家庭贡献了教育总支出的50%。**

教育总支出是政府和家庭对教育的支出之和。在一些中等收入国家，家庭支出占比十分明显，包括萨尔瓦多（50%）、印度尼西亚（49%）和秘鲁（45%）。在28个数据可得的高收入国家，情形要好得多，家庭支出占比均值为14%。

在34个数据可得的国家，高等教育支出平均占家庭教育总支出的30%，但是这一比重在智利和韩国高达50%，在拉脱维亚和立陶宛接近70%，在美国为74%。在蒙古和乌克兰等中等收入国家中，高等教育支出占比超过70%（图19.14）。

通常，在数据可得的国家，家庭支出并不会随时间而剧烈变动，所以此类支出的模式相对固定。

图 **19.13:**

家庭教育支出在一些低收入国家和中等收入国家十分可观

2013—2017年部分国家和地区教育支出占GDP的比重，按资金来源和国家（地区）收入分组分列

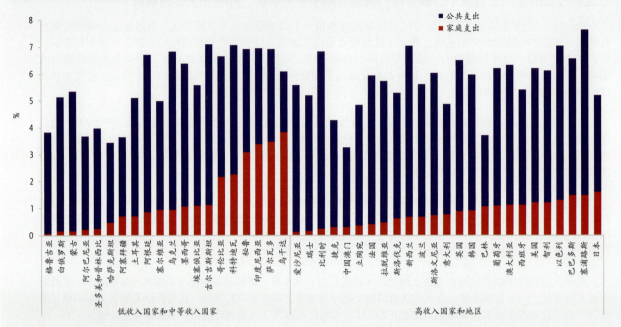

《全球教育监测报告》统计数据链接：http://bit.ly/fig19_13
资料来源：统计研究所数据库。

图 **19.14:**

高等教育支出约占家庭教育支出的30%

2016年或最近年份的家庭教育支出，按教育等级分列

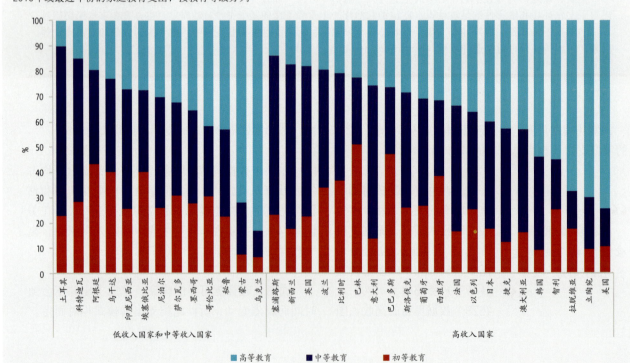

《全球教育监测报告》统计数据链接：http://bit.ly/fig19_14
资料来源：统计研究所数据库。

但是，改变总会发生。首先，公共政策会起作用。在2000年代中期，智利的大规模学生运动迫使政府重新履行其教育财政责任。在2005—2015年，家庭支出占教育总支出的比重从45%下降到20%，趋近以墨西哥为代表的全球平均水平（图19.15）。

其次，随着可支配收入的增加，家庭通常对教育投入更多。在一些国家，汇款增速非常快，所以汇款成本的降低将会对教育支出产生正效应（政策焦点19.4）。

信息来源的缺少并不仅限于低收入国家和中等收入国家。缺少数据意味着高收入国家的私人支出也可能被低估（OECD，2011）。一些机构已经尝试了多种数据源。加拿大统计局为了估算家庭对初等和中等教育的支出，整合了五套调查数据：金融系统–学校委员会统一调查、初等–中等教育调查、联邦政府教育支出调查、私立初等和中等学校财务统计调查、教育改革和矫正机构省级支出。对于两次调查之间的年份，加拿大统计局根据先前年份的数据提出估计值。高校财务信息调查和联邦政府教育支出调查提供了有关高等教育的信息（Statistics Canada，2015，2017）。

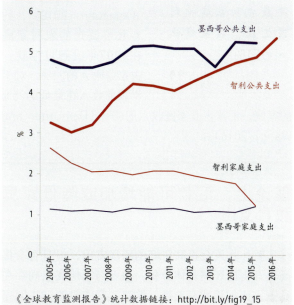

图 19.15:
智利教育总支出在公共支出和家庭支出之间的分布发生了巨大变化
2005—2016年智利和墨西哥的教育支出占GDP的比重，按资金来源分列

《全球教育监测报告》统计数据链接：http://bit.ly/fig19_15
资料来源：统计研究所数据库。

政策焦点19.4：汇款增加家庭教育支出

国内流动人口和国际移民通过汇款支持家族和社区成员。这是人口迁移的重要动机，而汇款是许多非洲、亚洲和拉丁美洲国家的重要收入来源。对于汇款是帮助还是阻碍家庭教育投资以及汇款的教育效应，不同人持有不同观点。因此，分析汇款在多大程度上增加私人教育支出，降低汇款成本是否能够对落后儿童有显著改善，是至关重要的。

在许多低收入和中等收入国家，汇款是家庭收入的重要组成部分

2017年全球所有家庭共收到国际汇款6,130亿美元，比官方发展援助高出很多。这其中，4,660亿美元流入低收入国家和中等收入国家的家庭，是官方发展援助的三倍。从绝对量来看，印度（690亿美元）、中国（640亿美元）、菲律宾（330亿美元）、墨西哥（310美元）和尼日利亚（220亿美元）收到的数额最大。外汇占GDP的百分比最高的国家是吉尔吉斯斯坦（35%）、汤加（33%）、塔吉克斯坦（31%）、海地（29%）、尼泊尔（29%）和利比里亚（27%）（World Bank，2018a）。

国内汇款更可能通过非正规的渠道实现，这给稳健的估计增加了难度（Castaldo et al., 2012）。

家庭调查提供了一些估计。2017年中国有2.87亿国内流动人口（Xuequan, 2018），约半数被调查的农村家庭在2007年收到过汇款，占家庭收入的21%。对于汇款前收入在最低的25%的家庭，汇款占其家庭收入的60%（Démurger and Wang, 2016）。

> **在中国，约有半数农村家庭收到过汇款，占家庭收入的21%。**

理论上，汇款可能增加或降低家庭教育支出

额外收入会提高家庭的跨境支出，但是否会提高教育支出还需具体分析。教育与其他支出间存在竞争，比如消费和土地、购房、资本投资。不同家庭对教育是消费品还是投资品的认识不一样。不仅如此，经济理论认为家庭更愿意将额外收入用作临时投资而非消费（Adams and Cuecuecha, 2010）。在正收入效应和放松预算约束之外，多样的收入还提供了保障效应，降低在经济波动时减少教育支出的风险（Yang and Choi, 2007）。

移徙通常是集体决策，涉及整个大家族，这使得小家庭如何将汇款用于教育变得错综复杂（Azam and Gubert, 2006）。移徙改变家庭结构和决策，可能对教育产生负面影响。儿童可能被要求充当劳动力、承担家务或者照看弟妹。

因为移徙的成本高昂，汇款并不会特别快回流，所以初始的收入损失也会限制教育支出。父亲或母亲的缺位也会影响子女的教育。

汇款能够培育一种"移民文化"，对儿童教育有负面影响。在国际移民较多的社区，跨国流动成为常态（Kandel and Massey, 2002），汇款代表着海外的收入机会（Mansour et al., 2011）。在低技能或半熟练移民较为可行而且能够带来较高收入的国家，这可能会提高提前辍学率，特别在目的地国的劳动力市场不认可来源国的文凭的情况下。相反，要求更高学历的成功移徙，会带来更高的教育期望，以及更多的时间和精力投入。

实践中，汇款对教育支出有积极影响

在危地马拉和秘鲁的利马，有汇款家庭的教育支出几乎要比没有汇款的家庭高出两倍（Adams and Cuecuecha, 2010; Loveday and Molina, 2006）。在印度农村，有国际汇款的家庭要比没有任何汇款的家庭在教育方面多支出17%（Parida et al., 2015）。在摩洛哥，无论是农村家庭还是城市家庭，汇款都占2003—2007年家庭教育支出的17%（Ibourk and Bensaïd, 2014）。有亲人在韩国务工的菲律宾家庭在健康和教育支出上要比没有的多两倍（Clemens and Tiongson, 2017）。但是在约旦，低技能移民导致年轻人的教育投入减少（Mansour et al., 2011）。

结果也有性别差异。对海外菲律宾工人的分析表明，平均而言，女性比男性收入低，寄回家的钱也更少（Semyonov and Gorodzeisky, 2006）。有关汇款的使用，在摩洛哥的农村地区，男性作

> **在18个位于撒哈拉以南非洲、中亚、南亚和东南亚的国家，国际汇款使教育支出平均提高了35%，在7个拉丁美洲国家，国际汇款使教育支出平均提高了53%。**

降低移民给家人汇款的成本

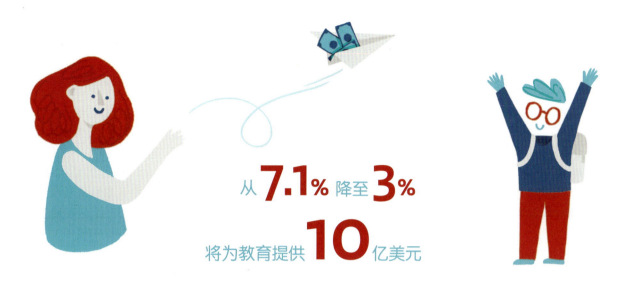

从 **7.1%** 降至 **3%**

将为教育提供 **10** 亿美元

主的家庭不太可能使对女孩的教育投入超过男孩（Bouoiyour et al.，2016）。女性作主的有汇款家庭倾向于在教育上支出更多（Ratha et al.，2011）。

一项为本报告而做的元分析考察了涵盖30个国家的73份高质量的同行评议论文。该分析使用偏相关系数来衡量汇款对家庭教育支出的效应，同时考虑了其他影响此类支出的因素。

分析肯定了汇款对于教育支出决策的重要性。在一些对撒哈拉以南非洲、中亚、南亚和东南亚的18个国家的研究中，国际汇款能够使教育支出平均增加35%（图19.16）。这一效应在拉丁美洲更大（53%），该地区国家的家庭教育支出更高；但是在东欧却接近于零，因为这些国家的家庭教育支出很低。国内汇款的效应相对偏低，但对大部分国家而言仍然为正。例如，撒哈拉以南非洲、中亚、南亚和东南亚的18个国家的均值为19%（Askarov and Doucouliagos，2018）。分性别的分析结果表明，在汇款行为和汇款使用上并不存在性别差异，但相关研究太少，使得结果不够稳健。

图 19.16:
平均而言，国际汇款提高了低收入国家和中等收入国家的教育支出
汇款带来的教育支出变动比例

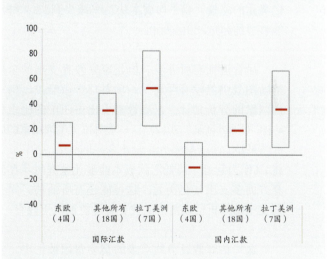

《全球教育监测报告》统计数据链接：http://bit.ly/fig19_16
注：横线表示有汇款家庭的教育支出效应的加权平均值。方框表示95%的置信区间。"其他所有"包括撒哈拉以南非洲、中亚、南亚和东南亚。
资料来源：Askarov and Doucouliagos（2018）。

降低汇款成本能够提高教育支出

尽管出现了诸如移动支付和预付银行卡等新技术，但从斐济和汤加的证据来看，许多汇款渠道的高昂委托费和其他转账手续费使得正规途径不如非正规途径和相似途径转账有效（Brown et al.，2014）。据估计，非正规汇款的数量相当于正规汇款的35%—75%（Freund and Spatafora，2005）。

全球平均的汇款成本是7.1%，尽管该均值并不能反映不同渠道和国家的广泛差异。传统银行成本最高，平均为10.6%。不同国家的成本也不一样，从5.2%（南亚）到9.4%（撒哈拉以南非洲）不等（World Bank，2018b）。非洲国家的一些渠道费用甚至超过20%（Watkins and Quattri，2014）。一些机构，包括非洲开发银行，已经呼吁提高国际货币转移市场的竞争性（Bourenane et al.，2011）。

这笔收费远超过可持续发展目标10.c，该具体目标要求将移民汇款平均成本减少到3%以下，而且任何渠道都不能超过5%。根据2017年全球汇款6,130亿美元的总量，将平均成本从7.1%减少到3%，每年能够节约超过250亿美元。

尽管近期有所进步，但是家庭教育支出的全球清晰图景仍然没有浮现。一项对15个撒哈拉以南非洲国家的分析估计，家庭教育支出占GDP的比重为4.2%（Foko et al.，2012）；一项对拉丁美洲国家的研究结果是3.4%（Acerenza and Gandelman，2017）。将4%作为起点，降低汇款成本能够让家庭每年在教育方面多支出10亿美元。这可能还有所低估，因为前文中的分析已表明，汇款更有可能被用于教育。

这一估算假设节约下来的交易费用被汇出。实际上，汇款或多或少都会有所调整。节约的成本如何在汇款者和收款者之间分配是一个难题。不仅如此，上述估算仅仅考虑了能够收到额外汇款的效应，但是汇款可能随着成本的降低而增加（Gibson et al.，2007）。更低的成本可能也会带来资金流动的增加，因为移民可能会从无记录的非正规渠道转向正规渠道。

汇款对于入学、毕业和学习的影响是复杂的

归根结底，教育支出还是实现目标的一种手段。一些研究表明，汇款对于教育成果的整体效应是正向的。在多米尼加共和国，汇款提高了6—17岁儿童的就读率（Amuedo-Dorantes and Pozo，2010）。在菲律宾，国际汇款增加10%能够将儿童每周从事无薪劳动的时间减少3小时（Yang，2005）。在摩洛哥，有汇款家庭的孩子比没有汇款家庭的孩子上学的可能性高出11个百分点（Ibourk and Bensaïd，2014）。

这些影响也有性别差异。在约旦，汇款仅对青年男性参与义务教育阶段后的教育有正向影响（Mansour et al.，2011）。有关摩洛哥南部农村的一项研究表明，汇款仅提高了男孩的出勤率（Bouoiyour et al.，2016）。在尼泊尔，汇款对于5—10岁男孩保留率的影响要比对女孩的影响高出三倍（Bansak and Chezum，2009）。相反，在厄瓜多尔，每月多收到11美元汇款会让10—17岁儿童入学率提高1个百分点，但此效应仅对女孩显著（Calero et al.，2009）。在墨西哥，如果父亲移民到美国，那么女孩的受教育年限将提高0.7年左右，但男孩不会（Antman，2012）。

正向的研究发现可能折射了特定的选择性移民渠道或者与低教育水平相关的背景条件。汇款对萨尔瓦多11—17岁儿童的入学率没有影响（在控制了家庭贫富之后）（Acosta，2006），对多米尼加共和国的青少年也没有影响（Amuedo-Dorantes and Pozo，2010），对越南6—18岁的儿童同样没有影响（Nguyen and Nguyen，2015）。

汇款也存在一些与低技能移民通道有关系的负面影响。在危地马拉，国际汇款与入学率的大幅降低有关，特别是对男孩来说，尽管那些已经入学的

儿童由于汇款而表现更好（Davis and Brazil，2016）。在墨西哥农村地区，有汇款的留守儿童表现更差（McKenzie and Rapoport，2006），幼儿的认知发展水平也低（Powers，2011）。拉丁美洲移民项目的数据分析表明，利马的教育风险随着移徙而增加。假如不考虑决定移徙计划的家庭因素，则会得到相反的结论（Robles and Oropesa，2011）。

结论

　　汇款对于私人教育支出的影响因移民渠道、汇款人和收款人的特征以及测算方式而有所不同。然而为本报告所做的元分析表明，汇款，特别是国际汇款，能够增加家庭教育支出。可持续发展目标中有关降低汇款成本的目标能够使低收入国家和中等收入国家的教育支出每年增加10亿美元。但是，汇款和教育支出提高以及教育成果改进的正向关系并不明确。如何支配额外收入以及这些收入在多大程度上与毕业和学习有关，仍然需要更多信息才能进行分析。

2016年，流离失所的阿富汗男孩组成了一个"雏菊链"，他们正在希腊的欧索耶塔中心上特殊英语课。

摄影：Achilleas Zavillis/UNHCR

结 论 与 建 议

《2030年可持续发展议程》将教育置于全球、人类、繁荣、和平、伙伴关系和人类未来讨论的中心。本报告指出了两个正在取得进展但需要更强有力投入的领域。

首先，它引起了人们对可持续发展目标4进展缓慢但不可忽视的监测的关注。监测框架有潜力发挥形成性作用，改变教育系统，帮助它们应对公平、包容和质量挑战。但是，为了充分实现这一潜力，需要强化相关国际机制以对该框架给予支持，进而帮助其向各国提供更明确的指导。

其次，它强调了教育在管理移徙和流离失所挑战方面的作用，特别是在2018年年底商定的两项关于移民和难民的全球契约中的作用。本章总结了有助于各国在正确的轨道上实施这两项契约中的教育内容的主要建议。

对可持续发展目标4的监测显示，教育系统有极大的潜力，但仍需加大对国际协调机制的支持

通过提出关于公平、包容和质量的问题，《2030年可持续发展议程》对教育监测工作提出了挑战，《全球教育监测报告》旨在为这一挑战提供支持。在就《教育2030行动纲领》达成共识的三年后，各国、民间社会组织和国际伙伴正在增加对确定定义、改进方法和收集信息的投入。

围绕可持续发展目标4及其监测形成的国际协议成功地改变了教育领域的辩论。例如，今年的报告关注了如下问题：促使全球人口达到最低阅读能力水平的年度进展缓慢；中等收入国家成人参加所有形式教育和培训的比例都较低；根据一个非政府组

织收集的信息，存在大量针对学校和教育人员的袭击。几年前这些问题还没有在全球教育议程中体现出来，现在它们已经作为对各方努力的考验被提了出来。

本报告指出了自2015年以来逐渐显现的另一重大发展。国际教育监测合作机制的基础正在奠定。由联合国教科文组织统计研究所和联合国教科文组织共同召集的关于可持续发展目标4——2030年教育指标的技术合作组织正在成为各国就如何衡量可持续发展目标4的进展表达其经验、偏好和关切的论坛。它的起步较为缓慢，因为各国和国际机构需要时间来找到一种能将各国、各区域和全球各层面联系起来的共同语言。后勤、能力和资源的限制成为其发展的障碍。但这是一个不容错过的机会。

本报告提出五项建议，呼吁可持续发展目标-教育2030指导委员会、联合国教科文组织、发展伙伴和各国使技术合作组织成为支持监测国际教育议程的更强有力的论坛：

■ **加强国家的代表性，强化其发言权。**目前，并非所有参与技术合作组织的国家都是积极的参与者。然而，正如《全球教育监测报告2017/8》指出的那样，为了改善问责，"各国需要在'框定好问题、确定好优先事项、设计好解决方案'的层面上提升增强其代表性的能力"。

■ **确保每个国家都有两个永久的技术合作组织联络点。**技术合作组织目前的结构体现了可持续发展目标指标的跨机构与跨专家组的轮流成员资格，有28个国家参与其中。然而，考虑到与协调相关的成本，很少有国家能够很好地代表其所在的区域。这样做的风险在于，其他国家因没有足够的信息而无法影响议程，参与议程的宝贵动力也丧失了。虽然目前尚未实现，但每个国家，无论是否是技术合作组织的成员，都应设有两个职权不同的技术合作组织联络点：分别设在教育部（负

责规划或监测和评价）和国家统计局（负责社会统计），以此作为进一步将这一进程制度化和建立全球利益共同体的步骤。

■ **提高国际教育监测协调机制的一致性。**除了技术合作组织，还有统计研究所召集的另外两个相关小组。全球监测学习联盟侧重于关注学习结果指标，并于近期邀请了各国专家和专家组以外的成员参加其会议。教育不平等指标跨机构小组侧重于关注公平和基于调查的指标。但是，这些关注密切相关的议题的不同小组使得资源较少、参与能力较弱的国家更难参与其中。精简架构将有助于让所有人把注意力集中在改善2030年教育监测的目标上。

■ **让更多区域性组织参与其中。**鉴于难以将国家层面和全球层面联系起来，教育议程内的区域性组织可以成为支持国家政策制定者的重要中介。确定区域教育监测框架及其与可持续发展目标4框架的一致性是朝着正确方向迈出的一步。已经有一些区域组织被纳入技术合作组织，这项工作可以得到加强。

■ **投资资源。**设定标准和影响政策决策是国际组织的核心目标，但在各基金会议程上的表现往往不够充分。正如《全球教育监测报告2017/8》所指出的，资金分配决策倾向于优先考虑近期结果，这是一种常见的基于结果的方法。国际社会不应低估长期成果的重要性。联合国教科文组织应更加优先重视为其召集的国际教育监测协调机制提供资金。捐助方应该不仅在口头上，而且在实践中更加重视像技术合作组织这样的全球公益组织。它们还应参考技术合作组织的进程及其对可持续发展目标4数据缺口的识别，以相应地明确能力提升和数据收集活动的目标。联合国教科文组织统计研究所牵头的针对成本和议程间主要缺口的一些初步指导，可以为这些资源的分配决策提供信息。技术合作组织是最大限度降低数据收集和报告的碎片化程度的关键工具。

尽管在衡量2030年教育议程的关键方面，如学业完成率和学习结果方面正在取得重要的方法进展，但重大差距仍然存在。例子不胜枚举。如第17章所示，由于没有关于教师的国际分类标准，目前对合格的和受过培训的教师的测量是不充分的。如第10章所示，尽管在界定成人教育参与方面取得了进展，但这一方面的数据收集工作才刚刚开始：终身学习机会占可持续发展目标4公式的一半，但只受到全球的一小部分关注。对议程的核心部分来说，监测具体目标4.7的进程需要更大规模的动员：在这一点上，目前尚无法报告针对具体国家的可持续发展和培养全球公民的措施。类似的例子还有很多。但强化为发展可持续发展目标4监测框架而设立的主要机构层面的安排将是一个良好的开端。

移徙和流离失所是对国际合作以及教育的作用的一种考验

《2030年可持续发展议程》与"不让一个人掉队"的承诺密不可分。议程的基础文件《改变我们的世界》将"难民、境内流离失所者和移民"列为"易受伤害（且）必须为其赋能的人"。移民和流离失所者的弱点之一——也是优势之一——在于教育。正如联合国秘书长在他对这份报告的认可中所说的："无论是为了工作还是为了教育，无论是自愿的还是被迫的，流动的人们都不会放弃受教育的权利。"

本报告对移徙和流离失所做了最广泛的定义，涵盖了对教育有影响的所有人口流动。它谈到了国内移徙的挑战，无论是从农村移徙到城市还是循环移徙，无论是对离开者带来的影响还是对留守者带来的影响。它讨论了各种各样的问题，如寄宿学生的身心健康、工作场所的流动学校、学校准入限制和农村学校的关闭。

国际移徙是一个日益增长的现象。据估计，第一代移民占高收入国家人口的14%。本报告的估计表明，这些国家有移民背景的第一代和第二代儿童的总和从2000年代中期的15%增加到了2010年代中期的18%，即3,600万人，按目前的增长率，到2030年该数据可能达到22%。这些儿童的发展机会受幼儿教育机会不平等、在成绩和成就方面与没有移民背景的学生的较大差距、不足以支持批判性思维的课程，以及学校隔离这一棘手问题的影响。

为教育和职业发展而移民是另一个日益增长的趋势。随着高等教育的国际化，学生的流动性也在增强。由于移民的前景为他们提供了动力，青年人加大了对教育的投资，这多少缓解了人们对较贫困国家可能将技术人才输送给较富裕国家的担忧。但是，要想充分利用这些流动，就需要政府和高等教育机构在质量保障和资格认证方面进行协调。

本报告还审视了越来越多的国内或跨国流离失所者的困境，无论他们是因冲突还是因自然灾害而流离失所。流离失所者接受教育的比例是世界上最低的，这不仅是因为这种危机经常发生在一些最贫困的地方。自2016年9月签署《关于难民和移民的纽约宣言》以来，已经出现了惊人的累计达15亿天难民教育的缺失。这些人口的教育机会的质量受到了地处偏远、语言障碍、教师资质不足和资源缺乏，以及流入国在应对突然涌入本国的人口方面缺乏经验的影响。

但是，本报告不仅列出了问题，还从世界各地收集了关于核心问题的变化的证据。各国政府正在迅速将难民纳入其教育系统。在收容难民最多的10个国家中，迄今只有一个国家——孟加拉国——将难民排除在国家教育系统之外，而巴基斯坦则持矛盾态度。但即使在巴基斯坦，俾路支省也将难民纳入了教育计划。

黎巴嫩是世界上人均收容难民人数最多的国家，与叙利亚难民危机前相比，其收容能力翻了一番。黎巴嫩向21.4万名学生开放了学校，而在叙利亚难民危机前，其学校教育适龄人口数约为75万人。黎巴嫩免除了提供相关学业完成证明的文件要求，允许叙利亚学生参加全国考试，并为帮助叙利亚儿童迎头赶上创造了非正规的教育机会。

乍得计划将苏丹难民纳入其教育系统，并采取措施不仅承认学生的资格，而且承认教师的资格，帮助他们融入国家教师队伍。撒哈拉以南非洲收容难民人数最多的乌干达，最近制订了一项三年计划，将难民纳入其12个受影响最大的地区的学校。土耳其收容了世界上最多的难民，已做出承诺到2020年将所有叙利亚难民纳入其国家教育系统，并已完成了将他们纳入社会保障系统的工作，确保他们受益于以前只向本国国民提供的有条件现金转移项目。

移民的融入有多种形式。加拿大是7个最富裕的工业化国家中第一代和第二代移民比例最高的国家，它为自己的多元文化遗产感到自豪，并将其提升至宪法原则的高度。加拿大修改了历史教科书，让孩子们可以从二年级开始就学习与移民相关的知识。爱尔兰在不到一代人的时间里从一个移民国家转变为第一代移民在学校中所占比例最大的欧盟国家，该国以其突出了教育的跨部门移民战略而自豪。在严重的金融危机期间，该国还确保了一项跨文化教育战略仍获得慷慨资助。考虑到金融危机期间将一系列社会和经济问题归咎于移民的普遍趋势，这是难能可贵的。

移徙和流离失所被定义为政治问题。这是因为它们通常与多元文化、历史、社会和经济等复杂因素交织在一起。人们经常看到政策制定者在压力下做出决策，回应反对移民的声音，这些声音有时会在媒体上回响。这些声音倾向于忽视移徙是发展的主要驱动力之一这一事实。从这个意义上说，对移民和难民的教育不仅仅是对基本人权的呼吁，它还具有操作性维度和工具性维度的意义。将这些人口排除在外的代价可能是巨大的，因为此时人们不能充分发挥他们的潜力，这进而加剧了社会的紧张程度。

政府应该如何处理移民和流离失所者的教育问题？

本报告呼吁各国政府拿出对待本国人口的关注力度，满足移民和流离失所者及其子女的教育需求。

保护移民和流离失所者的受教育权

国际公约承认教育领域的非歧视原则。国家法律应明确禁止歧视性障碍，如对出生证明的要求。现行法规中不应存在任何可由地方官员或校级官员自行解释的漏洞或灰色地带。各国政府必须保护移民和难民的受教育权，不论他们是否具有身份文件或居留身份，在执法时都应一视同仁。

尊重受教育权，不能局限于立法和行政程序。各国主管部门应开展宣传运动，让移民和流离失所的家庭了解各自的权利和学校注册程序。规划部门应确保在非正规安置点和贫民窟附近设立公立学校，并确保其在城市改造规划中不被忽略。

将移民和流离失所者纳入国家教育系统

一些教育系统将移民和难民视为有别于本国国民的临时人口或过渡人口。这种做法是不对的，会妨碍他们的学业进步、社交往来和未来的发展机会，还会阻碍建设有凝聚力的多元社会。公共政策必须将移民和难民纳入国家教育的各个等级。

将移民纳入教育系统涉及若干方面。新的教学语言要求学生必须上预科班，但学生应尽可能多地与本地同龄人在一起。教育系统不应将成绩欠佳的学生分流，而这些学生当中又以移民居多。考虑到许多国家的移民学生在地域分布上比较集中，教育规划者应利用交通补贴和随机分配学校等方法，确保居住地的隔离不会导致教育的隔离。

各国政府应确保难民的教育尽可能不被打断。尽管存在一些可能会妨碍难民充分融入的特殊情况，例如难民社区地处偏远或是东道国系统的接纳能力有限，但各国政府仍应尽可能缩短难民学生在校内参加不遵循国家课程大纲或者并非旨在获得资质证书的课程的时间，因为这样的在校时间会让教育大打折扣。

了解移民和流离失所者的教育需求，并为其做出规划

移民和难民大量涌入的国家应在管理信息系统中掌握关于这些群体的数据，以便制定相应的规划和预算。为移民和难民提供入学名额或工作机会，只是迈向包容的第一步。

学校环境必须适应和支持学生的需求。对于那些正在学习新的教学语言的学生，应为他们开办过渡课程，并配备合格教师。学业被中断的学生可以从速成教育课程中受益，以便在学习上迎头赶上并重新进入学校中的适当年级。假如将难民纳入教育系统的做法能够延伸到社会保障项目中，例如，通过有条件的现金转移来抵消隐性学校费用等方式让难民受益，这种做法获得成功的可能性会更大。至于国内流动人口，特别是对于游牧民和季节性工人的子女来说，各国政府应考虑采用灵活的学校日程安排、教育跟踪系统以及与其生活方式相适应的课程。

成年人需要获取支持，通过职业技术教育与培训提升自身的能力，还需要得到支持来克服低技能职业或高额培训费用等影响其提高自身技能的制约因素。他们需要理财教育课程，以便管理自己的经济状况、最充分地利用汇款、避免遭遇欺诈或财务剥削。当地政府层面提供的非正规教育课程可以辅助加强社会融合的工作。

在教育中准确表述移民和流离失所者的历史，以消除偏见

建设包容性社会，助力和睦相处，需要的不仅仅是宽容。各国政府必须审查教育内容和这些内容的提供方式，修改课程，并对教科书进行反思，使之能够反映出历史和现状的多样性。教育内容应重视移徙为财富和繁荣做出的贡献。同时还应认识到紧张局势和冲突的起因，以及导致人们流离失所或边缘化的移徙遗留问题。教学方法应鼓励对多元观点保持开放，培养共存共生价值观，欣赏多样性的益处。应消除偏见，培养批判性思维能力，让学习者在与其他文化交流的过程中能够克服不确定因素，抵制媒体对于移民和难民的负面描述。各国政府应吸取跨文化教育的成功经验。

培养移民和流离失所者的教师，使其学会应对多样性和艰苦的工作条件

学校环境日益受到移徙和流离失所现象的影响，应支持教师在学校环境中成为推动变革的力量。

目前应对移徙问题的教师教育项目往往是临时性的，不属于主要课程内容。各国政府应加大对发展新入职和在职教师的教育的投资，帮助教师掌握管理多元、多语言和多文化环境的核心技能，这对本土学生也会产生影响。应提高所有教师，而不仅仅是教授多元班级的教师对于移徙和流离失所现象的认识。应为有志成为教师者、在职教师和学校领导者提供相应的工具，使其能够克服课堂、校园和社区内的刻板印象、偏见和歧视，增强移民和难民学生的自尊心和归属感。

处在流离失所环境下的教师也应对流离失所的学生及其家长面临的特殊困境保持敏感，走进他们的社群为他们提供帮助。虽然教师不是心理咨询师，但他们可以接受相关培训，以便识别压力和创伤，向专业人士转介有需求的学生。在没有专业人士的情况下，教师应准备好成为一些家庭条件较差的学生获得此类帮助的唯一途径。教授难民的教师和流离失所的教师本人面临着额外的压力。管理政策应认识到一些教师在极端艰苦的条件下工作，并应帮助他们减轻困难；应规范和确保各类教学人员之间地位平等，保持士气；应对教师职业发展进行投入。

利用移民和流离失所者的潜力

无论是回归本国还是提供远距离支持，移民和难民所掌握的技能不仅能够改变自己和家人的生活，也能够改变东道国和原籍国的经济与社会。要想利用这一潜力，就需要有更简单、廉价、透明和灵活的机制，对学历和职业技能（包括教师的学历和技能）进行认证，并且考虑此前没有得到确认或认可的学习经历。

各国应遵守《安全、有序和正常移民全球契约》中关于相互认证资历的承诺，完成关于《承认高等教育学历全球公约》的谈判，以便在2019年通过这部公约。评估机构、认证机构和学术机构应与各国政府、区域组织及国际组织合作，在双边、区域和全球层面统一相关要求和程序。共同的学位标准、质量保障机制和学术交流项目，可以促进学历承认工作的开展。

利用人道主义援助和发展援助支持移民和流离失所者的教育需求

虽然三分之二的国际移民都以高收入国家为目的地，但九成的难民却是由低收入国家和中等收入国家接纳的，这些国家需要国际合作伙伴的支持。要满足相关需求，需要将人道主义援助中的教育份额增加到现在的十倍。更可持续的解决方案是，国际社会履行《难民问题全球契约》和《难民问题全面响应框架》中的义务，在出现危机的初期阶段就将人道主义援助与发展援助联系起来，支持面向难民和东道国国民的包容性教育的开展。应将教育问题，特别是幼儿教育和保育问题纳入响应方案。在涉及避难所、营养、供水、卫生和社会保障等其他部门的综合解决方案中，教育也应占有一席之地。捐助方应将这些改革体现在人道主义干预工作中。在"教育不能等待"基金的推动下，捐助方应增强需求评估能力，联合开展规划工作，弥合人道主义援助和发展援助之间的隔阂，并推动可预测的多年期供资。

在侵袭南苏丹的暴雨到来之前，上千难民
已经转移。这所学校深受难民儿童及其家
长喜爱。很多人说，他们在家乡的村子里
没有机会上学。

摄影：T. Irwin/UNHCR

统计表

统计表是按照可持续发展目标4的七个具体目标，以及三大实施路径组织起来的，不是按照教育等级（从学前到高等教育）组织的。表1呈现了基本的人口和教育体系信息，以及国内教育财政情况，它是《教育2030行动纲领》所提出的关键实施路径之一。

可持续发展目标4监测框架由43个国际可比的指标组成。其中，11个指标是全球指标，32个指标是主题指标。[1]表Ⅰ.1列出了所有指标，并标出了联合国教科文组织统计研究所2018年已报告的指标。[2]以下统计表与可持续发展目标4监测框架相一致，同时也包含额外的指标，例如从初等教育升入中等教育和学生流动等方面的指标。

统计方法注释

统计表中大多数数据是统计研究所提供的。统计表中所涉及的其他数据来源均在脚注中予以说明。下列统计表中提供的有关学生、教师和教育支出的最新数据均来自2018年9月发布的教育数据，是2017年结束的学年和财年的数据。[3]这些统计表均以截至2018年6月向统计研究所报告并由该研究所处理的各种调查结果为依据。这些统计数据涵盖公立和私立的正规教育，按教育等级列出。统计表中列出了209个国家和地区的名单，它们都是联合国教科文组织成员国和准成员。其中大多数国家和地区都是用统计研究所发布的标准调查问卷向该所报告数据的。其中49个国家的教育数据是由统计研究所、经合组织和欧洲联盟统计局（UOE）通过三方调查问卷共同收集的。[4]

人口数据

统计表中有关人口的指标，包括入学率、失学儿童和青少年数量、青年和成人数量，使用了人口司编制的2017年版人口估计数。由于各国家和地区的人口估计数与联合国的人口估计数之间可能有出入，这些指标可能与个别国家或其他组织所公布的数据有所不同。[5]在2017年版数据中，对于总人口不到9万人的国家，人口司未按单一年龄提供数据。对于这些国家及一些特例国家，使用欧统局（人口统计）、太平洋共同体秘书处（统计和人口统计项目）或国家统计部门的人口估计数。

《国际教育分类标准》的分类法

向统计研究所报告的教育数据全都符合《国际教育分类标准》2011年修订版的要求。有些国家可能有本国的与《国际教育分类标准》并不对应的教育等级定义。因此，某些国家报告的教育统计数据

1　11个全球指标由可持续发展指标跨机构专家组提出，依据2017年3月召开的联合国统计委员会第48届大会的决议采用。这些指标随后在2017年6月被联合国经济及社会理事会采纳。

2　这43个指标最早由技术顾问组针对2015年后教育指标提出，随后经过技术合作组的修改、技术合作组的秘书处设在统计研究所，监测可持续发展目标4的进展情况。在2018年1月于迪拜举办的会议上，技术合作组确认其中33个指标是统计研究所在2018年可以报告的。有多个指标，包括统计研究所目前已可报告数据的指标，正处于统计方法的不同开发阶段中。

3　就一学年横跨两个日历年的国家和地区而言，这是指2016/2017学年；而就学年与日历年重合的国家和地区而言，则是指2017学年。

4　此处提及的国家，多数为欧洲国家，还包括欧洲以外的经合组织成员国以及其他一些名单不断变化的国家。大多数统计研究所/经合组织/欧统局收集的各国教育财政数据的最近参考年份是2016年结束的学年。

5　当国家和地区报告的入学人数与联合国人口数据显然不符时，统计研究所可决定不计算或不公布其部分或全部教育等级的入学率。

与国际报告的数据之间存在差异，其原因在于这些国家采用了本国定义的教育等级，而没有采用《国际教育分类标准》，此外还存在上面提到的人口问题。

估计数和缺失的数据

统计研究所编制的所有统计表所提供的数据既有观测数也有估计数。估计数注有一个记号（i）。统计研究所鼓励各国家和地区自行提供估计数。如果某个国家或地区没有自行估计，统计研究所可能在有充分的辅助信息可用的情况下提出自己的估计数。当发现某个国家或地区提供的数据前后不一致时，表格内也许会出现空白。统计研究所尽一切努力与有关国家和地区磋商解决此类问题，但是保留忽略它认为有问题的数据的最终决定权。如果没有2017年结束的学年的信息，就用前几学年或后几学年的数据。这种情况均以脚注说明。

总体数据

区域数据和其他总体数据可能是合计数、符合某条件的国家和地区占比、中位数或加权平均数，统计表中均有说明，具体取决于指标。加权平均数考虑了各个国家和地区相关人口的相对规模，或者在指标为比率的情况下，更普遍地考虑了其分母的相对规模。总体数据的来源既有公开数据也有估计数，对没有最近数据和可靠的公开数据的国家和地区使用估计数。在统计表中，由于部分国家和地区［特定区域或国家群体中33%—60%的人口（或总体的分母数）］无可靠数据而不完全统计的总体数据注有记号（i）。凡特定区域或国家收入分组中所有数据可得国家和地区的人口代表性不足95%的，则在《全球教育监测报告》计算的合计数上注有不完全统计的记号。

区域划分及国家收入分组

统计表中的区域划分采用联合国统计局（UNSD）的可持续发展目标区域分类法，略有调整。联合国统计局的分类包括所有地区，无论是独立国家，还是更大实体的一部分。然而，统计表中列出的国家和地区仅包含所有联合国教科文组织成员和准成员，以及百慕大、特克斯和凯科斯群岛，以及全民教育统计表中包含的非成员国家。统计研究所未收集法罗群岛的数据，因此虽然该地区是联合国教科文组织的准成员，但它未被纳入《全球教育监测报告》。统计表中的国家收入分组采用世界银行的分组办法，每年7月1日更新。

统计表所用的符号

±n   参考年份差异（例如，−2表示用2015年数据代替2017年数据）

i   估计数或不完全统计数

−   零或可忽略不计

…   无相关数据或不存在的类别

指标注释（表Ⅰ.2）、表格的脚注以及统计表后的术语表为解读数据和资料提供了更多帮助。

表 I.1: 可持续发展目标4监测框架指标

指标		统计研究所 2018年已报告
	具体目标 4.1	
4.1.1	儿童和青年人（a）在二年级或三年级、（b）在初等教育结束时以及（c）在初级中等教育结束时至少达到最低的（i）读写和（ii）数学熟练水平，按性别统计	是
4.1.2	（a）在二年级或三年级、（b）在初等教育结束时以及（c）在初级中等教育结束时组织全国性的学习评估	是
4.1.3	最高年级的毛招生率（初等教育、初级中等教育）	是
4.1.4	完成率（初等教育、初级中等教育、高级中等教育）	是
4.1.5	失学率（初等教育、初级中等教育、高级中等教育）	是
4.1.6	超龄儿童百分比（初等教育、初级中等教育）	是
4.1.7	法律框架所保障的（a）免费及（b）义务的初等教育和初级中等教育年限	是
	具体目标 4.2	
4.2.1	5岁以下儿童中健康、学习和社会心理健康正常发展的比例，按性别统计	是
4.2.2	参与有组织学习的比例（正规初等教育入学年龄前一年），按性别统计	是
4.2.3	5岁以下儿童拥有积极的、激发潜能的家庭学习环境的百分比	否
4.2.4	幼儿教育毛入学率，包含（a）学前教育和（b）幼儿教育发展项目	是
4.2.5	法律框架所保障的（a）免费和（b）义务的学前教育年限	是
	具体目标 4.3	
4.3.1	此前12个月中青年和成人参与正规和非正规教育与培训的比例，按性别统计	是
4.3.2	高等教育毛入学率，按性别统计	是
4.3.3	职业技术教育项目（15—24岁）参与率，按性别统计	是
	具体目标 4.4	
4.4.1	具备信息和通信技术技能的青年和成人比例，按技能类别统计	是
4.4.2	达到数字化读写技能最低熟练水平的青年和成人比例	否
4.4.3	青年和成人受教育程度比例，按年龄组、经济活动状况、教育等级和教育项目方向统计	是
	具体目标 4.5	
4.5.1	本表中所有教育指标（凡可划分群体的）均等指数（女/男，农村/城镇，最贫困五分之一/最富裕五分之一，以及其他数据可得的方面，如残疾程度、移民人口、受冲突影响）	是
4.5.2	初等教育学生中，第一语言或母语是教学语言的百分比	否
4.5.3	将教育资源重新分配给弱势人口的政策可基于具体的公式测算的程度	否
4.5.4	生均教育支出，按教育等级和资金来源统计	是
4.5.5	教育援助总额用于最不发达国家的百分比	是
	具体目标 4.6	
4.6.1	特定年龄人口获得特定水平的（a）读写和（b）计算能力的百分比，按性别统计	是
4.6.2	青年和成人识字率	是
4.6.3	文盲青年和文盲成人参与扫盲项目的比例	是
	具体目标 4.7	
4.7.1	（i）全球公民教育和（ii）可持续发展教育，包括性别平等和人权，被纳入各级教育的（a）国家教育政策、（b）课程大纲、（c）教师教育和（d）学生评估的程度	否
4.7.2	提供基于生活技能的预防艾滋病教育和性教育的学校百分比	是
4.7.3	世界人权教育计划的框架在国家层面实施的程度（依据联合国大会决议59/113）	否
4.7.4	学生中表现出充分理解全球公民和可持续发展议题的人数百分比，按年龄组或教育等级统计	否
4.7.5	15岁学生熟练掌握环境科学和地理科学知识的百分比	否
	具体目标 4.a	
4.a.1	学校接入以下资源的比例：（a）电；（b）教学用的互联网络；（c）教学用的计算机；（d）残疾学生使用的基础设施和资源；（e）基本的饮用水；（f）男女分用的卫生设施；（g）基本的洗手设施（依据WASH指标定义）	是
4.a.2	学生经历欺凌、体罚、羞辱、暴力、性歧视和性虐待的百分比	是
4.a.3	针对学生的袭击数量，包括个人和机构	是
	具体目标 4.b	
4.b.1	官方发展援助用于奖学金的数量，按部门和学习类型统计	是
4.b.2	受益国家获取的高等教育奖学金种数	否
	具体目标 4.c	
4.c.1	特定国家的以下各级教育的教师中，获得任教所要求的最低标准职前或职后有组织教师培训（例如教学法培训）的比例，按性别统计：（a）学前教育；（b）初等教育；（c）初级中等教育；（d）高级中等教育	是
4.c.2	学生与受过培训的教师的比例，按教育等级统计	是
4.c.3	依据国家标准，合格教师的比例，按教育等级和机构类型统计	是
4.c.4	学生与合格教师的比例，按教育等级统计	是
4.c.5	教师平均工资与其他要求相当水平的资格的行业的比较	否
4.c.6	教师流失率，按教育等级统计	是
4.c.7	此前12个月接受过在职培训的教师百分比，按培训类型统计	否

注：全球指标以灰色底突出显示。
资料来源：统计研究所。

表 1.2: 统计表中的指标注释

	指标注释
	表1
A	**义务教育年限，按教育等级分列** 儿童依法入学接受义务教育的年数。
B	**免费教育年限，按教育等级分列** 儿童依法入学接受免费教育的年数。
C	**初等教育正规入学年龄** 官方期望的学生进入初等教育学校的年龄。本指标以整年计算，不考虑除学年开始以外的截止日期。特定项目或等级的正规入学年龄往往但非绝对是最普遍的入学年龄。
D	**各教育等级学制年限** 特定教育等级的年级数或修读年数。
E	**正规上学年龄人口，按教育等级分列** 特定教育等级对应的正规年龄组人口数，无论是否入学。
F	**入学总绝对人数，按教育等级分列** 特定教育项目、教育阶段或模块的正式注册人数，不考虑年龄。
G	**公共教育支出初始值占国内生产总值的百分比** 一般公共教育资金初始总值（含地方、区域和中央投入，现金与资产合计），包括转移支付（例如给学生的奖学金），但不包括获得的转移支付，即政府获得的教育类国际转移支付（国外捐助方给予的教育预算支助或其他计入公共预算的支助）。
H	**教育支出占公共支出总额的百分比** 一般公共教育支出（现金、资产和转移支付）总额（地方、区域和中央投入），占所有部门（包括卫生、教育、社会服务等）一般公共支出总额的百分比。其中包含政府从获取的国际转移支付中支出的资金。
I	**生均公共支出初始值，按教育等级分列，按2015年购买力平价美元不变价格计，及其占人均国内生产总值的百分比** 平均每个学生获得的一般公共教育资金初始总值（含地方、区域和中央投入，现金与资产合计），包括转移支付（例如给学生的奖学金），但不包括获得的转移支付，即政府获得的教育类国际转移支付（国外捐助方给予的教育预算支助或其他计入公共预算的支助）。
J	**家庭教育支出初始值占国内生产总值的百分比** 家庭（学生及其家人）向教育机构缴纳的费用（例如，学费、考试费、注册费、家长–教师联合会或其他学校基金的赞助费，以及食宿和交通费），以及用于购买教育机构外物品和服务的费用（例如，购买校服、教科书、教学辅助资料或私人课程）。"初始资金"是指从家庭支出中减去政府给予家庭的转移支付，例如奖学金和其他教育资金援助。
	表2
A	**失学儿童总数及其占相应年龄组总人数的百分比** 处于正规上学年龄范围内，但未就读于初等教育或初级中等教育学校的儿童。
B	**教育完成率，按教育等级分列** 比特定教育等级最高年级正规年龄大3—5岁的儿童中升入该教育等级最高年级者所占百分比。例如，某一国家六年制初等教育的最高年级正规年龄为11岁，则该国初等教育完成率为14—16岁人口中升入六年级者所占百分比。
C	**超龄学生百分比，按教育等级分列** 各教育等级中比所在年级的正规年龄大2岁及以上的学生所占百分比。
D	**初等教育毛入学率** 初等教育入学总人数（不考虑年龄）占正规入学年龄组人口总数的百分比。该指标数据有可能大于100%，因为存在提早入学、延迟入学和留级重修的情况。
E	**经调整的初等教育净入学率** 初等教育正规入学年龄组中在该教育等级及以上等级入学的人数占该年龄组人口总数的百分比。
F	**初等教育最高年级毛招生率** 初等教育最高年级新生总数（不考虑年龄）占该年级正规年龄组人口总数的百分比。
G	**初等教育向初级中等普通教育的有效升学率** 下一年的初级中等教育一年级新生人数占特定年份初等教育最高年级在读学生（排除下一年需留级重修的学生）总数的百分比。
H	**初级中等教育合计净入学率** 初级中等教育正规年龄组中在任一教育等级就读的学生数占对应的学龄人口总数的百分比。
I	**初级中等教育最高年级毛招生率** 初等中等教育最高年级新生总数（不考虑年龄）占该年级正规年龄组人口总数的百分比。
J	**高级中等教育合计净入学率** 高级中等教育正规年龄组中在任一教育等级就读的学生数占对应的学龄人口总数的百分比。
K	**低年级（二年级或三年级），或者初等教育、初级中等教育最高年级的全国代表性学习评估的管理** 其定义涵盖了任何全国代表性的、国家层面的或跨国的形成性低风险学习评估。
L	**至少达到阅读和数学最低熟练水平的学生百分比** 各类评估对阅读和数学最低熟练水平的定义不尽相同。对数据应做谨慎解释，因为不同评估之间不具有可比性。在拟参考年级未举办评估的情况下，采用高于或低于拟参考年级的学生学习成绩调查数据作为占位数据。

	表3
A	**36—59月龄儿童的健康、学习和社会心理健康正常发展的百分比** 联合国儿基会的幼儿发展指数（ECDI）数据是通过联合国儿基会多指标聚类调查（MICS）收集的。它是衡量发展潜力实现水平的指数，从以下四个方面评估36—59月龄儿童：（a）读写和计算；（b）心理发展；（c）社会性情绪发展；（d）学习（跟随简单教学的能力和自觉学习的能力）。总体上正常发展的儿童百分比是指在以上三个或四个方面正常发展的儿童所占百分比。（资料来源：联合国儿基会多指标聚类调查。）
B	**5岁以下儿童中度和重度发育迟缓率** 特定年龄组儿童中，身高比国家健康统计中心和世界卫生组织（WHO）发布的同龄儿童身高中位数低2个标准差以上的儿童占比。（资料来源：联合国儿基会、世界卫生组织和世界银行于2018年5月联合发布的儿童营养不良状况估计。区域总体数据是参考年份的统计估计值的加权平均数，而不是国家表格中的各国观测值。）
C	**36—59月龄儿童拥有积极的、激发潜能的家庭学习环境的百分比** 36—59月龄儿童身边有成人在调查前三天通过开展以下活动中的四种及以上促进儿童学习和上学准备的百分比：（a）为孩子读书；（b）给孩子讲故事；（c）给孩子唱歌；（d）带孩子出门；（e）陪孩子玩；（f）花时间陪孩子为物品命名、数数或画画。（资料来源：联合国儿基会多指标聚类调查。）
D	**5岁以下儿童在家拥有三本及以上童书的百分比** 0—59月龄儿童中拥有三本及以上书籍或图画书者所占百分比。（资料来源：联合国儿基会多指标聚类调查。）
E	**学前教育阶段幼儿教育毛入学率** 学前教育入学总人数（不考虑年龄）占正规年龄人口总数的百分比。该指标数据有可能大于100%，因为存在提早或延迟入学的情况。
F	**经调整的初等教育正规入学年龄前一年的净入学率** 初等教育正规入学年龄前一年的儿童进入学前教育或初等教育的人数占该年龄组人口总数的百分比。

	表4
A	**成人教育与培训的参与率** 成人（25—64岁）在调查前12个月内接受正规或非正规的教育与培训的参与率。
B	**青年接受职业技术教育的百分比** 青年（15—24岁）中接受《国际教育分类标准》2—5级的职业技术教育者占该年龄组人口总数的百分比。
C	**职业技术教育学生占总入学人数的比例，按教育等级分列** 进入特定教育等级职业教育项目的学生总数占该教育等级所有项目（含职业教育和普通教育）入学总人数的百分比。
D	**高级中等教育向高等教育（《国际教育分类标准》5、6、7级合计）升学率** 中等教育向高等教育的毛升学率，根据所有中等教育项目的学生数计算。
E	**首次进入高等教育项目（《国际教育分类标准》5、6、7级）的毛入学率** 在参考学年期间首次进入特定教育等级的一个项目的学生比例，不考虑学生是从头攻读该项目还是修读高阶课程。
F	**高等教育毛入学率** 高等教育入学总人数（不考虑年龄）占高级中等教育正规毕业年龄及以上5岁年龄组人口总数的百分比。该指标数据有可能大于100%，因为存在提早或延迟入学，或者延长学业的情况。
G	**成人（15岁及以上）具有特定信息和通信技术技能的百分比** 在最近三个月从事过以下与计算机相关的活动者，可视为具备此类技能：复制或移动文件或文件夹；使用复制和粘贴工具，在一个文档内复制或移动信息；在电子表格中使用基本的计算公式；使用专门的编程语言编写计算机程序。（资料来源：欧统局数据库；国际电信联盟世界远程通信/信息和通信技术指标数据库。）
H	**成人（25岁及以上）受教育程度达到特定教育等级及以上的百分比** 25岁及以上人口中最高受教育程度达到特定教育等级者占该年龄组人口总数的百分比。初等教育指《国际教育分类标准》1级及以上，初级中等教育指《国际教育分类标准》2级及以上，高级中等教育指《国际教育分类标准》3级及以上，中等后教育指《国际教育分类标准》4级及以上。
I	**特定年龄组人口至少达到功能性读写和计算能力的特定熟练水平的百分比** 该熟练程度大致相当于国际成年人能力评价项目量表的水平2。
J K	**青年（15—24岁）/成人（15岁及以上）识字率** **青年（15—24岁）/成人（15岁及以上）文盲率** 识字青年（15—24岁）/成人（15岁及以上）人数占该年龄组人口总数的百分比。识字率数据是2010—2016年数据，包含来自人口普查或家庭调查的国家观测数据以及统计研究所估计数据。后者是根据最近的国家观测数据和全球特定年龄识字率预测（GALP）模型计算得出的。各国收集数据的界定范畴和方法论有所差异，应谨慎使用数据。

	表5
	经调整的性别均等指数，按指标分列 性别均等指数（GPI）是特定指标上女性相对于男性的比值。如果女性值低于或等于男性值，经调整的性别均等指数（GPIA）=性别均等指数。如果女性值高于男性值，则经调整的性别均等指数=2-1/性别均等指数。经调整的性别均等指数以1为中轴对称分布，取值范围为0—2。经调整的性别均等指数等于1表示男女均等。（资料来源：统计研究所数据库；全球教育监测报告小组根据各国和国际家庭调查数据计算。）
A	**完成率，按教育等级分列**
B	**特定教育等级结束时达到最低熟练水平的学生百分比**
C	**青年和成人识字率**
D	**成人（16岁及以上）至少达到功能性读写和计算能力特定熟练水平的百分比**
E	**毛入学率，按教育等级、地区和富裕程度分列** 地区均等指数是特定指标上农村与城市的比值。贫富均等指数是特定指标上最贫困的20%人口与最富裕的20%人口的比值。
F	**完成率，按教育等级分列**
G	**至少达到功能性读写和计算能力特定熟练水平的学生百分比**

表6	
A	**国家（地区）课程大纲纳入全球公民意识和可持续发展相关议题** 涉及的课程是指初等教育课程或初级中等教育课程，或者两个阶段都包含。课程中相关议题的纳入程度是按照以下方法衡量的：如果在以下各分类中，5个术语中只有1个或2个被纳入课程，那么就被评为"低"等级；如果其中3个被纳入课程，那么就被评为"中"等级；如果其中4个或5个被纳入课程，那么就被评为"高"等级；"无"是指没有纳入任一术语。总体数据反映的是"中"等级及以上等级国家所占百分比。（资料来源：UNESCO-IBE，2016。） "性别均等"的关键术语是：（a）性别公平；（b）性别平等；（c）女童/女性赋权；（d）对性别问题敏感；（e）性别均等。 "人权"的关键术语是：（a）人权、权利和责任（儿童权利、文化权利、土著权利、女性人权、残疾人权利）；（b）自由（表达、言论、出版、建立组织）和公民自由；（c）社会公正；（d）民主规则、民主价值、民主原则；（e）人权教育。 "可持续发展"的关键术语是（a）可持续、可持续性、可持续发展；（b）经济可持续、可持续增长、可持续生产/消费、绿色经济；（c）社会可持续（社会团结和可持续）；（d）环境可持续性/环境可持续；（e）气候变化/多变性（全球变暖、碳排放/碳足迹）；（f）可再生能源/燃料、替代性能源（太阳能、潮汐能、风能、波能、地热能、生物能源）；（g）生态系统、生态（生物多样性、生态环境、生物群落、丧失多样性）；（h）废弃物管理、循环利用；（i）为了可持续发展的教育、可持续教育、为了可持续的教育；（j）环境教育/学习、为了环境的教育、为了环境可持续的教育。 "全球公民意识"的关键术语是（a）全球化；（b）全球公民/文化/认同/共同体；（c）全球-地区思维、地区-全球思维；（d）多元文化（主义）/跨文化（主义）（或兼而有之）；（e）移徙、迁徙、流动、人口迁移；（f）全球竞争/竞争性、全球性竞争、国际竞争；（g）全球不平等/不均等；（h）国家/地区公民/文化/认同/遗产、全球公民教育；（i）为了全球意识的教育。
B	**提供生活技能基础上的预防艾滋病教育的学校百分比** 提供生活技能基础上的预防艾滋病教育的初级中等教育学校（占所有教育机构的）百分比。
C	**科学素养达到水平2及以上的15岁学生百分比** 科学素养的定义是：（a）科学知识及其在识别问题、获取新知识、解释科学现象、对科学相关的问题得出基于证据的结论中的应用；（b）理解科学作为人类知识和探索的一种形式，它的特征是什么；（c）意识到科学与技术如何塑造物质、理性和文化环境；（d）愿意投身于科学相关的议题，具备科学思想，成为反思的公民。（资料来源：经合组织的2015年国际学生评估项目；国际数学与科学趋势研究。） **充分理解艾滋病病毒/艾滋病与性知识的学生和青年百分比** 至少知道两种预防感染的方法，或者至少能驳斥三个错误观念的青年（15—24岁）。（资料来源：联合国艾滋病署。）
D	**具备基本的饮水、基本的（男女分开的）卫生设施或卫生间，及基本的洗手设施的学校百分比** 基本的饮水是指来自经过改良水源的饮用水，且调查时学校能接到水。基本的卫生设施或卫生间是指学校有经过改善的卫生设施，且调查时学校的卫生设施是男女分开的，并运转良好（可以使用、功能正常、有私密性）。基本的洗手设施是指调查时学校的洗手设施能出水且有香皂。（资料来源：UNICEF WASH in Schools, 2018。）
E	**接入以下设施的初等教育学校百分比：** **电力** 规范且现成可用的能源，足够保障学生和教师持续使用信息和通信技术设备，以支持授课或单独的教学和学习需求。 **以教学为目的的互联网接入** 学生可以接入以改进教学和学习为目的的互联网，不考虑接入联网设备。可以通过固定窄带、固定宽带或移动网络接入。 **计算机** 使用计算机支持授课或单独的教学和学习需求，包括满足研究目的的信息需求、制作演示文档、手把手演练与实验、共享信息和参与以教育为目的的线上论坛。台式电脑、笔记本电脑和平板电脑都在界定范畴内。
F	**具有适应残疾学生的基础设施和资料的公立初等教育学校百分比** 所有已完工的教学设施环境都对所有使用者开放可得，包括多种类型的残疾人，使得每个人都可以使用和退出。可得性包含独立接近、进入、撤离和使用建筑及其中服务和设施（例如饮水和卫生设施）的便捷性，该建筑的所有潜在使用者都在活动期间具有个人健康、安全和身心健康方面的保障。
G	**欺凌程度** 根据联合国儿基会Innocenti全球欺凌数据库对所有欺凌风险的统一分类，并结合六个有关于欺凌的国际调查数据，国际调查的范围遍及145个国家的11—15岁儿童。（资料来源：Richardson and Hiu, 2018；参见第15章。）
H	**针对学生、教师或教育机构的袭击程度** 在特定时期内（例如，最近12个月，一个学年或一个自然年中）遭受直接针对学生、教师和其他人员，或针对教育类建筑物、资料及设施，包括针对交通设施的暴力袭击、恐吓或故意使用武力的国家，按程度分列。该指标关注出于政治、军事、意识形态、宗教派别、种族或宗教原因的、来自武装力量或非国家武装团体的袭击。分为以下五种程度。 无事件报告：没有查找到针对教育的袭击报告。 零星：报告的袭击事件少于5例，或受伤的学生和教育人员少于5人。 受影响：报告的袭击事件有5—99例，或受伤的学生和教育人员有5—99人。 严重受影响：报告的袭击事件有100—199例，或受伤的学生和教育人员有100—199人。 极其严重受影响：报告的袭击事件有200例及以上，或受伤的学生和教育人员有200人及以上。
I	**国际留学生，入学人数中的入境人数和出境人数，流动率** 特定国家和地区的来自国外的学生人数占该国高等教育入学总人数的百分比。 特定国家和地区的到国外留学的学生人数占该国高等教育入学总人数的百分比。
J	**官方发展援助中用于奖学金的金额** 官方发展援助（所有部门）中用于奖学金（所有教育等级）的总支出毛值。各个区域和国家收入分组的合计值与全球合计值不等是因为部分援助未按国家分配。 **输入学生成本** 捐助方国家高等教育机构因接收来自发展中国家的学生而发生的成本。

表 7

A	**课堂教师人数** 受聘全职或兼职工作，具备指导和引导学生学习经验的正规能力的人数，不考虑其资格或授课机制（即面授或远程授课）。该定义排除了没有主动教学职责的教育人员（例如，不用教学的校长）和偶尔在教育机构里工作或提供支援服务的人员。
B	**生师比** 特定教育等级平均每位教师所教学生数，根据学生和教师人数计算。
C	**受过培训的课堂教师百分比** 受过培训的教师的定义是，至少符合有组织或经认证的教师培训最低要求（职前或在职培训），在特定教育等级从教的教师。未收集统计研究所/经合组织/欧统局国家的数据。
D	**合格课堂教师百分比** 合格教师的定义是，根据国家法律法规，特定教育等级中具有从事教学的最低必要学术资历的教师。
E	**教师流失率** 特定教育等级特定学年离开教师行业的人数占该教育等级该学年教师总数的百分比。
F	**教师相对薪酬水平** 教师薪酬与同等级学历的其他行业的薪酬相比较。数据是全职教师的实际薪酬与具有高等教育学历（《国际教育分类标准》5—8 级）的全时全年工作者的收入的比值。该指标的定义是公立学校教师薪酬（年平均薪酬，包含福利和补贴）与具有相同受教育程度工作者的工资的比值（加权平均数），以及与 25—64 岁受过高等教育的全时全年工作者的工资的比值。中等教育的该比值是全球教育监测报告小组计算的，根据初级中等教育和高级中等教育教师人数进行加权后求得平均值。

资料来源：全球教育监测报告小组汇编自统计研究所的定义及其他定义。

表1: 各国教育体系特征和教育支出

区域	教育体系 A 义务教育 学前教育1年 (4.2.5)	A 初等教育至初级中等教9年 (4.1.7)	B 免费教育 学前教育1年 (4.2.5)	B 初等教育至高级中等教育12年 (4.1.7)	C 初等教育正规入学年龄	D 学制年限(年) 学前教育	D 初等教育	D 初级中等教育	D 高级中等教育	E 学龄人口(百万人) 学前教育	E 初等教育	E 中等教育	E 高等教育	F 入学人数(百万人) 学前教育	F 初等教育	F 中等教育	F 高等教育
可持续发展目标指标	4.2.5	4.1.7	4.2.5	4.1.7													
参考年份						2017											
	占国家数的百分比(%)				中位数					合计							
世界	22	73	45	50	6	3	6	3	3	352	717	771	583 i	177 i	746 i	591 i	221 i
撒哈拉以南非洲	2	44	15	22	6	3	6	3	3	76	168	139	89 i	24 i	165 i	59 i	8 i
北非和西亚	12	88	33	62	6	3	6	3	3	24	54	56	42 i	8 i	55 i	45 i	19 i
北非	-	83	17	33	6	2	6	3	3	10	27	24	20 i	4 i	27	20 i	7 i
西亚	17	89	39	72	6	3	6	3	3	15	27	31	22 i	4 i	27 i	26 i	12 i
中亚和南亚	7	64	50	46	6	3	5	4	3	103	189	254	175 i	25 i	210 i	183 i	44 i
中亚	20	100	100	40	7	4	4	5	2	6	5	8	6	2	5	8	1
南亚	-	44	22	50	6	2	5	3	4	97	184	246	169 i	23 i	205 i	175 i	42 i
东亚和东南亚	22	72	31	31	6	3	6	3	3	81	175	170	154	65	180	149	71
东亚	29	100	43	43	6	3	6	3	3	57	110	107	99	49	112	96	52
东南亚	18	55	22	22	6	3	6	3	3	23	65	63	55	16	69	52	19
大洋洲	18	59	55 i	64 i	6	2	6	4	3	1	4	4	3 i	1 i	4 i	4 i	2 i
拉丁美洲和加勒比	56	83	70	62	6	2	6	3	2	28	60	67	54 i	21 i	65 i	64 i	27 i
加勒比	27	82	50	61	5	2	6	3	2	2	4 i	4	3	1	3	2	1 i
中美洲	100	86	86	43	6	3	6	3	2	10	19	19	16	6	19	17	5
南美	83	83	92	75	6	3	6	3	3	16	35	44	34	11	38	44	18
欧洲和北美	24	93	57	62	6	3	6	3	3	39	67	81	65 i	33 i	68 i	86 i	50 i
欧洲	23	93	54	59	6	3	5	4	3	26	39	53	41 i	24 i	40 i	59 i	29 i
北美	33	100	100	100	6	2	6	3	3	13	27	27	24 i	9 i	28 i	27 i	21 i
低收入国家	3	41	26	19	6	3	6	3	3	59	118	102	65 i	13 i	118 i	42 i	6 i
中等收入国家	23	69	41	45	6	3	6	3	3	253	518	579	443 i	131 i	545 i	452 i	158 i
中低收入国家	17	61	30	36	6	3	6	3	3	149	319	370	264 i	54 i	339 i	258 i	64 i
中高收入国家	27	76	51	53	6	3	6	3	3	103	199	210	179	77	206	194 i	93 i
高收入国家	32	91	58	68	6	3	6	3	3	40	81	89	74 i	33 i	83 i	97 i	57 i

A 义务教育年限，按教育等级分列

B 免费教育年限，按教育等级分列

C 初等教育正规入学年龄

D 各教育等级学制年限

E 正规上学年龄人口，按教育等级分列（其中高等教育指高中后5年）

F 入学总绝对人数，按教育等级分列

G 公共教育支出初始值占国内生产总值的百分比

H 教育支出占公共支出总额的百分比

I 生均公共支出初始值，按教育等级分列，按2015年购买力平价美元不变价格计，及其占人均国内生产总值的百分比

J 家庭教育支出初始值占国内生产总值的百分比

注：
资料来源：除非有注解，数据均来自统计研究所。除非有注解，数据均为2017年结束的学年的数据。
总体数据代表表中所列的所有数据可得国家和地区，可能包括对无最新数据国家和地区所做估计。

(-) 零或可忽略不计

(...) 无相关数据或不存在的类别

(±n) 参考年份差异（例如，-2表示用2015年数据代替2017年数据）

(i) 估计数或不完全统计数

		财政								J
G	H	I								
		生均公共教育支出								
		2015年购买力平价美元				占人均国内生产总值的百分比（%）				
公共教育支出占国内生产总值的百分比（%）	教育占公共支出总额的百分比（%）	学前教育	初等教育	中等教育	高等教育	学前教育	初等教育	中等教育	高等教育	家庭教育支出占国内生产总值的百分比（%）
	1.a.2	4.5.4								
		2017								
		中位数								
4.4	14.1	1,126 i	2,028 i	2,716 i	4,322 i	12 i	16 i	20 i	30 i	...
4.3	16.5	81 i	268 i	476 i	2,485 i	2 i	12	19 i	85 i	...
3.8 i	12.3 i	1,203 i	4,392 i	4,911 i	5,150 i	11 i	15 i	18 i	22 i	...
...	...	-i	1,271 i	3,789 i	3,164 i	-i	15 i	33 i	28 i	
3.7	11.7 i	3,962 i	6,458 i	5,243 i	5,456 i	13 i	15 i	18 i	22 i	1.0 i
3.9	15.7	338	764 i	1,048	1,951	5	10 i	13	27	...
5.8	17.5	1,019 i	...	3,268 i	557 i	28 i	...	28 i	10 i	0.8 i
3.8	14.5	52	764	696	2,500	1	10	11	30	...
3.4	13.5	1,226 i	2,645	7,700 i	6,165	5 i	13	20 i	21	...
3.6 i	13.5 i	3,730 i	8,675 i	11,155 i	8,499	14 i	15 i	29 i	19 i	0.4 i
3.3	15.4	489 i	1,303	1,996 i	2,859 i	3	9	12 i	21	...
4.7 i	14.1 i	...					13 i			...
5.1	18.0 i	991 i	1,800 i	2,287 i	2,517 i	12 i	16 i	19 i	25 i	...
5.1 i	16.3 i	...	2,005 i	2,769 i	...	5 i	16 i	21 i	...	...
4.8	20.4	791 i	1,221	1,130	1,852	13 i	16	16	38	2.2 i
5.2	16.5	1,619 i	1,582	2,237	3,217 i	15	17	18	20 i	1.2 i
4.8	11.6	5,761 i	7,416	7,890	8,621	18	21	23	27	0.4 i
4.8	11.6	5,632 i	6,881	7,858	7,948	18	22	23	27	0.4 i
3.2	10.6	6,522 i	9,447	12,090 i	14,076	15	18	17	21	1.2 i
4.0	16.1	52 i	194 i	276 i	1,675 i	2 i	11 i	17 i	103 i	...
4.3	15.6	631 i	1,433 i	1,774 i	2,714 i	8 i	15 i	17 i	27 i	...
4.5	16.4	434 i	985 i	1,104 i	2,029 i	8 i	13 i	17 i	37 i	...
4.1	13.9	991 i	2,155 i	2,498 i	3,185 i	7 i	16 i	17 i	23 i	...
4.9	12.9	5,311 i	7,990 i	8,955 i	10,801	17	19	23	26	0.6 i

表1（续）

	教育体系																
	A 义务教育 学前教育1年	**A** 初等教育至初级中等教育9年	**B** 免费教育 学前教育1年	**B** 初等教育至高级中等教育12年	**C** 初等教育正规入学年龄	**D** 学制年限(年) 学前教育	初等教育	中等教育	高等教育	**E** 学龄人口(百万人) 学前教育	初等教育	中等教育	高等教育	**F** 入学人数(百万人) 学前教育	初等教育	中等教育	高等教育
可持续发展目标指标：	4.2.5	4.1.7	4.2.5	4.1.7													
参考年份：									2017								
撒哈拉以南非洲																	
安哥拉	-	6	-	-	6	1	6	3	3	1	5+1	4+1	3-2	1-1	6-2	2-1	0.2-2
贝宁	-	6	-	6	6	2	6	4	3	1	2+1	2+1	1-1	0.2-1	2	1-1	0.1-1
博茨瓦纳	-	-	...	...	6	3	7	3	2	0.2	0.3+1	0.2+1	0.2	-3	0.3-3	...	0.1
布基纳法索	-	11	-	10	6	3	6	4	2		3+1	3+1	2	0.1	3	1	0.1
布隆迪	-1	-1	...	...	7	2	6	4	3	1	2+1	2+1	1	0.1	2	1	0.1
佛得角	-	10	-	8	6	3	6	3	3	-	0.1+1	0.1+1	0.1	-	0.1	0.1	-
喀麦隆	-	6	-	6	6	2	6	4	3	1	4+1	4+1	2-1	1	4	2-1	0.4-1
中非共和国	-	10	-	13	6	3	6	4	3	0.4	1+1	1+1	0.4-3	-	1-1	0.1	...
乍得	-	10	-	10	6	3	6	4	3	1	3+1	3+1	1-3	-1	2-1	1-1	-3i
科摩罗	-	6	-	6	6	3	6	4	3	0.1	0.1+1	0.1+1	0.1	-	0.1	0.1	-3
刚果	-	10	3	13	6	3	6	4	3	0.5	1+1	1+1	0.4-3	...	...	...	-4
科特迪瓦	-1	10-1	-1	10-1	6	3	6	4	3	2	4+1	4+1	2-1	0.2	4	2	0.2-1
刚果民主共和国	-	6	-	6	6	3	6	2	4	8	14+1	11+1	7-1	0.3-2	14-2	5-2	0.5-1
吉布提	-	10	2	12	6	2	5	4	3	-	0.1+1	0.1+1	0.1-3	-	0.1	0.1	...
赤道几内亚	-	6	-	6	7	3	6	4	2	0.1	0.2+1	0.1+1	0.1-3	-2	0.1-1	0.1	...
厄立特里亚	-	8	-1	8-1	6	2	5	3	4	0.3	1+1	1+1	0.4-1	-	0.3	0.2	-1
斯威士兰	-	7	-	7	6	3	7	3	2	0.1	0.2+1	0.2+1	0.2-2	-	0.2-1	0.1-1	-4
埃塞俄比亚	-	8	-	8	7	3	6	4	2	9	16+1	15+1	9-3	3-2	16-2	5-2	1-3
加蓬	-	10	-	10	6	3	6	4	3	0.2	0.2+1	0.3+1	0.2-3	-	...	...	...
冈比亚	-	9	-	9	7	4	6	3	3	0.1	0.3+1	0.3+1	0.2	0.1	0.3	...	...
加纳	2	9	-	9	6	2	6	3	4	2	4+1	4+1	3	2	4	3	0.4
几内亚	-1	6-1	-1	6-1	7	3	6	4	3	1	2+1	2+1	1-3	-	2-1	1-3	0.1-3
几内亚比绍	-1	9-1	...	...	6	3	6	3	3	0.2	0.3+1	0.2+1	0.2-3	...	...	...	...
肯尼亚	-	12	-	12	6	3	6	2	4	4	8+1	7+1	5-1	3-1	8-1	...	1-1
莱索托	-	7	-	7	6	3	7	3	2	0.2	0.4+1	0.2+1	0.2-1	0.1-1	0.4	0.1	-2
利比里亚	-	6	-	6	6	3	6	3	3	0.4	1+1	1+1	0.4-3	-1	1-1	0.2-1	...
马达加斯加	-	5	-	12	6	3	5	4	3	2	3+1	4+1	2	1	5-1	2	0.1-1
马拉维	-	8	-1	8-1	6	2	6	4	2	2	3+1	3+1	2-3	-	4	1	...
马里	-	9	4	12	7	4	6	3	3	2	3+1	3+1	2-2	0.1	3	1	0.1-2
毛里塔尼亚	-	9	3	13	6	3	6	4	3	0.4	1+1	1+1	0.4	-2	1	0.2	-
毛里求斯	-	11	-	13	5	2	6	3	4	-	0.1+1	0.1+1	0.1	-	0.1	0.1	-
莫桑比克	-	-	...	...	6	3	7	3	2	3	6+1	4+1	3	-	6	1	0.2
纳米比亚	-	7	-1	7-1	7	2	7	3	3	0.1	0.4+1	0.3+1	0.3-1	-	0.5	...	0.1-1
尼日尔	-	-	-	...	7	3	6	4	2	2	4+1	3+1	2	0.2	2	...	0.1
尼日利亚	-	9-1	-	9	6	1	6	3	3	6	32+1	26+1	16-3	...	26-1	10-1	...
卢旺达	-	6	...	9	6	3	6	3	3	1	2+1	2+1	1	0.2	3	1	0.1
圣多美和普林西比	-	6	-	6	6	3	6	3	3	-	-+1	-+1	-	-1	...	...	-2
塞内加尔	-	11	-	11	6	3	6	4	3	1	3+1	2+1	1	0.2	2	1	0.2
塞舌尔	-1	10-1	-	11	6	2	6	3	4	-	-+1	-+1	-1	-1	-1	-1	-1
塞拉利昂	-	9	-	...	6	3	6	3	4	1	1+1	1+1	1-3	0.1	1	0.5	
索马里	-	-1	-	-1	6	3	6	2									
南非	-	9	-	12	6	3	7	4	3	5	8+1	5+1	5-1	1-1	8-1	5-1	1-1
南苏丹	-	8-1	-	8	6	3	6	2	4	1	2+1	2+1	1-3	0.1-2	1-2	0.2-2	...
多哥	-	10	-	5	6	3	6	4	3	1	1+1	1+1	1	0.1	2	1	0.1
乌干达	-	7	...	...	6	3	7	4	2	4	9+1	6+1	4-3	1	9	...	0.2-3
坦桑尼亚联合共和国	-	7	2	7	7	2	7	4	4	4	11+1	8+1	5-2	2	9	2	0.2-1
赞比亚	-1	7-1	-	7	7	4	7	2	3	2	3+1	2+1	2-3	...	3-4	...	...
津巴布韦	-1	7-1	...	...	6	2	7	4	2	1	3+1	2+1	2-2	0.4-6	3-4	1-4	0.1-2

G	H	I								J	
		生均公共教育支出									
		2015年购买力平价美元				占人均国内生产总值的百分比（%）					
公共教育支出占国内生产总值的百分比（%）	教育占公共支出总额的百分比（%）	学前教育	初等教育	中等教育	高等教育	学前教育	初等教育	中等教育	高等教育	家庭教育支出占国内生产总值的百分比（%）	国名和地名缩写
	1.a.2				4.5.4						
					2017						
...	...	...	...	...	...	...	...	...	...	...	AGO
4.0[-1i]	18.8[-1i]	252[-2]	194[-2]	229[-2]	1,544[-2]	12[-2]	9[-2]	11[-2]	73[-2]	4.8[-4i]	BEN
											BWA
4.1[-2]	18.0[-2]	13[-2]	271[-2]	293[-2]	2,095[-2]	1[-2]	16[-2]	17[-2]	123[-2]	...	BFA
4.3i	19.9i	2[-4]	98[-4]	236[-4]	2,363[-4]	0.3[-4]	12[-4]	28[-4]	281[-4]	...	BDI
5.2	16.8	84	1,133	1,338	2,607	1	17	20	39	...	CPV
3.1i	16.4i				627[-4]				19[-4]	...	CMR
											CAF
2.9[-4]	12.5[-4]	...	...	377[-4]		...	...	18[-4]		...	TCD
4.3[-2]	15.3[-2]	306[-3]	264[-3]	229[-3]	671[-3]	20[-3]	17[-3]	15[-3]	44[-3]	...	COM
4.6[-2i]	8.6[-2i]	...	...	...	5,124[-4]	...	...	...	91[-4]	...	COG
4.4i	18.7i	782[-2i]	463[-2i]	811[-2i]	4,268[-2i]	23[-2i]	13[-2i]	23[-2i]	124[-2i]	2.3[-2i]	CIV
1.5i	10.8i	-[-2]	57[-4]	42[-4]	576[-4]	-[-2]	7[-4]	5[-4]	73[-4]	...	COD
...	...					38[-1]	1[-1]			...	DJI
											GNQ
											ERI
7.1[-3]	24.9[-3]	...	1,596[-3]	2,736[-3]	12,426[-3]	...	19[-3]	33[-3]	150[-3]	...	SWZ
4.7[-2]	27.1[-2]	53[-2]	117[-2]	250[-2]	3,699[-2]	4[-2]	8[-2]	17[-2]	265[-3]	...	ETH
2.7[-3]	11.2[-3]									...	GAB
3.1[-1i]	10.4[-1i]	-[-3]	199[-3]	...		-[-3]	12[-3]	...		...	GMB
4.5i	20.2i	92[-3]	326[-3]	1,078[-3]	3,082[-3]	2[-3]	8[-3]	26[-3]	75[-3]	...	GHA
2.2	14.4		144[-1]	161[-3]	1,754[-1]		7[-1]	9[-1]	95[-3]	...	GIN
1.1[-4]	16.2[-4]									...	GNB
5.2i	16.9i	40[-2]	313[-2]	...	2,184[-2]	1[-2]	11[-2]	...	75[-2]	...	KEN
6.4[+1]	...		649[+1]	940[+1]	...		22[+1]	31[+1]	...	...	LSO
3.8i	7.0i									...	LBR
2.6[-2i]	17.0[-2i]				564[-1]				38[-1]	...	MDG
4.0i	14.3i	...	-[-1]	98[-1]	289[-1]	...	9[-1]	25[-1]	...	...	MWI
3.8[-2]	18.2[-2]	41[-2]	272[-2]	467[-2]	3,373[-2]	2[-2]	13[-2]	23[-2]	165[-2]	...	MLI
2.6[-1i]	9.3[-1i]	-[-4]	400[-1]	557[-1]	3,764[-1]	-[-4]	11[-1]	15[-1]	99[-1]	...	MRT
5.0	19.9	570	3,243	6,588	2,009	3	16	32	10	...	MUS
5.5[-4]	19.0[-4]		141[-4i]	484[-4i]	1,597[-4]		13[-4i]	44[-4i]	145[-4]	...	MOZ
3.1[-3]	7.6[-3]		...		8,119[-3]		...		79[-3]	-[-3]	NAM
4.5i	16.6i	574[-2]	214[-2]	621[-2]	2,937[-2]	59[-2]	22[-2]	64[-2]	304[-2]	...	NER
...	...									...	NGA
3.2i	11.1i	311[-1i]	102[-1i]	693[-1i]	1,897[-2i]	17[-1i]	6[-1i]	38[-1i]	111[-2i]	...	RWA
5.1[-1]	16.0[-1]	379[-3]	359[-3]	258[-3]	1,267[-3]	12[-3]	12[-3]	8[-3]	41[-3]	0.2[-3i]	STP
6.2[-1]	21.6[-1]	52[-1]	398[-1]	386[-1]	4,831[-1]	2[-1]	16[-1]	15[-1]	191[-1]	...	SEN
4.4[-1]	11.7[-1]	3,305[-1]	3,875[-1]	4,176[-1]	19,298[-1]	12[-1]	14[-1]	15[-1]	71[-1]	-[-1]	SYC
4.6	19.8	-	71	213	...	-	5	14	...	...	SLE
											SOM
6.1	18.7	819	2,281	2,529	6,053	6	18	20	47	...	ZAF
1.0	1.0					0.4[-1]	5[-1]	13[-1]		...	SSD
5.1[-1]	16.0[-1]	77[-2]	243[-1]	...	1,179	5[-2]	16[-1]	...	77	...	TGO
2.6i	12.1i	-[-3]	100[-3]	...		-[-3]	6[-3]	...		3.9[-3]	UGA
3.5[-3]	17.3[-3]	241[-3]	250[-3]	...		10[-3]	10[-3]	...		...	TZA
											ZMB
7.5[-3]	30.0[-3]	122[-4]	401[-4]	637[-4]	4,621[-4]	6[-4]	20[-4]	31[-4]	225[-4]	...	ZWE

表1（续）

	A 义务教育		B 免费教育		C	D 学制年限（年）				E 学龄人口（百万人）				F 入学人数（百万人）			
	学前教育1年	初等教育至初级中等教育9年	学前教育1年	初等教育至高级中等教育12年	初等教育正规入学年龄	学前教育	初等教育	中等教育	高等教育	学前教育	初等教育	中等教育	高等教育	学前教育	初等教育	中等教育	高等教育
可持续发展目标指标:	4.2.5	4.1.7	4.2.5	4.1.7													
参考年份:									2017								
北非和西亚																	
阿尔及利亚	-	10	1	12	6	1	5	4	3	1	4+1	4+1	3	...	4	...	2
亚美尼亚	-	12	3	12	6	3	4	5	3	0.1	0.2+1	0.3+1	0.2	0.1	0.2	0.2-2	0.1
阿塞拜疆	1	9	3	11	6	3	4	5	3	1i	1i	1i	1i	0.2	1	1	0.2
巴林	-	9	-	12	6	3	6	3	3	0.1	0.1+1	0.1+1	0.1	-	0.1	0.1	-
塞浦路斯	1	9	1	12	6	3	6	3	3	-i	0.1i	0.1i	0.1-2i	-i	0.1-2	0.1-2	-2
埃及	-	12	-	12	6	2	6	3	3	5	12+1	11+1	8-1	1	12	9	3-1
格鲁吉亚	-	9	-	12	6	3	6	3	3	0.2	0.3+1	0.3+1	0.3	...	0.3	0.3	0.1
伊拉克	-	9	-	12	6	2	6	3	3	2	6+1	5+1	3-2	...	...	...	...
以色列	1-1	12-1	1-1	12-1	6	3	6	3	3	0.5	1+1	1+1	1-1	1-1	1-1	1-1	0.4-1
约旦	-	10	-	10	6	2	6	4	2	...	...	1+1	1	0.1	1	1	0.3
科威特	-	9	-	12	6	2	5	4	3	0.1	0.3+1	0.3+1	0.2	0.1	0.3	0.3-2	0.1-4
黎巴嫩	-	10	-	10	6	3	6	3	3	0.3	1+1	1+1	1	0.2	1	0.4	0.2
利比亚	--1	9-1	--2	9-2	6	2	6	3	3	0.2	1+1	1+1	1-3	...	...	...	...
摩洛哥	-	9	-	9	6	2	6	3	3	1	4+1	4+1	3	1	4	3	1
阿曼	-	-	-	12	6	2	6	3	3	0.1	0.4+1	0.3+1	0.3-1	0.1	0.4	0.3	0.1-1
巴勒斯坦	-	10	1	12	6	2	4	3	2	0.3	1+1	1+1	1	0.1	0.5	1	0.2
卡塔尔	-	9	-	9	6	3	6	3	3	0.1	0.1+1	0.1+1	0.2	-	0.1	0.1	-
沙特阿拉伯	--1	9-1	--1	12-1	6	3	6	3	3	2	3+1	3+1	2-1	0.4-1	4-1	3-3i	2-1
苏丹	--1	8-1	--3	11-2	6	2	6	2	3	2	6+1	5+1	4-2	1-1	5-1	2-1	1-2
阿拉伯叙利亚共和国	-	9	3	12	6	3	6	3	3	1	3+1	3+1	2-1	0.1-4	2-4	2-4	1-1
突尼斯	-	9-1	-	11-1	6	3	6	3	4	1	1+1	1+1	1	0.3-1	1	1	0.3
土耳其	-	12	3	12	6	3	4	4	4	4	5+1	11+1	6-1	1-1	5-1	11-1	7-1
阿拉伯联合酋长国	--1	6-1	--1	12-1	6	2	5	4	3	0.2	0.5+1	1+1	0.4-1	0.2-1	0.5-1	0.4-1	0.2-1
也门	--1	9-1	--1	9-1	6	3	6	3	3	2	4+1	4+1	3-3	--1	4-1	2-1	...
中亚和南亚																	
阿富汗	-	9	1	12	7	1	6	3	3	1	6+1	5+1	3-2	...	6	3	0.3-3
孟加拉国	-+1	5+1	1+1	...	6	3	5	3	4	9	16	23	16	4	17	15	3
不丹	-	-	-	11	6	2	7	4	7	-	0.1+1	0.1+1	0.1-3	-	0.1	0.1	-4
印度	--1	8-1	--1	8-1	6	3	5	3	4	74	126+1	177+1	120-1	10-1	146-1	132-1	32-1
伊朗伊斯兰共和国	-	9	-	9	6	1	6	6	4	1	8+1	6+1	6	1-2	8-2	6-2	4-1
哈萨克斯坦	-	9	4	11	7	4	4	5	2	2	1+1	2+1	1	1	1	2	1
吉尔吉斯斯坦	1	9	4	11	7	4	4	5	2	0.5	1+1	1+1	1	0.2	1	1	0.2
马尔代夫	-	-	-	12	6	3	7	3	2	-	0.1+1	...	--3	-	-	-	-
尼泊尔	-	-	-	8	5	2	5	5	4	1+1	3+1	5+1	3	1	4	3i	0.4
巴基斯坦	-	12	-	12	5	2	5	5	4	10	23+1	28+1	19	8	22	13	2
斯里兰卡	-	11	-	13	5	1	5	4	4	0.3	2+1	3+1	2	0.3-1	2	3	0.3
塔吉克斯坦	-	9	4	11	7	4	4	5	2	1	1+1	1+1	1	0.1	1	1-4	0.3
土库曼斯坦	--1	12-1	3-1	12-1	6	2	4	6	2	0.4	0.4+1	0.4+1	1-3	0.2-1	0.4-1	1-3	--3
乌兹别克斯坦	-	12	4	12	6	4	4	5	3	3	2+1	4+1	3				
东亚和东南亚																	
文莱达鲁萨兰国	-	9	...	-	6	3	6	2	5	-	-+1	-+1	-	-	-	-	-
柬埔寨	-	-	-	9	6	3	6	3	3	1	2+1	2+1	2	0.2	2	...	0.2
中国	-	9	-	9	6	3	6	3	3	51	99+1	94+1	87	44	100	83	44
朝鲜民主主义人民共和国	1+1	11+1	1+1	11+1	6	2	6	3	3	1+1	2+1	2+1	2+1	...	2+1	2-2	1+1
中国香港	-	9	-	12	6	3	6	3	3	0.2	0.3+1	0.3+1	0.4	0.2	0.4	0.4	0.3
印度尼西亚	-	9	-	12	7	2	6	3	3	10	28+1	28+1	22	6	29	24	8
日本	-	9	-	9	6	3	6	3	3	3	7+1	7+1	6-1	3-1	7-1	7-1	4-1
老挝人民民主共和国	-	5	-	5	6	3	5	4	3	0.5	1+1	1+1	1	0.2	1	1	0.1
中国澳门	1	9	3	12	6	3	6	3	3	-	-+1	-+1	-	-	0.3	0.3	-
马来西亚	-	6	-	11	6	2	6	5	3	1+1	0.3+1	0.3+1	3+1	1	3	3	0.2
蒙古	-	12	-	12	6	4	5	4	3	0.3	0.3+1	0.3+1	0.2	0.2	0.3	-	0.2
缅甸	-	5	-	5	5	2	5	4	2	2	5+1	6+1	5	0.2	5	4	1
菲律宾	1	10	1	10	6	1	6	3	1	2	13+1	8+1	10	2-1	14-1	7-1	4
韩国	-	9	3	9	6	3	6	3	3	1	3+1	3+1	3-1	1-1	3-1	3-1	3-1
新加坡	-	6	-	-	6	3	6	2	3	0.1-i	0.2-i	0.2-i	0.2-i	...	0.2-1	0.2-1	-1
泰国	-	9	-	12	6	3	6	3	3	2	5+1	5+1	5	2	5	6	2-1
东帝汶	-	9	-	9	6	3	6	3	3	0.1	0.2+1	0.2+1	0.1-3	-	0.2	0.1	-
越南	1	9	1	5	6	3	5	4	3	5	7+1	9+1	8	4	8	...	2-1

		财政									
G	H	生均公共教育支出								J	
公共教育支出占国内生产总值的百分比(%)	教育占公共支出总额的百分比(%)	2015年购买力平价美元				占人均国内生产总值的百分比(%)				家庭教育支出占国内生产总值的百分比(%)	国名和地名缩写
		学前教育	初等教育	中等教育	高等教育	学前教育	初等教育	中等教育	高等教育		
	1.a.2	4.5.4									
		2017									
...	...	-	...	...	-	...	...	...	...	...	DZA
2.8-1	10.2-1	1,289-1	979-1	1,235-3	848-1	15-1	11-1	15-3	10-1	...	ARM
2.9-1	8.2-1	4,370-1	...	3,765-1	3,972-1	26-1	...	22-1	23-1	1.0-1	AZE
2.7-1	7.5-1	...	5,222-2	8,190-2	9,742-2	...	11-2	18-2	21-4	1.1-1	BHR
6.4-2	16.3-2	3,962-2	10,149-2	12,420-2	9,229-2	13-2	32-2	39-2	29-2	1.4-2	CYP
...	...	1,117	1,085	1,520	...	10	10	14	...	...	EGY
3.8	13.0	...	...	...	1,032	...	...	...	10	0.1	GEO
...	...	...	...	...	...	...	...	...	...	...	IRQ
5.9-2	15.0-2	4,599-2	7,695-2	6,721-2	6,941-2	13-2	21-2	19-2	19-2	1.2-2	ISR
3.5	11.7	140	1,179	1,506	2,024	2	13	17	23	...	JOR
...	...	13,364-3	11,450-3	13,773-3i	...	17-3	15-3	18-3i	...	...	KWT
2.5-4	8.6-4	...	...	891-4	2,714-4	...	...	6-4	18-4	...	LBN
...	...	...	...	...	...	...	...	...	...	...	LBY
...	...	-+1	1,457-4	...	-+1	-+1	20-4	...	-+1	...	MAR
6.7	16.0	-1	12,361	14,100	18,033-1	-1	31	35	42-1	-	OMN
4.9	...	...	...	...	...	...	...	...	...	...	PSE
2.9	8.9	...	...	...	...	...	...	...	...	...	QAT
...	...	...	...	...	...	...	...	...	...	...	SAU
...	...	...	...	...	...	...	...	...	...	...	SDN
...	...	...	...	...	...	...	...	...	...	...	SYR
6.6-2	22.9-2	...	...	6,057-2	6,328-2	...	...	53-2	55-2	...	TUN
4.3-2	12.8-2	...	3,563-2	2,865-2	7,991-2	...	14-2	12-2	32-2	0.7-2	TUR
...	...	...	...	...	...	...	...	...	...	...	ARE
...	...	...	...	...	...	...	...	...	...	...	YEM
3.9i	15.7i	-	186	205	807-3	-	10	11	41-3	...	AFG
1.5-1	11.4-1	-1	...	360-1	1,090-1	-1	...	10-1	31-1	...	BGD
7.1i	24.0i	-2	1,031-2	2,489-2	4,067-3	-2	14-3	32-2	55-3	...	BTN
3.8-4	14.1-4	533-4	497-4	855-4	2,500-4	10-4	10-4	17-4	49-4	...	IND
3.8	20.0	143-2	1,363-2	2,594-2	3,185-1	1-2	8-2	15-2	18-1	...	IRN
3.0-1	13.9-1	1,778-1	...	5,295-1	2,471-1	7-1	...	21-1	10-1	0.5-1	KAZ
7.2i	18.5i	1,019-1	...	1,240-1	171-1	29-1	...	35-1	5-1	1.1-1	KGZ
4.3-1	11.1-1	1,342-1	2,291-1	...	4,375-1	9-1	15-1	...	30-1	...	MDV
5.1i	15.9i	52-1	311-1	263-2i	607-2	2-1	13-2	11-2i	25-2	...	NPL
2.8	13.8	559-1	473-1	537-1	1,431	11-1	10-1	11-1	28	...	PAK
2.5	14.5	-1	1,257	1,292	3,286	-1	10	10	26	...	LKA
5.2-2	16.4-2	783-2	...	...	557-2	28-2	...	...	20-2	...	TJK
...	...	...	...	...	...	...	...	...	...	...	TKM
6.4i	19.2i	...	...	...	...	...	...	...	...	...	UZB
4.4-1	11.4-1	806-1	7,018-1	18,700-1	25,250-1	1-1	9-1	24-1	32-1	...	BRN
1.6-3	9.1-3	99-3	177-3	...	...	3-3	5-3	...	...	...	KHM
...	...	...	...	...	...	...	...	...	...	...	CHN
...	...	...	...	...	...	...	...	...	...	...	PRK
3.3	17.8	3,956	8,566	12,726	13,210	7	15	22	23	...	HKG
3.6-3	20.5-3	293-3	1,465-3	1,161-2	2,081-3	3-3	13-2	11-2	20-3	3.4-2	IDN
...	9.1-1	3,505-1	8,785-1	9,521-1	8,499-1	...	...	...	...	...	JPN
2.9-3	12.2-3	489-3	522-3	719-3	1,167-3	8-3	9-3	12-3	20-3	...	LAO
3.1-1	13.5-1	...	...	41,504-1	24,134-1	...	...	40-1	23-1	0.4-1	MAC
4.8-1	20.7-1	1,482-1	4,484-1	5,879-1	7,202-1	5-1	16-1	22-1	26-1	...	MYS
3.8	13.5	1,705	1,623	...	393	14	13	...	3	0.2-2	MNG
2.2	10.2	...	...	...	...	3	8	11	17	...	MMR
...	...	...	...	...	...	...	...	...	...	...	PHL
5.3-2	...	8,804-2	10,204-2	9,585-2	5,128-2	26-2	30-2	29-2	15-2	0.9-2	KOR
2.9-4	20.0-4	...	...	...	17,094-4	...	...	21-4	...	...	SGP
4.1-1	19.1-1	...	3,667-1	2,831-1	2,859-1	...	23-1	18-1	18-1	...	THA
2.7-3	6.7-3	158-3	574-3	545-3	...	2-3	9-3	8-3	...	...	TLS
5.7-4	18.5-4	1,226-4	1,140-4	...	1,846-4	23-4	21-4	...	34-4	1.9-4	VNM

	教育体系																
	A 义务教育		B 免费教育		C	D 学制年限（年）				E 学龄人口（百万人）				F 入学人数（百万人）			
	学前教育1年	初等教育至初级中等教育9年	学前教育1年	初等教育至高级中等教育12年	初等教育正规入学年龄	学前教育	初等教育	中等教育	高等教育	学前教育	初等教育	中等教育	高等教育	学前教育	初等教育	中等教育	高等教育
可持续发展目标指标：	4.2.5	4.1.7	4.2.5	4.1.7													
参考年份：									2017								
大洋洲																	
澳大利亚	-	10	1	13	5	1	7	4	2	0.3	2+1	2+1	2-1	1-1	2-1	3-1	2-1
库克群岛	-	12	2	13	5	2	6	4	3	-i	-+i	-+i	-i	-1	-1	-1	...
斐济	-	-	...	...	6	3	6	4	3	0.1	0.1+1	0.1+1	0.1-1	...	0.1-1	...	...
基里巴斯	-	9	-	9	6	3	6	3	4	-	-+1	-+1	-3	...	-1	...	...
马绍尔群岛	1-1	12-1	1-1	12-1	6	2	6	4	2	-	-+1	-+1	-3	-	-2	...	...
密克罗尼西亚联邦	-1	-1	-1	8-1	6	3	6	2	4	-	-+1	-+1	-3	-	-2	-1	...
瑙鲁	2-1	12-1	2-1	12-1	6	3	6	4	2	-i	-+i	-+i	-3i	-	-2	...	...
新西兰	-	10	2	13	5	2	6	4	3	0.1	0.4+1	0.4+1	0.3-1	0.1-1	0.4-1	0.5-1	0.3-1
纽埃	-1	11-1	1-1	12-1	5	1	6	4	3	-i	-+i	-+i	-i	-	-1	-2	...
帕劳	-1	12-1	-1	12-1	6	3	6	2	4	-i	-+i	-+i	-i	-	-1	-2	-4
巴布亚新几内亚	-1	-1	...	...	7	4	6	2	4	1	1+1	1+1	1-3	0.4-1	1	1-1	...
萨摩亚	-	8	...	8	5	2	6	2	5	-	-+1	-+1	-3	-	-1	...	...
所罗门群岛	-1	-1	...	...	6	3	6	3	4	-	0.1+1	0.1+1	0.1-3	0.1	0.1	...	...
托克劳	-1	11-1	...	...	5	2	6	4	3	-	-+1	-+1	-	-	-	...	...
汤加	2-1	13-1	-1	8-1	6	2	6	5	2	-	-+1	-+1	-3	-	-2	-1	...
图瓦卢	-1	8-1	...	...	6	3	6	4	3	-	-+i	-+i	-3	-	-1	...	...
瓦努阿图	-1	-1	...	...	6	2	6	4	2	-	-+1	-+1	-3	-	-1	...	...
拉丁美洲和加勒比																	
安圭拉	-	12	-	12	5	2	7	3	2	...	...	...	...	...	...	...	...
安提瓜和巴布达	-	11	-	11	5	2	7	3	2	-	-+1	-+1	-	-	...	...	...
阿根廷	2	12	3	12	6	3	6	3	3	2	4+1	4+1	3-1	2-1	5-1	5-1	3-1
阿鲁巴	2	11	1	11	6	2	6	2	3	-	-+1	-+1	-3	-	-3	...	-2
巴哈马	-	12	2-2	12	5	2	6	3	2	-	-+1	-+1	-	-	-1	...	...
巴巴多斯	-	11	2	11	4	2	6	3	2	-	-+1	-+1	-	-	-1	...	...
伯利兹	-	8	-	12-2	5	2	6	4	2	-	-+1	-+1	-	-	0.1	...	...
多民族玻利维亚国	2	12	2	12	6	2	6	2	4	0.5	1+1	1+1	1-2	0.3	1	1	...
巴西	2	12	2	12	6	2	5	4	3	5-1i	14-1i	23-1i	16-1i	5-1	16-1	24-1	8-1
英属维尔京群岛	-	12	-	12	5	2	7	3	2	-1i	-1i	-1i	-1i	-	-	-	-1
开曼群岛	1	11	2	12	5	2	6	3	3	...	...	...	...	-+1	-+1	-+1	...
智利	1	12	1	12	6	3	6	2	4	1	1+1	1+1	1-1	1	1-1	2-1	1-1
哥伦比亚	1	9	3	11	6	3	5	4	2	2	4+1	5+1	4	2	4	5	2
哥斯达黎加	2	11	2	11	6	2	6	3	2	0.1	0.4+1	0.4+1	0.4	0.1-1	0.5-1	0.5-1	0.2
古巴	-	9	3	12	6	3	6	3	3	0.4	1+1	1+1	1-1	0.4	1	1	0.2-1
库拉索	2	12	...	...	6	2	6	2	4	-	-+1	-+1	-3	...	-4	-4	-4
多米尼克	-	12	-	12	5	2	7	3	2	-	-+1	-+1	-2	-	-1	-2	...
多米尼加共和国	3	12	3	12	6	2	6	2	4	1	1+1	1+1	1	0.3-1	1-1	1-1	1
厄瓜多尔	3	12	3	12	6	3	6	3	3	1	2+1	2+1	2-1	1	2	2	1-2
萨尔瓦多	3	9	3	12	7	3	6	3	3	0.3	1+1	1+1	1-1	0.2	1	1	0.2-1
格林纳达	-	12	2	12	5	2	7	3	2	-	-+1	-+1	-	-	-	...	...
危地马拉	1	9	3	11	7	3	6	3	2	1	2+1	2+1	2-2	1-1	2-1	1-1	0.4-2
圭亚那	-	6	-	6	6	3	6	3	2	-	0.1+1	0.1+1	0.1-2	...	...	...	...
海地	-	6	-	-	6	3	6	3	4	1	1+1	1	...	...	...	...	...
洪都拉斯	1	11	3	11	6	3	6	3	2	0.1	...	0.2-1	0.3	0.1	1	1	0.2-1
牙买加	-	6	-	6	6	3	6	3	2	0.1	...	0.2-1	0.3	0.1	0.2	0.2	0.1-2
墨西哥	2	12	2	12	6	3	6	3	3	7	14+1	14+1	12-1	5-1	14-1	14-1	4-1
蒙特塞拉特	-	12	-	12	5	2	7	3	2	...	...	...	...	-	-	-	-
尼加拉瓜	1	6	-	9	6	3	6	3	2	0.4	1+1	1+1	1-2	...	...	...	...
巴拿马	2	9	2	12	6	2	6	3	3	0.2	0.4+1	0.4+1	0.3-2	0.1-1	0.4-1	0.3-1	0.2-2
巴拉圭	1	12	3	12	6	3	6	3	3	0.1	0.3+1	0.3+1	0.3-1	0.1-1	1-1	1-1	...
秘鲁	3	11	3	11	6	3	6	3	2	2	4+1	3+1	3	2	4	3	2-1
圣基茨和尼维斯	-1	12-1	-1	12-2	5	2	7	3	2	...	...	...	...	-1	-1	-1	-2
圣卢西亚	-	10	-	10	5	2	7	3	2	-	-+1	-+1	-	-	...	...	...
圣文森特和格林纳丁斯	-	12	2	12	5	2	7	3	2	-	-+1	-+1	-	-	...	...	...
荷属圣马丁	2	11	2	11	6	2	6	3	2	-	-+1	-+1	-	-	-3	...	...
苏里南	-	6	-2	6-2	6	3	6	4	2	-	0.1+1	0.1+1	-	-	0.1	0.1-2	...
特立尼达和多巴哥	-1	6-1	-	-	5	2	7	3	2	-	0.1+1	0.1+1	0.1-2	...	...	...	...
特克斯和凯科斯群岛	2-1	11-1	-	-	6	2	6	3	2	...	...	...	...	-2	-2	-2	...
乌拉圭	2	12	2	12	6	3	6	3	3	0.1	0.3+1	0.3+1	0.3-2	0.1-1	0.3-1	0.3-1	0.1-2
委内瑞拉玻利瓦尔共和国	3	11	3	12	6	3	6	3	2	2	4+1	3+1	3-2	1	3	2	...

G 公共教育支出占国内生产总值的百分比（%）	H 教育占公共支出总额的百分比（%）	生均公共教育支出 2015年购买力平价美元 学前教育	初等教育	中等教育	高等教育	占人均国内生产总值的百分比（%） 学前教育	初等教育	中等教育	高等教育	J 家庭教育支出占国内生产总值的百分比（%）	国名和地名缩写
1.a.2				4.5.4							
				2017							
5.3-2	14.1-2	4,861-2	8,711-2	7,947-2	9,954-2	11-2	19-2	17-2	22-2	1.2-2	AUS
4.7-1	11.6-3	...	...	...	...	10-4	10-4	10-4	...	...	COK
3.9-4	14.3-4	...	1,048-4	...	...	...	13-4	...	...	...	FJI
...	...	...	...	...	...	...	...	...	...	...	KIR
...	...	...	...	...	...	...	...	...	...	...	MHL
12.5-2	22.3-2	...	...	...	...	...	...	...	...	...	FSM
...	...	...	...	...	...	...	...	...	...	...	NRU
6.3-1	18.3-1	6,882-1	7,301-1	7,946-1	10,159-1	18-1	19-1	21-1	27-1	0.7-1	NZL
...	...	...	...	...	-	...	...	...	-	--1	NIU
...	...	...	...	...	...	...	...	...	...	...	PLW
...	...	...	...	...	...	...	...	...	...	...	PNG
4.1-1	10.5-1	101-1	525-1	763-1	...	2-1	9-1	13-1	...	...	WSM
...	...	...	...	...	...	...	...	...	...	...	SLB
...	...	...	...	...	...	...	...	...	...	...	TKL
...	...	...	...	...	...	...	...	...	...	...	TON
...	...	...	...	...	...	...	...	...	...	...	TUV
4.0	11.8	3-2	395-2	613-2	...	0.1-2	13-2	21-2	...	...	VUT
...	...	...	...	...	...	...	...	...	...	...	AIA
...	...	...	...	...	...	...	...	...	...	...	ATG
5.6-1	13.5-1	2,504-1	3,045-1	4,319-1	3,217-1	13-1	15-1	22-1	16-1	0.8-1	ARG
6.1-2	22.9-2	...	...	...	...	13-3	17-3	...	143-2	...	ABW
...	...	...	...	...	...	...	...	...	...	...	BHS
4.7	12.9	...	3,584-1	4,842-1	...	...	21-1	28-1	...	1.6	BRB
7.1	21.7	1,345	1,338	2,237	2,517	16	16	27	30	--1	BLZ
7.1-3	16.8-3	794-3	1,582-3	1,219-3	...	12-3	23-3	18-3	...	...	BOL
6.2-2	16.2-2	...	3,163-2	3,395-2	5,211-2	...	20-2	22-2	33-2	...	BRA
6.3-2	...	...	...	...	...	0.1-2	9-2	17-2	49-2	...	VGB
...	...	...	...	...	...	...	...	...	...	...	CYM
5.4-1	21.2-1	4,051-1	4,123-1	4,166-1	4,503-1	18-1	18-1	18-1	20-1	1.2-2	CHL
4.4	15.3	...	2,549	2,466	2,301	...	18	17	16	2.3	COL
7.4	30.2	2,928-1	4,001-1	3,868-1	6,439	18-1	25-1	24-1	39	2.2-1	CRI
...	...	...	...	...	...	...	...	...	...	...	CUB
4.9-4	...	...	...	...	...	...	10-4	23-4	18-4	...	CUW
3.4-2	10.5-2	303-2	1,619-2	2,076-2	...	3-2	15-2	19-2	...	...	DMA
...	...	1,135-1	2,410-1	2,271-1	...	8-1	16-1	15-1	...	...	DOM
5.0-2	12.8-2	2,801-2	1,038-2	590-2	6,004-2	25-1	9-1	5-1	52-1	...	ECU
3.8-1	16.1-1	735-1	1,221-1	1,130-1	826-1	10-1	16-1	15-1	11-1	3.9-1	SLV
10.1-1	42.8-1	844-1	6,662-1	3,941-1	1,631-1	6-1	48-1	28-1	12-1	...	GRD
2.8	23.1	846-1	870-1	402-1	1,402-1	11-1	11-1	5-1	18-2	...	GTM
-	-	...	...	...	...	...	...	...	...	...	GUY
2.4-1	13.1-1	...	...	...	...	...	...	...	...	...	HTI
6.0	21.7	692-4	938-4	890-4	1,852-2	16-4	21-4	20-4	40-2	...	HND
5.2	18.4	462	1,981	2,303	3,040-2	5	23	27	36-2	...	JAM
5.2-2	19.0-2	...	2,569-2	2,696-2	6,485-2	...	15-2	16-2	38-2	1.2-2	MEX
...	...	...	...	...	...	...	...	...	...	...	MSR
4.3	17.9-1	...	...	...	...	...	...	...	...	...	NIC
...	...	...	...	...	...	...	...	...	...	...	PAN
4.5-1	18.2-1	1,381-1	1,426-1	1,463-1	...	15-1	15-1	15-1	...	...	PRY
3.9	18.1	1,619	1,542	1,991	1,364-1	12	12	15	11-1	3.1	PER
2.8-2	8.6-2	3,660-2	1,519-2	5,118-1	1,699-2	14-2	6-2	20-1	7-2	...	KNA
5.7-1	22.4-1	445-2	1,440	3,236-1	...	3-2	11	25-1	...	...	LCA
5.8	18.6	356-2	2,028	2,269	...	3-2	18	20	...	...	VCT
...	...	...	...	...	...	...	...	...	...	...	SXM
...	...	...	...	...	...	...	...	...	...	...	SUR
...	...	...	...	...	...	...	...	...	...	...	TTO
3.3-2	14.3-2	...	...	...	...	...	...	...	...	...	TCA
...	...	...	...	...	...	...	...	...	...	...	URY
...	...	...	...	...	...	18-2	19-2	15-2	...	...	VEN

表1（续）

	A 义务教育		B 免费教育		C	D 学制年限（年）				E 学龄人口（百万人）				F 入学人数（百万人）			
	学前教育1年	初等教育至初级中等教育9年	学前教育1年	初等教育至高级中等教育12年	初等教育正规入学年龄	学前教育	初等教育	中等教育	高等教育	学前教育	初等教育	中等教育	高等教育	学前教育	初等教育	中等教育	高等教育
可持续发展目标指标：	4.2.5	4.1.7	4.2.5	4.1.7													
参考年份：										2017							
欧洲和北美																	
阿尔巴尼亚	-	9	3	12	6	3	5	4	3	0.1	0.2+1	0.3+1	0.2	0.1	0.2	0.3	0.1
安道尔	-	11	-	10	6	3	6	4	2	...	...	...	...	-	-	-	-
奥地利	1	12	3	12	6	3	4	4	4	0.2	0.3+1	1+1	1-1	0.3-1	0.3-1	1-1	0.4-1
白俄罗斯	-	9	-	11	6	3	4	5	3	0.3	0.4+1	1+1	0.5	0.3	0.4	1	0.4
比利时	-	12	3	12	6	3	6	2	3	0.4	1+1	1+1	1-1	0.5-1	1-1	1-1	1-1
百慕大	-	13	1	13	5	1	6	4	3	-	+1	-+1	-	-	-2	-2	-2
波斯尼亚和黑塞哥维那	-	9	-	9	6	3	5	4	4	-	-	-	-	-	0.2	0.3	0.1
保加利亚	2	9	4	12	7	4	4	4	4	0.3	0.3+1	0.5+1	0.4-1	0.2-1	0.3-1	0.5-1	0.3-1
加拿大	-	10	1	12	6	2	6	3	3	1	2+1	2+1	2-1	...	2-1	3-1	2-ii
克罗地亚	-	8	-	8	7	4	4	4	4	0.2	0.2+1	0.3+1	0.2-1	0.1-1	0.2-1	0.3-1	0.2-1
捷克	-	9	-	13	6	3	5	4	4	0.3	1+1	1+1	1-1	0.4-1	1-1	1-1	0.4-1
丹麦	-	10	-	7	6	3	7	3	3	0.2	0.5+1	0.4+1	0.4-1	0.2-1	0.5-1	1-1	0.3-1
爱沙尼亚	-	9	4	12	7	4	6	3	3	0.1	0.1+1	0.1+1	0.1-1	0.1-1	0.1-1	0.1-1	0.1-1
芬兰	1	9	1	12	7	4	6	3	3	0.2	0.4+1	0.4+1	0.3-1	0.2-1	0.4-1	1-1	0.3-1
法国	-	10	3	12	6	3	5	4	3	2i	4i	6i	4-ii	3-1	4-1	6-1	2-1
德国	-	13	-	13	6	3	4	6	3	2	3+1	7+1	4-1	2-1	3-1	7-1	3-1
希腊	-	9	2	12	6	3	6	3	3	0.3	1+1	1+1	1-1	0.2-1	1-1	1-1	1-1
匈牙利	3-1	10-1	3-1	12-1	7	4	4	4	4	0.4	0.4+1	1+1	1-1	0.3-1	0.4-1	1-1	0.3-1
冰岛	-	10	...	...	6	3	7	3	4								
爱尔兰	-i	10-1	-i	5	1	8	3	2		0.1i	1i	0.3i	0.3-ii	0.1-1	1-1	0.4-1	0.2-1
意大利	-1	12-1	-1	8-1	6	3	5	3	5	2	3+1	4+1	3-1	3-1	5-1	2-1	
拉脱维亚	2	9	4	12	7	4	6	3	3	0.1i	0.1i	0.1i	0.1-ii	0.1-1	0.1-1	0.1-1	0.1-1
列支敦士登	1-1	8-1	...	...	7	2	5	4	3	-i	-i	-i	--ii	-1	-1	-1	-1
立陶宛	-1	9-1	-1	11-1	7	4	4	6	2	0.1i	0.1i	0.2i	0.2-ii	0.1-1	0.1-1	0.3-1	0.1-1
卢森堡	2	10	2	13	6	3	6	3	4	-	+1	+1	-	-	-1	-1	-1
马耳他	-1	11-1	2-1	13-1	5	2	6	3	4	-	+1	+1	-	-	-1	-1	-1
摩纳哥	-	11	3	12	6	3	5	4	3	-	-	-	-	-	-1	-1	-
黑山共和国	-	9	-	9	6	3	5	4	4	-	+1	0.1+1	-	-	-	-	0.1
荷兰	1-1	11-1	...	...	6	3	6	3	3	1	1+1	1+1	1-1	1-1	1-1	2-1	1-1
挪威	-	10	-	10	6	3	7	3	3	0.2	0.4+1	0.4+1	0.3-1	0.2-1	0.4-1	0.4-1	0.3-1
波兰	1	9	4	12	7	4	6	3	3	2	2+1	2+1	2-1	1-1	2-1	2-1	2-1
葡萄牙	-1	9-1	-1	9-1	6	3	6	3	3	0.3	1+1	1+1	1-1	0.3-1	1-1	1-1	0.3-1
摩尔多瓦共和国	-	11	4	12	7	4	4	5	2	0.2i	0.2i	0.3i	0.2i	0.1	0.1	0.2	0.1
罗马尼亚	-	10	3	13	6	3	5	4	4	1	1+1	1+1	1-1	1	1	2	1
俄罗斯联邦	-1	11-1	4-1	11-1	7	4	4	5	2	7	6+1	10+1	8-1	6	6-1	10-1	6
圣马力诺	-1	10-1	-1	13-1	6	3	5	3	5	-i	-i	-i	--aii	...	...	...	...
塞尔维亚	-	8	-	12	7	4	4	4	4	0.3i	0.3i	1i	0.4i	0.2	0.3	1	0.3
斯洛伐克	-1	10-1	1-1	13-1	6	3	4	5	3	0.2	0.2+1	0.5+1	0.3-1	0.2-1	0.2-1	0.4-1	0.2-1
斯洛文尼亚	-	9	-	9	6	3	6	3	4	0.1	0.1+1	0.1+1	0.1-1	0.1-1	0.1-1	0.1-1	0.1-1
西班牙	-	10	3	10	6	3	6	3	3	1	3+1	3+1	2-1	1-1	3-1	3-1	2-1
瑞典	-	9	-	9	7	3	6	3	3	0.5	1+1	1+1	1-1	0.5-1	1-1	1-1	0.4-1
瑞士	2-1	9-1	2-1	9-1	6	2	6	3	4	0.2	0.5+1	1+1	1-1	0.2-1	0.5-1	1-1	0.3-1
前南斯拉夫的马其顿共和国	-1	13-1	-1	13-1	6	3	5	4	3	0.1	0.1+1	0.2+1	0.1-2	-2	0.1-2	0.2-2	0.1-2
乌克兰	-1	11-1	-1	11-1	6	3	4	5	3	1-3	2-3	3-3	3-3	1	2	2	2
英国	-1	11-1	2-1	13-1	5	2	6	3	4	2	5+1	5+1	4-1	2-1	5-1	8-1	2-1
美国	1	12	1	12	6	3	6	3	3	12-ii	25-ii	25-ii	22-ii	9-1	25-1	25-1	19-1

G	H	I								J	
		财政									
		生均公共教育支出									
		2015年购买力平价美元				占人均国内生产总值的百分比（%）					
公共教育支出占国内生产总值的百分比 (%)	教育占公共支出总额的百分比 (%)	学前教育	初等教育	中等教育	高等教育	学前教育	初等教育	中等教育	高等教育	家庭教育支出占国内生产总值的百分比 (%)	国名和地名缩写
	1.a.2				4.5.4						
		2017									
2.2	7.5	-	2,643	510	1,074	-	22	4	9	2.1$_{-1}$	ALB
3.2	19.0	...	...	...	...	13	13	14	24	...	AND
5.5$_{-2}$	10.7$_{-2}$	8,671$_{-2}$	11,567$_{-2}$	13,605$_{-2}$	17,938$_{-2}$	17$_{-2}$	23$_{-2}$	27$_{-2}$	36$_{-2}$	0.1$_{-2}$	AUT
4.8	11.1	5,915	...	6,561	3,297	32	...	36	18	0.2	BLR
6.5$_{-2}$	12.2$_{-2}$	7,781$_{-2}$	...	...	14,677$_{-2}$	17$_{-2}$	...	...	32$_{-2}$	0.2$_{-2}$	BEL
1.5	7.8	...	...	...	...	18$_{-2}$	8$_{-2}$	12$_{-2}$	19$_{-3}$	...	BMU
...	...	...	...	...	...	...	...	...	...	...	BIH
4.0$_{-4}$	11.4$_{-4}$	5,424$_{-4}$	3,812$_{-4}$	3,705$_{-4}$	2,741$_{-4}$	32$_{-4}$	22$_{-4}$	22$_{-4}$	16$_{-4}$	-$_{-4}$	BGR
...	...		8,019$_{-2}$		16,709$_{-1}$		18$_{-2}$		37$_{-1}$	...	CAN
4.6$_{-4}$	9.5$_{-4}$	...	...	...	5,659$_{-4}$	...	...	...	26$_{-4}$	...	HRV
5.8$_{-2}$	13.9$_{-2}$	4,942$_{-2}$	5,003$_{-2}$	7,921$_{-2}$	7,025$_{-2}$	15$_{-2}$	15$_{-2}$	24$_{-2}$	21$_{-2}$	0.3$_{-2}$	CZE
7.6$_{-3}$	13.8$_{-3}$	16,508$_{-4}$	12,087$_{-3}$	15,021$_{-3}$	20,806$_{-3}$	35$_{-4}$	25$_{-3}$	31$_{-3}$	43$_{-3}$	...	DNK
4.7$_{-2}$	13.0$_{-2}$	1,680$_{-2}$	5,138$_{-2}$	5,195$_{-2}$	9,642$_{-2}$	6$_{-4}$	18$_{-2}$	18$_{-2}$	34$_{-2}$	0.3$_{-2}$	EST
7.1$_{-2}$	12.5$_{-2}$	9,453$_{-2}$	9,269$_{-2}$	10,874$_{-2}$	14,536$_{-2}$	22$_{-2}$	22$_{-2}$	26$_{-2}$	35$_{-2}$	...	FIN
5.5$_{-2}$	9.7$_{-2}$	7,302$_{-2}$	7,115$_{-2}$	10,731$_{-2}$	13,373$_{-2}$	18$_{-2}$	18$_{-2}$	26$_{-2}$	33$_{-2}$	0.4$_{-2}$	FRA
4.8$_{-2}$	11.0$_{-2}$	7,951$_{-2}$	8,385$_{-2}$	11,016$_{-2}$	16,263$_{-2}$	17$_{-2}$	18$_{-2}$	23$_{-2}$	34$_{-2}$	...	DEU
...	...	4,472$_{-2}$	5,247$_{-2}$	6,029$_{-2}$	2,456$_{-2}$	17$_{-2}$	20$_{-2}$	23$_{-2}$	9$_{-2}$	...	GRC
4.6$_{-2}$	9.2$_{-2}$	6,372$_{-2}$	4,890$_{-2}$	5,545$_{-2}$	5,564$_{-2}$	24$_{-2}$	19$_{-2}$	21$_{-2}$	21$_{-2}$	...	HUN
7.7$_{-2}$	18.2$_{-2}$	10,456$_{-2}$	11,087$_{-2}$	9,896$_{-2}$	12,053$_{-2}$	22$_{-2}$	23$_{-2}$	21$_{-2}$	25$_{-2}$	0.3$_{-2}$	ISL
3.7$_{-2}$	13.1$_{-2}$	3,050$_{-2}$	8,138$_{-2}$	11,293$_{-2}$	12,639$_{-2}$	4$_{-2}$	12$_{-2}$	16$_{-2}$	18$_{-2}$	...	IRL
4.1$_{-2}$	8.1$_{-2}$	6,552$_{-2}$	7,961$_{-2}$	8,390$_{-2}$	9,255$_{-2}$	18$_{-2}$	22$_{-2}$	25$_{-2}$	25$_{-2}$	0.7$_{-2}$	ITA
4.9$_{-2}$	14.1$_{-2}$	5,119$_{-2}$	6,472$_{-2}$	6,089$_{-2}$	5,864$_{-2}$	21$_{-2}$	26$_{-2}$	25$_{-2}$	24$_{-2}$	0.6$_{-2}$	LVA
...	...	...	...	...	...	...	...	...	...	...	LIE
3.9$_{-2}$	12.3$_{-2}$	4,519$_{-2}$	5,274$_{-2}$	4,908$_{-2}$	5,331$_{-2}$	16$_{-2}$	18$_{-2}$	17$_{-2}$	19$_{-2}$	0.4$_{-2}$	LTU
3.9$_{-2}$	9.4$_{-2}$	19,721$_{-2}$	19,982$_{-2}$	19,697$_{-2}$	43,392$_{-2}$	19$_{-2}$	19$_{-2}$	19$_{-2}$	42$_{-2}$	0.1$_{-2}$	LUX
5.3$_{-2}$	13.2$_{-2}$	8,819$_{-2}$	8,261$_{-2}$	10,695$_{-2}$	16,081$_{-2}$	25$_{-2}$	23$_{-2}$	30$_{-2}$	45$_{-2}$	0.7$_{-2}$	MLT
1.4$_{-1}$	7.0	...	...	...	...	...	...	...	...	-$_{-3}$	MCO
...	...	...	...	...	...	...	...	...	...	...	MNE
5.4$_{-2}$	12.0$_{-2}$	5,761$_{-2}$	8,412$_{-2}$	11,352$_{-2}$	16,522$_{-2}$	12$_{-2}$	17$_{-2}$	23$_{-2}$	33$_{-2}$	-$_{-2}$	NLD
7.6$_{-2}$	15.7$_{-2}$	11,443$_{-2}$	13,275$_{-2}$	16,271$_{-2}$	23,037$_{-2}$	19$_{-2}$	22$_{-2}$	26$_{-2}$	37$_{-2}$	...	NOR
4.8$_{-2}$	11.6$_{-2}$	5,088$_{-2}$	6,289$_{-2}$	5,880$_{-2}$	7,476$_{-2}$	19$_{-2}$	24$_{-2}$	22$_{-2}$	28$_{-2}$	0.6$_{-2}$	POL
4.9$_{-2}$	10.1$_{-2}$	4,574$_{-2}$	6,648$_{-2}$	8,178$_{-2}$	7,821$_{-2}$	15$_{-2}$	23$_{-2}$	28$_{-2}$	26$_{-2}$	1.0$_{-2}$	PRT
6.6$_{-1}$	18.5$_{-1}$	2,027$_{-1}$	2,037$_{-1}$	1,901$_{-1}$	1,976$_{-1}$	38$_{-1}$	39$_{-1}$	36$_{-1}$	37$_{-1}$	...	MDA
3.1$_{-2}$	9.1$_{-2}$	2,535$_{-2}$	1,866$_{-2}$	3,492$_{-2}$	5,167$_{-2}$	12$_{-2}$	9$_{-2}$	16$_{-2}$	24$_{-2}$	...	ROU
3.8$_{-2}$	10.9$_{-2}$	...	...	...	4,629$_{-2}$	...	...	...	19$_{-2}$	0.3$_{-2}$	RUS
...	...	...	...	...	...	...	...	...	...	...	SMR
3.9$_{-2}$	9.0$_{-1}$	187$_{-2}$	6,469$_{-2}$	1,647$_{-2}$	4,505$_{-2}$	1$_{-2}$	47$_{-2}$	12$_{-2}$	31$_{-1}$	0.9$_{-1}$	SRB
3.9$_{-2}$	10.3$_{-2}$	4,850$_{-2}$	6,130$_{-2}$	5,668$_{-2}$	7,908$_{-2}$	16$_{-2}$	21$_{-2}$	19$_{-2}$	27$_{-2}$	0.6$_{-3}$	SVK
4.8$_{-2}$	11.2$_{-2}$	5,923$_{-2}$	7,718$_{-2}$	7,512$_{-2}$	7,094$_{-2}$	19$_{-2}$	25$_{-2}$	24$_{-2}$	23$_{-2}$	0.7$_{-2}$	SVN
4.3$_{-2}$	9.8$_{-2}$	5,503$_{-2}$	6,022$_{-2}$	6,448$_{-2}$	7,988$_{-2}$	16$_{-2}$	17$_{-2}$	19$_{-2}$	23$_{-2}$	1.1$_{-2}$	ESP
7.6$_{-2}$	15.5$_{-2}$	13,459$_{-2}$	10,222$_{-2}$	11,301$_{-2}$	20,658$_{-2}$	28$_{-2}$	21$_{-2}$	24$_{-2}$	43$_{-2}$	...	SWE
5.1$_{-2}$	15.5$_{-2}$	12,619$_{-2}$	15,650$_{-2}$	15,578$_{-2}$	24,001$_{-2}$	20$_{-2}$	25$_{-2}$	24$_{-2}$	38$_{-2}$	0.2$_{-2}$	CHE
...	...	...	...	...	...	...	...	...	...	...	MKD
5.0$_{-1}$	12.4$_{-1}$	2,680$_{-1}$	2,146$_{-1}$	2,095$_{-1}$	3,149$_{-1}$	33$_{-1}$	26$_{-1}$	26$_{-1}$	39$_{-1}$	0.8$_{-1}$	UKR
5.5$_{-1}$	13.9$_{-1}$	3,844$_{-1}$	10,636$_{-1}$	7,858$_{-1}$	15,262$_{-1}$	9$_{-1}$	26$_{-1}$	19$_{-1}$	37$_{-1}$	0.9$_{-2}$	GBR
5.0$_{-3}$	13.5$_{-3}$	6,522$_{-2}$	10,875$_{-2}$	12,090$_{-3}$	11,442$_{-3}$	12$_{-2}$	20$_{-2}$	23$_{-3}$	21$_{-3}$	1.2$_{-3}$	USA

表2：可持续发展目标4，具体目标4.1——初等教育和中等教育

到2030年，确保所有女童和男童完成免费、公平、优质的初等教育和中等教育，取得有意义和有效的学习成果。

区域	A 失学儿童（百万人）初等教育	初级中等教育	高级中等教育	失学率（%）初等教育	初级中等教育	高级中等教育	B 完成率（%）初等教育	初级中等教育	高级中等教育	C 超龄率（%）初等教育	初级中等教育	D 初等教育毛入学率（%）	E 经调整的初等教育净入学率（%）	F 初等教育最高年级毛招生率（%）	G 初等教育向初级中等教育普通教育的有效升学率（%）	H 初级中等教育合计净入学率（%）	I 初级中等教育最高年级毛招生率（%）	J 高级中等教育合计净入学率（%）
可持续发展目标指标:					4.1.5			4.1.4			4.1.6			4.1.3			4.1.3	
参考年份:	合计			加权平均数 2017								加权平均数 2017						
世界	64i	61i	138i	9i	16i	36i	85	73	49	9i	11i	104i	91i	90i	91-1i	84i	76i	64i
撒哈拉以南非洲	34i	27i	36i	21i	36i	57i	64	37	27	19	26	98i	79i	69i	75-1i	64i	43i	43i
北非和西亚	6i	4i	9i	10i	14i	32i	84i	74i	39i	5i	10i	100i	90i	87i	92-1i	86i	73i	68i
北非	3	1i	4i	11	10i	33i	84	69	36	5i	15i	101	89	89	94-1	90i	70i	67i
西亚	3i	3i	5i	10i	17i	31i	83i	81i	41i	4	5	100i	90i	86i	90-1i	83i	76i	69i
中亚和南亚	12i	19i	67i	6i	17i	47i	89	77	40	6	...	111i	94i	96i	91-1i	83i	82i	53i
中亚	0.1	0.3i	1	3	5i	18	100i	99i	...	0.1	0.2	103	97	100	99-1	95i	96	82
南亚	12i	18i	67i	6	17i	48i	89	76	40	6	...	112i	94i	95i	90-1i	83i	81i	52i
东亚和东南亚	7i	8i	16i	4i	9i	19i	95	79	58	5i	10i	103	96i	97i	97-1i	91i	90i	81i
东亚	3i	4i	9i	3i	7i	16i	97	83	61			102	97i	96i	100-1i	93i	93i	84i
东南亚	3	4i	7	5	12i	26	90i	69i	48i	5	10	106	95	100	94-1	88i	84	74
大洋洲	0.4i	0.1i	0.4i	9i	4i	23i	...	...	...	17	10	105i	91i	94i	63-1i	96i	78i	77i
拉丁美洲和加勒比	3i	3i	7i	5i	7i	23i	91	81	62	7	14	108i	95i	98i	95-1i	93i	79i	77i
加勒比	0.2i	0.1i	0.3i	9i	7i	22i	93i	90i	65i	10	13	103i	91i	93i	94	93i	84i	78i
中美洲	1	1	3	4	12	35	93	79	51	5	7	103	96	97	94	88	84	65
南美	2	1	3	5i	...	...	90	82	68	7	16	105i	95i	98i	98i	95i	83i	83i
欧洲和北美	2i	1i	2i	3i	2i	7i	99i	98	87	2i	3	101i	97i	97i	96-1i	98i	91i	93i
欧洲	1i	1i	2i	2i	2i	7i	...	97	84	0.5i	2i	101i	98i	97i	98-1i	98i	90i	93i
北美	1i	0.1i	1i	4i	1i	5i	99	99	92	3	4	101i	96i	...	...	99i	...	95i
低收入国家	24i	21i	27i	20i	36i	60i	59	32	18	24	28	100i	80i	66i	77-1i	64i	41i	40i
中等收入国家	38i	39i	108i	7i	14i	37i	89	76	48	6i	10i	105i	93i	94i	92-1i	86i	80i	63i
中低收入国家	31i	31i	87i	10i	17i	45i	85	71	41	6	9i	106i	90i	93i	89-1i	82i	77i	55i
中高收入国家	7i	8i	21i	4i	7i	21i	96	84	60	6i	11i	103	96i	95i	98-1i	93i	87i	79i
高收入国家	2i	1i	3i	3i	2i	6i	99i	97	86	2	4	103i	97i	...	96-1i	98i	92i	94i

A 失学儿童总数及其占相应年龄组总人数的百分比

B 教育完成率，按教育等级分列，最近调查年份为2012—2016年（资料来源：统计研究所和全球教育监测报告小组的分析）

C 比所在年级的正规年龄大2岁及以上的学生所占百分比，按教育等级分列

D 初等教育毛入学率

E 经调整的初等教育净入学率

F 初等教育最高年级毛招生率

G 初等教育向初级中等普通教育的有效升学率

H 初级中等教育合计净入学率

I 初级中等教育最高年级毛招生率

J 高级中等教育合计净入学率

K 低年级（二年级或三年级），或者初等教育、初级中等教育最高年级的全国代表性学习评估的管理

L 至少达到阅读和数学最低熟练水平的学生百分比

注：

资料来源：除非有注解，数据均来自统计研究所。除非有注解，数据均为2017年结束的学年的数据。

总体数据代表表中所列的所有数据可得国家和地区，可能包括对无最新数据国家和地区所做估计。

(-) 零或可忽略不计

(...) 无相关数据或不存在的类别

(±n) 参考年份差异（例如，-2表示用2015年数据代替2017年数据）

(i) 估计数或不完全统计数

学习											
K						L					
全国代表性学习评估的管理						达到最低熟练水平(%)					
低年级		初等教育结束时		初级中等教育结束时		低年级		初等教育结束时		初级中等教育结束时	
阅读	数学	阅读	数学	阅读	数学	阅读	数学	阅读	数学	阅读	数学
4.1.2						4.1.1					
2017											
占国家数的百分比（%）						加权平均数					
85	85	93	93	91	91	...	...	...	...	...	...
71	68	93	93	95	95	...	...	...	...	...	...
80i	86i	79i	79i	93i	100	...	...	...	...	...	...
75	67i	50	50	100i	100	...	...	...	...	...	...
83i	91i	90i	90i	91i	100	...	...	...	...	...	...
100i	100i	100	100	88i	89i	...	...	...	...	...	...
...	...	100	100	...	...	...	...	...	...	...	...
100	100	100	100	86	88	...	...	...	...	...	...
100i	100	100i	100i	100i	100i	...	...	...	...	...	...
...	100	100i	100i	100	100	...	...	...	...	...	...
100	100	100	100	100i	100i	...	...	...	...	...	...
100	100	94	94	...	...	...	...	...	...	...	...
83	84	95	95	74	74	...	...	...	...	...	...
76	78	94	94	56	56	...	...	...	...	...	...
100	100	100	100	100	100	...	...	...	...	...	...
83	83	92	92	83	83	...	...	...	...	...	...
91i	93i	94	94	98	98	...	...	...	...	...	...
95i	96i	97	97	97	97	...	...	...	...	...	...
50	67	50	50	100	100	...	...	...	...	...	...
76	72	90	90	89	89	...	...	...	...	...	...
87	87	95	96	94	96	...	...	...	...	...	...
89	89	94	94	97i	97i	...	...	...	...	...	...
85	85	95	98	92	95	...	...	...	...	...	...
85i	89	92	90	90	90	...	...	...	...	...	...

表2（续）

	参与/完成																	
	A 失学儿童（百万人）			失学率（%）			**B** 完成率（%）			**C** 超龄率（%）		**D** 初等教育毛入学率（%）	**E** 经调整的初等教育净入学率（%）	**F** 初等教育最高年级毛招生率（%）	**G** 初等教育向初级中学普通教育的有效升学率（%）	**H** 初级中等教育合计入学率（%）	**I** 初级中等教育最高年级毛招生率（%）	**J** 高级中等教育合计净入学率（%）
	初等教育	初级中等教育	高级中等教育	初等教育	初级中等教育	高级中等教育	初等教育	初级中等教育	高级中等教育	初等教育	初级中等教育							
可持续发展目标指标:				4.1.5			4.1.4			4.1.6					4.1.3		4.1.3	
参考年份:	2017											2017						
撒哈拉以南非洲																		
安哥拉	...	...	...	...	...	...	60-2	36-2	19-2	...	...	113-2	...	...	...	...	...	
贝宁	0.1	0.3-4	0.4-4	3	34-4	59-4	54-3	28-3	10-3	13	30-2	127	97	81-1	84-2	66-4	46-1	41-4
博茨瓦纳	..-3	...	...	10-3	...	...	...	...	...	14-3	33-3	105-3	90-3	69-3	99-4	...	94-3	...
布基纳法索	1	1i	1i	23	47i	67i	...	...	...	24	61	94	77	64	76-1	53i	37	33i
布隆迪	-	0.2	0.4	3	29	59	53	26	12	31-1	65	126	97	70	76-1	71	41	41
佛得角	-	-	-	14	20	34	...	...	...	10	31	96	86	81	99-1	80	74	66
喀麦隆	0.2i	1-1	1-2	5i	35-1	53-2	74-3	43-3	16-3	21	28-2	113	95i	70	66-2	65-1	49-1	47-2
中非共和国	...	...	...	...	...	...	...	...	...	...	...	106-1	...	42-1	...	...	10-1	...
乍得	...	...	...	...	...	...	27-2	14-2	10-2	...	...	88-1	...	38-4	...	...	17-4	...
科摩罗	-	-	-	16	30	56	...	...	...	27	48-3	99	84	77	93-4	70	48-3	44
刚果																		
科特迪瓦	0.4	1	1	11	42	63	57-1	28-1	16-1	15	33	99	89	73	92-1	58	47	37
刚果民主共和国							69-4	53-4	26-4			108-2	...	70-2	95-4	...	50-3	...
吉布提	-	..-2	..-2	41	52-2	69-2	...	...	...	9	25	64	59	57	84-1	48-2	44	31-2
赤道几内亚	0.1-2	...	...	56-2	...	...	...	...	...	39-2	49-2	62-2	44-2	41-2	...	...	24-2	...
厄立特里亚	0.4	0.2	0.3	62	57	69	...	...	...	32	45	49	38	45	92-1	43	31	31
斯威士兰	0.1-1	..-2i	..-2i	24-1	13-2i	27-2i	70-1	51-3	32-3	45-1	70-1	105-1	76-1	86-1	99-2	87-2i	55-1	73-2
埃塞俄比亚	2-2i	5-2i	3-2i	14-2i	47-2i	74-2i	52-1	21-1	13-1	22-2	26-2	102-1	86-2i	54-2	91-1	53-2i	30-2	26-2i
加蓬																		
冈比亚	0.1	...	...	21	...	...	62-4	48-4	30-4	27	35	97	79	70-1	94-1	...	63-1	...
加纳	1	0.2	1	15	11	37	66-3	52-3	20-3	33	43	105	85	95	93-1	89	75	63
几内亚	0.4-1	1-3	0.5-3	21-1	50-3	67-3	...	...	...	16-1	30-1	92-1	79-1	61-1	69-4	50-1	36-3	33-3
几内亚比绍	...	...	...	...	...	...	29-3	17-3	7-3	...	...							
肯尼亚	...	...	...	...	...	...	84-1	71-1	42-3	...	...	105-1	...	102-1	99-2	...	81-1	...
莱索托	0.1	..-1	..-1	18	25-1	43-1	65-3	27-3	11-3	30	50	105	82	79-1	88-2	75-1	43	57-1
利比里亚	0.5-1	0.1-1	0.1-1	63-1	32-1	36-1	34-4	26-4	13-4	86-1	82-1	94-1	37-1	59-3	79-3	68-1	37-3	64-1
马达加斯加	...	...	...	...	...	...	...	...	...	...	54	144-1	...	68-1	73-2	...	37	...
马拉维	...	0.4-1i	0.5-1i	...	24-1i	62-1i	47-2	22-2	14-2	36-2	44-4i	140	...	77-3	74-4	76-1i	20-4	38-1i
马里	1	1	1	33	55	72	48-2	28-2	16-2	11	17	80	67	50	78-2	45	30	28
毛里塔尼亚	0.2	0.2	0.2	23	44	73	53-2	36-2	16-2	36	48	95	77	68	66-1	56	35	27
毛里求斯	-	-i	-i	4	6-1	18i	...	...	...	1	6	102	96	98	66-1	96i	84	82i
莫桑比克	1-2	...	1-2	12	44-2	70-2	...	...	...	40	47	105	88	46	74-2	56-2	23	30-2
纳米比亚	...	...	...	2	...	...	83-4	56-4	37-4	26	48	119	98	78	92-4	...	70	...
尼日尔	1	1	1	33	65	86	...	...	...	5	23	75	67	73	55-1	35	18	14
尼日利亚	...	...	...	...	...	...	68-4	52-4	50-4	..-3	..-3	85-1	...	90-1	...	...	37	...
卢旺达	0.1	...	...	6	...	...	54-2	28-2	18-2	40	46	133	94	76	82-1	...	37	...
圣多美和普林西比	-	..-2	..-2i	3	9-2	19-2i	83-3	34-3	8-3	15	43	110	97	87	97-1	91-2	74	81-1i
塞内加尔	1	1	1	25	49	63	50-2	22-2	9-2	7	10	84	75	60	73-1	51	37	37
塞舌尔	...	...	...	...	...	4-2	...	...	...	0.3-1	0.3-1	113-1	...	127-1	97-2	...	125-1	96-2
塞拉利昂	..-1	0.2	0.4	1-1	40	62	67-4	40-4	20-4	16	35	121	99-1	68	88-1	60	50	38
索马里																		
南非	1-2i	...	1-2i	8-2i	...	17-2i	...	...	...	9-1i	22-1	102-1	92-2i	82-1i	96-2	...	75-1	83-2i
南苏丹	1-2i	0.3-2i	1-2i	68-2i	60-2i	68-2i	...	77-2	91-2	...	...	67-2	32-2i	...	...	40-2i	...	32-2i
多哥	0.1	0.2	0.3	8	22	56	61-3	24-3	15-3	23	33	123	92	91	83-1	78	46	44
乌干达	1-4	...	...	9-4	...	...	44-1	26-1	18-1	34	48	99	91-1	51	59-1	...	26	...
坦桑尼亚联合共和国	2i	...	...	20i	...	...	80-2	51-2	9-2	28	18-1	85	80i	58-1	...	...	29-1	...
赞比亚	0.4-4	...	...	12-4	...	...	75-4	51-4	28-4	28-4	29-4	102-4	88-1	79-4	87-4	...	53-4	...
津巴布韦	0.4-4	0.1-4	1-4	15-4	10-4	53-4	88-2	73-2	13-2	23-4	26-4	99-4	85-4	89-4	86-3	90-4	65-4	47-4

学习												
K 全国代表性学习评估的管理						**L** 达到最低熟练水平(%)						
低年级		初等教育结束时		初级中等教育结束时		低年级		初等教育结束时		初级中等教育结束时		国名和地名缩写
阅读	数学	阅读	数学	阅读	数学	阅读	数学	阅读	数学	阅读	数学	
4.1.2						4.1.1						
2017												
是	...	...	...	...	...	...	...	...	...	...	...	AGO
是	是	是	是	是	是	10-3	34-3	52-3	40-3	...	...	BEN
是	是	是	是	是	是	...	...	66	66	79	80	BWA
是	是	是	是	是	是	35-3	59-3	57-3	59-3	...	...	BFA
是	是	是	是	是	是	79-3	97-3	56-3	87-3	...	...	BDI
是	是	是	是	是	是	...	...	...	...	...	...	CPV
是	是	是	是	是	是	30-3	55-3	49-3	35-3	...	...	CMR
否	否	是	是	是	是	...	...	...	...	...	...	CAF
是	是	是	是	是	是	18-3	48-3	16-3	19-3	...	...	TCD
...	...	...	...	...	...	...	...	...	...	...	...	COM
是	是	是	是	是	是	38-3	71-3	41-3	29-3	...	...	COG
是	是	是	是	是	是	17-3	34-3	48-3	27-3	...	...	CIV
是	是	是	是	否	否	...	...	...	...	...	...	COD
否	否	是	是	是	是	...	...	...	...	...	...	DJI
否	否	是	是	是	是	...	...	...	...	...	...	GNQ
否	否	否	否	是	是	...	...	...	...	...	...	ERI
否	否	是	是	是	是	...	...	...	...	...	...	SWZ
是	是	是	是	是	是	...	...	...	...	...	...	ETH
...	...	...	...	...	...	...	...	...	...	...	...	GAB
...	...	...	...	...	...	...	...	...	...	...	...	GMB
是	是	是	是	是	是	71-1	55-1	72-1	61-4	...	...	GHA
否	否	是	是	是	是	...	...	...	...	...	...	GIN
是	是	是	是	是	是	...	...	...	...	...	...	GNB
是	是	是	是	是	是	60-1	71-1	80-2	77-2	...	...	KEN
是	是	是	是	是	是	...	...	...	...	...	...	LSO
是	是	是	是	是	是	...	...	...	...	...	...	LBR
否	否	是	是	...	...	...	...	...	...	...	...	MDG
否	否	是	是	否	否	...	...	...	...	...	...	MWI
是	是	是	是	是	是	2-1	3-1	12-1	13-1	...	...	MLI
否	否	是	是	是	是	...	...	...	...	...	...	MRT
否	否	是	是	是	是	...	...	...	...	...	...	MUS
是	是	是	是	是	是	...	...	...	...	...	...	MOZ
否	否	是	是	是	是	...	...	...	...	...	...	NAM
是	是	是	是	是	是	10-3	28-3	8-3	8-3	...	...	NER
是	是	是	是	是	是	...	...	...	...	...	...	NGA
...	...	是	是	...	...	...	...	...	...	...	...	RWA
是	是	是	是	...	...	...	...	...	...	...	...	STP
是	是	是	是	是	是	68	67	61-3	59-3	42-1	16-1	SEN
否	否	是	是	是	是	...	...	...	...	...	...	SYC
否	否	是	是	是	是	...	...	...	...	...	...	SLE
否	是	否	否	是	是	...	...	...	...	...	...	SOM
是	是	是	是	是	是	84-3	39-2	92-3	71-3	84-3	34-2	ZAF
是	是	否	否	是	是	...	...	...	...	...	...	SSD
是	是	是	是	是	是	20-3	41-3	38-3	48-3	...	...	TGO
是	是	是	是	是	是	...	...	52-2	53-2	...	...	UGA
是	是	是	是	是	是	56-2	35-2	...	...	...	...	TZA
是	是	是	是	是	是	1-3	9-3	...	...	...	...	ZMB
是	是	是	是	是	是	...	...	...	...	...	...	ZWE

表 2（续）

	参与/完成											初等教育毛入学率(%) [D]	经调整的初等教育净入学率(%) [E]	初等教育最高年级毛招生率(%) [F]	初等教育向初级中等普通教育的有效升学率(%) [G]	初级中等教育合计净入学率(%) [H]	初级中等教育最高年级毛招生率(%) [I]	高级中等教育合计净入学率(%) [J]
	失学儿童（百万人） [A]			失学率(%)			完成率(%) [B]			超龄率(%) [C]								
可持续发展目标指标	初等教育	初级中等教育	高级中等教育	初等教育 (4.1.5)	初级中等教育 (4.1.5)	高级中等教育 (4.1.5)	初等教育 (4.1.4)	初级中等教育 (4.1.4)	高级中等教育 (4.1.4)	初等教育 (4.1.6)	初级中等教育 (4.1.6)	4.1.3					4.1.3	
参考年份				2017								2017						
北非和西亚																		
阿尔及利亚	-	...	...	1	...	...	94-4	57-4	29-4	6	24	112	99	106	99-2	...	79-1	...
亚美尼亚	-	-i	...	8	7i	...	99-1	97-1	65-1	0.4	1	94	92	92	98-1	93i	89	...
阿塞拜疆	-i	-i	-i	6i	0.4i	2i	...	...	...	4	3	103i	94i	107i	98-1	100i	88i	98i
巴林	-	...	...	1	1	6	...	...	...	1	4	101	99	101	99-1	99	97	94
塞浦路斯	-2i	-2i	-2i	2-2i	2-2i	5-2i	...	99-1	93-1	0.4-2	2-2	99-2i	98-2i	97-1i	99-1	98-2i	98-2i	95-1i
埃及	0.2	0.4	1	1	8	24	91-3	80-3	42-3	2i	4i	105	99	95	94-1	92	81	76
格鲁吉亚	-	-2	...	1	1-2	6	...	99-4	96-4	1	2	103	99	117	100-1	99-2	107	94
伊拉克	...	...	...	...	...	...	...	...	...									
以色列	-1	-3	-1	3-1	0.2-3	2-1	...	...	...	0.4-1	1-1	104-1	97-1	102-1	100-1	100-3	101-1	98-1
约旦		0.2	0.2		28	50	...	...	...	1	3				99-1	72	61	50
科威特	-	-2	-2	7	7-2	18-2	...	...	...	2	4	97	93	97	97-1	93-2	90	82-2
黎巴嫩	0.1	...	...	11	...	...	...	...	...	9	12	93	89	74	98-1	...	52	...
利比亚																		
摩洛哥	0.1	0.2	1	3	11	29	...	...	...	16	32	112	97	93	90-1	89	65	71
阿曼	-	-	-	1	2	12	...	...	...	1	8	107	99	108	98-1	98	100	88
巴勒斯坦	-	0.1	0.1	6	10	35	99-3	86-3	62-3	1	2	95	94	96	99-1	90	78	65
卡塔尔	-	...	...	1	11	32	...	...	...	1	5	104	99	96	99-1	89	83	68
沙特阿拉伯	0.1-3i	-4i	0.1-3i	3-4i	3-4i	8-3i	...	...	...	5-1	10-1	116-1	99	114-1	91-2	97-4i	116-1	92-1i
苏丹	3-1i	...	...	40-1i	...	...	65-1	51-1	31-1			76-1	60-1i	60-1	92-1	...	50-1	...
阿拉伯叙利亚共和国	1-4	1-4	1-4	33-4	43-4	67-4	...	...	...	5-4	8-4	76-4	67-4	66-4	89-3	57-4	50-4	33-4
突尼斯	-4	...	...	0.4-4	...	...	...	...	...	4-1	15-1	115-4	100-4	103-4	89-3	...	71-2	...
土耳其	0.3-1	1-1	1-1	6-1	10-1	16-1	...	...	...	2-2	3-2	101-1	94-1	92-1	100-2	90-1	...	84-1
阿拉伯联合酋长国	-1	-1	-1	3-1	1-1	16-1	...	...	...	2-3	4-3	111-1	97-1	105-1	100-1	...	82-1	84-1
也门	1-1	...	...	17-1	29-1	57-1	62-4	46-4	31-4	9-1	11-1	92-1	83-1	72-1	84-4	71-1	53-1	43-1
中亚和南亚																		
阿富汗							55-2	37-2	23-2		11	104					54	
孟加拉国	1	1	5i	5	10	38i	80-3	55-3	19-3	11	4	111	95	119	88-1	90	78	62i
不丹	-	-	-	18	15	31	...	...	...	14	35	93	82	95	100-1	85	80	69
印度	3-4i	11-4i	47-4i	2-4i	15-4i	48-4i	92-2	81-2	43-2	5-4	...	115-1	98-4i	96-1	91-2	85-4i	86-1	52-4i
伊朗伊斯兰共和国	-2	0.1-2	2-2i	1-2	2-2	35-2i	...	...	...	2-2	3-2	109-2	99-2	102-2	...	98-2	94-2	65-2i
哈萨克斯坦	-	-i	...	1	0.3-4	2	100-2	100-2	94-2	0.1	0.3	108	99	109	99-2	100-4	110	98
吉尔吉斯斯坦	-	...	0.1	1	0.2	28	99-3	96-3	81-3	0.3	0.5	108	99	104	99-1	100	96	72
马尔代夫	-	...	...	0.5	...	...	...	...	...	0.3	11	102	100	95	99-1	...	104	...
尼泊尔	0.2	0.2	1	5	11	26	73-1	63-1	...	37	43	134	95	113	82-1	89	89	74
巴基斯坦	5i	6	10	24i	46	62	...	...	...	...	-	96	76i	71-1	86-2	54	53	38
斯里兰卡	-	...	0.3	1	2	19	...	...	...	1	1	102	99	102	99-1	98	96	81
塔吉克斯坦	-	...	...	...	...	...	...	...	...			99	99	92	99-1	...	94	...
土库曼斯坦							100-1	100-1	96-1			88-3						
乌兹别克斯坦	-	0.1	0.3	1	4	16	...	...	...	0.1	0.2	103	99	98	99-1	96	91	84
东亚和东南亚																		
文莱达鲁萨兰国	-	-3	-	4	2-3	18	...	...	...	1	3	105	96	107	100-1	98-3	102	82
柬埔寨	0.2	0.1-2i	...	9	13-2i	...	72-3	41-3	21-3	20	23	108	91	90	87-1	87-2i	54	...
中国							97-3	83-3	61-3			102		100-4			102-4	
朝鲜民主主义人民共和国	...	0.1-2	0.1-2	...	8-2	11-2	...	...	...			88+1			92-2			89-2
中国香港		-i	-i		1i	4i	...	...	...	2i	7i			100-1	99i	104		96i
印度尼西亚	2	2-3i	2	7	12-3i	15	...	...	...	0.5-1	8-2	103	93	99	91-1	88-3i	90	85
日本	0.1-1	-1	0.1-1	2-1	0.1-1	3-1	...	...	...			98-1	98-1	100-1	100-1	100-1	103-1	97-1
老挝人民民主共和国	0.1	0.1	0.2	7	22	38	...	...	...	14	29	107	93	102	88-1	78	70	62
中国澳门	-	0.2	1	1	12	37	...	...	...	2	15	106	99	105	91-1	98	103	85
马来西亚	-	0.2	1	1	12	37	...	...	...	-	-	103	99	99	91-1	88	85	63
蒙古	-i	...	...	1i	...	...	98-3	89-3	63-3	1		104	99i	93	99-1	...	...	...
缅甸	0.1	1	1	2	24	46	83-1	44-1	17-1	11	12	113	98	96	93-1	76	61	54
菲律宾	1-1	0.5-1	0.4-2	5-1	7-1	20-2	87-4	71-4	67-4	13-1	23-1	111-1	95-1	104-1	97-2	93-1	86-1	80-2
韩国	0.1-1	0.1-1	-1	3-1	6-1	0.1-1	...	...	...	0.2-1	0.3-1	97-1	97-1	96i	...	94-1	101-1	100-1
新加坡	-1i	-1i	-1i	0.1-1i	0.1-1i	0.1-1i	...	...	...	0.3-1	4-1	101-1i	100-1i	100-1i	...	100-1i	107-1i	100-1i
泰国	...	0.3	1-2i	...	11	21-2i	99-4	85-4	56-4	...	7	100		93	97-1	89	78	79-2i
东帝汶	-	...	...	19	13	28	80-1	66-1	52-1	26-1	43-1	101	81	95	94-2	87	80-1	72
越南	0.1-4i	...	...	2-4i	...	...	97-3	83-3	55-3	1-1	1-1	108	98-4i	105-1	100-1	...	88-1	...

学习												
K 全国代表性学习评估的管理						L 达到最低熟练水平(%)						
低年级		初等教育结束时		初级中等教育结束时		低年级		初等教育结束时		初级中等教育结束时		国名和地名缩写
阅读	数学	阅读	数学	阅读	数学	阅读	数学	阅读	数学	阅读	数学	
4.1.2						4.1.1						
2017												
否	否	否	否	是	是	...	...	...	...	21-2	19-2	DZA
否	否	否	是	否	...	...	...	...	95	...	...	ARM
...	...	是	是	...	...	...	...	...	...	...	...	AZE
是	是	是	是	是	是	...	72-2	...	...	...	75-2	BHR
是	是	是	否	是	是	...	93-2	...	...	64-2	...	CYP
是	...	否	否	...	是	5-4	...	...	...	...	47-2	EGY
...	是	...	...	是	是	...	78-2	...	...	48-2	43-2	GEO
...	...	...	...	...	...	...	...	...	...	...	...	IRQ
...	...	...	...	...	...	...	...	...	...	73-2	68-2	ISR
是	是	...	...	是	是	...	50-2	...	...	54-2	45-2	JOR
...	是	...	...	...	是	...	33-2	...	...	...	45-2	KWT
...	...	...	...	是	是	...	...	...	...	30-2	71-2	LBN
...	...	...	...	...	...	...	...	...	...	...	...	LBY
...	是	是	是	是	是	...	41-2	...	...	...	41-2	MAR
...	是	是	是	是	是	...	61-2	...	...	...	52-2	OMN
...	...	...	...	...	...	...	...	...	...	...	...	PSE
...	是	是	是	是	是	...	64-2	...	...	48-2	64-2	QAT
...	是	是	是	...	...	...	43-2	...	...	...	34-2	SAU
是	是	...	...	...	...	...	...	...	...	...	...	SDN
...	...	...	...	...	...	...	...	...	...	...	...	SYR
...	...	是	是	是	是	...	...	...	...	28-2	25-2	TUN
...	...	是	是	是	是	...	...	...	81-2	60-2	70-2	TUR
是	是	是	是	是	是	...	70-2	...	...	60-2	74-2	ARE
...	...	...	...	...	...	...	...	...	...	...	...	YEM
是	是	是	是	否	否	...	...	...	...	...	...	AFG
是	是	是	是	是	是	...	...	...	...	...	...	BGD
是	是	...	...	是	是	...	...	...	...	33-2	51-4	BTN
是	是	是	是	是	是	25-1	28-1	...	...	...	...	IND
...	是	...	...	是	是	...	65-2	...	...	...	63-2	IRN
...	...	...	...	...	...	...	...	96-2	59-2	91-2	...	KAZ
...	...	是	是	...	...	36-3	35-3	...	...	...	...	KGZ
...	...	是	是	...	...	...	...	...	...	...	...	MDV
是	是	是	是	是	是	...	...	...	...	...	...	NPL
是	是	是	是	是	是	17-1	14-1	52-1	48-1	73-3	68-3	PAK
是	是	...	...	是	是	...	...	...	...	...	...	LKA
...	...	...	...	...	...	...	...	...	...	...	...	TJK
												TKM
...	...	...	...	...	...	...	...	...	...	...	...	UZB
是	是	...	...	...	...	...	...	...	...	...	...	BRN
是	是	是	是	是	是	...	...	...	...	38	17	KHM
是	是	...	...	是	是	82-1	85-2	...	...	80-1	79-2	CHN
...	...	...	...	...	...	94	83	...	...	...	...	PRK
...	是	...	...	是	是	...	100-2	...	...	91-2	91-2	HKG
是	是	...	...	是	是	...	49-2	...	...	45-2	31-2	IDN
...	是	是	是	...	...	...	...	...	...	...	...	JPN
是	是	是	是	...	...	83-3	46-3	...	...	...	...	LAO
...	...	是	是	是	是	...	...	...	...	88-2	93-2	MAC
...	...	是	是	是	是	86	71	88	47	73	42	MYS
...	...	是	是	...	...	...	...	...	...	...	...	MNG
是	是	是	是	...	...	...	...	...	...	...	...	MMR
是	是	是	是	...	...	...	...	...	...	...	...	PHL
...	是	是	是	是	是	...	100-2	...	...	86-2	85-2	KOR
...	是	是	是	是	是	...	99-2	...	...	89-2	99-2	SGP
...	是	是	是	是	是	...	...	...	...	50-2	46-2	THA
...	...	...	...	...	...	...	...	...	...	...	...	TLS
是	是	是	是	是	是	...	...	...	...	86-2	81-2	VNM

表2（续）

	参与/完成																	
	A 失学儿童（百万人）			**A** 失学率（%）			**B** 完成率（%）			**C** 超龄率（%）		**D** 初等教育毛入学率（%）	**E** 经调整的初等教育净入学率（%）	**F** 初等教育最高年级毛招生率（%）	**G** 初等教育向初级中等普通教育的有效升学率（%）	**H** 初级中等教育合计净入学率（%）	**I** 初级中等教育最高年级毛招生率（%）	**J** 高级中等教育合计净入学率（%）
	初等教育	初级中等教育	高级中等教育	初等教育	初级中等教育	高级中等教育	初等教育	初级中等教育	高级中等教育	初等教育	初级中等教育							
可持续发展目标指标：				4.1.5			4.1.4			4.1.6				4.1.3			4.1.3	
参考年份：	2017											2017						
大洋洲																		
澳大利亚	0.1-1	-1	-1	3-1	1-1	1-1	...	...	...	0.2-1	2-1	101-1	97-1	...	...	99-1	...	99-1
库克群岛	-2i	-1i	-1i	4-2i	0.3-1i	34-1i	...	...	...	0.3-1	0.2-1	108-1i	96-2i	109-1i	100-2	100-1i	94-1i	66-1i
斐济	-1	...	...	0.1-1	...	...	...	...	...	2-1	4-1	105-1	100-1	103-1	98-2	...	97-1	...
基里巴斯	-	...	...	3	...	...	...	...	...	2	10	100	97	100-1	96-2	...	93-1	...
马绍尔群岛	-1	-1i	-1i	21-1	23-1i	34-1i	...	...	...	11-1	23-1	89-1	79-1	77-1	...	77-1i	...	66-1i
密克罗尼西亚联邦	-2	-3	...	16-2	18-3	...	...	...	...	-2	-2	96-2	84-2	...	...	82-3	...	...
瑙鲁	-1i	-1i	-1i	16-1i	18-1i	58-1i	...	...	...	0.3-1	-1	107-1i	84-1i	120-1i	...	82-1i	...	42-1i
新西兰	-1	...	...	1-1	...	...	...	...	...	0.2-1	0.3-1	99-1	99-1	...	...	98-1	...	96-1
纽埃	...	...	...	...	...	...	...	...	...	...	...	129-1	...	112-1i	77-3	...	112-2i	...
帕劳	-3i	...	-4i	1-3i	...	2-4i	...	...	...	14-3	15-3	115-3i	99-3i	96-3i	97-4	...	105-3i	98-4i
巴布亚新几内亚	0.3-1	-1	0.3-1	22-1	12-1	44-1	...	...	...	47-1	50-1	112-1	78-1	79-1	...	88-1	64-1	56-1
萨摩亚	-	-1	-1	4	2-1	19-1	...	...	...	7	9	109	96	101	97-1	98-1	100	81-1
所罗门群岛	-	...	...	30	...	...	...	...	...	74	74	114	70	87	91-1	...	71	...
托克劳	-1	...	...	8-1	1-1	70-1	...	...	...	2-1	12-1	102-1	92-1	...	...	99-1	...	30-1
汤加	-2	-2	-2	0.1-2	11-1	43-1	...	...	...	0.2-2	2-2	107-2	100-2	111-4	...	89-2	...	57-2
图瓦卢	-1i	-1i	-1i	3-1i	11-1i	53-1i	...	...	...	0.2-1	1-1	107-1i	97-1i	104-1i	94-2	89-1	75-1i	47-1i
瓦努阿图	-2	-2	-2	13-2	1-2	44-2	...	...	...	...	47-4	120-2	87-2	94-2	...	99-1	53-4	56-2
拉丁美洲和加勒比																		
安圭拉	...	...	...	...	...	...	...	...	...	...	...	...	...	...	...	...	...	...
安提瓜和巴布达	-2	-2	-2	19-2	14-2	30-2	...	...	...	4-2	18-2	88-2	81-2	77-2	...	86-2	83-2	70-2
阿根廷	-1	-1i	0.2-1i	1-1	1-1i	9-1i	...	...	...	3-1	14-1	109-1	99-1	102-1	99-2	99-1	88-1	91-1
阿鲁巴	-3i	...	...	1-3i	...	...	...	...	...	9-3	31-3	117-3	99-3i	101-3	...	...	99-3	...
巴哈马	-1	-1	-1	12-1	8-1	13-1	...	...	...	5-1	...	95-1	88-1	99-1	...	92-1	...	87-1
巴巴多斯	-	-	-	10	2	4	...	...	...	0.1	2	92	90	...	...	98	...	96
伯利兹	-	-	-	1	11	36	96-1	61-1	49-1	8	16	113	99	103	95-1	89	67	64
多民族玻利维亚国	0.1	0.1	0.2	7	13	18	96-4	92-4	80-4	5	14	99	93	93	97-1	87	84	82
巴西	0.4-1i	0.5-1i	2-1i	3-1i	4-1i	17-1i	85-2	82-2	63-2	8-1	18-1	114-1i	97-1i	...	...	96-1i	...	83-1i
英属维尔京群岛	...	...	...	...	...	...	...	...	...	4	18	96-1i	...	81-1i	98-1i	...	110-1i	...
开曼群岛	...	...	...	...	...	...	...	...	...	0.2+1	0.4+1	...	...	...	...	...	...	...
智利	0.1-1	-1	0.1-1	7-1	7-1	7-1	99-2	98-2	87-2	5-1	9-1	100-1	93-1	93-1	93-2	93-1	92-1	93-1
哥伦比亚	0.2	0.2	0.3	6	6	16	92-2	76-2	73-2	14	22	113	94	105	94	94	76	84
哥斯达黎加	-1	-1	...	3-1	5-1	11-1	95-3	67-3	55-3	6-1	25-1	110-1	97-1	96-1	85-2	95-1	57-1	89-1
古巴	-	...	0.1	3	0.2	19	100-3	98-3	86-3	0.4	1	102	97	92	...	100	96	81
库拉索	...	...	...	...	...	...	...	...	...	...	...	173-4	...	...	...	...	...	...
多米尼克	-1	-2	-1	2-1	1-2	10-1	...	...	...	5-1	14-1	112-1	98-1	118-1	96-1	99-2	97-2	90-1
多米尼加共和国	0.2-1	-1	0.2-1	12-1	8-1	24-1	89-4	82-4	55-4	17-1	22-1	102-1	88-1	93-1	93-2	92-1	77-1	76-1
厄瓜多尔	-	...	0.2	2	1	17	97-1	86-1	66-4	4	9	104	98	105	99-1	99	104	83
萨尔瓦多	0.1	0.1	0.1	19	17	37	88-1	72-1	54-1	15	20	97	81	91	92-1	83	78	63
格林纳达	-1	-	-	3-1	14	14	...	...	...	2	8	102	97-1	106	88-1	86	90	86
危地马拉	0.3-1	0.4-1	0.4-1	13-1	31-1	52-1	78-2	48-2	35-2	17-1	27-1	101-1	87-1	79-1	89-2	69-1	63-1	48-1
圭亚那	...	...	...	...	...	...	98-3	84-3	56-3	...	...	...	...	...	...	...	...	...
海地	...	...	...	...	...	...	...	...	...	...	...	...	...	...	...	...	...	...
洪都拉斯	0.2	0.2	0.3	16	36	51	83-4	52-4	42-4	12	33-2	95	84	85	71-2	64	47-1	49
牙买加	...	-	-	19	22		...	...	...	1	4	...	...	95-1	...	81	86	78
墨西哥	0.1-1	0.5-1	2-1	1-1	7-1	32-1	96-1	88-1	53-1	2-1	3-1	104-1	99-1	101-1	96-2	93-1	92-1	68-1
蒙特塞拉特	...	...	...	...	...	...	...	...	...	-	1	...	...	...	...	...	...	...
尼加拉瓜	...	...	...	...	...	...	...	...	...	...	...	...	...	...	...	...	...	...
巴拿马	0.1-2	-2	0.1-2	12-2	10-2	33-2	94-2	78-2	...	10-2	...	93-1	88-2	97-1	100-4	90-2	...	67-2
巴拉圭	0.2-1	0.1-1	0.1-1	21-1	17-1	31-1	88-1	78-1	59-1	14-1	14-1	91-1	79-1	89-1	...	83-1	64-1	69-1
秘鲁	-	...	...	1	...	...	96-3	87-3	82-3	5	8	102	99	95	94-1	96	87	74
圣基茨和尼维斯	...	...	...	...	...	...	...	...	...	1-1	2-1	...	99-1	...	...	...	...	...
圣卢西亚	...	...	...	...	12	21	...	...	...	1	2	...	97-1	...	88	90	79	
圣文森特和格林纳丁斯	...	...	...	2	2	12	...	...	...	1	15	103	98	90	...	98	102	88
荷属圣马丁	...	...	...	...	...	...	...	...	...	15-3	18-3	...	...	...	...	...	...	...
苏里南	-	-2	...	2	13-2	38-2	...	...	...	18	36	131	98	100	65-1	87-2	48	62-2
特立尼达和多巴哥	...	...	...	...	...	...	...	...	...	...	...	...	...	...	...	...	...	...
特克斯和凯科斯群岛	...	...	...	...	...	...	...	...	...	3-1	2-1	...	...	...	...	...	...	...
乌拉圭	-1	...	...	2-1	1-1	20-1	97-1	69-1	40-1	4-1	13-1	105-1	...	102-1	...	...	...	80-1
委内瑞拉玻利瓦尔共和国	0.5	0.3	0.3	14	18	28	95-4	79-4	71-4	8	12	93	86	89	99-1	82	72	72

学习												
K 全国代表性学习评估的管理						L 达到最低熟练水平(%)						
低年级		初等教育结束时		初级中等教育结束时		低年级		初等教育结束时		初级中等教育结束时		
阅读	数学	阅读	数学	阅读	数学	阅读	数学	阅读	数学	阅读	数学	国名和地名缩写
4.1.2						4.1.1						
						2017						
是	是	是	是	是	是	95	96	94	95	82-2	78-2	AUS
是	是	是	是	否	否	...	...	...	...	...	...	COK
是	是	是	是	...	...	...	...	...	...	...	...	FJI
是	是	是	是	...	...	...	...	...	...	...	...	KIR
是	是	是	是	是	是	...	...	...	...	...	...	MHL
是	是	是	是	...	...	...	...	...	...	...	...	FSM
是	是	是	是	...	...	...	...	...	...	...	...	NRU
是	是	否	否	是	是	76-2	84-2	...	...	83-2	78-2	NZL
是	是	是	是	是	是	...	...	...	...	...	...	NIU
是	是	是	是	是	是	...	...	...	...	...	...	PLW
是	是	是	是	...	...	...	...	...	...	...	...	PNG
是	是	是	是	...	...	...	...	...	...	...	...	WSM
是	是	是	是	...	...	...	...	...	...	...	...	SLB
是	是	是	是	...	...	...	...	...	...	...	...	TKL
是	是	是	是	...	...	...	...	...	...	...	...	TON
是	是	是	是	...	...	...	...	...	...	...	...	TUV
是	是	是	是	...	...	...	...	...	...	...	...	VUT
是	是	是	是	否	否	59-2	38-2	76-2	67-2	...	...	AIA
是	是	是	是	否	否	38-2	46-2	50-2	78-2	...	...	ATG
是	是	是	是	否	否	62-1	63-1	67-1	59-1	62-1	38-1	ARG
否	否	否	否	否	否	...	...	...	...	...	...	ABW
是	是	是	是	否	否	...	...	87-1	60-1	...	...	BRB
否	否	否	否	否	否	...	...	...	...	...	...	BLZ
否	是	是	否	否	否	...	...	...	...	...	...	BOL
否	是	是	是	是	是	78-1	77-1	97-1	100-2	49-2	30-2	BRA
...	...	...	...	...	...	...	...	...	...	...	...	VGB
否	否	是	是	否	否	...	...	59-1	52-1	...	...	CYM
是	是	是	是	是	是	70	63	94-4	98-4	72-2	63-2	CHL
是	是	是	是	是	是	82	82	87	57	89	79	COL
是	是	是	是	是	是	89-4	84-4	94-4	95-4	60-2	38-2	CRI
是	是	是	是	是	是	...	...	...	...	...	...	CUB
...	...	...	...	...	...	...	...	...	...	...	...	CUW
是	是	是	是	是	是	81-2	50-2	...	...	...	...	DMA
是	是	是	是	是	是	46-2	...	65-4	63-4	28-2	9-2	DOM
是	是	是	是	是	是	75-1	78-1	68-1	64-1	72-1	43-1	ECU
是	是	是	是	...	...	...	...	...	...	...	...	SLV
是	是	是	是	否	否	54-2	43-2	66-2	57-2	...	...	GRD
是	是	是	是	是	是	50-3	40-3	40-3	44-3	15-4	18-4	GTM
否	否	是	是	否	否	...	...	...	...	...	...	GUY
否	否	...	...	...	...	...	...	...	...	...	...	HTI
是	是	是	是	是	是	93-1	92-1	84-1	77-1	89-1	61-1	HND
是	是	是	是	是	是	86-3	14-2	...	...	64-1	77-1	JAM
是	是	是	是	是	是	78-4	78-4	50-2	40-2	66	35	MEX
是	是	是	是	...	...	57-2	54-2	70-2	81-2	...	...	MSR
是	是	是	是	...	...	63-4	45-4	76-4	77-4	...	...	NIC
是	是	是	是	...	...	68-4	54-4	77-4	74-4	...	...	PAN
是	是	是	是	是	是	71-2	72-2	69-2	69-2	68-2	68-2	PRY
是	是	是	是	是	是	94-1	71-1	82-4	88-1	42-1	28-1	PER
是	是	是	是	是	是	...	...	...	...	...	...	KNA
是	是	是	是	...	...	68-2	62-2	62-2	46-2	...	...	LCA
是	是	是	是	...	...	...	...	...	...	...	...	VCT
...	...	...	...	...	...	...	...	...	...	...	...	SXM
...	...	是	是	是	是	...	...	...	...	...	...	SUR
...	...	是	是	是	是	...	...	76	63	58-2	48-2	TTO
否	是	是	否	否	否	...	...	70-2	...	...	...	TCA
否	...	是	是	是	是	81-4	75-4	90-4	94-4	61-2	48-2	URY
是	是	是	是	是	是	...	...	...	...	...	...	VEN

				参与/完成														
	A						**B**			**C**		**D**	**E**	**F**	**G**	**H**	**I**	**J**
	失学儿童（百万人）			失学率（%）			完成率（%）			超龄率（%）		初等教育毛入学率（%）	经调整的初等教育净入学率（%）	初等教育最高年级毛招生率（%）	初等教育向初级中等普通教育的有效升学率（%）	初级中等教育合计净入学率（%）	初级中等教育最高年级毛招生率（%）	高级中等教育合计净入学率（%）
	初等教育	初级中等教育	高级中等教育	初等教育	初级中等教育	高级中等教育	初等教育	初级中等教育	高级中等教育	初等教育	初级中等教育							
可持续发展目标指标：				4.1.5			4.1.4			4.1.6				4.1.3			4.1.3	
参考年份：	2017											2017						
欧洲和北美																		
阿尔巴尼亚	-	-	-	3	1	17	...	...	...	2	3	110	97	107	98-1	99	91	83
安道尔	...	...	...	...	...	...	...	...	...	2	8	...	...	...	...	...	...	...
奥地利	...	-1	-1	...	0.3-1	8-1	...	99-3	88-3	...	7-1	102-1	...	100-1	100-2	100-1	97-1	92-1
白俄罗斯	-	-	-	4	1	1	...	...	...	1	1	102	96	101	98-1	99	103	99
比利时	-1	-1	-1	1-1	3-1	1-1	...	92-3	86-3	1-1	7-1	103-1	...	...	...	97-1	94-1	99-1
百慕大	...	...	...	...	...	...	...	...	...	-2	-2	90-2	...	81-2	51-3	...	80-2	...
波斯尼亚和黑塞哥维那	...	...	...	...	...	...	...	...	...	1	1	...	...	...	...	99-1	...	...
保加利亚	-1	-1	-1	7-1	7-1	10-1	...	93-3	80-3	1-1	6-1	95-1	93-1	95-1	99-2	93-1	48-1	90-1
加拿大	-1	-2	0.1-1i	-1	0.1-2	8-1i	...	...	...	...	...	101-1	100-1	...	...	100-2	...	92-1i
克罗地亚	-1	-1	-1	2-1	1-1	14-1	...	99-3	95-3	0.3-1	2-1	95-1	98-1	98-1	99-2	99-1	92-1	86-1
捷克	...	...	...	...	0.1-1	2-1	...	99-3	94-3	...	5-1	100-1	...	97-1	100-2	100-1	97-1	98-1
丹麦	-1	-1	-1	1-1	1-1	12-1	...	99-3	82-3	0.3-1	4-1	100-1	...	104-1	100-2	99-1	99-1	88-1
爱沙尼亚	-1	-1	-1	6-1	0.5-1	4-1	...	98-3	83-3	1-1	4-1	97-1	94-1	96-1	100-2	100-1	108-1	96-1
芬兰	-1	-1	-1	1-1	1-1	4-1	...	100-3	89-3	...	...	100-1	...	99-1	101-1	99-1	100-1	96-1
法国	--i	0.1-1i	0.1-1i	1-1i	2-1i	6-1i	...	99-3	86-3	...	1-1	102-1i	99-1i	...	...	98-1i	98-1i	94-1i
德国	--i	...	...	0.2-1i	...	...	...	92-3	80-3	...	...	103-1	100-1i	99-1	100-2	...	58-1	...
希腊	-1	-1	-1	7-1	7-1	10-1	...	99-3	93-3	1-1	4-1	94-1	93-1	94-1	97-2	93-1	90-1	90-1
匈牙利	-1	-1	-1	3-1	4-1	12-1	...	99-3	86-3	1-1	4-1	102-1	97-1	99-1	96-2	96-1	93-1	88-1
冰岛	-1	-1	-1	0.5-1	0.1-1	16-1	...	100-3	70-3	...	...	100-1	100-1	...	...	...	...	84-1
爱尔兰	--i	--i	--i	-1i	0.4-1i	0.5-1i	...	97-3	94-3	--1	0.2-1	101-1	100-1	...	...	100-1i	99-1	100-1i
意大利	-1	-1	0.1-1	1-1	0.3-1	5-1	...	99-3	83-3	0.4-1	2-1	100-1	99-1	99-1	100-2	100-1	100-1	95-1
拉脱维亚	--i	--i	--i	3-1i	2-1i	4-1i	...	99-3	84-3	1-1	4-1	99-1i	97-1	98-1i	99-2	98-1	96-1	96-1
列支敦士登	--i	--i	--i	1-1i	5-1i	13-1i	...	...	...	0.1-1	1-1	105-1i	99-1i	100-1i	93-2	95-1	86-1i	87-1i
立陶宛	--i	--i	--i	0.3-1i	0.1-1i	4-1i	...	98-3	89-3	0.4-1	3-1	103-1	100-1i	102-1i	100-2	100-1	101-1	96-1
卢森堡	--i	--i	--i	1-1	5-1	18-1	...	90-3	69-3	1-1	2-1	101-1	...	79-1	...	95-1	99-1	82-1
马耳他	-1	-1	-1	2-1	1-1	13-1	...	...	...	0.2-1	1-1	105-1	...	102-1	...	99-1	100-1	87-1
摩纳哥	...	...	...	...	...	...	...	...	...	0.4	1	...	...	...	...	...	...	...
黑山共和国	-	-	-	4	4	14	100-4	99-4	84-4	2	1	98	96	90	100-1	96	99	86
荷兰	...	--1	--1	...	1-1	0.1-1	...	94-3	79-3	...	...	103-1	...	...	...	99-1	...	100-1
挪威	-1	-1	-1	0.2-1	0.5-1	8-1	...	99-3	78-3	--1	--1	100-1	100-1	101-1	100-2	100-1	101-1	92-1
波兰	0.1-1	0.1-1	0.1-1	4-1	5-1	8-1	...	98-3	92-3	...	...	110-1	96-1	100-1	100-2	95-1	95-1	92-1
葡萄牙	-1	-1	-1	4-1	1-1	2-1	...	94-3	65-3	...	...	105-1	96-1	...	...	99-1	...	98-1
摩尔多瓦共和国	-i	-i	-i	10i	15i	35i	...	...	...	0.4	1	91i	90i	92-1	98i	85i	82i	65i
罗马尼亚	0.1-1	0.1-1i	0.2-1	10-1	9-1i	23-1	...	96-3	81-3	...	4-1	89-1	90-1	92-1	98-1	91-1i	86-1	77-1
俄罗斯联邦	0.1-1i	0.1-1i	0.3-3i	2-1i	1-1i	10-3i	100-4	99-4	87-4	...	...	102-1	98-1i	98-1	99-1i	99-1	99-1	90-1i
圣马力诺	...	...	...	...	...	...	...	...	...	...	...	...	...	...	...	...	...	...
塞尔维亚	-i	-i	-i	1i	2i	11i	99-3	98-3	76-3	1	1	100i	99i	99i	100-1	98i	95i	89i
斯洛伐克	...	--1	--1	...	5-1	10-1	...	100-3	92-3	...	...	98-1	...	93-1	99-1	95-1	87-2	90-1
斯洛文尼亚	-1	-1	-1	2-1	2-1	5-1	...	100-3	93-3	0.2-1	1-1	99-1	...	97-1	99-2	99-1	96-1	95-1
西班牙	-1	-1	-1	1-1	0.4-1	1-1	...	93-3	67-3	0.2-1	9-1	104-1	...	99-1	99-2	99-1	99-1	98-1
瑞典	-1	--2	-1	0.4-1	0.2-2	1-1	...	100-3	93-3	0.1-1	0.3-1	125-1	100-1	105-1	100-2	100-1	108-1	99-1
瑞士	-1	-1	0.1-1	0.2-1	0.4-1	18-1	...	99-3	79-3	0.2-1	1-1	104-1	...	97-1	100-2	100-1	98-1	82-1
前南斯拉夫的马其顿共和国	-2	...	...	8-2	...	...	...	...	...	0.5-2	...	94-2	92-2	91-2	100-3i	...	88-2i	...
乌克兰	0.1-3	0.1-3i	--3i	7-3	3-3i	5-3i	100-4	99-4	95-4	1	1	100-3	93-3	103-3	100-3	97-3i	95-3	95-3i
英国	-1	-1	0.1-1	0.2-1	0.1-1	2-1	...	100-3	83-3	--1	--1	101-1	100-1	101-1	...	100-1	...	98-1
美国	1-1i	0.3-3i	1-3i	4-1i	2-3i	7-3i	99-4	99-4	92-4	3-1	4-1	101-1i	96-1i	...	...	99-1i	...	95-1i

学习												
K 全国代表性学习评估的管理 (4.1.2)						L 达到最低熟练水平(%) (4.1.1)						国名和地名缩写
低年级		初等教育结束时		初级中等教育结束时		低年级		初等教育结束时		初级中等教育结束时		
阅读	数学	阅读	数学	阅读	数学	阅读	数学	阅读	数学	阅读	数学	
2017												
是	是	是	是	是	是	86-3	...	95-1	97-1	25-2	23-2	ALB
否	否	否	否	否	否	...	...	...	...	...	...	AND
...	...	是	是	是	是					77-2	78-2	AUT
...	...	是	是	...	...					...	...	BLR
是	是	是	是	是	是					80-2	80-2	BEL
否	否	是	是	是	是					...	...	BMU
...	...	...	...	...	...					...		BIH
是	是	是	是	是	是				92-2	59-2	58-2	BGR
...	是	...	...	是	是					89-2	86-2	CAN
...	...	是	是	是	是				93-2	80-2	68-2	HRV
...	是	...	...	是	是		96-2			78-2	78-2	CZE
是	是	是	是	是	是		96-2			85-2	86-2	DNK
是	是	是	是	是	是					89-2	89-2	EST
是	是	是	是	是	是		97-2			89-2	86-2	FIN
是	是	是	是	是	是		87-2			79-2	77-2	FRA
是	是	是	是	是	是				96-2	84-2	83-2	DEU
...	...	...	...	是	是					73-2	64-2	GRC
...	是	...	...	是	是				92-2	73-2	88-2	HUN
...	...	是	是	是	是					78-2	76-2	ISL
是	是	是	是	是	是		97-1			90-2	94-1	IRL
是	是	是	是	是	是		93-2			79-2	89-2	ITA
是	是	是	是	是	是					82-2	79-2	LVA
...	...	...	...	是	是					...	...	LIE
...	...	是	是	是	是	92	99			75-2	75-2	LTU
是	是	...	...	是	是					74-2	74-2	LUX
是	是	...	...	是	是					64-2	84-1	MLT
...	...	...	...	...	...					...	...	MCO
是	是	...	...	是	是					58-2	48-2	MNE
是	是	是	是	是	是		99-2			82-2	83-2	NLD
是	是	是	是	是	是		98-2			85-2	83-2	否R
...	是	是	是	是	是		96-2			86-2	83-2	POL
...	是	是	是	是	是		97-2			83-2	76-2	PRT
...	...	...	...	是	是					54-2	50-2	MDA
...	...	...	...	是	是					61-2	60-2	ROU
...	...	是	是	是	是				98-2	84-2	81-2	RUS
...	...	...	...	...	...					...	...	SMR
是	是	是	是	是	是				91-2	...	...	SRB
...	...	是	是	是	是				88-2	68-2	72-2	SVK
是	是	是	是	是	是		95-2			85-2	84-2	SVN
是	是	是	是	是	是		93-2			84-2	78-2	ESP
是	是	是	是	是	是		95-2			82-2	79-2	SWE
...	...	...	...	是	是					80-2	84-2	CHE
...	...	...	...	是	是					29-2	30-2	MKD
...	...	...	...	...	...					...	...	UKR
是	是	是	是	是	是					82-2	78-2	GBR
是	是	否	否	是	是	69-2	95-2			81-2	71-2	USA

表3：可持续发展目标4，具体目标4.2——幼儿期

到2030年，确保所有女童和男童可以获得优质的幼儿发展、保育和学前教育，使他们为初等教育做好准备。

区域	A 5岁以下儿童正常发展(%)	B 5岁以下儿童发育迟缓(%)	C 激发潜能的家庭学习环境(%)	D 5岁以下儿童拥有三本及以上童书(%)	E 学前教育毛入学率(%)	F 经调整的初等教育正规入学年龄前一年的净入学率(%)
可持续发展目标指标：	4.2.1		4.2.3		4.2.4	4.2.2
参考年份：	2017					
	加权平均数					
世界	...	22	...	...	50i	69i
撒哈拉以南非洲	61i	33			32i	42 -¹i
北非和西亚	...	16			32i	52i
北非	...	17		5i	41i	57i
西亚	...	15			25i	48i
中亚和南亚	...	32			25i	...
中亚	85i	12	84i	45i	35	56
南亚		33			24i	...
东亚和东南亚	...	13			81	87i
东亚	...	5			86	
东南亚		26	67i	26i	68	91
大洋洲	...	...			79i	83i
拉丁美洲和加勒比	...	10			74i	95i
加勒比	86i	8	69i	24i	68i	87i
中美洲	82	14	75	34	65	94
南美		8			83i	94i
欧洲和北美	...	...			85i	95i
欧洲		...			92i	96i
北美		2			71i	93i
低收入国家	61i	35			22i	42i
中等收入国家		22			52i	
中低收入国家		32			36i	...
中高收入国家		6			75	83i
高收入国家		3			83i	93i

A 36—59月龄儿童的健康、学习和社会心理健康正常发展的百分比
　（联合国儿基会的幼儿发展指数）（资料来源：联合国儿基会多指标聚类调查国家报告）
B 5岁以下儿童中度和重度发育迟缓率（资料来源：联合国儿基会、世界卫生组织和世界银行联合发布的儿童营养不良状况估计）（区域总体数据是参考年份的统计估计值的加权平均数，而不是国家表格中的各国观测值）
C 36—59月龄儿童拥有积极的、激发潜能的家庭学习环境的百分比（资料来源：联合国儿基会多指标聚类调查国家报告）
D 5岁以下儿童在家拥有三本及以上童书的百分比（资料来源：联合国儿基会多指标聚类调查国家报告）
E 学前教育阶段幼儿教育毛入学率
F 经调整的初等教育正规入学年龄前一年的净入学率

注：
资料来源：除非有注解，数据均来自统计研究所。除非有注解，数据均为2017年结束的学年的数据。
总体数据代表表中所列的所有数据可得国家和地区，可能包括对无最新数据国家和地区所做估计。
(-) 零或可忽略不计
(...) 无相关数据或不存在的类别
(±n) 参考年份差异（例如，-2表示用2015年数据代替2017年数据）
(i) 估计数或不完全统计数

	A	B	C	D	E	F	国家和地区名称
	5岁以下儿童正常发展(%)	5岁以下儿童发育迟缓(%)	激发潜能的家庭学习环境(%)	5岁以下儿童拥有三本及以上童书(%)	学前教育毛入学率(%)	经调整的初等教育正规入学年龄前一年的净入学率(%)	
可持续发展目标指标：	4.2.1		4.2.3		4.2.4	4.2.2	
参考年份：				2017			
撒哈拉以南非洲							
安哥拉	...	38-1	...	...	81-1	66-1i	AGO
贝宁	61-3	34-3	28-3	1-3	25-1	88-1	BEN
博茨瓦纳	...	...	...	...	20-3	34-3i	BWA
布基纳法索	...	27-1	...	...	4	17	BFA
布隆迪	...	56-1	...	...	14	42	BDI
佛得角	...	...	...	...	71	80	CPV
喀麦隆	61-3	32-3	44-3	4-3	37	46i	CMR
中非共和国	...	...	...	...	3	...	CAF
乍得	33-2	40-2	47-2	1-2	1-1	...	TCD
科摩罗	...	...	...	...	20	39	COM
刚果	61-2	21-2	59-2	3-2	...	...	COG
科特迪瓦	63-1	22-1	...	...	8	22	CIV
刚果民主共和国	66-3	43-4	52-3	1-3	4-2	...	COD
吉布提	...	...	...	...	7	7	DJI
赤道几内亚	...	...	...	...	43-2	44-2	GNQ
厄立特里亚	...	...	...	...	15	17	ERI
斯威士兰	65-3	26-3	39-3	6-3	...	...	SWZ
埃塞俄比亚	...	38-1	...	...	30-2	38-2	ETH
加蓬	...	...	...	...	...	...	GAB
冈比亚	...	25-4	...	...	39	...	GMB
加纳	...	19-3	...	...	115	81	GHA
几内亚	49-1	32-1	...	...	...	41-1	GIN
几内亚比绍	61-3	28-3	34-3	--3	...	...	GNB
肯尼亚	...	26-3	...	...	77-1	...	KEN
莱索托	...	33-3	...	...	33-1	36-1	LSO
利比里亚	...	32-4	...	...	157-1	88-1	LBR
马达加斯加	...	...	...	...	38	...	MDG
马拉维	60-3	37-2	29-3	1-3	81-2	...	MWI
马里	62-2	30-2	55-2	0.3-2	5	50	MLI
毛里塔尼亚	60-2	28-2	44-2	1-2	10-2	...	MRT
毛里求斯	...	...	...	...	101	91	MUS
莫桑比克	...	...	...	...	...	...	MOZ
纳米比亚	...	23-4	...	...	33	67	NAM
尼日尔	...	42-1	...	...	8	22	NER
尼日利亚	61	44-1	...	...	...	...	NGA
卢旺达	63-2	38-2	48-2	1-2	21	42	RWA
圣多美和普林西比	54-3	17-3	63-3	6-3	51-1	54-2	STP
塞内加尔	...	17-1	...	...	16	19	SEN
塞舌尔	...	...	...	...	103-1	97-1	SYC
塞拉利昂	...	38-4	...	...	12	36	SLE
索马里	...	...	...	...	...	...	SOM
南非	...	27-1	...	...	25-1	...	ZAF
南苏丹	...	...	...	...	10-2	19-2i	SSD
多哥	51-3	28-3	25-3	1-3	21	...	TGO
乌干达	65-1	29-1	...	...	14	...	UGA
坦桑尼亚联合共和国	...	34-2	...	...	42	52	TZA
赞比亚	...	40-4	...	...	...	...	ZMB
津巴布韦	62-3	27-2	43-3	3-3	42-4	36-4	ZWE

表3（续）

	A 5岁以下儿童正常发展(%)	B 5岁以下儿童发育迟缓(%)	C 激发潜能的家庭学习环境(%)	D 5岁以下儿童拥有三本及以上童书(%)	E 学前教育毛入学率(%)	F 经调整的初等教育正规入学年龄前一年的净入学率(%)	国名和地名缩写/画
可持续发展目标指标：	4.2.1		4.2.3		4.2.4	4.2.2	
参考年份：				2017			
北非和西亚							
阿尔及利亚	70-4	...	78-4	10-4	...	...	DZA
亚美尼亚	...	9-1	...	...	52	...	ARM
阿塞拜疆	...	18-4	...	...	36i	61i	AZE
巴林	...	...	...	...	55	77	BHR
塞浦路斯	...	...	...	...	80-2i	95-2i	CYP
埃及	...	22-3	...	...	29	38	EGY
格鲁吉亚	88-2	...	83-2	58-2	...	...	GEO
伊拉克	...	...	...	...	...	...	IRQ
以色列	...	...	...	...	111-1	100-1	ISR
约旦	...	...	...	...	...	...	JOR
科威特	...	5-2	...	...	65	76	KWT
黎巴嫩	...	...	...	...	85	96	LBN
利比亚	...	...	...	...	...	...	LBY
摩洛哥	...	...	...	...	54	54i	MAR
阿曼	68-3	14-3	81-3	25-3	54	83	OMN
巴勒斯坦	72-3	7-3	78-3	20-3	54	62	PSE
卡塔尔	...	...	...	...	61	93	QAT
沙特阿拉伯	...	...	...	...	25-1	50-1	SAU
苏丹	...	38-3	...	2-3	45-1	...	SDN
阿拉伯叙利亚共和国	...	...	...	...	6-4	39-4	SYR
突尼斯	...	...	...	...	44-1	...	TUN
土耳其	...	10-4	...	...	30-1	66-1	TUR
阿拉伯联合酋长国	...	...	...	...	82-1	88-4i	ARE
也门	...	46-4	...	...	2-1	4-4	YEM
中亚和南亚							
阿富汗	...	41-4	...	...	...	...	AFG
孟加拉国	64-4	36-3	78-4	9-4	40	...	BGD
不丹	...	...	...	...	25	...	BTN
印度	...	38-2	...	...	13-1	...	IND
伊朗伊斯兰共和国	...	...	...	...	51-2	47-2	IRN
哈萨克斯坦	86-2	8-2	86-2	51-2	54	90-1	KAZ
吉尔吉斯斯坦	78-3	13-3	72-3	27-3	39	95	KGZ
马尔代夫	...	...	...	...	91	98	MDV
尼泊尔	64-3	36-1	67-3	5-3	86	85	NPL
巴基斯坦	...	...	...	...	80	...	PAK
斯里兰卡	...	17-1	...	...	94-1	...	LKA
塔吉克斯坦	...	...	...	...	10	13	TJK
土库曼斯坦	91-1	12-2	94-1	48-1	58-3	...	TKM
乌兹别克斯坦	...	...	...	...	27	37	UZB
东亚和东南亚							
文莱达鲁萨兰国	...	...	...	...	69	95	BRN
柬埔寨	68-3	32-3	59-3	4-3	22	...	KHM
中国	...	8-4	...	...	86	...	CHN
朝鲜民主主义人民共和国	...	...	...	...	...	...	PRK
中国香港	...	...	...	...	107	100i	HKG
印度尼西亚	...	36-4	...	...	62	97	IDN
日本	...	...	...	...	87-1	...	JPN
老挝人民民主共和国	...	...	...	...	43	63	LAO
中国澳门	...	...	...	...	96	94	MAC
马来西亚	...	21-1	25-1	56-1	97	99-2	MYS
蒙古	76-4	11-4	55-4	33-4	87	96	MNG
缅甸	...	29-1	54-1	4-1	10	...	MMR
菲律宾	...	33-2	...	...	96-1	80-1	PHL
韩国	...	...	...	...	98-1	96-1	KOR
新加坡	...	...	...	...	...	...	SGP
泰国	91-1	10-1	93-1	41-1	74	97	THA
东帝汶	...	50-4	...	...	18	33	TLS
越南	89-3	25-2	76-3	26-3	95	99	VNM

表 3 (续)

	A	B	C	D	E	F	缩写名和地名/图
	5岁以下儿童正常发展(%)	5岁以下儿童发育迟缓(%)	激发潜能的家庭学习环境(%)	5岁以下儿童拥有三本及以上童书(%)	学前教育毛入学率 (%)	经调整的初等教育正规入学年龄前一年的净入学率(%)	
可持续发展目标指标:	4.2.1		4.2.3		4.2.4	4.2.2	
参考年份:			2017				
大洋洲							
澳大利亚	...	...	...	...	169-1	91-1	AUS
库克群岛	...	...	...	...	106-1i	99-1i	COK
斐济	...	...	...	...			FJI
基里巴斯	...	...	...	...			KIR
马绍尔群岛	...	...	...	...	40-1	66-1	MHL
密克罗尼西亚联邦	...	...	...	...	33-2	76-2	FSM
瑙鲁	...	...	...	...	69-1i	75-1i	NRU
新西兰	...	...	...	...	92-1	92-1	NZL
纽埃	...	...	...	...	172-1i	56-2i	NIU
帕劳	...	...	...	...	75-3i	90-3i	PLW
巴布亚新几内亚	...	...	...	...	44-1	74-1	PNG
萨摩亚	...	5-3	...	...	51	37	WSM
所罗门群岛	...	32-2	...	...	111	65-2	SLB
托克劳	...	...	...	...	121-1i	88-1i	TKL
汤加	...	...	...	...	42-2	...	TON
图瓦卢	...	...	...	...	107-1i	97-1i	TUV
瓦努阿图	...	28-4	...	...	102-2	...	VUT
拉丁美洲和加勒比							
安圭拉	...	...	...	...	...	...	AIA
安提瓜和巴布达	...	...	...	...	86-2	96-2	ATG
阿根廷	...	...	...	...	75-1	99-1	ARG
阿鲁巴	...	...	...	...	106-3	100-3	ABW
巴哈马	...	...	...	...	32-1	...	BHS
巴巴多斯	...	...	...	...	79	90	BRB
伯利兹	82-2	15-2	88-2	44-2	48	84	BLZ
多民族玻利维亚国	...	16-1	...	...	75	92	BOL
巴西	...	...	...	...	96-1i	97-1i	BRA
英属维尔京群岛	...	...	...	...	77-1i	84-1i	VGB
开曼群岛	...	...	...	...	...	...	CYM
智利	...	2-3	...	...	85-1	97-1	CHL
哥伦比亚	...	...	...	...	...	87	COL
哥斯达黎加	...	...	...	...	78-1	89-1	CRI
古巴	89-3	...	89-3	48-3	101	100	CUB
库拉索	...	...	...	...	...	...	CUW
多米尼克	...	...	...	...	84-1	71-2	DMA
多米尼加共和国	84-3	7-4	58-3	10-3	44-1	77-1	DOM
厄瓜多尔	...	24-3	...	...	72	98	ECU
萨尔瓦多	81-3	14-3	59-3	18-3	65	81	SLV
格林纳达	...	...	...	...	92	84	GRD
危地马拉	...	46-2	...	...	45-1	78-1	GTM
圭亚那	86-3	12-3	87-3	47-3	...	...	GUY
海地	...	...	...	...	...	...	HTI
洪都拉斯	...	...	...	...	43	82	HND
牙买加	...	6-3	...	...	82	96	JAM
墨西哥	82-2	12-2	76-2	35-2	71-1	99-1	MEX
蒙特塞拉特	...	...	...	...	...	...	MSR
尼加拉瓜	...	...	...	...	...	...	NIC
巴拿马	80-4	...	74-4	26-4	61-1	73-1i	PAN
巴拉圭	82-1	6-1	...	...	45-1	71-1	PRY
秘鲁	...	13-1	...	...	89	96	PER
圣基茨和尼维斯	...	...	...	...	...	...	KNA
圣卢西亚	...	...	...	...	82	96	LCA
圣文森特和格林纳丁斯	...	...	...	...	103	94	VCT
荷属圣马丁	...	...	...	...	...	...	SXM
苏里南	...	...	...	...	101	97	SUR
特立尼达和多巴哥	...	...	...	...	...	...	TTO
特克斯和凯科斯群岛	...	...	...	...	...	...	TCA
乌拉圭	87-4	...	93-4	59-4	91-1	97-1	URY
委内瑞拉玻利瓦尔共和国	...	...	...	...	67	82	VEN

表3（续）

	A	B	C	D	E	F	
	5岁以下儿童正常发展(%)	5岁以下儿童发育迟缓(%)	激发潜能的家庭学习环境(%)	5岁以下儿童拥有三本及以上童书(%)	学前教育毛入学率（%）	经调整的初等教育正规入学年龄前一年的净入学率（%）	国名和地名缩写
可持续发展目标指标：	4.2.1		4.2.3		4.2.4	4.2.2	
参考年份：				2017			
欧洲和北美							
阿尔巴尼亚	…	…	…	…	83	89-2	ALB
安道尔	…	…	…	…	…	…	AND
奥地利	…	…	…	…	104-1	99-1	AUT
白俄罗斯	…	…	…	…	99	97	BLR
比利时	…	…	…	…	116-1	100-1	BEL
百慕大	…	…	…	…	62-2	…	BMU
波斯尼亚和黑塞哥维那	…	…	…	…	…	…	BIH
保加利亚	…	…	…	…	81-1	95-1	BGR
加拿大	…	…	…	…	…	…	CAN
克罗地亚	…	…	…	…	63-1	95-1	HRV
捷克	…	…	…	…	105-1	92-1	CZE
丹麦	…	…	…	…	96-1	98-1	DNK
爱沙尼亚	…	…	…	…	…	91-1	EST
芬兰	…	…	…	…	83-1	99-1	FIN
法国	…	…	…	…	105-1i	100-1i	FRA
德国	…	…	…	…	108-1	…	DEU
希腊	…	…	…	…	46-1	89-1	GRC
匈牙利	…	…	…	…	82-1	91-1	HUN
冰岛	…	…	…	…	95-1	99-1	ISL
爱尔兰	…	…	…	…	116-1i	98-1i	IRL
意大利	…	…	…	…	98-1	98-1	ITA
拉脱维亚	…	…	…	…	95-1i	97-1i	LVA
列支敦士登	…	…	…	…	103-1i	100-1i	LIE
立陶宛	…	…	…	…	87-1i	99-1	LTU
卢森堡	…	…	…	…	93-1	99-1	LUX
马耳他	…	…	…	…	112-1	98-1	MLT
摩纳哥	…	…	…	…	…	…	MCO
黑山共和国	94-4	9-4	98-4	73-4	62	69	MNE
荷兰	…	…	…	…	95-1	99-1	NLD
挪威	…	…	…	…	96-1	98-1	NOR
波兰	…	…	…	…	70-1	100-1	POL
葡萄牙	…	…	…	…	93-1	100-1	PRT
摩尔多瓦共和国	…	…	…	…	86i	94i	MDA
罗马尼亚	…	…	…	…	87-1	88-1	ROU
俄罗斯联邦	…	…	…	…	89-1	96-1	RUS
圣马力诺	…	…	…	…	…	…	SMR
塞尔维亚	95-3	6-3	96-3	72-3	61i	97i	SRB
斯洛伐克	…	…	…	…	93-1	82-1	SVK
斯洛文尼亚	…	…	…	…	92-1	95-1	SVN
西班牙	…	…	…	…	95-1	96-1	ESP
瑞典	…	…	…	…	94-1	99-1	SWE
瑞士	…	…	…	…	105-1	100-1	CHE
前南斯拉夫的马其顿共和国	…	…	…	…	36-2	44-2	MKD
乌克兰	…	…	…	…	84-4	…	UKR
英国	…	…	…	…	111-1	100-1	GBR
美国	…	…	…	…	72-1i	91-1i	USA

表 4:

可持续发展目标4，具体目标4.3——职业技术教育、高等教育和成人教育

到2030年，确保所有女性和男性平等地接受可负担的优质技术、职业和高等教育，包括大学教育。

可持续发展目标4，具体目标4.4——工作技能

到2030年，大幅提升拥有相关技能（包括为了就业、体面工作和创业而应具备的技术和专业技能）的青年和成人数量。

区域	A 成人教育与培训参与率 (%)	B 青年接受职业技术教育的百分比 (%)	C 职业技术教育学生占中等教育学生人数的百分比 (%)	D 高级中等教育向高等教育升学率 (%)	E 首次进入高等教育的毛入学率 (%)	F 高等教育毛入学率 (%)	G 15岁及以上成人具有特定信息和通信技术技能的百分比 (%) 在一个文档内复制或粘贴信息	G 在电子表格中使用基本的计算公式	G 编写计算机程序	H 25岁及以上成人受教育程度达到以下教育等级及以上的百分比 (%) 初等教育	H 初级中等教育	H 高级中等教育	H 中等后教育
可持续发展目标指标：	4.3.1	4.3.3				4.3.2	4.4.1			4.4.3			
参考年份：	2017						2017						
	加权平均数						加权平均数						
世界	…	4i	11i	93i	49i	38i	…	…	…	…	…	…	…
撒哈拉以南非洲	…	1i	6i	…	…	9i	…	…	…	…	…	…	…
北非和西亚	…	8i	14i	95i	53	44i	22i	14i	3i	82i	60i	45i	23i
北非	…	7i	14i	61	37	34i	16	6	2	…	…	…	…
西亚	24i	9i	14i	129i	72i	54i	…	26i	4i	83	61	45	24
中亚和南亚	…	1i	3i	118	42	25i	…	…	…	…	…	…	…
中亚	…	14	21	19	26	23	…	…	…	100i	99i	90i	54i
南亚	…	1i	2i	121	42	25i	…	…	…	…	…	…	…
东亚和东南亚	…	2i	16	74	60	46	…	…	…	…	…	…	…
东亚	…	1i	18	80	68	53	…	…	…	…	…	…	…
东南亚	…	5i	12	56i	39	34	…	…	5i	80	52	41	17i
大洋洲	…	13i	29i	…	…	79i	…	…	…	100	94	75	46
拉丁美洲和加勒比	…	6i	12i	88i	49i	51i	…	…	…	80	58	43	17
加勒比	…	6i	15i	89i	…	45i	…	…	…	…	…	…	…
中美洲	…	11	27	72	34	34	…	28	9	77	55	32	15
南美	…	5i	8	…	…	60i	26i	16i	3i	81	59	47	18
欧洲和北美	43i	10i	18i	74i	62i	77i	53i	35i	…	…	…	…	…
欧洲	43i	17i	26i	80i	70i	71i	53	35	…	…	…	…	…
北美	…	…	…	64	…	87i	…	…	…	99	96	89	44
低收入国家	…	1i	5i	…	11i	9i	…	…	…	…	…	…	…
中等收入国家	…	3i	10i	98	49	36i	…	…	…	…	…	…	…
中低收入国家	…	2i	5i	105i	38	24i	…	…	…	…	…	…	…
中高收入国家	…	4i	16i	86	64	52i	…	…	…	…	…	…	…
高收入国家	46i	9i	16i	76i	66i	77i	…	…	…	…	…	…	…

A 成人（25—64岁）在调查前12个月内接受正规或非正规的教育与培训的参与率（资料来源：欧统局）

B 青年（15—24岁）中接受《国际教育分类标准》2—5级的职业技术教育者所占百分比

C 职业技术教育学生占中等教育总入学人数的比例

D 从高级中等教育（包含各类项目）向高等教育（《国际教育分类标准》5、6、7级合计）的毛升学率

E 首次进入高等教育项目（《国际教育分类标准》5、6、7级）的毛入学率

F 高等教育毛入学率

G 成人（15岁及以上）具有特定信息和通信技术技能的百分比（资料来源：国际电信联盟）

H 成人（25岁及以上）受教育程度达到特定教育等级及以上的百分比

I 特定年龄组人口至少达到功能性读写和计算能力的特定熟练水平的百分比

J 青年（15—24岁）/成人（15岁及以上）识字率

K 青年和成人文盲人数及女性所占百分比

注：
资料来源：除非有注解，数据均来自统计研究所。除非有注解，数据均为2017年结束的学年的数据。
总体数据代表表中所列的所有数据可得国家和地区，可能包括对无最新数据国家和地区所做估计。

(-) 零或可忽略不计

(…) 无相关数据或不存在的类别

(± n) 参考年份差异（例如，-2表示用2015年数据代替2017年数据）

(i) 估计数或不完全统计数

具体目标4.6——青年和成人的读写和计算技能

到2030年，确保所有青年和相当大比例的成人，无论男女都能够读写和计算。

I 达到以下技能最低熟练水平的百分比（%）				J 识字率(%)		K 文盲			
读写		计算				女性（%）		总人数（百万人）	
青年	成人	青年	成人	青年	成人	青年	成人	青年	成人
4.6.1				4.6.2					
2017									
加权平均数								合计	
...	...	...	...	91_{-1}	86_{-1}	57_{-1}	63_{-1}	102_{-1}	750_{-1}
...	...	...	...	75_{-1}	65_{-1}	57_{-1}	61_{-1}	48_{-1}	200_{-1}
...	...	...	...	90_{-1}	81_{-1}	58_{-1}	64_{-1}	9_{-1}	66_{-1}
...	...	...	...	90_{-1}	74_{-1}	53_{-1}	65_{-1}	4_{-1}	40_{-1}
...	56i	...	51i	89_{-1}	86_{-1}	62_{-1}	64_{-1}	5_{-1}	26_{-1}
...	...	...	...	89_{-1}	73_{-1}	57_{-1}	64_{-1}	39_{-1}	369_{-1}
...	...	...	...	100_{-1}	100_{-1}	49_{-1}	67_{-1}	$-_{-1}$	0.1_{-1}
...	...	...	...	89_{-1}	72_{-1}	57_{-1}	64_{-1}	39_{-1}	369_{-1}
...	...	...	...	99_{-1}	96_{-1}	49_{-1}	69_{-1}	4_{-1}	74_{-1}
...	...	...	...	100_{-1}	97_{-1}	50_{-1}	74_{-1}	1_{-1}	42_{-1}
...	...	...	...	97_{-1}	93_{-1}	49_{-1}	63_{-1}	3_{-1}	33_{-1}
...	...	...	...	...	...	...	...	...	...
...	...	...	...	98_{-1}	94_{-1}	43_{-1}	55_{-1}	2_{-1}	31_{-1}
				98	93	49	61	0.5i	8i
				99	94	36	53	1	19
				100_{-2i}	99_{-1i}	50_{-2i}	58_{-1i}	0.4_{-2i}	7_{-1i}
				100_{-1i}	99_{-1i}	46_{-1i}	63_{-1i}	0.2_{-1i}	4_{-1i}
				...	...	...	...	...	...
...	...	...	...	73_{-1}	61_{-1}	57_{-1}	61_{-1}	36_{-1}	148_{-1}
...	...	...	...	93_{-1}	86_{-1}	57_{-1}	64_{-1}	66_{-1}	590_{-1}
...	...	...	...	89_{-1}	76_{-1}	57_{-1}	63_{-1}	59_{-1}	486_{-1}
...	...	...	...	98_{-1}	95_{-1}	52_{-1}	66_{-1}	7_{-1}	104_{-1}
...	...	...	...	44i	61i			...	...

表 4（续）

	A	B	C	D	E	F	G			H			
	成人教育与培训参与率（%）	青年接受职业技术教育的百分比（%）	职业技术教育学生占中等教育学生人数的百分比（%）	高级中等教育向高等教育升学率（%）	首次进入高等教育的毛入学率（%）	高等教育毛入学率（%）	15岁及以上成人具有特定信息和通信技术技能的百分比（%） 在一个文档内复制或粘贴信息	在电子表格中使用基本的计算公式	编写计算机程序	25岁及以上成人受教育程度达到以下教育等级及以上的百分比（%） 初等教育	初级中等教育	高级中等教育	中等后教育
可持续发展目标指标:	4.3.1	4.3.3				4.3.2	4.4.1			4.4.3			
参考年份:			2017					2017					
撒哈拉以南非洲													
安哥拉	…	…	14-1	…	10-2	9-2	…	…	…	44-3	29-3	16-3	3-3
贝宁	…	1-1	3-1	…	…	13-1	…	…	…	…	…	…	…
博茨瓦纳	…	…	…	…	42-3	23	31-3	20-3	5-3	…	…	…	…
布基纳法索	…	1	3	46-1	13	6	…	…	…	…	8-3	3-3	-3
布隆迪	…	3	10	9	2	6	…	…	…	11-3	6-3	3-3	1-3
佛得角	…	1	3	75	30	22	…	…	…	52-2	29-2	20-2	12-2
喀麦隆	…	7-1	22-1	…	…	19-1	…	…	…	…	…	…	…
中非共和国	…	…	4	…	…	…	…	…	…	…	…	…	…
乍得	…	…	1-1	…	…	3-3i	…	…	…	…	…	…	…
科摩罗	…	-	1	…	13-3	9-3	…	…	…	…	…	…	…
刚果	…	…	…	…	…	9-4	…	…	…	…	…	…	…
科特迪瓦	…	2	6	…	…	9-1	…	…	…	35-3	21-3	11-3	5-3
刚果民主共和国	…	…	19-2	…	10-1	7-1	…	…	…	64-1	51-1	27-1	9-1
吉布提	…	…	6	…	…	…	…	…	…	…	…	…	…
赤道几内亚	…	…	…	…	…	…	…	…	…	…	…	…	…
厄立特里亚	…	0.3	1	18-1	3-1	2-1	…	…	…	…	…	…	…
斯威士兰	…	-2	4-1	…	…	5-4	…	…	…	…	…	…	…
埃塞俄比亚	…	2-2i	7-2	…	…	8-3	…	…	…	…	…	…	…
加蓬	…	…	…	…	…	…	…	…	…	…	…	…	…
冈比亚	…	…	…	…	…	…	…	…	…	…	…	…	…
加纳	…	1-1	2	37	18	16	…	…	…	…	…	…	…
几内亚	…	1-3	4-3	…	18-3	11-3	…	…	…	…	…	…	…
几内亚比绍	…	…	…	…	…	…	…	…	…	…	…	…	…
肯尼亚	…	…	…	…	…	12-1	…	…	…	…	…	…	…
莱索托	…	1-2i	2	…	12-3	9-2	…	…	…	…	…	…	…
利比里亚	…	…	…	…	…	…	…	…	…	…	…	…	…
马达加斯加	…	1	2	80-1	8-1	5-1	…	…	…	…	…	…	…
马拉维	…	-	…	…	…	…	…	…	…	…	…	…	…
马里	…	4	13	…	…	5-2	…	…	…	13-1	8-1	6-1	5-1
毛里塔尼亚	…	0.3	1	…	6	5	…	…	…	…	…	…	…
毛里求斯	…	1	12	…	…	39	…	…	…	…	…	…	…
莫桑比克	…	1-2	9	45-1	9	7	…	…	…	36-2	17-2	9-2	2-2
纳米比亚	…	…	…	…	26-1	21-1	…	…	…	…	…	…	…
尼日尔	…	1	7	…	3	4	…	…	…	…	…	…	…
尼日利亚	…	…	…	…	…	…	…	…	…	…	…	…	…
卢旺达	…	…	13	28	7	8	…	…	…	33-3	12-3	8-3	3-3
圣多美和普林西比	…	4-2i	6	…	…	13-2	…	…	…	…	…	…	…
塞内加尔	…	-	3	…	…	11	…	…	…	22	18	11	10
塞舌尔	…	2-1	3-1	16-1	44-1	21-1	…	…	…	…	…	…	…
塞拉利昂	…	…	…	…	…	…	…	…	…	…	…	…	…
索马里	…	…	…	…	…	…	…	…	…	…	…	…	…
南非	…	2-2	7-1	…	…	20-1	…	…	…	82-2	77-2	65-2	15-2
南苏丹	…	…	…	…	…	…	…	…	…	…	…	…	…
多哥	…	3	6	…	…	13	…	…	…	…	…	…	…
乌干达	…	…	…	…	…	5-3	…	…	…	…	…	…	…
坦桑尼亚联合共和国	…	0.1	0.4	…	…	4-1	…	…	…	…	…	…	…
赞比亚	…	…	…	…	…	…	…	…	…	…	…	…	…
津巴布韦	…	-4	…	…	8-4	8-2	4-3	2-3	1-3	76-3	59-3	15-3	13-3

达到以下技能最低熟练水平的百分比（%）				识字率(%)		女性（%）		总人数（百万人）		国名和地名缩写
读写		计算								
青年	成人	青年	成人	青年	成人	青年	成人	青年	成人	
4.6.1				4.6.2						
				2017						
...	...	...	...	77_{-3}	66_{-3}	67_{-3}	71_{-3}	1_{-3}	5_{-3}	AGO
...	...	...	...							BEN
...	...	...	...	98_{-3i}	88_{-3i}	13_{-3i}	47_{-3i}	$-_{-3i}$	0.2_{-3i}	BWA
...	...	...	...	50_{-3}	35_{-3}	56_{-3}	58_{-3}	2_{-3}	6_{-3}	BFA
...	...	...	...	80_{-3}	62_{-3}	64_{-3}	61_{-3}	0.4_{-3}	2_{-3}	BDI
...	...	...	...	98_{-2}	87_{-2}	34_{-2}	69_{-2}	$-_{-2}$	$-_{-2}$	CPV
...	...	...	...	...	...	...	...	...	...	CMR
...	...	...	...							CAF
...	...	...	...	31_{-1}	22_{-1}	56_{-1}	56_{-1}	2_{-1}	6_{-1}	TCD
...	...	...	...							COM
...	...	...	...	...	...	...	...	...	...	COG
...	...	...	...	53_{-3}	44_{-3}	56_{-3}	55_{-3}	2_{-3}	7_{-3}	CIV
...	...	...	...	85_{-1}	77_{-1}	69_{-1}	75_{-1}	2_{-1}	10_{-1}	COD
...	...	...	...							DJI
...	...	...	...	98_{-3i}	95_{-3i}	32_{-3i}	67_{-3i}	$-_{-3i}$	$-_{-3i}$	GNQ
...	...	...	...	...	...	...	...			ERI
...	...	...	...	...	...	...	...	...	...	SWZ
...	...	...	...	...	...	...	...	...	...	ETH
...	...	...	...	...	...	...	...	...	...	GAB
...	...	...	...	61_{-4i}	42_{-4i}	57_{-4i}	59_{-4i}	0.1_{-4i}	1_{-4i}	GMB
...	...	...	...							GHA
...	...	...	...	46_{-3}	32_{-3}	59_{-3}	58_{-3}	1_{-3}	5_{-3}	GIN
...	...	...	...	60_{-3i}	46_{-3i}	64_{-3i}	66_{-3i}	0.1_{-3i}	1_{-3i}	GNB
...	...	...	...	87_{-3i}	79_{-3i}	51_{-3i}	62_{-3i}	1_{-3i}	6_{-3i}	KEN
...	...	...	...	87_{-3i}	77_{-3i}	23_{-3i}	34_{-3i}	0.1_{-3i}	0.3_{-3i}	LSO
...	...	...	...	...	...	...	...	...	...	LBR
...	...	...	...	...	...	...	...	...	...	MDG
...	...	...	...	73_{-2i}	62_{-2i}	49_{-2i}	61_{-2i}	1_{-2i}	4_{-2i}	MWI
...	...	...	...	49_{-2}	33_{-2}	60_{-2}	59_{-2}	2_{-2}	6_{-2}	MLI
...	...	...	...							MRT
...	...	...	...		93_{-1}		67_{-1}		0.1_{-1}	MUS
...	...	...	...	71_{-2}	56_{-2}	64_{-2}	68_{-2}	2_{-2}	7_{-2}	MOZ
...	...	...	...	...	...	...	...	...	...	NAM
...	...	...	...	...	...	...	...	...	...	NER
...	...	...	...	...	...	...	...	...	...	NGA
...	...	...	...	85_{-3}	71_{-3}	47_{-3}	60_{-3}	0.3_{-3}	2_{-3}	RWA
...	...	...	...	...	...	...	...	...	...	STP
				69	52	60	65	1	4	SEN
...	...	...	...	...	...	...	...	...	...	SYC
...	...	...	...	57_{-4i}	32_{-4i}	59_{-4i}	57_{-4i}	1_{-4i}	3_{-4i}	SLE
...	...	...	...							SOM
...	...	...	...	99_{-2}	94_{-2}	37_{-2}	60_{-2}	0.1_{-2}	2_{-2}	ZAF
...	...	...	...							SSD
...	...	...	...	84_{-2}	64_{-2}	68_{-2}	69_{-2}	0.2_{-2}	2_{-2}	TGO
...	...	...	...	...	...	...	...	...	...	UGA
...	...	...	...	86_{-2}	78_{-2}	54_{-2}	63_{-2}	1_{-2}	6_{-2}	TZA
...	...	...	...	...	...	...	...	...	...	ZMB
...	...	...	...	90_{-3i}	89_{-3i}	36_{-3i}	54_{-3i}	0.3_{-3i}	1_{-3i}	ZWE

表 4（续）

	A	B	C	D	E	F	G 15岁及以上成人具有特定信息和通信技术技能的百分比（%）			H 25岁及以上成人受教育程度达到以下教育等级及以上的百分比（%）			
	成人教育与培训参与率（%）	青年接受职业技术教育的百分比（%）	职业技术教育学生占中等教育学生数的百分比（%）	高级中等教育向高等教育升学率（%）	首次进入高等教育的毛入学率（%）	高等教育毛入学率（%）	在一个文档内复制或粘贴信息	在电子表格中使用基本的计算公式	编写计算机程序	初等教育	初级中等教育	高级中等教育	中等后教育
可持续发展目标指标：	4.3.1	4.3.3				4.3.2	4.4.1			4.4.3			
参考年份：	2017						2017			2017			
北非和西亚													
阿尔及利亚	...	...	...	34-3	32-3	48	...	...	...	...	...	...	...
亚美尼亚	...	...	11-2	129	91	52	...	...	...	99-2	97-2	92-2	51-2
阿塞拜疆	...	11i	18	...	33-2i	27i	57-1	19-1	1-1	98-1	96-1	89-1	30-1
巴林	...	3	7	74	61	46	56-1	49-1	14-1	63-1	53-1	42-1	18-1
塞浦路斯	48-1	6-2i	8-2	...	...	60-2i	43-1	21-1	3	95-1	80-1	71-1	38-1
埃及	...	11	22	49-3	32-3	34-1	9-2	2-2	1-2	...	...	...	...
格鲁吉亚	...	2	4	...	...	58	22	7	1	99-1	98-1	93-1	51-1
伊拉克	...	...	...	...	...	...	...	...	...	79-4	44-1	30-4	20-4
以色列	53-2	16-1	20-1	70-1	...	64-1	...	...	...	96-1	89-1	81-1	47-2
约旦	...	1	3	...	...	32	...	...	...	...	...	...	...
科威特	...	-2	2-2	...	...	33-4	...	...	...	62	56	31	17
黎巴嫩	...	...	16	...	...	38	...	...	...	...	...	...	...
利比亚	...	...	...	...	...	...	...	...	...	...	...	...	...
摩洛哥	...	3	8	124	53	34	44-1	19-1	5-1	...	...	...	50-1
阿曼	...	-	-	81-1	61-1	45-1	...	...	...	84-2	66-2	50-2	21-2
巴勒斯坦	...	0.4	1	83	52	42	30-3	17-3	...	94-1	61-1	40-1	24-1
卡塔尔	...	0.2	1	48	27	16	34-2	32-2	6-2	87-1	67-1	41-1	24-1
沙特阿拉伯	...	2-3i	5-3i	...	74-2	67-1	...	...	...	81-4	67-4	49-4	26-4
苏丹	...	...	1-1	...	...	17-2	4-1	2-1	2-1	...	...	...	...
阿拉伯叙利亚共和国	...	2-4	5-4	...	32-2	39-1	...	...	...	...	...	...	...
突尼斯	...	...	9-1	87-4	38	32	...	...	...	74-1	45-1	45-1	15-1
土耳其	21-1	26-1	25-1	138-3	92-3	104-1	...	26-1	3	81-1	54-1	34-1	17-1
阿拉伯联合酋长国	...	1-1	2-1	77-1	50-1	...	61-1	34-1	11-1	83-1	71-1	53-1	43-1
也门	...	-1	0.3-1	...	...	...	...	...	...	...	...	...	...
中亚和南亚													
阿富汗	...	1	1	41-3	15-3	8-3	...	...	...	...	...	...	...
孟加拉国	...	1	4	...	...	18	...	...	...	56-1	42-1	29-1	14-1
不丹	...	-	2	...	...	11-4	...	...	...	...	...	...	...
印度	...	...	1-1	125-1	42-1	27-1	...	...	...	...	...	...	...
伊朗伊斯兰共和国	...	6-2	15-2	...	70-1	69-1	18-2	2-2	1-2	...	70-1	48-1	23-1
哈萨克斯坦	...	8	11	52	83	50	18	45	6	...	...	...	...
吉尔吉斯斯坦	...	5	8	...	...	44	...	...	...	...	...	...	...
马尔代夫	...	...	...	...	...	14-3	...	...	...	...	...	...	...
尼泊尔	...	-	...	...	...	12	...	...	...	...	...	...	...
巴基斯坦	...	1	3	...	...	10	5-1	2-1	2-1	50-1	37-1	28-1	9-1
斯里兰卡	...	3	3	18	25	19	...	...	...	...	82-1	62-1	...
塔吉克斯坦	...	...	1-4	-	-	31	...	...	...	100	95	81	23
土库曼斯坦	...	...	8-3	...	...	8-3	...	...	...	...	...	...	...
乌兹别克斯坦	...	23	35	12	10	9	...	...	...	100-1	100-1	93-1	63-1
东亚和东南亚													
文莱达鲁萨兰国	...	6	10	...	...	33	68-1	25-1	17-1	...	...	...	...
柬埔寨	...	...	...	...	...	13	...	...	...	...	54-2	40-2	...
中国	...	...	19	80	67	51	...	...	...	...	...	...	...
朝鲜民主主义人民共和国	...	-2	...	...	...	27+1	...	...	...	...	...	...	...
中国香港	...	1i	2	...	...	74	...	...	...	95-1	78-2	62-2	28-2
印度尼西亚	...	11	19	38	25	36	...	...	4+1	80-1	44-1	34-1	9-1
日本	...	...	11-1	...	81-1	64-1	...	...	...	...	...	...	...
老挝人民民主共和国	...	0.4	1	60-1	27	16	...	...	...	...	...	...	...
中国澳门	...	1	4	...	...	85	...	...	...	90-1	73-1	52-1	26-1
马来西亚	...	6	13	...	38	42	79	36	11	94-1	74-1	58-1	21-1
蒙古	...	6	...	131-2	91-2	65	...	...	...	...	...	...	...
缅甸	...	0.1	0.1	...	...	16	...	...	...	...	...	...	...
菲律宾	...	-2	...	...	...	35	...	...	...	84-4	70-4	58-4	33-4
韩国	...	15-1	10-1	...	...	94-1	...	61-1	4-1	96-1	86-2	76-2	40-2
新加坡	57-2	-1i	...	...	...	84-1i	73	55	9	86-1	80-1	71-1	53-1
泰国	...	6-2	10	117-2	76-2	49-1	5-3	...	...	66-1	45-1	33-1	...
东帝汶	...	4	8	...	...	...	...	...	...	...	...	...	...
越南	...	...	...	111	58	28-1	...	...	...	...	...	...	...

达到以下技能最低熟练水平的百分比（%）				识字率(%)		文盲				国名和地名缩写
读写		计算				女性（%）		总人数（百万人）		
青年	成人	青年	成人	青年	成人	青年	成人	青年	成人	
4.6.1				4.6.2						
2017										
...	...	...	...	...	...	...	...	...	...	DZA
...	...	...	...	...	...	...	...	...	...	ARM
...	...	...	...	100_{-1}	100_{-1}	67_{-1}	69_{-1}	$-_{-1}$	$-_{-1}$	AZE
...	...	...	...	...	...	...	...	...	...	BHR
...	...	...	...	...	...	...	...	...	...	CYP
...	...	...	...	94	81	58	65	1	12	EGY
...	...	...	...	100_{-3}	100_{-3}	44_{-3}	63_{-3}	$-_{-3}$	$-_{-3}$	GEO
...	...	...	...	52_{-4}	44_{-4}	53_{-4}	57_{-4}	3_{-4}	11_{-4}	IRQ
78_{-2}	73_{-2}	70_{-2}	69_{-2}	...	...	...	...	...	...	ISR
...	...	...	...	...	...	...	...	...	...	JOR
...	...	...	...	99	96	30	52	-	0.1	KWT
...	...	...	...	...	...	...	...	...	...	LBN
...	...	...	...	...	...	...	...	...	...	LBY
...	...	...	...	...	...	...	...	...	...	MAR
...	...	...	...	99	96	30	52	-	0.1	OMN
...	...	...	...	99_{-1}	97_{-1}	55_{-1}	77_{-1}	$-_{-1}$	0.1_{-1}	PSE
...	...	...	...	...	...	...	...	...	...	QAT
...	...	...	...	99_{-4}	94_{-4}	54_{-4}	64_{-4}	$-_{-4}$	1_{-4}	SAU
...	...	...	...	...	...	...	...	...	...	SDN
...	...	...	...	...	...	...	...	...	...	SYR
...	...	...	...	96_{-3}	79_{-3}	55_{-3}	68_{-3}	0.1_{-3}	2_{-3}	TUN
63_{-2}	54_{-2}	60_{-2}	50_{-2}	100_{-1}	96_{-1}	81_{-1}	85_{-1}	$-_{-1}$	2_{-1}	TUR
...	...	...	...	...	...	...	...	...	...	ARE
...	...	...	...	...	...	...	...	...	...	YEM
...	...	...	...	...	...	...	...	...	...	AFG
...	...	...	...	93	73	39	55	2	32	BGD
...	...	...	...	...	...	...	...	...	...	BTN
...	...	...	...	...	...	...	...	...	...	IND
...	...	...	...	98_{-1}	86_{-1}	53_{-1}	66_{-1}	0.2_{-1}	9_{-1}	IRN
...	...	...	...	...	...	...	...	...	...	KAZ
...	...	...	...	...	...	...	...	...	...	KGZ
...	...	...	...	99_{-3}	99_{-3}	32_{-3}	39_{-3}	$-_{-3}$	$-_{-3}$	MDV
...	...	...	...	...	...	...	...	...	...	NPL
...	...	...	...	73_{-3}	57_{-3}	62_{-3}	63_{-3}	10_{-3}	52_{-3}	PAK
...	...	...	...	99	92	37	59	-	1	LKA
...	...	...	...	100_{-3i}	100_{-3i}	41_{-3i}	63_{-3i}	$-_{-3i}$	$-_{-3i}$	TJK
...	...	...	...	100_{-3i}	100_{-3i}	30_{-3i}	63_{-3i}	$-_{-3i}$	$-_{-3i}$	TKM
...	...	...	...	100_{-1}	100_{-1}	49_{-1}	81_{-1}	$-_{-1}$	$-_{-1}$	UZB
...	...	...	...	...	...	...	...	...	...	BRN
...	...	...	...	92_{-2}	81_{-2}	47_{-2}	67_{-2}	0.2_{-2}	2_{-2}	KHM
...	...	...	...	...	...	...	...	...	...	CHN
...	...	...	...	...	...	...	...	...	...	PRK
...	...	...	...	...	...	...	...	...	...	HKG
...	...	...	...	100_{-1}	95_{-1}	51_{-1}	69_{-1}	0.1_{-1}	9_{-1}	IDN
...	...	...	...	...	...	...	...	...	...	JPN
...	...	...	...	92_{-2}	85_{-2}	62_{-2}	68_{-2}	0.1_{-2}	1_{-2}	LAO
...	...	...	...	100_{-1}	97_{-1}	32_{-1}	75_{-1}	$-_{-1}$	$-_{-1}$	MAC
...	...	...	...	...	...	...	...	...	...	MYS
...	...	...	...	...	...	...	...	...	...	MNG
...	...	...	...	85_{-1i}	76_{-1i}	51_{-1i}	60_{-1i}	1_{-1i}	9_{-1i}	MMR
...	...	...	...	98_{-4}	96_{-4}	31_{-4}	45_{-4}	0.4_{-4}	2_{-4}	PHL
...	...	...	...	...	...	...	...	...	...	KOR
92_{-2}	74_{-2}	90_{-2}	72_{-2}	100_{-1}	97_{-1}	40_{-1}	79_{-1}	$-_{-1}$	0.1_{-1}	SGP
...	...	...	...	98_{-2}	93_{-2}	45_{-2}	64_{-2}	0.2_{-2}	4_{-2}	THA
...	...	...	...	...	...	...	...	...	...	TLS
...	...	...	...	...	...	...	...	...	...	VNM

表 4（续）

	A	B	C	D	E	F	G			H			
	成人教育与培训参与率 (%)	青年接受职业技术教育的百分比 (%)	职业技术中等教育学生占中的百分比 (%)	高级中等教育向高等教育升学率 (%)	首次进入高等教育的毛入学率 (%)	高等教育毛入学率 (%)	15岁及以上成人具有特定信息和通信技术技能的百分比 (%)　在一个文档内复制或粘贴信息	在电子表格中使用基本的计算公式	编写计算机程序	25岁及以上成人受教育程度达到以下教育等级及以上的百分比 (%)　初等教育	初级中等教育	高级中等教育	中等后教育
可持续发展目标指标：	4.3.1	4.3.3				4.3.2	4.4.1			4.4.3			
参考年份：				2017				2017					
大洋洲													
澳大利亚	...	22-1	37-1	...	...	122-1	...	...	...	100-2	93-1	76-1	46-1
库克群岛	...	"-1i	...	...	...	...				...	...	...	
斐济	...	...	...	...	...	...				...	...	...	
基里巴斯	...	...	...	...	...	...				...	...	...	
马绍尔群岛	...	1-1	2-1	...	...	...				...	...	...	
密克罗尼西亚联邦	...	...	...	...	...	...				...	...	...	
瑙鲁	...	"-1i	...	...	...	...				...	...	...	
新西兰	67-2	5-1	15-1	73-1	93-1	82-1				100-1	100-1	70-1	46-1
纽埃	...	"-2i	...	...	...	...				...	...	...	
帕劳	...	"-3i	...	...	...	64-4i				99-4	97-4	88-4	
巴布亚新几内亚	...	2-1	9-1	...	...	...				...	...	...	
萨摩亚	...	"-1	...	...	...	...				...	...	...	
所罗门群岛	...	...	...	...	...	...				...	...	...	
托克劳	...	"-1i	...	...	...	...				...	...	...	
汤加	...	2-2	3-2	...	...	...				...	...	...	
图瓦卢	...	2-1i	3-1	...	...	...				...	...	...	
瓦努阿图	...	1-2	2-2	...	...	...				...	...	...	
拉丁美洲和加勒比													
安圭拉	...	...	...	...	...	...				...	...	...	
安提瓜和巴布达	...	1-2	3-1	...	...	...				...	...	...	
阿根廷	...	"-1	...	146-1	95-1	89-1				92-1	55-1		19-1
阿鲁巴	...	...	...	11-2	15-2		54	45	5	...	...	...	
巴哈马	...	"-1	...	...	...	...				...	...	...	
巴巴多斯	...	-	...	...	...	...				...	...	...	
伯利兹	...	3	8	44	22	25				...	...	...	
多民族玻利维亚国	...	30	65	...	...	...				72-2	59-2	43-2	24-2
巴西	...	4-1i	4-1i	...	...	50-1i	23-2	13-2	3-2	78-2	58-2	44-2	14-2
英属维尔京群岛	...	1-1i	4	...	...	41-1i				...	...	...	
开曼群岛	...	...	...	...	...	...				99-2	95-2	90-2	55-2
智利	47-2	18-1	20-1	101-3	88-3	90-1				87-2	79-2	57-2	20-2
哥伦比亚	...	4	8	65		60	38-1	27-1		77-1	52-1	47-1	20-1
哥斯达黎加	...	8-1	24-1	...		56				81-1	53-1	38-1	21-1
古巴	...	12	25	43-1	26-1	34-1				...	...	...	
库拉索	...	...	72-4	...	...	21-4				...	...	...	
多米尼克	...	"-1	"-2	...	...	...				...	...	...	
多米尼加共和国	...	2-1	5-1	140-1	...	58	22-2	11-2	7-2	67-2	57-2	35-2	12-2
厄瓜多尔	...	9	15	...	...	46-2				83-1	52-1	42-1	13-1
萨尔瓦多	...	7	18	34-1	20-1	28-1				56-4	41-4	27-4	10-4
格林纳达	...	-	...	60-1	45-1	94				...	...	...	
危地马拉	...	8-1	24-1	...	...	21-2				62-1	37-1	27-1	10-1
圭亚那	...	...	...	...	...	...				...	...	...	
海地	...	...	...	...	...	...				...	...	...	
洪都拉斯	...	10	39	...	16-4	21-1				61-1	34-1	25-1	11-1
牙买加	...	-	...	...	...	27-2	16-2	4-1	1-2	...	...	...	
墨西哥	...	12-1	28-1	73-3	36-3	37-1	...	28	9	80-1	60-1	33-1	15-1
蒙特塞拉特	...	-	...	...	...	...				...	...	...	
尼加拉瓜	...	...	...	...	...	...				...	...	...	
巴拿马	...	...	16-1	...	...	47-2				...	...	...	
巴拉圭	...	5-1	16-1	...	...	...				75-1	48-1	37-1	14-1
秘鲁	...	1	2	...	...	70-1				81-2	62-2	56-2	21-2
圣基茨和尼维斯	...	"-1	...	97-2	...	...				...	...	...	
圣卢西亚	...	0.4	1	...	...	20					46-4	40-4	15-4
圣文森特和格林纳丁斯	...	-	-	...	...	...				...	...	...	
荷属圣马丁	...	...	59-3	8-3	...	...				...	...	...	
苏里南	...	19-2	41-1	...	...	...				...	...	...	
特立尼达和多巴哥	...	...	...	...	...	...				...	...	...	
特克斯和凯科斯群岛	...	"-2	...	...	...	...				...	...	...	
乌拉圭	...	10-1	22-1	...	...	56-2				90-1	55-1	29-1	12-1
委内瑞拉玻利瓦尔共和国	...	2-2	5	...	...	...				93-1	74-1	62-1	35-1

达到以下技能最低熟练水平的百分比（%） I				识字率(%) J		女性（%） K		总人数（百万人）		国名和地名缩写
读写		计算						文盲		
青年	成人	青年	成人	青年	成人	青年	成人	青年	成人	
4.6.1				4.6.2						
2017										
…	…	…	…	…	…	…	…	…	…	AUS
…	…	…	…	…	…	…	…	…	…	COK
…	…	…	…	…	…	…	…	…	…	FJI
…	…	…	…	…	…	…	…	…	…	KIR
…	…	…	…	…	…	…	…	…	…	MHL
…	…	…	…	…	…	…	…	…	…	FSM
…	…	…	…	…	…	…	…	…	…	NRU
89-2	88-2	80-2	81-2	…	…	…	…	…	…	NZL
…	…	…	…	…	…	…	…	…	…	NIU
…	…	…	…	99-2	97-2	28-2i	50-2i	--2i	--2i	PLW
…	…	…	…	…	…	…	…	…	…	PNG
…	…	…	…	…	…	…	…	…	…	WSM
…	…	…	…	…	…	…	…	…	…	SLB
…	…	…	…	…	…	…	…	…	…	TKL
…	…	…	…	…	…	…	…	…	…	TON
…	…	…	…	…	…	…	…	…	…	TUV
…	…	…	…	95-3i	85-3i	47-3i	55-3i	--3i	--3i	VUT
										AIA
…	…	…	…	…	99-2	…	29-2	…	--2	ATG
…	…	…	…	100-1i	99-1i	37-1i	51-1i	--1i	0.3-1i	ARG
…	…	…	…	…	…	…	…	…	…	ABW
…	…	…	…	…	…	…	…	…	…	BHS
…	…	…	…	100-3i	100-3i	55-3i	53-3i	--3i	--3i	BRB
…	…	…	…	…	…	…	…	…	…	BLZ
…	…	…	…	99-2	92-2	49-2	77-2	--2	1-2	BOL
…	…	…	…	99-2	92-2	31-2	49-2	0.4-2	13-2	BRA
…	…	…	…	…	…	…	…	--+1	--+1	VGB
…	…	…	…	…	…	…	…	…	…	CYM
61-2	47-2	47-2	38-2	99-2	97-2	42-2	53-2	--2	0.4-2	CHL
…	…	…	…	99-1	95-1	36-1	49-1	0.1-1	2-1	COL
…	…	…	…	…	…	…	…	…	…	CRI
…	…	…	…	…	…	…	…	…	…	CUB
…	…	…	…	…	…	…	…	…	…	CUW
…	…	…	…	…	…	…	…	…	…	DMA
…	…	…	…	99-1	94-1	48-1	51-1	--1	0.5-1	DOM
…	…	…	…	99-1	94-1	45-1	60-1	--1	1-1	ECU
…	…	…	…	98-1	88-1	44-1	63-1	--1	1-1	SLV
…	…	…	…	99-3i	99-3i	32-3i	50-3i	--3i	--3i	GRD
…	…	…	…	94-3	81-3	59-3	66-3	0.2-3	2-3	GTM
…	…	…	…	97-3i	86-3i	43-3i	52-3i	--3i	0.1-3i	GUY
…	…	…	…	…	…	…	…	…	…	HTI
…	…	…	…	96-1	89-1	35-1	51-1	0.1-1	1-1	HND
…	…	…	…	96-3i	88-3i	16-3i	31-3i	--3i	0.3-3i	JAM
…	…	…	…	99-1	95-1	44-1	60-1	0.2-1	5-1	MEX
…	…	…	…	…	…	…	…	…	…	MSR
…	…	…	…	…	…	…	…	…	…	NIC
…	…	…	…	…	…	…	…	…	…	PAN
…	…	…	…	98-1	95-1	41-1	57-1	--1	0.3-1	PRY
…	…	…	…	99-1	94-1	58-1	76-1	0.1-1	1-1	PER
…	…	…	…	…	…	…	…	…	…	KNA
…	…	…	…	…	…	…	…	…	…	LCA
…	…	…	…	…	…	…	…	…	…	VCT
…	…	…	…	…	…	…	…	…	…	SXM
…	…	…	…	…	…	…	…	…	…	SUR
…	…	…	…	…	…	…	…	…	…	TTO
…	…	…	…	…	…	…	…	…	…	TCA
…	…	…	…	99	99	31	39	--	--	URY
…	…	…	…	99-1	97-1	36-1	49-1	0.1-1	1-1	VEN

表4（续）

	A	B	C	D	E	F	G 15岁及以上成人具有特定信息和通信技术技能的百分比（%）			H 25岁及以上成人受教育程度达到以下教育等级及以上的百分比（%）			
	成人教育与培训参与率（%）	青年接受职业技术教育的百分比（%）	职业技术教育学生占中等教育人数的百分比（%）	高级中等教育向高等教育升学率（%）	首次进入高等教育的毛入学率（%）	高等教育毛入学率（%）	在一个文档内复制或粘贴信息	在电子表格中使用基本的计算公式	编写计算机程序	初等教育	初级中等教育	高级中等教育	中等后教育
可持续发展目标指标：	4.3.1	4.3.3				4.3.2	4.4.1			4.4.3			
参考年份：				2017				2017					
欧洲和北美													
阿尔巴尼亚	9-1	5	9	65	46	57	...	...	...	...	...	...	...
安道尔	...	...	10	36	...	...	...	...	6	97-1	72-1	47-1	32-1
奥地利	60-1	28-1	35-1	77-1	76-1	83-1	63-1	45-1	6-1	...	99-3	79-1	29-1
白俄罗斯	...	8	13	77-4	84-4	87	...	...	...	...	...	...	...
比利时	45-1	25-1	46-1	71-2	69-2	76-1	65-1	44-1	9-1	96-1	85-1	67-1	34-1
百慕大	...	-1	...	...	35	24-2	...	...	...	...	...	...	...
波斯尼亚和黑塞哥维那	9-1	...	38	61	...	...	...	...	...	84-1	81-1	62-1	12-1
保加利亚	25-1	15-1	29-1	108-2	77-2	71-1	26-1	14-1	1	100-1	95-1	76-1	...
加拿大	...	...	5-1	...	...	67-1i	...	...	...	...	...	...	...
克罗地亚	32-1	23-1	40-1	...	...	67-1	42	32	5	...	...	...	...
捷克	46-1	25-1	37-1	86-2	68-2	64-1	56	41	4	100-1	100-1	90-1	20-1
丹麦	50-1	13-1	23-1	78-1	85-3	81-1	68-1	60-1	14-1	...	92-1	78-1	36-1
爱沙尼亚	44-1	12-1	21-1	...	...	71-1	55-1	44-1	8	...	87-1	...	...
芬兰	54-1	22-1	48-1	39-1	60-1	87-1	69-1	47-1	8-1	...	74-2	35-2	...
法国	51-1	19-ii	18-1	...	...	64-1i	53-1	40-1	5-1	98-1	84-1	70-1	30-1
德国	52-1	...	19-1	74-1	...	68-1	62-1	38-1	6-1	100-1	97-1	83-1	36-1
希腊	17-1	12-1	16-1	68-1	...	126-1	52-1	41-1	9-1	91-1	65-1	55-1	27-1
匈牙利	56-1	13-1	12-1	52-1i	42-1i	48-1	51-1	36-1	3-1	100-1	97-1	76-1	29-1
冰岛	...	10-1	21-1	...	73-2	74-1	80-3	69-3	18-3	...	...	...	...
爱尔兰	...	8-1i	...	...	...	78-1i	42-1	26-1	4-1	...	86	71	43
意大利	42-1	23-1	34-1	73-2	68-2	63-1	42-1	31-1	4-1	95-2	78-2	49-2	15-2
拉脱维亚	48-1	16-1i	20-1	...	...	81-1i	46-1	31	2	100-2	100-1	89-1	39-1
列支敦士登	...	25-1	35-1	52-1	59-2i	35-1	...	...	...	...	...	...	...
立陶宛	28-1	9-1i	10-1	97-1	84-1i	71-1i	45-1	41	4	99-1	95-1	86-1	53-1
卢森堡	48-1	23-1	33-1	42-1	29-2	20-1	83-1	68-1	11-1	...	100-2	80-3	69-2
马耳他	36-1	11-1	9-1	46-1	62-1	49-1	44-1	82	7	99-1	78-1	38-1	25-1
摩纳哥	...	...	10	53	...	...	...	...	...	...	...	...	...
黑山共和国	...	22	33	...	...	58	...	32	2-1	...	...	...	...
荷兰	64-1	22-1	36-1	57-1	65-1	80-1	70-1	51-1	8-1	99-1	90-1	70-1	32-1
挪威	60-1	18-1	29-1	71-1	76-1	81-1	68-1	85+1	10-1	100-1	99-1	78-1	39-1
波兰	26-1	19-1	28-1	90-1	76-1	67-1	41-1	28-1	3	99-1	85-1	85-1	28-1
葡萄牙	46-1	17-1	26-1	76-1	62-1	63-1	48-1	36-1	6-1	91-1	54-1	37-1	20-1
摩尔多瓦共和国	...	7i	14	...	...	41i	...	...	...	99-2	96-1	75-2	...
罗马尼亚	7-1	...	28-1	114-1	82-1	48-1	21-1	13-1	2	99-1	90-1	66-1	18-1
俄罗斯联邦	...	14-3i	16-1	...	...	82-1	...	23-1	1-1	...	...	...	...
圣马力诺	...	...	...	...	...	...	...	...	...	...	...	...	...
塞尔维亚	20-1	24i	35	113-1	97-1i	66i	...	34	6	97-1	89-1	71-1	23-1
斯洛伐克	46-1	22-1	32-1	77-2	57-2	48-1	51-1	50	5	100-1	99-1	87-1	21-1
斯洛文尼亚	46-1	34-1	45-1	71-1	74-1	78-1	54-1	42-1	5-1	100-1	98-1	82-1	27-1
西班牙	43-1	15-1	18-1	82-1	81-1	91-1	52-1	37-1	7	91-1	76-1	49-1	30-1
瑞典	64-1	12-1	22-1	105-1	67-1	64-1	66-1	51	12	100-1	91-1	76-1	38-1
瑞士	69-1	23-1	37-1	77-1	87-2	58-1	...	...	9	...	97-1	85-1	...
前南斯拉夫的马其顿共和国	13-1	...	30-2	88-3	70-3	41-2	32-1	21-1	...	...	...	...	...
乌克兰	...	4-3	8	146i	...	83-1	...	...	...	...	...	...	...
英国	...	22-1	46-1	...	63-1	59-1	62-1	47-1	...	100-3	100-1	75-3	39-3
美国	...	...	...	64-2	53-2i	89-1i	...	...	...	99-1	96-1	89-1	44-1

I 达到以下技能最低熟练水平的百分比（%）				J 识字率(%)		K 文盲				
读写		计算				女性（%）		总人数（百万人）		
青年	成人	青年	成人	青年	成人	青年	成人	青年	成人	国名和地名缩写
4.6.1				4.6.2						
2017										
...	...	...	...	...	...	...	...	...	...	ALB
...	...	...	...	...	...	...	...	...	...	AND
...	...	...	...	...	...	...	...	...	...	AUT
...	...	...	...	...	...	...	...	...	...	BLR
...	...	...	...	...	...	...	...	...	...	BEL
...	...	...	...	...	...	...	...	...	...	BMU
...	...	...	...	100-4	97-4	48-4	87-4	-4	0.1-4	BIH
...	...	...	...	...	...	...	...	...	...	BGR
...	...	...	...	...	...	...	...	...	...	CAN
...	...	...	...	...	...	...	...	...	...	HRV
...	...	...	...	...	...	...	...	...	...	CZE
...	...	...	...	...	...	...	...	...	...	DNK
...	...	...	...	...	...	...	...	...	...	EST
...	...	...	...	...	...	...	...	...	...	FIN
...	...	...	...	...	...	...	...	...	...	FRA
...	...	...	...	...	...	...	...	...	...	DEU
77-2	73-2	73-2	71-2	...	...	...	...	...	...	GRC
...	...	...	...	99-3i	99-3i	42-3i	55-3i	-3i	0.1-3i	HUN
...	...	...	...	...	...	...	...	...	...	ISL
...	...	...	...	...	...	...	...	...	...	IRL
...	...	...	...	...	...	...	...	...	...	ITA
...	...	...	...	...	...	...	...	...	...	LVA
...	...	...	...	...	...	...	...	-+1	-+1	LIE
92-2	85-2	90-2	83-2	...	...	...	...	...	...	LTU
...	...	...	...	...	...	...	...	...	...	LUX
...	...	...	...	...	...	...	...	...	...	MLT
...	...	...	...	...	...	...	...	...	...	MCO
...	...	...	...	...	...	...	...	...	...	MNE
...	...	...	...	...	...	...	...	...	...	NLD
...	...	...	...	...	...	...	...	...	...	NOR
...	...	...	...	...	...	...	...	...	...	POL
...	...	...	...	...	...	...	...	...	...	PRT
...	...	...	...	...	...	...	...	...	...	MDA
...	...	...	...	...	...	...	...	...	...	ROU
...	...	...	...	...	...	...	...	...	...	RUS
...	...	...	...	...	...	...	...	-+1	-+1	SMR
...	...	...	...	100-1	99-1	48-1	79-1	-1	0.1-1	SRB
...	...	...	...	...	...	...	...	...	...	SVK
88-2	75-2	86-2	74-2	100-3i	100-3i	31-3i	57-3i	-3i	-3i	SVN
...	...	...	...	100-1	98-1	51-1	68-1	-1	1-1	ESP
...	...	...	...	...	...	...	...	...	...	SWE
...	...	...	...	...	...	...	...	...	...	CHE
...	...	...	...	...	...	...	...	...	...	MKD
...	...	...	...	...	...	...	...	...	...	UKR
...	...	...	...	...	...	...	...	...	...	GBR
...	...	...	...	...	...	...	...	...	...	USA

表5: 可持续发展目标4，具体目标4.5——平等

到2030年，消除教育中的性别不均等，确保弱势人群（包括残疾人、土著民族和脆弱环境中的儿童）平等地接受各级教育和职业培训。

	性别														
	A 完成率的经调整的性别均等指数			B 以下技能达到最低熟练水平的经调整的性别均等指数				C 识字率的经调整的性别均等指数		D 成人技能达到最低熟练水平的经调整的性别均等指数		E 毛入学率的经调整的性别均等指数			
				初等教育结束时		初级中等教育结束时									
可持续发展目标指标:	初等教育	初级中等教育	高级中等教育	阅读	数学	阅读	数学	青年	成人	读写	计算	学前教育	初等教育	中等教育	高等教育
参考年份:	4.5.1											2017			
区域	中位数														
世界	1.01i	1.00i	1.03i	...	...	1.12i	1.01i	1.00i	0.96i	...	...	1.00	0.99	1.01	1.16
撒哈拉以南非洲	1.02i	0.86i	0.77i	...	...	...	...	0.88i	0.75i	...	...	1.02	0.96	0.95	0.75
北非和西亚	...	1.02i	1.05i	...	...	1.30i	1.08i	1.00i	0.95i	...	...	1.00	0.99	1.00	1.19
北非	1.01i	1.02i	0.96i	...	...	1.37i	1.04	0.98i	0.85i	...	...	0.99	0.95	0.98	1.02
西亚	...	0.99i	1.07i	...	...	1.30i	1.10i	1.00i	0.96i	...	...	1.00	1.00	1.01	1.22
中亚和南亚	1.00i	1.00i	0.94i	...	...	...	...	1.00i	0.99i	...	...	0.97	1.00	0.99	0.89
中亚	1.00i	1.00i	1.03i	...	...	...	...	1.00i	1.00i	...	...	0.97	0.99	0.99	0.75
南亚	1.00i	0.96i	0.82i	...	...	...	...	1.00i	0.93i	...	...	0.98	1.00	1.03	0.91
东亚和东南亚	1.02i	1.08i	1.15i	...	...	1.12i	1.04i	1.00i	0.96i	...	...	1.00	0.99	1.01	1.15
东亚	...	...	...	...	...	1.09i	1.02i	...	...	...	...	1.00	1.00	1.00	1.10
东南亚	1.07i	1.08i	1.15i	...	...	1.24i	1.05i	1.00i	0.96i	...	...	1.02	0.98	1.03	1.17
大洋洲	...	...	...	...	...	...	...	...	...	...	...	1.01	0.99	1.05	...
拉丁美洲和加勒比	1.01i	1.09i	1.11i	1.06i	0.99i	...	...	1.01i	1.00i	...	...	1.02	0.97	1.04	1.27i
加勒比	...	...	...	...	...	...	...	...	...	...	...	1.03i	0.97i	1.05i	...
中美洲	1.01	1.06	1.10	1.07	0.97	...	...	1.00i	0.97i	...	...	1.02	0.99	1.04	1.18
南美	1.02	1.10	1.12	1.04	0.99	1.10i	0.88i	1.01	1.00	...	...	1.01	0.97	1.04	1.14i
欧洲和北美	...	1.00	1.04	...	...	1.11	1.00	...	...	...	...	0.99	1.00	0.99	1.23
欧洲	...	1.00	1.04	...	...	1.11	1.00	...	...	...	...	0.99	1.00	0.99	1.22
北美	1.00i	1.00i	1.03i	...	...	1.08	0.99	...	...	...	...	0.92	1.00	1.01	1.26
低收入国家	0.97i	0.80i	0.69i	...	...	...	...	0.85i	0.65i	...	...	1.02	0.97	0.91	0.54
中等收入国家	1.01i	1.02i	1.03i	...	...	...	...	1.00i	0.97i	...	...	1.01	0.99	1.01	1.17
中低收入国家	1.01i	1.02i	1.00i	...	...	...	...	1.00i	0.92i	...	...	1.00	0.98	0.99	1.04
中高收入国家	1.01i	1.04i	1.06i	...	...	1.17i	1.01i	1.00i	0.98i	...	...	1.01	0.99	1.03	1.20
高收入国家	...	1.00i	1.05i	...	...	1.11i	1.00	...	...	...	...	1.00	1.00	1.01	1.27

A 完成率的经调整的性别均等指数，按教育等级分列

B 特定教育等级结束时达到最低熟练水平的学生百分比的经调整的性别均等指数

C 青年和成人识字率的经调整的性别均等指数

D 成人（16岁及以上）至少达到功能性读写和计算能力特定熟练水平的百分比的经调整的性别均等指数

E 毛入学率的经调整的性别均等指数，按教育等级分列

F 完成率的经调整的地区（农村—城市）均等指数，及经调整的贫富（最贫困五分之一—最富裕五分之一）均等指数，按教育等级分列

G 达到技能最低熟练水平方面经调整的贫富（最贫困五分之一—最富裕五分之一）均等指数

注:
资料来源：统计研究所和全球教育监测报告小组对家庭调查数据的分析。除非有注解，数据均为2017年结束的学年的数据。
总体数据代表表中所列的所有数据可得国家和地区，可能包括对无最新数据国家和地区所做估计。

(-) 零或可忽略不计

(...) 无相关数据或不存在的类别

(±n) 参考年份差异（例如，-2表示用2015年数据代替2017年数据）

(i) 估计数或不完全统计数

		地区/贫富														
		F											G			
		初等教育完成率的不均等				初级中等教育完成率的不均等				高级中等教育完成率的不均等				达到以下技能最低熟练水平的贫富不均等		
		经调整的均等指数		最贫困人口的完成率（%）		经调整的均等指数		最贫困人口的完成率（%）		经调整的均等指数		最贫困人口的完成率（%）		初等教育结束时		初级中等教育结束时	
		地区	贫富	男	女	地区	贫富	男	女	地区	贫富	男	女	阅读	数学	阅读	数学
4.5.1																	
2017																	
中位数																	
0.88i	0.76i	67i	76i	0.86i	0.72i	63i	72i	0.68i	0.37i	27i	33i	...	...	0.67i	0.65i
0.67i	0.45i	33i	34i	0.42i	0.15i	14i	5i	0.26i	0.05i	2i	1i	...	...	...	...
...	...	...	...	0.95i	0.81i	70i	75i	0.68i	0.37i	27i	27i	...	...	0.60i	0.55i
0.96i	0.87i	87i	86i	0.76i	0.49i	30i	47i	0.60i	0.33i	14i	22i	...	...	0.47i	0.52
...	...	...	...	0.97i	0.88i	86i	88i	0.83i	0.63i	41i	58i	...	...	0.61i	0.55i
0.99i	0.82i	81i	80i	0.94i	0.62i	62i	56i	0.81i	0.58i	48i	47i	...	...	...	...
1.00i	1.00i	100i	100i	1.00i	0.99i	99i	99i	0.96i	0.91i	86i	89i	...	...	...	...
0.90i	0.75i	65i	68i	0.84i	0.50i	44i	38i	0.61i	0.18i	18i	4i	...	...	...	...
0.96i	0.81i	77i	86i	0.81i	0.52i	45i	60i	0.58i	0.24i	17i	29i	...	...	0.79i	0.78i
...	...	...	...	...	...	...	...	...	...	...	...	...	...	0.87i	0.85i
0.93i	0.69i	61i	73i	0.74i	0.40i	31i	45i	0.58i	0.23i	17i	22i	...	...	0.58i	0.72i
0.95i	0.92i	88i	92i	0.81i	0.62i	55i	63i	0.66i	0.35i	30i	30i	0.82i	0.90i	...	...
0.92	0.86	83	86	0.76	0.56	51	51	0.55	0.30	24	25	0.86	0.91	...	...
0.97	0.92	90	94	0.83	0.73	61	75	0.68	0.44	36	43	0.88	0.86	0.56i	0.39i
...	...	...	...	1.00	0.99	98	98	0.96	0.83	75	81	...	...	0.76	0.70
...	...	...	...	1.00	0.99	98	99	0.96	0.83	75	81	...	...	0.74	0.70
...	0.98i	98i	98i	...	0.98i	98i	98i	...	0.88i	84i	87i	...	...	0.82	0.72
0.67i	0.44i	33i	30i	0.39i	0.17i	12i	5i	0.23i	0.05i	2i	1i	...	...	...	...
0.95i	0.84i	80i	85i	0.86i	0.62i	53i	56i	0.63i	0.32i	19i	25i	...	...	...	...
0.88i	0.69i	58i	65i	0.70i	0.37i	29i	30i	0.50i	0.17i	14i	9i	...	...	...	...
0.99i	0.92i	91i	94i	0.91i	0.79i	74i	76i	0.71i	0.43i	38i	41i	...	...	0.56i	0.53i
...	...	...	...	1.00i	0.99i	98i	98i	0.97i	0.83i	75i	82i	...	...	0.76i	0.70

表5（续）

| | A 完成率的经调整的性别均等指数 | | | B 以下技能达到最低熟练水平的经调整的性别均等指数 | | | | C 识字率的经调整的性别均等指数 | | D 成人技能达到最低熟练水平的经调整的性别均等指数 | | E 毛入学率的经调整的性别均等指数 | | | |
| | | | | 初等教育结束时 | | 初级中等教育结束时 | | | | | | | | | |
性别	初等教育	初级中等教育	高级中等教育	阅读	数学	阅读	数学	青年	成人	读写	计算	学前教育	初等教育	中等教育	高等教育
可持续发展目标指标：						4.5.1									
参考年份：						2017									
撒哈拉以南非洲															
安哥拉	0.89_{-2}	0.76_{-2}	0.64_{-2}	...	...	...	...	0.83_{-3}	0.67_{-3}	...	...	0.88_{-1}	0.86_{-2}	0.63_{-1}	0.77_{-2}
贝宁	0.83_{-3}	0.51_{-3}	0.46_{-3}	0.97_{-3}	1.00_{-3}	...	...	...	...	...	...	1.04_{-1}	0.94	0.76_{-2}	0.43_{-1}
博茨瓦纳	...	...	...	...	...	1.19	1.11	1.03_{-3i}	1.02_{-3i}	...	...	1.03_{-3}	0.97_{-3}	...	1.29
布基纳法索	...	...	...	0.96_{-3}	0.90_{-3}	...	...	0.77_{-3}	0.59_{-3}	...	...	0.99	0.98	0.97	0.52
布隆迪	1.16	0.80	0.84	1.18_{-3}	1.11_{-3}	...	...	0.88_{-3}	0.78_{-3}	...	...	1.02	1.00	1.02	0.43
佛得角	...	...	...	...	...	...	...	1.01_{-2}	0.89_{-2}	...	...	1.02	0.93	1.09	1.31
喀麦隆	0.97_{-3}	0.90_{-3}	0.78_{-3}	1.15_{-3}	1.06_{-3}	...	...	...	...	...	...	1.02	0.90	0.86_{-2}	0.79_{-1}
中非共和国	...	...	...	...	...	...	...	...	...	...	...	1.03	0.76_{-1}	0.66	...
乍得	0.78_{-2}	0.55_{-2}	0.37_{-2}	0.78_{-3}	0.64_{-3}	...	...	0.55_{-1}	0.45_{-1}	...	...	0.93_{-1}	0.78_{-1}	0.46_{-1}	0.20_{-3i}
科摩罗	...	...	...	...	...	...	...	...	...	...	...	1.03	0.96	1.06	0.81_{-3}
刚果	...	...	...	1.10_{-3}	0.90_{-3}	...	...	...	...	...	...	...	...	...	0.75_{-4}
科特迪瓦	0.88_{-1}	0.62_{-1}	0.82_{-1}	1.05_{-3}	0.79_{-3}	...	...	0.80_{-3}	0.73_{-3}	...	...	1.01	0.91	0.75	0.70_{-1}
刚果民主共和国	0.93_{-4}	0.84_{-4}	0.70_{-4}	...	...	...	...	0.88_{-1}	0.75_{-1}	...	...	1.07_{-2}	0.99_{-2}	0.64_{-2}	0.56_{-1}
吉布提	...	...	...	...	...	...	...	...	...	...	...	0.99	0.89	0.83	...
赤道几内亚	...	...	...	...	...	...	...	1.01_{-3i}	0.95_{-3i}	...	...	1.02_{-2}	0.99_{-2}	...	...
厄立特里亚	...	...	...	...	...	...	...	...	...	...	...	0.98	0.86	0.90	0.71_{-1}
斯威士兰	1.17_{-3}	1.13_{-3}	1.07_{-3}	...	...	...	...	...	...	...	...	...	0.92_{-1}	0.98_{-1}	1.04_{-4}
埃塞俄比亚	1.01_{-1}	0.96_{-1}	1.11_{-1}	...	...	...	...	...	...	...	...	0.95_{-2}	0.91_{-1}	0.96_{-2}	0.48_{-3}
加蓬	...	...	...	...	...	...	...	...	...	...	...	...	...	...	...
冈比亚	0.94_{-4}	0.96_{-4}	0.85_{-4}	...	...	...	...	0.85_{-4i}	0.65_{-4i}	...	...	1.07	1.08	...	...
加纳	1.05_{-3}	1.00_{-3}	1.02_{-3}	1.00_{-1}	0.94_{-4}	...	...	...	...	...	...	1.02	1.01	0.97	0.72
几内亚	...	...	...	...	...	...	...	0.65_{-3}	0.50_{-3}	...	...	...	0.82_{-1}	0.66_{-1}	0.45_{-3}
几内亚比绍	0.80_{-3}	0.69_{-3}	0.52_{-3}	...	...	...	...	0.70_{-3i}	0.50_{-3i}	...	...	...	...	...	...
肯尼亚	1.06_{-2}	1.12_{-3}	0.85_{-3}	1.06_{-2}	1.03_{-2}	...	...	0.99_{-3i}	0.88_{-3i}	...	...	0.98_{-1}	1.00_{-1}	...	0.70_{-1}
莱索托	1.33_{-3}	1.46_{-3}	1.32_{-3}	...	...	...	...	1.15_{-3i}	1.20_{-3i}	...	...	1.05_{-1}	0.97	1.26	1.34_{-2}
利比里亚	0.90_{-4}	0.80_{-4}	0.53_{-4}	...	...	...	...	...	...	...	...	1.01_{-1}	0.92_{-1}	0.78_{-1}	...
马达加斯加	...	...	...	...	...	...	...	...	...	...	...	1.09	1.00_{-1}	1.01	0.92_{-1}
马拉维	1.18_{-2}	0.92_{-2}	0.84_{-2}	...	...	...	...	1.01_{-2i}	0.79_{-2i}	...	...	1.01_{-2}	1.03	0.94	...
马里	0.84_{-2}	0.75_{-2}	0.60_{-2}	0.93_{-1}	1.02_{-1}	...	...	0.65_{-2}	0.49_{-2}	...	...	1.06	0.89	0.81	0.42_{-2}
毛里塔尼亚	0.86_{-2}	0.73_{-2}	0.57_{-2}	...	...	...	...	...	...	...	...	1.21_{-2}	1.05	0.96	0.50
毛里求斯	...	...	...	...	...	...	...	...	0.95_{-1}	...	...	1.00	1.02	1.07	1.22
莫桑比克	...	...	...	...	...	...	...	0.79_{-2}	0.61_{-2}	...	...	...	0.93	0.91	0.81
纳米比亚	1.11_{-4}	1.23_{-4}	1.10_{-4}	...	...	...	...	...	...	...	...	1.05	0.97	...	1.43_{-4}
尼日尔	...	...	...	0.85_{-3}	0.67_{-3}	...	...	...	...	...	...	1.05	0.87	0.73	0.43
尼日利亚	0.93_{-4}	0.75_{-4}	0.75_{-4}	...	...	...	...	...	...	...	...	...	0.94_{-1}	0.90_{-1}	...
卢旺达	1.22_{-2}	1.16_{-2}	0.84_{-2}	...	...	...	...	1.03_{-3}	0.87_{-3}	...	...	1.03	0.99	1.11	0.88
圣多美和普林西比	1.07_{-3}	1.08_{-3}	1.43_{-3}	...	...	...	...	...	...	...	...	1.08_{-1}	0.96	1.13	1.03_{-2}
塞内加尔	1.02_{-2}	0.65_{-2}	0.67_{-2}	0.97_{-1}	1.02_{-1}	...	...	0.84	0.61	...	...	1.11	1.14	1.08	0.61
塞舌尔	...	...	...	...	...	...	...	...	...	...	...	1.04_{-1}	0.99_{-1}	1.06_{-1}	1.46_{-1}
塞拉利昂	1.05_{-4}	0.66_{-4}	0.74_{-4}	...	...	...	...	0.79_{-4i}	0.60_{-4i}	...	...	1.09	1.01	0.95	...
索马里	...	...	...	...	...	...	...	...	...	...	...	...	...	...	...
南非	...	...	...	...	...	...	1.08_{-2}	1.01_{-2}	0.98_{-2}	...	...	1.00_{-1}	0.96_{-1}	1.08_{-1}	1.29_{-1}
南苏丹	...	...	...	...	...	...	...	...	...	...	...	0.95_{-2}	0.71_{-2}	0.54_{-2}	...
多哥	0.89_{-3}	0.64_{-3}	0.49_{-3}	1.10_{-3}	0.95_{-3}	...	...	0.87_{-2}	0.66_{-2}	...	...	1.04	0.95	0.73	0.45
乌干达	1.07_{-1}	0.87_{-1}	0.79_{-1}	1.01_{-2}	0.85_{-2}	...	...	...	...	...	...	1.04	1.03	...	0.78_{-3}
坦桑尼亚联合共和国	1.10_{-2}	0.86_{-2}	0.69_{-2}	...	...	...	...	0.97_{-2}	0.88_{-2}	...	...	1.01	1.02	1.01	0.51_{-2}
赞比亚	1.03_{-4}	0.88_{-4}	0.68_{-4}	...	...	...	...	...	...	...	...	...	1.01_{-4}	...	...
津巴布韦	1.03_{-2}	1.01_{-2}	0.77_{-2}	...	...	...	...	1.06_{-3i}	0.99_{-3i}	...	...	1.02_{-4}	0.98_{-4}	0.98_{-4}	0.90_{-2}

初等教育完成率的不均等				初级中等教育完成率的不均等				高级中等教育完成率的不均等				达到以下技能最低熟练水平的贫富不均等				
经调整的均等指数		最贫困人口的完成率（%）		经调整的均等指数		最贫困人口的完成率（%）		经调整的均等指数		最贫困人口的完成率（%）		初等教育结束时		初级中等教育结束时		
地区	贫富	男	女	地区	贫富	男	女	地区	贫富	男	女	阅读	数学	阅读	数学	国名和地名缩写
4.5.1																
2017																
0.37_{-2}	0.21_{-2}	21_{-2}	16_{-2}	0.20_{-2}	0.06_{-2}	5_{-2}	3_{-2}	0.15_{-2}	0.03_{-2}	2_{-2}	1_{-2}	...	...	...	...	AGO
0.68_{-3}	0.35_{-3}	33_{-3}	20_{-3}	0.47_{-3}	0.15_{-3}	14_{-3}	1_{-3}	0.12_{-3}	0.02_{-3}	2_{-3}	$-_{-3}$	0.48_{-3}	0.51_{-3}	...	...	BEN
...	...	...	...	...	...	...	...	...	...	...	...	...	...	...	0.64_{-2}	BWA
...	...	...	...	...	...	...	...	...	...	...	...	0.70_{-3}	0.78_{-3}	...	...	BFA
0.69	0.45	24	37	0.49	0.20	14	4	0.23	0.05	3	-	0.82_{-3}	0.99_{-3}	...	...	BDI
...	...	...	...	...	...	...	...	...	...	...	...	...	...	...	...	CPV
0.70_{-3}	0.37_{-3}	46_{-3}	27_{-3}	0.36_{-3}	0.15_{-3}	19_{-3}	4_{-3}	0.13_{-3}	0.01_{-3}	1_{-3}	$-_{-3}$	0.28_{-3}	0.22_{-3}	...	...	CMR
...	...	...	...	...	...	...	...	...	...	...	...	...	...	...	...	CAF
0.35_{-2}	0.27_{-2}	19_{-2}	12_{-2}	0.15_{-2}	0.12_{-2}	8_{-2}	2_{-2}	0.08_{-2}	0.02_{-2}	2_{-2}	$-_{-2}$	0.49_{-3}	0.60_{-3}	...	...	TCD
...	...	...	...	...	...	...	...	...	...	...	...	...	...	...	...	COM
...	...	...	...	...	...	...	...	...	...	...	...	0.23_{-3}	0.35_{-3}	...	...	COG
0.56_{-1}	0.32_{-1}	30_{-1}	16_{-1}	0.27_{-1}	0.08_{-1}	8_{-1}	2_{-1}	0.13_{-1}	0.04_{-1}	4_{-1}	$-_{-1}$	0.45_{-3}	0.46_{-3}	...	...	CIV
0.67_{-4}	0.53_{-4}	55_{-4}	42_{-4}	0.50_{-4}	0.32_{-4}	34_{-4}	21_{-4}	0.29_{-4}	0.12_{-4}	10_{-4}	4_{-4}	...	...	...	...	COD
...	...	...	...	...	...	...	...	...	...	...	...	...	...	...	...	DJI
...	...	...	...	...	...	...	...	...	...	...	...	...	...	...	...	GNQ
...	...	...	...	...	...	...	...	...	...	...	...	...	...	...	...	ERI
0.77_{-3}	0.59_{-3}	50_{-3}	56_{-3}	0.66_{-3}	0.32_{-3}	26_{-3}	24_{-3}	0.63_{-3}	0.21_{-3}	11_{-3}	13_{-3}	...	...	...	...	SWZ
0.52_{-1}	0.35_{-1}	28_{-1}	28_{-1}	0.20_{-1}	0.08_{-1}	3_{-1}	5_{-1}	0.13_{-1}	0.04_{-1}	1_{-1}	2_{-1}	...	...	...	...	ETH
...	...	...	...	...	...	...	...	...	...	...	...	...	...	...	...	GAB
0.61_{-4}	0.57_{-4}	54_{-4}	44_{-4}	0.42_{-4}	0.36_{-4}	29_{-4}	25_{-4}	0.33_{-4}	0.24_{-4}	15_{-4}	8_{-4}	...	...	...	...	GMB
0.75_{-3}	0.51_{-3}	42_{-3}	43_{-3}	0.61_{-3}	0.36_{-3}	28_{-3}	26_{-3}	0.42_{-3}	0.10_{-3}	7_{-3}	2_{-3}	...	...	...	...	GHA
...	...	...	...	...	...	...	...	...	...	...	...	...	...	...	...	GIN
0.23_{-3}	0.13_{-3}	8_{-3}	7_{-3}	0.22_{-3}	0.09_{-3}	5_{-3}	1_{-3}	0.14_{-3}	0.12_{-3}	4_{-3}	$-_{-3}$	...	...	...	...	GNB
0.88_{-3}	0.65_{-3}	61_{-3}	65_{-3}	0.78_{-3}	0.45_{-3}	41_{-3}	43_{-3}	0.52_{-3}	0.16_{-3}	17_{-3}	7_{-3}	0.80_{-2}	0.79_{-2}	...	...	KEN
0.73_{-3}	0.54_{-3}	28_{-3}	62_{-3}	0.49_{-3}	0.14_{-3}	5_{-3}	10_{-3}	0.26_{-3}	0.01_{-3}	$-_{-3}$	1_{-3}	...	...	...	...	LSO
0.35_{-4}	0.19_{-4}	11_{-4}	11_{-4}	0.19_{-4}	0.07_{-4}	5_{-4}	2_{-4}	0.20_{-4}	0.05_{-4}	2_{-4}	1_{-4}	...	...	...	...	LBR
...	...	...	...	...	...	...	...	...	...	...	...	...	...	...	...	MDG
0.58_{-2}	0.35_{-2}	22_{-2}	29_{-2}	0.31_{-2}	0.11_{-2}	7_{-2}	5_{-2}	0.28_{-2}	0.07_{-2}	4_{-2}	2_{-2}	...	...	...	...	MWI
0.54_{-2}	0.25_{-2}	23_{-2}	15_{-2}	0.36_{-2}	0.09_{-2}	8_{-2}	2_{-2}	0.23_{-2}	0.03_{-2}	2_{-2}	0.2_{-2}	0.47_{-1}	0.88_{-1}	...	...	MLI
0.58_{-2}	0.32_{-2}	34_{-2}	21_{-2}	0.52_{-2}	0.26_{-2}	16_{-2}	15_{-2}	0.35_{-2}	0.13_{-2}	6_{-2}	3_{-2}	...	...	...	...	MRT
...	...	...	...	...	...	...	...	...	...	...	...	...	...	...	...	MUS
...	...	...	...	...	...	...	...	...	...	...	...	...	...	...	...	MOZ
0.84_{-4}	0.72_{-4}	59_{-4}	80_{-4}	0.45_{-4}	0.27_{-4}	22_{-4}	24_{-4}	0.41_{-4}	0.11_{-4}	8_{-4}	7_{-4}	...	...	...	...	NAM
...	...	...	...	...	...	...	...	...	...	...	...	0.09_{-4}	0.14_{-4}	...	...	NER
0.62_{-4}	0.22_{-4}	27_{-4}	14_{-4}	0.49_{-4}	0.12_{-4}	18_{-4}	4_{-4}	0.48_{-4}	0.09_{-4}	14_{-4}	2_{-4}	...	...	...	...	NGA
0.76_{-2}	0.48_{-2}	26_{-2}	38_{-2}	0.49_{-2}	0.24_{-2}	11_{-2}	12_{-2}	0.30_{-2}	0.08_{-2}	2_{-2}	4_{-2}	...	...	...	...	RWA
0.90_{-3}	0.75_{-3}	70_{-3}	73_{-3}	0.86_{-3}	0.17_{-3}	9_{-3}	10_{-3}	0.63_{-3}	0.07_{-3}	$-_{-3}$	5_{-3}	...	...	...	...	STP
0.60_{-2}	0.44_{-2}	33_{-2}	28_{-2}	0.40_{-2}	0.21_{-2}	14_{-2}	5_{-2}	0.13_{-2}	0.03_{-2}	1_{-2}	$-_{-2}$	0.46_{-1}	0.74_{-1}	...	...	SEN
...	...	...	...	...	...	...	...	...	...	...	...	...	...	...	...	SYC
0.66_{-4}	0.50_{-4}	41_{-4}	47_{-4}	0.37_{-4}	0.21_{-4}	21_{-4}	10_{-4}	0.13_{-4}	0.04_{-4}	2_{-4}	1_{-4}	...	...	...	...	SLE
...	...	...	...	...	...	...	...	...	...	...	...	...	...	...	...	SOM
...	...	...	...	...	...	...	...	...	...	...	...	...	...	0.39_{-2}	...	ZAF
...	...	...	...	...	...	...	...	...	...	...	...	...	...	...	...	SSD
0.67_{-3}	0.48_{-3}	46_{-3}	34_{-3}	0.29_{-3}	0.11_{-3}	7_{-3}	2_{-3}	0.14_{-3}	0.03_{-3}	2_{-3}	$-_{-3}$	0.31_{-3}	0.48_{-3}	...	...	TGO
0.59_{-1}	0.26_{-1}	20_{-1}	17_{-1}	0.38_{-1}	0.12_{-1}	10_{-1}	4_{-1}	0.34_{-1}	0.07_{-1}	3_{-1}	3_{-1}	...	...	...	...	UGA
0.83_{-2}	0.64_{-2}	54_{-2}	67_{-2}	0.35_{-2}	0.12_{-2}	9_{-2}	5_{-2}	0.26_{-2}	0.01_{-2}	0.4_{-2}	$-_{-2}$	...	...	...	...	TZA
0.72_{-4}	0.47_{-4}	43_{-4}	45_{-4}	0.45_{-4}	0.22_{-4}	23_{-4}	15_{-4}	0.27_{-4}	0.02_{-4}	3_{-4}	0.4_{-4}	...	...	...	...	ZMB
0.88_{-2}	0.76_{-2}	73_{-2}	76_{-2}	0.68_{-2}	0.42_{-2}	40_{-2}	39_{-2}	0.16_{-2}	0.02_{-2}	2_{-2}	$-_{-2}$	...	...	...	...	ZWE

表 5（续）

	A 完成率的经调整的性别均等指数			B 以下技能达到最低熟练水平的经调整的性别均等指数（初等教育结束时 / 初级中等教育结束时）				C 识字率的经调整的性别均等指数		D 成人技能达到最低熟练水平的经调整的性别均等指数		E 毛入学率的经调整的性别均等指数			
	初等教育	初级中等教育	高级中等教育	初等·阅读	初等·数学	初中·阅读	初中·数学	青年	成人	读写	计算	学前教育	初等教育	中等教育	高等教育
可持续发展目标指标:				4.5.1											
参考年份:				2017											
北非和西亚															
阿尔及利亚	1.01[-4]	1.25[-4]	1.41[-4]	...	...	1.46[-2]	1.16[-2]	...	...	...	...	...	0.95	...	1.33
亚美尼亚	1.00[-1]	1.05[-1]	1.25[-1]	...	1.01	...	...	...	...	...	...	1.09	1.00	1.05[-2]	1.22
阿塞拜疆	...	...	...	...	...	...	...	1.00[-1]	1.00[-1]	...	...	1.00i	1.02i	1.01i	1.13i
巴林	...	...	...	...	...	...	1.13[-2]	...	...	...	...	0.99	1.00	1.01	1.49
塞浦路斯	...	0.99[-3]	1.10[-3]	...	...	1.29[-2]	...	...	...	...	...	0.99[-2]i	1.00[-2]i	0.99[-2]i	1.26[-2]i
埃及	1.01[-3]	1.02[-3]	0.96[-3]	...	...	...	1.08[-2]	0.98	0.87	...	...	0.99	1.00	0.98	1.02[-1]
格鲁吉亚	...	1.00[-4]	1.00[-4]	...	...	1.39[-2]	1.13[-2]	1.00[-3]	1.00[-3]	...	...	...	1.01	1.02	1.12
伊拉克	...	...	...	...	...	...	...	0.85[-4]	0.72[-4]	...	...	...	...	...	...
以色列	...	...	...	...	...	1.13[-2]	1.00[-2]	...	...	1.01[-2]	0.92[-2]	1.00[-1]	1.01[-1]	1.02[-1]	1.29[-1]
约旦	...	...	...	...	...	1.47[-2]	1.16[-2]	...	...	...	...	...	...	1.03	1.13
科威特	...	...	...	...	...	...	1.07[-2]	1.00	0.98	...	...	1.00	1.00	1.07[-2]	1.46[-4]
黎巴嫩	...	...	...	...	...	1.11[-2]	0.97[-2]	...	...	...	...	0.96	0.92	0.99	1.14[-3]
利比亚	...	...	...	...	...	...	...	...	...	...	...	...	...	...	...
摩洛哥	...	...	...	...	...	...	...	...	1.00[-2]	...	...	0.83	0.95	0.89	0.97
阿曼	...	...	...	...	...	...	1.23[-2]	1.00	0.96	...	...	1.05	1.03	0.97	1.45[-1]
巴勒斯坦	1.01[-3]	1.14[-3]	1.28[-3]	...	...	...	...	1.00[-1]	0.97[-1]	...	...	1.00	1.00	1.09	1.38
卡塔尔	...	...	...	...	...	1.33[-2]	1.06[-2]	...	...	...	...	1.03	0.99	1.20	1.87
沙特阿拉伯	...	...	...	...	...	...	1.15[-2]	1.00[-4]	0.95[-4]	...	...	0.99[-1]	0.98[-1]	0.77[-3]i	1.00[-1]
苏丹	0.97[-3]	1.02[-3]	0.83[-3]	...	...	...	...	...	...	...	...	1.05[-1]	0.94[-1]	0.98[-1]	1.02[-2]
阿拉伯叙利亚共和国	...	...	...	...	...	...	...	...	...	...	...	0.96[-4]	0.97[-4]	1.00[-4]	1.16[-1]
突尼斯	...	...	...	...	...	1.28[-2]	0.87[-2]	0.99[-3]	0.84[-3]	...	...	1.00[-1]	0.97[-1]	1.10[-2]	1.44
土耳其	...	...	...	...	1.01[-2]	1.18[-2]	1.03[-2]	1.00[-1]	0.95[-1]	0.87[-2]	0.71[-2]	0.95[-1]	0.99[-1]	0.98[-1]	0.87[-1]
阿拉伯联合酋长国	...	...	...	...	...	1.31[-2]	1.10[-2]	...	...	...	...	1.07[-1]	0.97[-1]	0.94[-1]	...
也门	0.78[-4]	0.73[-4]	0.64[-4]	...	...	...	...	...	...	...	...	0.90[-1]	0.87[-1]	0.73[-1]	...
中亚和南亚															
阿富汗	0.56[-2]	0.49[-2]	0.46[-2]	...	...	...	...	...	...	...	...	...	0.69	0.57	0.28[-3]
孟加拉国	1.11[-3]	1.02[-3]	0.82[-3]	...	...	...	...	1.03	0.93	...	...	1.03	1.07	1.15	0.70
不丹	...	...	...	...	...	...	...	...	...	...	...	1.06	1.00	1.09	0.74[-4]
印度	1.00[-2]	0.96[-2]	0.85[-2]	1.03[-1]	0.91[-1]	...	...	...	...	...	...	0.94[-1]	1.14[-1]	1.02[-1]	1.00[-1]
伊朗伊斯兰共和国	...	...	...	...	...	...	1.05[-2]	1.00[-1]	0.89[-1]	...	...	0.97[-2]	1.05[-2]	1.00[-2]	0.91[-1]
哈萨克斯坦	1.00[-2]	1.02[-2]	1.02[-2]	...	1.00[-2]	1.13[-2]	1.02[-2]	...	...	...	...	1.01	1.02	1.01	1.21
吉尔吉斯斯坦	1.00[-1]	1.02[-1]	1.03[-1]	...	...	...	...	...	...	...	...	1.01	0.99	1.00	1.20
马尔代夫	...	...	...	...	...	...	...	1.00[-3]	1.00[-3]	...	...	1.00	1.00	...	1.51[-3]
尼泊尔	0.99[-1]	0.97[-1]	...	...	...	...	...	...	...	...	...	0.94	1.06	1.10i	1.10
巴基斯坦	...	...	...	1.04[-1]	1.03[-1]	...	...	0.82[-3]	0.64[-3]	...	...	0.87	0.86	0.81	0.87
斯里兰卡	...	...	...	...	...	...	...	1.01	0.98	...	...	0.99[-1]	0.99	1.05	1.34
塔吉克斯坦	...	...	...	...	...	...	...	1.00[-3]i	1.00[-3]i	...	...	0.86	0.99	0.90[-4]	0.75
土库曼斯坦	1.00[-1]	1.00[-1]	1.03[-1]	...	...	...	...	1.00[-3]i	1.00[-3]i	...	...	0.97[-3]	0.98[-1]	0.96[-1]	0.64[-3]
乌兹别克斯坦	...	...	...	...	...	...	...	1.00[-1]	1.00[-1]	...	...	0.96	0.98	0.99	0.61
东亚和东南亚															
文莱达鲁萨兰国	...	...	...	...	...	...	...	...	...	...	...	1.03	0.99	1.02	1.36
柬埔寨	1.12[-3]	0.96[-3]	0.97[-3]	...	...	1.30	1.22	1.01[-2]	0.87[-2]	...	...	1.04	0.98	...	0.87
中国	1.02[-3]	1.13[-3]	1.02[-3]	...	...	1.06[-2]	1.00[-2]	...	...	...	...	1.01	1.01	1.02[-1]	1.17
朝鲜民主主义人民共和国	...	...	...	...	...	...	...	...	...	...	...	...	1.00[+1]	1.01[-2]	0.51[+1]
中国香港	...	...	...	...	...	1.07[-2]	1.02[-2]	...	...	...	...	0.99	...	0.96	1.10
印度尼西亚	...	...	...	...	...	1.26[-2]	1.06[-2]	1.00[-1]	0.96[-1]	...	...	0.89	0.96	1.03	1.11
日本	...	...	...	...	...	...	...	...	...	...	...	...	1.00[-1]	1.01[-1]	0.95[-1]
老挝人民民主共和国	...	...	...	...	...	...	...	0.96[-2]	0.88[-2]	...	...	1.03	0.97	0.93	1.05
中国澳门	...	...	...	...	...	1.10[-2]	1.03[-2]	1.00[-1]	0.97[-1]	...	...	0.98	0.99	1.00	1.23
马来西亚	...	...	...	...	...	1.22[-2]	1.06[-2]	...	...	...	...	1.04	1.01	1.05	1.15
蒙古	1.01[-3]	1.05[-3]	1.26[-3]	...	...	...	...	...	...	...	...	1.00	0.98	...	1.30
缅甸	1.03[-1]	1.03[-1]	1.33[-1]	...	...	...	...	0.99[-1]i	0.90[-1]i	...	...	0.99[-1]	0.95	1.09	1.32
菲律宾	1.12[-4]	1.25[-4]	1.22[-4]	...	...	...	...	1.01[-4]	1.01[-4]	...	...	0.99[-1]	0.97[-1]	1.09[-1]	1.24
韩国	...	...	...	...	...	1.12[-2]	1.06[-2]	...	...	...	...	1.00[-1]	...	0.99[-1]	0.78[-1]
新加坡	...	...	...	...	...	1.06[-2]	1.01[-2]	1.00[-1]	0.97[-1]	0.96[-2]	0.93[-2]	...	1.00[-1]i	0.99[-1]i	1.14[-1]i
泰国	1.01[-4]	1.10[-4]	1.13[-4]	...	...	1.28[-2]	1.03[-2]	1.00[-2]	0.96[-2]	...	...	0.99	1.00	0.96	1.29[-1]
东帝汶	1.10[-1]	1.10[-1]	1.10[-1]	...	...	...	...	...	...	...	...	1.02	0.97	1.08	...
越南	1.01[-3]	1.06[-3]	1.17[-3]	...	...	1.11[-2]	1.04[-2]	...	...	...	...	0.98	1.00	...	1.19[-1]

地区/贫富																
F												G				
初等教育完成率的不均等				初级中等教育完成率的不均等				高级中等教育完成率的不均等				达到以下技能最低熟练水平的贫富不均等				
经调整的均等指数		最贫困人口的完成率（%）		经调整的均等指数		最贫困人口的完成率（%）		经调整的均等指数		最贫困人口的完成率（%）		初等教育结束时		初级中等教育结束时		国名和地区缩写
地区	贫富	男	女	地区	贫富	男	女	地区	贫富	男	女	阅读	数学	阅读	数学	
							4.5.1									
							2017									
0.96[-4]	0.87[-4]	87[-4]	86[-4]	0.76[-4]	0.49[-4]	30[-4]	47[-4]	0.68[-4]	0.33[-4]	12[-4]	22[-4]	...	...	0.61[-2]	0.49[-2]	DZA
1.00[-1]	0.99[-1]	99[-1]	99[-1]	0.96[-1]	0.93[-1]	85[-1]	99[-1]	0.68[-1]	0.64[-1]	45[-1]	55[-1]	...	...	...	...	ARM
...	...	...	...	...	...	...	...	...	...	...	...	...	...	...	...	AZE
...	...	...	...	...	...	...	...	...	...	...	...	...	...	...	0.76[-2]	BHR
...	...	...	...	1.01[-3]	0.96[-3]	100[-3]	92[-3]	1.02[-3]	0.93[-3]	78[-3]	99[-3]	...	...	0.67[-2]	...	CYP
0.97[-3]	0.89[-3]	87[-3]	87[-3]	0.89[-3]	0.74[-3]	70[-3]	71[-3]	0.60[-3]	0.37[-3]	27[-3]	27[-3]	...	...	...	0.55[-2]	EGY
...	...	...	...	0.99[-4]	0.99[-4]	100[-4]	96[-4]	0.98[-4]	0.89[-4]	85[-4]	92[-4]	...	...	0.45[-2]	0.37[-2]	GEO
...	...	...	...	...	...	...	...	...	...	...	...	...	...	...	...	IRQ
...	...	...	...	...	...	...	...	...	...	...	...	...	...	0.68[-2]	0.60[-2]	ISR
...	...	...	...	...	...	...	...	...	...	...	...	...	...	0.59[-2]	0.48[-2]	JOR
...	...	...	...	...	...	...	...	...	...	...	...	...	...	...	0.54[-2]	KWT
...	...	...	...	...	...	...	...	...	...	...	...	...	...	0.24[-2]	0.72[-2]	LBN
...	...	...	...	...	...	...	...	...	...	...	...	...	...	...	...	LBY
...	...	...	...	...	...	...	...	...	...	...	...	...	...	...	0.60[-2]	MAR
...	...	...	...	...	...	...	...	...	...	...	...	...	...	...	0.64[-2]	OMN
1.00[-3]	0.99[-3]	98[-3]	100[-3]	1.03[-3]	0.82[-3]	69[-3]	84[-3]	1.04[-3]	0.63[-3]	37[-3]	62[-3]	...	...	...	...	PSE
...	...	...	...	...	...	...	...	...	...	...	...	...	...	0.59[-2]	0.46[-2]	QAT
...	...	...	...	...	...	...	...	...	...	...	...	...	...	...	0.47[-2]	SAU
0.71[-3]	0.45[-3]	45[-3]	41[-3]	0.61[-3]	0.30[-3]	29[-3]	23[-3]	0.45[-3]	0.16[-3]	14[-3]	8[-3]	...	...	...	...	SDN
...	...	...	...	...	...	...	...	...	...	...	...	...	...	...	...	SYR
...	...	...	...	...	...	...	...	...	...	...	...	...	...	0.34[-2]	0.31[-2]	TUN
...	...	...	...	...	...	...	...	...	...	...	...	...	0.62[-2]	0.62[-2]	0.55[-2]	TUR
...	...	...	...	...	...	...	...	...	...	...	...	...	...	0.66[-2]	0.65[-2]	ARE
0.72[-4]	0.39[-4]	47[-4]	20[-4]	0.60[-4]	0.29[-4]	31[-4]	9[-4]	0.50[-4]	0.18[-4]	17[-4]	4[-4]	...	...	...	...	YEM
0.67[-2]	0.58[-2]	57[-2]	31[-2]	0.54[-2]	0.42[-2]	38[-2]	13[-2]	0.42[-2]	0.26[-2]	20[-2]	4[-2]	...	...	...	...	AFG
0.99[-3]	0.70[-3]	57[-3]	68[-3]	0.94[-3]	0.40[-3]	30[-3]	27[-3]	0.61[-3]	0.10[-3]	4[-3]	3[-3]	...	...	...	...	BGD
...	...	...	...	...	...	...	...	...	...	...	...	...	...	...	...	BTN
0.97[-2]	0.82[-2]	81[-2]	80[-2]	0.92[-2]	0.62[-2]	62[-2]	56[-2]	0.65[-2]	0.18[-2]	18[-2]	9[-2]	0.51[-1]	0.50[-1]	...	...	IND
...	...	...	...	...	...	...	...	...	...	...	...	...	...	...	0.53[-2]	IRN
1.00[-2]	1.00[-2]	100[-2]	100[-2]	1.00[-2]	0.99[-2]	100[-2]	99[-2]	0.96[-2]	0.90[-2]	88[-2]	89[-2]	...	0.95[-2]	0.67[-2]	0.90[-2]	KAZ
1.00[-1]	0.98[-1]	98[-1]	98[-1]	0.95[-1]	0.92[-1]	91[-1]	92[-1]	0.96[-1]	0.91[-1]	77[-1]	85[-1]	...	...	...	...	KGZ
...	...	...	...	...	...	...	...	...	...	...	...	...	...	...	...	MDV
0.83[-1]	0.80[-1]	73[-1]	69[-1]	0.77[-1]	0.57[-1]	50[-1]	50[-1]	...	...	...	...	...	...	...	...	NPL
...	...	...	...	...	...	...	...	...	...	...	...	0.72[-1]	0.72[-1]	...	...	PAK
...	...	...	...	...	...	...	...	...	...	...	...	...	...	...	...	LKA
...	...	...	...	...	...	...	...	...	...	...	...	...	...	...	...	TJK
1.00[-1]	1.00[-1]	100[-1]	100[-1]	1.00[-1]	1.00[-1]	99[-1]	100[-1]	1.01[-1]	0.94[-1]	86[-1]	95[-1]	...	...	...	...	TKM
...	...	...	...	...	...	...	...	...	...	...	...	...	...	...	...	UZB
...	...	...	...	...	...	...	...	...	...	...	...	...	...	...	...	BRN
0.83[-3]	0.52[-3]	42[-3]	54[-3]	0.53[-3]	0.26[-3]	15[-3]	19[-3]	0.31[-3]	0.09[-3]	5[-3]	4[-3]	...	...	...	...	KHM
0.99[-3]	0.97[-3]	94[-3]	98[-3]	0.88[-3]	0.93[-3]	74[-3]	85[-3]	0.70[-3]	0.79[-3]	59[-3]	63[-3]	...	...	0.61[-2]	0.71[-2]	CHN
...	...	...	...	...	...	...	...	...	...	...	...	...	...	...	...	PRK
...	...	...	...	...	...	...	...	...	...	...	...	...	...	0.91[-2]	0.91[-2]	HKG
...	...	...	...	...	...	...	...	...	...	...	...	...	...	0.44[-2]	0.29[-2]	IDN
...	...	...	...	...	...	...	...	...	...	...	...	...	...	...	...	JPN
...	...	...	...	...	...	...	...	...	...	...	...	...	...	...	...	LAO
...	...	...	...	...	...	...	...	...	...	...	...	...	...	0.93[-2]	0.96[-2]	MAC
...	...	...	...	...	...	...	...	...	...	...	...	...	...	0.53[-2]	0.72[-2]	MYS
0.98[-3]	0.96[-3]	94[-3]	96[-3]	0.77[-3]	0.67[-3]	63[-3]	72[-3]	0.45[-3]	0.24[-3]	13[-3]	33[-3]	...	...	...	...	MNG
0.91[-1]	0.70[-1]	64[-1]	65[-1]	0.47[-1]	0.18[-1]	18[-1]	9[-1]	0.31[-1]	0.04[-1]	1[-1]	2[-1]	...	...	...	...	MMR
0.95[-4]	0.69[-4]	58[-4]	80[-4]	0.86[-4]	0.43[-4]	29[-4]	55[-4]	0.81[-4]	0.32[-4]	23[-4]	38[-4]	...	...	...	...	PHL
...	...	...	...	...	...	...	...	...	...	...	...	...	...	0.83[-2]	0.79[-2]	KOR
...	...	...	...	...	...	...	...	...	...	...	...	...	...	0.79[-2]	0.97[-2]	SGP
1.00[-4]	0.99[-4]	97[-4]	99[-4]	0.98[-4]	0.80[-4]	69[-4]	85[-4]	0.78[-4]	0.37[-4]	23[-4]	41[-4]	...	...	0.58[-2]	0.60[-2]	THA
0.82[-1]	0.62[-1]	57[-1]	63[-1]	0.63[-1]	0.37[-1]	33[-1]	35[-1]	0.48[-1]	0.23[-1]	18[-1]	20[-1]	...	...	...	...	TLS
0.98[-3]	0.92[-3]	89[-3]	91[-3]	0.91[-3]	0.62[-3]	57[-3]	64[-3]	0.68[-3]	0.22[-3]	16[-3]	25[-3]	...	...	0.84[-2]	0.78[-2]	VNM

表5（续）

	A 完成率的经调整的性别均等指数			B 以下技能达到最低熟练水平的经调整的性别均等指数				C 识字率的经调整的性别均等指数		D 成人技能达到最低熟练水平的经调整的性别均等指数		E 毛入学率的经调整的性别均等指数			
				初等教育结束时		初级中等教育结束时									
	初等教育	初级中等教育	高级中等教育	阅读	数学	阅读	数学	青年	成人	读写	计算	学前教育	初等教育	中等教育	高等教育
可持续发展目标指标：				4.5.1											
参考年份：				2017											
大洋洲															
澳大利亚	...	...	...	1.04	1.02	1.11[-2]	1.00[-2]	...	...	...	...	0.96[-1]	1.00[-1]	0.87[-1]	1.30[-1]
库克群岛	...	...	...	...	...	...	...	...	...	...	...	1.04[-1,i]	0.94[-1,i]	1.06[-1,i]	...
斐济													0.99[-1]		
基里巴斯													1.06		
马绍尔群岛												0.93[-1]	1.02[-1]	1.09[-1]	
密克罗尼西亚联邦												0.92[-2]	1.00[-2]		
瑙鲁												1.04[-1,i]	1.03[-1]	1.03[-1]	
新西兰				1.11[-2]	1.00[-2]					1.01[-2]	0.95[-2]	1.01[-1]	1.01[-1]	1.06[-1]	1.29[-1]
纽埃												1.06[-1]	0.95[-1]	1.09[-1]	
帕劳								1.01[-2]	1.00[-2]			1.08[-3,i]	0.96[-3,i]	1.05[-3,i]	1.35[-4,i]
巴布亚新几内亚												0.99[-1]	0.91[-1]	0.73[-1]	
萨摩亚												1.11	1.00	1.09[-1]	
所罗门群岛												1.02	0.99		
托克劳												0.90[-1]	0.88[-1]	1.02[-1]	
汤加												1.01[-2]	0.97[-2]	1.05[-2]	
图瓦卢												1.04[-1,i]	0.97[-1]	1.20[-1]	
瓦努阿图						1.01[-3,i]	0.97[-3,i]					0.97[-2]	0.98[-2]	1.05[-2]	
拉丁美洲和加勒比															
安圭拉				1.22[-2]	1.23[-2]							...	...	...	...
安提瓜和巴布达				1.33[-2]	1.14[-2]				1.01[-2]			0.98[-2]	0.94[-2]	1.02[-2]	
阿根廷				1.10[-2]	0.95[-2]	1.10[-2]	0.86[-2]	1.00[-1]	1.00[-1]			1.01[-1]	1.00[-1]	1.04[-1]	1.40[-1]
阿鲁巴												0.98[-3]	0.97[-3]		1.56[-2]
巴哈马												1.07[-1]	1.05[-1]	1.06[-1]	
巴巴多斯								1.00[-3,i]	1.00[-3,i]			1.04	0.98	1.04	
伯利兹	1.01[-1]	1.15[-1]	1.06[-1]									1.05	0.95	1.05	1.38
多民族玻利维亚国	1.00[-4]	1.01[-4]	0.98[-4]					1.00[-2]	0.92[-2]			1.00	0.98	0.97	
巴西	1.09[-2]	1.10[-2]	1.19[-2]	1.04	0.99	1.17[-2]	0.79[-2]	1.01[-2]	1.01[-2]			1.05[-2,i]	0.97[-1,i]	1.05[-1]	1.28[-1,i]
英属维尔京群岛															
开曼群岛															
智利	1.00[-2]	1.01[-2]	1.05[-2]	1.03[-4]	1.00[-4]	1.07[-2]	0.88[-2]	1.00	1.00	0.90[-2]	0.70[-2]	0.98[-1]	0.97[-1]	1.01[-1]	1.12[-1]
哥伦比亚	1.04[-1]	1.10[-2]	1.12[-2]	1.02	0.98	1.02	0.96	1.01[-1]	1.01[-1]				0.97	1.05	1.14
哥斯达黎加	1.01[-1]	1.12[-1]	1.19[-1]	1.02[-1]	1.01[-1]	1.12[-2]	0.76[-2]					1.00[-1]	1.01[-1]	1.05[-1]	1.21
古巴	1.00[-3]	1.01[-3]	1.01[-3]									1.00	0.95	1.02	1.29[-1]
库拉索													0.96[-4]	1.08[-4]	1.56[-4]
多米尼克												1.03[-1]	0.97[-1]	0.99[-2]	
多米尼加共和国	1.09[-4]	1.11[-4]	1.26[-4]	1.12[-1]	0.99[-4]	1.31[-2]	0.95[-2]	1.00	1.00			1.04[-1]	0.92[-1]	1.09[-1]	1.44
厄瓜多尔	1.00[-4]	1.03[-4]	1.06[-4]	1.05[-1]	1.00[-1]	1.06[-1]	0.93[-1]	1.00[-1]	0.98[-1]			1.05	1.01	1.03	1.14[-2]
萨尔瓦多	1.04[-3]	1.02[-3]	1.09[-3]					1.01[-1]	0.96[-1]			1.01	0.97	0.99	1.11[-1]
格林纳达								1.01[-3,i]	1.00[-3,i]			1.06	0.95	1.05	1.19
危地马拉	0.95[-2]	0.87[-2]	0.91[-2]	1.12[-1]	0.91[-1]			0.98[-2]	0.88[-2]			1.02[-1]	0.97[-1]	0.95[-1]	1.15[-2]
圭亚那	1.03[-3]	1.11[-3]	1.24[-3]					1.01[-3,i]	0.99[-3,i]						
海地															
洪都拉斯	1.06[-4]	1.25[-4]	1.38[-4]	1.06[-4]	0.94[-4]			1.02[-1]	1.00[-1]			1.01	1.00	1.12	1.27[-2]
牙买加								1.05[-3,i]	1.10[-3,i]			1.01	...	1.06	1.42[-2]
墨西哥	1.00[-1]	0.99[-1]	0.98[-1]	1.22[-2]	1.06[-2]	1.15[-2]	0.90[-2]	1.00[-1]	0.98[-1]			1.02[-1]	1.01[-1]	1.08[-1]	1.02[-1]
蒙特塞拉特				1.00[-2]	1.36[-2]										
尼加拉瓜				1.04[-1]	0.95[-1]										
巴拿马	1.01[-3]	1.09[-3]	1.11[-3]	1.08[-4]	0.98[-4]							1.03[-1]	0.98[-1]	1.03[-1]	1.36[-2]
巴拉圭	1.09[-1]	1.09[-1]	1.12[-1]	1.08[-1]	1.02[-1]			1.01[-1]	0.98[-1]			1.01[-1]	0.96[-1]	1.05[-1]	
秘鲁	1.01[-3]	1.02[-3]	1.01[-3]	0.98[-4]	0.94[-4]	1.10[-1]	0.88[-1]	1.00[-1]	0.94[-1]			1.01	1.00	1.00	1.11[-1]
圣基茨和尼维斯															
圣卢西亚				1.15[-2]	1.04[-2]									1.01	1.50
圣文森特和格林纳丁斯												1.04	0.98	0.96	
荷属圣马丁															
苏里南												1.01	1.01	1.24[-2]	
特立尼达和多巴哥						1.28[-2]	1.16[-2]								
特克斯和凯科斯群岛															
乌拉圭	1.02[-3]	1.16[-3]	1.28[-3]	1.05[-4]	0.96[-4]	1.16[-2]	0.89[-2]	1.01	1.01			1.02[-1]	0.98[-1]		
委内瑞拉玻利瓦尔共和国	1.03[-4]	1.12[-4]	1.13[-4]					1.01[-1]	1.00[-1]			1.01	0.97	1.07	

地区/贫富 F — 4.5.1 / 2017												G 达到以下技能最低熟练水平的贫富不均等				国名和地区名缩写
初等教育完成率的不均等				初级中等教育完成率的不均等				高级中等教育完成率的不均等				初等教育结束时		初级中等教育结束时		
经调整的均等指数		最贫困人口的完成率（%）		经调整的均等指数		最贫困人口的完成率（%）		经调整的均等指数		最贫困人口的完成率（%）		阅读	数学	阅读	数学	
地区	贫富	男	女	地区	贫富	男	女	地区	贫富	男	女					
...	...	...	...	...	...	...	...	...	...	...	...	...	...	0.76-2	0.71-2	AUS
...	...	...	...	...	...	...	...	...	...	...	...	...	...	...	...	COK
...	...	...	...	...	...	...	...	...	...	...	...	...	...	...	...	FJI
...	...	...	...	...	...	...	...	...	...	...	...	...	...	...	...	KIR
...	...	...	...	...	...	...	...	...	...	...	...	...	...	...	...	MHL
...	...	...	...	...	...	...	...	...	...	...	...	...	...	...	...	FSM
...	...	...	...	...	...	...	...	...	...	...	...	...	...	...	...	NRU
...	...	...	...	...	...	...	...	...	...	...	...	...	...	0.77-2	0.70-2	NZL
...	...	...	...	...	...	...	...	...	...	...	...	...	...	...	...	NIU
...	...	...	...	...	...	...	...	...	...	...	...	...	...	...	...	PLW
...	...	...	...	...	...	...	...	...	...	...	...	...	...	...	...	PNG
...	...	...	...	...	...	...	...	...	...	...	...	...	...	...	...	WSM
...	...	...	...	...	...	...	...	...	...	...	...	...	...	...	...	SLB
...	...	...	...	...	...	...	...	...	...	...	...	...	...	...	...	TKL
...	...	...	...	...	...	...	...	...	...	...	...	...	...	...	...	TON
...	...	...	...	...	...	...	...	...	...	...	...	...	...	...	...	TUV
...	...	...	...	...	...	...	...	...	...	...	...	...	...	...	...	VUT
...	...	...	...	...	...	...	...	...	...	...	...	...	...	...	...	AIA
...	...	...	...	...	...	...	...	...	...	...	...	...	...	...	...	ATG
...	...	...	...	...	...	...	...	...	...	...	...	0.64-1	0.59-1	0.56-1	0.31-1	ARG
...	...	...	...	...	...	...	...	...	...	...	...	...	...	...	...	ABW
...	...	...	...	...	...	...	...	...	...	...	...	...	...	...	...	BHS
...	...	...	...	...	...	...	...	...	...	...	...	...	...	...	...	BRB
0.99-1	0.92-1	88-1	94-1	0.68-1	0.38-1	23-1	44-1	0.69-1	0.25-1	16-1	21-1	...	...	...	...	BLZ
0.96-4	0.95-4	90-4	94-4	0.87-4	0.84-4	79-4	82-4	0.59-4	0.63-4	55-4	58-4	...	...	...	...	BOL
0.88-2	0.78-2	69-2	82-2	0.81-2	0.70-2	61-2	75-2	0.66-2	0.44-2	33-2	43-2	1.09-4	1.07-4	0.51-2	0.27-2	BRA
...	...	...	...	...	...	...	...	...	...	...	...	...	...	...	...	VGB
...	...	...	...	...	...	...	...	...	...	...	...	...	...	...	...	CYM
1.00-2	0.99-2	98-2	99-2	1.00-2	0.97-2	97-2	98-2	0.90-2	0.76-2	70-2	77-2	0.95-4	0.97-4	0.62-2	0.53-2	CHL
0.90-2	0.84-2	79-2	85-2	0.69-2	0.54-2	47-2	55-2	0.58-2	0.41-2	36-2	41-2	0.81	0.50	1.36	0.68	COL
0.97-3	0.92-3	90-3	91-3	0.80-3	0.55-3	49-3	52-3	0.65-3	0.43-3	34-3	39-3	0.90-4	0.90-4	0.51-2	0.36-2	CRI
1.01-3	...	...	...	1.00-3	...	...	...	0.94-3	...	...	...	...	...	...	...	CUB
...	...	...	...	...	...	...	...	...	...	...	...	...	...	...	...	CUW
...	...	...	...	...	...	...	...	...	...	...	...	...	...	...	...	DMA
0.92-4	0.76-4	69-4	81-4	0.92-4	0.64-4	53-4	69-4	0.73-4	0.24-4	19-4	22-4	0.60-4	0.69-4	0.26-2	0.13-2	DOM
0.98-4	0.98-4	95-4	98-4	0.86-4	0.87-4	81-4	80-4	0.63-4	0.60-4	47-4	50-4	0.61-4	0.76-2	0.70-1	0.81-1	ECU
0.92-3	0.84-3	78-3	82-3	0.74-3	0.56-3	53-3	49-3	0.55-3	0.34-3	27-3	29-3	...	...	...	...	SLV
...	...	...	...	...	...	...	...	...	...	...	...	...	...	...	...	GRD
0.83-2	0.58-2	58-2	54-2	0.55-2	0.17-2	21-2	10-2	0.43-2	0.06-2	7-2	3-2	0.73-4	0.83-4	...	...	GTM
1.01-3	0.95-3	91-3	97-3	0.90-3	0.73-3	58-3	77-3	0.80-3	0.33-3	20-3	31-3	...	...	...	...	GUY
...	...	...	...	...	...	...	...	...	...	...	...	...	...	...	...	HTI
0.85-4	0.77-4	70-4	75-4	0.60-4	0.37-4	26-4	32-4	0.43-4	0.21-4	13-4	16-4	1.32-4	1.05-4	...	...	HND
...	...	...	...	...	...	...	...	...	...	...	...	...	...	...	...	JAM
1.00-1	0.92-1	89-1	94-1	0.91-1	0.76-1	75-1	76-1	0.71-1	0.36-1	38-1	25-1	0.82-4	0.93-4	0.53-2	0.48-2	MEX
...	...	...	...	...	...	...	...	...	...	...	...	...	...	...	...	MSR
...	...	...	...	...	...	...	...	...	...	...	...	1.65-4	1.49-4	...	...	NIC
0.93-3	0.88-3	87-3	89-3	0.77-3	0.61-3	57-3	57-3	0.55-3	0.26-3	20-3	25-3	0.60-4	0.63-4	...	...	PAN
0.92-1	0.76-1	66-1	86-1	0.76-1	0.48-1	45-1	49-1	0.56-1	0.20-1	17-1	20-1	0.59-4	0.65-4	...	...	PRY
0.94-3	0.92-3	91-3	92-3	0.81-3	0.76-3	74-3	73-3	0.75-3	0.63-3	61-3	59-3	1.46-4	1.23-4	0.20-2	0.19-2	PER
...	...	...	...	...	...	...	...	...	...	...	...	...	...	...	...	KNA
...	...	...	...	...	...	...	...	...	...	...	...	...	...	...	...	LCA
...	...	...	...	...	...	...	...	...	...	...	...	...	...	...	...	VCT
...	...	...	...	...	...	...	...	...	...	...	...	...	...	...	...	SXM
...	...	...	...	...	...	...	...	...	...	...	...	...	...	...	...	SUR
...	...	...	...	...	...	...	...	...	...	...	...	...	...	0.60-2	0.51-2	TTO
...	...	...	...	...	...	...	...	...	...	...	...	...	...	...	...	TCA
1.01-3	0.96-3	93-3	97-3	0.84-3	0.50-3	39-3	54-3	0.71-3	0.21-3	11-3	20-3	1.04-4	1.04-4	0.53-2	0.39-2	URY
...	0.92-4	89-4	93-4	...	0.80-4	64-4	76-4	...	0.69-4	54-4	62-4	...	...	...	...	VEN

	性别														
	A			B				C		D		E			
	完成率的经调整的性别均等指数			以下技能达到最低熟练水平的经调整的性别均等指数				识字率的经调整的性别均等指数		成人技能达到最低熟练水平的经调整的性别均等指数		毛入学率的经调整的性别均等指数			
				初等教育结束时		初级中等教育结束时									
	初等教育	初级中等教育	高级中等教育	阅读	数学	阅读	数学	青年	成人	读写	计算	学前教育	初等教育	中等教育	高等教育
可持续发展目标指标：				4.5.1											
参考年份：				2017											
欧洲和北美															
阿尔巴尼亚	...	...	...	...	...	...	1.09-2	...	...	...	...	0.99	0.97	0.94	1.37
安道尔	...	...	...	...	...	...	...	...	...	...	...	...	...	...	...
奥地利	...	0.98-3	1.01-3	...	...	1.08-2	0.93-2	...	...	...	...	1.00-1	0.99-1	0.96-1	1.16-1
白俄罗斯	...	...	...	...	...	...	...	...	...	...	...	0.96	1.00	0.98	1.20
比利时	...	1.03-3	0.99-3	...	...	1.06-2	0.97-2	...	...	...	...	1.00-1	1.00-1	1.11-1	1.23-1
百慕大	...	...	...	...	...	...	...	...	...	...	...	0.84-2	0.98-2	1.10-2	1.57-2
波斯尼亚和黑塞哥维那	...	...	...	...	...	...	...	1.00-4	0.96-4	...	...	...	...	...	...
保加利亚	...	1.01-3	0.90-3	...	1.01-2	1.26-2	1.05-2	...	...	...	...	0.99-1	0.99-1	0.97-1	1.20-1
加拿大	...	...	...	...	...	1.07-2	0.99-2	...	...	...	...	...	1.00-1	1.01-1	1.25-1i
克罗地亚	...	1.02-3	0.98-3	...	0.99-1	1.12-2	0.94-2	...	...	...	...	0.96-1	1.01-1	1.04-1	1.27-1
捷克	...	1.00-3	1.00-3	...	...	1.12-2	1.01-2	...	...	...	...	0.97-1	1.01-1	1.01-1	1.29-1
丹麦	...	1.01-3	1.08-3	...	...	1.07-2	0.98-2	...	...	...	...	0.99-1	0.99-1	1.03-1	1.27-1
爱沙尼亚	...	1.01-3	1.10-3	...	...	1.08-2	1.02-2	...	...	...	...	...	1.00-1	1.01-1	1.34-1
芬兰	...	1.00-3	1.08-3	...	...	1.11-2	1.05-2	...	...	...	...	1.00-1	1.00-1	1.09-1	1.16-1
法国	...	1.01-3	1.12-3	...	...	1.11-2	1.01-2	...	...	...	...	1.00-1i	0.99-1i	1.01-1i	1.19-1i
德国	...	0.99-3	1.03-3	...	1.00-2	1.06-2	0.95-2	...	...	...	...	0.99-1	0.99-1	0.95-1	1.00-1
希腊	...	0.98-3	0.99-3	...	...	1.19-2	1.03-2	...	...	1.05-2	0.94-2	1.01-1	1.00-1	0.94-1	0.98-1
匈牙利	...	1.00-3	0.95-3	...	1.00-2	1.11-2	0.97-2	1.00-3i	1.00-3i	...	...	0.96-1	1.00-1	0.99-1	1.20-1
冰岛	...	1.00-3	1.29-3	...	...	1.16-2	1.02-2	...	...	...	...	1.02-1	1.00-1	1.00-1	1.47-1
爱尔兰	...	1.03-3	1.03-3	...	...	1.05-2	1.00-2	...	...	...	...	0.98-1i	0.99-1i	1.03-1i	1.10-1i
意大利	...	1.00-3	1.09-3	...	...	1.07-2	0.99-2	...	...	...	...	0.97-1	0.99-1	0.98-1	1.25-1
拉脱维亚	...	1.02-3	1.05-3	...	...	1.15-2	1.04-2	...	...	...	...	0.99-1i	1.00-1i	0.98-1i	1.35-1i
列支敦士登	...	...	...	...	...	...	...	...	...	...	...	1.05-1i	0.96-1i	0.78-1i	0.55-1i
立陶宛	...	0.99-3	1.05-3	...	1.01-2	1.17-2	1.03-2	...	...	1.01-2	0.99-2	1.00-1i	1.00-1i	0.96-1i	1.27-1i
卢森堡	...	1.04-3	1.07-3	...	...	1.09-2	0.98-2	...	...	...	...	0.97-1	1.00-1	1.03-1	1.10-1
马耳他	...	1.02-3	1.05-3	...	...	1.21-2	1.03-2	...	...	...	...	1.03-1	1.04-1	1.04-1	1.27-1
摩纳哥	...	...	...	...	...	...	...	...	...	...	...	...	...	...	...
黑山共和国	1.00-4	1.01-4	1.04-4	...	...	1.22-2	0.99-2	...	...	...	...	0.98	0.99	1.00	1.22
荷兰	...	0.98-3	1.21-3	...	...	1.08-2	1.01-2	...	...	...	...	1.00-1	1.00-1	1.02-1	1.11-1
挪威	...	0.99-3	1.11-3	...	...	1.12-2	1.04-2	...	...	...	...	1.00-1	1.00-1	0.97-1	1.32-1
波兰	...	1.03-3	1.04-3	...	...	1.11-2	0.97-2	...	...	...	...	0.97-1	1.01-1	0.97-1	1.34-1
葡萄牙	...	0.98-3	1.21-3	...	...	1.07-2	0.99-2	...	...	...	...	0.98-1	0.96-1	0.97-1	1.10-1
摩尔多瓦共和国	...	...	...	...	...	1.33-2	1.02-2	...	...	...	...	0.99i	1.00i	0.99i	1.23i
罗马尼亚	...	1.02-3	1.01-3	...	...	1.10-2	1.00-2	...	...	...	...	...	0.99-1	0.99-1	1.19-1
俄罗斯联邦	1.00-4	1.00-4	1.00-4	...	1.00-2	1.10-2	0.99-2	...	...	...	...	0.98-1	1.00-1	0.99-1	1.16-1
圣马力诺	...	...	...	...	...	...	...	...	...	...	...	...	...	...	...
塞尔维亚	1.00-3	1.00-3	1.15-3	...	1.04-2	...	...	1.00-1	0.99-1	...	...	1.00i	1.00i	1.01i	1.26i
斯洛伐克	...	1.00-3	1.01-3	...	0.97-2	1.18-2	1.00-2	...	...	...	...	0.98-1	0.99-1	1.01-1	1.34-1
斯洛文尼亚	...	1.00-3	1.04-3	...	...	1.13-2	1.00-2	1.00-3i	1.00-3i	1.02-2	0.98-2	0.97-1	1.00-1	1.02-1	1.30-1
西班牙	...	1.00-3	1.19-3	...	...	1.08-2	0.96-2	1.00-1	0.99-1	...	...	1.00-1	1.01-1	1.01-1	1.16-1
瑞典	...	0.99-3	1.02-3	...	...	1.14-2	1.03-2	...	...	...	...	1.00-1	1.03-1	1.11-1	1.35-1
瑞士	...	0.99-3	0.94-3	...	...	1.11-2	0.99-2	...	...	...	...	0.99-1	0.99-1	0.96-1	1.02-1
前南斯拉夫的马其顿共和国	...	...	...	...	...	1.42-2	1.06-2	...	...	...	...	0.99-2	1.00-2	0.98-2	1.20-2
乌克兰	0.99-4	1.00-4	0.99-4	...	...	...	...	...	...	...	...	0.97-4	1.02-3	0.98-3	1.13-3
英国	...	1.00-3	1.06-3	...	...	1.07-2	0.97-2	...	...	...	...	1.00-1	1.00-1	1.10-1	1.26-1
美国	1.00-4	1.00-4	1.03-4	...	...	1.09-2	0.98-2	...	...	...	...	1.00-1i	1.00-1i	0.99-1i	1.26-1i

初等教育完成率的不均等				初级中等教育完成率的不均等				高级中等教育完成率的不均等				达到以下技能最低熟练水平的贫富不均等				国名和地名缩写
经调整的均等指数		最贫困人口的完成率（%）		经调整的均等指数		最贫困人口的完成率（%）		经调整的均等指数		最贫困人口的完成率（%）		初等教育结束时		初级中等教育结束时		
地区	贫富	男	女	地区	贫富	男	女	地区	贫富	男	女	阅读	数学	阅读	数学	
								4.5.1								
								2017								
...	...	...	...	...	...	...	...	...	...	...	...			...	...	ALB
...	...	...	...	...	...	...	...	...	...	...	...			...	...	AND
...	...	...	...	1.02-3	0.94-3	98-3	90-3	1.06-3	0.79-3	64-3	80-3			0.70-2	0.70-2	AUT
...	...	...	...	...	...	...	...	...	...	...	...			...	...	BLR
...	...	...	...	1.03-3	0.84-3	76-3	89-3	0.99-3	0.78-3	74-3	77-3			0.71-2	0.69-2	BEL
																BMU
																BIH
...	...	...	...	0.93-3	0.79-3	79-3	79-3	0.78-3	0.41-3	50-3	33-3		0.81-2	0.43-2	0.47-2	BGR
														0.86-2	0.82-2	CAN
...	...	...	...	1.03-3	0.99-3	98-3	100-3	0.97-3	0.94-3	93-3	89-3		0.84-2	0.77-2	0.66-2	HRV
...	...	...	...	1.00-3	1.00-3	100-3	100-3	1.03-3	0.90-3	91-3	85-3			0.66-2	0.64-2	CZE
...	...	...	...	1.00-3	1.00-3	99-3	100-3	0.77-3	0.94-3	78-3	86-3			0.81-2	0.82-2	DNK
...	...	...	...	1.01-3	1.00-3	97-3	97-3	0.88-3	0.76-3	83-3	80-3			0.89-2	0.84-2	EST
...	...	...	...	1.00-3	1.00-3	100-3	100-3	1.02-3	0.98-3	84-3	88-3			0.85-2	0.81-2	FIN
...	...	...	...	0.99-3	0.97-3	96-3	98-3	1.02-3	0.83-3	72-3	85-3			0.66-2	0.62-2	FRA
...	...	...	...	1.00-3	0.96-3	89-3	94-3	1.03-3	0.83-3	75-3	77-3		0.94-2	0.80-2	0.76-2	DEU
...	...	...	...	0.99-3	0.99-3	100-3	97-3	0.94-3	0.83-3	85-3	81-3			0.64-2	0.60-2	GRC
...	...	...	...	0.99-3	0.96-3	97-3	95-3	0.96-3	0.70-3	68-3	65-3		0.72-2	0.55-2	0.63-2	HUN
...	...	...	...	1.00-3	1.00-3	100-3	100-3	0.89-3	1.04-3	54-3	88-3			0.82-2	0.78-2	ISL
...	...	...	...	0.98-3	1.00-3	94-3	98-3	0.97-3	0.93-3	92-3	95-3			0.85-2	0.83-1	IRL
...	...	...	...	1.00-3	0.99-3	98-3	98-3	0.96-3	0.83-3	68-3	83-3			0.70-2	0.76-2	ITA
...	...	...	...	0.98-3	0.95-3	91-3	99-3	0.87-3	0.73-3	75-3	80-4			0.80-2	0.74-2	LVA
				...	...	...	...	...	...	...	...			...	...	LIE
...	...	...	...	1.00-3	1.03-3	98-3	100-3	0.92-3	0.95-3	89-3	...		0.90-2	0.70-2	0.68-2	LTU
				1.06-3	0.85-3	78-3	88-3	1.11-3	0.59-3	54-3	47-3			0.60-2	0.61-2	LUX
...	...	...	...	...	0.99-3	97-3	100-3	...	0.73-3	...	...			0.60-2	0.70-2	MLT
														...	...	MCO
1.00-4	0.99-4	100-4	99-4	1.01-4	0.96-4	94-4	98-4	0.86-4	0.66-4	58-4	63-4			0.65-2	0.60-2	MNE
...	...	...	...	...	0.95-3	94-3	92-3	...	0.94-3	76-3	88-3			0.77-2	0.77-2	NLD
...	...	...	...	1.00-3	0.99-3	99-3	99-3	1.14-3	0.93-3	75-3	82-3			0.85-2	0.80-2	NOR
...	...	...	...	1.00-3	0.97-3	92-3	99-3	0.97-3	0.85-3	78-3	91-3			0.79-2	0.76-2	POL
...	...	...	...	1.00-3	0.87-3	87-3	88-3	0.98-3	0.49-3	40-3	46-3			0.76-2	0.67-2	PRT
				...	...	...	...	...	...	...	...			0.48-2	0.48-2	MDA
...	...	...	...	0.95-3	0.91-3	90-3	92-3	0.84-3	0.62-3	62-3	60-3			0.54-2	0.51-2	ROU
0.99-4	1.00-4	100-4	100-4	1.01-4	1.01-4	100-4	100-4	0.89-4	0.92-4	90-4	80-4		0.96-2	0.85-2	0.84-2	RUS
				...	...	...	...	...	...	...	...			...	...	SMR
0.99-3	0.96-3	95-3	97-3	1.00-3	0.91-3	94-3	86-3	0.86-3	0.49-3	44-3	47-3		0.76-2	...	...	SRB
				1.00-3	1.00-3	100-3	99-3	1.02-3	0.80-3	74-3	78-3		0.64-2	0.57-2	0.61-2	SVK
...	...	...	...	...	1.00-3	100-3	100-3	...	0.90-3	85-3	87-3			0.81-2	0.80-2	SVN
...	...	...	...	1.02-3	0.91-3	89-3	87-3	0.91-3	0.48-3	46-3	47-3			0.77-2	0.68-2	ESP
...	...	...	...	1.00-3	1.02-3	100-3	99-3	0.96-3	0.93-3	89-3	93-3			0.78-2	0.73-2	SWE
...	...	...	...	1.00-3	1.00-3	100-3	100-3	1.19-3	0.64-3	62-3	57-3			0.73-2	0.78-2	CHE
														0.46-2	0.40-2	MKD
1.00-4	1.00-4	100-4	100-4	1.00-4	0.99-4	99-4	100-4	0.93-4	0.85-4	84-4	85-4			...	...	UKR
...	...	...	...	1.00-3	1.00-3	100-3	100-3	0.96-3	0.95-3	80-3	85-3			0.81-2	0.75-2	GBR
...	0.98-4	98-4	98-4	...	0.98-4	98-4	98-4	...	0.88-4	84-4	87-4			0.78-2	0.62-2	USA

可持续发展目标4，具体目标4.7——可持续发展教育和全球公民教育

到2030年，确保所有学习者获得促进可持续发展所需要的知识和技能，这其中包括通过教育来实现可持续发展和可持续生活方式、人权、性别公平、推广和平与非暴力文化、全球公民意识、赞同文化多样性和文化对于可持续发展的贡献。

区域	A 以下内容被纳入国家（地区）课程				B 提供生活技能基础上的预防艾滋病教育的学校百分比（%）	C 理解以下内容的学生和青年的百分比（%）	
	性别平等	人权	可持续发展	全球公民意识		科学素养	艾滋病病毒/艾滋病与性知识
可持续发展目标指标：	4.7.1				4.7.2	4.7.5	4.7.4
参考年份：	2015				2017		
	占国家数的百分比（%）				中位数		
世界	14i	60i	43i	9i	...	...	...
撒哈拉以南非洲	...	...	...	...	...	...	29i
北非和西亚	...	...	...	...	...	...	...
北非	...	...	...	...	-i	...	...
西亚	...	...	...	...	...	...	...
中亚和南亚	33i	67i	50i	33i	...	...	...
中亚	...	...	...	...	...	...	...
南亚	33	67	50	33	100i	...	...
东亚和东南亚	-i	29i	29i	-i	...	...	...
东亚	...	...	...	...	...	...	...
东南亚	-i	20i	20i	-i	...	...	28i
大洋洲	9i	36i	64i	18i	...	...	...
拉丁美洲和加勒比	17i	78i	44i	11i	...	...	...
加勒比	...	...	...	...	...	...	...
中美洲	33	100	83	17	...	...	...
南美	12	75	25	-	...	...	...
欧洲和北美	7i	67i	40i	7i	...	...	...
欧洲	7i	67i	40i	7i	...	...	...
北美	...	...	...	...	100i	...	...
低收入国家	...	...	...	...	...	...	26i
中等收入国家	17i	66i	44i	12i	...	...	...
中低收入国家	22i	44i	39i	6i	...	...	...
中高收入国家	13i	83i	48i	17i	...	...	...
高收入国家	4i	64i	48i	4i	...	...	...

A 国家课程大纲纳入全球公民意识和可持续发展相关议题（资料来源：UNESCO-IBE, 2016）

B 提供生活技能基础上的预防艾滋病教育的学校百分比（资料来源：联合国艾滋病署）

C 充分理解全球公民意识和可持续发展相关议题的学生和青年百分比（资料来源：经合组织国际学生评估项目2015附录B1；国际数学与科学趋势研究；联合国艾滋病署）

D 具备基本的饮水、基本的（男女分开的）卫生设施或卫生间，及基本的洗手设施的学校百分比（资料来源：世界卫生组织和联合国儿基会的联合监测项目）

E 具有用于教学目的的信息和通信技术设施（电力、计算机或互联网）的公立学校百分比

F 具有适应残疾学生的基础设施和资料的公立初等教育学校百分比

G 欺凌程度（资料来源：联合国儿基会）

H 针对学生、教师或教育机构的袭击程度（资料来源：保护教育免受攻击全球联盟）

I 国际留学生，入学人数中的入境人数和出境人数，出入境流动率（占该国或该地区高等教育入学人数的比例）

J 官方发展援助（所有部门）中用于奖学金（所有教育等级）的总支出和输入学生成本毛值（2016年美元不变价格），各个区域的合计值包含未按国家分配的部分，世界合计值包含未按国家和区域分配的部分

注：

资料来源：除非有注解，数据均来自统计研究所。除非有注解，数据均为2017年结束的学年的数据。

总体数据代表表中所列的所有数据可得国家和地区，可能包括对无最新数据国家和地区所做估计。

(-) 零或可忽略不计

(…) 无相关数据或不存在的类别

(±n) 参考年份差异（例如，−2表示用2015年数据代替2017年数据）

(i) 估计数或不完全统计数

到2030年，建设和升级适应儿童、残疾人和对性别问题敏感的教育设施，提供安全、没有暴力，包容和有效的学习环境。

到2020年，大幅提高全球面向发展中国家的奖学金数额。

区域	D 具备基本的饮水、基本的（男女分开的）卫生设施或卫生间，及基本的洗手设施的学校百分比（%）			E 具有用于教学目的的信息和通信技术设施的公立学校百分比（%）			F 具有适应残疾学生的基础设施和资料的公立初等教育学校百分比（%）	G 欺凌程度	H 针对教育的袭击程度
	基本的饮水	基本的卫生设施或卫生间	基本的洗手设施	电力	互联网	计算机			
可持续发展目标指标：	4.a.1						4.a.2	4.a.3	
参考年份：	2017								
	中位数							—	
世界	88i	85i	99i	100i	85i	94i	...	...	...
撒哈拉以南非洲	53i	48i	...	28	...	14i	...	...	...
北非和西亚	92i	99i	99i	100i	73i	91i	...	...	...
北非	82i	99	99i	100i	58i	88i	...	...	...
西亚	93i	96i	100i	100i	85i	94i	...	...	...
中亚和南亚	69i	74i	...	92i	45i	35i	...	...	...
中亚	84i	68i	58i	100i	66i	93i	9i	...	...
南亚	59i	74i	...	67	45i	18i	...	...	...
东亚和东南亚	100i	100i	100i	100i	99i	99i	...	...	...
东亚	100i	100i	100i	100i	99	99i	...	...	...
东南亚	71i	39i	46i	93i	...	...	...	...	...
大洋洲	88i	81i	61i	99i	26i	33i	2i	...	...
拉丁美洲和加勒比	83i	82i	...	99i	39i	81i	...	...	...
加勒比	...	...	...	100i	100i	100i	...	...	...
中美洲	82i	75	...	97i	22	30i	28i	...	...
南美	72i	77	...	96i	38i	70i	...	...	...
欧洲和北美	100i	100i	100i	100i	100i	100i	...	...	...
欧洲	100i	100i	100i	100i	100i	100i	...	...	...
北美	100i	100i	100i	100	100	100	100i	...	...
低收入国家	43i	47i	21i	19i	...	...	...	...	...
中等收入国家	76i	76i	61i	95i	43i	67i	...	...	...
中低收入国家	70i	68i	43i	87i	45i	41i	...	...	...
中高收入国家	86i	83i	83i	99i	39i	93i	...	...	...
高收入国家	100i	100i	100i	100i	100i	100i	...	...	...

区域	I 高等教育学生的国际流动 流动率（%）		人数（千人）		J 官方发展援助，按美元计（百万）	
	入境	出境	入境	出境	奖学金	输入学生成本
可持续发展目标指标：	4.b.1					
参考年份：	2017				2016	
	中位数		合计			
世界	4i	6	5,085i	5,085i	1,231	1,940
撒哈拉以南非洲	2i	6	137i	374	121	282
北非和西亚	4	7	468i	598	138	529
北非	2	2	86i	147	74	310
西亚	5	8	382i	451	64	219
中亚和南亚	0.4i	8	98i	769	80	267
中亚	1	12	32	200	17	22
南亚	0.3i	7	67i	569	63	246
东亚和东南亚	2	3	613	1,346	178	410
东亚	3	3	414	1,059	26	305
东南亚	1i	3	199	288	152	105
大洋洲	...	...	397i	31	56	2
拉丁美洲和加勒比	2i	2i	176i	310	63	171
加勒比	...	13i	...	36	6	8
中美洲	1i	2	18i	56	8	38
南美	0.4i	2	110i	218	48	125
欧洲和北美	7	6	3,196i	1,071	74	161
欧洲	7	6	2,034i	946	74	161
北美	12	3	1,161i	125	...	...
低收入国家	1i	6	82-zi	326	95	210
中等收入国家	2i	6	1,212i	2,950	539	1,593
中低收入国家	1i	5	250i	1,140	373	734
中高收入国家	3i	6	962i	1,809	165	859
高收入国家	8	5	3,800i	1,224	7	18

表 6（续）

	A 以下内容被纳入国家（地区）课程				B 提供生活技能基础上的预防艾滋病教育的学校百分比（%）	C 理解以下内容的学生和青年的百分比（%）	
	性别平等	人权	可持续发展	全球公民意识		科学素养	艾滋病病毒/艾滋病与性知识
可持续发展目标指标：	4.7.1				4.7.2	4.7.5	4.7.4
参考年份：	2015					2017	
撒哈拉以南非洲							
安哥拉	...	...	...	...	...	...	...
贝宁	...	...	...	...	...	...	...
博茨瓦纳	...	...	...	...	...	...	...
布基纳法索	...	...	...	...	~[-1]	...	...
布隆迪	...	...	...	...	100	...	...
佛得角	...	...	...	...	100	...	...
喀麦隆	...	...	...	...	...	...	...
中非共和国	...	...	...	...	...	...	...
乍得	...	...	...	...	...	...	13[-2]
科摩罗	...	...	...	...	...	...	...
刚果	...	...	...	...	...	...	...
科特迪瓦	低	高	低	低	...	...	...
刚果民主共和国	无	低	低	低	~[-2]	...	20[-3]
吉布提	低	无	低	低	...	...	...
赤道几内亚	...	...	...	...	...	...	...
厄立特里亚	...	...	...	...	...	...	...
斯威士兰	...	...	...	...	97[-1]	...	...
埃塞俄比亚	...	...	...	...	...	...	...
加蓬	...	...	...	...	...	...	...
冈比亚	低	高	中	低	...	...	29[-4]
加纳	低	低	低	低	...	...	22[-3]
几内亚	...	...	...	...	...	...	...
几内亚比绍	...	...	...	...	...	...	22[-4]
肯尼亚	...	...	...	...	...	...	60[-3]
莱索托	中	高	低	低	...	...	36[-3]
利比里亚	...	...	...	...	...	...	34[-4]
马达加斯加	...	...	...	...	...	...	24[-2]
马拉维	...	...	...	...	...	...	79[-2]
马里	...	...	...	...	...	...	26[-4]
毛里塔尼亚	...	...	...	...	...	...	58[-1]
毛里求斯	低	高	高	低	...	...	32[-3]
莫桑比克	...	...	...	...	...	...	...
纳米比亚	低	中	中	低	...	...	58[-4]
尼日尔	低	无	低	无	100[-1]	...	22[-1]
尼日利亚	...	...	...	...	...	...	24[-4]
卢旺达	中	无	中	低	100[-1i]	...	...
圣多美和普林西比	...	...	...	...	100	...	...
塞内加尔	...	...	...	...	62	...	28[-1]
塞舌尔	低	高	低	低	79[-1]	...	...
塞拉利昂	...	...	...	...	43	...	29[-4]
索马里	...	...	...	...	...	...	...
南非	无	高	低	无	...	...	...
南苏丹	中	高	低	无	...	...	...
多哥	...	...	...	...	...	...	26[-3]
乌干达	...	...	...	...	...	...	...
坦桑尼亚联合共和国	低	低	无	低	...	...	...
赞比亚	中	低	中	低	...	...	44[-3]
津巴布韦	...	...	...	...	...	...	46[-2]

国家	具备基本的饮水、基本的（男女分开的）卫生设施或卫生间，及基本的洗手设施的学校百分比（%）			具有用于教学目的的信息和通信技术设施的公立学校百分比（%）			具有适应残疾学生的基础设施和资料的公立初等教育学校百分比（%）	欺凌程度	针对教育的袭击程度	高等教育学生的国际流动				官方发展援助，按美元计(百万)		国名和地名缩写
	基本的饮水	基本的卫生设施或卫生间	基本的洗手设施	电力	互联网	计算机				流动率(%) 入境	流动率(%) 出境	人数(千人) 入境	人数(千人) 出境	奖学金	输入学生成本	
可持续发展目标指标:	4.a.1						4.a.2	4.a.3					4.b.1			
参考年份:	2017									2017				2016		
撒哈拉以南非洲																
安哥拉	...	...	...	22-1	3-1	7-1			受影响-1	...	5-2i		13i	2	2	AGO
贝宁	...	...	...	21-1	...	...				8-1	5-1	11-1	6i	3	10	BEN
博茨瓦纳	...	...	...							3	6i	1	3i	1	0.1	BWA
布基纳法索	53-1i	70-1i	18-1i	18	--1	--1	2		受影响	3-4	5i		6i	1	6	BFA
布隆迪	42-1i	48-1i	19-1i	9	-	-			零星	3	4i	2	3i	1	2	BDI
佛得角	...	...	...	76	9	41			受影响	1	28i	0.1	3i	1	7	CPV
喀麦隆	34-1i	...	...	25					受影响		6i		25i	8	65	CMR
中非共和国	16-1i			4-1					受影响		2i			1	2	CAF
乍得	23-1i								无-1		14-1i		7i	1	3	TCD
科摩罗	...	...	...	41	8	31				-3	79-3i	-3	6i	5	5	COM
刚果	...	...	...							1-4	24-4i	0.3-4	10i	4	9	COG
科特迪瓦	...	...	...	30					零星	2-1	6-1	4-1	12i	4	18	CIV
刚果民主共和国	...	...	...	9-2	--2	--2	--2		极严重	0.4-1	2-1	2-1	10i	4	4	COD
吉布提	...	...	...	95							2i			1	4	DJI
赤道几内亚	...	...	...								1i			0.1	0.2	GNQ
厄立特里亚	...	...	...	29							19-1		2i	2	1	ERI
斯威士兰	...	...	...	100-1	16-1	15-1	12-1		无	1-4	35-4i	-4	3i	1	0.1	SWZ
埃塞俄比亚	...	...	6-1i	...				中-4	零星		1-3i		7i	6	5	ETH
加蓬													7i	2	13	GAB
冈比亚	...	82-1i		36		100					2i		2i	1	0.2	GMB
加纳	...	...	...	74						3	3i	13	13i	6	6	GHA
几内亚	10-1i			14-1	--1						6-3i		9i	3	15	GIN
几内亚比绍													3i	1	2	GNB
肯尼亚	...	...	...	83-1					严重	1-1	3-1	5-1	14i	5	6	KEN
莱索托	...	...	...	12-4						0.3-2	13-2i	0.1-2	3i	0.4	0.1	LSO
利比里亚	42-1i	43-1i	50-1i	2-1		0.3-1	0.4-1		零星-1		...		1i	0.4	0.1	LBR
马达加斯加	...	...	...	9						2-1	4-1	2-1	5i	3	9	MDG
马拉维	...	70-1i		24					受影响-1		2i		2i	1	0.3	MWI
马里	...	20-1i		16					受影响	1-1	10-1i	1-2	9i	3	10	MLI
毛里塔尼亚	...	27-1i		28		14				1	24i	0.3		1	4	MRT
毛里求斯	100-1i	100-1i		100	35	100	31			5	19i	2	7i	1	5	MUS
莫桑比克	...	48-1i	15-1i	...					无-1	0.3	1i	1	3i	3	2	MOZ
纳米比亚	76-1i	46-1i	20-1i	71				高-4	...	7-1	9-1	4-1	5i	1	1	NAM
尼日尔	...	21-1i	14-1i	5	--1	2	--1		零星	4	7i		4i	1	3	NER
尼日利亚	...	...	...						受影响				89i	4	12	NGA
卢旺达	44-1i	88-1i	48-1i	56	25	69				1	5i	3	3i	3	3	RWA
圣多美和普林西比	...	76-1i		87		59					32-2i		1i	0.5	1	STP
塞内加尔	32-1i	...	22-1i	37	17	28			无-1	8	8i	14	12i	4	31	SEN
塞舌尔	100-1i	100-1i	100-1i	100-1	96-1	100-1	7-1			-1	41-1	-1	1i	0.4	0.2	SYC
塞拉利昂	62-1i	12-1i	...	4	0.3	3	5		零星		...		1i	0.3	0.3	SLE
索马里	...	...	...						严重				5i	0.2	0.4	SOM
南非	78-1i	...	...					高-4	零星-1	4-1	1-1	45-1	8i	8	2	ZAF
南苏丹	...	...	...						极严重				5i	0.4	0.1	SSD
多哥	...	23-1i		24					受影响		6i		6i	1	7	TGO
乌干达	69-1i	79-1i	37-1i						零星-1		3-3i		5i	4	1	UGA
坦桑尼亚联合共和国	...	47-1i	22-1i	85-1					受影响-1		4-1		7i	5	2	TZA
赞比亚	79-1i	66-1i	54-1i										5i	2	0.3	ZMB
津巴布韦	64-1i								受影响-1	0.5-2	13-2i	1-2	18i	1	1	ZWE

表6（续）

	A 以下内容被纳入国家（地区）课程				B 提供生活技能基础上的预防艾滋病教育的学校百分比（%）	C 理解以下内容的学生和青年的百分比（%）	
	性别平等	人权	可持续发展	全球公民意识		科学素养	艾滋病病毒/艾滋病与性知识
可持续发展目标指标：	4.7.1				4.7.2	4.7.5	4.7.4
参考年份：	2015					2017	
北非和西亚							
阿尔及利亚	…	…	…	…	-	29‑2	…
亚美尼亚	无	中	低	低	…	…	39‑1
阿塞拜疆	无	中	无	低	…	…	…
巴林	…	…	…	…	…	73‑2	…
塞浦路斯	…	…	…	…	…	58‑2	…
埃及	…	…	…	…	-‑1	42‑2	…
格鲁吉亚	…	…	…	…	…	49‑2	…
伊拉克	低	高	中	低	…	…	…
以色列	…	…	…	…	…	69‑2	…
约旦	…	…	…	…	…	50‑2	…
科威特	…	…	…	…	…	49‑2	…
黎巴嫩	…	…	…	…	…	37‑2	…
利比亚	…	…	…	…	…	…	…
摩洛哥	…	…	…	…	…	47‑2	22‑4
阿曼	…	…	…	…	…	72‑2	…
巴勒斯坦	无	低	低	低	…	…	…
卡塔尔	低	中	中	低	100	50‑2	…
沙特阿拉伯	…	…	…	…	…	49‑2	…
苏丹	…	…	…	…	…	…	…
阿拉伯叙利亚共和国	…	…	…	…	…	…	…
突尼斯	…	…	…	…	…	34‑2	…
土耳其	…	…	…	…	…	56‑2	…
阿拉伯联合酋长国	…	…	…	…	…	58‑2	…
也门	…	…	…	…	…	…	…
中亚和南亚							
阿富汗	无	低	低	低	…	…	12‑2
孟加拉国	…	…	…	…	-	…	…
不丹	中	低	中	中	…	…	…
印度	低	高	高	低	…	…	…
伊朗伊斯兰共和国	…	…	…	…	…	73‑2	…
哈萨克斯坦	…	…	…	…	…	72‑2	…
吉尔吉斯斯坦	…	…	…	…	100	…	…
马尔代夫	无	中	中	低	100	…	…
尼泊尔	中	中	低	中	…	…	…
巴基斯坦	低	高	低	低	…	…	4‑4
斯里兰卡	…	…	…	…	100	…	…
塔吉克斯坦	…	…	…	…	…	…	…
土库曼斯坦	…	…	…	…	…	…	…
乌兹别克斯坦	…	…	…	…	…	…	…
东亚和东南亚							
文莱达鲁萨兰国	无	低	无	低	…	…	…
柬埔寨	…	…	…	…	…	…	40‑3
中国	…	…	…	…	…	…	…
朝鲜民主主义人民共和国	…	…	…	…	…	…	…
中国香港	低	中	中	低	95i	91‑2	…
印度尼西亚	低	低	无	无	…	44‑2	…
日本	…	…	…	…	…	90‑2	…
老挝人民民主共和国	…	…	…	…	…	…	…
中国澳门	…	…	…	…	…	92‑2	…
马来西亚	…	…	…	…	100	66‑2	41‑2
蒙古	…	…	…	…	…	…	…
缅甸	无	低	低	低	…	…	17‑2
菲律宾	无	无	无	无	…	…	15‑4
韩国	低	低	低	低	…	86‑2	…
新加坡	…	…	…	…	…	90‑2	…
泰国	低	中	中	低	…	53‑2	…
东帝汶	…	…	…	…	…	…	…
越南	…	…	…	…	…	94‑2	…

国名和地区	具备基本的饮水、基本的（男女分开的）卫生设施或卫生间，及基本的洗手设施的学校百分比（%）			具有用于教学目的的信息和通信技术设施的公立学校百分比（%）			具有适应残疾学生的基础设施和资料的公立初等教育学校百分比（%） F	欺凌程度 G	针对教育的袭击程度 H	流动率（%）		人数（千人）		官方发展援助，按美元计（百万）		国名和地区缩写
	基本的饮水	基本的卫生设施或卫生间	基本的洗手设施	电力	互联网	计算机				入境	出境	入境	出境	奖学金	输入学生成本	
可持续发展目标指标	4.a.1						4.a.2	4.a.3					4.b.1		
参考年份	2017									2017				2016		
北非和西亚																
阿尔及利亚	93-ⅱ	99-ⅱ	99-ⅱ	...	...	...	...	低-4	无-1	1	1i	9	22i	15	77	DZA
亚美尼亚	...	...	...	...	...	...	...		零星-1	4	8i	5	8i	3	7	ARM
阿塞拜疆	100-ⅱ	100-ⅱ	100-ⅱ	100	53	94	...		零星-1	2	21i	5	43i	2	7	AZE
巴林	100-ⅱ	100-ⅱ	100-ⅱ	100	100	100	100		零星-1	13	13i	6	6i	...	...	BHR
塞浦路斯	...	...	...	...	...	...	...			18-2	69-2i	7-2	16i	...	...	CYP
埃及	...	100-ⅱ	100-ⅱ	100-1	48-1	88	...		受影响	2-1	1-1	51-1	32i	14	33	EGY
格鲁吉亚	74-ⅱ	60-ⅱ	12-ⅱ	100	100	100	...		无-1	6	7i	8	11i	3	15	GEO
伊拉克	...	...	...	...	...	...	...		严重	...	...	...	31i	4	8	IRQ
以色列	100-ⅱ	100-ⅱ	100-ⅱ	100-1	85-ⅱ	85-ⅱ	...	中-4	零星	3-3	4-1	...	14i	...	...	ISR
约旦	93-ⅱ	33-ⅱ	...	100	67	67	...		无-1	14		40	24i	5	12	JOR
科威特	100-ⅱ	100-ⅱ	100-ⅱ	...	...	...	...			...	20-4i	...	22i	...	...	KWT
黎巴嫩	59-ⅱ	93-ⅱ	36-ⅱ	...	...	...	...		零星	9	7i	20	16i	3	25	LBN
利比亚	...	95-ⅱ	13-ⅱ	...	...	...	...		受影响	...	...	...	12i	0.4	5	LBY
摩洛哥	82-ⅱ	70-ⅱ	...	95	79	77	17			2	5i	20	48i	19	126	MAR
阿曼	92-ⅱ	...	...	...	...	...	...			3-1	13-1	4-1	16i	...	...	OMN
巴勒斯坦	80-ⅱ	81-ⅱ	23-ⅱ	100	57	76	31		极严重	-	11i	-	25i	5	14	PSE
卡塔尔	100-ⅱ	100-ⅱ	100-ⅱ	100	100	100	100			35	20i	13	6i	...	...	QAT
沙特阿拉伯	...	...	...	...	...	...	...		零星	5-1	6-1i	80-1	89i	...	...	SAU
苏丹	...	...	...	...	...	...	...		受影响	...	2-2i	...	13i	2	3	SDN
阿拉伯叙利亚共和国	...	...	...	...	...	...	...		严重	...	7-1i	...	45i	15	47	SYR
突尼斯	70-ⅱ	100-ⅱ	...	100-1	58-1	96-1	...			2	7i	6	20i	13	67	TUN
土耳其	...	...	...	...	...	...	...	高-4	极严重	1-1	1-1	88-1	44i	16	69	TUR
阿拉伯联合酋长国	...	...	...	...	...	...	...		无-1	49-1	7-1	77-1	12i	...	...	ARE
也门	36-ⅱ	25-ⅱ	8-ⅱ	...	...	...	...		极严重	...	...	...	24i	3	14	YEM
中亚和南亚																
阿富汗	...	...	...	21	...	...	...		极严重	-3	7-3i	-3	29i	9	5	AFG
孟加拉国	74-ⅱ	59-ⅱ	44-ⅱ	43-1	4-1	18-1	...		零星		2i		56i	9	18	BGD
不丹	59-ⅱ	76-ⅱ	...	87-2	45-2	14-2	...				42-4i		3i	3	0.2	BTN
印度	69-ⅱ	73-ⅱ	54-ⅱ	47-1	...	10-1	64-1		极严重	0.1	1-1	45-1	306i	11	112	IND
伊朗伊斯兰共和国	...	...	...	...	...	...	...		零星-1	0.4-1	1-1	19-1	50i	6	67	IRN
哈萨克斯坦	...	...	...	...	...	...	4			2	14i	14	90i	4	10	KAZ
吉尔吉斯斯坦	...	...	...	100	41	89	...			6	5i	15	12i	4	4	KGZ
马尔代夫	...	...	...	100	100	100	100				39-3i	...	3i	3	0.1	MDV
尼泊尔	47-ⅱ	...	...	...	...	...	...	高-4	零星		13i		49i	4	12	NPL
巴基斯坦	58-ⅱ	...	...	...	...	...	...		严重		3i		52i	12	31	PAK
斯里兰卡	...	100-ⅱ	...	97	...	35	...		无-1	0.5	7i	1	19i	7	2	LKA
塔吉克斯坦	79-ⅱ	44-ⅱ	26-ⅱ	...	...	...	...			1	8i	2	21i	2	1	TJK
土库曼斯坦	...	...	...	...	...	...	...			0.2-3	107-3i	0.1-3	45i	1	1	TKM
乌兹别克斯坦	90-ⅱ	92-ⅱ	90-ⅱ	100	91	97	13			0.2	12i	1	33i	4	6	UZB
东亚和东南亚																
文莱达鲁萨兰国	...	...	...	...	...	...	...	中-3		4	31i	0.4	4i	...	...	BRN
柬埔寨	...	39-ⅱ	41-ⅱ	...	...	...	...	中-4			3i		5i	12	3	KHM
中国	...	...	...	...	93	94	...		无	0.4	2i	157	869i	17	299	CHN
朝鲜民主主义人民共和国	...	...	...	...	...	...	...			...	0.3-2i	...	2i	0.1	0.4	PRK
中国香港	100-ⅱ	100-ⅱ	100-ⅱ	...	99i	99i	96i			11	12i	34	37i	...	...	HKG
印度尼西亚	66-ⅱ	34-ⅱ	42-ⅱ	93	...	32	...		受影响-1	0.1	1i	6	45i	55	34	IDN
日本	...	...	...	...	...	...	...			4-1	1-1	143-1	32i	...	...	JPN
老挝人民民主共和国	...	...	...	37-1	...	...	...			0.4	4i	0.5	5i	11	0.5	LAO
中国澳门	100-ⅱ	100-ⅱ	100-ⅱ	100	100	100	60			45	8i	15	3i	...	...	MAC
马来西亚	100-ⅱ	100-ⅱ	100-ⅱ	100	100	100	98-1		无-1	8	5i	101	64i	1	11	MYS
蒙古	74-ⅱ	63-ⅱ	41-ⅱ	...	71-1	...	...	中-4		1	6i	2	10i	8	5	MNG
缅甸	71-ⅱ	...	...	27	0.2	1	...		受影响		1i		8i	12	1	MMR
菲律宾	50-ⅱ	39-ⅱ	46-ⅱ	...	...	...	...		极严重		0.5i		17i	13	2	PHL
韩国	100-ⅱ	100-ⅱ	100-ⅱ	100	100-1	100-1	...	低-4		2-1	3-1	62-1	105i	...	...	KOR
新加坡	100-ⅱ	100-ⅱ	100-ⅱ	100	...	...	...			27-1	13-1	53-1	25i	...	...	SGP
泰国	...	...	...	...	...	...	...		受影响	1-1	1-1	32-1	30i	3	8	THA
东帝汶	...	...	...	...	...	...	...				2i		2i	7	2	TLS
越南	...	...	...	...	...	...	...	中-4	无-1	0.2-1	4-1	6-1	82i	37	44	VNM

表6（续）

	以下内容被纳入国家（地区）课程				提供生活技能基础上的预防艾滋病教育的学校百分比（%）	理解以下内容的学生和青年的百分比（%）	
			A		**B**	**C**	
	性别平等	人权	可持续发展	全球公民意识		科学素养	艾滋病病毒/艾滋病知识
可持续发展目标指标：			4.7.1		4.7.2	4.7.5	4.7.4
参考年份：			2015			2017	
大洋洲							
澳大利亚	低	高	中	中	...	82-2	...
库克群岛	无	低	低	低	32-1	...	...
斐济	无	中	中	低			
基里巴斯	低	无	低	无			
马绍尔群岛	...	...	...	...			
密克罗尼西亚联邦	无	低	低	低			
瑙鲁	无	无	低	低	50-1		
新西兰	无	低	中	低	...	83-2	...
纽埃	...	...	...	...	100-1		
帕劳	...	中	低	低			
巴布亚新几内亚	低	中	中	低			
萨摩亚	无	低	中	无	-		
所罗门群岛	...	...	...	...	-		
托克劳	低	低	中	无			
汤加	...	...	...	...			
图瓦卢	中	中	高	中			
瓦努阿图	...	...	...	...			
拉丁美洲和加勒比							
安圭拉	...	...	...	...			...
安提瓜和巴布达	...	...	...	...			
阿根廷	无	低	无	低	...	60-2	...
阿鲁巴	...	...	...	...			...
巴哈马	...	...	...	...			4-3
巴巴多斯							46-2
伯利兹	低	低	低	无			76-3
多民族玻利维亚国	...	...	...	...			
巴西	无	高	低	低	...	43-2	...
英属维尔京群岛	...	...	...	...			...
开曼群岛					100+1		
智利	低	高	中	低	...	65-2	...
哥伦比亚					...	51-2	30-2
哥斯达黎加	...	...	...	...	74-1	54-2	...
古巴	...	...	...	...			...
库拉索							...
多米尼克	低	中	低	低	100-1	...	...
多米尼加共和国	低	中	中	中	...	14-2	43-4
厄瓜多尔	...	...	...	...			
萨尔瓦多	低	高	中	低			36-3
格林纳达	低	低	低	低	100		
危地马拉	中	高	中	中			22-2
圭亚那	...	...	...	...			
海地	无	低	无	低			
洪都拉斯	低	高	中	低			
牙买加	...	高	低	低			
墨西哥	低	高	低	低		52-2	
蒙特塞拉特	...	...	...	...			
尼加拉瓜	中	高	中	低			
巴拿马	低	中	中	低			
巴拉圭	高	中	低	低			
秘鲁	低	高	低	低		42-2	75-1
圣基茨和尼维斯	...	...	...	...			
圣卢西亚	...	...	...	...			
圣文森特和格林纳丁斯	...	...	...	...	100		
荷属圣马丁	...	...	...	...			
苏里南	...	...	...	...			
特立尼达和多巴哥	...	...	...	...		54-2	
特克斯和凯科斯群岛	...	...	...	...			
乌拉圭	低	高	低	低	100-1	59-2	...
委内瑞拉玻利瓦尔共和国	无	高	低	低			

国家和地区名缩写	基本的饮水	基本的卫生设施或卫生间	基本的洗手设施	电力	互联网	计算机	具有适应残疾学生的基础设施和资料的公立初等教育学校百分比(%)	欺凌程度	针对教育的袭击程度	流动率入境(%)	流动率出境(%)	人数入境(千人)	人数出境(千人)	奖学金	输入学生成本	代码
可持续发展目标指标		4.a.1						4.a.2	4.a.3					4.b.1		
参考年份		2017									2017			2016		
大洋洲																
澳大利亚	100-1i	100-1i	100-1i	100-1	100-1	100-1	...	...	...	17-1	1-1	336-1	13i	...	...	AUS
库克群岛	100-1i	100-1i	100-1i	100-1	100-1	100-1	4-1					0.2i	0.5			COK
斐济	88-1i	76-1i	61-1i	98-1	...	...	...					1i	5	0.1		FJI
基里巴斯	...	...	...	...	...	...	...					1i	3	-		KIR
马绍尔群岛	3-1	27-1	36-1	54-1	26-1	22-1	21-1					0.2i	0.1			MHL
密克罗尼西亚联邦	...	...	...	...	...	...	...					0.2i	0.2			FSM
瑙鲁	...	86-1	...	67-1	-1	33-1	-1					0.2i	1			NRU
新西兰	...	...	...	...	...	...	...			20-1	2-1	54-1	6i	...		NZL
纽埃	100-1	100-1	100-1	100-1	100-1	100-1						-i	0.3			NIU
帕劳	...	...	...	...	...	...					4-4i	-i	0.1			PLW
巴布亚新几内亚	47-1i	45-1i	10-1i	...	...	...		受影响-1				2i	27			PNG
萨摩亚	...	...	...	100	14	14	-					1i	6			WSM
所罗门群岛	17-1i	27-1i	17-1i	50	-	-						3i	5			SLB
托克劳	...	...	...	...	...	...						0.1i	0.1			TKL
汤加	...	...	...	...	...	...						1i	2			TON
图瓦卢	...	...	...	...	...	...		中-4				0.5i	2			TUV
瓦努阿图	...	...	...	...	...	...						2i	3	2		VUT
拉丁美洲和加勒比																
安圭拉	...	...	...									0.1i				AIA
安提瓜和巴布达	...	...										1i	-	-		ATG
阿根廷	...	77-1i	...	96-1	38-1	62-1		高-4		2-1	0.3-1	76-1	8i	2	7	ARG
阿鲁巴	...									28-2	14-2i	0.3-2	0.2i			ABW
巴哈马	...							中-4				3i				BHS
巴巴多斯	100-1i	100-1i	100-1i	100								1i				BRB
伯利兹	76-1i	49-1i	66-1i	...	...	...					9i		1i	-	-	BLZ
多民族玻利维亚国	...	...	...									19i	2	3		BOL
巴西	...	84-1i	61-1i					中-4	零星-1	0.2-1	1-1	20-1	53i	12	50	BRA
英属维尔京群岛	...			100	100	89	63			17-1	43-1	0.1-1	0.3i			VGB
开曼群岛	...			100+1	100+1	100+1	100+1					0.5i				CYM
智利	...	96-1i						低-4	受影响-1	0.4-1	1-1	5-1	14i	3	9	CHL
哥伦比亚	55-1i	61-1i	...	96	39	93		高-4	受影响	0.2	1i	5	37i	5	30	COL
哥斯达黎加	82-1i	70-1i	70-1i	97-1	22-1	45-1	60-1	低-4		1	1i	3	3i	1	3	CRI
古巴	...										1-1		0.2i	1		CUB
库拉索	...										0.2-4i		0.2i			CUW
多米尼克	100-1i	100-1i	100-1i	100-1	100-1	100-1	2-1					1i	0.2	0.2		DMA
多米尼加共和国	...	90-1i			23-1			高-4		2	1i	10	4i	0.4	1	DOM
厄瓜多尔	50-1i	83-1i	87-1i	75	37	73		高-4	无	1-2	3-2i	5-2	19i	2	7	ECU
萨尔瓦多	84-1i		98	36	55	28		中-4		0.4-1	1-1		4i	0.5	2	SLV
格林纳达	100-1i		100-1i	100	100	100				72	5i	7	0.1i	-		GRD
危地马拉	...	76-1i			9-1	12-1		低-4			1-2i		3i	1	2	GTM
圭亚那	71-1i	17-1i										2i	0.4	0.1		GUY
海地	...								无-1			10i	3	5		HTI
洪都拉斯	59-1i	82-1i	12-1i	48-1	16-1	16-1	5-1	中-4		1-2	2-1i	1-2	5i	0.5	1	HND
牙买加	83-1i	83-1i	83-1i	94	84	33	12				6-2i		5i	0.4	1	JAM
墨西哥	...	75-1i			39-1			低-4		0.3-1	1-1	13-1	34i	4	30	MEX
蒙特塞拉特	...		100-1	100-1	100-1							-i				MSR
尼加拉瓜	...	43-1i						中-4				4i	1	1		NIC
巴拿马	...	82-1i						中-4			2-2i		3i	0.3	1	PAN
巴拉圭	...	77-1i		94-1	5-1	5-1		中-4				12i	1	1		PRY
秘鲁	73-1i	68-1i		76	38	67	19	高-4			2-1		31i	2	11	PER
圣基茨和尼维斯	84-1i	...	84-1i	100-1						73-3	13-2i		1i	...	...	KNA
圣卢西亚	99-1i	99-1i	99-1i	99	99	99				15	31i	0.5	1i	0.2	0.1	LCA
圣文森特和格林纳丁斯	100-1i	100-1i	100-1i	100	100	100	100					1i	0.1	-		VCT
荷属圣马丁	...									36-2	48-2i	0.1-2	0.1i	1	0.1	SXM
苏里南	...											1i	0.1			SUR
特立尼达和多巴哥	...											4i				TTO
特克斯和凯科斯群岛	...										53-2i		0.2i			TCA
乌拉圭	...	83-1i		100-1	100-1	100-1		低-4			3-2i		5i	0.4	1	URY
委内瑞拉玻利瓦尔共和国	98-1i	90-1i		99-1					极严重			18i	1	7		VEN

表6（续）

	A				B	C	
	以下内容被纳入国家（地区）课程				提供生活技能基础上的预防艾滋病教育的学校百分比（%）	理解以下内容的学生和青年的百分比（%）	
	性别平等	人权	可持续发展	全球公民意识		科学素养	艾滋病病毒/艾滋病与性知识
可持续发展目标指标：	4.7.1				4.7.2	4.7.5	4.7.4
参考年份：	2015					2017	
欧洲和北美							
阿尔巴尼亚	…	…	…	…	…	58-₂	…
安道尔	…	…	…	…	100	…	…
奥地利	…	…	…	…	…	79-₂	…
白俄罗斯	…	…	…	…	…	…	…
比利时	无	中	低	低	…	80-₂	…
百慕大	…	…	…	…	100-₁	…	…
波斯尼亚和黑塞哥维那							
保加利亚	…	…	…	…	…	62-₂	19-₁
加拿大	…	…	…	…	…	89-₂	…
克罗地亚	低	中	中	低	…	75-₂	…
捷克	…	…	…	…	…	79-₂	…
丹麦	…	…	…	…	…	84-₂	…
爱沙尼亚	低	高	中	低	…	91-₂	…
芬兰	…	…	…	…	100-₁	89-₂	…
法国	低	中	中	低	…	78-₂	…
德国	…	…	…	…	…	83-₂	…
希腊	…	…	…	…	…	67-₂	…
匈牙利	低	低	低	低	…	74-₂	…
冰岛	低	高	中	低	…	75-₂	…
爱尔兰	低	低	低	低	…	85-₂	…
意大利	…	…	…	…	…	77-₂	…
拉脱维亚	…	…	…	…	…	83-₂	…
列支敦士登	…	…	…	…	…	…	…
立陶宛	低	低	低	低	…	75-₂	71-₃
卢森堡	高	低	无	低	…	74-₂	…
马耳他	无	高	低	低	…	67-₂	…
摩纳哥	…	…	…	…	100	…	…
黑山共和国	…	…	…	…	…	49-₂	…
荷兰	…	…	…	…	…	81-₂	…
挪威	无	中	低	低	…	81-₂	…
波兰	…	…	…	…	…	84-₂	…
葡萄牙	无	中	中	低	…	83-₂	…
摩尔多瓦共和国	…	…	…	…	100	58-₂	…
罗马尼亚	…	…	…	…	…	61-₂	…
俄罗斯联邦	…	…	…	…	…	82-₂	…
圣马力诺	…	…	…	…	…	…	…
塞尔维亚	低	高	低	中	…	…	…
斯洛伐克	…	…	…	…	…	69-₂	…
斯洛文尼亚	…	…	…	…	…	85-₂	…
西班牙	…	…	…	…	…	82-₂	…
瑞典	低	高	高	低	…	78-₂	…
瑞士	…	…	…	…	…	82-₂	…
前南斯拉夫的马其顿共和国	…	…	…	…	…	37-₂	…
乌克兰	…	…	…	…	…	…	23-₃
英国	无	低	低	无	…	83-₂	…
美国	…	…	…	…	…	80-₂	…

	D 具备基本的饮水、基本的（男女分开的）卫生设施或卫生间，及基本的洗手设施的学校百分比（%）			E 具有用于教学目的的信息和通信技术设施的公立学校百分比（%）			F 具有适应残疾学生的基础设施和资料的公立初等教育学校百分比（%）	G 欺凌程度	H 针对教育的袭击程度	I 流动率（%）		I 人数（千人）		J 官方发展援助，按美元计（百万）		国名和地名缩写
	基本的饮水	基本的卫生设施或卫生间	基本的洗手设施	电力	互联网	计算机				入境	出境	入境	出境	奖学金	输入学生成本	
可持续发展目标指标：	4.a.1							4.a.2	4.a.3	4.b.1						
参考年份：	2017									2017				2016		
欧洲和北美																
阿尔巴尼亚	...	...	...	...	...	...	...	...	...	2	12i	2	17i	3	17	ALB
安道尔	100-1i	100-1i	100-1i	100	100	100	100			31	239i	0.2	1i	...	...	AND
奥地利	...	...	...	...	...	...	...			16-1	4-1	70-1	18i	...	...	AUT
白俄罗斯	100-1i	100-1i	100-1i	100	100	100			无-1	4	6i	18	26i	7	16	BLR
比利时	100-1	...	100-1	100-1	100-1	100-1				12-1	3-1	61-1	14i	...	...	BEL
百慕大				100-1	100-1	100-1	100-1			18-2	176-2i	0.2-2	2i	...	...	BMU
波斯尼亚和黑塞哥维那										7	12i	7	12i	2	26	BIH
保加利亚										5-1	9-1	12-1	24i	...	...	BGR
加拿大										12-1	3-1i	189-1i	50i	...	...	CAN
克罗地亚	51-1i	34-1i	26-1i							0.4-1	6-1	1-1	9i	...	...	HRV
捷克										12-1	3-1	43-1	13-1	...	...	CZE
丹麦	100-1i	100-1i	100-1i	100-1	100-1	100-1				11-1	2-1	34-1	5i	...	...	DNK
爱沙尼亚	100-1i	100-1i	100-1i	100-1	100-1	100-1		中-4		7-1	8-1	3-1	4i	...	...	EST
芬兰	100-1i	100-1i	100-1i	100-1	100-1	100-1				8-1	3-1	23-1	10i	...	...	FIN
法国	100-1i	100-1i	100-1i	100-1			100-1			10-1	4-1	245-1	91i	...	...	FRA
德国	100-1i	100-1i	100-1i	100-1				低-4		8-1	4-1	245-1	119i	...	...	DEU
希腊	...	...	...	...	...	...			零星	3-1	5-1	24-1	36i	...	...	GRC
匈牙利	100-1i	92-1i	99-1i	100-1	100-1	100-1				9-1	4-1	26-1	12i	...	...	HUN
冰岛	...	...	...	...	...	...				7-1	14-1	1-1	3i	...	...	ISL
爱尔兰									无-1	8-1	7-1	18-1	15i	...	...	IRL
意大利	100-1i	100-1i	100-1i	100-1	70-1i					5-1	4-1	93-1	65i	...	...	ITA
拉脱维亚	100-1i	100-1i	100-1i	100-1	100-1	100-1	18-1			8-1	7-1	6-1	6i	...	...	LVA
列支敦士登	...	...	...	...	...	...				89-1	132-1	1-1	1i	...	...	LIE
立陶宛										4-1	8-1	5-1	11i	...	...	LTU
卢森堡										47-1	147-1	3-1	10i	...	...	LUX
马耳他								高-4		8-1	8-1	1-1	1i	...	...	MLT
摩纳哥	100-1i	100-1i	100-1i	100	100	100	100			0.3	44i	-	0.4i	...	...	MCO
黑山共和国										...	20i		5i	0.3	2	MNE
荷兰	100-1i	100-1i	100-1i	100-1	100-1	100-1				11-1	2-1	90-1	17i	...	...	NLD
挪威	100-1i	100-1i	100-1i	100-1	100-1	100-1		中-4		4-1	7-1	11-1	19i	...	...	NOR
波兰				100-1	100-1	100-1		中-4		3-1	2-1	55-1	25i	...	...	POL
葡萄牙	100-1i	100-1i	100-1i	100-1	100-1	100-1				5-2	4-1	...	13i	...	...	PRT
摩尔多瓦共和国	100-1i	94-1i	100-1i	100	85	100	100			4	21i	4	20i	20	7	MDA
罗马尼亚	...	...	...	...	...	...		高-4		5-1	6-1	26-1	34i	...	...	ROU
俄罗斯联邦	...	...	...	...	...	...			受影响	4-1	1-1	244-1	57i	...	...	RUS
圣马力诺										...	...	...	1i	...	...	SMR
塞尔维亚	72-1i	74-1i	73-1i							4	6i	12	15i	8	20	SRB
斯洛伐克	100-1i	100-1i	100-1i	100-1	100-1	100-1	14-1i			6-1	19-1	10-1	32i	...	...	SVK
斯洛文尼亚	100-1i	100-1i	100-1i	100-1	100-1	100-1				3-1	3-1	3-1	3i	...	...	SVN
西班牙	100-1i	100-1i	100-1i	100-1	100-1	100-1		中-4	无-1	3-1	2-1	53-1	38i	...	...	ESP
瑞典	...	...	...	...	...	...			零星-1	7-1	4-1	28-1	17i	...	...	SWE
瑞士	100-1i	100-1i	100-1i	100-1						18-1	4-1	52-1	13i	...	...	CHE
前南斯拉夫的马其顿共和国	...	...	...	...	...	...				3-1	8-2i	2-1	5i	1	8	MKD
乌克兰			83-1i	100	48	78	63		严重	3	5i	53	77i	11	65	UKR
英国	...	...	...	...	...	...			零星	18-1	1-1	432-1	34i	...	...	GBR
美国	100-1i	100-1i	100-1i	100-2i	100-2i	100-2i				5-1	0.4-1	971-1	73i	...	...	USA

表7: 可持续发展目标4，实施途径4.c——教师

到2030年，大幅提升合格教师供给，包括通过在发展中国家开展国际合作的教师培训，特别是在最不发达国家和发展中岛国。

区域	学前教育 A 课堂教师数（千人）合计	B 生师比 中位数	C 受过培训的课堂教师百分比(%) 4.c.1	D 合格的课堂教师百分比(%) 4.c.3	E 教师流失率(%) 4.c.6	F 教师相对薪酬水平 4.c.5	初等教育 A 课堂教师数（千人）合计	B 生师比	C 4.c.1	D 4.c.3	E 4.c.6	F 4.c.5	中等教育 A 课堂教师数（千人）合计	B 生师比	C 4.c.1	D 4.c.3	E 4.c.6	F 4.c.5
参考年份:	2017						2017						2017					
世界	10,020i	16	84i	95i	...	...	31,573i	19	92i	99i	...	...	34,555i	13	87i	96i	...	...
撒哈拉以南非洲	720i	23	54i	72			4,280i	39	82	94	9i		2,731i	22	73i	80i		
北非和西亚	413i	16	94i	98i			2,798i	15	100i	100i			3,068i	10i	100i	100i		
北非	174i	25i	88i	100i			1,197	24	100	100			1,218	18i	84i	100i		
西亚	239i	16	94i	94i			1,601i	12	100i	100i			1,832-1i	10	100i	100i		
中亚和南亚	1,276-1i	12i	99i	96i			6,170i	25	96	97	2i		7,278i	17	98i	100i		
中亚	179i	11i	100i	100i			252	22	99	98	4i		840	10i	98i	100i		
南亚	1,097-1i	18i	89i	92i			5,919i	30	88	95	2		6,438i	24	94i	96i		
东亚和东南亚	3,649	18	99i	99i			10,386i	16	99	100	2i		10,165i	14	97i	100	3i	
东亚	2,687	18		96i			6,740	16	98i	100	2i		7,309	12	97i	100	3i	
东南亚	962	18	98i	99			3,646	18	99	100	2i		2,856	17	96i	99		
大洋洲	57i	14	83i	100i			203i	20	90i	100i			55i	16i	...	84i		
拉丁美洲和加勒比	1,035i	16i	76i	95i			3,010i	17	90i	100i			3,887i	14	77i	98i		
加勒比	17i	11i	71i	97i			177	14	89	100i			153	11	73	98		
中美洲	229	19	89	98i			769	24	96i	97i	4i		1,059	15	90i	99i		
南美	505i	20i	88i	...			1,437	19	88i	...			2,022i	19i	74i	...		
欧洲和北美	2,794i	12	...	...		0.68i	4,725i	13	...	...		0.80i	7,213i	10	...	...		0.93i
欧洲	2,144i	12	...	...		0.69i	2,827i	13	...	...		0.81i	5,387i	10	...	...		0.93i
北美	642-1i	11	100i	100i		0.62i	1,864-1i	12	100i	100i		0.63i	1,822-1i	11	100i	99i		0.67i
低收入国家	371	25	47i	69			3,000	40	80	95			1,929i	22	66i	84i		
中等收入国家	7,340i	17	90i	94i			22,688i	22	95i	99i			25,058i	16	93i	96i		
中低收入国家	2,735i	20	93i	96i			11,582i	27	94	96	4i		11,414i	20	93i	92i		
中高收入国家	4,606	15	88i	94i			11,106	18	97i	100i			13,644i	13	89i	97i		
高收入国家	2,309i	13	...	...		...	5,884i	12	...	...		0.82i	7,567i	10	...	...		...

A 课堂教师人数

B 生师比，根据人数计算

C 至少符合有组织或经认证的教师培训最低要求（职前或在职培训），在特定教育等级从教的教师百分比

D 符合国家法律法规的合格课堂教师百分比

E 教师流失率

F 教师薪酬与具有相同受教育程度工作者的工资的比值（资料来源：经合组织；中等教育的该比值是初级中等教育和高级中等教育数据的加权平均值）

注:
资料来源：除非有注解，数据均来自统计研究所。除非有注解，数据均为2017年结束的学年的数据。
总体数据代表表中所列的所有数据可得国家和地区，可能包括对无最新数据国家和地区所做估计。

(-) 零或可忽略不计

(...) 无相关数据或不存在的类别

(±n) 参考年份差异（例如，-2表示用2015年数据代替2017年数据）

(i) 估计数或不完全统计数

表7（续）

国名/地区	学前教育 A 课堂教师数 (千人)	B 生师比	C 受过培训的课堂教师百分比 (%) 4.c.1	D 合格的课堂教师百分比 (%) 4.c.3	E 教师流失率 (%) 4.c.6	F 教师相对薪酬水平 4.c.5	初等教育 A 课堂教师数 (千人)	B 生师比	C 受过培训的课堂教师百分比 (%) 4.c.1	D 合格的课堂教师百分比 (%) 4.c.3	E 教师流失率 (%) 4.c.6	F 教师相对薪酬水平 4.c.5	中等教育 A 课堂教师数 (千人)	B 生师比	C 受过培训的课堂教师百分比 (%) 4.c.1	D 合格的课堂教师百分比 (%) 4.c.3	E 教师流失率 (%) 4.c.6	F 教师相对薪酬水平 4.c.5	国名和地名缩写
参考年份：						2017						2017						2017	
撒哈拉以南非洲																			
安哥拉	12-1	...	...	72-1	...	...	96-1	50-1	...	63-1	15-1	...	76-1	27-1	51-1	52-1	...	...	AGO
贝宁	8-1	19-1	26-1	100-1	...	...	52	44	68	100	13	...	90-1	11-1	18-1	69-1	...	...	BEN
博茨瓦纳	2-4i	12-4i	55-4i	55-4i	...	...	15-4	23-4	99-4	99-4	...	...							BWA
布基纳法索	4	18	34	71	4-1	...	75	41	86	96	6	...	50	23	58	99	8	...	BFA
布隆迪	3	32	100	69-3	18-1	...	43	50	100	100	11-1	...	24	28	100	57	-~-1	...	BDI
佛得角	1	18	29	29	...	...	3	21	93	99	2	...	4	16	94	91	4	...	CPV
喀麦隆	26	21	67	61	...	...	98	45	81	73	9	...	115-1	19-1	54-1	54-1i	...	...	CMR
中非共和国	0.3-1	...	...	100-1	...	...	10-1	83-1	...	100-1	...	...	4	32	45-1	55-1	...	...	CAF
乍得	0.4-4	...	52-4	...	...	...	39-1	57-1	65-4	...	...	...	19-1	28-1	53-4	...	...	...	TCD
科摩罗	1	20	56	44	...	...	6	19	51	49	...	...	13	5	86	...	...	...	COM
刚果	...	...	...	...	...	...	...	...	...	...	...	...	...	...	...	...	...	...	COG
科特迪瓦	8	23	100	100	...	...	89	42	100	100	3	...	72	26	100-1	100	...	...	CIV
刚果民主共和国	15-2	23-2	21-2	100-1	...	...	415-2	33-2	95-3	95-2	...	...	324-2	14-2	24-3	100-3	...	...	COD
吉布提	0.1-1	29-1	...	...	...	...	2	30	100-2	100	3	...	3	23	100-2	100	...	...	DJI
赤道几内亚	2-2	17-2	89-2	8-2	...	...	4-2	23-2	37-2	61-2	...	...							GNQ
厄立特里亚	2	29	40	50-4	4	...	9	39	41	89	...	...	7	37	83-1	84	...	...	ERI
斯威士兰	...	...	...	...	...	...	9-1	27-1	70-1	71-1	...	...	7-1	16-1	73-2	73-1	...	...	SWZ
埃塞俄比亚	23	...	...	100	...	...	...	...	...	...	...	...							ETH
加蓬	...	...	...	...	...	...	...	...	...	...	...	...	...	...	...	...	...	...	GAB
冈比亚	3	35	69	69	...	...	9	39	88	88	...	...	7	...	95	95	...	...	GMB
加纳	61	29	46-2	46-2	...	...	161	27	55	55	...	...	163	16	76	76	...	...	GHA
几内亚	...	...	...	...	...	...	38-1	47-1	75-1	92-1	22-1	...	...	...	...	...	...	...	GIN
几内亚比绍	...	...	...	...	...	...	...	...	...	...	...	...	...	...	...	...	...	...	GNB
肯尼亚	111-1	29-1	82-3	82-3	...	...	267-2i	31-2i	...	...	...	...	199-2i	...	...	...	...	...	KEN
莱索托	3-1	18-1	100-1	100-2	...	...	11	33	87-1	83-1	...	...	5	25	89-1	91-1	...	...	LSO
利比里亚	13-1	48-1	...	47-1	...	...	26-1	27-1	47-2	56-1	...	...	15-1	15-1	62-1	55-1	...	...	LBR
马达加斯加	36	23	10-1	100	...	...	120	41-1	15	100	...	...	77	20	21	86	...	...	MDG
马拉维	32-2	42-2	...	100-2	...	...	71	62	91-4i	94	...	...	14	70	66-4i	57	...	...	MWI
马里	6	20	...	...	...	...	66	38	...	...	...	...	58	17	...	...	...	...	MLI
毛里塔尼亚	2-2	19-2	...	...	...	...	17-1	36-1	85-1	...	11-1	...	9	24	97	...	...	...	MRT
毛里求斯	...	13-1	100-1	100-1	8-2i	...	5	18	100	100	8	...	10	13	55	100	5	...	MUS
莫桑比克	...	...	...	...	...	...	117	52	97	100	...	...	33	37	85-2i	91-2i	...	...	MOZ
纳米比亚	1	38	...	100	...	...	...	...	...	...	...	...	11	...	...	...	...	...	NAM
尼日尔	6	28	95	95	23	...	76	36	66	95	-	...	26	30	11	100	12	...	NER
尼日利亚	...	...	...	...	...	...	...	...	...	...	...	...	...	...	...	...	...	...	NGA
卢旺达	7	32	43	85	1	...	44	58	93	98	2	...	30	20	58	80	5	...	RWA
圣多美和普林西比	...	13-2	28-2	-~-2	...	...	1	31	27	...	...	...	1-1	25-1	36-2	26-2	...	...	STP
塞内加尔	11	22	37	100	...	...	65	33	75	100	-~-2	...	57	19	77-1i	76-2	...	...	SEN
塞舌尔	0.2-1	17-1	86-1	91-1	...	...	1-1	14-1	83-1	98-1	9-1	...	1-1	12-1	89-1	99-1	3-1	...	SYC
塞拉利昂	6	14	37	21	...	...	38	39	54-2	52-4	11	...	...	22-1	70-2	37-1	...	...	SLE
索马里	...	...	...	...	...	...	...	...	...	...	...	...	...	...	...	...	...	...	SOM
南非	...	30-3i	...	...	...	...	249-2	30-2	...	...	...	...	192-1	27-1	100-1	80-2	...	...	ZAF
南苏丹	3-2	35-2	...	87-2	...	...	27-2i	47-2i	...	84-2i	...	...	6-2i	27-2i	...	64-2i	...	...	SSD
多哥	5	29	63-2	28-2	...	...	38	40	73-2	33-2	14-3	...							TGO
乌干达	28	22	60	40	...	...	207	43	80	20	...	...	64-3	...	...	85-3	...	...	UGA
坦桑尼亚联合共和国	13	114	50-1	52	...	...	198	47	99-1	97	...	...	112	17	...	93	...	...	TZA
赞比亚	...	...	...	...	...	...	64-4i	48-4i	...	66-4i	...	...							ZMB
津巴布韦	10-4	37-4	27-4	25-4	...	...	73-4	36-4	86-4	74-4	...	...	43-4	22-4	73-4	49-4	...	...	ZWE

	学前教育						初等教育						中等教育						国名和地名缩写
	A 课堂教师数（千人）	B 生师比	C 受过培训的课堂教师百分比(%)	D 合格的课堂教师百分比(%)	E 教师流失率(%)	F 教师相对薪酬水平	A 课堂教师数（千人）	B 生师比	C 受过培训的课堂教师百分比(%)	D 合格的课堂教师百分比(%)	E 教师流失率(%)	F 教师相对薪酬水平	A 课堂教师数（千人）	B 生师比	C 受过培训的课堂教师百分比(%)	D 合格的课堂教师百分比(%)	E 教师流失率(%)	F 教师相对薪酬水平	
可持续发展目标指标:			4.c.1	4.c.3	4.c.6	4.c.5			4.c.1	4.c.3	4.c.6	4.c.5			4.c.1	4.c.3	4.c.6	4.c.5	
参考年份:	2017						2017						2017						
北非和西亚																			
阿尔及利亚	…	…	…	…	…	…	177	24	100[-2]	100	…	…	…	…	…	…	…	…	DZA
亚美尼亚	8	8	82																ARM
阿塞拜疆	12	15	88	94			39	15	98	100			127	7		100			AZE
巴林	2	14	52	63			9	12	84	96			10	10	85	97			BHR
塞浦路斯	2[-1]	13[-2]					5[-1]	12[-2]					7[-1]	10[-2]					CYP
埃及	50	26	77[-1]	100[-1]			511	24	74[-1]	100[-1]			588	15	67[-1]	100[-1]			EGY
格鲁吉亚	…	…	…	…	…	…	33	9					37	7					GEO
伊拉克																			IRQ
以色列						0.84[-1]	74[-1]	12[-1]				0.88[-1]							ISR
约旦	7	18	100	100	3		53	21	100	100	11		67	11	100	100			JOR
科威特	9	9	75[-2]	74[-2]			31	9	79[-2]	77[-2]			44	8[-2]					KWT
黎巴嫩	15	16					40	12					51	8					LBN
利比亚																			LBY
摩洛哥	…	…	…	…	…	…	150	28	100	100	4		140	20	100	100			MAR
阿曼	3	23	100	100			38	10	100	100			30	10	100	100			OMN
巴勒斯坦	9	17	100	-	6[-1]		19	25	100	63	6		37	20	100	50	5		PSE
卡塔尔	3	14		100	10		12	12		100	7		10	10		100	6		QAT
沙特阿拉伯	40[-1]	11[-1]	100[-1]	100[-1]			320[-1]	12[-1]	100[-1]	100[-1]			312[-3]	11[-3i]	100[-3]	100[-3]			SAU
苏丹	40[-1]	25[-1]		96[-3]															SDN
阿拉伯叙利亚共和国	5[-4]	16[-4]	35[-4]	47[-4]															SYR
突尼斯	16[-1]	15[-1]	100[-1]	100[-1]			70[-1]	16[-1]	100[-1]	97[-1]									TUN
土耳其	68[-2]	17[-2]				0.80[-1]	295[-2]	18[-2]				0.80[-1]	594[-2]	18[-2]				0.80[-1i]	TUR
阿拉伯联合酋长国	5[-1]	29[-1]	100[-1]				19[-1]	25[-1]	100[-1]				46[-1]	10[-1]	100[-1]	100[-1]			ARE
也门	1[-1]	26[-1]		54[-1]			145[-1]	27[-1]		59[-1]									YEM
中亚和南亚																			
阿富汗	…	…	…	…	…	…	144	44					75	39					AFG
孟加拉国							574	30	50i	100	5[-1]		451	34	66	100	1		BGD
不丹	1	11	100	100			3	35	100	100	2		7	11	100	100			BTN
印度	461[-2]	20[-2]					4,140[-1]	35[-1]	70[-1]	88[-1]	12[-1]		4,639[-1]	28[-1]					IND
伊朗伊斯兰共和国	…	…	…	…	…	…	286[-2]	27[-2]	100[-2]	100[-2]			336[-2]	17[-2]	100[-2]	96[-2]			IRN
哈萨克斯坦		9[-3]	100[-3]	100[-3]			65	21	100	100	7		268	7	100	100			KAZ
吉尔吉斯斯坦							20	25	95	74			63	10	85				KGZ
马尔代夫	1	16	88	81[-2]	8		4	10	90	83[-2]	0.4								MDV
尼泊尔	48	20	89	92	-		198	21	97	95	-		116i	29i	89i	88i			NPL
巴基斯坦							484	45	82[-2]				646i	19i					PAK
斯里兰卡							76	23	85	86	1		150[-1]	17[-1]		83[-1]			LKA
塔吉克斯坦	8	11	100[-1]	57			35	22	100	97									TJK
土库曼斯坦	…	…	…	…	…	…													TKM
乌兹别克斯坦	60	12	98	100	1[-1]		113	21	99	100	2[-1]		377	10	98	100	3[-1]		UZB
东亚和东南亚																			
文莱达鲁萨兰国	1	16	59	100	9		4	10	85	100	4		5	9	90	91	7		BRN
柬埔寨	7	34	100	100			51	42	100	100									KHM
中国	2,444	18		90			6,046	17		96			6,267	13		93	2		CHN
朝鲜民主主义人民共和国	…	…	…	…	…	…	74[+1]	20[+1]		100[+1]			124[+1]	17[-2]		100[+1]			PRK
中国香港							26	14	97	100	2		31	12	97	100	3[-1i]		HKG
印度尼西亚	464	13		60			1,827	16		83	7[-3]		1,586	15		93			IDN
日本	105[-1]	27[-1]					415[-1]	16[-1]					638[-1]	11[-1]					JPN
老挝人民民主共和国	11	18	90	42	1		36	22	97	90	2		37i	18i	96i	81i			LAO
中国澳门	1	15	99	100			2	14	98	100	1[-2]		3	10	91	100	3		MAC
马来西亚	65	15	91	100			265	12	99	100	2		231	10	95	100			MYS
蒙古	7	33	100	96			10	30	100[-1]	99	2		22		98	98	6		MNG
缅甸	9	19	98	100			234	23	98[-1]	96			150	26	93	97			MMR
菲律宾	63[-1]	34[-1]	100[-1]	96[-1]	19[-1]		493[-1]	29[-1]	100[-1]	100[-1]	1[-1]		314[-1]	24[-1]	100[-1]	100[-1]	2[-2]		PHL
韩国	99[-1]	13[-1]					164[-1]	16[-1]					233[-1]	14[-1]					KOR
新加坡							16[-1]	15[-1]	99[-1i]				15[-1]	12[-1]	99[-1i]	100			SGP
泰国							305	16	100	100			262	24	100	100			THA
东帝汶	1	33																	TLS
越南	251	18	99	99			397	20		100									VNM

表 7（续）

列说明： A 课堂教师数（千人）；B 生师比；C 受过培训的课堂教师百分比（%）[4.c.1]；D 合格的课堂教师百分比（%）[4.c.3]；E 教师流失率（%）[4.c.6]；F 教师相对薪酬水平 [4.c.5]。参考年份：2017。

国家/地区	学前教育 A	B	C	D	E	F	初等教育 A	B	C	D	E	F	中等教育 A	B	C	D	E	F	国名和地名缩写
大洋洲																			
澳大利亚	…	…	…	…	…	0.92[-1]	…	…	…	…	…	0.93[-1]	…	…	…	…	…		AUS
库克群岛	-[-1]	16[-1]	78[-1]	84[-2]	…		0.1[-1]	17[-1]	95[-1]	100[-2]	…		0.1[-1]	16[-1]	98[-2]	98[-2]	…		COK
斐济	…	…	…	…	…		6[-1]	20[-1]	90[-1]	100[-1]	…		…	…	…	…	…		FJI
基里巴斯	…	…	…	…	…		1	25	73[-1]	100	…		…	…	…	…	…		KIR
马绍尔群岛	…	…	…	…	…		…	…	…	…	…		…	…	…	…	…		MHL
密克罗尼西亚联邦	…	…	…	…	…		1[-2i]	20[-2i]	…	…	…		…	…	…	…	…		FSM
瑙鲁	-[-1]	22[-1]	100[-1]	100[-1]	…		-[-1]	40[-1]	100[-1]	100[-1]	…		…	25[-1]	…	89[-3]	…		NRU
新西兰	14[-2]	8[-1]	…	…	…		26[-1]	15[-1]	…	…	…	0.85[-1]	35[-1]	14[-1]	…	…	…	0.90[-1i]	NZL
纽埃	-[-1]	6[-1]	100[-1]	100[-1]	-[-1]		-[-1]	15[-1]	92[-1]	100[-1]	…		-[-2]	8[-2]	100[-2]	100[-2]	…		NIU
帕劳	-[-3]	18[-3]	…	100[-3]	…		…	…	…	…	…		…	…	…	…	…		PLW
巴布亚新几内亚	9[-1]	42[-1]	…	…	…		36[-1]	36[-1]	…	…	…		15[-1]	34[-1]	…	…	…		PNG
萨摩亚	0.4	13	100	100[-1]	…		…	…	…	…	…		1[-1]	28[-1]	…	…	…		WSM
所罗门群岛	2	26	59[-3]	26	…		4	26	74	78	2		2[-1]	…	76[-2]	84[-2]	…		SLB
托克劳	-[-1]	4[-1]	42[-1]	…	…		…	15[-1]	67[-1]	…	…		…	…	…	…	…		TKL
汤加	0.2[-2]	11[-2]	…	…	…		1[-2]	22[-2]	92[-2]	92[-2]	…		1[-1]	15[-1]	59[-2]	80[-2]	…		TON
图瓦卢	0.1[-1]	11[-1]	88[-1]	100[-1]	…		0.1[-1]	17[-1]	77[-1]	62[-1]	…		0.1[-1]	8[-1]	46[-1]	60[-1]	…		TUV
瓦努阿图	1[-2]	16[-2]	46[-2]	52[-2]	…		2[-2]	27[-2]	…	72[-2]	…		1[-2]	21[-2]	…	79[-2]	…		VUT
拉丁美洲和加勒比																			
安圭拉	…	…	…	…	…		…	…	…	…	…		…	…	…	…	…		AIA
安提瓜和巴布达	0.4[-2]	8[-2]	65[-2]	100[-2]	…		1[-2]	14[-2]	65[-2]	100[-2]	…		1[-2]	11[-2]	73[-2]	94[-2]	…		ATG
阿根廷	…	…	…	…	…		…	…	…	…	…		…	…	…	…	…		ARG
阿鲁巴	…	…	…	…	…		…	…	…	…	…		…	…	…	…	…		ABW
巴哈马	0.2[-1]	23[-1]	76[-1]	100[-1]	…		2[-1]	19[-1]	90[-1]	100[-1]	…		2[-1]	12[-1]	85[-1]	98[-1]	…		BHS
巴巴多斯	0.3	16	73	100	…		1	14	80	100	…		1	18	47	100	…		BRB
伯利兹	0.5	16	45[-1]	55[-1]	…		3	20	73[-1]	…	…		2	17	54[-1]	46[-1]	…		BLZ
多民族玻利维亚国	11	33	92	…	…		73	19	58	…	…		60	21	57	…	…		BOL
巴西	304[-1]	17[-1]	…	…	…		793[-1]	20[-1]	…	…	…		1,418[-1]	17[-1]	…	…	…		BRA
英属维尔京群岛	…	8[-1]	…	…	…		0.3	12	92	92	…		0.3	9	86	86	…		VGB
开曼群岛	…	…	…	…	…		0.3[+1]	16[+1]	100[+1]	100[+1]	…		0.3[+1]	11[+1]	100[+1]	100[+1]	…		CYM
智利	23[-2]	27[-2]	…	…	…	0.84[-2]	80[-2]	18[-2]	…	…	…	0.80[-2]	80[-2]	19[-2]	…	…	…	0.86[-2i]	CHL
哥伦比亚	51[-1]	…	97[-3]	94[-3]	…		184	24	95	100	…		184	26	98	100	…		COL
哥斯达黎加	9[-1]	12[-1]	89[-1]	97[-1]	2[-1]		40[-1]	12[-1]	94[-1]	97[-1]	1[-1]		36[-1]	13[-1]	96[-1]	99[-1]	…		CRI
古巴	…	…	…	…	…		83	9	100	76	…		86	9	100	77	…		CUB
库拉索	…	…	…	…	…		…	…	…	…	…		…	…	…	…	…		CUW
多米尼克	0.1[-1]	11[-1]	19[-1]	39[-1]	…		1[-1]	13[-1]	66[-1]	100[-1]	…		1[-1]	11[-2]	49[-2]	52[-2]	…		DMA
多米尼加共和国	15[-1]	19[-1]	…	82[-1]	…		69[-1]	19[-1]	…	87[-1]	…		42[-2]	22[-2]	…	83[-2]	…		DOM
厄瓜多尔	32	21	83	…	12		78	25	82	…	13		88	22	74	…	11		ECU
萨尔瓦多	8	27	94	100	7[-1]		24	28	95	100	9		19	28	93	100	7		SLV
格林纳达	0.3	12	37	36[-1]	2		1	16	64	100	5		1	12	45	100	5[-1]		GRD
危地马拉	…	…	…	…	…		108[-1]	22[-1]	…	…	…		98[-1]	12[-1]	…	…	…		GTM
圭亚那	…	…	…	…	…		…	…	…	…	…		…	…	…	…	…		GUY
海地	…	…	…	…	…		…	…	…	…	…		…	…	…	…	…		HTI
洪都拉斯	12[-1]	19[-1]	51[-4]	51[-4]	…		44	26	…	…	4[-1]		39	17	…	…	…		HND
牙买加	…	11[-1]	75[-2]	94[-1]	…		11	22	96[-1]	100[-1]	3		13	15	100	100	16[-1]		JAM
墨西哥	193[-1]	25[-1]	85[-1]	…	…		535[-1]	27[-1]	97[-1]	…	…		842[-1]	16[-1]	87[-1]	…	…		MEX
蒙特塞拉特	-	8	82	…	…		-	15	77[-1]	43	…		-	9	72	100	9		MSR
尼加拉瓜	…	…	…	…	…		…	…	…	…	…		…	…	…	…	…		NIC
巴拿马	6[-1]	15[-1]	100[-1]	100[-1]	…		19[-1]	21[-1]	99[-1]	90[-1]	…		24[-1]	15[-1]	60[-1]	84[-1]	…		PAN
巴拉圭	…	…	…	…	…		…	…	…	…	…		…	…	…	…	…		PRY
秘鲁	84	19	…	…	…		198	18	97	87	18[-2]		190	15	89[-1i]	80	20[-2]		PER
圣基茨和尼维斯	…	11[-2]	…	100[-2]	…		0.4[-1]	14[-1]	72[-1]	99[-1]	14[-2]		1[-1]	8[-1]	62[-1]	100[-1]	5[-2]		KNA
圣卢西亚	…	6[-1]	70[-3]	…	…		1	15	89	100	…		1	11	71	100	…		LCA
圣文森特和格林纳丁斯	0.5	8	14[-4]	…	…		1	14	84[-2]	22	…		1	14	58[-2]	51	…		VCT
荷属圣马丁	…	…	…	…	…		…	…	…	…	…		0.4[-3]	…	…	93[-1]	…		SXM
苏里南	1	29	99	…	…		5	15	98	…	…		3	12[-1]	81[-1]	57	…		SUR
特立尼达和多巴哥	…	…	…	…	…		…	…	…	…	…		…	…	…	…	…		TTO
特克斯和凯科斯群岛	…	…	…	…	…		0.3[-3]	9[-3]	89[-3]	…	…		0.2[-2]	10[-2]	98[-2]	98[-2]	…		TCA
乌拉圭	…	…	…	…	…		28[-1]	11[-1]	100[-1]	100[-1]	…		…	…	…	…	…		URY
委内瑞拉玻利瓦尔共和国	…	…	…	…	…		…	…	…	…	…		…	…	…	…	…		VEN

表7（续）

	学前教育						初等教育						中等教育						
	A	B	C	D	E	F	A	B	C	D	E	F	A	B	C	D	E	F	国名和地名缩写
	课堂教师数（千人）	生师比	受过培训的课堂教师百分比（%）	合格的课堂教师百分比（%）	教师流失率（%）	教师相对薪酬水平	课堂教师数（千人）	生师比	受过培训的课堂教师百分比（%）	合格的课堂教师百分比（%）	教师流失率（%）	教师相对薪酬水平	课堂教师数（千人）	生师比	受过培训的课堂教师百分比（%）	合格的课堂教师百分比（%）	教师流失率（%）	教师相对薪酬水平	
可持续发展目标指标：			4.c.1	4.c.3	4.c.6	4.c.5			4.c.1	4.c.3	4.c.6	4.c.5			4.c.1	4.c.3	4.c.6	4.c.5	
参考年份：	2017						2017						2017						
欧洲和北美																			
阿尔巴尼亚	5	17	…	84	…	…	10	18	…	84	…	…	24	12	…	97	…	…	ALB
安道尔	0.2	14	100	100	6	…	0.4	10	100	100	7	…	1	8	100	100	8	…	AND
奥地利	23-1	11-1	…	…	…	…	32-1	10-1	…	…	…	0.76-1	73-1	9-1	…	…	…	0.93-1i	AUT
白俄罗斯	44	8	92	44	2	…	22	19	100	100	4	…	79	8	94	100	…	…	BLR
比利时	36-1	13-1	…	…	…	…	71-1	11-1	…	…	…	…	131-1	9-1	…	…	…	…	BEL
百慕大	0.1-1	9-3	100-1	100-1	…	…	0.4-1	10-2	100-1	100-1	…	…	1-1	6-2	100-1	99-1	…	…	BMU
波斯尼亚和黑塞哥维那	1	14	…	…	…	…	9	17	…	…	…	…	27	9	…	…	…	…	BIH
保加利亚	19-1	12-1	…	…	…	…	15-1	18-1	…	…	…	…	39-1	13-1	…	…	…	…	BGR
加拿大	…	…	…	…	…	…	…	…	…	…	…	…	…	…	…	…	…	…	CAN
克罗地亚	9-1	13-1	…	…	…	…	12-1	14-1	…	…	…	…	52-1	7-1	…	…	…	…	HRV
捷克	…	14-4	…	…	…	0.52-2	…	19-4	…	…	…	0.61-2	…	12-4	…	…	…	…	CZE
丹麦	…	…	…	…	…	0.68-1	44-3	11-3	…	…	…	0.82-1	49-3	11-3	…	…	…	…	DNK
爱沙尼亚	…	…	…	…	…	0.62-1	7-1	11-1	…	…	…	0.91-1	9-1	9-1	…	…	…	0.91-1i	EST
芬兰	18-1	12-1	…	…	…	0.66-2	27-1	13-1	…	…	…	0.89-1	41-1	13-1	…	…	…	1.05-2i	FIN
法国	126-4	20-4	…	…	…	0.78-3	229-4	18-4	…	…	…	0.76-3	457-4	13-4	…	…	…	0.94-1i	FRA
德国	316-1	7-1	…	…	…	0.90-1	238-1	12-1	…	…	…	…	589-1	12-1	…	…	…	1.01-1i	DEU
希腊	15-1	11-1	…	…	…	1.06-1	70-1	9-1	…	…	…	1.06-1	79-1	8-1	…	…	…	1.15-1i	GRC
匈牙利	26-1	12-1	…	…	…	0.66-1	37-1	11-1	…	…	…	0.70-1	81-1	10-1	…	…	…	0.72-1i	HUN
冰岛	3-2	5-2	…	…	…	…	3-2	10-2	…	…	…	…	…	…	…	…	…	…	ISL
爱尔兰	…	…	…	…	…	…	…	…	…	…	…	…	…	…	…	…	…	…	IRL
意大利	133-1	12-1	…	…	…	0.68-3	255-1	11-1	…	…	…	0.68-1	457-1	10-1	…	…	…	0.71-1i	ITA
拉脱维亚	8-1	10-1	…	…	…	0.79-1	11-1	11-1	…	…	…	0.80-1	14-1	8-1	…	…	…	1.04-1i	LVA
列支敦士登	0.1-1	8-1	…	…	…	…	0.3-1	8-1	…	…	…	…	0.3-1	8-1	…	…	…	…	LIE
立陶宛	11-1	9-1	…	…	…	0.95-3	8-1	13-1	…	…	…	0.95-3	33-1	8-1	…	…	…	0.95-3i	LTU
卢森堡	2-1	10-1	…	…	…	1.80-1	4-1	8-1	…	…	…	1.80-1	5-1	9-1	…	…	…	2.02-1i	LUX
马耳他	1-1	12-1	…	…	…	…	2-1	13-1	…	…	…	…	4-1	7-1	…	…	…	…	MLT
摩纳哥	0.1	19	…	…	7	…	0.2	10	…	…	…	…	0.4i	9i	…	…	…	…	MCO
黑山共和国	…	…	…	…	…	…	…	…	…	…	…	…	…	…	…	…	…	…	MNE
荷兰	32-1	16-1	…	…	…	0.73-1	102-1	12-1	…	…	…	0.73-1	112-1	14-1	…	…	…	…	NLD
挪威	18-1	10-1	…	…	…	0.67-1	49-1	9-1	…	…	…	0.75-1	51-1	9-1	…	…	…	…	NOR
波兰	92-1	12-1	…	…	…	0.68-1	229-1	11-1	…	…	…	0.79-1	268-1	9-1	…	…	…	0.81-1i	POL
葡萄牙	15-1	17-1	…	…	…	1.50-1	50-1	13-1	…	…	…	1.38-1	79-1	10-1	…	…	…	1.41-1i	PRT
摩尔多瓦共和国	10	13	90	…	…	…	8	18	99	…	…	…	23	10	98	…	…	…	MDA
罗马尼亚	35-1	15-1	…	…	…	…	49-1	19-1	…	…	…	…	125-1	12-1	…	…	…	…	ROU
俄罗斯联邦	…	…	…	…	…	…	301-1	21-1	…	…	…	…	…	…	…	…	…	…	RUS
圣马力诺	…	…	…	…	…	…	…	…	…	…	…	…	…	…	…	…	…	…	SMR
塞尔维亚	14	12	…	100	…	…	19	14	…	100	…	…	67	8	…	100	…	…	SRB
斯洛伐克	13-2	12-2	…	…	…	0.48-1	14-2	15-2	…	…	…	0.64-1	41-2	11-2	…	…	…	0.64-1i	SVK
斯洛文尼亚	7-1	9-1	…	…	…	0.69-1	9-1	14-1	…	…	…	0.87-1	15-1	10-1	…	…	…	0.91-1i	SVN
西班牙	100-1	14-1	…	…	…	…	233-1	13-1	…	…	…	…	287-1	12-1	…	…	…	…	ESP
瑞典	81-1	6-1	…	…	…	0.76-1	67-1	12-1	…	…	…	0.86-1	66-1	13-1	…	…	…	0.90-1i	SWE
瑞士	15-1	12-1	…	…	…	…	49-1	10-1	…	…	…	…	62-1	10-1	…	…	…	…	CHE
前南斯拉夫的马其顿共和国	…	…	…	…	…	…	8-2	14-2	…	…	…	…	18-2	9-2	…	…	…	…	MKD
乌克兰	…	…	…	…	…	…	127	13	87	84-4	…	…	324	7	…	…	…	…	UKR
英国	25-1	73-1	…	…	…	…	314-1	15-1	…	…	…	…	393-1	19-1	…	…	…	…	GBR
美国	629-2	14-2	…	…	…	0.62-1	1,714-2	14-2	…	…	…	0.63-1	1,661-2	15-2	…	…	…	0.67-1i	USA

7岁的奈卡加入了海地"艺术抚慰与教育"（HEART）项目。该项目面向在飓风"马修"中幸存的儿童提供社会心理援助。实施该项目的学校是由救助儿童会重建的。

援助表

导言

以下三个表格呈现了两类援助的数据。

首先，**官方发展援助**（ODA）数据来自经合组织国际发展统计（IDS）数据库，该数据库记录了经合组织发展援助委员会（发援会）所有成员国以及逐年增多的非发援会成员国的捐助方每年提供的资料。在本报告中，官方发展援助的总额净值取自发援会数据库，而其毛值和教育援助数据取自贷方报告制度（CRS），它是一个独立项目数据库。发援会和贷方报告制度的数据均被换算为2016年美元不变价格。这两个数据库均可通过以下网址查阅：www.oecd.org/dac/stats/idsonline.htm。

官方发展援助包括赠款和贷款，它：（a）由官方部门提供；（b）以推动经济发展和增进福祉为主要目的；（c）采取财政优惠的方式（如果采取贷款形式，则其中25%及以上为赠款）。除补充资金流以外，其援助形式还包括技术合作。参见：www.oecd.org/dac/financing-sustainable-development/development-finance-data/dac-glossary.htm#ODA。

其次，**人道主义援助**数据来自联合国人道主义事务协调办公室（OCHA）的资金追踪服务（FTS）。资金追踪服务旨在呈现国际人道主义资金流的全貌，募集政府捐助方、联合国监管的各基金会、联合国机构、非政府组织和其他人道主义行动方及合作伙伴，包括私营部门的捐助资金。该数据库持续更新，以监测人道主义响应方案中的要求是否全部得到满足。资金追踪服务数据库中的数据被换算为美元时价。关于资金追踪服务的信息请查阅：fts.unocha.org。

援助的受援国和捐助方

《发援会受援国清单》涵盖了所有按世界银行收入分类划定的低收入国家和中等收入国家，八国集团和欧盟的成员国除外。欲了解更多信息，请参见以下网址：www.oecd.org/development/financing-sustainabledevelopment/development-finance-standards/historyofdaclistsofaidrecipientcountries.htm。

双边捐助方是直接向受援国提供发展援助的国家。其中大部分是发援会成员国。双边捐助方还通过记录为多边官方发展援助的捐款，为多边捐助方的融资工作做出相当大的贡献。

多边捐助方是有各国政府参加的国际机构，这些机构所开展的全部或主要活动都是有利于发展中国家和受援国的。此类机构包括多边开发银行（例如世界银行和各区域开发银行）、联合国机构，以及区域组织（例如欧盟和阿拉伯国家的特定机构）。当双边捐助方通过与多边捐助方签署合约来实施项目时，该项目计入双边援助。发援会成员国向机构提供的捐款，若与其余捐款汇集一处并由该机构自由支配以支付项目及运营成本，则计入多边援助。

双边捐助方及多边捐助方名单请参见以下电子表单中的"捐助方"工作表：www.oecd.org/dac/financingsustainable-development/development-financestandards/DAC-CRS-CODES.xls。

表1：发展援助和人道主义援助

官方发展援助总额：对所有部门的双边和多边援助，以及不能按部门分配的援助，例如一般预算支助和债务减免。

来自双边捐助方的官方发展援助总额只包含双边援助，而援助占国民总收入的百分比包含双边和多边官方发展援助。

人道主义援助总额：公共和私营捐助方、联合国机构、联合国基金会、非政府组织和其他各方向资金追踪服务报告的资金总额。

联合国负责协调的援助呼吁：国家人道主义援助中的一部分，指由联合国人道主义事务协调办公室或联合国难民事务高级专员办事处负责协调的所有人道主义响应方案和援助呼吁，包括战略响应方案、人道主义响应方案、紧急呼吁和区域性难民响应方案。相关定义参见《全球人道主义援助报告2018》第5章：devinit.org/wp-content/uploads/2018/06/GHA-Report-2018.pdf。

中等后教育援助总额：直接中等后教育援助加上一般预算支助总额的5%，再加上"等级不详"的教育援助的25%。

直接教育援助：贷方报告制度数据库中报告直接分配给教育部门的教育援助。它是发援会定义的给下述等级教育的直接援助总额：

- 基础教育，由发援会定义为包括初等教育、青年和成人的基本生活技能教育以及幼儿教育；

- 中等教育，包括普通中等教育和职业培训；

- 中等后教育，包括高级技术和管理培训；

- "等级不详"的教育，指无法算作某个等级教育发展的活动，例如教育研究和教师培训，一般教育计划支助往往在该子类别中报告。

人均援助总额：（i）人均基础教育援助总额等于基础教育援助总额除以初等教育适龄儿童人数；（ii）人均中等教育援助总额等于中等教育援助总额除以中等教育适龄青少年人数。

表2和表3：针对教育的发展援助，分别按照捐助方和受援国分列

教育援助总额：直接教育援助加上一般预算支助（提供给各国政府，没有指定用于特定项目或部门的援助）的20%，后者表示大约15%—25%的预算支助通常用于教育部门。

基础教育援助总额：直接基础教育援助加上一般预算支助总额的10%，再加上"等级不详"的教育援助的50%。

中等教育援助总额：直接中等教育援助加上一般预算支助总额的5%，再加上"等级不详"的教育援助的25%。

年份:	官方发展援助								人道主义援助	
	官方发展援助净付款总额								美元（百万）	
	2016年美元不变价格（百万）				占国民总收入的百分比（%）				人道主义援助总额	联合国协调呼吁
	2005	2015	2016	2017*	2005	2015	2016	2017*	2017**	2017**
澳大利亚	1,855	2,758	2,290	2,209	0.25	0.29	0.27	0.23	252	112
奥地利	1,333	789	986	564	0.52	0.35	0.42	0.30	47	19
比利时	1,381	1,126	1,425	1,223	0.53	0.42	0.50	0.45	189	104
加拿大	3,099	2,884	2,661	2,960	0.34	0.28	0.26	0.26	634	401
捷克	73	71	71	75	0.11	0.12	0.14	0.13	7	4
丹麦	1,444	1,878	1,654	1,613	0.81	0.85	0.75	0.72	419	187
爱沙尼亚***	3	15	19	19	0.08	0.15	0.19	0.17	5	2
芬兰	658	702	638	505	0.46	0.55	0.44	0.41	98	40
法国	7,343	5,161	5,642	6,362	0.47	0.37	0.38	0.43	234	117
德国	7,694	14,257	19,636	18,783	0.36	0.52	0.70	0.66	2,649	1,814
希腊	200	71	159	86	0.17	0.12	0.19	0.16	0	0
匈牙利***	40	47	55	37	0.11	0.13	0.17	0.11	1	1
冰岛	19	35	48	52	0.18	0.24	0.28	0.29	4	2
爱尔兰	448	426	427	449	0.42	0.32	0.32	0.30	130	61
意大利	2,360	1,838	2,420	2,825	0.29	0.22	0.27	0.29	190	65
日本	10,111	6,876	7,048	8,354	0.28	0.20	0.20	0.23	672	447
哈萨克斯坦***	...	34	13	...		0.02	0.02	...	0	
科威特***	233	303	1,048	...	...	...	...	...	0	55
立陶宛***	2	10	14	13	0.06	0.12	0.14	0.13	0	0
卢森堡	219	258	275	298	0.79	0.95	1.00	1.00	28	14
荷兰	3,720	4,175	3,158	3,438	0.82	0.75	0.65	0.60	272	91
新西兰	281	364	361	342	0.27	0.27	0.25	0.23	24	3
挪威	2,122	3,139	3,451	2,988	0.94	1.05	1.12	0.99	506	310
波兰	49	96	149	204	0.07	0.10	0.15	0.13	21	14
葡萄牙	226	148	125	109	0.21	0.16	0.17	0.18	0	0
韩国	499	1,458	1,548	1,541	0.10	0.14	0.16	0.14	62	49
罗马尼亚***	...	33	109			0.09	0.15	...	0	0
斯洛伐克	39	17	26	29	...	0.10	0.12	0.12	1	1
斯洛文尼亚	15	25	28	24	0.11	0.15	0.19	0.16	1	0
西班牙	1,848	354	2,597	791	0.27	0.12	0.35	0.19	55	22
瑞典	2,403	4,832	3,452	3,673	0.94	1.40	0.94	1.01	565	303
瑞士	1,878	2,649	2,773	2,279	0.42	0.51	0.53	0.46	452	129
阿拉伯联合酋长国***	545	4,334	4,171	4,364	...	1.18	1.21	1.31	291	2
英国	7,477	10,557	11,517	11,502	0.47	0.70	0.70	0.70	1,850	1,326
美国	30,985	26,994	28,535	29,757	0.23	0.17	0.19	0.18	6,515	4,868
双边援助总额****	92,809	110,543	116,192	117,304	0.32	0.30	0.32	0.31	17,041	10,866
非洲开发银行	178	123	160						84	3
非洲开发基金	913	2,050	2,029						...	...
阿拉伯经济和社会发展基金	...	54	48						...	...
亚洲开发银行特别基金	920	1,440	1,375						...	...
欧盟机构	8,922	13,610	16,832						3,069	1,914
阿拉伯非洲经济开发银行	58	71	...						...	...
气候投资基金	...	409	51						...	...
世界银行（国际开发协会）	7,292	10,011	8,105						174	102
美洲开发银行特别基金	248	1,897	746						...	...
国际货币基金组织（优惠信托基金）	-282	501	-129						...	...
石油输出国组织（OPEC）国际开发基金	63	169	236						2	1
联合国开发计划	427	419	377						1	1
联合国儿童基金会	761	1,389	1,440						111	85
联合国建设和平常设基金	...	70	47						...	1
联合国近东巴勒斯坦难民救济和工程处	375	768	717						...	14
世界粮食计划署	594	285	306						...	1
全球基金	1,078	3,159	3,547						9	7
全球疫苗免疫联盟	...	1,718	1,339						...	...
全球环境基金	509	810	851						...	...
世界卫生组织	...	661	534						...	...
多边援助总额****	23,869	41,766	40,819						3,638	2,725
总计	116,678	152,228	157,011						21,475	14,220

资料来源：官方发展援助总额及其占国民总收入的百分比数据来自经合组织发展援助委员会、发援会与贷方报告制度数据库（OECD-DAC,DAC and CRS databases，2018）；国际人道主义援助和联合国协调呼吁的数据来自联合国人道主义事务协调办公室的资金追踪服务（UN Office for the Coordination of Humanitarian Affairs Financial Tracking Service，2018）。

*初步数据
**资金追踪服务数据基于捐助方国家决定捐助时的实时美元汇率统计。
***爱沙尼亚、匈牙利、哈萨克斯坦、科威特、立陶宛、罗马尼亚和阿拉伯联合酋长国不属于发援会，但被列入贷方报告制度数据库。
****官方发展援助总额包括上表未列出的其他双边和多边官方发展援助。人道主义援助总额包括上表未列出的其他双边、多边和私营基金会提供的人道主义援助。
（...）表示无相关数据。
来自发援会捐助方的官方发展援助总额仅包括（来自发援会成员和非成员的）双边官方发展援助，而官方发展援助占国民总收入的百分比包括多边官方发展援助。
来自双边捐助方的官方发展援助占国民总收入的百分比仅涉及发援会成员。

表 2: 捐助方提供给教育部门的官方发展援助

年份:	援助总额 2016年美元不变价格（百万）								直接援助 2016年美元不变价格（百万）							
	教育		基础教育		中等教育		中等后教育		教育		基础教育		中等教育		中等后教育	
	2005	2016	2005	2016	2005	2016	2005	2016	2005	2016	2005	2016	2005	2016	2005	2016
澳大利亚	108	218	61	139	25	30	22	48	107	217	40	93	14	7	12	25
奥地利	101	144	4	9	4	9	93	127	101	144	2	0	3	4	92	122
比利时	103	86	24	25	15	40	65	21	102	86	15	15	11	35	60	16
加拿大	182	209	128	116	29	50	25	43	172	207	101	73	16	29	12	21
捷克	…	8	…	1	…	1	…	6	…	8	…	0	…	1	…	5
丹麦	50	58	32	34	9	9	10	15	40	56	16	17	1	0	2	6
爱沙尼亚*	…	2	…	0	…	…	…	1	…	2	…	…	…	0	…	1
芬兰	…	46	…	33	…	8	…	5	…	46	…	27	…	5	…	2
法国	1,183	1,168	70	98	22	217	1,091	852	1,171	1,133	45	50	10	193	1,078	828
德国	1,277	1,987	101	344	134	326	1,042	1,316	1,265	1,986	73	205	119	257	1,028	1,247
希腊	37	1	6	1	3	0	28	0	37	1	0	…	0	…	26	0
匈牙利*	…	24	…	0	…	0	…	24	…	24	…	…	…	…	…	24
冰岛	…	1	…	1	…	0	…	0	…	1	…	1	…	…	…	…
爱尔兰	58	34	36	14	11	9	11	9	54	34	20	7	3	5	4	5
意大利	73	98	31	41	16	21	26	35	68	98	1	24	1	13	12	26
日本	832	710	195	233	102	127	535	351	795	559	109	59	59	40	492	264
哈萨克斯坦*	…	…	…	…	…	…	…	…	…	…	…	…	…	…	…	…
科威特*	…	44	…	22	…	11	…	11	…	44	…	…	…	…	…	…
立陶宛*	…	2	…	0	…	0	…	1	…	2	…	…	…	0	…	1
卢森堡	34	51	15	13	13	36	6	2	34	51	3	12	7	35	0	1
荷兰	339	110	198	15	34	20	107	75	306	110	139	13	4	19	77	74
新西兰	49	72	19	18	6	7	24	47	42	67	15	14	4	5	22	45
挪威	217	384	141	298	26	29	50	57	200	379	104	261	8	10	31	39
波兰	…	38	…	5	…	2	…	31	…	38	…	1	…	0	…	29
葡萄牙	68	48	11	11	9	10	48	26	66	48	4	0	6	5	44	21
韩国	…	241	…	56	…	81	…	104	…	241	…	32	…	69	…	92
罗马尼亚*	…	28	…	2	…	2	…	24	…	28	…	0	…	1	…	23
斯洛伐克	…	5	…	1	…	1	…	2	…	5	…	0	…	1	…	2
斯洛文尼亚	…	7	…	0	…	…	…	7	…	7	…	…	…	0	…	7
西班牙	216	50	82	21	55	17	79	13	214	50	56	8	41	11	66	6
瑞典	142	120	69	67	27	14	46	39	121	120	22	43	3	2	23	28
瑞士	59	123	17	50	22	57	20	16	59	119	5	41	16	53	14	11
阿拉伯联合酋长国*	…	641	…	298	…	154	…	190	…	152	…	11	…	10	…	46
英国	359	1,322	283	825	38	241	37	256	261	1,306	211	615	2	136	1	152
美国	709	1,489	522	1,218	99	26	88	245	598	1,488	396	1,175	35	5	25	224
双边援助总额**	6,195	9,571	2,043	4,012	696	1,559	3,455	4,000	5,814	8,857	1,377	2,800	363	952	3,122	3,394
非洲开发银行	…	2	…	0	…	0	…	1	…	2	…	…	…	…	…	1
非洲开发基金	92	154	49	24	22	50	21	81	62	128	7	…	1	38	0	69
阿拉伯经济和社会发展基金	…	5	…	0	…	0	…	5	…	5	…	…	…	0	…	4
亚洲开发银行特别基金	…	322	…	71	…	204	…	47	…	322	…	20	…	179	…	22
欧盟机构	731	1,134	379	493	143	246	209	396	536	1,003	246	235	77	117	142	267
阿拉伯非洲经济开发银行	…	…	…	…	…	…	…	…	…	…	…	…	…	…	…	…
气候投资基金	…	…	…	…	…	…	…	…	…	…	…	…	…	…	…	…
世界银行（国际开发协会）	1,194	1,413	794	729	176	427	225	256	1,194	1,411	627	507	92	316	141	145
美洲开发银行特别基金	…	52	…	31	…	4	…	17	…	52	…	25	…	1	…	14
国际货币基金组织（优惠信托基金）	128	188	64	94	32	47	32	47	…	…	…	…	…	…	…	…
石油输出国组织（OPEC）国际开发基金	…	19	…	8	…	6	…	5	…	19	…	1	…	3	…	2
联合国开发计划署	4	2	1	1	2	0	1	0	4	…	0	…	1	…	0	…
联合国儿童基金会	73	87	72	54	1	18	0	16	73	87	72	21	1	1	0	…
联合国建设和平常设基金	…	0	…	0	…	…	…	…	…	0	…	0	…	…	…	…
联合国近东巴勒斯坦难民救济和工程处	234	453	234	453	…	…	…	…	234	453	234	453	…	…	…	…
世界粮食计划署	…	21	…	21	…	0	…	0	…	21	…	21	…	…	…	…
多边援助总额**	2,456	3,865	1,593	1,985	376	1,006	487	874	2,103	3,515	1,186	1,290	173	658	283	527
总计	8,651	13,435	3,636	5,997	1,072	2,564	3,942	4,874	7,917	12,373	2,563	4,089	536	1,611	3,406	3,921

资料来源：经合组织发展援助委员会，贷方报告制度数据库（OECD-DAC, CRS databases, 2018）。

*爱沙尼亚、匈牙利、哈萨克斯坦、科威特、立陶宛、罗马尼亚和阿拉伯联合酋长国不属于发援会，但被列入贷方报告制度数据库。

**官方发展援助总额包括上表未列出的其他双边和多边官方发展援助。

(…)表示无相关数据。

所有数据均表示总付款额。官方发展援助中分配给教育部门的比例是指占官方发展援助总付款额的百分比，在贷方报告制度统计表中报告。表1中的官方发展援助总额数据表示净付款额，在发援会统计表中报告。

法国、新西兰和英国的援助数据包括对其海外领土支付的款项。

占官方发展援助的百分比					
%					
教育		基础教育		中等教育	
2005	2016	2005	2016	2005	2016
6	10	57	64	23	14
8	15	4	6	4	6
7	6	23	29	14	46
6	8	70	55	16	24
...	11	...	9	...	17
3	4	63	59	18	15
...	11	...	21	...	12
...	7	...	72	...	17
16	21	6	8	2	19
17	10	8	17	10	16
18	1	15	50	8	25
...	44	...	1	...	0
...	3	...	94	...	3
13	8	62	45	18	27
3	4	43	42	21	22
8	10	23	33	12	18
...	...	...	...	...	...
...	4	...	50	...	25
...	14	...	22	...	13
16	19	44	26	38	70
9	3	58	13	10	18
17	20	39	25	12	10
10	11	65	78	12	8
...	26	...	14	...	6
30	38	16	23	14	21
...	16	...	23	...	34
...	26	...	7	...	7
...	19	...	21	...	29
...	25	...	2	...	5
12	2	38	41	25	34
6	3	49	56	19	12
3	4	29	41	38	47
...	15	...	46	...	24
5	11	79	62	11	18
2	5	74	82	14	2
7	**8**	**33**	**42**	**11**	**16**
...	1	...	17	...	9
10	8	53	15	24	32
...	11	...	6	...	4
...	23	...	22	...	63
8	7	52	43	20	22
...	...	...	...	...	...
...	...	...	...	...	...
16	17	66	52	15	30
...	7	...	60	...	8
-45	-145	50	50	25	25
...	8	...	41	...	33
1	0	32	50	50	25
10	6	99	61	1	20
...	0	...	100	...	...
62	63	100	100	...	...
...	7	...	100	...	0
10	**9**	**65**	**51**	**15**	**26**
7	**9**	**42**	**45**	**12**	**19**

表 3: 教育援助的接受方

	援助总额								人均援助总额			
	2016年美元不变价格（百万）								2016年美元不变价格（百万）			
	教育		基础教育		中等教育		中等后教育		基础教育		中等教育	
年份：	2005	2016	2005	2016	2005	2016	2005	2016	2005	2016	2005	2016
撒哈拉以南非洲	**2,413**	**3,046**	**1,153**	**1,423**	**367**	**763**	**894**	**859**	**10**	**9**	**4**	**6**
未按国家分配的金额	30	92	9	37	5	16	16	40	…	…	…	…
安哥拉	36	21	20	9	4	6	11	7	9	2	1	1
贝宁	57	40	24	15	7	11	26	15	18	9	6	6
博茨瓦纳	6	3	1	2	1	1	4	1	3	5	4	3
布基纳法索	84	91	46	42	14	28	24	20	21	13	7	9
布隆迪	33	15	17	5	7	5	10	5	13	3	6	3
佛得角	47	17	10	3	6	5	31	10	132	42	80	70
喀麦隆	118	100	15	12	5	12	99	77	5	3	2	3
中非共和国	10	20	3	8	0	5	6	7	5	11	1	7
乍得	31	41	17	20	5	10	9	11	10	8	3	4
科摩罗	8	15	0	2	0	2	7	11	5	17	2	18
刚果	29	17	5	2	3	2	21	13	10	3	6	3
科特迪瓦	35	55	5	19	1	7	29	29	2	5	0	2
刚果民主共和国	63	97	28	47	12	32	22	19	3	4	2	3
吉布提	30	20	13	5	0	5	17	10	115	53	3	34
赤道几内亚	8	1	5	0	1	1	2	1	58	2	13	4
厄立特里亚	19	6	12	1	4	0	3	4	25	1	6	1
斯威士兰	1	6	0	4	0	1	0	0	2	19	1	5
埃塞俄比亚	93	314	42	194	19	71	33	48	3	12	2	5
加蓬	25	19	2	1	0	3	22	15	11	3	1	12
冈比亚	6	9	5	4	0	1	1	3	22	12	2	5
加纳	129	178	81	58	12	86	36	35	25	14	4	21
几内亚	51	55	33	23	4	8	13	24	22	12	3	4
几内亚比绍	7	17	3	10	1	2	4	5	12	36	4	7
肯尼亚	80	100	42	48	16	16	21	37	7	6	3	2
莱索托	15	8	12	5	2	2	1	1	32	14	10	7
利比里亚	3	83	3	59	0	11	0	13	5	80	1	17
马达加斯加	81	55	35	22	10	14	37	20	13	7	3	3
马拉维	66	106	33	64	23	17	11	26	14	21	12	7
马里	112	112	65	64	18	22	29	26	32	21	11	9
毛里塔尼亚	26	19	9	3	2	9	16	7	18	5	4	14
毛里求斯	15	15	0	3	0	4	15	8	2	34	1	33
莫桑比克	169	170	99	105	25	38	45	26	24	18	11	11
纳米比亚	11	16	9	4	1	7	1	5	23	10	3	27
尼日尔	56	97	37	50	7	32	11	15	17	14	4	10
尼日利亚	70	155	45	68	11	40	13	47	2	2	1	2
卢旺达	58	89	28	48	12	18	18	22	21	26	9	12
圣多美和普林西比	6	4	1	1	1	1	4	2	61	32	28	52
塞内加尔	119	140	33	52	18	27	68	61	18	21	10	12
塞舌尔	1	3	0	1	0	1	0	1	22	156	10	66
塞拉利昂	32	52	18	21	8	25	6	6	21	17	10	21
索马里	5	62	3	34	1	16	1	12	2	14	1	8
南非	85	63	43	22	14	15	28	26	6	3	3	3
南苏丹	-	81	-	63	-	8	-	9	-	32	-	5
坦桑尼亚联合共和国	162	179	89	85	32	70	40	24	12	8	6	10
多哥	17	22	2	4	0	7	14	10	3	3	0	6
乌干达	146	98	81	33	29	30	36	35	13	4	7	5
赞比亚	113	43	67	26	22	10	25	7	28	8	16	5
津巴布韦	10	25	3	15	1	6	5	4	1	5	1	3

直接援助								占比					
2016年美元不变价格（百万）								%					
教育		基础教育		中等教育		中等后教育		教育在官方发展援助总额中占比		基础教育在官方发展援助总额中占比		中等教育在官方发展援助总额中占比	
2005	2016	2005	2016	2005	2016	2005	2016	2005	2016	2005	2016	2005	2016
2,007	**2,727**	**679**	**926**	**130**	**515**	**656**	**611**	**8**	**7**	**48**	**47**	**15**	**25**
29	88	0	25	1	10	12	34	2	4	29	40	18	17
35	21	13	4	0	3	7	4	8	10	58	42	12	27
47	37	13	12	2	9	21	14	15	8	42	37	13	26
6	3	0	1	1	0	4	1	11	4	13	49	16	17
61	68	24	23	3	19	13	11	11	9	55	47	16	31
19	14	4	3	1	4	3	3	9	2	50	36	22	33
44	15	1	1	2	4	27	8	27	15	21	16	13	28
115	100	11	10	3	10	97	76	27	13	12	12	4	11
8	6	2	1	0	1	6	3	10	4	32	41	5	26
25	15	9	5	1	3	5	4	7	7	55	49	15	24
8	15	0	1	-	2	7	11	34	28	6	13	2	14
27	17	3	2	1	2	20	13	2	20	18	13	10	11
35	44	4	9	1	2	29	24	37	9	14	34	3	13
52	97	7	35	2	26	12	12	3	5	45	48	20	33
30	14	13	1	-	3	16	8	39	11	44	25	1	23
8	1	3	0	0	0	1	0	22	21	58	24	15	35
14	6	9	0	3	0	1	4	5	9	63	17	22	8
1	6	0	4	0	1	0	0	2	4	53	79	19	14
81	314	21	139	8	44	22	21	4	8	45	62	20	23
24	19	2	0	0	3	22	15	48	45	9	3	1	17
6	9	4	1	0	0	0	2	10	9	82	46	6	15
100	131	65	25	4	69	28	19	11	14	63	32	10	48
51	41	32	13	4	3	13	19	24	10	65	42	9	15
7	15	2	7	1	0	4	4	10	8	36	60	8	9
47	100	23	43	7	13	12	34	10	8	53	48	20	16
15	7	10	3	2	1	1	0	22	7	76	62	16	23
3	71	2	41	0	2	0	4	1	10	83	71	8	13
72	42	16	8	0	7	27	12	8	9	43	40	12	25
48	91	17	47	15	9	3	17	11	9	50	60	34	16
94	86	38	43	5	12	15	16	15	9	58	57	16	20
26	19	8	1	1	8	16	6	13	7	33	18	6	46
15	10	0	1	0	3	15	6	43	36	1	21	1	28
129	165	58	75	5	23	25	12	12	11	58	62	15	23
11	16	9	3	1	7	1	4	9	10	84	25	6	45
42	78	25	29	1	21	5	4	10	10	66	52	13	33
69	155	41	38	9	24	11	32	1	6	65	44	16	26
37	69	13	35	4	12	11	16	10	8	48	54	20	21
5	4	1	1	0	1	4	2	17	9	26	24	9	32
114	128	20	37	12	19	61	54	16	19	28	37	15	19
1	3	-	0	0	0	0	0	4	45	29	48	17	20
15	33	10	10	3	19	1	1	9	8	58	41	24	47
5	58	2	12	0	5	0	1	2	5	65	55	18	26
85	51	27	8	7	8	20	19	12	5	50	35	17	24
-	81	-	49	-	1	-	2	...	5	...	78	...	11
88	179	38	63	6	59	15	14	10	8	55	47	20	39
17	18	2	1	0	6	14	9	19	13	14	19	1	33
131	98	43	26	10	26	18	31	11	6	55	34	20	31
95	43	32	17	5	5	7	3	9	4	59	61	19	22
10	25	1	13	0	6	5	3	2	4	33	59	11	26

	援助总额								人均援助总额			
	2016年美元不变价格（百万）								2016年美元不变价格（百万）			
	教育		基础教育		中等教育		中等后教育		基础教育		中等教育	
年份：	2005	2016	2005	2016	2005	2016	2005	2016	2005	2016	2005	2016
北非和西亚	**1,680**	**2,835**	**582**	**1,391**	**191**	**420**	**908**	**1,024**	**12**	**35**	**4**	**9**
未按国家分配的金额	6	98	2	74	2	1	1	22	...	...	...	...
阿尔及利亚	164	106	4	1	4	3	156	101	1	0	1	1
亚美尼亚	17	26	5	6	3	5	8	15	37	35	9	19
阿塞拜疆	11	13	3	1	2	1	7	11	5	2	1	1
巴林	-	-	-	-	-	-	-	-	-	-	-	-
塞浦路斯	-	-	-	-	-	-	-	-	-	-	-	-
埃及	93	495	43	230	13	103	37	163	4	20	1	10
格鲁吉亚	47	50	11	13	6	6	30	31	28	45	15	23
伊拉克	131	82	88	37	32	17	11	28	21	-	9	-
以色列	-	-	-	-	-	-	-	-	-	-	-	-
约旦	152	370	102	265	16	24	34	81	-	-	22	21
科威特	-	-	-	-	-	-	-	-	-	-	-	-
黎巴嫩	96	235	35	145	6	44	54	45	76	266	13	69
利比亚	7	11	0	5	0	0	7	6	0	0	0	-
摩洛哥	291	280	22	43	18	74	251	163	6	11	5	21
阿曼	1	-	0	-	0	-	0	-	0	-	1	-
巴勒斯坦	-	-	-	-	-	-	-	-	-	-	-	-
卡塔尔	5	-	1	-	2	-	2	-	0	-	1	-
沙特阿拉伯	43	18	20	6	8	4	16	8	4	-	2	-
苏丹	67	118	19	52	2	5	45	61	10	18	1	2
阿拉伯叙利亚共和国	124	141	7	24	20	24	97	93	7	24	14	21
突尼斯	169	240	25	69	29	56	114	115	4	13	4	5
土耳其	-	-	-	-	-	-	-	-	-	-	-	-
阿拉伯联合酋长国	205	400	159	338	22	24	23	38	363	691	30	27
也门	53	153	35	81	5	28	13	44	10	19	1	7
中亚和南亚	**1,663**	**2,561**	**1,126**	**1,218**	**173**	**640**	**364**	**704**	**6**	**6**	**1**	**3**
未按国家分配的金额	4	13	0	2	1	2	4	8	...	...	...	...
阿富汗	212	245	181	107	13	44	18	94	43	18	4	8
孟加拉国	242	599	167	367	38	161	37	71	10	23	2	7
不丹	12	1	4	0	4	0	4	1	38	5	39	2
印度	724	621	575	288	31	146	118	187	5	2	0	1
伊朗伊斯兰共和国	54	76	1	1	2	0	52	74	0	0	0	0
哈萨克斯坦	10	30	2	5	1	3	8	22	2	5	0	2
吉尔吉斯斯坦	12	47	4	20	2	15	7	12	8	45	3	22
马尔代夫	7	3	3	1	3	1	1	1	52	29	65	22
尼泊尔	46	139	29	72	4	35	13	31	8	23	1	8
巴基斯坦	241	644	135	305	44	177	62	162	7	14	2	6
斯里兰卡	52	103	13	37	12	43	27	23	8	22	5	16
塔吉克斯坦	16	15	10	7	3	4	3	4	14	10	2	3
土库曼斯坦	2	3	0	0	0	1	2	2	1	1	2	2
乌兹别克斯坦	29	23	2	4	16	8	11	11	1	2	3	2
东亚和东南亚	**1,297**	**1,427**	**199**	**360**	**100**	**309**	**999**	**758**	**1**	**2**	**0**	**2**
未按国家分配的金额	1	6	1	3	0	0	1	3	...	...	...	...
文莱达鲁萨兰国	-	-	-	-	-	-	-	-	-	-	-	-
柬埔寨	39	108	18	46	4	31	17	31	9	24	2	17
中国	727	476	27	32	14	89	686	355	0	0	0	1
朝鲜民主主义人民共和国	1	1	0	0	0	0	1	1	0	0	0	0
中国香港	-	-	-	-	-	-	-	-	-	-	-	-
印度尼西亚	136	198	44	71	23	34	70	93	2	3	1	1
韩国	-	-	-	-	-	-	-	-	-	-	-	-
老挝人民民主共和国	28	80	13	46	4	21	11	13	16	61	4	21
中国澳门	-	-	-	-	-	-	-	-	-	-	-	-
马来西亚	20	32	2	2	2	1	16	29	1	1	1	0
蒙古	34	44	8	11	1	11	25	22	30	41	3	37
缅甸	12	135	4	60	0	36	8	39	1	12	0	6
菲律宾	66	65	25	36	22	6	18	23	2	3	3	1
新加坡	-	-	-	-	-	-	-	-	...	...	-	-
泰国	44	32	3	10	2	5	39	18	1	2	0	1
东帝汶	24	30	11	10	5	11	8	8	55	49	38	60
越南	165	219	43	33	21	63	101	123	5	5	2	7

直接援助								占比					
2016年美元不变价格（百万）								%					
教育		基础教育		中等教育		中等后教育		教育在官方发展援助总额中占比		基础教育在官方发展援助总额中占比		中等教育在官方发展援助总额中占比	
2005	2016	2005	2016	2005	2016	2005	2016	2005	2016	2005	2016	2005	2016
1,551	**2,311**	**459**	**933**	**130**	**191**	**846**	**795**	**5**	**9**	**35**	**49**	**11**	**15**
6	98	2	73	2	1	1	21	0	10	43	76	37	1
164	106	3	0	4	3	155	101	46	67	3	1	3	3
13	26	2	4	2	5	7	15	9	8	29	21	21	20
7	13	1	0	0	0	5	11	5	17	28	8	14	5
-	-	-	-	-	-	-	-	...	...	...	...	...	...
93	162	35	42	9	9	33	68	8	23	46	46	14	21
37	50	4	4	3	2	27	27	15	11	23	26	13	12
131	34	87	8	32	3	10	13	1	4	67	45	25	21
-	-	-	-	-	-	-	-	...	...	...	...	...	...
95	352	73	228	1	6	19	62	19	14	67	72	11	7
-	-	-	-	-	-	-	-	...	...	...	...	...	...
96	235	32	137	5	40	52	41	39	21	37	62	7	19
7	11	-	5	-	-	7	6	29	6	1	44	0	0
291	277	17	30	16	68	249	157	38	14	7	15	6	27
1	-	-	-	0	-	0	-	4	...	3	...	35	...
-	-	-	-	-	-	-	-	...	...	...	...	...	...
5	-	0	-	1	-	2	-	19	...	12	...	37	...
30	18	6	6	1	3	9	7	2	2	46	34	17	22
67	118	19	47	2	2	45	58	88	1	29	44	4	4
114	136	1	5	17	14	94	83	34	22	6	17	16	17
169	240	15	3	24	23	109	82	41	7	15	29	17	23
-	-	-	-	-	-	-	-	...	...	...	...	...	...
172	390	128	314	7	12	8	26	19	17	78	85	11	6
53	47	34	27	4	1	13	17	17	8	67	53	9	18
1,568	**2,509**	**964**	**890**	**92**	**476**	**283**	**540**	**14**	**16**	**68**	**48**	**10**	**25**
5	13	0	2	1	2	4	8	1	3	2	15	26	19
203	244	165	90	5	35	9	86	7	6	86	44	6	18
221	599	133	305	21	130	20	40	17	24	69	61	16	27
12	1	3	0	3	0	3	0	12	2	36	39	32	14
724	621	568	239	28	122	114	163	38	23	79	46	4	24
54	76	1	0	1	0	51	74	51	65	1	1	3	0
10	30	1	0	0	0	8	19	4	49	16	18	5	9
8	42	1	10	1	10	5	7	4	9	30	42	17	32
7	3	1	0	2	0	0	1	8	12	38	39	41	19
43	128	25	49	2	24	11	20	10	13	63	52	9	25
192	627	52	167	2	108	20	93	14	22	56	47	18	27
51	85	8	21	10	34	24	15	4	28	26	36	23	41
8	15	5	5	0	2	1	3	6	5	62	48	17	24
2	3	0	0	-	1	2	2	6	10	14	12	0	36
29	23	1	1	16	6	11	10	16	5	8	18	55	33
1,252	**1,422**	**127**	**180**	**64**	**219**	**963**	**668**	**15**	**24**	**15**	**25**	**8**	**22**
1	6	1	3	-	0	1	3	0	3	52	42	0	4
-	-	-	-	-	-	-	-	...	...	...	...	...	...
39	107	13	26	2	21	15	20	7	15	46	43	11	29
727	476	20	4	11	75	682	341	40	-60	4	7	2	19
1	1	0	0	-	-	1	1	2	1	4	31	0	4
-	-	-	-	-	-	-	-	...	...	...	...	...	...
117	198	24	25	13	11	60	70	5	-179	32	36	17	17
-	-	-	-	-	-	-	-	...	...	...	...	...	...
28	80	10	41	3	18	9	11	9	20	47	58	15	26
-	-	-	-	-	-	-	-	...	...	...	...	...	...
20	32	0	0	1	0	15	29	65	-62	9	5	10	3
33	44	6	7	0	10	24	20	15	13	23	24	3	26
12	135	4	24	0	18	7	21	8	9	34	45	3	27
66	65	22	28	21	2	16	19	11	23	39	55	34	9
-	-	-	-	-	-	-	-	...	...	...	...	...	...
44	32	1	5	1	3	37	15	-30	14	7	30	5	16
22	30	8	3	4	8	6	5	12	13	46	35	23	38
141	215	19	13	9	53	89	113	8	8	26	15	13	29

表 3（续）

	援助总额								人均援助总额			
	2016年美元不变价格（百万）								2016年美元不变价格（百万）			
	教育		基础教育		中等教育		中等后教育		基础教育		中等教育	
年份：	2005	2016	2005	2016	2005	2016	2005	2016	2005	2016	2005	2016
大洋洲	**203**	**235**	**92**	**100**	**49**	**49**	**62**	**86**	**27**	**24**	**15**	**14**
未按国家分配的全额	7	57	3	21	2	14	3	22	...	...	...	...
库克群岛	4	6	0	1	2	4	1	1	231	490	938	1,913
斐济	22	17	10	5	5	2	8	9	101	52	46	19
基里巴斯	6	10	1	5	3	0	2	5	51	321	230	25
马绍尔群岛	15	3	8	2	4	1	4	1	1,090	200	585	101
密克罗尼西亚联邦	34	9	17	6	8	2	9	2	-	-	-	-
瑙鲁	0	3	0	0	0	3	0	0	34	212	19	2,078
纽埃	4	1	2	1	1	0	1	1	10,950	3,894	3,458	2,237
帕劳	3	1	2	0	1	0	1	0	1,041	260	336	66
巴布亚新几内亚	51	61	29	29	8	13	14	19	31	21	10	13
萨摩亚	14	14	1	5	7	2	6	8	52	156	231	60
所罗门群岛	15	18	11	8	1	3	3	8	144	81	15	30
托克劳	4	3	2	2	1	1	1	1	10,354	10,713	3,959	3,989
汤加	8	7	4	4	1	0	3	3	270	261	91	17
图瓦卢	4	2	1	0	1	1	2	1	854	231	390	562
瓦努阿图	12	22	2	12	5	3	5	6	63	-	159	-
拉丁美洲和加勒比	**577**	**757**	**217**	**286**	**111**	**138**	**250**	**333**	**4**	**6**	**2**	**3**
未按国家分配的全额	9	37	5	6	1	5	3	26	...	...	...	...
安圭拉	0	-	0	-	0	-	0	-	...	...	-	...
安提瓜和巴布达	-	0	-	0	0	0	0	0	-	4	28	3
阿根廷	20	24	2	4	3	6	15	14	0	1	1	1
阿鲁巴	-	-	-	-	-	-	-	-	-	-	-	-
巴哈马	-	-	-	-	-	-	-	-	-	-	-	-
巴巴多斯	0	-	0	-	0	-	0	-	1	-	8	-
伯利兹	1	1	0	1	0	0	0	0	8	14	2	4
多民族玻利维亚国	53	36	25	6	13	9	15	21	19	4	11	7
巴西	52	99	8	15	5	11	40	73	1	-	0	-
英属维尔京群岛	-	-	-	-	-	-	-	-	...	...	...	...
开曼群岛	-	-	-	-	-	-	-	-	...	...	...	...
智利	16	25	1	4	1	5	13	16	1	3	1	3
哥伦比亚	36	61	4	10	6	11	27	40	1	3	1	2
哥斯达黎加	4	12	1	3	0	4	3	5	1	8	1	10
古巴	5	4	0	1	1	1	4	3	0	1	1	1
多米尼克	1	2	0	1	0	0	1	1	49	99	39	61
多米尼加共和国	13	21	5	13	6	2	2	5	5	11	5	2
厄瓜多尔	19	23	3	8	6	5	9	10	2	4	4	3
萨尔瓦多	12	24	6	8	3	5	4	10	7	12	4	7
格林纳达	14	1	12	1	1	0	0	0	814	43	111	30
危地马拉	27	39	16	27	3	6	8	6	7	12	2	3
圭亚那	13	7	7	1	4	1	3	5	58	16	47	6
海地	29	113	14	76	4	19	11	19	10	53	2	12
洪都拉斯	60	44	39	36	11	6	10	2	34	30	12	6
牙买加	13	7	12	3	0	3	1	1	-	-	1	13
墨西哥	32	50	2	5	2	6	28	39	0	0	0	0
蒙特塞拉特	4	0	2	0	1	0	1	0	4,012	-	3,424	-
尼加拉瓜	60	50	27	30	18	16	15	4	35	41	28	26
巴拿马	5	5	1	2	1	0	3	2	2	5	4	1
巴拉圭	9	8	4	3	2	3	2	2	5	4	3	4
秘鲁	46	44	15	17	12	9	19	17	4	5	4	3
圣基茨和尼维斯	0	-	0	-	0	-	0	-	-	-	-	...
圣卢西亚	2	1	1	0	1	0	0	0	26	-	52	9
圣文森特和格林纳丁斯	1	0	0	0	0	0	0	0	22	7	43	4
苏里南	4	3	1	1	0	0	2	2	18	14	6	4
特立尼达和多巴哥	1	-	0	-	0	-	1	-	0	-	0	-
特克斯和凯科斯群岛	-	-	0	-	-	-	-	-	...	...	...	...
乌拉圭	5	5	0	1	2	2	2	2	1	5	7	7
委内瑞拉玻利瓦尔共和国	13	11	3	1	2	2	8	8	1	0	1	1

直接援助								占比					
2016年美元不变价格（百万）								%					
教育		基础教育		中等教育		中等后教育		教育在官方发展援助总额中占比		基础教育在官方发展援助总额中占比		中等教育在官方发展援助总额中占比	
2005	2016	2005	2016	2005	2016	2005	2016	2005	2016	2005	2016	2005	2016
190	226	34	43	20	20	33	58	15	14	45	43	24	21
7	57	3	13	1	10	2	18	3	18	42	37	23	24
4	5	0	-	2	3	1	1	42	32	11	15	55	67
22	17	0	1	0	0	3	7	30	14	44	32	22	12
6	10	0	5	3	0	2	5	19	17	13	49	52	4
15	3	0	0	2	0	0	0	23	27	49	53	26	22
34	8	0	2	0	0	0	0	27	18	50	61	25	19
0	3	-	0	-	2	0	0	2	15	28	10	14	77
1	0	0	0	-	0	0	0	14	11	48	41	22	25
1	1	0	0	0	-	0	0	13	4	53	54	23	13
51	61	17	3	2	1	9	7	15	11	56	47	15	22
14	14	0	2	6	0	5	6	29	16	11	33	48	13
11	18	9	0	0	0	2	5	6	10	72	42	7	16
0	1	-	0	-	0	0	-	19	24	46	56	23	24
8	7	2	4	0	0	2	2	23	9	50	59	15	4
3	2	0	0	-	1	1	1	35	10	34	12	16	31
12	19	1	10	5	3	4	6	25	17	17	54	44	16
551	740	126	204	66	97	204	291	9	7	38	38	19	18
9	37	3	4	0	4	2	24	5	7	53	18	12	13
0	-	-	-	0	-	-	-	1	...	11	...	84	...
0	0	-	-	0	-	0	0	-	197	...	39	...	19
20	24	1	0	3	4	14	12	20	902	9	17	16	24
-	-	-	-	-	-	-	-	...	...	...	...	...	...
0	-	-	-	0	-	0	-	-11	...	7	...	62	...
1	1	0	0	0	0	0	0	5	3	61	60	15	16
53	36	8	3	5	7	7	19	8	5	47	17	25	26
52	99	3	2	3	5	38	66	27	15	14	15	9	11
-	-	-	-	-	-	-	-	...	...	...	...	...	...
16	25	0	0	1	3	13	14	9	14	7	16	8	20
36	61	3	6	5	9	26	38	5	6	10	16	16	18
4	12	0	2	0	3	3	4	15	12	18	29	9	32
5	4	0	0	1	0	4	3	6	0	8	12	13	13
1	1	-	0	0	-	0	0	6	20	33	38	19	19
13	21	5	12	5	2	1	5	16	12	43	64	43	10
19	23	2	5	6	3	9	9	7	9	17	34	33	20
12	24	3	7	1	5	2	9	6	18	49	35	23	23
13	0	12	-	1	-	0	0	25	14	87	48	10	24
27	39	14	24	2	4	7	5	10	15	58	69	13	15
5	7	2	1	2	0	0	5	8	11	50	19	29	7
29	98	7	56	0	9	7	9	6	11	50	67	13	16
56	44	25	33	4	5	3	1	8	11	66	81	18	14
13	7	11	3	0	3	0	1	30	28	92	44	2	44
32	50	2	1	1	4	27	37	14	6	7	11	5	12
0	0	-	-	-	-	-	-	14	0	50	50	25	25
55	50	10	27	9	14	6	2	7	12	45	61	30	32
5	5	0	2	1	0	2	2	21	20	14	47	30	8
9	8	3	2	1	3	2	1	16	9	50	40	24	39
43	44	8	12	9	7	16	14	9	14	32	40	27	21
0	-	-	-	-	-	0	-	10	...	45	...	23	...
2	1	0	0	-	0	0	0	17	6	30	31	47	16
1	0	0	0	-	-	0	0	13	2	32	38	46	19
4	3	0	0	-	0	2	1	8	16	31	31	11	10
1	-	-	-	0	-	1	-	-43	...	2	...	6	...
0	-	0	-	-	-	-	-	...	...	...	...	...	...
5	5	0	0	2	1	2	1	26	28	8	26	47	39
13	11	3	0	1	2	8	8	24	26	23	10	13	19

表 3 (续)

| | 援助总额 2016年美元不变价格（百万） | | | | | | | | 人均援助总额 2016年美元不变价格（百万） | | | |
| | 教育 | | 基础教育 | | 中等教育 | | 中等后教育 | | 基础教育 | | 中等教育 | |
年份：	2005	2016	2005	2016	2005	2016	2005	2016	2005	2016	2005	2016
欧洲和北美	**266**	**470**	**33**	**104**	**28**	**68**	**207**	**298**	**1**	**2**	**0**	**1**
未按国家分配的金额	7	37	1	2	4	2	1	34	…	…	…	…
阿尔巴尼亚	33	30	7	5	4	4	22	21	29	28	8	12
白俄罗斯	17	31	0	4	0	1	17	26	1	9	0	2
百慕大	-	-	-	-	-	-	-	-	-	-	-	-
波斯尼亚和黑塞哥维那	37	35	5	4	3	2	30	30	-	-	…	…
克罗地亚	16	-	1	-	0	-	15	-	3	-	1	-
马耳他	-	-	-	-	-	-	-	-	-	-	-	-
摩尔多瓦共和国	10	56	1	8	0	18	9	30	4	-	0	-
黑山共和国	-	4	1	1	0	0	-	3	30	15	6	5
塞尔维亚	56	89	11	30	10	18	35	41	36	109	13	32
斯洛文尼亚	-	-	-	-	-	-	-	-	-	-	-	-
前南斯拉夫的马其顿共和国	22	13	5	3	4	0	13	10	45	26	13	2
乌克兰	68	175	1	49	2	22	65	103	0	-	0	-
未按区域或国家分配的金额	549	2,104	235	1,115	53	177	260	812	…	…	…	…
低收入国家	1,920	2,873	1,047	1,486	289	651	584	735	13	14	4	7
中低收入国家	3,701	5,540	1,795	2,441	465	1,295	1,442	1,804	6	8	1	3
中高收入国家	2,294	2,499	508	787	226	382	1,562	1,330	2	4	1	2
高收入国家	72	62	7	13	12	14	53	35	0	0	0	0
未按收入分配的金额	661	2,462	278	1,269	81	223	301	970	…	…	…	…
最不发达国家	2,442	3,833	1,365	2,016	379	932	698	885	12	14	4	8
撒哈拉以南非洲	2,413	3,046	1,153	1,423	367	763	894	859	10	9	4	6
北非和西亚	1,680	2,835	582	1,391	191	420	908	1,024	12	35	4	9
中亚和南亚	1,663	2,561	1,126	1,218	173	640	364	704	6	6	1	3
东亚和东南亚	1,297	1,427	199	360	100	309	999	758	1	2	0	2
大洋洲	203	235	92	100	49	49	62	86	27	24	15	14
拉丁美洲和加勒比	577	757	217	286	111	138	250	333	4	6	2	3
欧洲和北美	266	470	33	104	28	68	207	298	1	2	0	1
未按区域或国家分配的金额	549	2,104	235	1,115	53	177	260	812	…	…	…	…
总计	**8,648**	**13,435**	**3,636**	**5,997**	**1,072**	**2,564**	**3,942**	**4,874**	**6**	**9**	**1**	**4**

资料来源：经合组织发展援助委员会，贷方报告制度数据库（OECD-DAC, CRS databases, 2018）。

（…）表示无相关数据。
根据世界银行的界定对国家按照收入水平分组，但各组仅包括表中列出的国家和地区。依据世界银行2018年7月修订的国家收入分组名单。
所有数据均表示付款总额。

直接援助								占比					
2016年美元不变价格（百万）								%					
教育		基础教育		中等教育		中等后教育		教育在官方发展援助总额中占比		基础教育在官方发展援助总额中占比		中等教育在官方发展援助总额中占比	
2005	2016	2005	2016	2005	2016	2005	2016	2005	2016	2005	2016	2005	2016
251	347	11	18	17	25	196	255	7	11	12	22	11	15
7	37	-	0	4	1	1	33	1	4	18	5	63	4
30	29	2	2	2	2	19	20	10	18	21	16	13	12
17	31	0	1	0	0	16	24	27	-138	2	12	1	5
-	-	-	-	-	-	-	-	...	...	...	...	...	...
33	35	1	1	1	1	28	28	6	8	12	10	8	6
16	-	-	-	0	-	15	-	12	...	4	...	2	...
-	-	-	-	-	-	-	-	...	...	...	...	...	...
10	53	0	2	0	16	9	27	6	17	7	14	2	33
1	4	1	0	0	0	-	3	-	4	...	16	...	8
50	49	3	2	6	4	31	28	5	14	20	33	17	20
-	-	-	-	-	-	-	-	...	...	...	...	...	...
19	13	3	2	2	0	12	10	9	8	24	22	16	3
68	95	0	6	2	1	65	82	15	11	1	28	3	13
547	2,091	163	896	17	67	224	702	3	4	43	53	10	8
1,587	2,508	669	1,006	100	411	395	495	10	9	55	52	15	23
3,411	4,991	1,361	1,566	248	857	1,225	1,366	12	13	48	44	13	23
2,201	2,371	359	497	151	237	1,487	1,185	7	14	22	31	10	15
70	62	2	3	9	9	50	30	24	28	10	21	16	22
649	2,440	172	1,018	28	97	248	845	2	4	42	52	12	9
2,070	3,452	896	1,383	145	615	463	568	10	11	56	53	16	24
2,007	2,727	679	926	130	515	656	611	8	7	48	47	15	25
1,551	2,311	459	933	130	191	846	795	5	9	35	49	11	15
1,568	2,509	964	890	92	476	283	540	14	16	68	48	10	25
1,252	1,422	127	180	64	219	963	668	15	24	15	25	8	22
190	226	34	43	20	20	33	58	15	14	45	43	24	21
551	740	126	204	66	97	204	291	9	7	38	38	19	18
251	347	11	18	17	25	196	255	7	11	12	22	11	15
547	2,091	163	896	17	67	224	702	3	4	43	53	10	8
7,917	12,373	2,563	4,089	536	1,611	3,406	3,921	7	9	42	45	12	19

术　语

经调整的净入学率（adjusted net enrolment ratio, ANER）。特定教育等级正规年龄组的人口中，进入该教育等级或更高教育等级学习的人数所占的百分比。

成人教育普及率（adult educational attainment rate）。按最高教育等级分列的25岁及以上人口数，表示为占该年龄组人口的百分比。

成人识字率（adult literacy rate）。15岁及以上识字者人数占该年龄组总人口的百分比。

儿童或5岁以下人口死亡率（child or under-5 mortality rate）。从出生到满5岁时的死亡概率，表示为每1,000名活产儿中的死亡人数。

教育等级的完成率（completion rate by level）。比某一教育等级最高年级的正规年龄高出3—5岁的儿童中，曾经进入该教育等级最高年级者所占的百分比。例如，某国六年制初等教育中，进入最高年级的正规年龄为11岁，那么其初等教育完成率为14—16岁人口中曾读过六年级者所占的百分比。

受冲突影响的国家（conflict-affected country）。在特定年份，任何在最近10年中因战斗死亡人数达到1,000人（包括平民和军人），或者在过去3年中的任何一年因战斗死亡200人以上的国家，根据乌普萨拉冲突数据项目中的战斗死亡数据集统计。

不变价格（constant price）。特定物品价格，经调整后消除了特定基线年份以来整体价格变动（通货膨胀）的总体影响。

幼儿保育和教育（early childhood education and care, ECCE）。各种服务和项目，支助儿童从出生到上小学期间的生存、成长、发展和学习——包括健康、营养和卫生，以及认知、社交、情感和体质发展。

幼儿发展指数（early childhood development index, ECDI）。评估36—59月龄儿童四个方面的发展潜能是否得到充分发掘：读写/计算、身体、社会情感、认知发展。通过联合国儿童基金会多指标聚类调查收集信息。在三个以上维度充分发展的儿童，被认为总体发育正常。

《国际教育分类标准》定义的教育等级[education levels according to the International Standard Classification of Education (ISCED)]。作为一种工具用于收集、汇编和表述国内和国际上可比较教育指标及统计数据的分类系统。该系统从1976年开始实行，1997年和2011年业经修订。

■ 学前教育（pre-primary education，《国际教育分类标准》0级）。有组织的教育项目初始阶段，主要目的是将3岁以上的幼儿融入类似于学校的环境，并在学校与家庭之间架起一座桥梁。这类项目属于幼儿保育和教育的较正规部分，其名目繁多，如婴儿教育、保育教育、学龄前教育、启蒙教育或幼儿教育等。完成这些教育之后，儿童继续接受ISCED-1级教育（即初等教育）。

■ 初等教育（primary education，《国际教育分类标准》1级）。这一层级的教育项目旨在使学生在读、写、算等方面获得扎实的基础教育，同时对历史、地理、自然科学、社会科学、美术和音乐有一个初步理解。

- 中等教育（secondary education,《国际教育分类标准》2级和3级）。该项目分为两个阶段：初中和高中。初中教育（ISCED-2级）通常被设计为对初等基础教育项目的延续，但是比较注重以学科为中心的教学实践，要求每个学科由较为专业的教师来执教。该等级教育的结束往往与义务教育的结束相吻合。高中教育（ISCED-3级）在大多数国家属于中等教育的最后阶段，在教学组织上往往更加注重学科系列；同ISCED-2级相比，一般对教师的学科专业资格认证有更加严格的要求。

- 中等后非高等教育（post-secondary non-tertiary education,《国际教育分类标准》4级）。在中等教育的基础上，提供为进入劳动力市场做准备，或准备进入高等教育的教育经历。

- 高等教育（tertiary education,《国际教育分类标准》5—8级）。在中等教育的基础上，提供专门教育领域的学习活动。旨在进行高度复杂和专业化的学习。其中包括：

  - 5级。短期高等教育，通常为具备专业知识、技能和能力者设计。实践中面向专业雇员和即将进入劳动力市场的学生。

  - 6级。学士学位教育，通常为具备中等程度的学术和（或）专业知识、技能和能力者设计，引导他们获得第一个学位或同等资历。

  - 7级。硕士学位或同等资历教育，通常为具备高级的学术和（或）专业知识、技能和能力者设计，引导他们获得第二个学位或同等资历。

  - 8级。博士学位或同等资历教育，主要引导学生获得高级研究资格。

可持续发展教育（Education for Sustainable Development，ESD）。一种教育类型，旨在使学习者能够建设性地、创造性地应对当前和未来的全球挑战，创造更加可持续和有弹性的社会。

全球公民教育（Global Citizenship Education，GCED）。一种教育类型，旨在使学习者有权利成为面对和解决全球挑战的积极角色，成为更加和平、宽容、包容和安全的世界的积极贡献者。

国内生产总值（gross domestic product，GDP）。一个国家在一年内生产的所有最终产品和提供服务的价值。

毛入学率（gross enrolment ratio，GER）。某一特定教育等级的注册学生总数在对应于该教育等级的正规年龄组人口中所占的百分比，而不管年龄大小。由于入学早晚和（或）留级的缘故，毛入学率有可能超过100%。

毛招生率（gross intake rate，GIR）。初等教育特定年级的新生总数占正规小学该年级适龄人口的百分比，而不论年龄大小。

国民总收入（gross national income，GNI）。一个国家在一年内生产的所有最终产品和提供服务的价值（国内生产总值）加上常住居民来自国外的收入，并减去非常住居民的收入后的价值。

信息和通信技术技能（information and communication technology skills）。在最近三个月从事过以下与计算机相关的活动者，可视为具备此类技能：复制或移动文件或文件夹；使用复制和粘贴工具，在一个文档内复制或移动信息；发送带附件的电子邮件（例如，文件、图片、视频）；在电子表格中使用计算公式；连接和安装新设备（例如，调制解调器、照相机、打印机）；查找、下载、安装和配置软件；使用演示文档软件，创建电子演示文档（包括文本、图片、声音、视频或图表）；在计算机和其他设备之间传输文件；使用专门的编程语言编写计算机程序。

读写能力（literacy）。根据联合国教科文组织1958年的定义，该术语指一个人能读、写和理解与其日常生活有关的简短文章。此后，能力的概念已演化为包括多种技能范畴，每一范畴都以不同程度掌握技能为基础，分别用于不同目的。

净就读率（net attendance rate，NAR）。特定教育等级正规年龄组的学生接受该等级教育的人数占该年龄组总人口的百分比。

净入学率（net enrolment rate，NER）。特定教育等级正规年龄组的入学人数占该年龄组总人口的百分比。

新生人数（new entrants）。特定教育等级初次入学的学生人数，亦即一年级入学人数减去留级人数之差。

失学率（never been to school rate）。比小学正规入学年龄高出3—5岁的儿童中，从未上过学的人所占的百分比。例如，某国正规入学年龄是6岁，则本指标是根据9—11岁的儿童统计的。

失学青少年（out-of-school adolescents and youth）。属于初中或高中年龄段，但没有接受初等教育、中等教育、中等后非高等教育或高等教育的青少年。

失学儿童（out-of-school children）。属于正规小学年龄段而没有进入小学或中学学习的儿童。

年级超龄率（over-age for grade rate）。特定教育等级（初等教育、初中教育、高中教育）的学生比其所在年级正规年龄大2岁以上者所占百分比。

均等指数（parity index）。计量某个教育指数的值或两个群体的不平等比率。一般来讲，计量弱势群体的数值，参照指针是优势群体的数值。指数值为0.97—1.03表示均等，低于0.97表示不均等且对优势群体有利，高于1.03表示不均等且对弱势群体有利。按下述方法划分群体：

- 性别。特定指标上女性与男性的比值。

- 地区。特定指标上农村与城镇的比值。

- 财富/收入。特定指标上最贫困的20%人口与最富裕的20%人口的比值。

私立教育机构（private institutions）。并非由政府机关运营的机构，受非政府组织、宗教机构、特殊利益团体、基金会或工商企业等私营机构控制和管理，可以是营利或非营利性质的。

公共教育支出（public expenditure on education）。包括直辖市在内的地方、地区和国家各级政府用于教育方面的经常支出和基本建设支出总额。家庭贡献不包括在内。该术语涵盖了针对公立和私立两种教育机构的公共支出。

生师比（pupil/teacher ratio，PTR）。某个特定教育等级的每位教师平均所教学生人数。

学生/合格教师比（pupil/qualified teacher ratio）。某个特定教育等级的每位具备教育资格的教师平均所教学生人数。

学生/受过培训的教师比（pupil/trained teacher ratio，PTTR）。某个特定教育等级的每位受过培训的教师平均所教学生人数。

购买力平价（purchasing power parity，PPP）。一种计算国家间价差的汇率，借以对实际产出和收入进行国际比较。

合格教师（qualified teacher）。特定国家的特定教育等级中具有最低的必要学术资历的教师。

学龄人口（school age population）。对应某一特定教育等级的正规年龄组人口，不论其是否在校就读。

技能（skills）。能够学习和迁移的非先天能力，对于个人及其所在社会均有经济或社会效益。

发育迟缓率（stunting rate）。某个年龄组中身高低于国家健康统计中心和世界卫生组织确定的该年龄组2—3个标准差的儿童比例。

教师流失率（teacher attrition rate）。特定学年特定教育等级中离开本行业的教师数，表示为占该学年该教育等级教师数的百分比。

职业技术教育与培训（technical and vocational education and training，TVET）。主要为培养学生直接进入某种特定职业或行业（或者某一类职业或行业）而设计的教育项目。

总净入学率（total net enrolment rate）。特定教育等级正规入学年龄人口中进入任一教育等级（初等教育、中等教育、中等后非高等教育或高等教育）就读的学生数，表示为占相应学龄人口数的百分比。

受过培训的教师（trained teacher）。根据相关国家政策法规，至少符合有组织教师培训最低要求（职前或在职培训），在特定教育等级从教的教师。

升入中等教育的学生比率（transition rate to secondary education）。特定年份中等教育一年级新生占前一年初等教育最高年级就读学生总人数的百分比，后一年份留级的学生不计入。该指标只计量升到普通中等教育的升学率。

青年识字率（youth literacy rate）。年龄在15—24岁的识字者人数占该年龄组总人口的百分比。

关于移徙和流离失所的术语

认证（accreditation）。官方认证机构基于根据具体目的和具体方法而做出的学习成果和（或）能力评价，授予资质（证书、学历或职称），或者给予相对等的学分单位或免修资格，或者颁发能力档案等文件的过程。

同化（assimilation）。一个种族或社会群体，通常是少数民族或少数群体，对另一种文化的适应。同化包括吸纳其语言、传统、价值、风俗、行为，甚至根本利益。

寻求庇护者（asylum-seeker）。在外国遭到迫害或受到严重伤害，且等待着关于移民地位的申请获得有关国际与国家机关批准的个人。

人才外流（brain drain）。（高）技能人才向国外移民。

人才流入（brain gain）。（高）技能人才移民到目的地国。也称作人才回流。

证明（certification）。对成功获得一系列既定成果的正式承认。

公民资格（citizenship）。出生于一个国家或取得国籍，从而获得公民地位。公民对国家应当忠诚，而国家必须保护公民，除非他宣布放弃或被取消公民资格。

驱逐出境（deportation）。国家行使主权，将拒发签证或超过停留期的非本国人逐出自身领土的行为。

拘留（detention）。限制行动自由，通常是由政府机关采取强制监禁。

歧视（discrimination）。待人不平等，对被偏爱的群体和不被偏爱的群体做不合理的区分。

流离失所（displacement）。个人被迫离开家乡或祖国，其原因通常是武装冲突或自然灾害。

移民（emigration）。以定居外国为愿景，离开一个国家的行为。

第一代移民（first-generation immigrant）。在外国出生并移居到一个新的国家的个人。

在外国出生（foreign-born）。在国外出生者，包括归化公民和本国人在国外生育的孩子。

高技能移民（high-skilled migration）。具有大学学历者，或在特定领域具备同等丰富经验者的移民。

移民（immigration）。非本国人以定居为目的迁移到一个国家的过程。

移民身份（immigration status）。根据东道国的移民法，移民所享有的身份。

大量涌入（influx）。大量的非本国人不断到达一个国家。

跨文化主义（interculturalism）。多种不同文化共存并公平交往，以及通过对话和相互尊重的方式开展共同的文化表达的可能性。

国内移民（internal migration）。人们迁移至国内的另一个地区从而建立家园。

国内流离失所者（internally displaced people）。人们被迫逃离或搬离家乡或定居点，但没有越过国际承认的国境线。这大多是由武装冲突、大规模暴力冲突、侵犯人权或天灾人祸造成的后果，或者是为了规避其影响。

国际移民（international migrant）。改变国籍或其常居国家的个人。短期移民是指居留3—12个月者，长期移民是指居留一年以上者。（各国的实际界定并不一致。）

国际移民（international migration）。人们跨过一条或多条国境线，从而在另一个国家定居。

无序移民（irregular migration）。超出移民输出国、过境国和接收国管制规定范畴的移民。

移民（migrant）。在国际上并无被普遍接受的移民定义。通常对这一术语的理解是，它包含了所有个人自主决定移徙，而不受外部因素胁迫的情况；因此，它可以指个人及其家庭成员为优化物质与社会条件、改善个人及家庭发展前景而迁移至另一个国家。联合国对移民的界定是，在外国定居超过一年的个人，无论其动因和移民渠道是什么。

移徙（migration）。个人或团体跨越国境线或在一国之内迁移的活动。

混血儿（mixed heritage）。这一术语用来描述父母一方在外国出生，另一方在本土出生，而其本人在本土出生者。

多元文化主义（multiculturalism）。人类社会的文化多样性不仅涉及种族或民族文化等要素，也包含语言、宗教和社会经济的多样性。

国民（national）。特定国家的公民。

国籍（nationality）。个人与国家之间的法律关系，通过出生、领养、结婚或血缘关系取得。

本地的（native）。归属于出生地或出生国。

游牧民（nomads）。为了给牲畜寻找新鲜牧场或寻求其他生计而在地区间迁徙，且没有固定居所的人。

牧民（pastoralists）。主要职业是畜牧业的人。

有移民背景者（people with a migrant background）。移民或在外国出生，或至少父母一方是移民或外国人的人。

收容中心（reception centre）。在寻求庇护者或无序移民刚刚抵达一个收容国，而其身份地位尚无定论时，收留他们住宿的机构。

认证（recognition）。通过授予资质（证书、学历或职称），或者给予相对等的学分单位或免修资格，或验证已掌握的技能和（或）能力，对技能和能力的官方认可。

对早期学习经历的认证（recognition of prior learning）。依据正规教育与培训的标准，（主要）针对非正式和非正规学习结果的鉴定、存档、评估和证明。

难民（refugee）。出于对因种族、宗教、国籍、政见或特定组织成员身份而遭受迫害的根深蒂固的恐惧，从而离开其拥有国籍的国家，并且不能或因恐惧而不愿意寻求该国庇护的人。

汇款（remittances）。由移民赚得或获得并转移到其祖国或来源社区的资金。

返回（return）。回到出发的国家或地区的行为或过程。

归国的在国外出生的学生（returning foreign-born student）。在国外出生的学生，其父母中至少有一位是在本国出生的。

季节工人（seasonal worker）。工作受季节条件限制或只在一年中部分时间工作的移民。

第二代移民（second-generation immigrant）。父母都是移民的人。

无国籍者（stateless person）。任何国家依据其法律都不认可他为国民的人。

孤儿（unaccompanied minor）。低于法律责任年龄，且无双亲、监护人或其他对其负责的成人陪伴的人。

无证移民（undocumented migrant）。参见无序移民。

验证（validation）。结构化评估、评价、存档并认证个人知识及能力的过程，与知识及能力的获取途径无关。

缩略语

AIDS	获得性免疫缺陷综合征（艾滋病）
ASEAN	东南亚国家联盟
ASER	年度教育状况报告（印度）
CCT	有条件的现金转移
CRRF	应对难民问题综合行动框架
CRS	贷方报告制度（经合组织）
CSO	民间社会组织
CTRP	英联邦国家教师招聘协议
DAC	发展援助委员会（发援会，经合组织）
DACA	《童年入境者暂缓遣返办法》（美国）
DHS	人口和健康调查
DigComp	公民数字化能力框架
DPO	残疾人组织
DIOC	经合组织及非经合组织国家移民数据库
ECDI	幼儿发展指数（联合国儿基会）
ECEC	幼儿教育和保育
ECW	"教育不能等待"
EFA	全民教育
EHEA	欧洲高等教育区
EI	教育国际
EMIS	教育管理信息系统
EU	欧洲联盟（欧盟）
Eurostat	欧盟统计局
FAO	联合国粮食及农业组织（联合国粮农组织）
FTS	资金追踪服务（联合国人道主义事务协调办公室）
GAML	全球监测学习联盟
GCC	海湾阿拉伯国家合作委员会
GCPEA	保护教育免受攻击全球联盟
GDP	国内生产总值
GEM Report	全球教育监测报告
GER	毛入学率
GNI	国民总收入

GPE	全球教育伙伴关系
GPI	性别均等指数
HIV	人体免疫缺陷病毒（艾滋病病毒）
HLPF	可持续发展高级别政治论坛
HRP	人道主义应对方案
HSK	家庭语言与文化（苏黎世）
IAEG-SDGs	可持续发展指标跨机构专家组
IALS	国际成年人扫盲调查
IBE	国际教育局（教科文组织）
IBRD	国际复兴开发银行（世界银行）
ICCS	国际公民素养调查
ICT	信息和通信技术
IDA	国际开发协会（世界银行）
IDMC	国内流离失所监测中心（挪威难民委员会）
IDP	国内流离失所者
IEA	国际教育成就评价组织
IFAD	国际农业发展基金
IFFEd	国际教育财政促进会（筹建中）
IIEP	国际教育规划研究所（教科文组织）
ILO	国际劳工局/组织（劳工局/组织）
IMF	国际货币基金组织（基金组织）
IOM	国际移民组织
IRC	国际救援委员会
ISCED	《国际教育分类标准》
ITU	国际电信联盟
JMP	联合监测项目（世界卫生组织/联合国儿基会）
JRC	联合研究中心（欧盟）
LAMP	读写能力评估与监测项目（联合国教科文组织统计研究所）
LMHE2020	《高等教育学生流动2020》
MDG	千年发展目标
MICS	多指标聚类调查
MOOC	大规模开放在线课程
NER	净入学率
NGO	非政府组织
OCHA	人道主义事务协调办公室（联合国）
ODA	官方发展援助
OECD	经济合作与发展组织（经合组织）
OHCHR	联合国人权事务高级专员办事处
PIAAC	国际成年人能力评价项目（经合组织）

PIRLS	国际阅读素养进展研究
PISA	国际学生评估项目（经合组织）
PPP	购买力平价
RACHEL	偏远地区教育与学习社区热点
R&D	研究与开发
RRP	难民应对方案
SABER	取得更好教育成果的系统方法（世界银行）
SAR	学者在危机中
SDG	可持续发展目标
SHARE	东南亚地区高等教育支助（欧盟）
SRP	难民学生项目（加拿大）
STEP	就业与生产技能项目（世界银行）
TALIS	教与学国际调查（经合组织）
TCG	技术合作组织
TEC	临时教育中心（土耳其）
TEP	过渡教育方案
TIMSS	国际数学与科学趋势研究
TVET	职业技术教育与培训
UIL	教科文组织终身学习研究所
UIS	教科文组织统计研究所（统计研究所）
UK	大不列颠及北爱尔兰联合王国（英国）
UN	联合国
UNAIDS	联合国艾滋病病毒/艾滋病联合规划署（艾滋病署）
UNDP	联合国开发计划署（开发署）
UNESCO	联合国教育、科学及文化组织（教科文组织）
UNGEI	联合国女童教育倡议
UNHCR	联合国难民事务高级专员办事处
UNICEF	联合国儿童基金会（儿基会）
UNODC	联合国毒品和犯罪问题办公室
UNPD	联合国人口司（人口司）
UNRWA	联合国近东巴勒斯坦难民救济和工程处
UNSC	联合国统计委员会
UOE	统计研究所/经合组织/欧统局
US	美利坚合众国（美国）
WASH	饮水、盥洗和卫生
WEF	世界教育论坛
WFP	世界粮食计划署（粮食署，联合国）
WHO	世界卫生组织（世卫组织，联合国）
WUSC	加拿大世界大学服务处

参考文献

主题部分

第1章

Fargues, P. 2017. *International Migration and Education: A Web of Mutual Causation.* (Background paper for *Global Education Monitoring Report 2019.*)

Sanz, R. 2018. *Education and Migration: An Assessment of the Types and Range of IOM's Education and Vocational Training Projects.* Geneva, Switzerland, International Organization for Migration.

Türk, V. and Garlick, M. 2016. From burdens and responsibilities to opportunities: The comprehensive refugee response framework and a global compact on refugees. *International Journal of Refugee Law,* Vol. 28, No. 4, pp. 656–78.

United Nations. 2013. *Secretary-General's Remarks to High-Level Dialogue on International Migration and Development.* New York, United Nations Secretary-General. www.un.org/sg/en/content/sg/statement/2013-10-03/secretary-generals-remarks-high-level-dialogue-international. (Accessed 15 September 2018.)

___. 2016. *New York Declaration for Refugees and Migrants.* New York, United Nations General Assembly.

___. 2017. *Making Migration Work For All: Report of the Secretary-General.* United Nations General Assembly.

___. 2018a. *Global Compact for Safe, Orderly and Regular Migration.* Geneva, Switzerland, The United Nations, International Organization for Migration.

___. 2018b. *Global Compact on Refugees.* Geneva, Switzerland, United Nations High Commissioner for Refugees.

第2章

Abuya, B. 2018. *The Movement of Families, Households, and Individuals within Countries and Its Relationship with Education: Challenges and Opportunities in a Shifting World.* (Background paper for *Global Education Monitoring Report 2019.*)

Africa Education Trust. 2017. *Pastoralist Teachers.* London, Africa Education Trust. https://africaeducationaltrust.org/pastoralist-teachers. (Accessed 13 February 2018.)

Agarwal, S. 2014. *Making the Invisible Visible.* Pune, India, Info Change India. (Issue 28.)

Ahlin, L., Andersson, M. and Thulin, P. 2017. *Human Capital Sorting: The 'When' and 'Who' of Sorting of Talents to Urban Regions.* Stockholm, Research Institute of Industrial Economics. (IFN Working Paper 1155.)

Aide et Action, Bernard van Leer Foundation and UNESCO. 2015. *National Consultation on "Children and Internal Migration in India".* New Delhi, Aide et Action/Bernard van Leer Foundation/UNESCO.

Aina, C., Casalone, G. and Ghinetti, P. 2015. Internal migration and educational outcomes in Italy: Evidence from a cohort of youths. *Papers in Regional Science,* Vol. 94, No. 2, pp. 295–316.

Alaluusua, S. 2017. *Rural to urban migration and young female domestic workers in the 21st century Lima, Peru.* Conference paper for Migrating out of Poverty: From Evidence to Policy. London. March 28–29.

All China Women's Federation and National Bureau of Statistics of China. 2016. Number of migrant worker children growing up away from their parents in China in 2005 and 2010, by age group (in millions). www.statista.com/statistics/258437/number-of-left-behind-children-in-china-by-age-group. (Accessed 15 September 2018.)

Álvarez, C., Santelices, C., Bertachini, H., Chong, J. C., Cossens, S., Cruz-Aguayo, Y., Di Maro, V., Díaz, L., Linares, A. M. and Maffioli, A. 2011. *Development Effectiveness Overview 2010.* Washington, DC, Inter-American Development Bank.

Ananga, E. D. 2013. Child migration and dropping out of basic school in Ghana: The case of children in a fishing community. *Creative Education,* Vol. 4, No. 06, pp. 405–110.

Anti-Slavery International. 2013. *Small Grants, Big Change: Influencing Policy and Practice for Child Domestic Workers.* London, Anti-Slavery International.

Anti-Slavery International and Volunteers for Social Justice. 2017. *Slavery in India's Brick Kilns and the Payment System: Way Forward in the Fight for Fair Wages, Decent Work and Eradication of Slavery.* London, Anti-Slavery International/ Volunteers for Social Justice.

Antoninis, M. 2014. Tackling the largest global education challenge? Secular and religious education in northern Nigeria. *World Development,* Vol. 59, pp. 82–92.

Ares Abalde, M. 2014. *School Size Policies: A Literature Review.* Paris, Organisation for Economic Co-operation and Development. (OECD Education Working Papers 106.)

Autti, O. and Hyry-Beihammer, E. K. 2014. School closures in rural Finnish communities. *Journal of Research in Rural Education (Online),* Vol. 29, No. 1, p. 1.

Bai, Y., Zhang, L., Liu, C., Shi, Y., Mo, D. and Rozelle, S. 2018. Effect of parental migration on the academic performance of left behind children in North Western China. *Journal of Development Studies,* Vol. 54, No. 7, pp. 1154–70.

Bajaj, M. and Gupta, M. 2013. *Meeting Migrant Families' Needs Through On-site Crèches.* The Hague, Netherlands, Bernard van Leer Foundation. (Early Childhood Matters, 121.)

Baker, J. L., Watanabe, M., Soriano, B. A. V., Limkin, J. L. C., Shi, T., Hooton, C. A., Piatkowski, M. M., Sivaev, D., Lasida Adji, F., Toborowicz, J. J., Tang, L., Nebrija, J. C., Eleazar, F., Martinez, M. T. and Cuttaree, V. 2017. *Philippines Urbanization Review: Fostering Competitive, Sustainable and Inclusive Cities.* Washington, DC, World Bank.

Batkhuyag, B. and Dondogdulam, T. 2018. *Mongolia Case Study: The Evolving Education Needs and Realities of Nomads and Pastoralists.* (Background paper for *Global Education Monitoring Report 2019.*)

Baxter, L. P. and Meyers, N. M. 2016. Increasing urban Indigenous students' attendance: Mitigating the influence of poverty through community partnership. *Australian Journal of Education,* Vol. 60, No. 3, pp. 211–28.

Beaton, W. and McDonell, L. 2014. *Kindergarten Transitions II: A Scan of Existing Supportive Programs for Aboriginal Children and Families in British Columbia.* Ottawa, Urban Aboriginal Knowledge Network Western Regional Research Center.

Becerra-Lubies, R. and Fones, A. 2016. The needs of educators in intercultural and bilingual preschools in Chile: A case study. *International Journal of Multicultural Education,* Vol. 18, No. 2, pp. 58–84.

Beck, S., Vreyer, P. D., Lambert, S., Marazyan, K. and Safir, A. 2015. Child Fostering in Senegal. *Journal of Comparative Family Studies,* Vol. 46, No. 1, pp. 57–73.

Beijing Normal University. 2009. *Impact Assessment of Basic Education in Western Areas Project: Final Report.* Beijing, Institute of Education Economics, Beijing Normal University.

Bengtsson, S. and Dyer, C. 2017. *Ensuring High Quality Primary Education for Children from Mobile Populations: A Desk Study.* Doha/Berlin, Educate a Child/German Federal Ministry for Economic Cooperation and Development.

Berker, A. 2009. The impact of internal migration on educational outcomes: Evidence from Turkey. *Economics of Education Review,* Vol. 28, No. 6, pp. 739–49.

Bernard, A., Bell, M. and Cooper, J. 2018. *Internal Migration and Education: A Cross-National Comparison.* (Background paper for *Global Education Monitoring Report 2019.*)

Blumenstock, J. E. 2012. Inferring patterns of internal migration from mobile phone call records: Evidence from Rwanda. *Information Technology for Development,* Vol. 18, No. 2, pp. 107–25.

BRAC. 2017. *2017 Annual Report.* Dhaka, BRAC.

Brand, E., Bond, C. and Shannon, C. 2016. *Indigenous in the City: Urban Indigenous Populations in Local and Global Contexts.* Brisbane, Australia, Poche Centre for Indigenous Health, University of Queensland.

Buaraphan, K. 2013. Educational quality of small schools in Thailand. *European Journal of Social Science,* Vol. 41, No. 1, pp. 130–47.

Cameron, S. 2012. *Education, Urban Poverty and Migration: Evidence from Bangladesh and Vietnam.* Florence, Italy, UNICEF Office of Research. (Working Paper 2012–15.)

CARE International. 2016. *Somali Girls' Education Promotion Project (SOMGEP): Transition – Proposal.* Geneva, Switzerland, CARE International.

Champion, T., Cooke, T. and Shuttleworth, I. 2017. *Internal Migration in the Developed World: Are We Becoming Less Mobile?* New York, Routledge.

Chandrasekhar, S. and Bhattacharya, L. 2018. *Understanding the Scope of the Challenge, and Moving towards a Coherent Policy Framework for Education for Seasonal Migrants at the State Level in India.* (Background paper for *Global Education Monitoring Report 2019.*)

Cherng, H. S. 2018. *Who Teaches and How do they View Different Groups of Students and Parents? The Case of China.* (Background paper for *Global Education Monitoring Report 2019.*)

China Daily. 2016. Incentives needed to boost urbanization's full benefits. *China Daily,* 30 January. www.chinadaily.com.cn/china/2016-01/30/content_23318879.htm. (Accessed March 5 2018.)

Coffey, D. 2013. Children's welfare and short-term migration from rural India. *Journal of Development Studies,* Vol. 49, No. 8, pp. 1101–17.

De Brauw, A., Mueller, V. and Lee, H. L. 2014. The role of rural–urban migration in the structural transformation of Sub-Saharan Africa. *World Development,* Vol. 63, pp. 33–42.

Del Popolo, F., Oyarce, A. M., Ribotta, B. and Rodríguez, J. 2007. *Indigenous Peoples and Urban Settlements: Spatial Distribution, Internal Migration and Living Conditions.* Santiago, United Nations Economic Commission for Latin America and the Caribbean.

Development Workshop. 2012. *Baseline Study Concerning Children of the 6–14 Age Group Affected by Seasonal Agricultural Migration.* Ankara, Development Workshop.

ECOSOC. 2010. *Indigenous Peoples and Boarding Schools: A Comparative Study.* Paper presented at the Permanent Forum on Indigenous Issues. New York, United Nations Economic and Social Council.

Education Scotland. 2015. *Schools (Consultation) (Scotland) Act 2010 as Amended: Overview and Guidance for Education Authorities.* Livingston, UK, Education Scotland.

Erulkar, A., Medhin, G. and Negeri, L. 2017. *The Journey of Out-of-School Girls in Ethiopia: Examining Migration, Livelihoods, and HIV.* Addis Ababa, Population Council.

ESSPIN. 2014. *Introducing Modern Education into Islamic Schools in Northern Nigeria: A Report on ESSPIN's 1st Phase Experience 2008–2014 – Practice Paper.* Abuja, Nigeria, Education Sector Support Programme in Nigeria.

European Commission, EACEA and Eurydice. 2013. *Funding of Education in Europe 2000–2012: The Impact of the Economic Crisis.* Luxembourg, Publications Office of the European Union.

Faggian, A., Rajbhandari, I. and Dotzel, K. R. 2017. The interregional migration of human capital and its regional consequences: A review. *Regional Studies,* Vol. 51, No. 1, pp. 128–43.

FAO. 2013. *Pastoralist Field Schools Training of Facilitators Manual 2013.* Nairobi, Food and Agriculture Organization of the United Nations/Farmer Field Schools Promotion Services.

___. 2018. *Saving Livelihoods Saves Lives.* Rome, Food and Agriculture Organization of the United Nations.

Findlay, I., Garcea, J., Hansen, J., Antsanen, R., Cheng, J. and Holden, B. 2014. *Comparing the Lived Experience of Urban Aboriginal Peoples with Canadian Rights to Quality of Life.* Ottawa, Urban Aboriginal Knowledge Network Prairie Regional Research Centre.

Forcier Consulting. 2016. *Pastoral Education Program Study Report.* Juba, Forcier Consulting/South Sudan Ministry of Education, Science and Technology/Winrock International/FHI 360.

France Ministry of Education. 2017. *L'état de l'école 2017 : coûts, activités, résultats – 34 indicateurs sur le système éducatif français [The state of school 2017: Costs, Activities, Results – 34 indicators on the French education system].* Paris, Ministry of National Education. (In French.)

Fratesi, U. and Percoco, M. 2014. Selective migration, regional growth and convergence: Evidence from Italy. *Regional Studies,* Vol. 48, No. 10, pp. 1650–68.

Friedman, E. 2017. Teachers' work in China's migrant schools. *Modern China,* Vol. 43, No. 6, pp. 559–89.

Galiani, S. and Schargrodsky, E. 2010. Property rights for the poor: Effects of land titling. *Journal of Public Economics,* Vol. 94, No. 9, pp. 700–29.

Gavonel, M. F. 2017. *Patterns and Drivers of Internal Migration among Youth in Ethiopia, India, Peru and Vietnam.* Oxford, UK, Young Lives, Oxford Department of International Development, University of Oxford. (Working Paper 169.)

Gentilini, U. 2015. *Entering the City: Emerging Evidence and Practices with Safety Nets in Urban Areas.* Washington, DC, World Bank. (Social Protection and Labor Discussion Paper 1504.)

Goble, P. 2017. *Two-thirds of Russia's Villages Have Disappeared or Soon Will, Statistics Show.* Staunton, Va., Window on Eurasia. http://windowoneurasia2.blogspot.fr/2017/11/two-thirds-of-russias-villages-have.html. (Accessed 11 April 2018.)

Goodburn, C. 2015. Migrant girls in Shenzhen: gender, education and the urbanization of aspiration. *China Quarterly,* Vol. 222, pp. 320–38.

Granato, N., Haas, A., Hamann, S. and Niebuhr, A. 2015. The impact of skill-specific migration on regional unemployment disparities in Germany. *Journal of Regional Science,* Vol. 55, No. 4, pp. 513–39.

Han, J. 2004. Survey report on the state of compulsory education among migrant children in Beijing. *Chinese Education and Society*, Vol. 37, No. 5, pp. 29–55.

Han, J., Liang, Y. and Chen, A. 2018. *China's Small Rural Schools: Challenges and Responses*. (Background paper for *Global Education Monitoring Report 2019*.)

Hannum, E., Hu, L.-C. and Shen, W. 2018. *Being Left Behind in China: The Short- and Long-Term Consequences on Education, Well-Being and Life Opportunities*. (Background paper for *Global Education Monitoring Report 2019*.)

Härmä, J., Pikholz, L. and Hinton, P. 2017. *Low Fee Private Schools in Low-income Districts of Kampala, Uganda*. Chicago, Ill., CapitalPlus Exchange.

Hedges, S., Mulder, M. B., James, S. and Lawson, D. W. 2016. Sending children to school: rural livelihoods and parental investment in education in northern Tanzania. *Evolution and Human Behavior*, Vol. 37, No. 2, pp. 142–51.

Hoechner, H. 2018. *Qur'anic Schools in Northern Nigeria: Everyday Experiences of Youth, Faith and Poverty*. Cambridge, UK, Cambridge University Press.

Hofleitner, A., Chiraphadhanakul, T. V. and State, B. 2013. Coordinated migration. Berkeley, Calif., Facebook Data Science Team. www.facebook.com/notes/10151930946453859. (Accessed 1 November 2017.)

Hong'e, M. 2015. *10 mln Left-behind Children Go Without Parents for Whole Year*. Beijing, China News Service. www.ecns.cn/cns-wire/2015/06-19/169896.shtml. (Accessed 8 June 2018.)

Hopkins, E., Bastagli, F. and Hagen-Zanker, J. 2016. *Internal Migrants and Social Protection: A Review of Eligibility and Take-Up*. London, Overseas Development Institute. (ODI Working Paper 436.)

Hu, S. 2017. "It's for Our Education": Perception of Parental Migration and Resilience Among Left-behind Children in Rural China. *Social Indicators Research*, pp. 1–21.

Huy, Q. 2017. Household registration books to be scrapped by 2020. Cau Giay District, Vietman. www.vneconomictimes. com/article/vietnam-today/household-registration-books-to-be-scrapped-by-2020. (Accessed 15 September 2018.)

ILO. 2013. *Domestic Workers Across the World: Global and Regional Statistics and the Extent of Legal Protection*. Geneva, Switzerland, International Labour Organization.

___. 2015. *World Report on Child Labour 2015: Paving the Way to Decent Work for Young People*. Geneva, Switzerland, International Labour Organization.

___. 2017a. *Global Estimates of Child Labour: Results and Trends, 2012–2016*. Geneva, Switzerland, International Labour Organization.

___. 2017b. *Tackling Child Labour in Domestic Work: A Handbook for Action for Domestic Workers and their Organisations*. Geneva, Switzerland, International Labour Organisation.

India Ministry of Finance. 2017. *Labour Migration in India Increasing at an Accelerating Rate, Reveals New Study: Economic Survey 2016–17*. New Delhi, Ministry of Finance, http://pib.nic.in/newsite/PrintRelease.aspx?relid=157799. (Accessed 15 September 2018.)

India Ministry of Housing and Urban Poverty Alleviation. 2016. *India Habitat III National Report 2016*. New Delhi, Ministry of Housing and Urban Poverty Alleviation.

Isiugo-Abanihe, U. C. and IOM Nigeria. 2016. *Migration in Nigeria: A Country Profile 2014*. Geneva, Switzerland, International Organization for Migration.

Jagannathan, S. 2001. *The Role of Nongovernmental Organizations in Primary Education: A Study of Six NGOs in India*. Washington, DC, World Bank. (World Bank Policy Research Working Paper 2530.)

JBS International. 2017. *Somali Girls' Education Promotion Programme Endline Evaluation Report*. Geneva, Switzerland, CARE International.

Jingzhong, Y. and Lu, P. 2011. Differentiated childhoods: impacts of rural labor migration on left-behind children in China. *Journal of Peasant Studies*, Vol. 38, No. 2, pp. 355–77.

Kukutai, T. 2011. Maori demography in Aotearoa New Zealand: Fifty years on. *New Zealand Population Review*, Vol. 37, p. 45.

Lanyasunya, A. R., Ogogo, C. O. and Waweru, S. N. 2012. An empirical investigation of viability of alternative approaches to basic education among the Samburu nomadic pastoralists of northern Kenya. *Journal of Education and Practice*, Vol. 3, No. 15, pp. 56–64.

Ling, M. 2015. "Bad Students Go to Vocational Schools!": Education, Social Reproduction and Migrant Youth in Urban China. *China Journal*, No. 73, pp. 108–31.

Liu, Z., Yu, L. and Zheng, X. 2018. No longer left-behind: The impact of return migrant parents on children's performance. *China Economic Review*, Vol. 49, pp. 184–96.

Marazyan, K. 2015. Foster children's educational outcomes when child fostering is motivated by norms: The case of Cameroon. *Journal of Comparative Family Studies*, Vol. 46, No. 1, pp. 85–103.

Mberu, B., Béguy, D. and Ezeh, A. C. 2017. Internal migration, urbanization and slums in sub-Saharan Africa. Groth, H. and May, J. F. (eds), *Africa's Population: In Search of a Demographic Dividend*. Cham, Springer, pp. 315–32.

Muhidin, S. 2018. *Internal Migration and Education in Indonesia*. (Background paper for *Global Education Monitoring Report 2019*.)

New Zealand Ministry of Social Development. 2016. *The Social Report 2016: Te Pūrongo Oranga Tangata*. Wellington, Ministry of Social Development.

Ngugi, M. 2016. Challenges facing mobile schools among nomadic pastoralists: A case study of Turkana county, Kenya. *American Journal of Educational Research*, Vol. 4, No. 1, pp. 22–32.

Nguyen, C. V. 2016. Does parental migration really benefit left-behind children? Comparative evidence from Ethiopia, India, Peru and Vietnam. *Social Science and Medicine*, Vol. 153, pp. 230–39.

No, F., Chin, S. A. and Khut, S. 2018. An *Evaluation Report on the National Literacy Campaign 2015 in Cambodia*. Phnom Penh, UNESCO.

Nusche, D., Radinger, T., Busemeyer, M. R. and Theisens, H. 2016. *OECD Reviews of School Resources: Austria*. Paris, Organisation for Economic Co-operation and Development.

OECD. 2015. *Improving Schools in Sweden: An OECD Perspective*. Paris, Organisation for Economic Co-operation and Development.

___. 2016a. *Education in China: A Snapshot*. Paris, Organisation for Economic Co-operation and Development.

___. 2016b. *PISA 2015 Results (Volume II): Policies and Practices for Successful Schools*. Paris, Organisation for Economic Co-operation and Development.

OECD and UNESCO. 2016. *Education in Thailand: An OECD-UNESCO Perspective - Reviews of National Policies for Education*. Paris, Organisation for Economic Co-operation and Development/UNESCO.

Okonkwo, H. I. and Ibrahim, M. 2014. Contemporary issues in nomadic minority & Almajiri education: Problems and prospects. *Journal of Education and Practice*, Vol. 5, No. 24, pp. 19–27.

Olaniran, S. O. 2018. Almajiri education: policy and practice to meet the learning needs of the nomadic population in Nigeria. *International Review of Education*, Vol. 64, No. 1, pp. 111–26.

Ontario Ministry of Education. 2017. *Supporting Students and Communities: A Discussion Paper to Strengthen Education in Ontario's Rural and Remote Communities*. Toronto, Canada, Ontario Ministry of Education.

Patunru, A. A. and Kusumaningrum, S. 2013. *Child Domestic Workers (CDW) in Indonesia: Case Studies of Jakarta and Greater Areas*. Jakarta, International Labour Organization/Pusat Kajian Perlindungan Anak.

Perlman, J. 2010. *Favela: Four Decades of Living on the Edge in Rio de Janeiro*. Oxford, UK, Oxford University Press.

Piper, B. and Zuilkowski, S. S. 2015. Teacher coaching in Kenya: Examining instructional support in public and nonformal schools. *Teaching and Teacher Education*, Vol. 47, pp. 173–83.

Pons, A., Amoroso, J., Herczynski, J., Kheyfets, I., Lockheed, M. and Santiago, P. 2015. *OECD Reviews of School Resources: Kazakhstan*. Paris, Organisation for Economic Co-operation and Development.

Quattri, M. and Watkins, K. 2016. *Child Labour and Education: A Survey of Slum Settlements in Dhaka*. London, Overseas Development Institute.

Raggl, A. 2015. Teaching and learning in small rural primary schools in Austria and Switzerland: Opportunities and challenges from teachers' and students' perspectives. *International Journal of Educational Research*, Vol. 74, pp. 127–35.

Randall, S. 2015. Where have all the nomads gone? Fifty years of statistical and demographic invisibilities of African mobile pastoralists. *Pastoralism*, Vol. 5, No. 1, p. 22.

Rao, J. and Jingzhong, Y. 2016. From a virtuous cycle of rural–urban education to urban-oriented rural basic education in China: An explanation of the failure of China's Rural School Mapping Adjustment policy. *Journal of Rural Studies*, No. 47, pp. 601–11.

Reed, M. N. 2012. Meeting the educational needs of seasonal migrant children: An analysis of educational programs at brick kilns in India. PhD thesis, International Studies. Tucson, Aris., University of Arizona.

Resosudarmo, B. P. and Suryadarma, D. 2014. The impact of childhood migration on educational attainment: Evidence from rural–urban migrants in Indonesia. *Asian Population Studies*, Vol. 10, No. 3, pp. 319–33.

Reza, S. 2016. Hyper-individualized recruitment: Rural-urban labour migration and precarious construction work in Bangladesh. *Migration, Mobility, and Displacement*, Vol. 2, No. 2, pp. 40–61.

Rigotti, J. I. R. and Hadad, R. M. 2018. *An analysis of the relationship between internal migration and education in Brazil*. (Background paper for *Global Education Monitoring Report 2019*.)

Ryks, J., Howden-Chapman, P., Robson, B., Stuart, K. and Waa, A. 2014. Maori participation in urban development: Challenges and opportunities for indigenous people in Aotearoa New Zealand. *Lincoln Planning Review,* Vol. 6, No. 1–2, pp. 4–17.

Sahoo, N. 2016. *A Tale of Three Cities: India's Exclusionary Urbanisation*. New Delhi, Observer Research Foundation. (Issue Brief 156.)

Santiago, P., Fiszbein, A., Jaramillo, S. G. and Radinger, T. 2017. *OECD Reviews of School Resources: Chile*. Paris, Organisation for Economic Co-operation and Development.

Santiago, P., Levitas, A., Rado, P. and Shewbridge, C. 2016. *OECD Reviews of School Resources: Estonia*. Paris, Organisation for Economic Co-operation and Development.

Scott-Villiers, P., Wilson, S., Kabala, N., Kullu, M., Ndung'u, D. and Scott-Villiers, A. 2015. *A Study of Education and Advocacy in Kenya's Arid and Semi-Arid Lands*. New York, UNICEF.

Shack/Slum Dwellers International. 2018. *Know Your City: Slum Dwellers Count*. Cape Town, Shack/Slum Dwellers International.

Shewbridge, C., Godfrey, K., Hermann, Z. and Nusche, D. 2016. *OECD Reviews of School Resources: Lithuania*. Paris, Organisation for Economic Co-operation and Development.

Siddhu, G., Jha, S. and Lewin, K. 2015. *Universalising Secondary Education in India: Seeking Efficiency, Effectiveness, and Equity in Planning Enhanced Access and Improving Quality*. Conference paper for UKFIET, The Education and Development Forum, Oxford, UK, University of Oxford, 15–17 September.

Somalia Ministry of Education, Culture and Higher Education. 2017a. *Education Sector Analysis 2012–2016*. Mogadishu, Ministry of Education, Culture and Higher Education.

___. 2017b. *Education Sector Strategic Plan 2018–2020*. Mogadishu, Ministry of Education, Culture and Higher Education.

Somaliland Ministry of Education and Higher Studies. 2017. *Education Sector Strategic Plan 2017–2021*. Hargeisa, Somaliland Ministry of Education and Higher Studies.

South African Cities Network. 2016. *State of South African Cities Report 2016*. Cape Town, South African Cities Network.

Statistics Finland. 2017. *Official Statistics of Finland: Providers of Education and Educational Institutions – Releases*. Helsinki, Statistics Finland. www.stat.fi/til/kjarj/tie_en.html. (Accessed 13 April 2018.)

Statistics Norway. 2018. *Pupils in Primary and Lower Secondary School*. Oslo, Statistics Norway. www.ssb.no/en/utgrs. (Accessed 13 April 2018.)

Steiner-Khamsi, G. and Stolpe, I. 2005. Non-traveling 'best practices' for a traveling population: The case of nomadic education in Mongolia. *European Educational Research Journal*, Vol. 4, No. 1, pp. 22–35.

Strayer, N. 2016. The great out-of-state migration: where students go. *New York Times*, 26 August. www.nytimes.com/interactive/2016/08/26/us/college-student-migration.html. (Accessed 5 March 2018.)

Subbaraman, R., O'Brien, J., Shitole, T., Shitole, S., Sawant, K., Bloom, D. E. and Patil-Deshmukh, A. 2012. Off the map: The health and social implications of being a non-notified slum in India. *Environment and Urbanization*, Vol. 24, No. 2, pp. 643–63.

Swedish National Agency for Education. 2018. *Number of comprehensive schools and small schools*. Stockholm, Swedish National Agency for Education. (Accessed 17 April 2018.)

TADAMUN. 2015. *Inequality and Underserved Areas: A Spatial Analysis of Access to Public Schools in the Greater Cairo Region*. Cairo, TADAMUN, The Cairo Urban Solidarity Initiative. www.tadamun.co/2015/09/08/inequality-underserved-areas-spatial-analysis-access-public-schools-greater-cairo-region. (Accessed 5 February 2018.)

Taiwo, F. J. 2013. Transforming the Almajiri education for the benefit of the Nigerian society. *Journal of Educational and Social Research*, Vol. 3, No. 9, pp. 67–72.

The Economist. 2015. China's left behind: little match children. 17 October. www.economist.com/briefing/2015/10/17/little-match-children. (Accessed 15 September 2018.)

Tsang, B. 2018. Migrant education: family strategies and public policies. Kong, P., Postiglione, G. and Hannum, E. (eds), *China's Rural Education in Transition*. Abingdon-on-Thames, UK, Routledge.

UN Habitat. 2003. *Slums of the World: The Face of Urban Poverty in the New Millennium?* Nairobi, UN Habitat.

___. 2016a. *Participatory Slum Upgrading Programme*. Nairobi, UN Habitat.

___. 2016b. *Slum Almanac 2015/2016: Tracking Improvement in the Lives of Slum Dwellers*. Nairobi, UN Habitat.

___. 2016c. *Urbanization and Development: Emerging Futures – World Cities Report 2016*. Nairobi, UN Habitat.

UNDESA. 2014. *World Urbanization Prospects 2014*. New York, United Nations Department of Economic and Social Affairs.

___. 2017. *World Population Policies Database, 1976–2015*. New York, Population Division, United Nations Department of Economic and Social Affairs. https://esa.un.org/PopPolicy/dataquery_report.aspx. (Accessed 1 September 2018.)

UNDP. 2009. *Human Development Report 2009: Overcoming Barriers – Human Mobility and Development*. New York, United Nations Development Programme.

UNESCO. 2013. *Social Inclusion of Internal Migrants in India*. New Delhi, UNESCO.

___. 2015. *EFA Global Monitoring Report 2015: Education for All 2000–2015 – Achievements and Challenges*. Paris, UNESCO.

___. 2016a. *From a Single Slum Classroom to Winning the UNESCO King Hamad Prize*. Paris, UNESCO. www.unesco.org/new/en/culture/themes/dynamic-content-single-view/news/from_a_single_slum_classroom_to_winning_the_unesco_king_hama. (Accessed 30 January 2018.)

___. 2016b. *Global Education Monitoring Report 2016: Education for People and Planet – Creating Sustainable Futures for All*. Paris, UNESCO.

___. 2018. *An Evaluation Report on the National Literacy Campaign 2015 in Cambodia*. Phnom Penh, UNESCO.

UNICEF. 2012. *The State of the World's Children 2012: Children in an Urban World*. New York, UNICEF.

UNICEF and Baan Dek Foundation. 2017. *Building Futures in Thailand: Support to Children Living in Construction Site Camps*. Bangkok, UNICEF.

United Kingdom Department of Education. 2018. *Schools, Pupils and their Characteristics: January 2018 – National Tables*. London, Department of Education. www.gov.uk/government/statistics/schools-pupils-and-their-characteristics-january-2018. (Accessed 15 September 2018.)

United Kingdom Education and Skills Funding Agency. 2017. *Table A1: School Capacity in State-funded Primary and Secondary Schools*. London, United Kingdom Education and Skills Funding Agency. www.gov.uk/government/statistics/school-capacity-academic-year-2016-to-2017. (Accessed 15 September 2018.)

United Nations Task Team. 2015. *Habitat III Issues Papers: 1 – Inclusive Cities*. New York, United Nations Department of Economic and Social Affairs/United Nations Development Programme/United Nations High Commissioner for Human Rights.

United States DOE. 2015. *Integrated Postsecondary Education Data System (IPEDS), Spring 2015, Fall Enrollment Component Table 309.30*. Washington, DC, National Center for Education Statistics, United States Department of Education.

Van de Glind, H. 2010. *Migration and Child Labour: Exploring Child Migrant Vulnerabilities and Those of Children Left-Behind*. Geneva, Switzerland, International Labour Organization.

Van Luot, N. and Dat, N. B. 2017. The psychological well-being among left-behind children of labor migrant parents in rural northern Vietnam. *Open Journal of Social Sciences*, Vol. 5, No. 06, p. 188.

Vutha, H., Pide, L. and Dalis, P. 2014. *The Impacts of Adult Migration on Children's Well-being: The Case of Cambodia*. Phnom Penh, Cambodia Development Resource Institute.

Wang, A., Medina, A., Luo, R., Shi, Y. and Yue, A. 2016. To board or not to board: Evidence from nutrition, health and education outcomes of students in rural China. *China and World Economy*, Vol. 24, No. 3, pp. 52–66.

Wang, X., Ling, L., Su, H., Cheng, J., Jin, L. and Sun, Y. H. 2015. Self-concept of left-behind children in China: A systematic review of the literature. *Child: Care, Health and Development*, Vol. 41, No. 3, pp. 346–55.

Webb, A. and Radcliffe, S. 2013. Mapuche demands during educational reform, the Penguin Revolution and the Chilean Winter of Discontent. *Studies in Ethnicity and Nationalism*, Vol. 13, No. 3, pp. 319–41.

World Bank. 2009. *World Development Report: Reshaping Economic Geography*. Washington, DC, World Bank.

___. 2016. *Indigenous Latin America in the Twenty-First Century*. Washington DC, World Bank.

World Bank and Viet Nam Academy of Social Sciences. 2016. *Viet Nam's Household Registration System*. Ha Noi, Hong Duc Publishing House.

Wu, X. and Zhang, Z. 2015. Population migration and children's school enrollments in China, 1990–2005. *Social Science Research*, Vol. 53, pp. 177–90.

Yan, W. 2015. Report: Chinese families become smaller. *China Daily*, 13 May. www.chinadaily.com.cn/china/2015-05/13/content_20708152.htm. (Accessed 5 March 2018.)

Ye, W. 2016. Internal migration and citizenship education in China's Shenzhen city. *Education and Urban Society*, Vol. 48, No. 1, pp. 77–97.

Yiu, L. 2014. Social change and school integration in urban China: The state, politics of migration, and citizenship. Hong Kong, University of Hong Kong. (Unpublished.)

Yiu, L. 2018. Access and equity for rural migrants in Shanghai. Kong, P., Postiglione, G. and Hannum, E. (eds), *China's Rural Education in Transition*. Abingdon-on-Thames, UK, Routledge.

Zhou, S. and Cheung, M. 2017. Hukou system effects on migrant children's education in China: Learning from past disparities. *International Social Work*, Vol. 60, No. 6, pp. 1327–42.

第3章

Ahrenholz, B., Fuchs, I., Birnbaum, T. 2016. Modelle der Beschulung von Seiteneinsteigerinnen und Seiteneinsteigern in der Praxis [Models of Schooling of Lateral Entrants in Practice]. *BiSS-Journal*, No. 5., pp. 14–17. (In German.)

Al-deen, T. J. and Windle, J. 2017. 'I feel sometimes I am a bad mother': The affective dimension of immigrant mothers' involvement in their children's schooling. *Journal of Sociology*, Vol. 53, No. 1, pp. 110–26.

Alba Soular, D. 2017. LCPS board aims to protect immigrants with new policy. *Las Cruces Sun News*, 19 April. https://eu.lcsun-news.com/story/news/education/lcps/2017/04/19/lcps-board-aims-protect-immigrants-new-policy/100606972. (Accessed 6 April 2018.)

American Immigration Council. 2018. *The Dream Act, DACA, and other Policies Designed to Protect Dreamers*. www.americanimmigrationcouncil.org/sites/default/files/research/the_dream_act_daca_and_other_policies_designed_to_protect_dreamers.pdf. (Accessed 15 September 2018.)

Antman, F. M. 2012. Gender, educational attainment, and the impact of parental migration on children left behind. *Journal of Population Economics*, Vol. 25, No. 4, pp. 1187–214.

Audren, G., Baby-Collin, V. and Dorier, E. 2016. Quelles mixités dans une ville fragmentée ? Dynamiques locales de l'espace scolaire marseillais [What diversity in a fragmented city? Local dynamics in Marseille's schools]. *Lien social et politiques*, No. 77, p. 38. (In French.)

Ballatore, R. M., Fort, M. and Ichino, A. 2015. *The Tower of Babel in the Classroom: Immigrants and Natives in Italian Schools*. London, Centre for Economic Policy Research. (Discussion Paper 10341.)

Basteck, C., Huesmann, K. and Nax, H. 2015. *Matching practices for secondary schools: Germany*. www.matching-in-practice.eu/wp-content/uploads/2015/01/MiP_-Profile_No.21.pdf. (Accessed 15 September 2018.)

Beck, A., Corak, M. and Tienda, M. 2012. Age at immigration and the adult attainments of child migrants to the United States. *The Annals of the American Academy of Political and Social Science*, Vol. 643, No. 1, pp. 134–59.

Betts, J. R. and Fairlie, R. W. 2003. Does immigration induce 'native flight' from public schools into private schools? *Journal of Public Economics*, Vol. 87, No. 5–6, pp. 987–1012.

Bossavie, L. 2017a. *Immigrant Concentration at School and Natives' Achievement: Does Length of Stay in the Host Country Matter?* Munich, University of Munich. (Archive Paper 82401.)

___. 2017b. *Immigrant Concentration at School and Natives' Achievement: Does the Type of Migrants and Natives Matter?* Munich, University of Munich. (Archive Paper 80308.)

Brunello, G. and De Paola, M. 2017. *School Segregation of Immigrants and Its Effects on Educational Outcomes in Europe*. Luxembourg, European Expert Network on Economics of Education. (Analytical Report 30.)

Bunar, N. 2017. *Migration and Education in Sweden: Integration of Migrants in the Swedish School Education and Higher Education Systems*. Stockholm, NESET II.

Capps, R., Fix, M. and Zong, J. 2016. *A Profile of U.S. Children with Unauthorized Immigrant Parents*. Washington, DC, Migration Policy Institute.

Caritas Maroc. 2015. *L'integration scolaire des élèves primo-arrivants allophones dans le système scolaire public marocain: Observations et recommandations de Caritas* [School Integration of Newcomer Foreign Students in the Moroccan Public School System: Caritas Observations and Recommendations]. Rabat, Caritas Maroc. (In French.)

Charles, J. 2018a. As Chile prepares for new president, Haitians warned they won't find 'paradise' there. *Miami Herald*, 1 March. www.miamiherald.com/news/nation-world/world/americas/haiti/article202590229.html. (Accessed 15 September 2018.)

___. 2018b. Haitians gamble on a better life in Chile. But the odds aren't always in their favour. *Miami Herald*, 1 March. (Accessed 15 September 2018.)

Cohen Goldner, S. and Epstein, G. S. 2014. Age at immigration and high school dropouts. *IZA Journal of Migration*, Vol. 3, No. 1.

Cortes, P. 2015. The feminization of international migration and its effects on the children left behind: Evidence from the Philippines. *World Development*, Vol. 65, pp. 62–78.

Crul, M. 2013. Snakes and ladders in educational systems: Access to higher education for second-generation Turks in Europe. *Journal of Ethnic and Migration Studies,* Vol. 39, No. 9, pp. 1383–401.

Crul, M., Schnell, P., Herzog-Punzenberger, B., Wilmes, M., Slootman, M. and Aparicio Gómez, R. 2012. School careers of second-generation youth in Europe: Which education systems provide the best chances for success? Crul, M., Schneider, J. and Lelie, F. (eds), *The European Second Generation Compared: Does the Integration Context Matter?,* Amsterdam, Amsterdam University Press, pp. 101–64.

Crush, J., Chikanda, A. and Tawodzera, G. 2015. The third wave: Mixed migration from Zimbabwe to South Africa. *Canadian Journal of African Studies,* Vol. 49, No. 2, pp. 363–82.

Davis, J. and Brazil, N. 2016. Disentangling fathers' absences from household remittances in international migration: The case of educational attainment in Guatemala. *International Journal of Educational Development,* Vol. 50, pp. 1–11.

Davoli, M. and Entorf, H. 2018. *The PISA Shock, Socioeconomic Inequality, and School Reforms in Germany.* Bonn, Germany, Institute of Labor Economics.

Dietz, B., Gatskova, K. and Ivlevs, A. 2015. *Emigration, Remittances and the Education of Children Staying Behind: Evidence from Tajikistan.* Bonn, Germany, Institute of Labor Economics. (Discussion Paper 9515.)

Dillon, M. and Walsh, C. A. 2012. Left behind: the experiences of children of the Caribbean whose parents have migrated. *Journal of Comparative Family Studies,* Vol. 43, No. 6, pp. 871–902.

Docquier, F. and Deuster, C. 2018. *International Migration and Human Capital Inequality: A Dyadic Approach.* (Background paper for *Global Education Monitoring Report 2019.*)

Docquier, F. and Marfouk, A. 2006. International migration by educational attainment (1990–2000). Ozden, C. and Schiff, M. (eds), *International Migration, Remittances and the Brain Drain.* Washington, DC, World Bank, pp. 151–99.

Dominican Republic National Statistical Office. 2013. *Primera Encuesta Nacional de Inmigrantes en la República Dominicana (ENI-2012) [First National Immigrants Survey in the Dominican Republic].* Santo Domingo, Oficina Nacional de Estadística. (In Spanish.)

___. 2018. *Segunda Encuesta Nacional de Inmigrantes en la República Dominicana [Second National Survey on Immigrants in the Dominican Republic].* Santo Domingo, Oficina Nacional de Estadística. (In Spanish.)

Duncan, B., Grogger, J., Leon, A. S. and Trejo, S. J. 2017. *New Evidence of Generational Progress for Mexican Americans.* New York, National Bureau of Economic Research.

Endo, I., De Luna-Martínez, J. and De Smet, D. 2017. *Three things to know about migrant workers and remittances in Malaysia.* Washington, DC, World Bank. http://blogs.worldbank.org/eastasiapacific/three-things-to-know-about-migrant-workers-and-remittances-in-malaysia. (Accessed 15 September 2018.)

Entorf, H. and Lauk, M. 2008. Peer effects, social multipliers and migration at school: An international comparison. *Journal of Ethnic and Migration Studies,* Vol. 34, No. 4, pp. 634–54.

European Commission/EACEA/Eurydice. 2017. *Key Data on Teaching Languages at School in Europe: Eurydice Report.* Luxembourg, Publications Office of the European Union.

Eurostat. 2017. *Early Leavers from Education and Training.* Luxembourg, Eurostat. https://ec.europa.eu/eurostat/statistics-explained/index.php/Early_leavers_from_education_and_training. (Accessed 14 September 2018.)

Fauvelle-Aymar, C. 2014. *Migration and employment in South Africa: An econometric analysis of domestic and international migrants.* Johannesburg, African Centre for Migration and Society, University of the Witwatersrand.

Feliciano, C. 2005. Educational selectivity in U.S. immigration: How do immigrants compare to those left behind? *Demography,* Vol. 42, No. 1, pp. 131–52.

FIDH. 2016. *Women and Children from Kyrgyzstan Affected by Migration: An Exacerbated Vulnerability.* Paris, International Federation for Human Rights.

Fincke, G. and Lange, S. 2012. *Segregation an Grundschulen: Der Einfluss der elterlichen Schulwahl [Segregation in Elementary Schools: The Influence of Parental School Choice].* Berlin, Expert Council of German Foundations on Integration and Migration. (In German.)

Fougère, D., Kiefer, N., Monso, O. and Pirus, C. 2017. *La concentration des enfants étrangers dans les classes de collèges : Quels effets sur les résultats scolaires ? [The Concentration of Foreign Children at College: What Effects on School Results?]* Paris, Ministère de l'Éducation Nationale. (In French.)

FRA. 2017. *Current Migration Situation in the EU: Education.* Vienna, European Union Agency for Fundamental Rights.

France Human Rights Defender. 2016. *Droit fondamental à l'éducation : une école pour tous, un droit pour chacun – Rapport droits de l'enfant 2016. [Basic Right to Education: A School for All, a Right for Everyone – Child Rights Report 2016].* Paris, Défenseur des droits. (In French.)

Gambino, C. P., Trevelyan, E. N. and Fitzwater, J. T. 2014. *The Foreign-Born Population from Africa: 2008–2012*. Washington, DC, United States Census Bureau.

Geay, C., McNally, S. and Telhaj, S. 2013. Non-native speakers of English in the classroom: What are the effects on pupil performance? *The Economic Journal*, Vol. 123, No. 570, pp. F281–F307.

Georgetown Law Human Rights Institute. 2014. *Left Behind: How Statelessness in the Dominican Republic Limits Children's Access to Education*. Washington, DC, Georgetown Law.

Glenn, C. L. and de Jong, E. J. 1996. *Educating Immigrant Children: Schools and Language Minorities in Twelve Nations*. New York, Routledge.

Golash-Boza, T. and Merlin, B. 2016. Here's how undocumented students are able to enroll at American universities. *The Conversation*, 24 November. https://theconversation.com/heres-how-undocumented-students-are-able-to-enroll-at-american-universities-69269. (Accessed 15 September 2018.)

Gönsch, I., Kleinegees, U., Krüger-Hemmer, C., Malecki, A., Schmidt, A. and Vollmar, M. 2016. Bildung: Auszug aus dem Datenreport 2016 [Education: Excerpt from the Data Report 2016]. Federal Agency for Civic Education (ed.), *Datenreport 2016 Ein Sozialbericht für die Bundesrepublik Deutschland*. Bonn, Germany, Statistisches Bundesamt (Destatis) and Wissenschaftszentrum Berlin für Sozialforschung in Zusammenarbeit mit Das Sozio-oekonomische Panel/Deutschen Institut für Wirtschaftsforschung. (In German.)

Gonzalez-Betancor, S. M. and Lopez-Puig, A. J. 2016. Grade retention in primary education is associated with quarter of birth and socioeconomic status. *PLOS ONE*, Vol. 11, No. 11, p. e0166431.

Gould, E. D., Lavy, V. and Paserman, M. D. 2009. Does immigration affect the long-term educational outcomes of natives? Quasi-experimental evidence. *Economic Journal*, Vol. 119, No. 540.

Grigt, S. 2017. *Il viaggio della speranza: L'istruzione dei minori rifugiati e non accompagnati in Italia* [The Journey of Hope: Education for Refugee and Unaccompanied Children in Italy]. Rome, Coordinamento Nazionale Comunità di Accoglienza. (In Italian.)

Hardoy, I. and Schøne, P. 2013. Does the clustering of immigrant peers affect the school performance of natives? *Journal of Human Capital*, Vol. 7, No. 1, pp. 1–25.

Hessen Ministry of Justice for Integration and Europe. 2013. *Statistical Report on the Education of Children with an Immigration Background in Hessen: Pre-School, Primary, and Secondary Education 2011–2012*. Hessen, Germany, State Ministry of Justice for Integration and Europe.

HRW. 2016. *Closed Doors: Mexico's Failure to Protect Central American Refugee and Migrant Children*, Human Rights Watch. www.hrw.org/report/2016/03/31/closed-doors-mexicos-failure-protect-central-american-refugee-and-migrant-children. (Accessed 15 September 2018.)

Hsin, A. and Ortega, F. 2018. The effects of deferred action for childhood arrivals on the educational outcomes of undocumented students. *Demography*, Vol. 55, No. 4, pp. 1487–506.

Huddleston, T., Bilgili, Ö., Joki, A.-L. and Vankova, Z. 2015. *Migrant Integration Policy Index*. Barcelona, Spain/Brussels, Barcelona Centre for International Affairs/Migration Policy Group.

IACHR. 2015. *Situation of Human Rights in the Dominican Republic*. Washington, DC, Inter-American Commission on Human Rights.

Ichou, M. 2018. *The Forms and Determinants of Children of Immigrants' Academic Trajectories in French Primary and Secondary Schools*. (Background paper for *Global Education Monitoring Report 2019*.)

IIASA. 2018 *Global migration and educational expansion: Scenarios and projections of population-level interactions*. (Background paper for *Global Education Monitoring Report 2019*.)

INDH. 2018. *Manifestaciones de Discriminación Racial en Chile: un Estudio de Percepciones* [Manifestations of Racial Discrimination in Chile: A Study of Perceptions]. Santiago, National Human Development Initiative. (In Spanish.)

Institute on Statelessness and Inclusion. 2017. *The World's Stateless Children*. Oisterwijk, Netherlands, Institute on Statelessness and Inclusion.

IOM. 2017. *World Migration Report 2018*. Geneva, Switzerland, International Organization for Migration.

___. 2018. *Libya's Migrant Report Round 17 January-February 2018: Flow Monitoring*. Geneva, Switzerland, International Organization for Migration.

Italy MIUR. 2017a. "Distribuzione degli alunni con cittadinanza non italiana tra le scuole e formazione delle classi" in riferimento alla Circolare Ministeriale 8 gennaio 2010, n.2. [Distribution of Pupils with Non-Italian Citizenship among the Schools and Training in Classes]. Rome, Ministero dell'Istruzione, dell'Università e della Ricerca. (In Italian.)

___. 2017b. *Gli Alunni Stranieri nel Sistema Scolastico Italiano, A.S. 2015/2016 [Foreign Students in the Italian School System]*. Rome, Ministero dell'Istruzione, dell'Università e della Ricerca. (In Italian.)

___. 2018. *Gli Alunni Stranieri nel Sistema Scolastico Italiano, A.S. 2016/2017 [Foreign Students in the Italian School System]*. Rome, Ministero dell'Istruzione, dell'Università e della Ricerca. (In Italian.)

Jensen, P. and Rasmussen, A. W. 2011. The effect of immigrant concentration in schools on native and immigrant children's reading and math skills. *Economics of Education Review*, Vol. 30, No. 6, pp. 1503–15.

Junta de Andalucìa. 2018. *Enseñanza de español e integración [Teaching of Spanish and integration]*. www.juntadeandalucia.es/temas/estudiar/primaria-eso/integracion.html. (Accessed 15 September 2018.) (In Spanish.)

Keller, K. and Grob, A. 2010. Mehr Qualität und breiterer Zugang [More Quality and Wider Access]. *Psychoscope*, Vol. 6, pp. 8–11. (In German.)

Kuka, E., Shenhav, N. and Shih, K. 2018. *Do Human Capital Decisions Respond to the Returns to Education? Evidence from DACA*. New York, National Bureau of Economic Research. (Working Paper 24315.)

Las Cruces Public Schools. 2017. *Superintendent testifies on immigration impact*. Las Cruces, NM, Las Cruces Public Schools. http://lcps.k12.nm.us/2017/12/08/superintendent-testifies-on-immigration-impact. (Accessed 20 September 2018.)

Le Matin. 2015. *L'intégration des migrants passe aussi par l'école [Integration of Migrants also Goes Through School]*. https://lematin.ma/journal/2015/l-integration-des-migrants-passe-aussi-par-l-ecole/234414.html. (Accessed 15 September 2018.)

Le Pichon, E., Baauw, S., Van Erning, R. 2016. Country Report: The Netherlands. Utrecht, Netherlands, EDINA and European Commission.

Linton, J. M., Griffin, M. and Shapiro, A. J. 2017. Detention of immigrant children. *American Academy of Pediatrics*, Vol. 139, No. 5, pp. 1–11.

Lüdemann, E. and Schwerdt, G. 2013. Migration background and educational tracking. *Journal of Population Economics*, Vol. 26, No. 2, pp. 455–81.

Lynch, M. 2008. *Futures Denied: Statelessness among Infants, Children, and Youth*. Washington, DC, Refugees International.

Mahlke, H. and Yamamoto, L. 2017. Venezuelan displacement: A challenge to Brazil. *Forced Migration Review*, Vol. 56.

Minello, A. and Barban, N. 2012. The educational expectations of children of immigrants in Italy. *The Annals of the American Academy of Political and Social Science*, Vol. 643, No. 1, pp. 78–103.

Miranda, A. 2011. Migrant networks, migrant selection, and high school graduation in Mexico. Polachek, S. W. and Tatsiramos, K. (eds), *Research in Labor Economics*, Vol. 33, pp. 263–306.

MMP. 2017. *Mexican Migration Project (MMP): Data Overview*. Princeton, NJ. https://mmp.opr.princeton.edu/databases/dataoverview-en.aspx. (Accessed 15 September 2018.)

Mordecai, K., Gonzalez Diaz, J. C. and Martine, I. 2017. *Dreams Deferred: The Struggle of Dominicans of Haitian Descent to Get their Nationality Back*. Washington, Robert F. Kennedy Human Rights/American Jewish World Service/Centro de Desarrollo Sostenible/United Nations Democracy Fund.

Morris-Lange, S., Wendt, H. and Wohlfarth, C. 2013. *Segregation an deutschen Schulen: Ausmaß, Folgen und Handlungsempfehlungen für bessere Bildungschancen [Segregation in German schools: Extent, Consequences and Recommendations for Better Educational Opportunities]*. Berlin, Sachverständigenrat deutscher Stiftungen für Integration und Migration GmbH. (In German.)

Mourji, F., Ferrié, J.-N., Radi, S. and Alioua, M. 2016. *Les migrants subsahariens au Maroc : Enjeux d'une migration de résidence [Sub-Saharan migrants in Morocco: Stakes of a residential migration]*. Konrad Adenauer Stiftung. Rabat, Morocco. (In French.)

MPI. 2018. *Deferred Action for Childhood Arrivals (DACA) Data Tools*. Washington, DC, Migration Policy Institute. www.migrationpolicy.org/programs/data-hub/deferred-action-childhood-arrivals-daca-profiles. (Accessed 16 August 2018.)

Nakhid, R. and Welch, A. 2017. Protection in the absence of legislation in Trinidad and Tobago. *Forced Migration Review*, Vol. 56, pp. 42–44.

Nawarat, N. 2017. Discourse on migrant education policy: Patterns of words and outcomes in Thailand. *Kasetsart Journal of Social Sciences*, pp. 1–8.

Nonnenmacher, S. and Yonemura, A. 2018. *Migration and Education in West Africa*. (Background paper for *Global Education Monitoring Report 2019*.)

Oberdabernig, D. and Schneebaum, A. 2017. Catching up? The educational mobility of migrants' and natives' children in Europe. *Applied Economics*, Vol. 49, No. 37, pp. 3701–28.

OECD. 2015. *Immigrant Students at School: Easing the Journey Towards Integration*. Paris, Organisation for Economic Co-operation and Development.

___. 2016. *PISA 2015 Results (Volume I): Excellence and Equity in Education*. Paris, Organisation for Economic Co-operation and Development.

___. 2017. *Catching Up? Intergenerational Mobility and Children of Immigrants*. Paris, Organisation for Economic Co-operation and Development.

___. 2018. *The Resilience of Students with an Immigrant Background: Factors that Shape Well-being*. Paris, Organisation for Economic Co-operation and Development.

OHCHR. 2018. *Status of Ratification Interactive Dashboard*. Geneva, Switzerland, Office of the United Nations High Commissioner for Human Rights. http://indicators.ohchr.org. (Accessed 15 September 2018.)

Ohinata, A. and van Ours, J. C. 2013. How immigrant children affect the academic achievement of native Dutch children. *The Economic Journal,* Vol. 123, No. 570, pp. F308–F31.

Open Society Justice Initiative. 2013. *Discrimination in German schools*. Open Society Foundations. www.opensocietyfoundations.org/fact-sheets/discrimination-german-schools. (Accessed 15 September 2018.)

Pavez-Soto, I. and Chan, C. 2018. The second generation in Chile: Negotiating identities, rights, and public policy. *International Migration,* Vol. 56, No. 2, pp. 82–96.

Qassemy, H., Barré, C., Cruanes, J., Ezzaroualy, J., Meric, B., Msaddeq, M., Regragui, M. and Tournecuillert, V. 2014. *Les enfants migrants et l'école marocaine : État des lieux sur l'accès à l'éducation des enfants migrants subsahariens au Maroc [Migrant Children and the Moroccan School: State of Access to Education for Sub-Saharan Migrant Children in Morocco]*. Agadir, Moroco, Oum El Banine. (In French.)

Rangvid, B. S. 2007. School composition effects in Denmark: quantile regression evidence from PISA 2000. *Empirical Economics,* Vol. 33, No. 2, pp. 359–88.

Reveco, C. D. 2018. *Amid record numbers of arrivals, Chile turns rightward on immigration*. www.migrationpolicy.org/article/amid-record-numbers-arrivals-chile-turns-rightward-immigration. (Accessed 30 May 2018.)

Right to Education Initiative. 2018. *The Right to Education of Migrants, Refugees and Forcibly Displaced People: International Legal Framework, Remaining Challenges and Identification of States' Best Practices*. (Background paper for *Global Education Monitoring Report 2019*.)

Rodríguez-Izquierdo, R. M. and Darmody, M. 2017. Policy and practice in language support for newly arrived migrant children in Ireland and Spain. *British Journal of Educational Studies*, pp. 1–17.

Ruffini, B. and D'Addio, A. C. 2018. *Unaccompanied and Separated Children in Italy*. (Background paper for *Global Education Monitoring Report 2019*.)

Ryelandt, N. 2013. Les décrets « inscriptions » et « mixité sociale » de la Communauté française [The 'Registration' and 'Diversity' Decrees of the French Community]. *Courrier hebdomadaire du CRISP*.

Schneeweis, N. 2015. Immigrant concentration in schools: Consequences for native and migrant students. *Labour Economics,* Vol. 35, pp. 63–76.

Scown, C. 2018. *Countering the Effects of Trump's Immigration Policies In schools*. Washington, DC, Center for American Progress. www.americanprogress.org/issues/education-k-12/news/2018/05/03/450274/countering-effects-trumps-immigration-policies-schools. (Accessed 15 September 2018.)

Sekundarschulen Berlin. 2018. *Schüler mit Migrationshintergrund [Immigrant Students]*. Berlin, ISS Berlin. www.sekundarschulen-berlin.de/migrationshintergrund. (Accessed 16 July.)

Silió, E. 2015. La caída de inmigrantes reduce un 13% los extranjeros en las aulas [The decreasing number of immigrants reduces the number of foreigners at school by 13%], *El País*, 10 September. https://elpais.com/ccaa/2015/09/09/madrid/1441822071_744781.html. (Accessed 15 September 2018.)

Skolverket. 2018. *Rätt till modersmålsundervisning [Right to mother tongue education]*. www.skolverket.se/regler-och-ansvar/ansvar-i-skolfragor/ratt-till-modersmalsundervisning. (Accessed 15 September 2018.) (In Swedish.)

Skoverket. 2016. *Språkintroduktion Report 436 [Language Introduction Report 436]*. Stockolm, Skolverket.

Tangermann, J. and Hoffmeyer-Zlotnik, P. 2018. *Unaccompanied Minors in Germany: Challenges and Measures after the Clarification of Residence Status*. Nuremberg, German National Contact Point for the European Migration Network.

Tani, M. 2018. *Migration and Education*. (Background paper for *Global Education Monitoring Report 2019*.)

Teye, J. K., Awumbila, M. and Benneh, Y. 2015. Intraregional migration in the ECOWAS region: Trends and emerging challenges. Akoutou, A. B., Sohn, R., Vogl, M. and Yeboah, D. (eds), *Migration and Civil Society as Development Drivers: A Regional Perspective*. Bonn, Germany, West Africa Institute/Center for European Integration Studies, pp. 185–196.

The Economist. 2018. Chile gives immigrants a wary welcome. 4 December. www.economist.com/the-americas/2018/04/12/chile-gives-immigrants-a-wary-welcome. (Accessed 15 September 2018.)

The Nation. 2017. Schools for migrant workers' children close along Myanmar-Thai border. Bangkok, Nation News Network.

Tokunaga, T. 2018. *Possibilities and Constraints of Immigrant Students in the Japanese Educational System.* (Background paper for *Global Education Monitoring Report 2019.*)

UNHCR. 2015. *I Am Here, I Belong: The Urgent Need to End Childhood Statelessness.* Copenhagen, United Nations High Commissioner for Refugees.

UNICEF. 2017. *Five-fold increase in number of refugee and migrant children traveling alone since 2010.* New York, UNICEF.

United Nations Department for Economic and Social Affairs. 2017a. *International Migrant Stock by Age.* New York, United Nations.

___. 2017b. *International Migration Report 2017.* New York, United Nations.

United States Customs and Border Protection. 2018. *U.S. Border Patrol Southwest Border Apprehensions by Sector FY2017.* www.cbp.gov/newsroom/stats/usbp-sw-border-apprehensions-fy2017. (Accessed 15 September 2018.)

van de Werfhorst, H. G. and Heath, A. 2018. Selectivity of migration and the educational disadvantages of second-generation immigrants in ten host societies. *European Journal of Population,* pp. 1–32.

Van Houtte, M. and Stevens, P. A. 2010. School ethnic composition and aspirations of immigrant students in Belgium. *British Educational Research Journal,* Vol. 36, No. 2, pp. 209–37.

van Ours, J. C. and Veenman, J. 2006. Age at immigration and educational attainment of young immigrants. *Economics Letters,* Vol. 90, No. 3, pp. 310–16.

World Bank. 2018. *Moving for Prosperity: Global Migration and Labor Markets.* Washington, DC, World Bank.

Yang, D. 2008. International migration, remittances and household investment: evidence from Philippine migrants' exchange rate shocks. *The Economic Journal,* Vol. 118, No. 528, pp. 591–630.

Zagheni, E., Weber, I. and Gummadi, K. 2017. Leveraging Facebook's advertising platform to monitor stocks of migrants. *Population and Development Review,* Vol. 43, No. 4, pp. 721–34.

第4章

Abdul-Hamid, H., Patrinos, H. A., Reyes, J., Kelcey, J. and Diaz Varela, A. 2016. *Learning in the Face of Adversity: The UNRWA Education Program for Palestinian Refugees.* Washington, DC, World Bank.

ACU. 2017. *Schools in Syria: Thematic Report.* Gaziantep, Turkey, Assistance Coordination Unit.

AEWG. 2018. *When is accelerated education a relevant response?* Geneva, Switzerland, Accelerated Education Working Group. https://eccnetwork.net/wp-content/uploads/AEWG-Accelerated-Education-decision-tree.pdf. (Accessed 16 August 2018.)

AFAD. 2013. *Syrian Refugees in Turkey, 2013.* Ankara, Republic of Turkey, Prime Ministry, Disaster and Emergency Management Presidency.

African Union. 2012. *African Union Convention for the Protection and Assistance of Internally Displaced Persons in Africa (Kampala Convention).* Kampala, African Union.

___. 2017. *List of Countries which have Signed, Ratified/Acceded to the African Union Convention for the Protection and Assistance of Internally Displaced Persons in Africa (Kampala Convention).* Addis Ababa, African Union.

Al-Sabahi, M. and Motahar, G. 2017. Using public schools as shelter for IDPs in Yemen. *Forced Migration Review,* No. 55, p. 1.

Anagnostou, D. and Nikolova, M. 2017. Η ενσωμάτωση των προσφύγων στο εκπαιδευτικό σύστημα στην Ελλάδα: Πολιτική και διαχείριση σε «κινούμενη άμμο» [*The Inclusion of Refugees in the Greek Education System*]. Athens, Hellenic Foundation for European and Foreign Policy. (In Greek.)

Arik Akyuz, B. M. 2018. *Evolution of National Policy in Turkey on Integration of Syrian Children into the National Education System.* (Background paper for *Global Education Monitoring Report 2019.*)

Baal, N. and Ronkainen, L. 2017. *Obtaining Representative Data on IDPs: Challenges and Recommendations.* Geneva, Switzerland, United Nations High Commissioner for Refugees.

Bakonyi, A., Léderer, A. and Szerekes, Z. 2017. *Best Interest out of Sight: The Treatment of Asylum Seeking Children in Hungary.* Budapest, Hungarian Helsinki Committee.

Bangladesh Ministry of Primary and Mass Education. 2015. *Third Primary Education Development Program (PEDP-3).* Dhaka, Directorate of Primary Education.

Baumann, B. 2017. Sprachförderung und Deutsch als Zweitsprache in der Lehrerbildung: ein Deutschlandweiter Überblick [Language Support and German as a Second language in Teacher Education: A Germany-Wide Overview]. Becker-Mrotzek, M., Rosenberg, P., Schroeder, C. and Witte, A. (eds), *Deutsch als Zweitsprache in der Lehrerbildung [German as a Second Language in Teacher Education]*. Münster, Germany, Waxmann. (In German.)

BBC. 2018. US Ends Aid to Palestinian Refugee Agency Unrwa. 1 September. www.bbc.com/news/world-us-canada-45377336. (Accessed 4 September 2018.)

Behrman, S. and Kent, A. 2018. *Climate Refugees: Beyond the Legal Impasse?* Abingdon-on-Thames, UK, Routledge.

Betts, A. 2018. Don't make African nations borrow money to support refugees. *Foreign Policy,* 21 February. https://foreignpolicy.com/2018/02/21/dont-make-african-nations-borrow-money-to-support-refugees. (Accessed 2 July 2018.)

Bunar, N., Vogel, D., Stock, E., Grigt, S. and López Cuesta, B. 2018. *Education: Hope for Newcomers in Europe.* Brussels, Education International.

Bundeszentrale für Politische Bildung. 2018. *Integration and Integration Policies in Germany.* Bonn, Germany, Bundeszentrale für Politische Bildung. www.bpb.de/gesellschaft/migration/laenderprofile/262812/integration-and-integration-policies-in-germany. (Accessed 15 September 2018.)

Burde, D., Guven, O., Kelcey, J., Lahmann, H. and Al-Abbadi, K. 2015. *What Works to Promote Children's Educational Access, Quality of Learning, and Wellbeing in Crisis-Affected Contexts: Education Rigorous Literature Review.* London, Department for International Development.

Cas, A. G. 2016. Typhoon aid and development: The effects of typhoon-resistant schools and instructional resources on educational attainment in the Philippines. *Asian Development Review,* Vol. 33, No. 1, pp. 183–201.

CCCM Cluster and REACH. 2017. *Comparative Multi-Cluster Assessment of Internally Displaced Persons Living in Camps: Iraq Assessment Report – July 2017.* Geneva, Switzerland, REACH Initiative.

COE. 2016. *Enhancing the Legal Framework in Ukraine for Protecting the Human Rights of Internally Displaced Persons.* Strasbourg, France, Council of Europe.

Colombia Ministry of Health and Social Protection and Profamilia. 2017. *Encuesta Nacional de Demografía y Salud, Tomo 1: Componente Demográfico [National Demographic and Health Survey, Volume 1: Demographic Component].* Bogota, Profamilia. (In Spanish.)

Coşkun, İ. and Emin, M. N. 2016. *A Road Map for the Education of Syrians in Turkey: Opportunities and Challenges.* Ankara, Foundation for Political, Economic and Social Research.

CRRF. 2018a. *108 schools located in refugee camps and settlements now declared official Chadian schools.* Geneva, Switzerland, United Nations High Commissioner for Refugees, Comprehensive Refugee Response Framework. www.globalcrrf.org/crrf_highlight/108-schools-located-in-refugee-camps-and-settlements-now-declared-official-chadian-schools. (Accessed 16 August 2018.)

___. 2018b. *Comprehensive Refugee Response Framework Global Digital Portal: Rwanda,* Geneva, United Nations High Commissioner for Refugees, Comprehensive Refugee Response Framework. www.globalcrrf.org/crrf_country/rwanda. (Accessed 16 August 2018.)

Culbertson, S. and Constant, L. 2015. *Education of Syrian Refugee Children: Managing the Crisis in Turkey, Lebanon and Jordan.* Santa Monica, CA, RAND Corporation.

Dallal, Y. M. 2016. Saving Syria's lost generation through education. *Turkish Policy Quarterly,* Vol. 15, No. 3, pp. 107–14.

Dalrymple, K. A. 2018. *Education in Support of Burundian Refugees in Tanzania.* (Background paper for *Global Education Monitoring Report 2019.*)

Dare, A. 2015. *Beyond Access: Refugee Students' Experiences of Myanmar State Education.* Bangkok, Save the Children.

de Hoop, J., Morey, M. and Seidenfeld, D. 2018. *No Lost Generation: Supporting the School Participation of Displaced Syrian Children in Lebanon.* New York, UNICEF.

Delegation of the European Union in Turkey. 2017. *EU and Turkish Ministry of National Education Launch €300 Million Project to Improve Syrian Children's Access to Education.* Ankara, European Union. www.avrupa.info.tr/en/pr/eu-and-turkish-ministry-national-education-launch-eu300-million-project-improve-syrian-childrens. (Accessed 27 August 2018.)

Dolan, J., Golden, A., Ndaruhutse, S. and Winthrop, R. 2012. *Building Effective Teacher Salary Systems in Fragile and Conflict-Affected States.* Reading, UK, CfBT Education Trust/Center for Universal Education at Brookings.

Dorcas. 2016. *Education Needs Assessment: Iraq, KRI, Dohuk Governorate, Amedi District.* Andijk, Iraq, Dorcas Relief and Development.

Dryden-Peterson, S. 2006. Livelihoods in the region: the present is local, the future is global? Reconciling current and future livelihood strategies in the education of Congolese refugees in Uganda. *Refugee Survey Quarterly,* Vol. 25, No. 2, pp. 81–92.

___. 2015. *The Educational Experiences of Refugee Children in Countries of First Asylum.* Washington, DC, Migration Policy Institute.

Dryden-Peterson, S. and Adelman, E. 2016. *Inside Syrian Refugee Schools: Teachers Struggle to Create Conditions for Learning.* Washington, DC, Brookings Institution. www.brookings.edu/blog/education-plus-development/2016/02/10/inside-syrian-refugee-schools-teachers-struggle-to-create-conditions-for-learning. (Accessed 15 September 2018.)

Dryden-Peterson, S., Adelman, E., Alvarado, S., Anderson, K., Bellino, M. J., Brooks, R., Bukhari, S. U. S., Cao, E., Chopra, V., Faizi, Z., Gulla, B., Maarouf, D., Reddick, C., Scherrer, B., Smoake, E. and Suzuki, E. 2018. *Inclusion in National Education Systems.* (Background paper for *Global Education Monitoring Report 2019.*)

ECW. 2018. *Results Report: April 2017–March 2018.* New York, Education Cannot Wait.

Education Cluster. 2014. *Response to Typhoon Haiyan (Yolanda).* Geneva, Switzerland, Education Cluster.

___. 2018. *Iraq Education Cluster Dashboard (as of December 2017).* Baghdad, Education Cluster.

EI. 2017. *Situation Analysis of Education in Lebanon.* Brussels, Education International.

Espinosa, M. J. C. 2009. The constitutional protection of IDPs in Colombia. Rivadeneira, R. A. (ed.), *Judicial Protection of Internally Displaced Persons: The Colombian Experience.* Washington, DC, Project on Internal Displacement.

Eurocities. 2017. *Cities' Actions for the Education of Refugees and Asylum Seekers.* Brussels, Eurocities.

Fazel, M. 2018. Psychological and psychosocial interventions for refugee children resettled in high-income countries. *Epidemiology and Psychiatric Sciences,* Vol. 27, pp. 117–23.

Ferris, E. and Winthrop, R. 2011. *Education and Displacement: Assessing Conditions for Refugees and Internally Displaced Persons Affected by Conflict.* (Background paper for *Global Education Monitoring Report 2019.*)

FMRP. 2005. *Bangladesh Social Sector Performance Surveys: Secondary Education in Bangladesh.* Dhaka, Financial Management Reform Programme.

FRA. 2017. *Current Migration Situation in the EU: Education.* Vienna, European Union Agency for Fundamental Rights.

GCPEA. 2018. *Education Under Attack 2018.* New York, Global Coalition to Protect Education from Attack.

Ghaffar-Kucher, A. 2018. *Uncertain Prospects and Ambiguous Futures: The Challenges and Opportunities of Educating the Forcibly Displaced.* (Background paper for *Global Education Monitoring Report 2019.*)

GPE. 2016. *GPE's Work in Conflict-affected and Fragile Countries.* Washington, DC, Global Partnership for Education.

GPE and UNESCO IIEP. 2016. *Guidelines for Transitional Education Plan Preparation.* Washington, DC/Paris, Global Partnership for Education/UNESCO International Institute for Educational Planning.

Graham, H. R., Minhas, R. S. and Paxton, G. 2016. Learning problems in children of refugee background: A systematic review. *Pediatrics,* Vol. 137, No. 6.

Greece Government Official Gazette. 2018. Αναδιοργάνωση των δομών υποστήριξης της πρωτοβάθμιας και δευτεροβάθμιας εκπαίδευσης και άλλες διατάξεις [*Reorganisation of the Primary and Secondary Education Support Structures and other Provisions.* Athens. (In Greek.)

Greece Ministry of Education, Research and Religious Affairs. 2017. *Refugee Education Project. A. Assessment Report on the Integration Project of Refugee Children in Education (March 2016-April 2017). B. Proposals for the Education of Refugee Children during the 2017–2018 School Year.* Athens, Ministry of Education, Research and Religious Affairs.

Hoodfar, H. 2007. Women, religion and the 'Afghan Education Movement' in Iran. *Journal of Development Studies,* Vol. 43, No. 2, pp. 265–93.

___. 2010. Refusing the Margins: Afghan Refugee Youth in Iran. Chatty, D. (ed.), *Deterritorialized Youth: Sahrawi and Afghan Refugees at the Margins of the Middle East.* New York, Berghahan Books.

Human Rights Watch. 2013. *Unwelcome Guests: Iran's Violation of Afghan Refugee and Migrant Rights.* New York, Human Rights Watch.

___. 2016 *"We're Afraid for Their Future": Barriers to Education for Syrian Refugee Children in Jordan.* New York, Human Rights Watch.

___. 2017. *World Report 2018.* New York, Human Rights Watch.

___. 2018. *"Without Education They Lose Their Future": Denial of Education to Child Asylum Seekers on the Greek Islands.* New York, Human Rights Watch.

IASC. 2007. *IASC Guidelines on Mental Health and Psychosocial Support in Emergency Settings.* Geneva, Switzerland, Inter-Agency Standing Committee.

ICRC. 2016. *Translating the Kampala Convention into Practice: A Stocktaking Exercise.* Geneva, Switzerland, International Committee of the Red Cross.

IDMC. 2015. *Global Overview 2015: People Internally Displaced by Conflict and Violence.* Geneva, Switzerland, Internal Displacement Monitoring Centre.

___. 2018a. *Global International Displacement Database.* Geneva, Switzerland, Internal Displacement Monitoring Centre.

___. 2018b. *Global International Displacement Database: Displacement Data.* Geneva, Switzerland, Internal Displacement Monitoring Centre.

___. 2018c. *Global Report on Internal Displacement 2018.* Geneva, Switzerland, Internal Displacement Monitoring Centre.

___. 2018d. *Monitoring Platform: How IDMC Monitors.* Geneva, Switzerland, Internal Displacement Monitoring Centre. www.internal-displacement.org/monitoring-tools/monitoring-platform. (Accessed 27 August 2018.)

IGAD. 2017a. *Annex to the Djibouti Declaration on Regional Refugee Education: Djibouti Plan of Action on Refugee Education in IGAD Member States.* Djibouti, Intergovernmental Authority on Development.

___. 2017b. *Djibouti Declaration on Regional Conference on Refugee Education in IGAD Member States.* Djibouti, Intergovernmental Authority on Development.

Igbinedion, S., Newby, L. and Sparkes, J. 2017. *Joint Education Needs Assessment: Northeast Nigeria.* Geneva, Switzerland, ACAPS/Education in Emergencies Working Group Nigeria.

INEE. 2009. *INEE Guidance Notes on Teacher Compensation in Fragile States, Situations of Displacement and Post-Crisis Recovery.* New York, Inter-Agency Network for Education in Emergencies.

___. 2017. *Introduction to Training for Primary School Teachers in Crisis Contexts.* New York, Inter-Agency Network for Education in Emergencies.

IOM. 2017. *National Monitoring System Report on the Situation of Internally Displaced Persons.* Kiev, International Organization for Migration.

Ionesco, D., Mokhnacheva, D. and Gemenne, F. 2016. *The Atlas of Environmental Migration.* Abingdon-on-Thames, UK, Routledge.

Janmyr, M. 2018. UNHCR and the Syrian refugee response: Negotiating status and registration in Lebanon. *The International Journal of Human Rights,* Vol. 22, No. 3, pp. 393–419.

Jordan Ministry of Planning and International Cooperation. 2018. *The Jordan Response Plan for the Syria Crisis: 2018–2020.* Amman, Ministry of Planning and International Cooperation.

Karasapan, O. 2015. *The Impact of Libyan Middle-class Refugees in Tunisia.* Washington, DC, Brookings Institution. www.brookings.edu/blog/future-development/2015/03/17/the-impact-of-libyan-middle-class-refugees-in-tunisia. (Accessed 15 September 2018.)

Karen News. 2018. *Karen language teaching moves up to grade 4 in Pago region schools.* 12 April. http://karennews. org/2018/04/karen-language-teaching-moves-up-to-grade-4-in-pago-region-schools. (Accessed 16 August 2018.)

Khalain, N. B. 2018. Over 100,000 students study Karen literature in Ayeyarwady region, *Burma News International,* 12 August. www.bnionline.net/en/news/over-100000-students-study-karen-literature-ayeyarwady-region. (Accessed 16 August 2018.)

Kirk, J. and Winthrop, R. 2013. Teaching in contexts of emergency and state fragility. Kirk, J., Dembele, M. and Baxter, S. (eds), *More and Better Teachers for Quality Education for All,* Collaborative Works.

Kompani, K. 2018. *Getting Syrian Refugee Students to School Safely.* San Francisco, CA, Medium. https://medium. com/@UNmigration/meet-the-syrian-parents-getting-their-kids-to-school-safely-8fee528d786e. (Accessed 15 September 2018.)

Marshall, D. 2015. *Building a New Life in Australia: The Longitudinal Study of Humanitarian Migrants.* Greenway, Australia, Australian Government Department of Social Services.

Mendenhall, M., Gomez, S. and Varni, E. 2018. *Teaching Amidst Conflict and Displacement: Persistent Challenges and Promising Practices for Refugee, Internally Displaced and National Teachers.* (Background paper for *Global Education Monitoring Report 2019.*)

Nicolle, H. 2018. *Inclusion of Afghan Refugees in the National Education Systems of Iran and Pakistan.* (Background paper for *Global Education Monitoring Report 2019.*)

Norwegian Refugee Council. 2018. *Attacks on schools deny access to education.* Oslo, Norwegian Refugee Council. www.nrc.no/news/2018/july/attacks-on-schools-deny-access-to-education. (Accessed 4 September 2018.)

NRC and UNHCR. 2015. *Breaking the Cycle: Education for the Future of Afghan Refugees.* Oslo/Geneva, Switzerland, Norwegian Refugee Council/United Nations High Commissioner for Refugees.

Phyu, E. S. 2018. *Govt to promote ethnic language teaching assistants, The Myanmar Times*, 2 August. www.mmtimes. com/news/govt-promote-ethnic-language-teaching-assistants.html. (Accessed 16 August 2018.)

Potsdam University. 2017. *Refugee Teachers Program*. Potsdam, Germany, Potsdam University. www.uni-potsdam.de/ unterrichtsinterventionsforsch/refugee.html. (Accessed 12 November 2017.)

REACH and UNICEF. 2017. *Access to Education of Refugee and Migrant Children outside Accommodation (Open) Sites*. Athens and Thessaloniki, Greece, UNICEF/REACH Initiative.

Reeves Ring, H. and West, A. R. 2015. Teacher retention in refugee and emergency settings: The state of the literature. *The International Education Journal: Comparative Perspectives*, Vol. 14, No. 3, pp. 106–21.

ReliefWeb. 2018. *Tanzania: Comprehensive Refugee Response Framework Withdrawal (ECHO Daily Flash of 24 January 2018)*. https://reliefweb.int/report/united-republic-tanzania/tanzania-comprehensive-refugee-response-framework-withdrawal-eeas-dg. (Accessed 2 July 2018.)

Right to Protection with Coalition of Non-Governmental Organizations. 2017. *Current State of the Rights and Freedoms of Internally Displaced Persons in Ukraine: Stakeholders' Report*. Kiev, Ukraine.

Save the Children. 2015. *Education Safe from Disasters: Country Briefs in Asia and the Pacific in 2015*. Singapore, Save the Children.

___. 2017a. *Restoring Hope, Rebuilding Futures: A Plan of Action for Delivering Universal Education for South Sudanese Refugees in Uganda*. London, Save the Children.

___. 2017b. *Unlocking Childhood: Current Immigration Detention Practices and Alternatives for Child Asylum Seekers and Refugees in Asia and the Pacific*. London, Save the Children.

Save the Children, UNHCR and Pearson. 2017. *Promising Practices in Refugee Education: Synthesis Report*. London/Geneva, Save the Children/United Nations High Commissioner for Refugees/Pearson.

Shah, R. 2015. *Norwegian Refugee Council's Accelerated Education Responses: A Meta-Evaluation*. Oslo, Norwegian Refugee Council.

Shah, R., Flemming, J. and Boisvert, K. 2017. *Synthesis Report Accelerated Education Working Group: Accelerated Education Principles Field Studies*. Washington, DC, Accelerated Education Working Group.

Shaw, L., Edwards, M. and Rimon, A. 2014. *KANI Independent Review: Review Report*. Brisbane, Australia, Griffith University.

Shiohata, M. 2018. *Education for Displaced Populations in Karen State, Myanmar*. (Background paper for *Global Education Monitoring Report 2019*.)

Sirkeci, I. 2017. Turkey's refugees, Syrians and refugees from Turkey: A country of insecurity. *Migration Letters*, Vol. 14, No. 1, pp. 124–44.

Solomon Islands Ministry of Education and Human Resources Division. 2011. *Policy Statement and Guidelines for Disaster Preparedness and Education in Emergency Situations in Solomon Islands*. Honiara, Ministry of Education and Human Resources Division.

___. 2016. *Education Strategic Framework 2016–2030*. Honiara, Ministry of Education and Human Resources Division.

Squire, C. 2000. *Education of Afghan Refugees in the Islamic Republic of Iran*. Tehran, UNESCO.

Strauss, N. 2016. *Teachers organizing for quality education provision for refugees*. Bremen, Germany, Gewerkschaft Erziehung und Wissenschaft. www.gew-hb.de/aktuelles/detailseite/neuigkeiten/teachers-organizing-for-quality-education-provision-for-refugees. (Accessed 28 May 2018.)

Sullivan, A. L. and Simonson, G. R. 2016. A systematic review of school-based social-emotional interventions for refugee and war-traumatized youth. *Review of Educational Research*, Vol. 86, No. 2, pp. 503–30.

Tousi, M. D. and Kiamanesh, A. 2010. Basic Education Status of Afghan Refugees in Iran. Elliott, G., Fourali, C. and Issler, S. (eds), *Education and Social Change: Connecting Local and Global Perspectives*. New York, Continuum.

Turkey Ministry of National Education. 2014. *Genelge 2014/21 [Circular 2014/21]*. Ankara, General Directorate of Basic Education. (In Turkish.)

Tyrer, R. A. and Fazel, M. 2014. School and community-based interventions for refugee and asylum seeking children: A systematic review. *PLOS ONE*, Vol. 9, No. 2, p. e89359.

UBOS and ICF. 2018. *Uganda: Demographic and Health Survey 2016*. Kampala/Rockville, MD, Uganda Bureau of Statistics/ICF International.

Uganda Ministry of Education and Sports. 2018. *Education Response Plan for Refugees and Host Communities in Uganda*. Kampala, Ministry of Education and Sports.

UNESCO. 2015. *Education 2030: Incheon Declaration and Framework for Action – Towards Inclusive and Equitable Quality Education and Lifelong Learning for All*. Paris, UNESCO.

___. 2016. *No More Excuses: Provide Education to All Forcibly Displaced People*. Paris, UNESCO. (*Global Education Monitoring Report* Policy Paper 26.)

UNHCR. 1998. *Guiding Principles on Internal Displacement*. Geneva, Switzerland, United Nations High Commissioner for Refugees.

___. 2012. *2012–2016 UNHCR Global Education Strategy*. Geneva, Switzerland, United Nations High Commissioner for Refugees.

___. 2015a. *Chad: Curriculum Transition Overview*. Geneva, Switzerland, United Nations High Commissioner for Refugees.

___. 2015b. *Education Issue Brief 3: Curriculum Choices in Refugee Settings*. Geneva, Switzerland, United Nations High Commissioner for Refugees.

___. 2015c. *Ethiopia Refugee Education Strategy 2015–2018*. Geneva, Switzerland, United Nations High Commissioner for Refugees.

___. 2016a. *2015 Year-End Report*. Tunis, United Nations High Commissioner for Refugees.

___. 2016b. *Ethiopia: Education Factsheet – May 2016*. Geneva, Switzerland, United Nations High Commissioner for Refugees.

___. 2016c. *Missing Out: Refugee Education in Crisis*. Geneva, Switzerland, United Nations High Commissioner for Refugees.

___. 2017a. *Practical Application of the Comprehensive Refugee Response Framework: Preliminary Progress Update*. Geneva, Switzerland, United Nations High Commissioner for Refugees.

___. 2017b. *Somalia Situation 2017: Supplementary Appeal January–December 2017*. Geneva, Switzerland, United Nations High Commissioner for Refugees.

___. 2017c. *South Sudan Regional Refugee Response Plan: January–December 2018*. Geneva, Switzerland, United Nations High Commissioner for Refugees.

___. 2017d. *Working towards Inclusion: Refugees within the National Systems of Ethiopia*. Geneva, Switzerland, United Nations High Commissioner for Refugees.

___. 2018a. *Access to Formal Education for Refugee and Migrant Children*. Greece Education Sector Working Group/United Nations High Commissioner for Refugees.

___. 2018b. *Bangladesh Refugee Emergency Population Factsheet*. Geneva, Switzerland, United Nations High Commissioner for Refugees.

___. 2018c. *Dadaab Refugee Complex*. Geneva, Switzerland, United Nations High Commissioner for Refugees. www.unhcr.org/ke/dadaab-refugee-complex. (Accessed 29 June 2018.)

___. 2018d. *Global Trends 2017: Annex Tables*. UNHCR (ed.). Geneva, Switzerland, United Nations High Commissioner for Refugees.

___. 2018e. *Global Trends: Forced Displacement in 2017*. Geneva, Switzerland, United Nations High Commissioner for Refugees.

___. 2018f. *Kakuma Camp Population Statistics by Country of Origin, Sex and Age Group*. Kakuma, Kenya, United Nations High Commissioner for Refugees.

___. 2018g. *Population Statistics*. Geneva, Switzerland, United Nations High Commissioner for Refugees.

___. 2018h. *Uganda Refugee Response: Monthly Snapshot – June 2018*. Kampala, United Nations High Commissioner for Refugees.

___. 2018i. *UNHCR Pakistan: No Changes to Afghan Refugee School Textbooks*. Islamabad, United Nations High Commissioner for Refugees. http://unhcrpk.org/unhcr-pakistan-no-changes-to-afghan-refugee-school-textbooks. (Accessed 27 August 2018.)

UNHCR and WFP. 2017. *Chad: Socioeconomic and Vocational Profiling of Sudanese, Central African and Nigerian Refugees*. Geneva, Switzerland/Rome, Italy, United Nations High Commissioner for Refugees/World Food Programme.

UNICEF. 2015. *Rwanda CO Situation Report*. New York, UNICEF.

___. 2016. *Out of School Children in Ukraine: A Study on the Scope and Dimensions of the Problem with Recommendations for Action*. New York, UNICEF.

UNISDR and GADRRRES. 2017. *Comprehensive School Safety: A Global Framework in Support of the Global Alliance for Disaster Risk Reduction and Resilience in the Education Sector and The Worldwide Initiative for Safe Schools*. Geneva, Switzerland, United Nations International Strategy for Disaster Reduction/Global Alliance for Disaster Risk Reduction and Resilience in the Education Sector.

United Nations. 2016. *Summary Overview Document: Leaders' Summit on Refugees*. New York, United Nations.

UNOCHA. 2017a. *Children are #NotATarget*. New York, United Nations Office for the Coordination of Humanitarian Affairs. www.unocha.org/story/children-are-notatarget. (Accessed 15 September 2018.)

___. 2017b. *Nigeria Humanitarian Response Plan 2018: January–December 2018*. New York, United Nations Office for the Coordination of Humanitarian Affairs. https://reliefweb.int/sites/reliefweb.int/files/resources/2018_hrp_v5.4.pdf. (Accessed 15 September 2018.)

___. 2017c. *Ukraine: Humanitarian Response Plan 2018*. Kiev, United Nations Office for the Coordination of Humanitarian Affairs.

UNRWA. 2016. *Schools on the Front Line: The Impact of Armed Conflict and Violence on UNRWA Schools and Education Services*. Amman, United Nations Relief and Works Agency.

___. 2017a. *Education in Emergencies: Ensuring Quality Education in Times of Crisis*. Amman, United Nations Relief and Works Agency.

___. 2017b. *UNRWA in Figures*. Jerusalem, United Nations Relief and Works Agency.

___. 2018a. *2017 Pledges to UNRWA's Programmes (Cash and In-kind): Overall Donor Ranking at 31 December 2017*. Amman, United Nations Relief and Works Agency.

___. 2018b. *UNRWA Schools to Start on Time*. Amman, United Nations Relief and Works Agency.

Uwezo. 2018. *Are Our Children Learning? Uwezo Learning Assessment in Refugee Contexts in Uganda*. Kampala, Twaweza.

Vogel, D. and Stock, E. 2017. *Opportunities and Hope Through Education: How German Schools Include Refugees*. Brussels, Education International.

Wachiaya, C. 2017. *Rwandan School Bridges Language Gulf for Burundian Students*. Mahama Refugee Camp, United Nations High Commissioner for Refugees. www.unhcr.org/news/stories/2017/9/59bf8ebd4/rwandan-school-bridges-language-gulf-burundian-students.html. (Accessed 15 September 2018.)

WFP, UNHCR and Bafia. 2016. *WFP, UNHCR Joint Assessment Mission: Islamic Republic of Iran*. Rome/Geneva, Switzerland, World Food Programme/United Nations High Commissioner for Refugees.

Women Educational Researchers of Kenya. 2017. *Out of School Children Assessment; Dadaab Refugee Camp*. Nairobi, United Nations High Commissioner for Refugees.

Yavcan, B. and El-Ghali, H. A. 2017. *Higher Education and Syrian Refugee Students: The Case of Turkey (Policies, Practices, and Perspectives)*. Beirut, United Nations High Commissioner for Refugees.

Zaw, J. 2018. Second batch of Myanmar refugees in thailand repatriated. *UCA News*, 8 May. www.ucanews.com/news/second-batch-of-myanmar-refugees-in-thailand-repatriated/82243. (Accessed 16 August 2018.)

Zolfaghari, H. 2016. *Statement by H. E. Dr. Hossein Zolfaghari, Deputy Minister of Interior of the Islamic Republic of Iran, in the 67th Session of the Executive Committee*. Geneva, Switzerland, United Nations High Commissioner for Refugees.

第5章

Adair, J. K. 2015. *The Impact of Discrimination on the Early Schooling Experiences of Children from Immigrant Families*. Washington, DC, Migration Policy Institute.

Adair, J. K., Tobin, J. and Arzubiaga, A. E. 2012. The dilemma of cultural responsiveness and professionalization: listening closer to immigrant teachers who teach children of recent immigrants. *Teachers College Record*, Vol. 114, No. 12, pp. 1–37.

All Together Now. 2018. *Everyday Racism*. Sydney, Australia, All Together Now. http://alltogethernow.org.au/everyday-racism. (Accessed 30 May 2018.)

Amnesty International. 2016. *Refugees Welcome Survey 2016: Views of Citizens Across 27 Countries*. London, Amnesty International.

April, D., D'Addio, A. C., Kubacka, K. and Smith, W. C. 2018. *Issues of Cultural Diversity, Migration, and Displacement in Teacher Education Programmes*. (Background paper for *Global Education Monitoring Report 2019*.)

Askins, K. 2015. Being together: Everyday geographies and the quiet politics of belonging. *ACME: An International E-Journal for Critical Geographies*, Vol. 14, No. 2, pp. 470–78.

Barrett, M., Byram, M., Lázár, I., Mompoint-Gaillard, P. and Philippou, S. 2013. *Developing Intercultural Competence Through Education*. Strasbourg, France, Council of Europe.

Brader, T., Valentino, N. A. and Suhay, E. 2008. What triggers public opposition to immigration? Anxiety, group cues, and immigration threat. *American Journal of Political Science*, Vol. 52, pp. 959–78.

Brezicha, K. and Hopkins, M. 2016. Shifting the zone of mediation in a suburban new immigrant destination: Community boundary spanners and school district policymaking. *Peabody Journal of Education*, Vol. 91, pp. 366–82.

Bunar, N., Vogel, D., Stock, E., Grigt, S. and López Cuesta, B. 2018. *Education: Hope for Newcomers in Europe*. Brussels, Education International.

Busse, V. and Krause, U.-M. 2015. Addressing cultural diversity: Effects of a problem-based intercultural learning unit. *Learning Environment Research*, Vol. 18, pp. 425–52.

Canadian Multicultural Education Foundation/Alberta Teachers' Association. 2016. *Promoting Success with Arab Immigrant Students: Teacher Resources*. Edmonton, Alta, Canadian Multicultural Education Foundation/Alberta Teachers' Association.

Cavaille, C. and Marshall, J. 2018. *Education and Anti-Immigration Attitudes: Evidence from Compulsory Schooling Reforms Across Western Europe*. (Unpublished.)

César, M. and Oliveira, I. 2005. The curriculum as a tool for inclusive participation: Student's voices in a case study in a Portuguese multicultural school. *European Journal of Psychology in Education*, Vol. 20, No. 1, pp. 29–43.

City Council of Valladolid. 2017. *"You Also Count!": The Fourteenth Edition of the Intercultural Week of Valladolid Turns Its Eyes to Zorrilla*. City Council of Valladolid. www.valladolid.es/es/actualidad/noticias/cuentas-decimocuarta-edicion-semana-intercultural-valladoli. (Accessed 1 March 2018.)

Crush, J. and Tawodzera, G. 2014. Exclusion and discrimination: Zimbabwean migrant children and South African schools. *Journal of International Migration and Integration*, Vol. 15, No. 4, pp. 677–93.

Cunningham, W. A., Nezlek, J. B. and Banaji, M. R. 2004. Implicit and explicit ethnocentrism: revisiting the ideologies of prejudice. *Personality and Social Psychology Bulletin*, Vol. 30, No. 10, pp. 1332–46.

d'Hombres, B. and Nunziata, L. 2016. Wish you were here? Quasi-experimental evidence on the effect of education on self-reported attitude toward immigrants. *European Economic Review*, Vol. 90, pp. 201–24.

De Leon, N. 2014. Developing intercultural competence by participating in intensive intercultural service-learning. *Michigan Journal of Community Service Learning*, Fall 2014, pp. 17–30.

Dempster, H. and Hargrave, K. 2017. *Understanding Public Attitudes Towards Refugees and Migrants*. London, Overseas Development Institute/Chatham House. (Working Paper 512.)

Doney, J. and Wegerif, R. 2017. *Measuring Open-Mindedness: An Evaluation of the Impact of Our School Dialogue Programme on Students' Open-Mindedness and Attitudes to Others*. London, Tony Blair Institute for Global Change.

Donlevy, V., Meierkord, A. and Rajania, A. 2016. *Study on the Diversity within the Teaching Profession with Particular Focus on Migrant and/or Minority Background*. Brussels, European Commission.

EI. 2017a. *Sweden: Fast Track Training for Migrant Teachers*. Brussels, Education International. www.ei-ie.org/en/detail/15468/sweden-fast-track-training-for-migrant-teachers. (Accessed 28 February 2018.)

___. 2017b. *Teachers for Migrants' and Refugees' Rights: Teaching Resources to Support Immigrant and Refugee Students in Canada*. Brussels, Education International. www.education4refugees.org/updates/293-teaching-resources-to-support-immigrant-and-refugee-students-in-canada. (Accessed 25 May 2018.)

Epstein, G. S. and Heizler, O. 2015. Ethnic identity: A theoretical framework. *IZA Journal of Migration*, Vol. 4, No. 1, p. 9.

Erdal, M. B. and Oeppen, C. 2013. Migrant balancing acts: understanding the interactions between integration and transnationalism. *Journal of Ethnic and Migration Studies*, Vol. 39, No. 6, pp. 867–84.

Esipova, N., Ray, J., Pugliese, A., Tsabutashvili, D., Laczko, F. and Rango, M. 2015. *How the World Views Migrants*. Geneva, Switzerland, International Organization for Migration.

Esses, V., Hamilton, L. K. and Gaucher, D. 2017. The global refugee crisis: empirical evidence and policy implications for improving public attitudes and facilitating refugee resettlement. *Social Issues and Policy Review*, Vol. 11, No. 1, pp. 78–123.

Esses, V. M., Medianu, S. and Lawson, A. S. 2013. Uncertainty, threat, and the role of the media in promoting the dehumanization of immigrants and refugees. *Journal of Social Issues*, Vol. 69, No. 3, pp. 518–36.

Essomba, M. A., Tarrés, A. and Franco-Guillén, N. 2017. *Research for CULT Committee: Migrant Education – Monitoring and Assessment*. Brussels, European Parliament.

Faas, D. 2011. The nation, Europe and migration: A comparison of geography, history and citizenship education curricula in Greece, Germany and England. *Journal of Curriculum Studies*, Vol. 43, No. 4, pp. 471–92.

Faas, D., Hajisoteriou, C. and Angelides, P. 2014. Intercultural education in Europe: Policies, practices and trends. *British Education Research Journal*, Vol. 40, No. 2, pp. 300–18.

Fazel, M. 2015. A moment of change: Facilitating refugee children's mental health in UK schools. *International Journal of Educational Development*, Vol. 41, pp. 255–61.

Fine-Davis, M. and Faas, D. 2014. Equality and diversity in the classroom: A comparison of students' and teachers' attitudes in six European countries. *Social Indicators Research*, Vol. 119, No. 3, pp. 1319–34.

Ford, R. 2012. *Parochial and Cosmopolitan Britain: Examining the Social Divide in Reactions to Immigration*. Washington, DC, German Marshall Fund of the United States.

Geschke, D., Sassenberg, K., Ruhrmann, G. and Sommer, D. 2010. Effects of linguistic abstractness in the mass media: how newspaper articles shape readers' attitudes toward migrants. *Journal of Media Psychology*, Vol. 22, No. 3, pp. 99–104.

Gholami, R. 2017. The 'sweet spot' between submission and subversion: Diaspora, education and the cosmopolitan project. D. Carment and A. Sadjed (eds), *Diaspora as Cultures of Cooperation*. Cham, Switzerland, Palgrave Macmillan, pp. 49–68.

Gichuru, M., Riley, J. G., Robertson, J. and Park, M.-H. 2015. Perceptions of head start teachers about culturally relevant practice. *Multicultural Education*, Winter 2015, pp. 46–50.

Gorski, P. C. 2009. What we're teaching teachers: An analysis of multicultural teacher education coursework syllabi. *Teaching and Teacher Education*, Vol. 25, pp. 309–18.

Gropas, R. and Triandafyllidou, A. 2011. Greek education policy and the challenge of migration: An 'intercultural' view of assimilation. *Race Ethnicity and Education*, Vol. 14, No. 3, pp. 399–419.

Gross, D. 2015. Latvian school in Australia: Comparison of two immigration waves. Lulle, A. and Kļave, A. L. (eds), *Radot iespējas attīstībai: diasporas bērnu un jauniešu izglītība [Creating Opportunities for Development: Education for Children and Youth in the Diaspora]*. Riga, University of Latvia Academic Publishing. (In Latvian.)

Gundelach, B. 2014. In diversity we trust: The positive effect of ethnic diversity on outgroup trust. *Political Behavior*, Vol. 36, pp. 125–42.

Hainmueller, J. and Hopkins, D. J. 2014. Public attitudes toward immigration. *Annual Review of Political Science*, Vol. 17, pp. 225–49.

Hanemann, U. 2018. *Language and Literacy Programmes for Migrants and Refugees: Challenges and Ways Forward*. (Background paper for *Global Education Monitoring Report 2019*.)

Harte, E., Herrera, F. and Stepanek, M. 2016. *Education of EU Migrant Children in EU Member States*. Cambridge, UK, RAND Europe.

Heath, A. and Richards, L. 2016. *Attitudes Towards Immigration and Their Antecedents: Topline Results from Round 7 of the European Social Survey*. London, European Social Survey.

Hintermann, C., Markom, C., Weinhäupl, H. and Üllen, S. 2014. Debating migration in textbooks and classrooms in Austria. *Journal of Educational Media, Memory, and Society*, Vol. 6, No. 1, pp. 79–106.

Howden, D. 2016. *The Manufacture of Hatred: Scapegoating Refugees in Central Europe*. New York, News Deeply, Refugees Deeply. www.newsdeeply.com/refugees/articles/2016/12/14/the-manufacture-of-hatred-scapegoating-refugees-in-central-europe. (Accessed 20 February 2018.)

Huddleston, T., Bilgili, O., Joki, A.-L. and Vankova, Z. 2015. *Migrant Integration Policy Index 2015*. Barcelona/Brussels, Barcelona Centre for International Affairs/Migration Policy Group.

Ireland DOES. 2010. *Intercultural Education Strategy: 2010–2015*. Dublin, Department of Education and Skills.

___. 2014. *2014–16: DICE Project Strategic Plan*. Dublin, Department of Education and Skills.

___. 2016. *New Law Will Make Process of School Admissions Easier for Children and Parents*. Dublin, Department of Education and Skills.

Ireland DOJE. 2017. *The Migrant Integration Strategy*. Dublin, Department of Justice and Equality.

Ireland State Examinations Commission. 2018. *Non-Curricular EU Language Subjects*. www.examinations.ie/?l=en&mc=ex&sc=eu. (Accessed 30 May 2018.)

Islam in Europe. 2010. *Norway: Immigrants, Muslims Portrayed Negatively in the Media*. Islam in Europe. http://islamineurope.blogspot.fr/2010/02/norway-immigrants-muslims-portrayed.html. (Accessed 20 February 2018.)

Johnson, J. D. and Lecci, L. 2003. Assessing anti-white attitudes and predicting perceived racism: The Johnson-Lecci scale. *Personality and Social Psychology Bulletin*, Vol. 29, No. 3, pp. 299–312.

Kaizer Chiefs. 2017. *KC Anti-Xenophobia Campaign Known as Africa4Life*. Johannesburg, South Africa, Kaizer Chiefs Football Club. www.kaizerchiefs.com/press-releases/kc-anti-xenophobia-campaign-known-africa4life. (Accessed 1 March 2018.)

Kawakami, K., Amodio, D. M. and Hugenberg, K. 2017. Intergroup perception and cognition: An integrative framework for understanding the causes and consequences of social categorization. Olson, J. M. (ed.), *Advances in Experimental Social Psychology*, Vol. 55. Cambridge, Mass., Academic Press, pp. 1–80.

Kerry, P. 2017. Migrant film fest explores 'Remapping the Borders'. *The Korea Herald*, 26 October. www.koreaherald.com/view.php?ud=20171024000654. (Accessed 1 March 2018.)

Khalifa, M. A., Gooden, M. A. and Davis, J. E. 2016. Culturally responsive school leadership: A synthesis of the literature. *Review of Educational Research*, Vol. 86, No. 4, pp. 1272–311.

Kim, S. and Slapac, A. 2015. Culturally responsive, transformative pedagogy in the transnational era: Critical perspectives. *Educational Studies*, Vol. 51, No. 1, pp. 17–27.

Kincheloe, J. L. 2011. Critical ontology: Visions of selfhood and curriculum. Kincheloe, J. L., Hayes, K., Steinberg, S. R. and Tobin, K. (eds), *Key Works in Critical Pedagogy*. Rotterdam, Netherlands, Sense Publishing, pp. 201–18.

King, R. and Lulle, A. 2016. *Research on Migration: Facing Realities and Maximising Opportunities – A Policy Review*. Brussels, European Commission.

Klimenko, E. 2014. *Fostering Tolerance towards Migrants: Efforts of the State – The Polish Experience and the Case of Russia*. Warsaw, Institute of Public Affairs.

La Barbera, MC. 2015. Identity and migration: An introduction. La Barbera, MC. (ed.), *Identity and Migration in Europe: Multidisciplinary Perspectives*. Cham, Switzerland, Springer International, pp. 1–11.

Lashley, L. 2018. A reflection on the professional and cultural experience of migrant teachers: The case of postcolonial Guyanese teachers in British mainstream primary schools. *International Journal of Educational Policy Research and Review*, Vol. 5, No. 2, pp. 31–9.

Leeman, Y. and Saharso, S. 2013. Coming of age in Dutch schools: Issues of schooling and identity. *Education Inquiry*, Vol. 4, No. 1, pp. 11–30.

Lin, M. H., Kwan, V. S. Y., Cheung, A. and Fiske, S. T. 2005. Stereotype content model explains prejudice for an envied outgroup: Scale of anti-Asian American stereotypes. *Personality and Social Psychology Bulletin*, Vol. 31, No. 1, pp. 34–47.

Lindahl, E. 2007. *Gender and Ethnic Interactions among Teachers and Students: Evidence from Sweden*. Uppsala, Sweden. Institute for Evaluation of Labour Market and Education Policy. (Working Paper 25.)

Lipińska, E. and Seretny, A. 2011. *Doświadczenia nauczania w skupiskach polonijnych na obczyźnie [Teaching Experiences in Polish Communities Abroad]*. Paper for the 3rd Conference of Polish Scientific Associations Abroad: Polish Youth Abroad – Educational Tasks. Krakow, Poland. (In Polish.)

Maguire, M. H. 2010. Lessons in understanding Montreal heritage language contexts: Whose literacies and voices are privileged? *Cahiers de L'ILOB/OLBI Working Papers*, Vol. 1, pp. 25–50.

Major, B., Gramzow, R. H., McCoy, S., Levin, S., Schmader, T. and Sidanius, J. 2002. Perceiving personal discrimination: the role of group status and legitimizing ideology. *Journal of Personality and Social Psychology*, Vol. 82, No. 3, pp. 269–282.

Malakolunthu, S. 2010. Culturally responsive leadership for multicultural education: The case of 'Vision School' in Malaysia. *Procedia: Social and Behavioral Sciences*, Vol. 9, pp. 1162–69.

Manik, S. 2014. South African migrant teachers' decision-making: Levels of influence and 'relative deprivation'. *Journal of Southern African Studies*, Vol. 40, No. 1, pp. 151–65.

Marino Institute of Education. 2018. *Migrant Teacher Project*. Dublin, Marino Institute of Education. www.mie.ie/en/Research/Migrant_Teacher_Project. (Accessed 28 February 2018.)

Maytree Foundation. 2012. *Good Ideas from Successful Cities: Municipal Leadership on Immigrant Integration*. Toronto, Ont., Maytree Foundation.

Murray, K. E. and Marx, D. M. 2013. Attitudes toward unauthorized immigrants, authorized immigrants, and refugees. *Cultural Diversity and Ethnic Minority Psychology*, Vol. 19, No. 3, pp. 332–41.

NASUWT and Runnymede Trust. 2017. *Visible Minorities, Invisible Teachers: BME Teachers in the Education System in England*. London, NASUWT/Runnymede Trust.

O'Dowd, R. and Lewis, T. (eds). 2016. *Online Intercultural Exchange: Policy, Pedagogy, Practice*. Oxford, UK, Routledge.

OECD. 2014. *TALIS 2013 Results: An International Perspective on Teaching and Learning*. Paris, Organisation for Economic Co-Operation and Development.

___. 2017. *People on the Move*. Paris, Organisation for Economic Co-operation and Development. (Trends Shaping Education, Spotlight 11.)

Opertti, R., Scherz, H., Magni, G., Kang, H. and Abuhamdieh, S. 2018. *Migration Concepts and Themes in Education Documents*. (Background paper for *Global Education Monitoring Report 2019*.)

ORPEG. 2017. *Ośrodek Rozwoju Polskiej Edukacji za Granicą [Centre for the Development of Polish Education Abroad]*. Website. Warsaw, Ośrodek Rozwoju Polskiej Edukacji za Granicą. www.orpeg.pl/index.php/about-us. (Accessed 19 May 2018.) (In Polish.)

Oslo Council. 2018. *OXLO: Oslo Extra Large, a City for All*, Oslo Council. www.oslo.kommune.no/politikk-og-administrasjon/prosjekter/oxlo-oslo-extra-large-en-by-for-alle/#gref. (Accessed 1 March 2018.)

Palaiologu, N. and Faas, D. 2012. How 'intercultural' is education in Greece? Insights from policymakers and educators. *Compare: A Journal of Comparative and International Education*, Vol. 42, No. 4, pp. 563–84.

Pica-Smith, C. and Poynton, T. 2014. Supporting interethnic and interracial friendships among youth to reduce prejudice and racism in schools: The role of the school counselor. *Professional School Counseling*, Vol. 18, No. 1, pp. 82–89.

Poland Ministry of Education. 2017. *Edukacja polskich dzieci za granicą [Polish Children Education Abroad]*. Warsaw, Ministry of Education. https://men.gov.pl/ministerstwo/informacje/edukacja-polskich-dzieci-za-granica.html. (Accessed 19 May 2018.) (In Polish.)

PPMI. 2017. *Preparing Teachers for Diversity: The Role of Initial Teacher Education*. Luxembourg, European Commission.

Reitz, A. K., Asendorpf, J. B. and Motti-Stefanidi, F. 2015. When do immigrant adolescents feel personally discriminated against? Longitudinal effects of peer preference. *International Journal of Behavioral Development*, Vol. 39, No. 3, pp. 197–209.

RET International. 2018a. *Casa en Tierra Ajena (Cine-Foro) [House in a Foreign Land (Cinema-Forum)]*. Geneva, Switzerland, RET International. https://loquenosune.org/category/campana-en-accion/costa-rica/. (Accessed 1 March 2018.) (In Spanish.)

___. 2018b. *What Unites Us: About this Campaign*, Geneva, Switzerland, RET International. https://loquenosune.org/sobre-esta-campana/. (Accessed 1 March 2018.)

Sandoval-Hernández, A. and Miranda, D. 2018. *Exploring ICCS 2016 to Measure Progress toward Target 4.7*. (Background paper for *Global Education Monitoring Report 2019*.)

Santerini, M. 2010. *La qualità della scuola interculturale [The Quality of Intercultural Schools]*. Trento, Erickson. (In Italian.)

Schmitt, M. T., Branscombe, N. R., Postmes, T. and Garcia, A. 2014. The consequences of perceived discrimination for psychological well-being: A meta-analytic review. *Psychological Bulletin*, Vol. 140, No. 4.

Schüller, S. 2012. *The Effects of 9/11 on Attitudes toward Immigration and the Moderating Role of Education*. Bonn, Germany, Institute for the Study of Labor. (Discussion Paper 7052.)

Smith, W. C. and Persson, A. 2018. Supporting teachers for culturally and linguistically diverse pedagogy. Population Research Institute, Pennsylvania State University. (Unpublished.)

Smyth, E. 2015. *Wellbeing and School Experiences Among 9- and 13-Year-Olds: Insights from the Growing Up in Ireland Study*. Dublin, Economic and Social Research Institute.

SOM. 2012. *Mapping the Politicisation of Immigration*. Brussels, European Commission, Support and Opposition to Migration. (Policy Brief, September.)

Stark, L., Plosky, W. D., Horn, R. and Canavera, M. 2015. 'He always thinks he is nothing': The psychosocial impact of discrimination on adolescent refugees in urban Uganda. *Social Science and Medicine*, Vol. 146, pp. 173–81.

Stöhr, T. and Wichardt, P. C. 2016. *Conflicting Identities: Cosmopolitan or Anxious? Appreciating Concerns of Host Country Population Improves Attitudes Towards Immigrants*. Kiel, Germany, Kiel Institute for the World Economy. (Working Paper 2045.)

Strabac, Z., Aalberg, T. and Valenta, M. 2014. Attitudes towards Muslim immigrants: Evidence from survey experiments across four countries. *Journal of Ethnic and Migration Studies*, Vol. 40, No. 1, pp. 100–18.

Swim, J. K., Hyers, L. L., Cohen, L. L., Fitzgerald, D. C. and Bylsma, W. H. 2003. African American college students' experiences with everyday racism: Characteristics of and responses to these incidents. *Journal of Black Psychology*, Vol. 29, No. 1, pp. 38–67.

TENT. 2016. *Public Perceptions of the Refugee Crisis*. New York, TENT Foundation.

Thomé-Williams, A. C. 2016. Developing intercultural communicative competence in Portuguese through Skype and Facebook. *Intercultural Communication Studies*, Vol. 25, No. 1, pp. 213–33.

Toulouse, P. R. 2018. *Truth and Reconciliation in Canadian Schools*. Winnipeg, Portage and Main Press.

UNESCO. 2006. *UNESCO Guidelines on Intercultural Education*. Paris, UNESCO.

Van Briel, B., Darmody, M. and Kerzil, J. 2016. *Education Policies and Practices to Foster Tolerance, Respect for Diversity and Civic Responsibility in Children and Young People in the EU*. Luxembourg, European Union.

van den Berg, D., van Dijk, M. and Grootscholte, M. 2011. *Diversiteitsmonitor 2011: Cijfers en Feiten over Diversiteit in het PO, VO, MBO en op Lerarenopleidingen – Een Update van de Diversiteitmonitor 2010. [Diversity Monitor 2011: Facts and Figures*

Concerning Diversity in Primary, Secondary, Vocational and Teacher Education: An Update to the Diversity Monitor 2010]. The Hague, Sectorbestuur Onderwijsarbeidsmarkt [Education Sector Employment]. (In Dutch.)

Watanabe, T. 2010. Education for Brazilian pupils and students in Japan: Towards a multicultural symbiotic society. *Procedia: Social and Behavioral Sciences,* Vol. 7, pp. 164–70.

WEF. 2017. *Migration and Its Impact on Cities.* Geneva, Switzerland, World Economic Forum.

Weiner, M. F. 2018. Curricular alienation: multiculturalism, tolerance, and immigrants in Dutch primary school history textbooks. *Humanity and Society,* Vol. 42, No. 2, pp. 147–70.

Wells, A. S., Fox, L. and Cordova-Cobo, D. 2016. *How Racially Diverse Schools and Classrooms Can Benefit All Students.* New York, Century Foundation.

Westlake, D. 2011. *Multiculturalism Policies for Immigrant Minorities: Scores for Each Indicator from 1980, 1990, 2000, and 2010.* Kingston, Queen's University. www.queensu.ca/mcp/immigrant-minorities/results. (Accessed 15 October 2017.)

Winkler, H. 2015. *Why do Elderly People Oppose Immigration When They're Most Likely to Benefit?* Washington, DC, Brookings Institution. www.brookings.edu/blog/future-development/2015/07/22/why-do-elderly-people-oppose-immigration-when-theyre-most-likely-to-benefit.(Accessed 2 March 2018.)

WVS. 2016. *WVS Wave 6 (2010–2014) [data],* Vienna, World Values Survey. www.worldvaluessurvey.org/WVSDocumentationWV6.jsp. (Accessed 1 November 2017.)

Yohani, S. 2013. Educational cultural brokers and the school adaptation of refugee children and families: Challenges and opportunities. *International Migration and Integration,* Vol. 14, pp. 61–79.

Zakharia, Z. 2016. Bilingual education in the Middle East and North Africa. O. García et al. (eds), *Bilingual and Multilingual Education.* Cham, Switzerland, Springer, pp. 1–13.

第6章

Agunias, D. R. and Newland, K. 2012. *Developing a Road Map for Engaging Diasporas in Development: A Handbook for Policymakers and Practitioners in Home and Host Countries.* Geneva, Switzerland/Washington, International Organization for Migration/Migration Policy Institute.

Albania Government. 2010. *Strategy on Reintegration of Returned Albanian Citizens 2010–2015.* Tirana, Government of Albania.

Albania Ministry of Social Welfare and Youth. 2014. *Employment and Skills Strategy 2014–2020.* Tirana, Ministria e Punës dhe Çështjeve Sociale.

Aleksynska, M. and Tritah, A. 2013. Occupation–education mismatch of immigrant workers in Europe: Context and policies. *Economics of Education Review,* Vol. 36, pp. 229–44.

Altbach, P. G. and Knight, J. 2007. The internationalization of higher education: Motivations and realities. *Journal of Studies in International Education,* Vol. 11, No. 3–4, pp. 290–305.

Bardak, U. 2014. *Migration and Skills Development Agenda in ETF Partner Countries.* Turin, Italy, European Training Foundation.

Barjaba, K. and Barjaba, J. 2015. *Embracing Emigration: The Migration-Development Nexus in Albania.* Washington, DC, Migration Policy Institute. www.migrationpolicy.org/article/embracing-emigration-migration-development-nexus-albania. (Accessed 18 September 2018.)

Batalova, J., Fix, M. and Bachmeier, J. D. 2016. *The Costs of Brain Waste among Highly Skilled Immigrants in the United States.* Washington, DC, Migration Policy Institute/New American Economy/World Education Services.

Benabdallah, L. and Robertson, W. 2018. Xi Jinping pledged $60 billion for Africa. Where will the money go? *Washington Post,* 17 September. www.washingtonpost.com/news/monkey-cage/wp/2018/09/17/xi-jinping-pledged-60-billion-for-africa-where-will-the-money-go. (Accessed 17 September 2018.)

Bettie, M. 2015. Ambassadors unaware: the Fulbright Program and American public diplomacy. *Journal of Transatlantic Studies,* Vol. 13, No. 4, pp. 358–72.

Bhagwati, J. and Hamada, K. 1974. The brain drain, international integration of markets for professionals and unemployment: A theoretical analysis. *Journal of Development Economics,* Vol. 1, No. 1, pp. 19–42.

Bhandari, R. and Belyavina, R. 2012. Trends and directions in global student mobility. *International Higher Education,* No. 66, pp. 14–15.

Bhandari, R.,Farrugia,c. and Robles, C. 2018. *International Higher Education: Shifting Mobilities, Policy Challenges, and New Initiatives.* (Background paper for *Global Education Monitoring Report 2019.*)

Bonfati, S., Matos, A. D. d., Liebig, T. and Xenogiani, T. 2014. *Migrants' Qualifications and Skills and Their Links with Labour Market Outcomes*. Paris, Organisation for Economic Co-operation and Development.

Brenn-White, M. and van Rest, E. 2012. *English-Taught Master's Programs in Europe: New Findings on Supply and Demand*. New York, Institute of International Education.

British Council. 2014. *Exploring the Impacts of Transnational Education on Host Countries: A Pilot Study*. London, British Council.

Brücker, H., Glitz, A., Lerche, A. and Romiti, A. 2015. *Occupational Recognition and Immigrant Labor Market Outcomes*. Chicago, IL, Society of Labor Economists. (Unpublished.)

Cangiano, A. 2015. Migration policies and migrant employment outcomes. *Comparative Migration Studies*, Vol. 2, No. 4, pp. 417–43.

CARICOM. 2017. *CSME – A Journey not a Destination: CARICOM Heads*. www.caricom.org/media-center/communications/press-releases/csme-a-journey-not-a-destination-caricom-heads. (Accessed 17 September 2018.)

Castagnone, E., Nazio, T., Bartolini, L. and Schoumaker, B. 2015. Understanding transnational labour market trajectories of African-European migrants: Evidence from the MAFE survey. *International Migration Review*, Vol. 49, No. 1, pp. 200–31.

CEDEFOP. 2016. *How to Make Visible and Value Refugees' Skills and Competences*. Thessaloniki, European Centre for the Development of Vocational Training.

___. 2018. *What Is the European Skills Passport?* Thessaloniki, European Centre for the Development of Vocational Training. https://europass.cedefop.europa.eu/europass-support-centre/general-questions-europass/what-european-skills-passport. (Accessed 17 September 2018.)

Chuang, I. and Ho, A. 2016. *HarvardX and MITx: Four Years of Open Online Courses – Fall 2012–Summer 2016*. Cambridge, MA, Massachusetts Institute of Technology/Harvard University.

Council of Europe. 2018. *Chart of signatures and ratifications of Treaty 165*. Strasbourg, France, Council of Europe. www.coe.int/en/web/conventions/full-list/-/conventions/treaty/165/signatures. (Accessed 17 September 2018.)

Desiderio, M. V. and Hooper, K. 2015. *Improving Migrants' Labour Market Integration in Europe from the Outset: a Cooperative Approach to Predeparture Measures*. Brussels, Migration Policy Institute/Migration Policy Centre/INTERACT.

Dessoff, A. 2012. Asia's burgeoning higher education hubs. *International Educator*, Vol. 21, No. 4, p. 16.

Deuster, C. and Docquier, F. 2018. *International Migration and Human Capital Inequality: A Dyadic Approach*. (Background paper for *Global Education Monitoring Report 2019*.)

European Commission. 2017. *Integration: New Skills Profile Tool to Help Non-EU Nationals Enter the Labour Market*. Brussels, European Commission.

___. 2018. *Intra-Africa: Supporting Academic Mobility in Africa*. Brussels, European Commission, Education, Audiovisual and Culture Executive Agency. https://eacea.ec.europa.eu/intra-africa. (Accessed 17 September 2018.)

European Commission, Eurostudent and Eurydice. 2018. *The European Higher Education Area in 2018: Bologna Process Implementation Report*. Luxembourg: Publications Office of the European Union.

Eurostat. 2014. *Obstacles to Getting a Suitable Job by Migration Status, Labour Status and Educational Attainment Level*. Luxembourg, Eurostat.

___. 2016. *Key Figures on Europe: 2016 Edition*. Luxembourg, Publications Office of the European Union.

Farrugia, C. 2014. *Charting New Pathways to Higher Education: International Secondary Students in the United States*. New York, Center for Academic Mobility Research/Institute of International Education.

___. 2017. *Globally Mobile Youth: Trends in International Secondary Students in the United States, 2013–2016*. New York, Institute of International Education.

Farrugia, C. and Bhandari, R. 2016. *Open Doors 2015: Report on International Educational Exchange*. New York, Institute of International Education.

Farrugia, C. and Mahmoud, O. 2016. *Beyond Borders: Measuring Academic Mobility between the United States and Mexico*. New York, Institute of International Education Center for Academic Mobility Research and Impact.

Gëdeshi, I. and Xhaferaj, E. 2016. *Social and Economic Profile of the Return Migrants in Albania*. Tirana, International Organization for Migration.

GFMD. 2013. *Enhancing the Development Impacts of Labour Migration and Circular Mobility through More Systematic Labour Market and Skills Matching*. Geneva, Switzerland, Global Forum on Migration and Development.

Girard, M. and Smith, M. 2012. Working in a regulated occupation in Canada: an immigrant–native born comparison. *Journal of International Migration and Integration*, Vol. 14, No. 2, pp. 219–244.

Global Affairs Canada. 2017. *Economic Impact of International Education in Canada: 2017 Update.* Ottawa, Global Affairs Canada. www.international.gc.ca/education/assets/pdfs/Economic_Impact_International_Education_in_Canada_2017.pdf. (Accessed 15 September 2018.)

Hanson, G. H. and Slaughter, M. J. 2016. *High-Skilled Immigration and the Rise of STEM Occupations in U.S. Employment.* Washington, DC, National Bureau of Economic Research.

Hausmann, R. and Nedelkoska, L. 2017. *Welcome Home in a Crisis: Effects of Return Migration on the Non-migrants' Wages and Employment.* Cambridge, MA, Harvard University. (HKS Working Paper RWP17-015.)

Hawthorne, L. 2013. *Recognizing Foreign Qualifications.* Washington, DC, Migration Policy Institute.

Hazelkorn, E. 2015. *Rankings and the Reshaping of Higher Education: the battle for World-Class Excellence.* Basingstoke, UK, Palgrave Macmillan.

HEGlobal. 2016. *The Scale and Scope of UK Higher Education Transnational Education.* Birmingham, UK, Higher Education International Unit.

IAU. 2008. *Affirming Academic Values in Internationalization of Higher Education: A Call for Action.* Paris, International Association of Universities.

ICEF Monitor. 2017. What rankings are most important to students? 6 September. http://monitor.icef.com/2017/09/what-rankings-are-most-important-to-students. (Accessed 21 September 2018.)

___. 2018. South Korea: record growth in international student enrolment. 21 February. http://monitor.icef.com/2018/02/south-korea-record-growth-international-student-enrolment. (Accessed 17 September 2018.)

IEduChina. 2016. *IEduChina: About us.* Shenzen, China, IEduChin, Shenzhen Huliangangwan Net Technology. www.ieduchina.com/service/aboutus_en.html. (Accessed 17 September 2018.)

IIE. 2015. *What International Students Think about U.S. Higher Education: Attitudes and Perceptions of Prospective Students from Around the World.* New York, Institute of International Education.

ILO. 2010. *Guidelines for Recognizing the Skills of Returning Migrant Workers.* Bangkok, International Labour Organization.

IOM. 2013. *Recognition of Qualifications and Competences of Migrants.* Brussels, International Organization for Migration.

IOM and INSTAT. 2013. *Return Migration and Reintegration in Albania 2013.* International Organization for Migration/Republic of Albania Institute of Statistics.

Kago, C. and Masinde, W. 2017. Free movement of workers. Ugirashebuja, E., Ruhangisa, J. E., Ottervanger, T. and Cuyvers, A. (eds), *East African Community Law: Institutional, Substantive and Comparative EU Aspects.* Leiden, Netherlands, Brill.

Karugaba, M. 2009. *Doctors to Be Bonded.* Kampala, New Vision. www.newvision.co.ug/new_vision/news/1245025/doctors-bonded. (Accessed 17 September 2018.)

Kennedy, K. 2017. Germany surpasses international student target three years early. *The PIE News*, 30 November. https://thepienews.com/news/germany-surpasses-international-student-target-three-years-early. (Accessed 21 September 2018.)

Kerr, S. P., Kerr, W., Özden, Ç. and Parsons, C. 2016. Global talent flows. *Journal of Economic Perspectives*, Vol. 30, No. 4, pp. 83–106.

Knight, J. 2012. Student mobility and internationalization: trends and tribulations. *Research in Comparative and International Education*, Vol. 7, No. 1, pp. 20–33.

___. 2016. Transnational education remodeled: toward a common TNE framework and definitions. *Journal of Studies in International Education*, Vol. 20, No. 1, pp. 34–47.

Kottasova, I. 2016. Saudi Arabia cuts funding for students abroad. *CNN Money*, 9 February. https://money.cnn.com/2016/02/09/news/saudi-arabia-students-overseas. (Accessed 18 September 2018.)

Kovacheva, V. and Grewe, M. 2015. *Migrant Workers in the German Healthcare Sector.* Hamburg, Germany, Hamburg Institute of International Economics.

Kuroda, K., Sugimura, M., Kitamura, Y. and Asada, S. 2018. *Internationalization of Higher Education and Student Mobility in Japan and Asia.* (Background paper for *Global Education Monitoring Report 2019*.)

Ligami, C. 2017. Heads of state declare common higher education area. *University World News*, 19 May. www.universityworldnews.com/article.php?story=20170519145012846. (Accessed 18 September 2018.)

Lodigiani, R. and Sarli, A. 2017. Migrants' competence recognition systems: controversial links between social inclusion aims and unexpected discrimination effects. *European Journal for Research on the Education and Learning of Adults*, Vol. 8, No. 1, pp. 127–44.

Maslen, G. 2018. Foreign students' economic contribution soars by 22%. *University World News*, 10 April. www.universityworldnews.com/article.php?story=20180410110537639. (Accessed 18 September 2018.)

McManus, C. and Nobre, C. A. 2017. Brazilian scientific mobility program: science without borders – preliminary results and perspectives. *Anais da Academia Brasileira de Ciências*, Vol. 89, No. 1, pp. 773–86.

Mori, R. 2018. *Higher Education Possibilities for and Constraints on International Students in Japan*. (Background paper for *Global Education Monitoring Report 2019*.)

Nafie, R. 2017. What Germany is doing right to edge past the competition. The PIE News, 7 April. https://thepienews.com/analysis/germany-edge-past-competition-international-students. (Accessed 18 September 2018.)

Nikolovska, M. 2010. *Education and Business: Albania*. Turin, European Training Foundation.

NOKUT. 2017. *NOKUT's Qualifications Passport for Refugees*. Oslo, Norwegian Agency for Quality Assurance in Education. www.nokut.no/en/nyheter-2016/NOKUTs-Qualifications-Passport-for-Refugees. (Accessed 15 March 2018.)

NSF. 2018. 2016. *Doctorate Recipients from U.S. Universities*. Alexandria, VA, National Science Foundation.

OECD. 2014. *International Migration Outlook 2014*. Paris, Organisation for Economic Co-operation and Development.

___. 2017. *International Migration Outlook 2017*. Paris, Organisation for Economic Co-operation and Development.

OECD/European Union. 2015. *Indicators of Immigrant Integration 2015: Settling In*. Paris, Organisation for Economic Co-operation and Development/European Union.

Owen, T. and Lowe, S. J. 2008. *Labour Market Integration of Skilled Immigrants: Good Practices for the Recognition of International Credentials*. Paris, UNICEF.

Piracha, M. and Vadean, F. 2010. Return migration and occupational choice: evidence from Albania. *World Development*, Vol. 38, No. 8, pp. 1141–55.

Project Atlas. 2016. *Infographics and Data*. New York, Institute of International Education. www.iie.org/Research-and-Insights/Project-Atlas/Explore-Data. (Accessed 15 April 2018.)

___. 2017. *Infographics and Data*. New York, Institute of International Education. www.iie.org/Research-and-Insights/Project-Atlas/Explore-Data. (Accessed 15 April 2018.)

Rauhvargers, A. 2004. Improving the recognition of qualifications in the framework of the Bologna process. *European Journal of Education*, Vol. 39, No. 3, pp. 331–47.

Redden, E. 2016. A big world out there. *Inside Higher Ed*, 24 February. www.insidehighered.com/news/2016/02/24/researchers-survey-landscape-internationalization-higher-education. (Accessed 15 September 2018.)

Republic of Moldova Government. 2017. *Moldovan national framework of qualifications to upgrade*. Kishinev, Government of Republic of Moldova. https://gov.md/en/content/moldovan-national-framework-qualifications-upgrade. (Accessed 21 September 2018.)

Rietig, V. 2016. *Moving Beyond Crisis: Germany's New Approaches to Integrating Refugees into the Labour Market*. Washington, DC, Migration Policy Institute.

Rumbley, L. E. and de Wit, H. 2017. International faculty mobility: crucial and understudied. *International Higher Education*, No. 88, pp. 6–8.

Sawahl, W. 2009. Algeria: study abroad cuts to tackle brain drain. *University World News*, 3 May. www.universityworldnews.com/article.php?story=20090430201022419. (Accessed 18 September 2018.)

Shah, D. 2018. *By the Numbers: MOOCS in 2017*. Class Central. www.class-central.com/report/mooc-stats-2017. (Accessed 18 September 2018.)

Sharma, Y. 2017. Talent drive looks to bring in international students. *University World News*, 16 March. www.universityworldnews.com/article.php?story=20170316161911243. (Accessed 18 September 2018.)

Souto-Otero, M. and Villalba-Garcia, E. 2015. Migration and validation of non-formal and informal learning in Europe: inclusion, exclusion or polarisation in the recognition of skills? *International Review of Education*, Vol. 61, No. 5, pp. 585–607.

Sumption, M., Papademetriou, D. G. and Flamm, S. 2013. *Skilled Immigrants in the Global Economy: Prospects for International Cooperation on Recognition of Foreign Qualifications*. Washington, DC, Migration Policy Institute.

Teichler, U., Ferencz, I. and Wächter, B. 2011. *Mapping Mobility in European Higher Education. Vols I and II*. Brussels, European Commission, Directorate General for Education and Culture.

UNDESA. 2015. *Trends in International Migrant Stock: Migrants by Destination and Origin (Table 16)*. New York, United Nations Department of Economic and Social Affairs, Population Division. www.un.org/en/development/desa/population/migration/data/estimates2/estimates15.shtml. (Accessed 18 September 2018.)

___. 2017. *Total population (both sexes combined) by region, subregion and country, annually for 1950–2100 (thousands)*. United Nations Department of Economic and Social Affairs, Population Division. https://population.un.org/wpp/DVD/Files/1_Indicators%20(Standard)/EXCEL_FILES/1_Population/WPP2017_POP_F01_1_TOTAL_POPULATION_BOTH_SEXES.xlsx. (Accessed 18 September 2018.)

UNESCO. 2015. *Draft Preliminary Report Concerning the Preparation of a Global Convention on the Recognition of Higher Education Qualifications.* Paris, UNESCO.

___. 2017a. *Global Education Monitoring Report 2017/8: Accountability in Education – Meeting Our Commitments.* Paris, UNESCO.

___. 2017b. *Progress Report on the Preparation of the Draft Global Convention on the Recognition of Higher Education Qualifications.* Paris, UNESCO.

UNESCO IESALC. 2018. Declaration, Third Regional Conference on Higher Education for Latin America and the Caribbean. Córdoba, Argentina, 11–15 June.

United Nations. 2018. *Global Compact for Safe, Orderly and Regular Migration.* New York, United Nations.

Universities UK. 2017. *International Students Now Worth £25 billion to UK Economy: New Research.* London, Universities UK. www.universitiesuk.ac.uk/news/Pages/International-students-now-worth-25-billion-to-UK-economy---new-research.aspx. (Accessed 18 September 2018.)

Van Bouwel, L. and Veugelers, R. 2009. *Does University Quality Drive International Student Flows?* Leuven, Catholic University of Leuven, Faculty of Business and Economics.

___. 2013. The determinants of student mobility in Europe: the quality dimension. *European Journal of Higher Education*, Vol. 3, No. 2, pp. 172–90.

Vathi, Z. and Zajmi, I. 2017. *Children and Migration in Albania: Latest Trends and Protection Measures Available.* Tirana, Terre des hommes.

Walcutt, L. 2016. The scholarship struggle Saudi Arabian students are facing. *Forbes*, 28 September. www.forbes.com/sites/leifwalcutt/2016/09/28/the-scholarship-struggle-saudi-arabian-students-are-facing. (Accessed 18 September 2018.)

Waruru, M. 2017. Hurdles ahead for East Africa's Common Higher Education Area. *The Pie News*, 18 July. https://thepienews.com/news/hurdles-ahead-east-african-community-common-higher-education-area/. (Accessed 18 September 2018.)

Woldegiorgis, E. T. and Knight, J. 2017. *Achieving African higher education regionalization.* Knight, J. and Woldegiorgis, E. T. (eds), *Regionalization of African Higher Education.* Rotterdam, Springer, pp. 209–20.

World Bank. 2009. *The Nurse Labor & Education Markets in the English-speaking CARICOM: Issues and Options for Reform.* Washington, DC, World Bank.

___. 2010. *Financing Higher Education in Africa.* Washington, DC, World Bank. (Africa Regional Educational Publications.)

监测部分

第7章

Arp-Nisen, J. D. and Massey, D. S. 2006. *Latin American Migration Project.* Princeton, NJ, https://lamp.opr.princeton.edu/. (Accessed 18 September 2018.)

Beauchemin, C. 2012. *Migrations between Africa and Europe: Rationale for a survey design.* Paris, French Institute for Demographic Studies.

Buber-Ennser, I., Kohlenberger, J., Rengs, B., Al Zalak, Z., Goujon, A., Striessnig, E., Potančoková, M., Gisser, R., Testa, M. R. and Lutz, W. 2016. Human capital, values, and attitudes of persons seeking refuge in Austria in 2015. *PLOS ONE*, Vol. 11, No. 9.

Carletto, G. 2018. *Scaling up the Collection of Microdata on Migrants, Refugees and IDPs.* Washington, DC, World Bank, Development Data Group.

DIW. 2017. *IAB-BAMF-SOEP Survey of Refugees in Germany.* Berlin, Deutsches Institut für Wirtschaftsforschung [German Institute for Economic Research]. www.diw.de/de/diw_02.c.244287.de/ueber_uns/menschen_am_diw_berlin/mitarbeiter/innen.html?id=diw_01.c.538695.en. (Accessed 18 September 2018.) (In German.)

Englund, G. 2018. *Estimating the Number of Forcibly Displaced School-Age Children not Accessing Education.* (Background Paper for *Global Education Monitoring Report 2019.*)

Freier, L. F. and Parent, N. 2018. *A South American Migration Crisis: Venezuelan Outflows Test Neighbors' Hospitality.* Washington, DC, Migration Policy Institute. www.migrationpolicy.org/article/south-american-migration-crisis-venezuelan-outflows-test-neighbors-hospitality. (Accessed 15 September 2018.)

IAEG-SDGs. 2017. *Tier Classification for Global SDG Indicators*. New York, Inter-agency and Expert Group on SDG Indicators, United Nations Statistical Commission.

LIfBI. 2016. *Das Projekt: ReGES – Refugees in the German Educational System*. Bamberg, Germany, Leibniz Institute for Educational Trajectories. (In German.)

Mexican Migration Project. 2018. *Database version 161*. Princeton, NJ/Guadalajara, Mexico, Princeton University/ University of Guadalajara. http://mmp.opr.princeton.edu. (Accessed 15 September 2018.)

OECD and GEMR. 2018. *Learning from Data*. Paris, Organisation for Economic Co-operation and Development/ Global Education Monitoring Report.

ReliefWeb. 2018. *UNHCR and IOM chiefs call for more support as the outflow of Venezuelans rises across the region*. Geneva, Switzerland, International Organization for Migration. https://reliefweb.int/report/venezuela-bolivarian-republic/ unhcr-and-iom-chiefs-call-more-support-outflow-venezuelans. (Accessed 15 September 2018.)

Richardson, D. and Ali, N. 2014. *An Evaluation of International Surveys of Children*. Paris, Organisation for Economic Cooperation and Development.

SERISS. 2018. *Survey Codings*. Synergies for Europe's Research Infrastructures in the Social Sciences. www.surveycodings.org. (Accessed 15 September 2018.)

UIS. 2001. *Education for All Indicators Expert Group Meeting: Report on the Meeting and Proposals for the Future Development of EFA Indicators*. Montreal, Que., UNESCO Institute for Statistics.

UN Statistical Commission. 2018. *International Recommendations on Refugees Statistics*. New York, United Nations, Statistical Commission, Expert Group on Refugee and Internally Displaced Persons Statistics.

UNHCR. 2018. *Global Trends: Forced Displacement in 2017*. Geneva, Switzerland, United Nations High Commissioner for Refugees.

UNICEF, IOM, UNHCR, Eurostat and OECD. 2018. *A Call to Action*. New York, UNICEF.

United Nations. 2015. *Transforming our World: the 2030 Agenda for Sustainable Development*. New York, United Nations.

World Bank. 2018a. *Asylum Seekers in the European Union*. Washington, DC, World Bank.

___. 2018b. *Central Microdata Catalogue*. Washington, DC, World Bank. http://microdata.worldbank.org/index.php/catalog/ central (Accessed 17 September 2018.)

第8章

Administrative Tribunal of Lille. 2016. *Ordonnance du 6 septembre 2016 [Ordinance of 6 September 2016]*. Lille, France, Tribunal administratif. (No. 1606500.) (In French.)

Administrative Tribunal of Versailles. 2016. *Ordonnance du 19 octobre 2006 [Ordinance of 19 October 2006]*. Versailles, France, Tribunal administratif. (No. 1306559.) (In French.)

Alexander, M. and Alkema, L. 2018. Global estimation of neonatal mortality using a Bayesian hierarchical splines regression model. *Demographic Research*, Vol. 38, pp. 335–72.

Alkema, L., Chou, D., Hogan, D., Zhang, S., Moller, A.-B., Gemmill, A., Fat, D. M., Boerma, T., Temmerman, M., Mathers, C. and Say, L. 2016. Global, regional, and national levels and trends in maternal mortality between 1990 and 2015, with scenario-based projections to 2030: a systematic analysis by the UN Maternal Mortality Estimation Inter-Agency Group. *The Lancet*, Vol. 387, No. 10017, pp. 462–74.

Alkema, L. and New, J. R. 2012. Progress toward global reduction in under-five mortality: a bootstrap analysis of uncertainty in Millennium Development Goal 4 estimates. *PLOS Medicine*, Vol. 9, No. 12.

ASER. 2018. *Annual Status of Education Report 2017: 'Beyond Basics' (Rural)*. New Delhi, Pratham Education Foundation.

CBS and UNICEF. 2018. *Democratic People's Republic of Korea: Multiple Indicator Cluster Survey*. Pyongyang, Central Bureau of Statistics of the DPR Korea/UNICEF.

CESCR. 1999. *Implementation of the International Covenant on Economic, Social and Cultural Rights: General Comment No. 13*. New York, United Nations Economic and Social Council, Committee on Economic, Social and Cultural Rights.

___. 2009. *Non-discrimination in Economic, Social and Cultural Rights: General Comment No. 20*. New York, United Nations Economic and Social Council, Committee on Economic, Social and Cultural Rights.

___. 2017. *Concluding Observations on the Sixth Periodic Report of the Netherlands*. New York, United Nations Economic and Social Council, Committee on Economic, Social and Cultural Rights.

CMW. 2013. *General Comment No. 2 on the Rights of Migrant Workers in an Irregular Situation and Members of their Families*. New York, United Nations, Office of the High Commissioner for Human Rights, Committee on Migrant Workers.

CMW and CRC. 2017. *Joint General Comment No. 4 (2017) of the Committee on the Protection of the Rights of all Migrant Workers and Member of their Families and No. 23 (2017) of the Committee on the Rights of the Child on State Obligations Regarding the Human Rights of Children in the Context of International Migration in Countries of Origin, Transit, Destination, and Return.* New York, United Nations, Office of the High Commissioner for Human Rights, Committee on Migrant Workers and Committee on the Rights of the Child.

Cortes, R. 2017. *Human Rights of Migrants and Their Families in Argentina as Evidence for Development of Human Rights Indicators: a Case Study.* Global Knowledge Partnership on Migration and Development. Washington, DC, World Bank.

Delvino, N. and Spencer, S. 2014. *Irregular Migrants in Italy: Law and Policy on Entitlements to Services.* Oxford, UK, University of Oxford.

Equal Rights Trust. 2017. *Learning InEquality: Using Equality Law to Tackle Barriers to Primary Education for Out-of-School Children.* London, Equal Rights Trust.

FIDH. 2016. *Women and Children from Kyrgyzstan Affected by Migration: An Exacerbated Vulnerability.* Paris, International Federation for Human Rights.

France Human Rights Defender. 2017. *Décision 2017-023 du 30 janvier 2017 relative au refus d'inscription en classe de maternelle d'un enfant, constitutif d'une discrimination fondée sur la résidence et l'origine [Decision … on the refusal to enroll a child in kindergarten, which constitutes discrimination based on residence and origin].* Paris, Défenseur des droits. (In French.)

IEA. 2017. *PIRLS 2016 International Results in Reading.* Boston, TIMSS & PIRLS International Study Center. https://timssandpirls.bc.edu/pirls2016/index-pirls.html. (Accessed 15 September 2018.)

___. 2018. *IEA's Rosetta Stone: Measuring Global Progress Toward the UN Sustainable Development Goal for Quality Education by Linking Regional Assessment Results to TIMSS and PIRLS International Benchmarks of Achievement.* Amsterdam, International Association for the Evaluation of Educational Achievement.

IEA and UNESCO. 2017. *Measuring SDG 4: How PIRLS Can Help?* Amsterdam/Paris, IEA/UNESCO.

Italy Council of State. 2014. *Council Judgement of 27 February.* Rome, Consiglio di Stato. (No. 1734.)

Leech, G. 2017. *Migrant children turned away from schools in Russia.* New York, Human Rights Watch. www.hrw.org/news/2017/02/09/migrant-children-turned-away-schools-russia. (Accessed 1 May 2018.)

PAL Network. 2018. *ASER Afghanistan joins the Citizen Led Assessment folds.* Nairobi, PAL Network http://palnetwork.org/aser-afghanistan-joins-the-citizen-led-assessment-folds. (Accessed September 2018.)

Ramanujan, P. and Deshpande, A. 2018. *A Study of Access, Transition and Learning in Secondary Schools.* New Delhi, ASER Centre.

RTE Project. 2017. *Accountability from a Human Rights Perspective: the Incorporation and Enforcement of the Right to Education in the Domestic Legal Order.* (Background paper for *Global Education Monitoring Report 2017/8.*)

RTEI. 2018. *The Status of the Right to Education of Migrants: International Legal Framework, Remaining Barriers at National Level and Good Examples of States' Implementation.* (Background paper for *Global Education Monitoring Report 2019.*)

Spencer, S. and Hughes, V. 2015. *Outside and In: Legal Entitlements to Health Care and Education for Migrants with Irregular Status in Europe.* Oxford, UK, Centre on Migration Policy and Society.

Spreen, C. A. and Vally, S. 2012. Monitoring the right to education for refugees, migrants and asylum seekers. *Southern African Review of Education,* Vol. 18, No. 2, pp. 71–89.

Statistics Sierra Leone. 2018. *Sierra Leone Multiple Indicator Cluster Survey 2017: Survey Findings Report.* Freetown, Statistics Sierra Leone.

UIS. 2017a. *Counting the Number of Children Not Learning: Methodology for a Global Composite Indicator for Education.* Montreal, Que., UNESCO Institute for Statistics.

___. 2017b. *More than One-Half of Children and Adolescents Are Not Learning Worldwide.* Montreal, Que., UNESCO Institute for Statistics.

___. 2018. *SDG 4 Data Digest 2018.* Montreal, Que., UNESCO Institute for Statistics.

UN General Assembly. 1951. *Convention Relating to the Status of Refugees.* New York, United Nations.

___. 1954. *Convention Relating to the Status of Stateless Persons.* New York, United Nations.

UNESCO. 2016. *Global Education Monitoring Report 2016: Education for People and Planet – Creating Sustainable Futures for All.* Paris, UNESCO.

___. 2018. *Combining School Completion Rate Estimates from Multiple Sources: the Adjusted Bayesian Completion Rates (ABC) Model.* Paris, UNESCO.

UNICEF. 2017. *Collecting Data on Foundational Learning Skills & Parental Involvement in Education.* New York, UNICEF. (Methodological Paper 5.)

第9章

Adams, L. and Denboba, A. 2017. *Iraq Early Childhood Development.* Washington, DC, World Bank. (SABER Country Reports 2014.)

Anderson, K., Raikes, A., Kosaraju, S. and Solano, A. 2017. *National Early Childhood Care and Education Quality Monitoring Systems.* New York, Center for Universal Education/Brookings Institution/UNICEF.

Bertram, T. and Pascal, C. 2016. *Early Childhood Policies and Systems in Eight Countries: Findings from IEA's Early Childhood Education Study.* Hamburg, Germany, International Association for the Evaluation of Educational Achievement.

Bouchane, K., Yoshikawa, H., Murphy, K. M. and Lombardi, J. 2018. *Early Childhood Development and Early Learning for Children in Crisis and Conflict.* (Background paper for *Global Education Monitoring Report 2019.*)

Britto, P. R., Lye, S. J., Proulx, K., Yousafzai, A. K., Matthews, S. G., Vaivada, T., Perez-Escamilla, R., Rao, N., Ip, P., Fernald, L. C. H., MacMillan, H., Hanson, M., Wachs, T. D., Yao, H., Yoshikawa, H., Cerezo, A., Leckman, J. F. and Bhutta, Z. A. 2017. Nurturing care: promoting early childhood development. *The Lancet,* Vol. 389, No. 10064, pp. 91–102.

Center on the Developing Child. 2007. *The Science of Early Childhood Development.* Cambridge, MA, Harvard University, Center on the Developing Child. (Accessed 19 September 2018.)

Children on the Edge. 2015. *Far from the Beaten Track: Reaching Displaced Children in the Outlying Mountains of Kachin State, Myanmar.* Chichester, UK, Children on the Edge. www.childrenontheedge.org/latest-stories/-far-from-the-beaten-track-reaching-displaced-children-in-the-outlying-mountains-of-kachin-state-burma. (Accessed 16 August 2018.)

Consultative Group on Early Childhood Care and Development. 2016. *Global Report on Equity and Early Childhood.* Leiden, Netherlands, International Step by Step Association.

Dallain, S.-C. and Scott, K.-J. 2017. *Little Ripples: Refugee-Led Early Childhood Education.* New Delhi, Institute for Advanced Computer Technology.

IAEG-SDGs. 2018. *Work Plan for Tier III SDG Global Indicators: Goal 4 – Target Number 4.2.* New York, Inter-agency and Expert Group on SDG Indicators, United Nations Statistical Commission.

International Rescue Committee. 2016. *Bekaa and Akkra.* London, Save the Children International/IDELA Network.

___. 2017. *Impact of War on Syrian Children's Learning: Testing Shows Gaps in Literacy and Math Skills.* New York, International Rescue Committee.

MacArthur Foundation. 2017. *Sesame Workshop & International Rescue Committee Awarded $100 Million for Early Childhood Education of Syrian Refugees.* Chicago, IL, MacArthur Foundation. www.macfound.org/press/press-releases/sesame-workshop-and-international-rescue-committee-awarded-100-million-early-childhood-education-syrian-refugees. (Accessed 16 August 2018.)

Ministry of Women and Child Development. 2013. *National Early Childhood Care and Education Policy (ECCE) Policy.* New Delhi, Ministry of Women and Child Development.

National Research Council of the National Academies. 2008. *Early Childhood Assessment.* Washington, DC, National Academies Press.

OECD. 2018. *Early Learning Matters.* Paris, Organisation for Economic Co-operation and Development.

Park, M., Katsiaficas, C. and McHugh, M. 2018. *Responding to the ECEC Needs of Children of Refugees and Asylum Seekers in Europe and North America.* Washington, DC, Migration Policy Institute.

Paul, S. 2017. Quality standards for early childhood services: examples from South and South East Asia. *Early Childhood Matters,* Vol. 2017, pp. 70–73.

Raikes, A. 2017. Measuring child development and learning. *European Journal of Education,* Vol. 52, No. 4, pp. 511–22.

South Africa Department of Basic Education. 2015. *The South African National Curriculum Framework for Children from Birth to Four.* Pretoria, Department of Basic Education.

Steinberg, R. 2018. *Bringing Hope to Children in Kenya's Kalobeyei Refugee Settlement.* New York, UNICEF.

The Early Childhood Commission. 2018. *Report for the 2017 Economic and Social Survey of Jamaica: 'Social Development, Social Protection and Culture'.* Kingston, The Early Childhood Commission.

The Lancet. 2016. Advancing early childhood development: from science to scale. 4 October.

Uganda Ministry of Education and Sports. 2018. *Education Response Plan for Refugees and Host Communities in Uganda.* Kampala, Ministry of Education and Sports.

UIS. 2018. *SDG 4 Data Digest 2018.* Montreal, Que., UNESCO Institute for Statistics.

UNHCR. 2018a. *Population Statistics.* Geneva, Switzerland, United Nations High Commissioner for Refugees.

___. 2018b. *Uganda: July 2018.* Geneva, Switzerland, United Nations High Commissioner for Refugees.

___. 2018c. *Uganda Country Refugee Response Plan: the integrated Response Plan for Refugees from South Sudan, Burundi and the Democratic Republic of the Congo.* Nairobi, United Nations High Commissioner for Refugees.

UNICEF. 2012. *School Readiness.* New York, UNICEF.

___. 2017. *Development of the Early Childgood Development index in MICS Surveys.* New York, UNICEF. (MICS Methodological Paper.)

___. 2018. *Early Childhood Development.* New York, UNICEF.

United Nations. 2016. *New York Declaration for Refugees and Migrants.* New York, United Nations.

___. 2018. *Secretary-General's Remarks at Education Above All Event.* New York, United Nations Secretary-General. www.un.org/sg/en/content/sg/statement/2018-04-27/secretary-generals-remarks-education-above-all-event-prepared. (Accessed 19 September 2018.)

Verdisco, A., Cueto, S., Thompson, J. and Neuschmidt, O. 2015. *Urgency and Possibility: First Initiative of Comparative Data on Child Development in Latin America.* Washington, DC, Inter-American Development Bank.

World Bank. 2013a. *Bulgaria. SABER Country Report.* Washington, DC, World Bank.

___. 2013b. *What Matters Most for Early Childhood Development?* Washington, DC, World Bank.

___. 2015. *Former Yugoslav Republic of Macedonia Early Childhood Development.* Washington, DC, World Bank. (SABER Country Reports 2015.)

WHO, UNICEF and World Bank Group. 2018. *Nurturing Care for Early Childhood Development: a Framework for Helping Children Survive and Thrive to Transform Health and Human Potential.* Geneva, Switzerland/New York/Washington, DC, World Health Organization/UNICEF /World Bank.

Wortham, S. C. 2012. *Assessment in Early Childhood Education,* 6th ed. London, Pearson.

第10章

Al-Hawamdeh, A. and El-Ghali, H. A. 2017. *Higher Education and Syrian Refugee Students: the Case of Jordan.* Beirut, UNESCO Regional Bureau for Education in the Arab States/United Nations High Commissioner for Refugees.

Amer, M. 2018. *Youth and Adult Participation in Formal and Non-formal Education and Training in Egypt, Jordan and Tunisia.* (Background paper for *Global Education Monitoring Report 2019.*)

Andersson, P. and Fejes, A. 2010. Mobility of knowledge as a recognition challenge: experiences from Sweden. *International Journal of Lifelong Education,* Vol. 29, No. 2, pp. 201–18.

Better Work Jordan. 2016a. *Better Work Jordan: Influence and Action.* Amman, Better Work Jordan. https://betterwork.org/blog/2016/12/15/better-work-jordan-influence-and-action. (Accessed 16 August 2018.)

___. 2016b. *UNHCR Work Permit Pilot Project to Support Syrian Refugee Employment in Jordan's Apparel Industry.* Amman, Better Work Jordan. https://betterwork.org/jordan/wp-content/uploads/UNHCR-4.pdf. (Accessed 16 August 2018.)

CEDEFOP. 2011. *Employment-Related Mobility and Migration, and Vocational Education and Training.* Luxembourg, European Center for the Development of Vocational Training.

Charpin, A. and Aiolfi, L. 2011. *Evaluation of the Concrete Results Obtained through Projects Financed under AENEAS and Thematic Programme for Migration and Asylum.* Brussels, IBF International Consulting.

Clement, U. 2014. *Improving the Image of Technical and Vocational Education and Training.* Bonn, Germany, Federal Ministry for Economic Co-operation and Development.

Council of Europe. 2018. *European Qualifications Passport for Refugees.* Strasbourg, France, Council of Europe. www.coe.int/en/web/education/recognition-of-refugees-qualifications. (Accessed 17 September 2018.)

de la Rama, S. 2018. *Recognition of Prior Learning for Migrant Workers: the Philippine Experience.* Paper for UNESCO-UNEVOC TVET Learning Forum. Bonn, Germany, 24–25 May.

Desiderio, M. V. 2016. *Integrating Refugees into Host Country Labor Markets: Challenges and Policy Options.* Washington, DC, Migration Policy Institute.

Dryden-Peterson, S. and Giles, W. 2010. Introduction: higher education for refugees. *Refuge,* Vol. 27, No. 2, pp. 3–10.

ERN+. 2017. *Student Scholarships for Refugees: Expanding Complementary Pathways of Admission to Europe.* Geneva, Switzerland, European Resettlement Network.

ETF. 2014. *Migration and Skills Development Agenda in ETF Partner Countries: ETF Position Paper.* Turin, Italy, European Training Foundation.

___. 2015. *Migrant Support Measures from an Employment and Skills Perspective (MISMES): Global Inventory with a Focus on Countries of Origin.* Turin, Italy, European Training Foundation.

___. 2017a. *Migrant Support Measures from an Employment and Skills Perspective (MISMES): Jordan*. Turin, Italy, European Training Foundation.

___. 2017b. *Migrant Support Measures from an Employment and Skills Perspective (MISMES): Lebanon*. Turin, Italy, European Training Foundation.

European Commission. 2016. *EU Regional Trust Fund in Response to the Syrian Crisis: Action Document for Vocational Education and Training & Higher Education Programme for Vulnerable Syrian Youth*. Brussels, European Commission.

European Employment Policy Observatory. 2016. *Challenges in the Labour Market Integration of Asylum Seekers and Refugees*. Luxembourg, European Employment Policy Observatory.

Eurostat. 2017. *Adult Learning Statistics*. Luxembourg, Eurostat. https://ec.europa.eu/eurostat/statistics-explained/index.php/Adult_learning_statistics. (Accessed 17 September 2018.)

___. 2018. *Participation Rate in Education and Training (Last 4 Weeks) by Sex and Age*. Luxembourg, Eurostat. http://appsso.eurostat.ec.europa.eu/nui/show.do?dataset=trng_lfs_01&lang=en. (Accessed 17 September 2018.)

Ferede, M. K. 2018. *Higher Education for Refugees*. (Background paper for *Global Education Monitoring Report 2019*.)

Ferreyra, M. M., Avitabile, C., Álvarez, J. B. and Paz, F. H. 2017. *At a Crossroads: Higher Education in Latin America and the Caribbean*. Washington DC, World Bank.

Germany Federal Ministry of Education and Research. 2017a. *Report on the Recognition Act 2017*. Berlin, Federal Ministry of Education and Research.

___. 2017b. *Report on Vocational Education and Training 2017*. Berlin, Federal Ministry of Education and Research.

ILO. 2018. *ILO, UNHCR Strengthen Partnership to Promote Employment for Refugees and Jordanian Host Communities in Jordan*. Geneva, Switzerland, International Labour Organization. www.ilo.org/pardev/news/WCMS_634696/lang--en/index.htm. (Accessed 16 August 2018.)

Johnstone, D. B. and Marcucci, P. N. 2010. *Financing Higher Education Worldwide: Who Pays? Who Should Pay?* Baltimore, MD, Johns Hopkins University Press.

Karasapan, O. 2017. *Syrian Refugees and the Slow March to "Acceptance"*. Washington, DC, Brookings Institution. www.brookings.edu/blog/future-development/2017/09/07/syrian-refugees-and-the-slow-march-to-acceptance. (Accessed 16 August 2018.)

Kirişci, K., Brandt, J. and Erdoğan, M. M. 2018. *Syrian Refugees in Turkey: Beyond the Numbers*, Brookings Institution. www.brookings.edu/blog/order-from-chaos/2018/06/19/syrian-refugees-in-turkey-beyond-the-numbers. (Accessed 20 September 2018.)

Kirkegaard, A. M. Ø. and Nat-George, S. M.-L. W. 2016. Fleeing through the globalised education system: the role of violence and conflict in international student migration. *Globalisation, Societies and Education*, Vol. 14, No. 3, pp. 390–402.

Lifeline Syria. 2018. *Lifeline Syria*. Toronto, Ont., Lifeline Syria. www.lifelinesyria.ca. (Accessed 16 August 2018.)

Milton, S. and Barakat, S. 2016. Higher education as the catalyst of recovery in conflict-affected societies. *Globalisation, Societies and Education*, Vol. 14, No. 3, pp. 403–21.

Murakami, Y. and Blom, A. 2008. *Accessibility and Affordability of Tertiary Education in Brazil, Colombia, Mexico and Peru within a Global Context*. Washington, DC, World Bank. (Working Paper 4517.)

OECD. 2016a. *Making Integration Work: Refugees and Others in Need of Protection*. Paris, Organisation for Economic Co-operation and Development.

___. 2016b. *Working Together: Skills and Labour Market Integration of Immigrants and their Children in Sweden*. Paris, Organisation for Economic Co-operation and Development.

OECD and UNHCR. 2018. *Engaging with Employers in the Hiring of Refugees: A 10-Point Multi-stakeholder Action Plan for Employers, Refugees, Governments and Civil Society*. Paris/Geneva, Switzerland, Organisation for Economic Co-operation and Development/United Nations High Commissioner for Refugees.

Safi, M. 2014. *Shifting Focus: Policies to Support the Labor Market Integration of New Immigrants in France*. Washington, DC/Geneva, Switzerland, Migration Policy Institute/International Labour Organization.

Singh, M. 2018. *Pathways to Empowerment: Recognizing the Competences of Syrian Refugees in Egypt, Iraq, Jordan, Lebanon and Turkey*. Hamburg, Germany, UNESCO Institute for Lifelong Learning.

UNESCO. 2017. *Global Education Monitoring Report 2017/8: Accountability in Education – Meeting Our Commitments*. Paris, UNESCO.

___. 2018. *Recognition, Validation and Accreditation of Youth and Adult Basic Education as a Foundation of Lifelong Learning*. Hamburg, Germany, UNESCO Institute for Lifelong Learning.

UNESCO and Council of Europe. 2016. *Monitoring the Implementation of the Lisbon Recognition Convention.* Paris/Strasbourg, France, UNESCO/Council of Europe.

UNESCO-UNEVOC and University of Nottingham. 2018. *Human Migration and TVET: a Concept Paper for the UNEVOC Network.* Bonn, Germany, UNESCO-UNEVOC/University of Nottingham (Unpublished.)

UNHCR. 2015a. *DAFI 2014 Annual Report.* Geneva, Switzerland, United Nations High Commissioner for Refugees.

___. 2015b. *Higher Education Considerations for Refugees in Countries Affected by the Syria and Iraq Crises.* Geneva, Switzerland, United Nations High Commissioner for Refugees.

___. 2017. *DAFI 2016 Annual Report.* Geneva, Switzerland, United Nations High Commissioner for Refugees.

___. 2018. *Turn the Tide: Refugee Education in Crisis.* Geneva, Switzerland, United Nations High Commissioner for Refugees.

UNICEF. 2015. *Curriculum, Accreditation and Certification for Syrian Children in Syria, Turkey, Lebanon, Jordan, Iraq and Egypt.* Amman, UNICEF Middle East and North Africa Regional Office.

___. 2018. *Youth Economic Engagement.* Amman, UNICEF Middle East and North Africa Regional Office.

UNRWA. 2016. *UNRWA Technical and Vocational Education and Training Programme.* Amman, UNRWA Education Department.

Usher, A. and Medow, J. 2010. *Global Higher Education Rankings 2010: Affordability and Accessibility in Comparative Perspective.* Toronto, Ont., Higher Education Strategy Associates.

World Bank. 2012. *Putting Higher Education to Work.* Washington, DC, World Bank.

___. 2014. *World Bank Support to Education: a Systems Approach to Achieve Learning for All.* Washington, DC, World Bank. www.worldbank.org/en/results/2014/04/28/world-bank-support-to-education-a-systems-approach-to-achieve-learning-for-all. (Accessed 15 September 2018.)

WUSC. 2007. *Fostering Tomorrow's Global Leaders.* Ottawa, World University Service of Canada.

Zetter, R. and Ruaudel, H. 2016. *Refugees' Right to Work and Access to Labor Markets: an Assessment – Part I: Synthesis.* Washington, DC, Global Knowledge Partnership on Migration and Development.

第11章

Atkinson, A. and Messy, F. 2013. *Promoting Financial Inclusion through Financial Education: OECD/INFE Evidence, Policies and Practice.* Paris, Organisation for Economic Co-operation and Development. (Working Paper 34 on Finance, Insurance and Private Pensions.)

___. 2015. *Financial Education for Migrants and Their Families.* Paris, Organisation for Economic Co-operation and Development. (Working Paper 38 on Finance, Insurance and Private Pensions.)

Attia, H. and Engelhardt, H. 2016. *Financial Education Initiatives in the Arab Region: a Stocktaking Report.* Eschborn, Germany, Deutsche Gesellschaft für Internationale Zusammenarbeit.

Bacigalupo, M., Kampylis, P., Punie, Y. and Van den Brande, G. 2016. *EntreComp: the Entrepreneurship Competence Framework.* Luxembourg, European Commission.

Brown, R. P., Connell, J. and Jimenez-Soto, E. V. 2014. Migrants' remittances, poverty and social protection in the South Pacific: Fiji and Tonga. *Population, Space and Place,* Vol. 20, No. 5, pp. 434–54.

Carretero, S., Vuorikari, R. and Punie, Y. 2017. *The Digital Competence Framework for Citizens, With Eight Proficiency Levels and Examples of Use.* Luxembourg, Joint Research Centre/European Commission.

Chernyshenko, O., Kankaraš, M. and Drasgow, F. 2018. *Social and Emotional Skills for Student Success and Wellbeing: Conceptual Framework for the OECD Study on Social and Emotional Skills.* Paris, Organisation for Economic Co-operation and Development. (Education Working Paper 173.)

Doi, Y., McKenzie, D. and Zia, B. 2012. *Who You Train Matters: Identifying Complementary Effects of Financial Education on Migrant Households.* Washington, DC, World Bank.

Entorf, H. and Hou, J. 2018. *Financial Education for the Disadvantaged? A Review.* Bonn, Germany, Institute of Labor Economics.

European Commission. 2018a. *Boosting Children's Digital Literacy: an Urgent Task for Schools.* Brussels, EU Science Hub. https://ec.europa.eu/jrc/en/news/boosting-children-s-digital-literacy-urgent-task-schools. (Accessed 19 September 2018.)

___. 2018b. *Communication from the Commission to the European Parliament, the Council, the European Economic and Social Committee and the Committee of the Regions on the Digital Education Action Plan.* Brussels, European Commission. https://eur-lex.europa.eu/legal-content/EN/TXT/PDF/?uri=CELEX:52018DC0022&from=EN. (Accessed 19 September 2018.)

Fatehkia, M., Kashyap, R. and Weber, I. 2018. Using Facebook ad data to track the global digital gender gap. *World Development*, Vol. 107, pp. 189–209.

Fau, S. and Moreau, Y. 2018. *Building Tomorrow's Digital Skills: What Conclusions Can We Draw from International Comparative Indicators?* Paris, UNESCO.

Fernandes, D., Lynch Jr, J. G. and Netemeyer, R. G. 2014. Financial literacy, financial education, and downstream financial behaviors. *Management Science*, Vol. 60, No. 8, pp. 1861–83.

Gibson, J., McKenzie, D. and Zia, B. 2012. *The Impact of Financial Literacy Training for Migrants*. Washington, DC, World Bank.

Global Entrepreneurship Monitor. 2018. *Global Report 2017/18*. London, Global Entrepreneurship Research Association.

GMG. 2017. *Migration, Remittances and Financial Inclusion: Challenges and Opportunities for Women's Economic Empowerment*. New York, UN Women/Global Migration Group.

GPFI. 2015. *Financial Education for Migrants and their Families: OECD/INFE Policy Analysis and Practical Tools*. Paris, Global Partnership for Financial Inclusion/Organisation for Economic Co-operation and Development.

Haenssgen, M. J. 2018. Manifestations, drivers, and frictions of mobile phone use in low- and middle-income settings: a mixed methods analysis of rural India and China. *Journal of Development Studies*.

IEA. 2017. *The IEA'S International Computer and Information Literacy Study (ICILS) 2018: What's Next for IEA's ICILS in 2018?* Amsterdam, International Association for the Evaluation of Educational Achievement.

IOM. 2018. *Mastercard, UN Migration Agency Team Up to Help Vulnerable Migrants, Refugees in Romania*. Geneva, International Organization for Migration. www.iom.int/news/mastercard-un-migration-agency-team-help-vulnerable-migrants-refugees-romania. (Accessed 19 September 2018.)

Kaiser, T. and Menkhoff, L. 2017. *Does Financial Education Impact Financial Literacy and Financial Behavior, and If So, When?* Washington, DC, World Bank.

Klapper, L., Lusardi, A. and Van Oudheusden, P. 2015. *Financial Literacy around the World: Insights from the Standard & Poor's Ratings Services Global Financial Literacy Survey*. Washington, DC, World Bank.

Laajaj, R., Arias, O., Macours, K., Rubio-Codina, M. and Vakis, R. 2018. *How Well Do We Measure Non-cognitive Skills in Developing Countries? Initial Lessons from STEP Skills Measurement Program*. Washington, DC, World Bank. (Poverty and Equity Note 3.)

Lusardi, A. and Mitchell, O. S. 2014. The economic importance of financial literacy: theory and evidence. *Journal of Economic Literature*, Vol. 52, No. 1, pp. 5–44.

Michaud, P.-C. 2017. *The Value of Financial Literacy and Financial Education for Workers: a Financially Literate Workforce Helps the Economy, but Acquiring the Needed Skills Can Be Costly*. Montreal, Que., IZA World of Labor. https://wol.iza.org/articles/the-value-of-financial-literacy-and-financial-education-for-workers/long. (Accessed 20 September 2018.)

ODI. 2012. *How to Maximise the Impact of Youth Entrepreneurship Support in Different Contexts: a Consultation*. London, Overseas Development Institute.

OECD. 2016a. *Entrepreneurship 360 Guidance Note for Teachers and School Managers*. Paris, Organisation for Economic Co-operation and Development.

___. 2016b. *Responses to the Refugee Crisis: Financial Education and the Long Term Integration of Refugees and Migrants*. Paris, Organisation for Economic Co-operation and Development.

___. 2017a. *PISA 2015 Results (Volume V): Collaborative Problem Solving*. Paris, Organisation for Economic Co-operation and Development.

___. 2017b. *Social and Emotional Skills: Well-being, Connectedness and Success*. Paris, Organisation for Economic Co-operation and Development.

___. 2018. *Financial Inclusion Programme for Migrants: Mexico*. Paris, Organisation for Economic Co-operation and Development.

Pix. 2018. *Cultivez vos expériences numériques [Cultivate your Digital Experiences]*. Paris, Ministry of Higher Education, Research and Innovation. www.pix.fr. (Accessed 6 November 2018.)

Rosenberg, K. 2017. *Financial Literacy for Migrant Workers and Their Families in Sri Lanka*. Colombo, HELVETAS Swiss Intercooperation.

Seshan, G. and Yang, D. 2014. Motivating migrants: a field experiment on financial decision-making in transnational households. *Journal of Development Economics*, Vol. 108, pp. 119–27.

UIS. 2018. *A Global Framework of Reference on Digital Literacy Skills for Indicator 4.4.2*. Montreal, Que., UNESCO Institute for Statistics.

UNESCO. 2018. *Digital Inclusion for Low-skilled and Low-literate People*. Paris, UNESCO.

UNODC. 2015. *The Role of Recruitment Fees and Abusive and Fraudulent Recruitment Practices of Recruitment Agencies in Trafficking in Persons.* Vienna, United Nations Office on Drugs and Crime.

Vie, J.-J., Marteau, B., Denos, N. and Tort, F. 2017. *PIX: A Platform for Certification of Digital Competencies.* (Unpublished.)

World Bank. 2017a. *Financial Education in the Arab World: Strategies, Implementation and Impact.* Rabat, World Bank.

___. 2017b. *Redesigning Financial Education to Engage and Entertain Audiences Is Delivering Results.* Washington, DC, World Bank. www.worldbank.org/en/news/feature/2017/08/02/redesigning-financial-education-to-engage-audiences-is-delivering-results. (Accessed 23 September 2018.)

___. 2018. *Migration and Remittances Data.* Washington, DC, World Bank. www.worldbank.org/en/topic/migrationremittancesdiasporaissues/brief/migration-remittances-data. (Accessed 20 September 2018.)

第12章

Abuya, B. 2018. *The Movement of Families, Households, and Individuals within Countries and Its Relationship with Education: Challenges and Opportunities in a Shifting World.* (Background paper for *Global Education Monitoring Report 2019.*)

APHRC. 2014. *Population and Health Dynamics in Nairobi's Informal Settlements: Report of the Nairobi Cross-sectional Slums Survey (NCSS) 2012.* Nairobi, African Population and Health Research Center.

Bangladesh Bureau of Statistics. 2015. *Census of Slum Areas and Floating Population 2014.* Dhaka, Ministry of Planning, Bangladesh Bureau of Statistics, Statistics and Informatics Division.

Bangladesh Bureau of Statistics and UNICEF Bangladesh. 2017. *Child Well-Being Survey in Urban Areas of Bangladesh 2016: Final Report.* Dhaka, Bangladesh Bureau of Statistics/UNICEF Bangladesh.

Ben-Moshe, L. and Magaña, S. 2014. An introduction to race, gender, and disability: intersectionality, disability studies, and families of color. *Women, Gender, and Families of Color,* Vol. 2, No. 2, pp. 105–14.

Beukes, A. 2015. *Making the Invisible Visible: Generating Data on 'Slums' at Local, City and Global Scales.* London, International Institute for Environment and Development.

Bhatkal, T., Avis, W. and Nicolai, S. 2015. *Towards a Better Life? A Cautionary Tale of Progress in Ahmedabad.* London, Overseas Development Institute.

Community Organisation Resource Centre. 2016. *Close Out Report: Rapid Appraisal of Informal Settlements in the Western Cape.* Cape Town, South Africa, SA SDI Alliance/Community Organisation Resource Centre/Western Cape Government.

Crock, M., Smith-Khan, L., McCallum, R. and Saul, B. 2017. *The Legal Protection of Refugees with Disabilities: Forgotten and Invisible?* Cheltenham, UK, Edward Elgar Publishing Ltd.

Hagen, E. 2017. *Open Mapping from the Ground Up: Learning from Map Kibera.* Brighton, UK, University of Sussex, Institute of Development Studies.

HelpAge International and Handicap International. 2014. *Hidden Victims of the Syrian Crisis: Disabled, Injured and Older Refugees.* London, HelpAge International/Handicap International.

Hendriks, B. 2008. *Jordanian Sign Language: Aspects of Grammar from a Cross-Linguistic Perspective.* Utrecht, Netherlands, Netherlands National Graduate School of Linguistics.

Humanity and Inclusion. 2018. *Disability Statistics in Humanitarian Action.* Lyon, Humanity and Inclusion. https://humanity-inclusion.org.uk/en/disability-statistics-in-humanitarian-action. (Accessed 21 September 2018.)

HRW. 2016. *We're Afraid for Their Future: Barriers to Education for Syrian Refugee Children in Jordan.* Human Rights Watch. www.hrw.org/report/2016/08/16/were-afraid-their-future/barriers-education-syrian-refugee-children-jordan. (Accessed 21 September 2018.)

IIED. 2017. *Community-driven Data Collection in Informal Settlements.* London, International Institute for Environment and Development.

JRC. 2018. *Global Definition of Cities and Settlements.* Luxembourg, European Commission, EU Science Hub, Joint Research Centre, Global Human Settlement Layer. https://ghsl.jrc.ec.europa.eu/degurba.php. (Accessed 21 September 2018.)

Lucci, P., Bhatkal, T. and Khan, A. 2018. Are we underestimating urban poverty? *World Development,* Vol. 103, pp. 297–310.

McCallum, R. and Martin, H. M. 2013. Comment: the CRPD and children with disabilities. *Australian International Law Journal,* Vol. 20, pp. 17–31.

Ngware, M., Abuya, B. A., Kassahun, Mutisya, M. M., Peter and Oketch, M. 2013. *Quality and Access to Education in Urban Informal Settlements in Kenya.* Nairobi, African Population and Health Research Center.

NUDIPU. 2018. *Refugees: Advocacy for Inclusion of Refugee Persons with Disabilities in Development Process*. Kampala, National Union of Disabled Persons of Uganda. http://nudipu.org/refugees/. (Accessed 15 September 2018.)

Refugee Law Project. 2014. *From the Frying Pan into the Fire: Psychosocial Challenges Faced by Vulnerable Refugee Women and Girls in Kampala*. Kampala, Refugee Law Project.

Shack/Slum Dwellers International. 2018. *Know Your City: Slum Dwellers Count*. Cape Town, South Africa, Shack/Slum Dwellers International.

Smith-Khan, L. and Crock, M. 2018. *Making Rights to Education Real for Refugees with Disabilities*. (Background paper for *Global Education Monitoring Report 2019*.)

Statistics Sierra Leone. 2018. *Sierra Leone Multiple Indicator Cluster Survey 2017: Survey Findings Report*. Freetown, Statistics Sierra Leone.

UIS. 2018. *Handbook on Measuring Equity in Education*. Montreal, Que., UNESCO Institute for Statistics.

UN Habitat. 2016. *Urbanization and Development: Emerging Futures – World Cities Report 2016*. Nairobi, UN Habitat.

UNICEF. 2016. *Module on Child Functionning: Questionnaires*. New York, UNICEF. https://data.unicef.org/resources/module-child-functioning/. (Accessed 9 September 2018.)

___. 2017. *Washington Group on Disability Statistics Module on Child Functioning*. New York, UNICEF.

UNICEF Bangladesh. 2010. *Understanding Urban Inequalities in Bangladesh: a Prerequisite for Achieving Vision 2021 – A Study Based on the Results of the 2009 Multiple Indicator Cluster Survey*. Dhaka, UNICEF Bangladesh.

Women's Refugee Commission. 2017. *Vulnerability- and Resilience-based Approaches in Response to the Syrian Crisis: Implications for Women, Children and Youth with Disabilities*. New York, Women's Refugee Commission.

第13章

ACTA. 2017. *Inquiry into Migrant Settlement Outcomes: Submission to the Joint Standing Committee on Migration*. Melbourne, Australia, Australian Council of TESOL Associations.

Andrade, P. C. L. 2018. *Boa Prática: Promoção e Reforço de Alfabetização e Formação de Imigrantes das Comunidades Africanas em Cabo Verde [Good Practice: Promotion and Reinforcement of Literacy and Training of Immigrants from African Communities in Cabo Verde]*. Brasília, National Directorate of Education, Literacy Service and Adult Education. (Unpublished.)

Bacishoga, K. B. and Johnston, K. A. 2013. Impact of mobile phones on integration: the case of refugees in South Africa. *The Journal of Community Informatics*, Vol. 9, No. 4.

Basu, K., Navayon, M. and Ravallion, M. 2001. *Is Knowledge Shared within Households?* Washington, DC, World Bank. (Working Paper 2261.)

Benigno, V., de Jong, J. and Van Moere, A. 2017. *How Long Does It Take to Learn a Language? Insights from Research on Language Learning*. London, Pearson.

Benseman, J. 2014. Adult refugee learners with limited literacy: needs and effective responses. *Refuge*, Vol. 30, No. 1, pp. 93–103.

Capps, R., Newland, K., Fratzke, S., Groves, S., Auclair, G., Fix, M. and McHugh, M. 2015. *The Integration Outcomes of U.S. Refugees: Successes and Challenges*. Washington, DC, Migration Policy Institute.

Centre for Multicultural Youth. 2013. *Education and Training in Victoria: a Guide for Newly Arrived Young People and Their Families*. Carlton, Centre for Multicultural Youth.

Choi, J. and Ziegler, G. 2015. Literacy education for low-educated second language learning adults in multilingual contexts: the case of Luxembourg. *Multilingual Education*, Vol. 5, No. 4.

Council of Europe. 2017. *A Council of Europe Toolkit*. Strasbourg, France, Council of Europe. www.coe.int/en/web/language-support-for-adult-refugees/home. (Accessed 5 June 2018.)

Demie, F. 2013. English as an additional language pupils: how long does it take to acquire English fluency? *Language and Education*, Vol. 1, pp. 59–69.

Greenberg, D., Ginsburg, L. and Wrigley, H. S. 2017. Research updates: reading, numeracy, and language education. *New Directions for Adult and Continuing Education*, Vol. 155, pp. 83–94.

Grotlüschen, A., Buddeberg, K., Koch, S. and Hollander, I. D. 2016. *Literacy in the Netherlands: Country Report Adult*. Cologne, Germany, European Literacy Policy Network.

Hakuta, K., Butler, Y. G. and Witt, D. 2000. *How Long Does It Take English Learners to Attain Proficiency?* Oakland, CA, University of California Linguistic Minority Research Institute. (Policy Report 2000-1.)

Hanemann, U. 2018. *Language and Literacy Programmes for Migrants and Refugees: Challenges and Ways Forward.* (Background paper for *Global Education Monitoring Report 2019.*)

Isphording, I. E. 2015. *What Drives the Language Proficiency of Immigrants?* Bonn, Germany, IZA World of Labor. https://wol.iza.org/articles/what-drives-language-proficiency-of-immigrants/long. (Accessed 15 September 2018.)

Iversen, V. and Palmer-Jones, R. 2008. Literacy sharing, assortative mating, or what? Labour market advantages and proximate illiteracy revisited. *Journal of Development Studies*, Vol. 44, No. 6, pp. 797–838.

King, R. and Lulle, A. 2016. *Research on Migration: Facing Realities and Maximising Opportunities: a Policy Review.* Brussels, European Commission.

Maddox, B. 2007. Worlds apart? Ethnographic reflections on "effective literacy" and intrahousehold externalities. *World Development*, Vol. 35, No. 3, pp. 532–41.

Malessa, E. 2018. Learning to read for the first time as adult immigrants in Finland: reviewing pertinent research of low-literate or non-literate learners' literacy acquisition and computer-assistaed literacy training. *Apples – Journal of Applied Language Studies*, Vol. 12, No. 1, pp. 25–54.

McIntyre, N. 2017. Migrants told to learn English upon entering UK face three-year wait for lessons. *The Independent*, 9 January. www.independent.co.uk/news/uk/home-news/migrants-wait-years-english-classes-government-lessons-esol-a7517221.html. (Accessed 5 June 2018.)

Naeb, R. and Young-Scholten, M. 2017. International training of teachers of low-educated adult migrants. Beacco, J.-C., Krumm, H.-J., Little, D. and Thalgott, P. (eds), *The Linguistic Integration of Adult Migrants: Some Lessons from Research.* Berlin, De Gruyter, pp. 419–24.

New Zealand Ministry of Business. 2017a. *New Zealand Migrant Settlement and Integration Strategy: Outcomes Indicators 2016.* Wellington, Ministry of Business, Innovation and Employment.

___. 2017b. *New Zealand Refugee Resettlement Strategy.* Wellington, Ministry of Business, Innovation and Employment.

Ng, E., Pottie, K. and Spitzer, D. 2011. Official language proficiency and self-reported health among immigrants to Canada. *Health Reports*, Vol. 22, No. 4.

Permanyer, I., Garcia, J. and Esteve, A. 2013. The impact of educational homogamy on isolated illiteracy levels. *Demography*, Vol. 50, No. 6, pp. 2209–25.

Plutzar, V. and Ritter, M. 2008. *Language Learning in the Context of Migration and Integration: Challenges and Options for Adult Learners.* Strasbourg, France, Council of Europe. (Case Study 3.)

Refugee Action. 2016. *Let Refugees Learn: Challenges and Opportunities to Improve Language Provision to Refugees in England.* London, Refugee Action.

Riekmann, W., Buddeberg, K. and Grotlüschen, A. 2016. *Das mitwissende Umfeld von Erwachsenen mit geringen Lese-und Schreibkompetenzen: Ergebnisse aus der Umfeldstudie [The Informative Environment of Adults with Low Literacy Skills: Results from the Environmental Study].* Münster, Germany, Waxmann.

Sbertoli, G. and Arnesen, H. 2014. Language and initial literacy training for immigrants: the Norwegian approach. Mallows, D. (ed.), *Language Issues in Migration and Integration: Perspectives from Teachers and Learners.* London, British Council, pp. 123–34.

Scheible, J. A. 2018. *Alphabetisierung und Deutscherwerb von Geflüchteten: Deutschkenntnisse und Förderbedarfe von Erst- und Zweitschriftlernenden in Integrationskursen [Literacy and German Acquisition of Refugees: Knowledge of German and the Needs of First- and Second-Language Learners in Integration Courses].* Nuremberg, Germany, Federal Office for Migration and Refugees/Research Center Migration, Integration and Asylum.

Schellekens, P. 2011. *Teaching and Testing the Language Skills of First and Second Language Speakers.* Cambridge, UK, Cambridge ESOL.

Scottish Government. 2017. *New Scots: Integrating Refugees in Scotland's Communities: 2014-2017 Final Report.* Edinburgh, Local Government and Communities Directorate.

Tammelin-Laine, T. 2014. *Aletaan alusta: Luku- ja kirjoitustaidottomat aikuiset uutta kieltä oppimassa [Let's Start from the Beginning: Non-literate Adults Learning a New Language].* Jyväskylä, Finland, Jyväskylä University Printing House. (In Finnish.)

UIS. 2018. *Mini-LAMP for Monitoring Progress towards SDG 4.6.1.* Montreal, Que., UNESCO Institute for Statistics/Global Alliance to Monitoring Learning.

UNESCO. 2016. *Global Education Monitoring Report 2016: Education for People and Planet – Creating Sustainable Futures for All.* Paris, UNESCO.

UNESCO and UIL. 2016. *Recommendation on Adult Learning and Education.* Paris, UNESCO.

Wierth, A. 2017. Berlin spricht Arabisch [*Berlin Speaks Arabic*]. Berlin, Taz. www.taz.de/!5373447/. (Accessed 17 September 2018.)

第14章

Bhatia, K. and Ghanem, H. 2017. *How Do Education and Unemployment Affect Support for Violent Extremism? Evidence from Eight Arab Countries*. Washington, DC, Brookings Institution.

Briggs, R. and Feve, S. 2013. *Review of Programs to Counter Narratives of Violent Extremism: What Works and What Are the Implication for Government?* London, Institute for Strategic Dialogue.

Bromley, P., Lerch, J. and Jimenez, J. D. 2016. *Education for Global Citizenship and Sustainable Development: Content in Social Science Textbooks*. (Background paper for *Global Education Monitoring Report 2016*.)

Crabtree, S. and Kluch. 2017. *Terrorism, Migration Trouble Many in Europe*. Washington, DC, Gallup. https://news.gallup.com/poll/212405/terrorism-migration-trouble-europe.aspx. (Accessed 1 October 2018.)

Davies, L. 2009. Educating against extremism: towards a critical politicisation of young people. *International Review of Education*, Vol. 55, No. 2–3, pp. 183–203.

Dreher, A., Gassebner, M. and Schaudt, P. 2017. *The Effect of Migration on Terror: Made at Home or Imported from Abroad?* Munich, Germany, CESifo. (Working Paper 6441.)

European Commission. 2016. *Strengthening Media Literacy and Critical Thinking to Prevent Violent Radicalisation*. Luxemburg, European Commission.

Europol. 2018. *European Union Terrorism Situation and Trend Report 2018*. The Hague, European Union Agency for Law Enforcement Cooperation.

ENAR. 2017. *Racism and Discrimination in the Context of Migration in Europe: ENAR Shadow Report 2015–2016*. Brussels, European Network Against Racism.

Gambetta, D. and Hertog, S. 2016. *Engineers of Jihad: the Curious Connection between Violent Extremism and Education*. Princeton, NJ, Princeton University Press.

GCTF. 2014. *Good Practices on Women and Countering Violent Extremism*. New York, Global Counterterrorism Forum.

Giscard d'Estaing, S. 2017. Engaging women in countering violent extremism: avoiding instrumentalisation and furthering agency. *Gender and Development*, Vol. 25, No. 1, pp. 103–18.

ICCT. 2018. *Victims' Voices Indonesia*. Jakarta, International Centre for Counter-Terrorism.

INEE. 2017. *Preventing Violent Extremism: An Introduction to Education and Preventing Violent Extremism*. New York, Inter-Agency Network for Education in Emergencies.

International Alert. 2016. *Why Young Syrians Choose to Fight: Vulnerability and Resilience to Recruitment by Violent Extremist Groups in Syria*. London, International Alert.

International Alert Philippines/Mindanao Business Council. 2018. *Equality and Political Leadership: Building Inclusive and Safe Spaces for the Moro Youth in the Philippines*. Manila, International Alert Philippines/Mindanao Business Council.

Kellner, D. and Share, J. 2007. Critical media literacy, democracy, and the reconstruction of education. Macedo, D. and Steinberg, S. R. (eds), *Media Literacy: A Reader*. New York, Peter Lang, pp. 3–23.

Krueger, A. B. and Maleckova, J. 2003. Education, poverty and terrorism: is there a causal connection? *Journal of Economic Perspectives*, Vol. 17, No. 4, pp. 119–44.

Lelo, S. M. 2011. Countering Terrorism through Education of Populations: The Case of African Countries. *Counter Terrorism in Diverse Communities*, pp. 249–60. (NATO Science for Peace and Security Series - E: Human and Societal Dynamics.)

Losito, B., Agrusti, G., Damiani, V. and Schulz, W. 2016. *Young People's Perceptions of Europe in a Time of Change: IEA International Civic and Citizenship Education Study 2016 European Report*. Amsterdam, International Association for the Evaluation of Educational Achievement.

Mirahmadi, H., Ziad, W., Farooq, M. and Lamb, R. D. 2015. *Empowering Pakistan's Civil Society to Counter Global Violent Extremism*. Washington, DC, Brookings Institution.

UN MGCY. 2015. *UN Major Group for Children and Youth's Vision & Priorities for Delivery of the Sustainable Development Goals and the Post-2015 Development Agenda: an Updated Position Paper for the SD 2015 Programme – "Post 2 Post: Enhancing Stakeholder Engagement in the Post-Rio+20/Post-2015 Process"*. New York, UN Major Group for Children and Youth. https://sustainabledevelopment.un.org/content/documents/7031MGCYUpdatedPost2015PositionPaper-March2015.pdf. (Accessed 12 September 2018.)

OECD. 2018. *Prepating Our Youth for an Inclusive and Sustainable World: the OECD PISA Global Competence Framework*. Paris, Organization for Economic Co-operation and Development.

Patel, F. and Koushik, M. 2017. *Countering Violent Extremism*. New York, Brennan Center for Justice, New York University School of Law.

RAN. 2018. *Preventing Radicalisation to Terrorism and Violent Extremism: Approaches and Practices*. Brussels, Radicalisation Awareness Network.

Sandoval-Hernández, A. and Miranda, D. 2018. *Exploring ICCS 2016 to measure progress toward target 4.7.* (Background paper for *Global Education Monitoring Report 2019.*)

Schulz, W., Ainley, J., Fraillon, J., Losito, B., Agrusti, G. and Friedman, T. 2017. *Becoming Citizens in a Changing World: IEA International Civic and Citizenship Education Study 2016 International Report*. Amsterdam, Springer.

Treviño, E., Béjares, C., Wyman, I. and Villalobos, C. 2018. Influence of teacher, student and school characteristics on students' attitudes toward diversity. Sandoval-Hernández, A., Isac, M. M. and Miranda, D. (eds), *Teaching Tolerance in a Globalized World*. Cham, Switzerland, International Association for the Evaluation of Educational Achievement/Springer.

UNESCO. 2016. *A Teachers' Guide on the Prevention of Violent Extremism*. Paris, UNESCO.

___. 2017a. *Preventing Violent Extremism through Education: A Guide for Policy-makers*. Paris, UNESCO.

___. 2017b. *Terrorism and the media. A Handbook for Journalists*. Paris, UNESCO.

___. 2018a. *Evidence of effectiveness of education activities in PVE-E: main considerations*. Paper presented at Preliminary Consultation on Inter-institutional Cooperation on the Prevention of Violent Extremism through Education, Paris, 18 April.

___. 2018b. *Results of the 6th Consultation on the implementation of the 1974 Recommendation*. Paris, UNESCO.

United Nations. 2015. *Plan of Action to Prevent Violent Extremism. Report of the Secretary-General*. New York, United Nations.

第15章

Behaghel, L., De Chaisemartin, C. and Gurgand, M. 2017. Ready for boarding? The effects of a boarding school for disadvantaged students. *American Economic Journal: Applied Economics*, Vol. 9, No. 1, pp. 140–64.

Cox, J. W. and Rich, S. 2018. No, there haven't been 18 school shootings in 2018. That number is flat wrong. *Washington Post*, 15 February. www.washingtonpost.com/amphtml/local/no-there-havent-been-18-school-shooting-in-2018-that-number-is-flat-wrong/2018/02/15/65b6cf72-1264-11e8-8ea1-c1d91fcec3fe_story.html. (Accessed 1 August 2018.)

EPDC. 2009. *How (Well) is Education Measured in Household Surveys? A Comparative Analysis of the Education Modules in 30 Household Surveys from 1996–2005*. Washington, DC, Education Policy and Data Center/International Household Survey Network.

Fahed, N. and Albina, M. 2016. *Tabshoura Kindergarten: Using Digital Resources in Early Childhood Education – Final Narrative Report*. Beirut, Lebanese Alternative Learning/World Vision.

GBC. 2016. *Exploring the Potential of Technology to Deliver Education and Skills to Syrian Refugee Youth*. London, Global Business Coalition for Education/Theirworld.

GCPEA. 2018. *Education Under Attack 2018*. New York, Global Coalition to Protect Education from Attack.

Gershoff, E. T. 2017. School corporal punishment in global perspective: prevalence, outcomes, and efforts at intervention. *Psychology, Health and Medicine*, Vol. 22, No. sup1, pp. 224–39.

GIZ. 2016. *Education in Conflict and Crisis: How Can Technology Make a Difference? A Landscape Review*. Bonn, German Society for International Cooperation.

Global Initiative to End All Corporal Punishment of Children. 2018. *Working towards Universal Prohibition of Corporal Punishment: A Special Report for the High Level Global Conference held by H.E. the President of Malta, May-June 2018*. London, Global Initiative to End All Corporal Punishment of Children.

JMP. 2017. *Progress on Drinking Water, Sanitation and Hygiene: 2017 Update and SDG Baselines*. Geneva, Switzerland, World Health Organization/UNICEF Joint Monitoring Programme.

Lachal, C. 2015. *Ideas Box: An Innovating Psychosocial Tool for Emergency Situations – Impact Study in the Kavumu and Bwagirisa Camps, Burundi*. Washington, DC, Libraries Without Borders.

Menashy, F. and Zakharia, Z. 2017. *Investing in the Crisis: Private Participation in the Education of Syrian Refugees*. Brussels, Education International.

OHCHR. 2000. *Optional Protocol to the Convention on the Rights of the Child on the Involvement of Children in Armed Conflict*. Geneva, Switzerland, Office of the High Commissioner for Human Rights. www.ohchr.org/en/professionalinterest/pages/opaccrc.aspx. (Accessed 25 September 2018.)

Richardson, D. and Fen Hiu, C. 2018. *Developing a Global Indicator on Bullying of School-aged Children*. New York, UNICEF.

Rumie. 2018. *Frequently Asked Questions*. Toronto, Ont., Rumie Initiative www.rumie.org/learnsyria/faq.html. (Accessed 25 September 2018.)

Safaricom. 2017. *Instant Network Schools (INS)*. Nairobi, Safaricom Twaweza. www.safaricom.co.ke/
sustainabilityreport_2017/innovation/instant-network-schools-ins. (Accessed 25 September 2018.)

Tauson, M. and Stannard, L. 2018. *Edtech for Learning in Emergencies and Displaced Settings: a Rigorous Review and Narrative Synthesis*. London, Save the Children.

UNESCO. 2017. *School Violence and Bullying: Global Status Report*. Paris, UNESCO.

___. 2018a. *SDG Thematic Indicator 4.a.2: Safe, Non-violent, Inclusive and Effective Learning Environments – Percentage of Students Who Experienced Bullying during the Past 12 Months, by Sex*. Paris, UNESCO.

___. 2018b. *A Lifeline to Learning: Leveraging Technology to Support Education for Refugees*. Paris, UNESCO.

UNGEI. 2018. *A Whole School Approach to Prevent School-Related Gender-Based Violence: Minimum Standards and Monitoring Framework*. New York, United Nations Girls' Education Initiative.

UNICEF. 2015. *Advancing WASH in Schools Monitoring*. New York, UNICEF.

UNICEF and WHO. 2018. *Drinking Water, Sanitation and Hygiene in Schools: Global Baseline Report 2018*. New York, UNICEF/World Health Organization.

Vodafone Foundation. 2017. *Instant Network Schools: a Connected Education Programme*. Newbury, Vodafone Foundation.

Wang, A., Shi, Y., Yue, A., Lou, R. and Medina, A. 2016. *To Board or Not to Board? Comparing Nutrition, Health and Education Outcomes Between Boarding and Non-Boarding Students in Rural China*. Stanford, CA, Rural Education Action Program.

Wilton, K., Shioiri-Clark, M., Galanek, G. and Murphy, K. 2017. *Parenting in Displacement: Adapting Vroom for Displaced Syrian Families*. New York, International Rescue Committee.

Wimpenny, K., Merry, S. K., Tombs, G. and Villar–Onrubia, D. 2016. *Opening Up Education in South Mediterranean Countries: a Compendium of Case Studies and Interviews with Experts about Open Educational Practices and Resources*. Rome, UniMed.

第16章

Baláž, V., Williams, A. and Chrančoková, M. 2018. Connectivity as the facilitator of intra-European student migration. *Population, Space and Place*, Vol. 24, No. 3, p. e2101.

Chao, R. Y. J. 2017. Mobility, mutual recognition and ASEAN Community building: the road to sustainable ASEAN integration. *Journal of International and Comparative Education (JICE)*, Vol. 6, No. 2, pp. 105–21.

Chun, J.-h. 2016. Can CAMPUS Asia program be a next ERASMUS? The possibilities and challenges of the CAMPUS Asia program. *Asia Europe Journal*, Vol. 14, No. 3, pp. 279–96.

European Commission. 2014. *The Erasmus Impact Study: Effects of Mobility on the Skills and Employability of Students and the Internationalisation of Higher Education Institutions*. Luxembourg, Publications Office of the European Union.

___. 2015. *ECTS Users' Guide*. Luxembourg, Publications Office of the European Union.

___. 2016. *The Erasmus Impact Study Regional Analysis*. Luxembourg, European Commission.

___. 2017. *Erasmus+ Annual Report 2016*. Brussels, European Commission.

___. 2018a. *Combined Evaluation of Erasmus+ and Predecessor Programmes: Final Report – Main Evaluation Report*, Vol. 1. Brussels, European Commission.

___. 2018b. *Erasmus+ Programme Guide*. Luxembourg, Publications Office of the European Union.

Flisi, S., Dinis da Costa, P. and Soto-Calvo, E. 2015. *Learning Mobility*. Ispra, Italy, Joint Research Centre.

Flisi, S. and Sánchez-Barrioluengo, M. 2018. *Learning Mobility Benchmark II: an Estimation of the Benchmark*. Luxembourg, Publications Office of the European Union.

Hauschildt, K., Mishra, S., Netz, N. and Gwosc, C. 2015. *Social and Economic Conditions of Student Life in Europe: Eurostudent V 2012-2015*. Bielefeld, Germany, Bertelsmann.

ICEF Monitor. 2018. *Funding for Erasmus+ should double to €30 billion, says European Commission*. Bonn, Germany, International Consultants for Education and Fairs. http://monitor.icef.com/2018/05/funding-erasmus-double-e30-billion-says-european-commission/. (Accessed 1 October 2018.)

Kuhn, T. 2012. Why educational exchange programmes miss their mark: cross-border mobility, education and European identity. *Journal of Common Market Studies*, Vol. 50, No. 6, pp. 994–1010.

Rasplus, J. 2018. ASEAN shares best practice on student mobility. *University World News*, 29 June. www.universityworldnews.com/article.php?story=20180629090604303. (Accessed 1 October 2018.)

Schnepf, S. and D'Hombres, B. 2018. *International Mobility of Italian and UK Students: Does it Pay Off and for Whom?* Ispra, Italy, European Commission.

Schnepf, S., Ghirelli, C. and Verzillo, S. 2017. *Feasibility Study on Measuring the Causal Impact of Erasmus+ Actions.* Ispra, Joint Research Centre.

Schnepf, S. V. 2018. *Unequal Uptake of Higher Education Mobility in the UK: the Importance of Social Segregation in Universities and Subject Areas.* Luxembourg, Publications Office of the European Union. (Working Paper in Economics and Finance 2018/6.)

SHARE. 2016. *Mapping Student Mobility and Credit Transfer Systems in ASEAN Region.* Jakarta, SHARE Project Management Office.

___. 2017. *Studying Abroad, Becoming ASEAN: Regional Student Mobility as a Driver of the ASEAN Community.* Jakarta, SHARE Project Management Office.

Sigalas, E. 2010. Cross-border mobility and European identity: the effectiveness of intergroup contact during the ERASMUS year abroad. *European Union Politics,* Vol. 11, No. 2, pp. 241–65.

Yavaprabhas, S. 2014. The harmonization of higher education in Southeast Asia. Yonezawa, A., Kitamura, Y., Meerman, A. and Kuroda, K. (eds), *Emerging International Dimensions in East Asian Higher Education.* Dordrecht, Netherlands, Springer, pp. 81–102.

Yonezawa, A., Kitamura, Y., Meerman, A. and Kuroda, K. 2014. The emergence of international dimensions in East Asian higher education: pursuing regional and global development. Yonezawa, A., Kitamura, Y., Meerman, A. and Kuroda, K. (eds), *Emerging International Dimensions in East Asian Higher Education.* Dordrecht, Netherlands, Springer, pp. 1–13.

第17章

Arab Youth Survey. 2017. *The Middle East: a Region Divided.* Dubai, ASDA'A Burson-Marsteller.

Ávalos, B. and Valenzuela, J. P. 2016. Education for all and attrition/retention of new teachers: a trajectory study in Chile. *International Journal of Educational Development,* Vol. 49, pp. 279–90.

Bense, K. 2016. International teacher mobility and integration: a review and synthesis of the current empirical research and literature. *Educational Research Review,* Vol. 17, pp. 37–49.

Borman, G. D. and Dowling, N. M. 2008. Teacher attrition and retention: a meta-analytic and Narrative review of the research. *Review of Educational Research,* Vol. 78, No. 3, pp. 367–409.

Boyd, D., Grossman, P., Lankford, H., Loeb, S. and Wyckoff, J. 2008. *Who Leaves? Teacher Attrition and Student Achievement.* National Bureau of Economic Research. (Working Paper 14022.)

Cabezas, V. G., Gallego, F., Santelices, V. and Zarhi, M. 2011. *Factores Correlacionados con las Trayectorias Laborales de Docentes en Chile, con Especial Énfasis en sus Atributos Académicos [Factors Correlating with Labour Trajectories of Chilean Teachers, with Special Emphasis on their Academic Characteristics].* Santiago, Fondo de Investigación y Desarrollo en Educación [Research and Development Fund in Education].

Commonwealth Consortium for Education. 2015. *Commonwealth teacher recruitment protocol.* London, Commonwealth Consortium for Education. http://commonwealtheducation.org/portfolio-items/commonwealth-teacher-recruitment-protocol/. (Accessed 15 November 2017.)

Crush, J., Chikanda, A. and Tawodzera, G. 2012. *The Third Wave: Mixed Migration from Zimbabwe to South Africa.* Cape Town, South Africa, Southern African Migration Programme.

de Villiers, J. J. R. 2017. Career plans of final-year South African student teachers: migration to 'greener pastures'? *Africa Education Review,* Vol. 14, No. 3–4, pp. 212–29.

de Villiers, R. and Books, S. 2009. Recruiting teachers online: marketing strategies and information dissemination practices of UK-based agencies. *Educational Review,* Vol. 61, No. 3, pp. 315–25.

de Villiers, R. and Weda, Z. 2017. Zimbabwean teachers in South Africa: a transient greener pasture. *South African Journal of Education,* Vol. 37, No. 3.

den Brok, P., Wubbels, T. and van Tartwijk, J. W. F. 2017. Exploring beginning teachers' attrition in the Netherlands. *Teachers and Teaching: Theory and Practice,* Vol. 23, No. 8.

EI. 2014. *Getting Teacher Migration & Mobility Right.* Brussels, Education International.

___. 2016. *Discriminatory Practices in the Gulf States.* Brussels, Education International. www.education4refugees.org/teachers-on-the-move/national-and-regional-examples/59-discriminatory-practices-in-the-gulf-states. (Accessed 22 January 2018.)

European Commission. 2017a. *Comparability Study of the Hong Kong Qualifications Framework (HKQF) and the European Qualifications Framework for Lifelong Learning (EQF): Joint Technical Report.* Brussels, European Commission.

___. 2017b. *Erasmus+. The EU programme for education, training, youth and sport (2014-2020).* Luxembourg, European Commission.

Farah, S. 2011. *Private Tutoring Trends in the UAE.* Dubai, Dubai School of Government. (Policy Brief 26.)

Finster, M. 2015. *Identyfing, Monitoring, and Benchmarking Teacher Retention and Turnover: Guidelines for TIF Grantees.* Washington, DC, Teacher Incentive Fund/United States Department of Education.

Goldring, R., Taie, S. and Riddles, M. 2014. *Teacher Attrition and Mobility: Results From the 2012–13 Teacher Follow-up Survey (NCES 2014-077).* Washington, DC, National Center for Education Statistics.

Hadley Dunn, A. 2013. *Teachers Without Borders? The Hidden Consequences of International Teachers in U.S. Schools.* New York, Teachers College Press.

INEP. 2018. *Sinopses Estatísticas da Educação Básica [Synopsis of Basic Education Statistics].* Brasilia, Instituto Nacional de Estudos e Pesquisas Educacionais Anisio Teixeira http://portal.inep.gov.br/web/guest/sinopses-estatisticas-da-educacao-basica. (Accessed 6 July 2018.) (In Portuguese.)

IOM. 2013. *Recognition of Qualifications and Competences of Migrants.* Brussels, International Organization for Migration.

___. 2014. *Needs Assessment in the Nigerian Education System.* Abuja, International Organization for Migration.

Jha, N. and Ryan, C. 2017. *The Careers of Teachers in Australia: a Descriptive Study.* Melbourne, Australia, Melbourne Institute Applied Economic and Social Research.

Kapiszewski, A. 2006. *Arab versus Asian Migrant Workers in the GCC Countries.* Beirut, United Nations Secretariat Population Division.

Keevy, J., Green, W. and Manik, S. 2014. *The Status of Migrant Teachers in South Africa.* Waterkloof, South African Qualifications Authority.

Lindqvist, P., Nordänger, U. K. and Carlsson, R. 2014. Teacher attrition the first five years: a multifaceted image. *Teaching and Teacher Education,* Vol. 40, pp. 94–103.

Le Donné, N. 2018. *Diversity and Equity in TALIS 2018 3rd Policy Forum: Strength Through Diversity and GEMR.* Paris, Organisation for Economic Co-operation and Development.

Macdonald, D. 1999. Teacher attrition: a review of literature. *Teaching and Teacher Education,* Vol. 15, No. 8, pp. 835–48.

Manik, S. 2014. South African migrant teachers' decision-making: levels of influence and 'relative deprivation'. *Journal of Southern African Studies,* Vol. 40, No. 1, pp. 151–65.

McKenzie, P., Weldon, P., Rowley, G., Murphy, M. and McMillan, J. 2014. *Staff in Australia's Schools 2013: Main Report on the Survey.* Canberra, Australian Council for Educational Research.

Nicotera, A., Pepper, M., Springer, J. and Milanowski, A. 2017. *Analyzing Teacher Retention by Performance Level and School Need Examples From Maricopa County: Case Study.* Washington DC, Teacher Inventive Fund.

Niyubahwe, A., Mukamurera, J. and Jutras, F. 2013. Professional integration of immigrant teachers in the school system: a literature review. *McGill Journal of Education,* Vol. 48, No. 2, pp. 279–96.

OECD. 2005. *Teachers Matter: Attracting, Developing and Retaining Effective Teachers.* Paris, Organisation for Economic Co-operation and Development.

OFSTED and Wilshaw, M. 2016. *HMCI's Monthly Commentary: February 2016.* London, UK Government. http://dera.ioe.ac.uk/25655/1/HMCI%27s%20monthly%20commentary%20February%202016%20-%20Authored%20articles%20-%20GOV_UK.pdf. (Accessed 1 October 2018.)

Plecki, M. L., Elfers, A. M. and van Windekens, A. 2017. *Examining Beginning Teacher Retention and Mobility in Washington State.* Seattle, WA, Washingon State Office of Superintendent of Public Instruction.

Ridge, N., Shami, S. and Kippels, S. 2017. Arab migrant teachers in the United Arab Emirates and Qatar: challenges and opportunities. Babar, Z. (ed.), *Arab Migrant Communities in GCC.* New York, Oxford University Press.

Skolverket. 2018. *Apply for certification with a foreign diploma.* Stockolm, Skolverket. www.skolverket.se/regler-och-ansvar/larar--och-forskollararlegitimation/larar--och-forskollararlegitimation-med-utlandsk-examen/certification-of-teachers-with-a-foreign-dimploma. (Accessed 2 October 2018.)

Startz, D. 2017. *Immigrant teachers play a critical role in American schools.* Washington, DC, Brookings Institution. www.brookings.edu/blog/brown-center-chalkboard/2017/03/16/immigrant-teachers-play-a-critical-role-in-american-schools. (Accessed 15 September 2018.)

UIS. 2016. *Glossary: teacher attrition rate.* Montreal, Que., UNESCO Institute for Statistics. http://uis.unesco.org/node/334809. (Accessed 31 May 2018.)

UNESCO. 2009. *Secondary Teacher Policy Research in Asia: Teacher Numbers, Teacher Quality – Lessons from Secondary Educaiton in Asia.* Bangkok, UNESCO.

UNESCO. 2014. *Teacher Issues in Uganda: a Shared Vision for an Effective Teachers Policy*. Kampala/Dakar, Uganda Ministry of Education and Sport/UNESCO International Institute for Educational Planning (Pôlel de Dakar).

UNESCO/Commonwealth Secretariat. 2012. *Next Steps in Managing Teacher Migration: Papers of the Sixth Commonwealth Research Symposium on Teacher Mobility, Recruitment and Migration*. Paris/London, UNESCO/Commonwealth Secretariat.

United Kingdom Government. 2016. *Immigration Rules*. London, UK Government. www.gov.uk/guidance/immigration-rules/immigration-rules-appendix-k-shortage-occupation-list. (Accessed 20 January 2018.)

Weldon, P. 2018. Early career teacher attrition in Australia: evidence, definition, classification and measurement. *Australian Journal of Education,* Vol. 62, No. 1, pp. 61–78.

第18章

Aufseeser, D., Bourdillon, M., Carothers, R. and Lecoufle, O. 2018. Children's work and children's well-being: implications for policy. *Development Policy Review,* Vol. 36, No. 2, pp. 241–61.

Bouton, S., Cis, D., Mendonca, L., Pohl, H., Remes, J., Ritchie, H. and Woetzel, J. 2013. *How to Make a City Great: a Review of the Steps City Leaders Around the World Take to Transform their Cities into Great Places to Live and Work.* New York, McKinsey.

Canavera, M., Akesson, B. and Landis, D. 2014. *Social Service Workforce Training in the West and Central Africa Region.* Geneva, Switzerland, UNICEF/CPC Learning Network.

Cruz, I. G. L. 2017. Policing, schooling and human capital accumulation. *Journal of Economic Behavior and Organization,* pp. 1–26.

Dammert, A. C., de Hoop, J., Mvukiyehe, E. and Rosati, F. C. 2018. Effects of public policy on child labor: current knowledge, gaps, and implications for program design. *World Development,* Vol. 110, pp. 104–23.

Danby, N. 2017. *Lessons from Inspector Clouseau: what America's police can learn from Europe.* Boston, Harvard Political Review. http://harvardpolitics.com/online/lessons-inspector-clouseau-americas-police-can-learn-european-nations/. (Accessed 24 May 2018.)

EUFRA. 2017. *Current Migration Situation in the EU: Community Policing.* Vienna, European Union Agency for Fundamental Rights.

Fielding, D. 2018. The Co-evolution of education and tolerance: evidence from England. *Social Forces,* Vol. 96, No. 4, pp. 1825–50.

Friedemann, B. 2016. *City to City: a Guide to the UCLG Learning Universe.* Barcelona, Spain, United Cities and Local Governments.

Ghignoni, E., Croce, G. and Ricci, A. 2018. Fixed term contracts and employers' human capital: the role of educational spillovers. *Papers in Regional Science,* Vol. 97, No. 2, pp. 301–22.

Global Social Service Workforce Alliance. 2015. *The State of the Social Service Workforce 2015 Report: a Multi-Country Review.* Washington, DC, Global Social Service Workforce Alliance.

___. 2016. *The State of the Social Service Workforce 2016 Report.* Washington, DC, Global Social Service Workforce Alliance.

IntraHealth International. 2013. *An Assessment of the Public Sector Social Service Workforce in Ethiopia.* Chapel Hill, N.C./Washington, DC/Addis Ababa/New York, IntraHealth International/US Agency for International Development/Ethiopia Ministry of Labour and Social Affairs/UNICEF.

IOM Indonesia. 2016. *National Police Chief Launches Two-year IOM Indonesia Training for 7,000 Female Officers.* Bandar Lampung, Indonesia, International Organization for Migration. https://indonesia.iom.int/national-police-chief-launches-two-year-iom-indonesia-training-7000-female-officers. (Accessed 15 September 2018.)

Jetter, M. and Parmeter, C. F. 2018. Sorting through global corruption determinants: institutions and education matter – not culture. *World Development,* Vol. 109, pp. 279–94.

Maru, V. 2009. *Access to Justice and Legal Empowerment: a Review of World Bank Practice.* Washington, DC, World Bank. (Justice and Development Working Paper 9/2009.)

Meshram, D. S. and Meshram, S. 2016. Energizing planning education in India. Kumar, A., Meshram, D. S. and Gowda, K. (eds), *Urban and Regional Planning Education: Learning for India.* New Delhi, Springer, pp. 17–32.

Mordechay, K. and Ayscue, J. B. 2018. Policies needed to build inclusive cities and schools. *Education Policy Analysis Archives,* Vol. 26, p. 98.

Namati. 2014. *Building a movement of grassroots legal advocates.* San Francisco, CA, Namati. https://namati.org/wp-content/uploads/2015/02/Namati-who-we-are-how-we-work-where-were-going.pdf. (Accessed 17 September 2018.)

New York State Commission on Judicial Conduct. 2017. *New York State Commission on Judicial Conduct: Annual Report 2017*. New York, New York State Commission on Judicial Conduct.

OECD and Open Society Foundations. 2016. *Leveraging the SDGs for Inclusive Growth: Delivering Access to Justice for All*. Paris, Organisation for Economic Co-operation and Development.

Orme, B. 2018. *School of Judges: Lessons in Freedom of Information and Expression from (and for) Latin America's Courtrooms*. Paris, UNESCO.

Paterson, C. 2011. Adding value? A review of the international literature on the role of higher education in police training and education. *Police Practice and Research*, Vol. 12, No. 4, pp. 286–97.

Pearman, F. A. and Swain, W. A. 2017. School choice, gentrification, and the variable significance of racial stratification in urban neighborhoods. *Sociology of Education*, Vol. 90, No. 3, pp. 213–35.

Pyman, M., Cohen, J., Boardman, M., Webster, B. and Seymour, N. 2012. *Arresting Corruption in the Police: the Global Experience of Police Corruption Reform Efforts*. London, Transparency International UK.

Roby, J. 2016. *The Evidence Base on the Social Service Workforce: Current Knowledge, Gaps and Future Research Direction*. Washington, DC, Global Service Workforce Alliance.

Rydberg, J. and Terrill, W. 2010. The effect of higher education on police behavior. *Police Quarterly*, Vol. 13, No. 1, pp. 92–120.

Sabet, D. 2010. Police reform in Mexico: Advances and persistent obstacles. Olson, E. L., Donnelly, R. A. and Shirk, D. A. (eds), *Shared Responsibility*. Washington, DC, Mexico Institute, pp. 247–69.

Thijs, P., Te Grotenhuis, M. and Scheepers, P. 2018. The paradox of rising ethnic prejudice in times of educational expansion and secularization in the Netherlands, 1985–2011. *Social Indicators Research*, pp. 1–26.

UCLG. 2010. *Policy Paper on Urban Strategic Planning: Local Leaders Preparing for the Future of Our Cities*. Barcelona, Spain, United Cities and Local Governments.

UCLG and Learning UCLG. 2018. *Monitoring the Global Agenda in Municipalities: the Mandala Tool*. Barcelona, Spain, United Cities and Local Governments/Learning UCLG/United Nations Development Programme.

UN Habitat. 2016a. *Capacity Building and Knowledge Form the Foundation of the New Urban Agenda: a Position Paper*. Nairobi, United Nations Human Settlements Programme.

___. 2016b. *Urbanization and Development: Emerging Futures – World Cities Report 2016*. Nairobi, United Nations Human Settlements Programme.

UNDESA. 2014. *World Urbanization Prospects 2014*. New York, United Nations Department of Economic and Social Affairs.

UNDP. 2017. *Global Programme on Strengthening the Rule of Law and Human Rights for Sustaining Peace and Fostering Development: 2016 Annual Report*. New York, United Nations Development Programme.

UNODC. 2011. *Resource Guide on Strengthening Judicial Integrity and Capacity*. Vienna, United Nations Office on Drugs and Crime.

___. 2013. *Training of trainers to enhance police response in addressing child sexual exploitation in the Mekong*. Bangkok, United Nations Office on Drugs and Crime. www.unodc.org/southeastasiaandpacific/en/2013/08/childhood-training/story.html. (Accessed 24 May 2018.)

___. 2016. *Global Study on Legal Aid: Global Report*. New York, United Nations Office on Drugs and Crime.

UNODC Statistics. 2017. *Criminal Justice: Total Police Personnel and Total Professional Judges or Magistrates*. Vienna, United Nations Office on Drugs and Crime. https://data.unodc.org/. (Accessed 29 May 2018.)

Watson, V. and Agbola, B. 2013. *Who Will Plan Africa's Cities?* London, Africa Research Institute.

Wodtke, G. T. and Parbst, M. 2017. Neighborhoods, schools, and academic achievement: a formal mediation analysis of contextual effects on reading and mathematics abilities. *Demography*, Vol. 54, No. 5, pp. 1653–76.

World Bank. 2003. *Legal and Judicial Reform: Strategic Directions*. Washington, DC, World Bank.

Yan, H. 2016. States require more training time to become a barber than a police officer. *CNN*, 28 September. https://edition.cnn.com/2016/09/28/us/jobs-training-police-trnd/index.html. (Accessed 24 May 2018.)

第19章

Acerenza, S. and Gandelman, N. 2017. *Household Education Spending in Latin America and the Caribbean: Evidence from Income and Expenditure Surveys*. Washington, DC, Inter-American Development Bank. (Working Paper IDB-WP-773.)

Acosta, P. 2006. *Labor Supply, School Attendance, and Remittances from International Migration : the Case of El Salvador*. Washington, DC, World Bank. (Policy Research Working Paper 3903.)

Adams, R. H. and Cuecuecha, A. 2010. Remittances, household expenditure and investment in Guatemala. *World Development*, Vol. 38, No. 11, pp. 1626–41.

Amuedo-Dorantes, C. and Pozo, S. 2010. Accounting for remittance and migration effects on children's schooling. *World Development*, Vol. 38, No. 12, pp. 1747–59.

Angelucci, M. 2015. Migration and financial constraints: evidence from Mexico. *Review of Economics and Statistics*, Vol. 97, No. 1, pp. 224-28.

Antman, F. M. 2012. Gender, educational attainment, and the impact of parental migration on children left behind. *Journal of Population Economics*, Vol. 25, No. 4, pp. 1187–214.

Askarov, Z. and Doucouliagos, H. 2018. *A meta-analysis of the effects of remittances on on household education expenditure.* Paris, UNESCO.

Aviles, S. 2017. *Finance Outcomes, Not Fragmentation: Shift from Funding to Financing Analytical Paper on WHS Self-Reporting on Agenda for Humanity Transformation 5D.* New York, Agenda for Humanity.

Azam, J.-P. and Gubert, F. 2006. Migrants' remittances and the household in Africa: a review of evidence. *Journal of African Economies*, Vol. 15, No. suppl 2, pp. 426–62.

Bansak, C. and Chezum, B. 2009. How do remittances affect human capital formation of school-age boys and girls? *American Economic Review*, Vol. 99, No. 2, pp. 145–48.

Bazzi, S. 2017. Wealth heterogeneity and the income elasticity of migration. *American Economic Journal: Applied Economics*, Vol. 9, No. 2, pp. 219–55.

Bendavid-Hadar, I. and Ziderman, A. 2010. *A New Model for Equitable and Efficient Resource Allocation to Schools: the Israeli Case.* Bonn, Germany, UNESCO.

Bermeo, S. B. and Leblang, D. 2015. Migration and foreign aid. *International Organization*, Vol. 69, No. 3, pp. 627–57.

Berthélemy, J.-C., Beuran, M. and Maurel, M. 2009. Aid and migration: substitutes or complements? *World Development*, Vol. 37, No. 10, pp. 1589–99.

Boeri, T. 2010. Immigration to the land of redistribution. *Economica*, Vol. 77, No. 308, pp. 651–87.

Bouoiyour, J., Miftah, A. and Mouhoud, E. M. 2016. Education, male gender preference and migrants' remittances: interactions in rural Morocco. *Economic Modelling*, Vol. 57, pp. 324–31.

Bourenane, N., Bourjij, S. and Lheriau, L. 2011. *Reducing the Cost of Migrant Remittances to Optimize their Impact on Development: Financial Products and Tools for the Maghreb Region and the Franc Zone.* Paris, French Development Agency/African Development Bank.

Brown, R. P., Connell, J. and Jimenez-Soto, E. V. 2014. Migrants' remittances, poverty and social protection in the South Pacific: Fiji and Tonga. *Population, Space and Place*, Vol. 20, No. 5, pp. 434–54.

Calero, C., Bedi, A. S. and Sparrow, R. 2009. Remittances, liquidity constraints and human capital investments in Ecuador. *World Development*, Vol. 37, No. 6, pp. 1143–54.

California Department of Education. 2018. *Migrant Education Program Funding.* Sacramento, CA, California Department of Education. www.cde.ca.gov/sp/me/mt/funding.asp. (Accessed 17 September 2018.)

Canada Office of the Prime Minister. 2018. *Canada and partners announce historic investment in education for women and girls in crisis and conflict situations.* Ottawa, Government of Canada. https://pm.gc.ca/eng/news/2018/06/09/canada-and-partners-announce-historic-investment-education-women-and-girls-crisis. (Accessed 3 October 2018.)

Castaldo, A., Deshingkar, P. and McKay, A. 2012. *Internal Migration, Remittances and Poverty: Evidence from Ghana and India.* Brighton, UK, Migrating out of Poverty Research Programme Consortium. (Working Paper 7.)

Clemens, M. A. and Postel, H. 2018. *Deterring Emigration with Foreign Aid: An Overview of Evidence from Low-Income Countries.* Washington, DC, Center for Global Development. (Policy Paper 119.)

Clemens, M. A., Radelet, S., Bhavnani, R. R. and Bazzi, S. 2012. Counting chickens when they hatch: timing and the effects of aid on growth. *Economic Journal*, Vol. 122, No. 561, pp. 590–617.

Clemens, M. A. and Tiongson, E. R. 2017. Split decisions: household finance when a policy discontinuity allocates overseas work. *Review of Economics and Statistics*, Vol. 99, No. 3, pp. 531–43.

Czaika, M. and Mayer, A. 2011. Refugee movements and aid responsiveness of bilateral donors. *Journal of Development Studies*, Vol. 47, No. 3, pp. 455–74.

Dao, T. H., Docquier, F., Parsons, C. and Peri, G. 2016. *Migration and Development: Dissecting the Anatomy of the Mobility Transition.* Louvain-la-Neuve, Institut de Recherches Économiques et Sociales de l'Université catholique de Louvain.

Davis, J. and Brazil, N. 2016. Disentangling fathers' absences from household remittances in international migration: the case of educational attainment in Guatemala. *International Journal of Educational Development*, Vol. 50, pp. 1–11.

de Haas, H. 2007. Turning the tide? Why development will not stop migration. *Development and Change,* Vol. 38, No. 5, pp. 819–41.

Démurger, S. and Wang, X. 2016. Remittances and expenditure patterns of the left behinds in rural China. *China Economic Review,* Vol. 37, pp. 177–90.

di Gropello, E. 2006. *Meeting the Challenges of Secondary Education in Latin America and East Asia: Improving Efficiency and Resource Mobilization.* Washington, DC, World Bank.

Dreher, A., Fuchs, A. and Langlotz, S. 2018. *The Effects of Foreign Aid on Refugee Flows.* Munich, Germany, CESifo Group Munich.

Dustmann, C. and Okatenko, A. 2014. Out-migration, wealth constraints, and the quality of local amenities. *Journal of Development Economics,*Vol. 110, pp. 52–63.

ECW. 2018a. *US$1.8 billion required for Education Cannot Wait to support 8.9 million children and youth by 2021.* Washington, DC, Education Cannot Wait. www.educationcannotwait.org/hlsg. (Accessed 3 October 2018.)

___. 2018b. *Results Report: April 2017–March 2018.* Washington, DC, Education Cannot Wait.

___.2018c. *Strategic Plan.* Education Cannot Wait. Washington, DC, Education Cannot Wait.

Education Commission. 2017. *Resilience building and humanitarian: development nexus.* Luxembourg, European Commission. https://ec.europa.eu/europeaid/policies/fragility-and-crisis-management/resilience-building-humanitarian-development-nexus_en. (Accessed 3 October 2018.)

___. 2018. *Principles for the Design of the International Financing Facility for Education.* New York, Education Commission.

Essomba, M. A., Tarrés, A. and Franco-Guillén, N. 2017. *Research for CULT Committee: Migrant Education – Monitoring and Assessment.* Brussels, European Parliament.

European Parliament. 2016. *At a Glance: Integrating Migrants and their Children through Education.* Brussels, European Parliament.

Fanjul, G. 2018. *The Externalisation of Europe's Responsibilities.* Madrid, Research Centre for Policy Coherence and Development.

Farrie, D., Luhm, T. and Johnson, E. M. 2015. *Understanding New Jersey's School Funding Formula: the Role of Adjustment Aid.* Pittsburgh, Pa., Education Law Center.

Fazekas, M. 2012. *School Funding Formulas: Review of Main Characteristics and Impacts.* Paris, Organisation for Economic Co-operation and Development.

Foko, B., Tiyab, B. K. and Husson, G. 2012. *An Analytical and Comparative Perspective for 15 African Countries Household Education Spending.* Dakar, Pôle de Dakar.

Fratzscher, V. M. and Junker, S. 2015. *Integration von Flüchtlingen: eine langfristig lohnende Investition [Integration of Refugees: a Long-Term Worthwhile Investment].* Berlin, DIW Wochenbericht. (In German.)

Freund, C. and Spatafora, N. 2005. *Remittances: Transaction Costs, Determinants, and Informal Flows.* Washington, DC, World Bank. (Policy Research Working Paper 3704.)

Gamso, J. and Yuldashev, F. 2018a. Does rural development aid reduce international migration? *World Development,* Vol. 110, pp. 268–82.

___. 2018b. Targeted foreign aid and international migration: Is development promotion an effective immigration policy? *International Studies Quarterly,* No. 029.

Germany Federal Office for Migrants and Refugees, 2011. *Lehrkräfte mit Migrationshintergrund: Handlungsempfehlungen zum Netzwerkaufbau [Teachers with a Migration Background: Recommendations for Network Building].* Nuremberg, BAMF/Hertie Fundation. (In German.)

Gibson, J., Boe-Gibson, G., Rohorua, H. T. a. S. and McKenzie, D. 2007. Efficient remittance services for development in the Pacific. *Asia-Pacific Development Journal,* Vol. 14, No. 2, pp. 55–74.

Global Education Cluster. 2010. *The Short Guide to Rapid Joint Education Needs Assessments.* Geneva, Switzerland, Global Education Cluster.

GPE. 2018. *Global Partnership for Education launches new public-private initiative to address the data challenge in global education.* Washington, DC, Global Partnership for Education. www.globalpartnership.org/news-and-media/news/global-partnership-education-launches-new-public-private-initiative-address-data-challenge-global-education. (Accessed 3 October 2018.)

Gubert, F. and Nordman, C. J. 2009. *Migration trends in North Africa: focus on Morocco, Tunisia and Algeria.* Paris, Organisation for Economic Co-operation and Development.

Ibourk, A. and Bensaïd, M. 2014. Impact des transferts de fonds des migrants marocains sur l'éducation de leurs enfants restés au Maroc [Impact of Moroccan migrants' remittances on the education of their children left behind in Morocco]. *Migrations Société*, No. 5, pp. 13–28.

Kandel, W. and Massey, D. S. 2002. The culture of Mexican migration: a theoretical and empirical analysis. *Social Forces*, Vol. 80, No. 3, pp. 981–1004.

Kandel, W. A. 2011. *Fiscal Impacts of the Foreign-Born Population*. Washington, D,C, Congressional Research Service.

Karamperidou, D., Richardson, D. Zapata, J. 2018. *Education in Multi-Sectoral Responses to Displacement Crises*. Florence, Italy, UNICEF Office of Research – Innocenti. (Background paper for *Global Education Monitoring Report 2019*.)

Klein, A. 2018. DeVos team considering reshuffling of Education Department's main K-12 office. *Education Week*, 13 May. https://blogs.edweek.org/edweek/campaign-k-12/2018/05/devos_department_budget_consolidate_OESE.html. (Accessed 5 October 2018.)

Lanati, M. and Thiele, R. 2017. *The Impact of Foreign Aid on Migration Revisited*. Fiesole, Italy, European University Institute.

Loveday, J. and Molina, O. 2006. *Remesas Internacionales y Bienestar: una Aproximación para el Caso Peruano – Informe Final [International Remittances and Welfare: an Approach for the Peruvian Case – Final Report]*. Lima, Consorcio de Investigación Económica y Social [Consortium of Economic and Social Research].

Lucas, R. E. 2005. *International Migration and Economic Development: Lessons from Low-income Countries*. Northampton, MA, Edward Elgar.

Mansour, W., Chaaban, J. and Litchfield, J. 2011. The impact of migrant remittances on school attendance and education attainment: evidence from Jordan. *International Migration Review*, Vol. 45, No. 4, pp. 812–51.

McKenzie, D. and Rapoport, H. 2006. *Can Migration Reduce Educational Attainment? Evidence from Mexico*. Washington, DC, World Bank. (Policy Research Working Paper 3952.)

Metcalfe-Hough, V. and Poole, L. 2018. *Grand Bargain Annual Independent Report 2018*. London, Humanitarian Policy Group.

National Academies of Sciences, Engineering and Medicine. 2017. Estimating the fiscal impacts of immigration: conceptual issues. Mackie, C. and Blau, F. D. (eds), *The Economic and Fiscal Consequences of Immigration*. Washington, DC, The National Academies Press.

Nguyen, C. V. and Nguyen, H. Q. 2015. Do internal and international remittances matter to health, education and labor of children and adolescents? The case of Vietnam. *Children and Youth Services Review*, Vol. 58, pp. 28–34.

NRC and Save the Children. 2015. *Walk the Talk: Review of Donors' Humanitarian Policies on Education*. Oslo, Norwegian Refugee Council/Save the Children Norway.

OCHA. 2017. *No time to retreat: First Annual Synthesis Report on Progress since the World Humanitarian Summit*. New York, United Nations Office for the Coordination of Humanitarian Affairs.

____. 2018. *New Way of Working*. New York, Agenda for Humanity. www.agendaforhumanity.org/initiatives/5358. (Accessed 15 September 2017.)

OCHA and UNDP. 2018. *Transcend humanitarian-development divides and shift from funding to financing: Analytical Paper on WHS Self-Reporting on Agenda for Humanity Transformations 4C and 5D*. New York, Agenda for Humanity.

OECD. 2009. *International Migration and the Economic Criris: Understanding the Links and Shaping Policy Responses*. Paris, Organisation for Economic Co-operation and Development.

___. *Education at a Glance: OECD Indicators 2011 Annex 3 – Sources, Methods and Technical Notes, Chapter B: Financial Investment in Education*. Paris, Organisation for Economic Co-operation and Development.

___. 2012. *Equity and Quality in Education: Supporting Disadvantaged Students and Schools*. Paris, Organisation for Economic Co-operation and Development.

___. 2013. *International Migration Outlook 2013*. Paris, Organisation for Economic Co-operation and Development.

___. 2015. *Why Modernise Official Development Assistance?* Paris, Organisation for Economic Co-operation and Development.

___. 2017. *OECD Reviews of School Resources: The Funding of School Education Connecting Resources and Learning*. Paris, Organisation for Economic Co-operation and Development.

OECD CRS. 2018. *Creditor Reporting System*. Paris, Organisation for Economic Co-operation and Development. https://stats.oecd.org/Index.aspx?DataSetCode=CRS1. (Accessed 5 November 2019.)

ODI. 2016. *Education Cannot Wait Proposing a Fund for Education in Emergencies*. London, Overseas Development Institute.

Oregon Department of Education. 2018. *Title I-C Migrant Education*. Salem, OR, Department of Education.

Parida, J. K., Mohanty, S. K. and Raman, K. R. 2015. Remittances, household expenditure and investment in rural India: evidence from NSS data. *Indian Economic Review*, Vol. L, No. 1, pp. 79–104.

Powers, E. T. 2011. *The Impact of Economic Migration on Children's Cognitive Development: Evidence from the Mexican Family Life Survey*. Washington, DC, Inter-American Development Bank. (Working Paper 246.)

Ratha, D., Mohapatra, S., Özden, Ç., Plaza, S., Shaw, W. and Shimeles, A. 2011. *Leveraging Migration for Africa: Remittances, Skills, and Investments*. Washington, DC, World Bank.

Ravn, B. 2009. *Country Report Denmark: Parental involvement including ethnic minority parents in Denmark 2009*. Copenhagen, Danish School of Education. www.involve-migrants-improve-school.eu/fileadmin/user_upload/Country_Reports/Denmark.pdf. (Accessed 5 November 2019.)

Riddell, A. and Niño-Zarazua, M. 2016. The efectiveness of foreign aid to education: what can be learned? *International Journal of Educational Development*, Vol. 48, pp. 23–36.

Robles, V. F. and Oropesa, R. S. 2011. International migration and the education of children: evidence from Lima, Peru. *Population Research and Policy Review*, Vol. 30, No. 4, pp. 591–618.

Roos, M. 2017. *Entwicklungen von 2014 bis 2016 im Programm QUIMS mit Fokus auf den obligatorischen Schwerpunkten [Developments from 2014 to 2016 in the QUIMS Programme with a Focus on Compulsory Subjects]*. Baar, Switzerland, Volksschulamts des Kantons/Spetrum3 GmbH.

Save the Children. 2018. *Time to Act*. London, Save the Children UK.

Scholten, P., Baggerman, F., Dellouche, L., Kampen, V., Wolf, J. and Ypma, R. 2017. *Policy Innovation in Refugee Integration? A Comparative Analysis of Innovative Policy Strategies toward Refugee Integration in Europe*. Rotterdam, Netherlands, Dutch Department of Social Affairs and Employment.

Semyonov, M. and Gorodzeisky, A. 2006. Labor migration, remittances and household income: a comparison between Filipino and Filipina overseas workers. *International Migration Review*, Vol. 39, No. 1, pp. 45–68.

Statistics Canada. 2015. *Chapter B Financial resources invested in education*. Ottawa, Statistics Canada. www150.statcan.gc.ca/n1/pub/81-604-x/2014001/ch/chb-eng.htm. (Accessed 16 September 2018.)

____. 2017. *Chapter B Financial resources invested in education*. Ottawa, Statistics Canada. www150.statcan.gc.ca/n1/pub/81-604-x/2016001/ch/chb-eng.htm. (Accessed 16 September 2018.)

Sugarman, J., Morris-Lange, S. and Margie, M. 2016. *Improving Education for Migrant-Background Students: a Transatlantic Comparison of School Funding*. Washington, DC., Migration Policy Institute.

Uganda Ministry of Education and Sports. 2018. *Education Response Plan for Refugees and Host Communities in Uganda*. Kampa, Ministry of Education and Sports.

United States Department of Education. 2018a. *Fiscal Year 2018 Budget Summary and Background Information*. Washington, DC, Department of Education.

____. 2018b. *U.S. Department of Education Budget News*. Washington, DC, Department of Education.

UNESCO. 2013. *Financing Secondary Education in the Asia-Pacific Region: Education Policy Research Series Discussion Document*. Bangkok, UNESCO Asia and Pacific Regional Bureau for Education.

____. 2015a. *Incheon Declaration and Framework for Action for the Implementation of Sustainable Development Goal 4*. Paris, UNESCO.

____. 2015b. *Pricing the Right to Education: the Cost of Reaching New Targets by 2030*. Paris, UNESCO.

____. 2015c. *Humanitarian Aid for Education: Why It Matters and Why More is Needed?* Paris, UNESCO. (*Education for All Global Monitoring Report* Policy Paper 21.)

UNHCR. 2016. UNHCR and GPE agree on closer collaboration to ensure children's education during crisis. Geneva, Switzerland, United Nations High Commissioner on Refugees. www.unhcr.org/news/press/2016/4/572a43b94/unhcr-and-gpe-agree-on-closer-collaboration-to-ensure-childrens-education.html. (Accessed 15 September 2018.)

____. 2017. *East, Horn of Africa and the Great Lakes Region Refugees and Asylum Seekers by country of Asylum as of 30 September 2017*. Geneva, Switzerland, United Nations High Commissioner on Refugees. https://data2.unhcr.org/es/documents/download/60678. (Accessed 1 September 2018.)

United Kingdom Department of Education. 2017. *The National Funding Formula for Schools and High Needs*. London, Department of Education.

United Nations. 2016. *One Humanity: Shared Responsibility*. New York, United Nations.

Vargas-Silva, C. 2017. *The Fiscal Impact of Immigration in the UK*. Oxford, Migration Observatory/Centre on Migration/Policy and Society.

Vázquez, S. T. and Sobrao, D. G. 2016. Reshaping geographical allocation of aid: the role of immigration in Spanish official development assistance. *Journal of International Relations and Development*, Vol. 19, No. 3, pp. 333–64.

Watkins, K. and Quattri, M. 2014. *Lost in Intermediation: How Excessive Charges Undermine the Benefits of Remittances for Africa*. London, Overseas Development Institute.

Whittaker, F. 2018. *Full National Funding Formula Roll-Out Delayed until 2021*. London, Schools Week. https://schoolsweek. co.uk/full-national-funding-formula-roll-out-delayed-until-2021/. (Accessed 5 October 2018.)

Winthrop, R. and Matsui, E. 2013. *A New Agenda for Education in Fragile States*. Washington, DC, Brookings Institution, Center for Universal Education. (Working Paper 10.)

World Bank. 2016. *World Bank Goup Global Crisis Response Platform*. Washington, DC, World Bank.

___. 2017a. *IDA18 Regional Sub-window for Refugees and Host Communities*. Washington, DC, World Bank. http://ida.worldbank.org/financing/replenishments/ida18-overview/ida18-regional-sub-window-for-refugees-host-communities. (Accessed 15 September 2018.)

___. 2017 b. *2016-2017 Annual Report*. Washington, DC, Global Concessional Financing Facility/World Bank.

___. 2018a. *Migration and Remittances: Recent Developments and Outlook*. Washington, DC, World Bank. (Migration and Development Brief 29.)

___. 2018b. *Remittance Prices Worldwide*. Washington, DC, World Bank. (Issue 25, March.)

Xuequan, M. 2018. *Factbox: China's rural workers in 2017*. Beijing, Xinhua. www.xinhuanet.com/english/2018-05/01/c_137149523.htm. (Accessed 1 August 2018.)

Yang, D. 2005. *International Migration, Human Capital, and Entrepreneurship: Evidence from Philippine Migrants' Exchange Rate Shocks*. Washington, DC, World Bank. (Policy Research Working Paper 3578.)

Yang, D. and Choi, H. 2007. Are remittances insurance? Evidence from rainfall shocks in the Philippines. *World Bank Economic Review*, Vol. 21, No. 2, pp. 219–48.

Zurich Education Department. 2011a. *Mehrsprachig und interkulturell: Beispiele gutter Zusammenarbeit zwischen Lehrpersonen der Heimatlichen Sprache und Kultur (HSK) und der Volksschule [Multilingual and Intercultural: Examples of Good Cooperation between Teachers of the Native Language and Culture (HSK) and Elementary Schools]*. Zurich Canton Education Directorate, Switzerland. (In German.)

___. 2011b. *Rahmenlehrplan für Heimatliche Sprache und Kultur (HSK) [Curriculum for Native Language and Culture]*. Zurich Canton Education Directorate, Switzerland. (In German.)

___. 2014. *Schwerpunkte von QUIMS 2014-2017 [Focus: QUIMS 2014-2017]*. Zurich Canton Education Directorate, Switzerland. (In German.)

___. 2016. *Heimatliche Sprache und Kultur (HSK) in der Zürcher Volksschule: Zusammenfassender Bericht 2016 [Native Language and Culture (HSK) in Zurich Elementary Schools: Summary Report 2016]*. Zurich Canton Education Directorate, Switzerland. (In German.)

国家和地区索引

莱索托, 36, *221*

老挝人民民主共和国, *150*, *237*

黎巴嫩, v, xix, *38*, 54, *56*, 57, 63, 64, **65**, 67, 68, 70, *83*, 117, 130, 138, 139, *146*, 151, **152**, 153, 154, 155, **155**, 198, 203, 204, *237*, 249, 252, 266

立陶宛, 27, *38*, 48, **86**, 130, 153, 240, 255

利比里亚, 257

利比亚, 57, *83*, 117, *201*

卢森堡, *38*, *41*, *43*, *47*, 48, *149*, *163*, 211, *237*

卢旺达, 14, 63, 67, *83*, 119, *146*, **200**, *237*

罗马尼亚, *38*, *39*, *83*, 94, 166, 237

M

马耳他, *38*, 105, *105*

马拉维, 216, *217*, 229

马来西亚, xviii, 34, 36, *38*, 45, **58**, *83*, 88, **99**, 101, 129, 175, 176, 177, 213

马里, 15, 41, *41*, 128, *128*, 139, *201*, 216, 217, *229*

毛里求斯, *229*

毛里塔尼亚, 134, *135*

美国, xviii, 7, 15, 25, 27, 32, 34, 36, *38*, *39*, 40, 42, 44, **44**, 45, 46, *48*, 50, **65**, 68, 77, 78, 80, **81**, *83*, 84, **86**, 87, 88, *90*, 90, 91, 97, 98, 99, 100, 103, 117, 134, *161*, 166, 185, 187, 201, 204, 210, 217, 218, 219, 220, 221, 224, 226, 227, *229*, 229, 230, 239, 240, 247, 255, 260

蒙古, 23, **23**, 255

孟加拉国, xix, 12, 20, 29, 30, 31, 36, 54, 57, 60, 61, 74, 129, 156, 168, 173, *174*, 185, *201*, 231, 253, 254, **255**, 266

缅甸, xix, 36, 44, *56*, 57, **58**, 65, **65**, 139, *201*, *237*, **255**

摩尔多瓦, 105, *135*, 156, 157, 227

摩洛哥, *5*, 36, *38*, *41*, 44, *83*, 117, 124, 166, 258, 260

莫桑比克, 36, 229

墨西哥, xviii, 26, 36, *38*, 39, *39*, 40, *42*, 42, 45, **58**, *83*, 90, 100, 101, 117, 134, 166, 210, 230, 247, 257, *257*, 261

N

纳米比亚, *217*, 229, 237

南非, xviii, xx, 20, 30, 36, *38*, 39, *39*, 80, *83*, 87, 91, 92, 101, 124, 130, 136, 137, 174, 184, *217*, 220, 221, *221*, 222, 228, *229*, 230

南苏丹, 23, 25, 54, *56*, 57, 58, 61, 63, 66, 70, 88, 117, 119, 139, *201*, 203, *237*, **253**, 270

南亚, 36, 119, *123*, *124*, 125, *145*, *146*, 170, 216, *216*, 234, *236*, 237, 260

瑙鲁, xviii, **58**

尼泊尔, 36, 99, 149, 224, 227, 257, 260

尼加拉瓜, 36, 39, *39*, *42*, 117, 135

尼日尔, 183, 214, 216, *217*, 228

尼日利亚, 14, 24, **25**, 30, 39, 58, 60, *83*, *135*, 194, *201*, 204, 219, *228*, 229, *229*, 230, 245, 257

挪威, 26, *27*, *38*, *41*, *43*, *47*, 48, *48*, 50, 68, **81**, **89**, *90*, 92, 104, 119, *125*, *146*, 154, 156, *163*, *178*, 185, *192*, *211*, 241, 247, 253

O

欧洲和北美, *16*, 103, *123*, *124*, 125, *145*, *146*, 170, 180, *180*, *216*, 235, *236*, 237

P

葡萄牙, *38*, *39*, *41*, *43*, *48*, 154, 183

Q

前南斯拉夫的马其顿共和国, *41*, 137

R

日本, *38*, 49, 75, 85, 89, 98, **99**, 102, 118, 149, *161*, 162, 210, 213, 237, 253, 255

瑞典, xvii, 15, 26, *27*, *38*, *41*, 42, *43*, 47, *47*, *48*, 48, 49, 71, 72, 78, 82, *83*, **85**, 86, 87, *90*, 91, 92, 138, *145*, *146*, 154, 156, *163*, 166, 183, 192, *192*, *211*, 218, 219, 220

瑞士, 28, *38*, 38, *41*, *43*, 46, 47, *48*, **81**, 241, 253

S

撒哈拉以南非洲, xxi, 14, *16*, 17, 36, 44, 57, 106, 117, 122, *123*, 123, *124*, 125, 142, *145*, *146*, 149, *149*, 166, 170, *170*, 178, 180, *180*, 194, 214, *216*, *217*, 227, 228, 234, *236*, 237, 258, 259, *259*, 260, 267

萨尔瓦多, 36, 39, *39*, *42*, 42, 45, 117, 202, 255, 260

塞尔维亚, 47, **58**, **195**

塞拉利昂, **127**, *127*, 168, 172, 173, *228*, 231

塞内加尔, 15, 22, *41*, 117, *217*, 228

塞浦路斯, *41*, 48, *83*, *90*, 130

塞舌尔, *217*

沙特阿拉伯, *38*, 46, 85, 100, 124

斯里兰卡, 36, **81**, 156

斯洛伐克, *38*, **58**, 130

斯洛文尼亚, 34, *38*, *41*, *43*, 47, *48*, 82, *83*, 241

斯威士兰, *221*

苏丹, xvii, 24, *56*, 58, 66, 71, 72, 119, *201*, 214, 254, 267

所罗门群岛, 74

索马里, 12, 22, 23, *23*, 24, 52, 57, **58**, 61, 63, 66, 105, *105*, *201*, 252

T

塔吉克斯坦, 36, 40, 102, 257

泰国, xviii, 12, 21, 27, *38*, 44, **58**, 65, **65**, *83*, 129, *135*, *201*, 213

坦桑尼亚联合共和国, xix, 1, 22, 24, *39*, **64**, 65, 119, 136, 139, **200**, 203, *217*

汤加, 257, 260

特立尼达和多巴哥, 36, 199

突尼斯, *38*, *41*, 57, *83*, 147, *148*

土耳其, v, xvii, xix, 17, 20, *37*, *38*, 41, *41*, *47*, 54, 56, *56*, 57, 61, **62**, *62*, **64**, 67, 68, 69, *69*, 70, *83*, *106*, 130, 131, 140, *146*, *149*, 151, 153, 155, **155**, 176, *201*, 203, 249, *256*, 267

W

危地马拉, 40, *42*, 45, 117, 202, 258, 260

委内瑞拉玻利瓦尔共和国, *5*, 36, 116, *201*

乌干达, v, xviii, xix, 24, 25, 30, 54, *56*, 57, 58, 60, 66, 67, *69*, 70, 81, 82, 100, 119, 130, 134, 140, 149, *149*, 176, 177, 196, **200**, **200**, 214, 218, *221*, **228**, *229*, 237, *237*, 253, **253**, 254, *256*, 267

乌克兰, 60, **60**, *83*, **86**, 116, 139, *201*, 255

乌拉圭, *16*, *38*, *39*, *83*, *106*, *146*, 178, *182*

乌兹别克斯坦, *83*, 131

X

西班牙, 14, 28, *38*, *39*, 40, *41*, 41, *43*, *48*, 48, 71, 89, *90*, 92, 98, 130, 158, 247

希腊, *38*, *39*, *39*, *41*, 43, *43*, *48*, 48, **58**, **64**, 64, 67, 76, 81, 84, 85, **107**, 116, 117, **117**, 130, 132, 154, 156, 183, 262

新加坡, *38*, *83*, 101, 162, 213, 229, 230

新西兰, xvii, 25, 26, *38*, *43*, *48*, 75, 78, 86, 89, 97, 99, 102, *161*, 167, 186, 210, 217, 220

匈牙利, xviii, *38*, *39*, *47*, **58**, 87, 130, *146*, *149*, 211

Y

牙买加, 15, 36, 134, 138, 221, 222

亚美尼亚, 36, *39*, *83*, 86, 156

也门, *56*, 60, *83*, *201*

伊拉克, *5*, 57, 60, 64, 68, 74, *83*, 130, 137, 138, 153, 155, 156, 178, 184, *201*, 204

伊朗伊斯兰共和国, xvii, 15, *38*, *39*, 54, 61, *63*, 85, 117, 124, 130, 151, 156

以色列, *38*, 40, *43*, 50, 90, *90*, 102, 158, 185, *201*, 210, 220, 240

意大利, 15, 17, *38*, *41*, *43*, 45, **45**, 47, *48*, 49, 50, 51, 71, 84, 87, 89, *90*, **107**, 116, 117, *117*, 131, 156, 158, 212, 226, 241

印度, xviii, *5*, 12, 13, 14, 15, 19, 21, 22, 24, 27, 28, 29, 30, 42, *83*, 89, 96, 97, 99, 105, **126**, *126*, 134, 137, 167, 173, *201*, 210, 220, *221*, 224, 228, 229, *229*, 230, 257, 258

印度尼西亚, xviii, 14, *14*, 17, 22, 36, *38*, 45, 58, 136, 149, 158, 166, 175, 176, 194, 195, 213, 230, 255

英国, 26, *38*, 40, *41*, 42, *43*, *48*, 50, 78, 81, **81**, 82, 85, **86**, 87, 89, 91, 92, 96, 97, 98, 99, 145, 153, 156, 185, 186, 194, **195**, 212, 219, 220, 221, *221*, 222, 227, *229*, 240, *240*, 241, 253

约旦, xix, *38*, 63, 64, **65**, 66, 67, 68, *83*, 119, 130, 138, 142, 147, *148*, 151, 153, 155, **155**, 175, 176, 177, 198, 203, 204, 206, **221**, 230, 237, 252, 258, 260

越南, 15, 18, 19, 41, **99**, 101, 142, 149, 150, 213, 260

Z

赞比亚, *39*, *221*, 229, 252

乍得, v, xvii, 54, 58, 66, 71, 72, 139, 216, *217*, 237, 247, 252, 267

出 版 人 李 东
责任编辑 翁绮睿 薛 莉 赵琼英
版式设计 郝晓红
责任校对 张晓雯
责任印制 叶小峰

图书在版编目（CIP）数据

全球教育监测报告.2019：移徙、流离失所和教育：
要搭建桥梁，不要筑起高墙 / 联合国教科文组织编译. —
北京：教育科学出版社，2019.12
书名原文：Global Education Monitoring Report
2019: Migration, displacement and education: Building
bridges, not walls
ISBN 978-7-5191-2085-6

Ⅰ.①全… Ⅱ.①联… Ⅲ.①教育评估—研究报告—
世界—2019 Ⅳ.①G51

中国版本图书馆CIP数据核字（2019）第251204号

全球教育监测报告2019：移徙、流离失所和教育：要搭建桥梁，不要筑起高墙
QUANQIU JIAOYU JIANCE BAOGAO 2019: YIXI、LIULI SHISUO HE JIAOYU: YAO DAJIAN QIAOLIANG，BUYAO ZHUQI GAOQIANG

出 版 发 行	教育科学出版社				
社 址	北京·朝阳区安慧北里安园甲9号	**邮 编**	100101		
总编室电话	010-64981290	**编辑部电话**	010-64981252		
出版部电话	010-64989487	**市场部电话**	010-64989009		
传 真	010-64891796	**网 址**	http://www.esph.com.cn		
经 销	各地新华书店				
制 作	北京博祥图文设计中心				
印 刷	北京玺诚印务有限公司				
开 本	889毫米×1194毫米 1/16	**版 次**	2019年12月第1版		
印 张	27.5	**印 次**	2019年12月第1次印刷		
字 数	836千	**定 价**	155.00元		

图书出现印装质量问题，本社负责调换。